Wuzhishan Gonglu Suidao Gongcheng Jishu

五指山公路隧道工程技术

陈先国　田　义　罗春雨　等　编著

人民交通出版社

内 容 提 要

本书以五指山特长隧道为工程背景，较详细地介绍了五指山特长隧道的勘察设计及施工。在勘察设计方面，介绍了五指山隧道的原设计、突水坍方后五指山隧道的专项水文地质调查、物探工作及变更设计；在施工方面，介绍了五指山隧道的洞口施工、洞身开挖、超欠挖控制、监控量测及超前地质预报在五指山隧道中的应用；迂回导洞施工时，对主洞影响的数值模拟，主要介绍了五指山特长隧道涌水地段、坍方地段、膏盐地段的施工以及特大突水及坍方的处治过程。本书是对五指山特长隧道施工技术的全面总结，内容全面，资料翔实。

本书可供从事隧道工程设计、施工、监理及科研工作的工程技术人员使用，也可供大中专院校相关专业的师生参考。

图书在版编目（CIP）数据

五指山公路隧道工程技术 / 陈先国等编著. —北京：人民交通出版社，2008.11
ISBN 978-7-114-07382-3

Ⅰ. 五… Ⅱ. 陈… Ⅲ. 公路隧道—隧道工程—工程施工—施工技术 Ⅳ. U459.2

中国版本图书馆 CIP 数据核字（2008）第 139956 号

书　　名：五指山公路隧道工程技术
著 作 者：陈先国等
责任编辑：丁润铎　贾秀珍
出版发行：人民交通出版社
地　　址：（100011）北京市朝阳区安定门外外馆斜街 3 号
网　　址：http://www.ccpress.com.cn
销售电话：（010）59757969，59757973
总 经 销：北京中交盛世书刊有限公司
经　　销：各地新华书店
印　　刷：北京宝莲鸿图科技有限公司
开　　本：787×1092　1/16
印　　张：19
字　　数：482 千
插　　页：1
版　　次：2008 年 11 月　第 1 版
印　　次：2008 年 11 月　第 1 次印刷
书　　号：ISBN 978-7-114-07382-3
定　　价：45.00 元

本书编委会

编写顾问 孙　云　甘　洪

技术顾问 吴明显　刘德永

参编单位 四川公路桥梁建设集团股份有限公司

主　　编 陈先国　田　义　罗春雨

编　　委 陈先国　田　义　罗春雨　陈　渤　袁飞云

雷　良　董武斌　祁海军　曾晓勤　皇　民

邓承波　孙　振　肖宽怀　谢盛嘉　张一明

郑金龙　贾疏源

前　言

随着国民经济的发展，公路建设进入新的发展时期，特别是2000年以后，全国公路建设飞速发展，日新月异。从1988年上海至嘉定高速公路建成通车至今的20年间，在“国道主干线系统规划”的指导下，中国高速公路总体上实现了持续、快速和有序的发展，特别是1998年以来，国家实施积极的财政政策，高速公路得到快速发展，年均通车里程超过了4 000km，到2004年底，中国高速公路通车里程已超过3.4万公里，继续保持世界第二。国家高速公路网规划采用放射线与纵横网格相结合的布局方案，形成由中心城市向外放射以及横连东西、纵贯南北的大通道，由7条首都放射线、9条南北纵向线和18条东西横向线组成，简称为“7918网”，总规模约8.5万公里，其中主线6.8万公里，地区环线、联络线等其他路线约1.7万公里。重点建设高速公路网规划中的“五射两纵七横”共14条路线，并力争到2010年基本贯通。因此，我国的公路建设任重而道远。

“十一五”期间，四川公路建设计划投资1 453亿元，全面建设进出川国道主干线、西部开发省际通道和主要站点，5年间新增高速公路1 401km以上，至2010年建成公路出川大通道11条，在建7条。这较以往四川省规划的14条出川大通道新增4条。新增的4条出川大通道分别是：成渝高速公路复线，预计2009年开工，总投资107亿元；达州至重庆万州高速公路，预计2009年开工，总投资45亿元；泸州（合江）至贵州界高速公路，预计2010年开工，总投资38亿元；攀枝花至云南丽江高速公路，预计2010年开工，总投资42亿元。

我国是一个多山的国家，平原地区公路建设已基本完成，今后要修建的公路多数集中在山区。在山区修建公路必然要受地形的限制，必然要设计一定数量的隧道。随着公路等级的不断提高，隧道在山区公路中的比例越来越大，单座公路隧道的长度也越来越长，这将对公路隧道的建设提出新的要求。我国公路隧道建设起步较晚，虽在隧道设计与施工方面取得很大的成绩，但与发达国家相比，施工技术水平还有一定的差距。我国除少数隧道采用TBM、盾构机施工外，其余的隧道几乎都采用钻爆法施工，施工速度慢，人工钻眼爆破，劳动强度较大，工人工作环境比较恶劣。公路隧道工程受地质条件的影响较大，施工技术复杂，如遇地下富水、岩溶、断层破碎带、高地应力、岩爆、瓦斯、偏压等不良地质，施工起来难度就更大。我国幅员辽阔，南方与北方、高海拔与低海拔地区地质情况相差较大，在设计与施工中，不能采用一个统一的标准和方法，要根据具体情况加以分析。

我国虽然在20世纪80年代便开始学习新奥法，但由于施工队伍的技术水平不平衡，对新奥法的基本原理缺乏深入的学习，在施工中未认真研究和应用，对新奥法的三大技术措施（光面爆破、锚喷支护、监控量测）缺乏深入的理解，导致大多数隧道在施工中对超欠挖、锚喷支护施工、隧道监控量测不够重视，形成超欠挖较严重、注浆锚杆的施工质量达不到要求、喷混凝土回弹量大、浪费严重。在隧道施工管理中，有些地方仍采用管理道路和桥梁的方法来管理隧道，对于围岩与设计有不一致的，有些单位不敢变更、害怕变更，认为变更多了无法向上级交代。但隧道围岩千变万化，隧道具体的围岩，必须是开挖之后才能完全清楚，隧道工程由于受到围岩的制约，这就决定了隧道设计与施工是一个动态过程,隧道的支护参数要随隧道围岩的变化而不断调整。

五指山隧道全长3 926m,属特长隧道。在施工中遇煤系地层、膏盐地段、断层破碎带、涌水、突水及坍方,围岩变化频繁,隧道围岩类别与原设计有较大变化,特别是发生较大突涌水及坍方,导致工程造价大大超过原预算,施工工期也延后了两年。在施工中,五指山隧道部分围岩涌水较大,爆破效果不好,钻孔、装药及喷混凝土作业均困难,工人们经常在瀑布一样的环境中作业,围岩含泥岩成分较重,经涌水冲刷和浸泡后,洞内一片淋漓,施工进度较慢,施工条件可想而知。2005 年 8 月 6 日掌子面突然发生涌突水,隧道被淹总长度 920m,涌水淹过隧洞顶部达 700 余米,给进口端施工造成很大困难。一直至 2006 年 4 月底,其间尝试的各种卸水方案均收效不大,卸水不成功,坍方无法处理,一直处于停工状态,最后被迫实施迂回导洞泄水方案。2005 年 7 月,施工至出口段 K30 +912 时,最大涌水量达 66 518m^3/d,此涌水一直延至 K30 +817,持续时间 4 个月;施工至 K30 +750 附近时,原涌水减小后又增大,涌水量达591 710m^3/d;施工至 K30 +600 附近,隧道围岩遇膏盐地层,对膏盐段隧道的结构进行特殊设计。

虽然有这些困难,但全体隧道建设者们不畏艰辛,共同努力,特别是突水坍方发生后及迂回导洞发生坍方后,积极寻求各种解决方法,在施工中大胆探索,创造条件,认真贯彻落实各种施工措施,克服各种困难,终于成功修建了五指山隧道。在施工中坚持监控量测工作,获得了大量的监控量测数据,并及时进行了回归分析,获得了五指山隧道各类围岩的水平收敛、拱顶下沉的稳定位移、稳定时间及最终收敛位移,为类似工程提供了可参考的资料。在施工中为搞好施工管理和变更工作,施工单位与业主、设计、监理一起深入现场,掌握施工中的第一手资料,及时处理围岩类别变更与支护参数变更等问题。在施工期间,施工单位技术人员认真学习新奥法施工的理论,坚持理论联系实际;施工完毕后,全体技术人员又撰写了多篇论文,总结了修建五指山隧道的经验教训,对新奥法施工又有了更深刻的认识和体会。

我们编写本书的目的,是希望全面介绍五指山隧道的设计、施工方法,使读者了解五指山隧道施工特点、一些比较特殊的做法,特别是五指山隧道涌水、突水及坍方的处理方法以及突水坍方后对五指山隧道水文地质的重新认识,对突水坍方原因的探讨,为类似工程设计和施工提供参考。该书实际上是一个工程实录,记录了五指山隧道涌水、突水、坍方地段所采取的一些工程措施。至目前为止,比较全面地介绍某一隧道的设计、施工措施、施工经验的书还不多见。我们编写此书,也希望能与有关单位相互交流,不断地总结复杂水文地质条件下隧道设计、施工经验,不断提高隧道建设的水平。

五指山隧道采用的规范是我国原《公路隧道设计规范》(JTJ 026—90)和《公路隧道施工技术规范》(JTJ 042—94),即本书中的围岩分类仍用的是老标准,与现在使用的围岩分级标准不同,请读者阅读时注意。

本书由具有丰富施工技术经验的工程人员和专家共同编著而成,是对复杂水文地质条件下隧道修建技术的总结,对类似工程具有一定的参考价值。由于水平有限,对于书中谬误和不妥之处,敬请指正。作者联系方式:成都市高新区九兴大道 12 号四川路桥集团技术质检部陈先国,邮编 610041,Tel:028-85126080,E-mail:m. cls520@ 163. com。

编者

2008 年 6 月

目　录

第一章　综　述

第一节　五指山隧道工程概况

一、隧道位置与结构设计参数

(一)隧道位置

五指山特长隧道为国道213线乐山沐川至宜宾市新市镇二级公路改建工程的一部分,隧道位于四川省乐山市沐川县楠木村境内,是国道213线沐川至新市镇改建工程的控制工程。五指山隧道进口端位于C合同段,由四川公路桥梁建设有限公司隧道分公司施工;出口端位于D合同段,由中铁隧道集团施工。隧道原设计全长3 911m,后期施工C合同段增加了12m明洞,变更后隧道全长3 926m,起点桩号K29 +406,终点桩号K32 +332。原设计两合同段在K30 +280处分界,后期由于进口端发生突水及坍方,进口端停工长达一年多,在后期施工中两合同段分界点桩号根据两合同段的施工进度有所调整,最后定于K30 +100处。

(二)隧道结构设计参数

五指山隧道为单洞双车道隧道,为山岭重丘区二级公路隧道,设计行车时速为40km/h,隧道净宽8.5m,即3.5m×2(行车道)+0.25m×2(余宽)+0.5m×2(检修道),净高5.0m(图1-1)。全隧道共设置6个紧急停车带,停车带间距在500~600m之间,紧急停车带净宽12m,净高5m,加宽带3.5m。隧道路面横坡为"人字坡"±2%。隧道纵面线形设计综合考虑了进出口地形、地质条件和通风、排水、施工及隧道两端的接线条件,也考虑了隧道进口的行车视距,经综合比较,决定采用-2.23%~-1.9%的单向下坡。隧道进口位于半径R为4 000m的竖曲线上。设计荷载:汽-20级,挂-100。

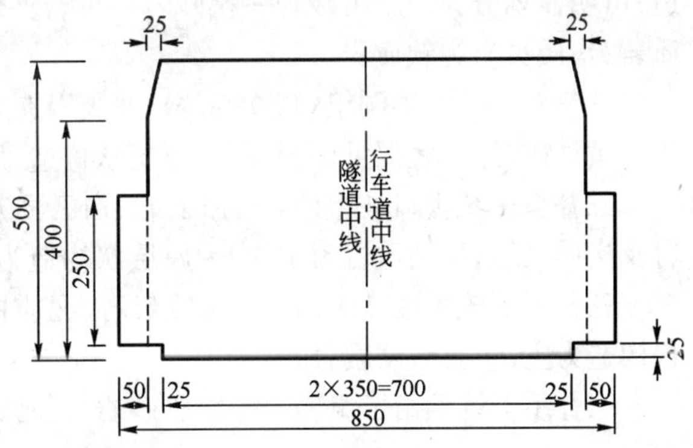

图1-1　五指山隧道建筑界线(尺寸单位:cm)

进口端位于半径R为400m的圆曲线上,曲线进洞长度99.6m,洞身和出口为直线。进口起点高程879.66m,出口高程终点高程801.37m。隧道内轮廓为三心圆曲边墙,拱部半径4.5m,圆心距基线高度2.37m,基线以上的拱顶净高6.87m,内空净面积53.37m^2。

二、隧道地形地貌

隧址区五指山处于四川盆地西南缘向云贵高原抬升带上,地形最高点七星包高程1 710m,最低点中都河高程450m,相对高差1 260m,为侵蚀、溶蚀构造中山地貌。区内植被茂密,沟谷纵横、深切，地形陡峻，峰峦起伏。其山岭地面海拔1 200～1 600m，沟谷地面海拔700～800m，高差500～600m；地形陡峻，切割强烈，沟谷横断面多为V形，地面横坡一般为25～40，部分可达50°以上；沟谷覆土厚度一般2～3m，个别大于6m。

隧道轴线与地层走向近似正交，从崩坡积层块石质土进洞，于崩坡积层块石（质）土出洞，洞身穿过岩性差异较大的地层，最大埋深约790m。隧址区位于马边—沐川弧形构造带内的五指山背斜南东段，处于背斜南翼和向核部的过渡带上。岩层产状由隧道进口处（五指山北东坡）的飞仙关组转为隧道出口处的（五指山南西坡）香溪群及自流井组。场地受地质构造影响较严重，节理在不同的岩性、构造和褶皱的部位而发育不同，局部会有层间破碎带发育，岩体的完整性不均。

隧道最大埋深约790m，岩体自重地应力可达20.0MPa，在隧道开挖过程中，在硬～极硬质岩类（砂岩、白云质灰岩）段的围岩中易引起岩爆，在极软～软质岩类（泥岩、页岩、炭质页岩、粉砂岩）段的围岩中易导致围岩发生流变或挤压破坏。隧区新构造运动以间歇性的缓慢上升为主，处于马边地震带的影响区，区域稳定性较差，但场内未见有活动断层。

三、隧道地层岩性

隧址区出露地层从新至老为第四系、侏罗系、三叠系，现按地层组段分述于下。

第四系全新统崩坡积层（Q_4^{c+dl}）：块石，局部小块石、角砾、粉黏粒富集而成小块石质土、角砾土、含角砾（块石）低液限黏土；松散～中密，稍湿～饱和，透水性较好，一般厚5.0～15.0m，局部可达60余米（隧道进口处）；主要分布于悬崖脚、陡坡及沟谷地带。

侏罗系中统自流井组（J_{2z}）：钙质泥岩、砂质泥岩为主，夹粉砂岩、石英细砂岩；以软质岩为主，中～厚层状构造，厚约175～202m。

三叠系上统至侏罗系下统香溪群（T_3～J_{1x}）：为一套内陆盆地沉积的河湖沼泽相含煤建造，可明显划分为三个由砂岩—粉砂岩—页岩夹煤层；薄～厚层状构造，细砂岩和粉砂岩为硬质岩，炭质页岩为软质岩。

三叠系上统垮洪洞组（T_{3k}）：灰岩、泥灰岩夹杂色钙质泥岩、黑色页岩，泥灰岩、钙质泥岩中常见黄铁矿晶粒，底偶见砾岩；薄～厚层状构造，厚约6～38m。

三叠系中统雷口坡组（T_{2l}）：白云岩、白云质灰岩、粉砂岩、砂质泥岩为主，夹石膏层、泥灰岩及炭质页岩；以硬质岩为主，中～厚层状构造为主。

三叠系下统嘉陵江组（T_{1j}）：泥质灰岩、泥质白云岩为主，夹角砾状灰岩或石膏层；以厚层状构造为主，主要为硬质岩。

三叠系下统铜街子组（T_{1t}）：岩屑砂岩、粉砂岩为主，夹灰岩；中～厚层状构造，以硬质岩为主。

三叠系下统飞仙关组（T_{1f}）：岩屑砂岩、粉砂岩、含砾砂岩为主，夹砂质泥岩、砾岩及含铜砂岩；中～厚层状构造，细砂岩为硬质岩，粉砂岩为软质岩。

四、地质构造及地震

（一）区域地质构造

测区位于马边—沐川弧形构造带内的五指山背斜，从1:50万的构造纲要图上可以看出，该区的主要构造运动为海西运动。海西运动广泛接受海浸，晚期地壳运动加剧，大规模基性岩浆喷发之后又频遭海侵，二叠系及中、下三叠统间一般为连续沉积，印支运动地壳大面积抬升，结束了海浸历史，进入陆相河流湖盆相沉积。

马边—沐川弧形构造，由一系列大致呈弧形的褶皱构造组成，一般背斜陡窄，向斜开阔，分布地层主要为中生界地层，仅在五指山背斜轴部才有古生界地层零星出露。

五指山背斜，其轴线由北北东、北东东转向南东呈弧形展布，长 50km，宽约 10km，弧顶在沐川生基坪莱园坡一带，形成若干隆起高点，由生基坪向南，背斜轴线呈南东向延伸，在屏山龙桥金沙江一带逐渐倾伏。

背斜轴部出露二叠系上统至三叠下统地层，岩层产状平缓，倾角 2° ~15°，两翼为上三叠系至侏罗系中、下统地层，产状较陡，倾角多为 40° ~70°，南西翼陡，北东翼缓，在沐川红庙子一带，地层发生倒转，剖面上呈倒转的不对称"箱状"背斜。

五指山背斜的断裂构造，在其西翼发育有一北西向展布的中都断层，断层发育在侏罗纪上统蓬莱镇组(J_{3p})和白垩系(K)地层中。背斜倾伏端屏山县龙桥断层，该断层切割背斜轴部的二叠系与三叠系地层。

因受多次构造运动的影响，岩层破碎、裂隙发育，特别在背斜翼部的转折端及其影响带，岩层变形更为强烈，次级小断裂(错动)与破碎带较为发育。

(二)隧道区地质构造

隧道区位于五指山背斜南东段，处于背斜核部向南西翼的急转带上，进口位置在五指山北东坡五指山背斜核部地带，洞口处为三叠系飞仙关组(T_{1f})岩层产状 290°∠3° ~5°，其上伏地层由老至新按正常层序产出，依次为：铜街子组(T_{1t})、嘉陵江组(T_{1j})、雷口坡组与垮洪洞组(T_{2l-3k})，其产状为 285°∠5° ~15°，总体来看岩层产状变化不大，地层平缓。

隧道穿越五指山脊后 K29 +800 附近进入背斜南西翼向出口处倾斜，岩层急剧陡倾，地层产状 218° ~240°∠44° ~54°，其岩性由老至新为三叠系铜街子组(T_{1t})、嘉陵江组(T_{1j})、雷口坡组与垮洪洞组(T_{2l-3k})须家河组(T_{3xj})和侏罗系自流井组与珍珠冲组(J_{1-22l})，呈正常层序产出，剖面上显示单斜、"箱状"形态，倾向南西。

(三)隧道区的节理裂隙

隧道区地层节理裂隙发育情况总体来看是较发育—发育，由于岩性差异较大，泥岩、页岩到砂岩、灰岩、白云岩、岩质软硬不均，呈薄层、中、厚层不等厚互层结构，裂隙发育程度软薄岩层大于厚硬岩层，互层大于单层。

在多次构造营力的作用下，隧区岩层主要表现为褶曲错动，特别在背斜翼部的转折部位其影响尤为强烈。受其主应力方向的影响，隧区裂隙主要发育两个方向，L_1 走向北东，陡倾北西或南东，隙面较平整，平面延长大于 5 ~8m，垂直向切割大于 1 ~2m；L_2 走向南东，陡倾南西或北东，隙面较平整，平面延长大于 1 ~3m，垂向切割大于 0.5 ~2m。

背斜的转折部位，层间裂隙发育，隧道进口段施工时，在 1 124m 处，发生涌水和洞体垮塌，长度近 80m，亦说明该段地层在水的作用下完整性遭受破坏。

各组裂隙发育的组数，间距为薄层状构造的岩石中发育 4 ~6 组节理，间距 0.3 ~2.5m，岩体体积节理数 $J_v > 6$；在中层状构造岩石中发育 4 ~6 组，间距多为 0.4 ~2.0m，$J_v > 5$；在厚层状岩石中发育有 2 ~3 组节理，0.4 ~1.0m，$J_v > 3$；在巨厚层构造的岩石中发育有 2 ~3 组，间距 3.0m，$J_v < 3$。

根据《五指山隧道工程地质详勘报告》，场地裂隙发育等级见表 1-1。

裂隙统计表 表 1-1

地层代号	岩石名称	岩石构造	节理组数	节理间距范围（m）	节理一般间距（m）	岩体体积节理数（条/m^3）	节理发育等级
J_{2z}	细砂岩夹粉砂质泥岩透镜体	中～厚层状	5	0.48～0.99	0.48～0.79	7.54	较发育～发育
T_3～J_{1x}	细砂岩	厚巨层状	3	0.53～7.14	0.53～1.08	2.94	较发育
T_3～J_{1x}	碳质页岩与粉砂岩互层	薄～中层状	6	0.33～4.54	0.33～1.00	5.84	较发育～发育
T_3～J_{1x}	细砂岩	厚层状	6	0.89～3.44	0.89～1.61	3.83	较发育
J_{1j}	灰岩夹泥灰岩	薄～厚层状	4	0.46～4.16	0.46～0.83	5.23	较发育～发育
J_{1t}	灰岩粉砂岩互层	薄～厚层状	6	0.33～11.11	0.33～2.56	4.32	较发育
J_{1f}	粉砂岩	中～厚层状	2	0.37～0.48	0.37～0.48	4.74	较发育

注：场地及周边地区植被茂密，地表多被崩坡积层覆盖，T_{2l}少量露头，无法进行节理、裂隙统计；T_{3k}在测绘、调查时未见其露头。

（四）隧道区的褶曲、断裂

隧址区除五指山背斜外，未见较大的褶曲和断层。受该背斜形态的影响，在岩层倾角急剧变化，硬质中～厚层状的岩层中，主要表现为层间错动，使其错动带岩体变碎；而薄岩层则表现为层间挤压、扭曲、褶皱等形态，在施工中表现为破碎和不稳定。

（五）地震活动性与地震动参数

测区位于川滇南北构造带的东缘，四川盆地西南部马边地震带北东侧，马边地震区，北西有利店断层，南西有玛脑断层，均为近南北向展布的压扭性断层，亦是 1971 年马边 5.8 级地震群的发震断层。

该地震带活动频繁，以群震型为特点，属浅层地震，深度多在 15～19km，从历史上发生地震的地点看，从雷波马湖—玛脑—马边一带，其震源具有向北迁移的趋势。根据《中国地震烈度区划图》（1990），该区地震基本烈度为Ⅶ度。

隧道工程为越岭深埋特长隧道，工程重要等级为一级。依据《中国地震动参数区划图》（GB 18306—2001），隧道区地震动峰值加速度定为 0.10g，地震动反应谱特征周期定为0.40s。同时，在中国地震局地壳应力研究所《国道 213 线沐川至新市镇公路隧道工程场地地震安全性评价报告》（2003 年 10 月）中，在 50 年超越概率 10% 时，场地基岩加速度峰值 0.113g，反应谱特征周期 0.40s。

五、气象与气候

测区地下水类型主要由松散堆积层孔隙水、基岩裂隙水及岩溶水。测区地形破碎，树枝状溪沟发育，隧道进口段的支沟均汇入永福河，属岷江水系。隧道范围内的溪沟流程短，汇水面积小，流量小，其中最大的溪沟（进口处的张家沟）流量为 55m^3/s（修建隧道前，在进口段突水坍方发生后，张家沟水量大大减少，有时断流）。张家沟为场地地表、地下水汇集、排泄通道，同时也为地表水侵蚀基准面。

线路位于四川盆地西南部，属于亚热带湿润季风气候区，四季温和，降雨充沛；夏季时间短，光照充足，降雨量占全年降雨量的60%以上，常有洪涝发生；秋季降温快，日照剧减，绵阴雨显著；冬季时间长，干冷少雨。施工期间据施工单位统计，2004年全年有280d下雨，由于是改建工程，施工路段交通不能中断，与隧道进口端相邻的B合同段施工期间，路基、路面半幅施工半幅通行，严重影响了C、D两合同段隧道施工的材料运输。

沐川县多年平均气温17°C，场地地形虽破碎，沟谷发育，但植被茂密，具地下水储量较丰富，动态变化受降水影响较小的特征。

六、水文地质与工程地质

原设计指出，II类围岩含少量孔隙潜水，呈滴水或淋雨状渗出；III类围岩含少量风化裂隙水及层间裂隙水，呈滴水或淋雨状渗出；IV类围岩岩溶以溶孔、溶隙或小型岩溶管道为主，富含岩溶水，多以细股～大股状涌、突水和轻微突泥。原设计根据水文地质条件，将全隧地下水涌水量分段预测，进口端最大涌水量1 287m^3/d，出口端最大涌水量5 486m^3/d。在实际施工中，涌水量远远大于设计值，造成施工困难。进口端由于涌水量远大于设计值，造成隧道被涌水淹没900余米的后果，突水坍方造成进口端停工达一年多，出口端涌水最大时达每天6万余立方米，施工环境恶劣，严重影响施工进度，大大延迟了原定的施工工期。

场地在区域应力场和局部应力场作用下，于背斜转折部和陡倾段发育了一些层间破碎带，岩石中发育了2～6组节理，属受地质构造影响较重～严重，节理发育～较发育范围。隧道洞身围岩以碎块状镶嵌结构—大块状砌体结构为主，局部为呈碎石状压碎结构～角碎状松散结构。在实际施工中，发现了4个较大的断层破碎带，其中一个破碎带在隧道纵向上的宽度达360m，给隧道施工造成严重影响。进口端2005年8月6日发生的特大突水坍方就发生在这一破碎带上。全隧道原设计II类围岩占5.1%，以强风化带的粉砂岩、细砂岩、泥岩、泥灰岩、泥质粉砂岩、薄层状构造为主，受地质构造影响严重，层间结合较差，构造、风化裂隙发育，岩体以块碎状镶嵌结构为主；III类围岩占全隧道围岩的62.0%，主要集中在洞身地段，以细砂岩、粉砂岩、粉砂质泥岩、泥岩、炭质页岩夹灰岩构成，薄～厚层状构造，进口段岩层产状较平缓，并于五指山脊处岩层急剧弯曲，受地质构造影响较重，层间结合较差，节理较发育；IV类围岩占18.2%，以泥灰岩、泥质白云岩夹灰岩、白云岩、粉砂岩和细砂岩为主，中～厚层构造为主，受地质构造影响较重，不同岩性层间结合力差，节理较发育，以大块状砌体结构为主。

隧址区植被茂密，地表多被松散层覆盖，岩溶发育总体上规模较小，区域岩溶发育高程主要在1 000～1 600m之间，比隧道设计高程805～885m高100m以上，故岩溶强烈发育带对隧道无大的影响，形成大型的溶洞、暗河可能性极小，多以溶孔、溶隙及小型管道形态出现。隧道通过碳酸盐岩地层时，和其相邻的非可溶性岩层接触界面处可能会发生涌、突水。但开挖后在某些区段，在高程1 000～1 600m之间的岩溶水发生了越层补给，造成隧道涌水时间较长，涌水较大的现象，岩溶水越层补给现象在勘察设计阶段未发现。

香溪群出露炭质页岩夹薄煤层，具有生烃（瓦斯）能力。煤层厚度一般小于或等于0.4m，厚度薄，储量小，煤层及其他烃源岩形成的瓦斯有限，可能含有涌出类型的瓦斯，但无煤突出危险。在埋深较大及背斜挤压部位仍有聚集条件，故穿越煤系地层仍有瓦斯封闭与聚集、瓦斯危害的可能性存在，施工中应加强瓦斯监测及通风。据调查，因煤质差，开采条件困难，隧址区附近的煤窑，早已停挖多年或距隧道很远，均对隧道无影响。隧道开挖后经检测，进出口段均未发现有瓦斯，隧道中部属于深埋地段也未发现有岩爆现象。

隧址区地下水化学类型以 HCO_3-Ca 为主，HCO_3 · SO_4-Ca · Mg 型少量，pH 值 7.4～8.3，为中性～弱碱性水，对混凝土无腐蚀性。

根据隧道地下水水文地质条件，对地下水涌水量计算见表 1-2。

五指山隧道地下水涌水量分段预测表 表 1-2

桩　　号	最大涌水量(m^3/d)	一般涌水量(m^3/d)
K28 +418～K30 +300	1 287	1 210
K30 +300～K31 +180	5 486	2 592
K31 +180～K32 +205	2 689	1 296
K32 +205～K32 +329	285	9
合计	9 747	5 107

预测该隧道最大涌水量 9 747m^3/d，一般涌水量 5 107m^3/d。

由于隧道线路较长，造成围岩类别众多，变化频繁，工程地质与水文地质特征差异较大，在实际施工中，围岩类别与设计有较大差异，变更较多。

设计中指出，当埋深大于 500m 时，可能会出现弱岩爆现象，在实际施工中未发生岩爆现象。出口段通进煤系地层，属低瓦斯隧道，在实际施工中进出口端加强了瓦斯的检测工作，但均未发现有瓦斯。

七、隧道施工变更情况

五指山隧道由四川省交通厅公路规划勘察设计研究院设计，通过招标，进口端 C 合同段由四川路桥集团隧道分公司施工，出口端 D 合同段由中铁隧道集团第三施工处施工。在施工开挖后围岩类别与实际相差较大，实际开挖后涌水量与预测涌水量也有很大差别，根据动态设计与施工的原则，在施工中作了大量的变更，主要是围岩类别变更和初期支护参数变更。各类围岩变更情况见表 1-3。

隧道围岩类别变更情况对比表 表 1-3

围 岩 类 别	II	III	IV	V
原设计长度(m)及比例	200(5.1%)	2 423(62%)	711(18.2%)	577(14.7%)
实际长度(m)及比例	1 384(35.4%)	1 908(48.8%)	532(13.6%)	86(2.2%)

由于围岩类别的变更，隧道支护结构同时也作了相应的变更，以保证隧道安全，各类围岩每延米支护材料见表 1-4。

五指山隧道各类围岩每延米支护材料数量表 表 1-4

围岩	喷射混凝土(m^3)	锚杆(m)	钢筋网(kg)	钢拱架(kg)	仰拱填充混凝土(m^3)	模筑混凝土(m^3)	注浆小导管(m)	大管棚(使用地段)(m)
II	5.4	158.3	79.4	758	6.4	20.2	38.7	32.4
III	3.3	67.5	46.5 (单层 ϕ6.5mm) 317 (双层 ϕ12mm)	—	6.4	13.0	—	—
IV	2.24	32.3	38.1	—		8.1	—	—
V	1.1	12.5	—	—		6.3	—	—

由于围岩的变化，五指山隧道工程量及工程造价也相应地有较大变化。

1. 总工程造价由原来的近1亿增加至约2亿。

2. 工程材料变更：锚杆数量增加32%，钢筋、钢架数量增加45%，混凝土数量增加24%。

第二节 五指山隧道施工概况

一、工期及施工进度

（一）隧道施工工期

五指山隧道于2003年12月18日开工，原计划总工期30个月，后来由于不良地质、特大突水坍方、膏盐地段的影响，实际工期大大延后。进口端突水坍方发生后，停工达一年多，后修建迂回导洞绕过坍方，成功泄水，为坍方处治和前方未开挖段继续施工创造了条件。迂回导洞进入主洞后，前方继续向前施工，后方处治坍方，至2007年8月11日，隧道进出口两个合同段上台阶贯通，2007年9月26日全隧道在K30+100处顺利贯通。

（二）隧道施工进度

1. 全隧道平均开挖月进度89.2m（两合同段总进度，计入特大突水坍方处理时间）。

2. 原计划进口端施工K28+418~K30+280段，共计1 862m，实际施工K28+406~K30+100段，共计1 694m，月平均进度58.4m（特大突水坍方处理时间未计），最高月进155m，出口端平均月进度50.7m，最高月进度150m。

3. 全隧二衬平均进度110m，进口端月平均进度50m，最高月进度120m；出口端月平均进度60m，最高月进度120m。

二、主要经济技术指标

主要经济技术指标与隧道涌水量大小密切相关。涌水量大时，隧道施工要采取专项措施，装药时要绑在钢筋上送上炮孔中，开挖后要有专人排水，第一次放炮时瞎炮多，要重新钻孔进行补炮，所用炸药、人工等均大大增加。在施工中，施工单位根据涌水量大小，分别进行了主要经济指标的测试，主要测试隧道开挖、喷混凝土、ϕ25中空注浆锚杆及小导管施工的主要经济技术指标，测试定额通过加权平均处理后和设计院预算定额及调整洞长系数后的补充定额进行比较。表1-5~表1-7是进口端隧道开挖、初期支护喷混凝土、初期支护中空注浆锚杆实测定额与预算定额比较表。从对比表中可以看出，隧道开挖施工中加权平均后定额数量与调整洞长系数后的92预算定额（即1992年原定额）比值为2.77，是所有的项目比值中最大的；空心钻钎、合金钻头加权平均后定额数量与调整洞长系数后的92预算定额比值为2.7和2.0，硝铵炸药比值为1.556，即开挖人工、空心钻纤、合金钻头实际施工比92预算定额大得多；水泵的值也比92定额大；喷混凝土与中空注浆锚杆均施工实测定额与92定额预算差不多。这说明五指山隧道由于涌水较大，开挖施工中所用人工比一般隧道定额预算大得多，开挖所用的部分材料也要比一般隧道预算大得多。实测定额与设计院预算定额的比值大致相当，说明突水坍方后，设计院所作的预算考虑到了五指山隧道施工中的实际困难，所作的设计变更、预算合理。

五指山隧道开挖实测定额与预算定额比较表

表 1-5

编制范围			五指山隧道(K29+834~K30+100)							
统计工程名称			五指山隧道开挖	工程细目		软石			工程数量	100m³
序号	涌水段划分		涌水量 0~5 000 m³/d	涌水量 5 000~15 000 m³/d	涌水量 15 000~35 000 m³/d	加权平均定额数量	92 预算定额(人工、机械乘以洞长系数 1.15)	设计院预算定额	加权平均后定额数量与调整洞长系数后的 92 预算定额比	加权平均后定额数量与设计院预算定额比
	工程项目		机械开挖自卸汽车运输	机械开挖自卸汽车运输	机械开挖自卸汽车运输	机械开挖自卸汽车运输	机械开挖自卸汽车运输	机械开挖自卸汽车运输		
	工料机名称	单位	平均值 1	平均值 2	平均值 3	加权平均值	定额	定额		
1	人工	工日	144.788	287.688	289.374	277.269	99.935	274.390	2.774	1.010
2	原木	m³	0.021	0.021	0.021	0.021	0.021	0.029	1.000	0.724
3	锯材	m³	0.019	0.019	0.019	0.019	0.019	0.029	1.000	0.655
4	钢管	t	0.011	0.011	0.011	0.011	0.011	0.015	1.000	0.733
5	空心钢钎	kg	9.005	22.781	22.627	21.615	8.000	20.950	2.702	1.032
6	合金钻头	个	6.239	8.727	7.855	8.085	4.000	8.000	2.021	1.011
7	铁钉	kg	0.200	0.200	0.200	0.200	0.200	0.300	1.000	0.667
8	聚氯乙烯塑料管	m	24.418	92.503	119.645	101.005		117.000		0.863
9	8~12 号铁丝	kg	1.800	1.800	1.800	1.800	1.800	2.300	1.000	0.783
10	硝铵炸药	kg	99.455	141.863	138.822	136.960	88.000	136.000	1.556	1.007
11	非电毫秒雷管	个	116.465	123.273	117.221	119.641	107.000	114.000	1.118	1.049
12	电	kW·h	225.321	250.272	249.472	247.893	224.000	244.000	1.107	1.016
13	水	m³	66.840	88.777	91.520	88.448	57.000	88.000	1.552	1.005
14	其他材料费	元	172.700	172.700	172.700	172.700	172.700	187.660	1.000	0.920
15	2m³ 以内轮胎式装载机	台班				0.000	1.231	1.231		

续上表

编制范围			五指山隧道(K29+834~K30+100)							
统计工程名称			五指山隧道开挖	工程细目		软石		工程数量		$100m^3$
序号	涌水段划分		涌水量 0~5 000 m^3/d	涌水量 5 000~15 000 m^3/d	涌水量 15 000~35 000 m^3/d	加权平均定额数量	92 预算定额(人工、机械乘以洞长系数 1.15)	设计院预算定额	加权平均后定额数量与调整洞长系数后的 92 预算定额比	加权平均后定额数量与设计院预算定额比
	工程项目		机械开挖自卸汽车运输	机械开挖自卸汽车运输	机械开挖自卸汽车运输	机械开挖自卸汽车运输	机械开挖自卸汽车运输	机械开挖自卸汽车运输		
	工料机名称	单位	平均值 1	平均值 2	平均值 3	加权平均值	定额	定额		
16	$3.5m^3$ 以内轮胎式装载机	台班	0.653	0.685	0.920	0.803				
17	12t 以内自卸汽车	台班	1.961	2.057	2.054	2.048	2.312	2.312	0.886	0.886
18	15t 以内自卸汽车	台班	0.653	0.685	0.678	0.679				
19	1t 以内机动翻斗车	台班	1.991	3.122	3.099	3.021	2.484	2.484		
20	φ150mm 以内电动单级水泵	台班	2.595	3.735	3.846	3.702	2.599	2.599	1.424	1.424
21	气腿式风动凿岩机	台班	11.142	18.078	25.671	21.413				
22	$9m^3/min$ 以内机动空压机	台班					6.003	14.858		
23	$20m^3/min$ 以内机动空压机	台班	5.828	9.881	12.464	10.882				
24	30kW 以内轴流式通风机	台班					6.026	11.213		
25	75kW 以内轴流式通风机	台班	5.655	6.805	5.801	6.201				
26	小型机具使用费	元	122.500	122.500	122.500	122.500	122.500	140.875	1.000	0.870
桩号			K29+834~855	K29+855~964	K29+964~K30+100					
施工长度(m)			21	109	136					
备注:加权平均定额数量=(各种涌水量情况下的定额数量×对应施工长度)÷合计总长度										

10

五指山隧道初期支护喷射混凝土实测定额与预算定额比较表

表 1-6

编制范围		五指山隧道(K29 +600 ~ +834)		统计工程名称	初期支护	工程细目	喷射混凝土	工程数量	10m³	
序号	涌水段划分		涌水量 0 ~ 5 000 m³/d	涌水量 5 000 ~ 15 000 m³/d	涌水量 15 000 ~ 35 000m³/d	加权平均定额数量	92 预算定额(人工、机械乘以洞长系数 1.15)	设计院预算定额	加权平均后定额数量与调整洞长系数后的 92 预算定额比	加权平均后定额数量与设计院预算定额比
	工料机名称	单位	平均值 1	平均值 2	平均值 3		定额	定额		
1	人工	工日	82.940	95.253	103.571	98.534	88.205	97.026	1.117	1.016
2	锯材	m³	0.009	0.009	0.009	0.009	0.009	0.010	1.000	0.900
3	P. O42.5 水泥	t	6.471	7.499	7.441	7.388	6.582	7.240	1.122	1.020
4	电	kW · h	40.046	47.188	47.309	46.686	42.000	46.200	1.112	1.011
5	水	m³	22.315	26.085	26.066	25.777	23	25.300	1.121	1.019
6	中粗砂	m³	10.189	11.359	11.919	11.553	10.560	11.616	1.094	0.995
7	碎石(2cm)	m³	10.367	11.405	11.537	11.391	10.22	11.242	1.115	1.013
8	其他材料费	元	443.000	443.000	443.000	443.000	443.000	487.300	1.000	0.909
9	250L 以内混凝土搅拌机	台班	4.762	5.454	5.224	5.282	4.623	5.085	1.143	1.039
10	混凝土喷射机	台班	4.993	5.599	5.231	5.363	4.623	5.085	1.160	1.055
12	1t 以内翻斗车	台班	5.436	5.858	7.431	6.629	6.590	7.248	1.006	0.915
14	9m³/min 以内机动空压机	台班	2.900	3.318	4.032	3.650	3.565	3.922	1.024	0.931
18	小型机具使用费	元	156.600	156.600	156.600	156.600	156.600	198.099	1.000	0.791
桩号			K29 +834 ~855	K29 +855 ~964	K29 +964 ~ K30 +100					
施工长度(m)			21	109	136					
备注:加权平均定额数量 =(各种涌水量情况下的定额数量 × 对应施工长度)÷ 合计总长度										

五指山隧道初期支护中空注浆锚杆实测定额与预算定额比较表

表 1-7

编制范围			五指山隧道（K29+600~K29+834）		工程细目		中空注浆锚杆（ϕ25）	定额单位		100m
序号	涌水段划分		涌水量 0~5 000m^3/d	涌水量 5 000~15 000m^3/d	涌水量 15 000~35 000m^3/d	加权平均定额数量	补充定额(人工、机械乘以洞长系数 1.15)	设计院预算定额	加权平均后定额数量与调整洞长系数后的补充定额比	加权平均后定额数量与设计院预算定额比
	工程项目		初期支护中空注浆锚杆	初期支护中空注浆锚杆	初期支护中空注浆锚杆	初期支护中空注浆锚杆	初期支护中空注浆锚杆	初期支护中空注浆锚杆		
	工料机名称	单位	平均值 1	平均值 2	平均值 3	加权平均值	定额	定额		
1	人工	工日	5.865	5.865	5.865	5.865	5.865	5.865	1.000	1.000
2	空心钢钎	kg	10.944	11.053	11.099	11.068	10.060	11.066	1.100	1.000
3	合金钻头	个	1.961	2.745	3.922	3.285	2.700	2.970	1.217	1.106
4	中空锚杆(ϕ25)	m	108.471	109.657	110.430	109.959	100.000	110.000	1.100	1.000
5	P. O42.5 水泥	t	0.208	0.241	0.266	0.251	0.224	0.246	1.123	1.021
6	中粗砂	m^3	0.154	0.174	0.193	0.182	0.160	0.176	1.138	1.035
7	电	kW·h	34.500	35.081	35.253	35.123	32.000	35.200	1.098	0.998
8	其他材料费	元	91.635	91.635	91.635	91.635	95.800	105.380	0.957	0.870
9	风动手凿岩机	台班	3.243	3.243	3.243	3.243	3.243	3.243	1.000	1.000
10	200L 以内灰浆搅拌机	台班	1.955	1.955	1.955	1.955	1.955	1.955	1.000	1.000
11	电动灌浆机	台班	1.668	1.668	1.668	1.668	1.668	1.668	1.000	1.000
12	1t 以内翻斗车	台班	0.759	0.759	0.759	0.759	0.759	0.759	1.000	1.000
13	10m^3/min 以内电动空压机	台班	3.243	3.243	3.243	3.243	3.243	3.243	1.000	1.000
14	小型机具使用费	元	23.500	23.500	23.500	23.500	23.500	27.025	1.000	
桩号			K29+834~855	K29+855~964	K29+964~K30+100					
施工长度(m)			21	109	136					

备注：加权平均定额数量 =（各种涌水量情况下的定额数量 × 对应施工长度）÷ 合计总长度

三、采取的主要施工方案及施工工艺

(一)主要施工方案

五指山隧道按新奥法进行施工,在开挖以前用 TSP 进行长期地质预报,预报大的断层破碎带及涌水、突泥情况;在施工时用地质雷达进行短期预报,并钻深孔取岩芯,从岩芯地质情况和钻孔涌水情况,推断前方未开挖围岩的地质状况,防止突水突泥的发生。

全隧道采用钻爆法施工,洞口段、洞身 II 类围岩段和岩层平缓的 III 类砂泥岩地段采用台阶法施工,其余采用全断面开挖的总体原则,加宽带采用"先通过后刷大"的方式开挖。

根据涌水量的大小,分别采用全断面超前深孔注浆堵水、周边深孔超前注浆堵水、开挖后周边注浆堵水的方式,通过涌水较大开挖困难地段。

破碎带或局部破碎地区,采到小导管注浆加固、施作大管棚、加密工字钢架等措施通过。

隧道利用索佳全站仪、徕卡全站仪及索佳水准仪进行控制测量和监控量测。

隧道进洞施工在大管棚超前支护下施作型钢钢架形成临时洞门,然后短进尺谨慎进洞,即按"管超前、短进尺、弱爆破、早支护、勤量测"的原则进行。

隧道台阶法施工,采用自制钻孔台车配合 YT-28 风动凿岩机钻眼。爆破作业专门设计,采用2号岩石炸药或乳化炸药、塑料导爆索(管),非电毫秒雷管等进行控制爆破,实现光面爆破,减少超欠挖。

采用压入式通同方式,进出口各采用两台 75kW ×2 轴流风机通风,经验算满足施工要求。

支护用钢筋、钢管、钢筋网、格栅钢架、型钢钢架等进行集中加工,现场安装。喷射混凝土采用潮喷工艺。

隧道出渣采用挖掘机与装载机配合装渣,并配备足够数量的装载机和 6 辆 15t 以上的汽车联合出渣。为了尽量减少施工干扰,仰拱分幅施工,形成掘进、初期支护、二次衬砌等分段平行作业。

二次衬砌采用进出口各一台 10m 整体移动模筑台车(工厂订做),衬砌尽量靠近开挖面,最大距离不超过 150m。自动计量拌和站生产混凝土,用混凝土输送车运送混凝土,混凝土输送泵送混凝土入模,附着式振动器振捣。

洞内水泥混凝土路面最后完成。采用机械化作业,集中拌和混凝土,混凝土输送车运送到施工地点,摊铺机摊铺,振动梁板振捣、机械压纹和切缝。

施工中派专人检测瓦斯浓度,保证洞内施工安全。

进口端涌水用抽水机或潜水泵排出洞外,并按设计涌水量大小配备一定数量的抽水设备,抽水设备涌水能力超过最大设计涌水量 50%,出口端涌水随下坡自然排出。

(二)主要施工工艺

1. 锚杆。设计的中空注浆锚杆,要求灌注早强水泥砂浆(砂粒径≤1.0mm),砂浆强度不低于 M20,所有锚杆设置垫板,施工时当砂浆强度达到 5MPa 时即上紧垫板和螺母。自进式锚杆施工时选用纯水泥浆(水灰比 $W/C=0.8\sim1$),注浆压力 1 ~ 1.5MPa。

2. 小导管。设计中 $\phi42$ 小导管用于超前支护,采用热轧无缝钢管制作,壁厚 3.5mm,管身钻注浆孔,孔径 8mm,孔间距 15cm,呈梅花形布置。小导管长 4m,环向间距 40cm。注浆参数:压注水泥砂浆(强度等级不低于 M20),水灰比 $W/C=0.5\sim1.0$,当围岩破碎,岩体止浆效果不好时，采用水泥—水玻璃双液注浆（主要用于加固 K29 +454 ~464 坍体及突水坍方后封堵涌水），将浆液凝结时间控制在数分钟以内；注浆压力为 0.5 ~1.0MPa，在孔口设止浆塞。

3. 大管棚及注浆。ϕ108 大管棚采用热轧无缝钢管制作，壁厚 6mm，管身钻注浆孔，孔径 15mm，孔间距 20cm，呈梅花形布置。大管棚每根长 30m，环向间距 40cm，外插角 1° ~2°，远端偏差不大于 45cm。注浆参数：压注纯水泥浆，水灰比 W/C =0.8 ~1.0，当止浆效果不好时，采用水泥—水玻璃双液注浆，注浆压力为 1.5 ~2.5MPa，孔口设止浆塞，并设置了止浆墙。

4. 二次衬砌。二次衬砌先浇筑仰拱，然后进行拱部二次衬砌的浇筑。

5. 隧道二次衬砌的浇筑应采用模板台车泵送混凝土整体浇筑，以保证二次衬砌的密实，超挖部分采用同级混凝土回填。

6. 在分段浇筑钢筋混凝土衬砌时，纵向钢筋采用双面焊接的方式接长，焊缝长度满足相关规范的要求。

7. 隧道防水层在初期支护验收合格后方可施工，铺设前仔细检查喷混凝土表面并除去出露的尖锐物（锚杆头、钢筋、铁丝、石块等），表面平整度应符合 D/L =1/6 的要求（L 为相邻凸出距离，D 为凹进深度），以避免其刺破防水层。

四、主要施工过程

（一）进口端主要施工过程

五指山隧道于 2003 年 12 月 18 日开工，进口端隧道于 2004 年 3 月进洞施工。进洞时隧道洞口仰坡出现裂隙，采用 ϕ27 自进式长锚杆、ϕ6 钢筋网片及 C20 喷混凝土加固后稳定；洞口段为黄色松软土体夹块石，局部有大块状孤石，右侧有裂隙水，呈股状流出，围岩稳定性差；施工至 K28 +470 时，围岩破碎，以土体为主，松散，有大块孤石出露，层理产状不明显，且纵向张裂隙与横向的软弱夹层汇交于拱顶，造成掌子面坍塌，拱部变形较大；施工 K28 +496 ~570 时，掌子面为粉砂岩，无明显层理及产状，以土体为主，有大块孤石出露，岩层破碎，左拱腰有一直径 4 ~5cm 的股水涌出，拱顶有淋水，开挖后涌水较大，涌水带走大量的充填物，导致初期支护施作后拱部大面积开裂、掉块，局部钢架有断裂，初期变形速成率较大，有坍塌的危险，经工字钢架、喷混凝土及注浆加固后稳定，因增设了工字钢架，造成初支侵界，后经人工处理后达到要求；施工 K29 +575 ~ +602 时，围岩为水平粉砂岩夹泥岩，且有软弱夹层，局部范围有页岩、泥岩，在拱顶存在一水平页岩层，掉块严重，左侧大部分为泥岩及碎片状页岩，有渗水及股水涌出，自稳能力差；施工至 K28 +616 时，围岩基本为水平砂质泥岩，掌了面涌水较大，约 40m^3/h，拱顶掉块严重，股水冲刷初支后，初支背后出现空洞；施工至 K28 +640 时，涌水增大，拱顶呈大面积淋雨状；施工 K28 +830 ~ +950 段落时，围岩呈块状砌体结构，但结构破碎，地下水发育，开挖后呈大面积涌水，拱部呈股状涌水或淋雨状，股水多处呈拳头大小，导致拱部掉块严重，局部地方拱顶坍塌 1 ~2m，炮孔打好后孔内涌水呈股状泄出，压力大，无法正常装药起爆，喷混凝土无法正常施工，且浪费严重，总涌水量约 400m^3/h，超过设计涌水量数倍，由于是下坡施工，掌子面积水深度达 50 ~120cm，施工困难；K28 +940 ~ +960 段，围岩处于次生断层中，围岩为粉砂岩泥岩互层，破碎，结构松散，无明显产状；施工至 K29 +400 时，围岩开始由前面的 III 类渐变为 II 类（K2 +970 ~K29 +400 为 III 类，且无水），施工至 K29 +430 时，围岩节理裂隙发育，2005 年 4 月 2 日施工至 K29 +460 时发生坍方，在处理坍方的过程中再次发生坍方，后坍腔又发生多次小坍方，坍渣以黄色土体夹块石为主，坍方发生后拱顶有少量涌水，本次坍方经半月后处理完毕；K29 +460 ~530 段，开挖后围岩以砂岩为主，夹砂质泥岩较多，无明显层状，节理、裂隙发育，松散破碎，局部区域有大量土体，初支变形严重，初支有开裂剥离现象，工字钢架扭曲变形，监控量测显示，围岩较长时间内不收敛。

K29 +540 附近掌子面不能自稳，采用 II超 型支护（K29 +475 ~ K29 +542），K29 +480 ~ K29 +542 初期支护在突水以前喷混凝土开裂、剥离，工字钢变形、扭曲严重。施工至 K29 +542 时，开挖后拱顶有掉块，后发展成为小坍腔，2005 年 8 月 6 日进行坍腔处理，在处理的过程中，掌子面突然发生涌突水，造成掌子面及拱顶崩坍，半小时后上升至 K29 +400，直至 8 月 9 日，隧道被淹总长度 920m，涌水淹过隧洞顶部达 700 余米，此后隧道施工的主要工作就是抽水，直至涌水退至 K29 +450 附近。后开会研究坍方突水处理方案，一直至 2006 年 4 月底，其间尝试的各种卸水方案收效不大，卸水不成功，坍方无法处理，一直处于停工状态；2006 年 5 月 1 日开始施工迂回导洞卸水方案，施工至 CK0 +118 时，涌水较大，实施全断面深孔超前注浆堵水方案，施工至 CK0 +158 时，迂回导洞发生坍方，不久后坍体涌水消失。经多方比较，决定迂回导洞提前转弯进入主洞，11 月底迂回导洞进入主洞施工完毕，迂回导洞成功进入主洞；迂回导洞进入主洞后，于 2006 年 12 月 28 日开始继续向前掘进原设计未开挖段，开挖后涌水较大，后方从主洞坍方处 K29 +478 处及 K29 +554 处前后夹击处治坍方，至 2007 年 2 月底，主洞坍方成功拆除破损的二衬台车上半断面，2007 年 5 月 11 日主洞坍方处治上台阶安全贯通，后施工坍方下台阶、二衬及拆除原破损二衬，2007 年 8 月 10 日主洞坍方处治下台阶安全贯通；主洞前方开挖后围岩为近水平岩层，但倾角不断加大，从 K29 +730 附近围岩倾角 5°逐渐增大，至 K30 +100 附近围岩倾角增大至 50°左右，围岩开挖后涌水较大，节理裂隙发育，岩层厚度较薄，爆破后块度较小。2007 年 9 月 26 日全隧道安全贯通。

（二）出口端主要施工过程

出口端在洞口施工时，围岩为块石质土，有涌水，稳定性差，地表覆盖层薄，采用小导管注浆加固后稳定，进洞施工后，围岩软硬不均，以泥岩、泥质粉砂岩夹少量泥质灰岩为主，有涌水，采用大管棚加小导管作超前支护；施工至 K32 +205 时，围岩呈大块状砌体结构，围岩较硬，但节理发育，涌水较大，施工速度较慢；施工至 K32 +165 时，围岩粉砂岩、粉砂质泥岩互层夹煤线，开挖后掌子面围岩软硬不均，拱顶有淋水，涌水冲刷造成超挖严重；施工至 K32 +080 时，围岩为粉砂岩、泥岩互层夹煤线，围岩软硬不均，薄至中厚结构，呈块碎状结构，开挖后有较大涌水；施工至 K31 +948 时，围岩裂隙发育，节理众多，爆破后围岩块度较小，加之有涌水，造成施工困难；2005 年 2 月施工至 K31 +640 时，涌水增大，受断层破碎带影响，围岩裂隙发育，涌水量达 35 140m^3/d，是出口段当时已开挖围岩中涌水量取大的段落，此涌水较大段一直延续至 K31 +300 左右，此段开挖后，围岩组成复杂，以粉砂岩、细砂岩、炭质页岩、粉砂质泥岩互层为主，夹炭质页岩及薄煤层或煤线，薄 ~ 中层状构造为主，受地质构造影响严重，层间结合力差，节理、裂隙发育，泥岩、炭质页岩抗压强度较低为 5 ~15MPa，属软质岩，RQD 值为 0% ~51%。开挖后围岩以块碎状镶嵌结构为主，层间富含裂隙水，拱顶呈淋雨状、瀑布状涌水，边墙裂隙有股水涌出，施工困难。从设计提供的地形图及岩层实际的倾角推算，K31 +638 的岩层与地面相交正好位于龙唐沟与隧道轴线的相交处。施工单位一直从龙深唐沟中取水，施工至 K31 +638 时，出口端隧道涌水增加，但该沟水量明显减少。由于涌水较大，造成施工困难，一是造成开挖时间明显延长，二是爆破效果不好，三是造成初期支护施工困难，四是造成施工环境恶劣，由于拱顶不淋水及股水，整个掌子面就像瀑布一样。施工中采取超前钻孔泄水、开挖后周边钻孔集中引排、大管棚、小导管作超前支护、增设全环格栅钢架、在加密系统锚杆等措施。

2005 年 7 月，施工至出口段 K30 + 912 时，涌水在原来的基础上进一步增大，最大达 66 518m^3/d，是所有施工段落涌水最大的阶段，也是施工最为困难的时期，施工速度缓慢，此涌水一直持续至 K30 + 817，持续时间 4 个月；2006 年 5 月，施工至 K30 + 750 附近时，原涌水减小后又增大，涌水量达 59 171m^3/d；2006 年 11 月五指山隧道 D 合同段施工至 K30 + 600 附近，隧道围岩出现灰白色夹深灰色、松散夹杂石块，且遇水软化，经检验，$CaSO_4$ 含量达 73.3%，经分析其主要成分为 $CaSO_4 \cdot 2H_2O$。2007 年 2 月再次对膏盐段围岩采样进行了围岩成分、膨胀率、膨胀力等的检测试验，证明石膏含量大于 95%，采样天然含水率为 12.67%，吸水率为 13.75%，自由膨胀率为 0.4%，无膨胀压力，证明该段围岩主要为含水石膏，并具有微弱的膨胀性。2007 年 4 ~ 5 月期间又对膏盐段围岩采样进行了围岩成分、膨胀率、膨胀力等的检测试验，检测结果证明，该段围岩主要为含水石膏，基本无膨胀。

隧道从 K30 + 605 开始逐渐出现少许石膏层，开挖至 K30 + 566 时已度过膏盐段。设计根据现场已开挖膏盐地层的具体里程和膏盐地层向两侧延伸的原则，故将 K30 + 555 ~ K30 + 610 段（共计 55m）采用膏盐段结构进行特殊设计。

五、应用新奥法施工的体会

新奥法是新奥地利隧道施工方法的简称，原名为 New Austrian Tunnelling Method，英文缩写为 NATM，是奥地利学者 L. V. Rabcewicy 教授等人于 20 世纪 50 年代根据多年的矿山工程经验开创并发展起来的一种实用的隧道设计、施工方法。它抛弃了原来隧道工程中应用木支护或应用厚壁混凝土衬砌结构支护强大地压的做法。新奥法利用监控量测等技术手段，适时地采用薄壁柔性支护结构，充分调动围岩自承能力，变围岩为重要的支护结构组成部分，同时注意保护围岩，因而比较经济且安全可靠。新奥法问世以来，在世界各地得到了广泛的应用，我国利用新奥法施工了许多特长隧道，取得了成功。

五指山隧道全长 3 926m（含明洞），属特长隧道，2003 年在全国公路隧道中超过 4 000m 的隧道并不多见，因此五指山隧道在国内算是长隧道了。五指山隧道处于四川盆地西南缘向云贵高原抬升带上，相对高差较大，为侵蚀、溶蚀构造中山地貌。在施工中遇煤系地层、膏盐地段、断层破碎带、特大突水及坍方，围岩变化频繁，围岩为近水平岩层，爆破效果不好，涌水较大，钻孔、装药及喷混凝土作业均困难，工人们经常在瀑布一样的环境中作业，围岩含泥岩成分较重，经涌水冲刷和浸泡后，洞内一片淋漓，施工进度较慢，文明施工形象不好，施工条件可想而知，膏盐地段围岩遇水泥化，围岩成为泥浆，毫无承载能力，遇特大突水及坍方，停工达一年之久。虽然有这些困难，但全体隧道建设者们不畏艰辛，共同努力，坚持贯彻新奥法施工，终于成功修建了五指山隧道。施工期间，多次发生坍方及涌水，但均未伤人。在施工期间，施工单位认真学习新奥法施工的理论及原理，坚持理论联系实际，施工完毕后，全体技术人员又撰写了多篇论文，全面总结了五指山隧道建设的经验教训，对新奥法施工又有了更深刻的认识和体会。

（一）在思想上高度重视新奥法

新奥法的思想传入我国的时间不是很长，尽管从 20 世纪 80 年代开始，我国利用新奥法修建了大瑶山隧道、军都山隧道等特长隧道，但对新奥法的认识还不是很全面。四川路桥集团和中铁隧道集团的领导者以发展的眼光，站在战略的高度，要求全体施工人员认真学习和总结新奥法施工原理。新奥法不仅是先进的施工技术方法，而且是公司自身队伍建设、公司提高施工水平的必须，否则就不能与时俱进，将被市场所淘汰。公司决策者深刻地认识到了这一点，在中标之后，积极培训施工人员，让广大施工人员深入体会新奥法的精髓和实质，要求在施工中自觉地应用新奥法，精心组织爆破，减少对围岩的扰动，爱护围岩，认真进行监控量测作业，及时整理监控数据并应用到施工中去，及时调整支护参数。有了思想上的重视，新奥法在施工中得到了全面实行。

（二）深入体会新奥法施工的精髓及实质

新奥法不仅是一种施工方法，更是一种施工理论。新奥法是应用岩体力学的理论，通过对隧道围岩变形的监控、量测，采用新型支护结构，尽量利用围岩自承能力指导隧道设计和施工的方法。它是以既有的隧道工程经验和岩体力学理论为基础，将喷射混凝土和锚杆、钢筋网、钢拱架组合在一起作为主要手段的一种设计施工方法。如果支护结构让围岩应力一点都不释放，则支护结构承受不了围岩的巨大压力，如果支护结构让围岩石应力完全释放，则围岩变得松散，形成松散压力，支护结构同样承受不了。在开挖面附近及时施作密切于围岩的薄层柔性喷射混凝土和锚杆支护，以控制围岩的变形和应力释放，从而在支护和围岩的共同变形中调整围岩应力重分布，达到新的平衡，最大限度地保持围岩本身的完整性和充分利用围岩的自承能力，支护结构和围岩在一种动态的发展过程中稳定。

新奥法的三大支柱是喷混凝土、锚杆及监控量测，新奥法施工与这三者密切相关，但不能把锚喷支护误解为新奥法的同义语。复合式衬砌分内外两层，先后施作的隧道衬砌，即在隧道开挖后及时用喷锚作为支护，经过监控量测确认围岩基本稳定后再施作内层衬砌，在内外衬砌之间加设防水层。因此，复合衬砌与新奥法施工密切相关。

（三）正确认识隧道围岩和支护结构及它们之间的关系

隧道开挖后处于围岩的包围中，围岩的稳定与否直接关系到隧道的安全。隧道岩体经过变形、遭受过破坏、由一定的岩石成分组成、具有一定的结构、赋存于一定的地质环境中的地质体，含有节理、裂隙，正是这些节理、裂隙影响了岩体的强度和完整性。隧道开挖之后，形成了一个开放的空间，围岩应力得到了部分释放，如果围岩应力过度释放，支护结构上承受巨大的压力，则围岩就有失稳的危险，支护结构的作用就是防止围岩过度变形，阻止围岩应力过度释放，围岩作用于支护结构上的压力不是松散压力，而是阻止围岩变形的形变压力，支护结构的作用是及时稳定与加固稳定，阻止其过度变形与应力过度释放，其作用是积极主动的。支护结构是柔性的，支护结构可以发生部分变形而不破坏。围岩与支护结构二者在一种动态的过程中寻求平衡。

围岩是组成隧道的部分，同时围岩是造成压力的来源，围岩还是承载的结构，所以围岩具有三位一体的特征。围岩具有自承能力，应充分地利用围岩的自承能力。围岩过度变形和扰动时，围岩的自承能力就大大减小或丧失，这就要求在开挖的过程中要保护岩体，不让岩体受到过分的扰动和伤害，以便围岩具有高的承载力。但施工爆破又不可避免岩体受到损伤而产生新的裂隙。这就要求施工采用先进的施工方法、先进的施工工艺，提高光面爆破效果，尽量避免岩体受到损伤和扰动，最大限度地保护岩体，让岩体充分发挥自承能力。

(四)认真试验总结,提高光面爆破效果

新奥法施工的基本原则要求在施工中应尽量地保护围岩,减小对围岩的扰动,尽可能保护围岩的原有强度和变形特性。五指山隧道开挖量约32 万 m^3,做好光面爆破工作,对于节约资源、保证工期、保证隧道开挖轮廓都具有相当重要的意义。五指山隧道大部分为近水平岩层,再加上围岩变化频繁,如不根据围岩的变化及时改变爆破参数,就有可能造成坍方或冒顶,因此搞好光面爆破工作显得十分重要。针对隧道围岩的这些情况,我们专门进行了爆破试验,对不同的围岩,选取不同的循环进尺、不同的周边孔间距、不同的单孔装药量等爆破参数进行试验,做好记录,根据爆破效果,对爆破参数进行优化,然后选取最佳的爆破参数,如果局部围岩有变化,根据实际围岩的情况,局部加以调整装药量。在施工前,坚持先测量定好炮孔位置后再钻孔,这样虽然多花了一些时间,但孔位准确,确保了光面爆破效果。技术人员到掌子面检查炮孔位置、装药、连线,爆破后查看爆破效果,认真总结经验,在下一个循环中加以改进。由于领导重视,措施到位,正常地段爆破作业很少出现哑炮,整个五指山隧道施工期间无一人伤亡,正常地段光面爆破炮眼痕迹率及超欠挖指标达到规范要求。爆破工作做得好,围岩原扰动小,对维护围岩稳定有利,后续工序喷锚支护、二次衬砌的施工质量进度也有了保证。

(五)做好监控量测,保证施工安全

新奥法施工要求充分利用围岩的自承能力,防止围岩过度松弛和大范围的变形,避免围岩出现单轴和双轴应力状态,实现这一要求的手段是监控量测。监控量测是新奥法施工的三大支柱之一。通过监控量测,及时掌握支护结构和围岩的动态,根据需要及时改变或修正支护参数。在施工中,我们成立了监控量测控制小组,以具有丰富测量经验的工程师牵头,备有隧道围岩收敛仪、经纬仪等。测量内容有洞外地表下沉监测、洞内围岩拱顶下沉监测、洞内围岩收敛监测。按规定布置断面,对断层破碎带和软弱破碎段加密监控量测断面,按规定的频率进行测量,并及时对测量的数据进行分析和整理,及时找出围岩收敛变化规律。由于数据整理及时,我们几次从数据中发现了塌方预兆,及时通知施工人员停止施工,撤出人员,避免了人员伤亡(具体内容见后面有关章节),有几次发现监控数据有异常,同时观察到初支开裂严重,工字钢架扭曲,及时对初支进行了加固,避免了坍方的发生。同时我们利用监控量测数据的信息,发现个别地段的围岩下沉过大,初期支护刚度不足,及时通知监理及业主到现场查看,及时调整了支护参数,避免了危险情况发生。由于在施工中坚持了监控量测工作,五指山隧道施工安全得到了有力的保障。

(六)认真学习,加强隧道施工管理

尽管大部分施工人员对新奥法施工有较深刻的认识,但仍有部分人员对新奥法施工认识不足,在施工中消极对待新奥法,如对于每次开挖后掌子面的围岩地质状况观察,不能做到每次放炮后观察并做记录、拍照,或观察不仔细,对围岩裂隙、倾角、走向等并不是每次都用工具认真测量,有时仅凭眼睛观测;有时为了赶进度,开挖后不及时施作初期支护,认为围岩比较好,可以不支护也能保证不坍塌;对于监控量测,有些断面未按规定的频率进行量测,对有疑问的数据未进行复测,对数据的处理、回归分析有时也未按规定进行,总认为围岩较好,不会有问题。但实践证明,施工中坚持新奥法施工,施工质量和安全就能得到保证,不坚持新奥法施工,

就会出现问题。如在 K29 +400 以前施工地段，围岩较好，施工速度较快，但施工至 K29 +430 以后，围岩开始发生变化，施工人员当时也观察到了这一点，但总认为前面很长一段距离的围岩均与设计相符，以后围岩也应该与设计差不多，围岩不会变化太大，对于围岩的变化未采取相应的措施，未变更支护参数，施工至 K29 +460 时围岩发生坍方，影响了施工进度，这一教训是深刻的。

六、经验、教训及感想

（一）加强勘察工作，提高隧道围岩及水文地质预测精度

隧道设计的围岩类别和水文地质条件是隧道施工的依据，明确了隧道围岩类别，施工才能确定开挖方案、支护结构、排水系统。不同的水文地质条件，隧道采取的施工措施也不一样，工程造价自然也就不一样，有时可相差数倍。围岩类别来源于隧道所进行的勘察工作，因此，隧道勘察工作的准确与否直接关系到设计的准确性。隧道设计力求基本准确，不应大幅度地改变设计内容、施工方案、投资预算和工期。五指山隧道不论是工程造价、施工方案、工期均与原计划有较大改变。在施工过程中，由于隧道水文地质条件与原设计文件有较大出入，大幅度地改变了隧道原设计，施工单位相应地改变了原来实施性施工组织中确定的施工方案，造成工程造价是原来的 2 倍还多，原定 2003 年 12 月开工，2006 年 2 月完工，但实际到 2008 年 4 月才全部完工，工期延长了 2 年多，大大增加了工程管理成本。

五指山隧道全长 3 926m，地质情况特别复杂，但全隧道的勘察工作仅钻了五个地质钻孔，进出口各一个，离进出口约 100m 各一个，两个合同段交界处附近一个。原设计中进出口附近地质资料比较准确，开挖后隧道水文地质情况与设计出入不大，钻孔稀疏之处水文地质情况与设计相差较大，恰恰就是这些段落地质情况开挖之后与原设计相差很大，且施工困难，在这些围岩地段施工出了大问题。K29 +420 ~ K29 +570 是一个破碎带，此破碎带在原设计图上没有标示，原因是这个破碎带离两边的地质钻孔均较远，从地质钻孔根本无法判断出来。进口端原设计最大涌水量 1 287m^3/d，但在实际施工中，进口端未坍方地段最大涌水量 8 000m^3/d ~ 10 000m^3/d，坍方地段最大涌水量 20 000m^3/d（平均），瞬时最大涌水量 3 800m^3/h；出口端原设计最大涌水量 5 486m^3/d，在实际施工中，最大涌水量达 66 518m^3/d，且长达 70m 段落的膏盐地段在设计图上未标示。施工单位在施工中对涌水也作了一定的防范，购置了大量潜水泵备用，但未想到涌水量远远超过设计数量，以致进口端在 K29 +542 处发生特大涌水后，原准备的小功率抽水设备来不及安装，由于是下坡施工，涌水很快将隧道掌子面淹没，施工人员无法进行抢险工作，涌水一直淹没至隧道洞口附近，涌水淹没隧道洞顶的长度达 720m。后用大功率抽水设备长时间排水才将涌水抽退至 K29 +420 附近，涌水浸泡后原初支大面积坍方，处理突水坍方用了近 2 年时间。出口端涌水量也超过原设计数倍，施工人员经常是在瀑布一般的环境中作业，施工困难。由于实际水文地质条件与隧道勘察的水文地质条件相差较大，两个合同段均修改了实施性施工组织设计，主要施工方案也作相应的修改。

总的说来，目前我国勘察的水平还不是很高，由于地质勘察仪器设备性能差、经费投入不足等原因，造成钻孔少，资料不够，分析不够，不能为隧道设计提供准确的地质资料，不能满足设计者的要求。另一个原因可能还与我国现在实行的监理制度有关，施工单位有监理，但勘察设计单位无监理，勘察设计单位就有空子可钻，片面追求经济效率，因为勘察质量好与坏无人来监督。应该尽快完善设计制度，特别是我国已加入 WTO，我国应迅速与国际接轨，要不断完

善各种监督制度，提高勘察设计水平，否则将失去竞争能力和生存能力。

当然，在勘察阶段完全弄清楚地下工程的地质状况后再设计的观点和要求是不现实的，也是不可能的，特别是地质复杂的长大隧道。尽量搞清楚隧道的地质状况，尽量减少施工中的变更，特别是重大变更和主要施工方案的改变，这一要求是可以做到的。

(二)根据隧道工程的特点，必须采用动态设计与动态施工的模式

地下工程与地面工程最大的区别就在于，地面工程可以准确地了解相关情况，提供比较准确的施工图纸和作出准确的工程概预算，一经确定后，一般不会大幅度地修改主要施工方案；而地下工程在开挖以前不可能详细了解地质状况，只能大概了解，那么根据前期勘察而作出的设计也就只能是大致的，要根据开挖后围岩的具体情况作出修正，不断地对原设计进行完善。交通部❶规定，隧道工程采用两阶段设计法，第一阶段即初步设计阶段，确定隧道位置结构类型及主要尺寸，提出工程投资概算；第二阶段在施工设计中进一步审定设计方案，将技术决策加以具体化。我国《铁路隧道新奥法指南》中也规定，隧道设计分为两个阶段，第一阶段为施工前预期设计阶段，第二阶段为信息反馈修改设计阶段。第一阶段不能详尽地掌握实际工程地质和水文地质条件，因此预设计需通过施工中的地质调查和现场监控量测，来确认和修正设计。这些规定都体现了隧道设计与施工是动态的特点。隧道工程的特点要求施工单位技术人员要经常深入现场及时发现问题，认真调查研究掌子面围岩情况，认真实施监控量测，并及时整理数据，及时向有关上级汇报问题，与监理、业主及设计代表积极配合。

五指山隧道围岩变化频繁，有时候就是今天与昨天开挖的围岩就有较大的区别。需要变更时，施工单位及时向监理、设计代表和业主反映，业主、设计代表及时到现场与施工单位一起察看后马上决定变更围岩的支护参数，及时地解决施工中的问题。在这方面业主及设计代表给予了积极的配合，没有影响施工进度，有时遇到特殊情况比较紧急，电话汇报后指挥部就立即指示施工单位马上采取必要的措施处理，阻止危险情况继续发展，而不是让施工单位先等待，让设计代表、指挥部上工地察看后再决定处理方案，这样险情可能会进一步发展，延迟了最佳的采取措施的时间。当前有的地方，设计单位交出图纸后，很少派人主动到工地察看设计是否与工程实际情况相符，或者是指挥部、监理部、设计代表住到大城市里边，离施工现场很远，等到施工单位反映了问题再去，有关人员不能立即赶到现场，等到有关人员都到了，时间可能都过去一两天了，延误了处理问题的最佳时机；当前有些业主害怕变更，千方百计阻止变更，认为变更多了不好，增加了工程建设投资，对自己不利，无法向上级交代，将节约工程投资作为政绩。这种认识是错误的，地下工程的特点就决定了隧道施工过程中必然有变更，应根据开挖后围岩的实际情况不断地对支护参数进行修正。力求减少变更与问题已经出现需要变更并不矛盾，隧道动态设计及施工的特点与地质勘察要尽量详细，力求减少变更、不变动大的施工方案的观点也不矛盾。

五指山隧道在施工过程中作了大量变更，其中包括几项设计与施工方案的重大变更，整条隧道设计投资近1亿元，实际投资近2亿元。沐新路213线指挥部的领导者充分认识到隧道设计及施工是动态模式的特点，既严格管理变更，又不害怕变更，采取科学的态度对待变更，对隧道施工中出现的与设计不符的问题，组织有关部门加以积极解决，而不是回避问题，压制问

❶ 交通部已改名为交通运输部。

题。五指山特长隧道的成功修建与沐新路213线指挥部领导者对待隧道设计与施工的科学态度是分不开的。

(三)科学的施工态度与投资、工期的关系

隧道施工是动态施工,在施工中要根据围岩的变化情况对支护参数进行修正,围岩情况好的时候可以快速施工,围岩情况不好时必须放慢施工进度,采取必要的工程措施如注浆加固围岩,打大管棚、小导管等,不要为了抢进度盲目冒进,结果造成不应有的损失。该变更支护采数、采取辅助工程措施的,必须要变更、采取工程措施。五指山隧道进口端施工至K28+980以后围岩工程地质条件较好,与设计III类差不多,当时施工速度较快,每月开挖进度150m,当时以为围岩差的地段均已过去,前方围岩应该与设计围岩类别一致,有望在2006年2月隧道贯通,两合同段施工人员及监理部、指挥部都非常高兴。由于围岩较好,有关单位指示施工单位加快施工进度,争取隧道早日贯通。但当施工至K29+420左右,围岩开始发生变化,当时以为是局部段落围岩变化,为了实现隧道早日贯通的目标,当时施工顺利冲晕了头脑,此段围岩较差未引起注意,还是按照原有的施工方案及支护参数施工,结果在K29+460时发生坍方,处理此坍方用了半月时间。这就是为了抢进度造成的后果,教训是深刻的。现在有的地方,为了赶进度,为节日献礼,缩短工期,不顾实际情况盲目冒进;为了抢进度,加之施工人员不够,软弱围岩,该施作二衬时不及时施作二衬,开挖面与二衬相距太远,有的甚至超过400m,开挖后不作初期支护,这些都不是科学的施工态度。科学的施工态度是以新奥法的基本原则和隧道施工规范为依据和准则。

五指山隧道发生特大突水坍方后,在专家会议上就正前方钻孔泄水方案和迂回导洞泄水方案比选时,有人认为采用正前方钻孔泄水方案投资少、见效快、工期短(一个月时间),泄水效果尚可,能起到泄水的作用,有人认为迂回导洞泄水效果好,有把握,但投资大,工期长(当时估计可能要3个月)。最后决定先实施正前方钻孔泄水方案,如果泄水效果差时再实施迂回导洞泄水方案。2005年10月开始实施正前方钻孔效果不好,再改为降低钻机高程等方式钻孔泄水,结果泄水效果仍不理想,时间很快到了2006年4月,这期间又进行了一次方案讨论,最后被迫实施迂回导洞泄水方案,仅此一项就延误工期半年。如果当初就确定迂回导洞泄水方案,可节约半年工期,还可节约钻孔泄水的投资。这就要求领导者高瞻远瞩,以科学的态度正确认识投资与工期的关系。

第二章　五指山特长隧道勘察与设计

第一节　五指山隧道勘察概述

一、任务目的与技术要求

(一)工程勘察的主要任务

工程勘察的主要任务是查明隧址区综合工程地质条件,对围岩工程地质特征、洞口和洞身及仰坡、洞口开挖段的稳定性,水文地质条件,地应力,煤层及瓦斯突出、涌水等进行评价。隧道工程地质勘察工作严格按部颁《公路工程地质勘察规范》(JTJ 064—98)隧道详勘的有关规定执行,对隧道的各段围岩应划分及确定围岩类别并提出围岩的物理力学指标:地基承载力、天然密度、饱和抗压强度、弹性模量、泊松比、内聚力、内摩擦角、岩体的纵波波速、完整性系数、岩体裂隙率等;对隧道分段提供地下水涌水量。

1. 工程地质测绘

(1)在初测基础上对1:2 000工程地质图件进行适当补充。

(2)实测隧道轴线1:2 000工程地质纵剖面图。

(3)实测进出口段1:200工程地质纵剖面图各3条。

(4)实测进、出口段1:200工程地质横剖面图各5条。

2. 钻探

编号ZK1、ZK2、ZK3、ZK4、ZK5孔,终孔孔深为设计高程以下5m,终孔后用水泥封孔。

3. 物探工作

对各孔围岩段均进行了弹性波波速测试。

4. 水文地质试验及坑、槽探

(1)各钻孔内均应在根据岩性分层进行分段压水试验。

(2)ZK2应增做地应力测试。

(3)ZK3还应增做煤层强度、瓦斯浓度与压力测试。

5. 岩土和水质试验

在隧址区内应采取足够的岩石及水样样品进行试验。不同地层及岩性段应分别采样,同一岩性段试样不少于3组,水样亦不少于2~3组;岩石样品应同时测定弹性波波速。

6. 建筑材料及施工用水

对隧道建筑采用的天然建筑材料和施工用水,在初勘的基础上进行补充调查、取样试验并作出评价。

7. 工程地质勘察成果

提供的隧址区工程地质勘察成果按《公路工程地质勘察规范》有关规定执行,并提供以下图件：

（1）隧道工程地质平面图（1∶2 000）；

（2）隧道轴线工程地质纵剖面图；

（3）洞口段工程地质横剖面图；

（4）洞口段工程地质纵剖面图；

（5）岩土水样试验成果报告图表。

（二）执行的规范、规程

勘察工作严格按交通部颁《公路工程地质勘察规范》（JTJ 064—98）、《公路土工试验规程》（JTJ 051—93）、《公路工程石料试验规程》（JTJ 054—94）等规程、规范中相应勘察阶段的有关规定及试验方法进行；岩土地基参数应根据试验数据，经统计分析后自《公路工程地质勘察规范》（JTJ 064—98）中查取。公路部门未明确的技术标准参照铁路、水利部、能源部及国标的相应标准执行。

二、勘察工作完成情况

（一）完成的主要工作量

完成的主要工作量见表 2-1。

五指山隧道勘察工作完成的主要工作量表 表 2-1

工程地质调查/测绘	水文地质调查及测流	实测地质剖面	节理裂隙统计	钻探	综合测井	压（注）水试验	水质分析	地应力测量	岩石试验				
									密度	单轴抗压	弹模泊松比	剪切	波速
km^2	km^2/处	m/条	处	m/孔	m/孔	段/孔	组	段/孔	组	组	组	组	组
10.0/2.0	40.0/28	9 520/30	7	1 019/3	595/1	15/3	10	6/1	102	103	78	40	270

（二）工作完成情况及存在问题与对策

因场地位于五指山倒转箱形背斜的正常翼转折段，地形陡峭，植被茂密，地层多，岩性杂，岩石破碎，岩溶发育，雨雾多，通视差，钻孔的定位采用 GPS 和全站议；对于钻探、实测隧道轴线地质断面未能控制住的地层、岩性段，通过寻找周边露头移线实测，换算得出其岩性、厚度资料；ZK4 钻孔时尽管采用了水泥、套管、泥浆固壁手段和缩短回次进尺方法，但孔内事故不断，导致岩芯采取率偏低或局部为零，施工则采用综合测井弥补；ZK5 处的煤层强度、瓦斯浓度与压力测试则委派专人守孔一月（孔深 100 ~ 343m 段），因受场地无厚煤层和钻探工艺的制约，未采集到煤样，未进行此试验；在孔内声波测试中，ZK5 波速偏低，不能利用而舍去，ZK4 因套管入土 250 余米，上部也未测波速值，岩石试件仅部分测有波速而不能与其对应，岩体的完整性采用各地层、岩性的节理、裂隙统计弥补（T21 层在场地及周边范围仅有少量出露，多溶沟，无法进行节理、裂隙统计，而在老 213 线上实测地质断面处出露的岩层面，节理、裂隙间距大于 3m 以上而无代表性）；水文地质调查按与隧道关系密切的范围、小流域及地下水补、径、排关系进行控制，测流沿溪沟、大泉出露处选点，并在泉点及地层界面处设点进行测流，以利控制、分析、估计及类比各地层的地下水排泄量和岩溶在场地深部发育的情况；深部岩溶水补、径、排关系则在水文地质调查的基础上参考1:20万的区域水文地质普查报告进行分析、预测;孔内压水试验,在可溶岩类中局部受岩溶影响其透水率偏大(属正常现象);泥质岩类受脱、饱水龟裂的影响,其干燥、饱和状态的物理力学性质测试试件偏少,代表性差;其余岩石试验及各项勘察工作均按院总工办下达的技术指导书和规范、规程执行。

第二节　五指山隧道勘察成果

一、不良地质现象对隧道的影响

(一)岩溶

1.新构造运动与岩溶化发育期对隧道的影响

现有地貌景观及第四系发育情况说明,测区晚近期以来构造运动是以上升为主,区内阶地不明显,但在嘉陵江组(T_{1j})底部发育的溶洞则显示新构造运动为间歇性的抬升。

区内发育的岩溶与新构造运动关系密切,当嘉陵江组(T_j)、雷口坡组(T_{2l})、跨洪洞组(T_{3k})被揭露于地表时溶蚀作用就强烈发生,根据区域资料及场地地调测绘、钻探,隧道区内水平(溶洞发育高程1 000~1 260m)、铅垂(竖井发育高程1 450~1 550m)向岩溶发育高程处于区域岩溶发育期的Ⅴ、Ⅵ期(高程1 000~1 600m)间,该期本地区地壳抬升幅度大,水平、铅垂的岩溶均较发育,表征该地史期是场地岩溶发育的主要期,塑造了场地的水平、铅垂岩溶形态,其后岩溶的发育受地层、岩性、地形控制。因区域岩溶发育期的高程及场地水平、铅垂向岩溶发育高程比隧道设计高程882.17~802.45m高100m以上,故岩溶及岩溶水强烈发育带对隧道无大的影响。

2.隧址区岩溶发育的影响因素及发育规律

影响岩溶发育的基本因素是岩性、构造、地形、植被、地表水,其中泥灰岩、泥质白云岩发育较差;位于地形平缓、地表水易汇集处的缓倾角厚层状白云质灰岩、白云岩最为发育,位于地形陡峭处的陡倾角薄层状的白云质灰岩及白云岩较差;在碳酸盐岩与非可溶性地层、岩性接触界面处发育,非接触界面处较差。总体上岩溶发育程度具有由河谷向分水岭逐渐减弱的特征。

3.对深部岩溶发育的认识

地下岩溶的发育离不开地下水的强烈循环交替溶蚀作用,而地下水的强烈循环交替溶蚀作用则受岩溶水排泄基面(可溶岩与非可溶岩暴露于地面的最低高程)制约。

场地内五指山东北坡岩溶泉多在T_{1j}与T_{1t}层的接触界面处(高程1 200~1 220m)排泄。五指山南西坡T_{2l+3k}与T_3~J_{1x}接触界面(高程1 300m)则未见岩溶泉出露。ZK04钻孔揭露的溶洞最低高程为1 226.03m,溶孔、溶隙发育的低点高程为1 165m。在隧道左侧3.5km的冷水溪T_{2l+3k}与T_3~J_{1x}接触界面高程925m,按3%的地下水力坡度计算,在隧道处的高程应为1 030m。隧道在碳酸岩处的设计高程在860~850m间,两者相差150m以上。

在水文地质的调查、测流中,泉水、溪沟上游溪水的温度变化在12~13℃间,而ZK4孔深240~320m时井温12.2~13.0℃,孔深580m(高程867.93m,隧道设计高程852.00m)时井温达17℃,表征场地地下水无大量的深部地下水循环交替。

深部地下水受渗透途径的制约,不能进行强烈的循环交替而产生严重溶蚀,故形成大型的溶洞、暗河可能性极小,多以溶孔、溶隙及小型管道形态出现。

4. 岩溶及岩溶水对隧道的影响

场地内碳酸岩以白云质灰岩、白云岩、泥灰岩为主，未见有大型的漏斗、落水洞、竖井、溶洞、暗河，同时岩溶水排泄高程、碳酸岩与非可溶性岩的接触界面比隧道设计高程高150余米，在隧道通过处形成大型的溶洞、暗河可能性极小，对隧道的修筑、运营不会产生大的危害。但在隧道通过碳酸盐岩地层时，受高水头压力的影响，可能有小型岩溶管道涌、突水出现。

（二）煤层、瓦斯及小煤窑对隧道的影响评价及建议

1. 煤层、瓦斯对隧道的影响评价及建议

隧址区内含煤地层为香溪群（$T_3 \sim J_{1x}$），分布于五指山南西坡，岩层单斜，节理较发育~发育，受地质构造影响较重~严重，封闭条件较差，倾斜~急倾斜煤层厚度一般≤0.3m，属碎裂~原生结构煤，隧址区无煤、瓦斯突出地质条件。

调查资料表明测区无常年开采的煤矿，而煤窑开采中均未遇有煤厚≥0.55m的煤层，未发生煤层自燃、煤尘爆炸及瓦斯突出等危害。在ZK5钻探过程中仅在局部段见有少量煤屑随钻探循环水翻出，揭露一些煤线和薄煤层，未遇顶钻、夹钻、抱钻、顶水现象，也未见有瓦斯、煤浆、煤粉、水从钻孔中喷出。表明隧道在掘进中无煤、瓦斯突出危险。

按照瓦斯地质勘察经验及四川境内三迭系下统须家河组（香溪群）含煤地层隧道、煤窑瓦斯危害调查，在建和建成的城黔路南山隧道、都汶路董家山隧道、广邻路华蓥山隧道以及完成勘察的邻垫路明月山隧道、铜锣山隧道勘察成果均证实：该煤系地层均无厚煤层，无煤突出、煤层自燃、煤尘爆炸及瓦斯突出等危害，属低瓦斯隧道；在四川境内的煤系地层中，三迭系下统须家河组（香溪群）煤层厚度薄，无可供机械化开采的大煤矿，也未见有建于三迭系下统须家河组（香溪群）的煤窑发生煤、瓦斯突出、自燃、爆炸的报道。据此类比，隧址区无煤、瓦斯突出、自燃、煤尘爆炸危害，属低瓦斯隧道，隧道穿过的三迭系下统香溪群（须家河组）属低瓦斯工区。

虽然以上情况表明隧道在穿煤区发生煤与瓦斯突出的可能性不大，但拟建隧道生烃类煤及煤系地层埋深100~400m，瓦斯有一定的封闭与聚集条件，瓦斯以涌出形式为主，在施工中应加强瓦斯监测及通风，避免洞室内瓦斯气体积聚到一定浓度而导致瓦斯燃烧或爆炸。

建议该隧道按低瓦斯隧道设计、施工，低瓦斯工区桩号为K31+220~K32+170，隧道其余段为非瓦斯工区。

因本次勘察掌握、收集的区内煤层、瓦斯资料甚少，不能完全、准确地进行定量评价，在施工中应进行地质复查工作，根据复查结果采取相应的必要措施。

2. 小煤窑对隧道的影响评价

据调绘，已知在五指山西南坡$T_3 \sim J_{1x}$层中有3个停采煤窑，煤巷及剥采面高程在1 020m及以上，对隧道无影响。

二、隧道围岩的分类及设计参数

（一）隧道围岩的分类

隧道里程桩号为K28+406.00~K32+332.00，全长3 926m。隧道进口位于沐川县永福镇楠木村张家沟右岸斜坡；出口则在屏山县太平乡龙潭村龙深塘沟右岸斜坡，隧道的进出口均穿越崩坡积层的块石质土和砂、泥岩岩层，洞身穿过以砂岩、泥岩、页岩、灰岩、白云岩、泥灰岩为主的单斜地层。

根据岩石的工程地质特征，按交通部《公路工程地质勘察规范》(JTJ 064—98)附录 G“隧道围岩分类”，划分场地隧道围岩类别如表 2-2。

隧道围岩分类表　　表 2-2

<table>
<tr><th>围岩类别</th><th>地层代号</th><th>岩石名称</th><th>里程桩号</th><th>主要工程地质特征</th><th>围岩开挖后的稳定问题及水文地质条件</th></tr>
<tr><td rowspan="3">Ⅱ</td><td>Q_4^{c+dl}</td><td>块石质土</td><td>详见剖面图</td><td>松散～中密，结构不均，局部块石、角砾、低液限黏土富集，$V_p=200\sim800m/s$，岩体呈松散～松软结构</td><td>含少量孔隙潜水，呈滴水或淋雨状渗出。围岩易坍塌，洞口处易冒顶</td></tr>
<tr><td>T_{1f}、J_{2z}</td><td>(强风化带)粉砂岩、细砂岩、泥岩、泥灰岩、泥质粉砂岩</td><td>详见剖面图</td><td>极软～软质岩，薄～厚层状结构，受划分影响严重，层间结合较差，裂隙发育，$V_p=1\,400\sim3\,000m/s$，岩体以块碎状镶嵌结构为主</td><td>含少量风化裂隙水，呈滴水或淋雨状渗出。拱顶岩石易坍落，侧壁易出现小坍塌</td></tr>
<tr><td>T_{1f}、T_{1t}、T_{1j}</td><td>构造角砾岩(层间破碎带)</td><td>详见剖面图</td><td>岩石泥化严重，属极软岩，受地质构造影响很严重，$V_p=1\,680\sim2\,380m/s$，岩体呈碎石状压碎结构～角碎状松散结构</td><td>含少量层间裂隙水，呈滴水或淋雨状渗出。拱顶岩石易坍塌，处理不当会出现大坍塌，侧壁经常小坍塌</td></tr>
<tr><td rowspan="5">Ⅲ</td><td>T_{1f}</td><td>砂岩、粉砂岩、粉砂质泥岩</td><td>详见剖面图</td><td>软～硬质岩，中～厚层状构造，岩层产状平缓～陡倾，受地质构造影响较重～严重，层间结合一般～差，节理较发育～发育，岩体在岩层产状平缓段以大块状砌体结构为主，在岩层陡倾段以块碎状镶嵌结构为主</td><td>含少量层间裂隙水，呈滴水或淋雨状渗出。拱顶岩石易沿层面坍落或发生较大坍塌，侧壁有时失去稳定</td></tr>
<tr><td>T_{1t}</td><td>粉砂岩、粉砂质泥岩、灰岩</td><td>详见剖面图</td><td>软～硬质岩，薄～中层状构造为主，受地质构造影响较重，不同岩性层间结合较差，节理较发育，岩体以块碎状镶嵌结构为主</td><td rowspan="2">含少量层间裂隙水，呈滴水或淋雨状渗出，局部有小股岩溶水涌出。拱顶岩石无支护时可发生较大坍塌，侧壁有时失去稳定</td></tr>
<tr><td>T_{3k}</td><td>粉砂岩、页岩、泥岩、泥灰岩、灰岩</td><td>详见剖面图</td><td>软～硬质岩，薄～中层状构造为主，受地质构造影响严重，层间结合较差，节理较发育～发育，岩体以块碎状镶嵌结构为主</td></tr>
<tr><td>$T_3\sim J_{1x}$</td><td>细砂岩、粉砂岩、粉砂质泥岩互层、夹炭质页岩、薄煤层、煤线</td><td>详见剖面图</td><td>软～硬质岩，薄～中层状构造为主，受地质构造影响严重，层间结合较差，节理较发育～发育，岩体以块碎状镶嵌结构为主</td><td rowspan="2">含少量层间裂隙水，呈滴水或淋雨状渗出。拱顶岩石无支护时可发生较大坍塌，侧壁有时失去稳定</td></tr>
<tr><td>J_{2z}</td><td>泥岩、泥质粉砂岩夹泥灰岩细砂岩</td><td>详见剖面图</td><td>软～硬质岩，薄～厚层状构造，受地质构造影响较重，不同岩性层间结合较差，节理较发育，岩体以块碎状镶嵌结构为主</td></tr>
</table>

续上表

围岩类别	地层代号	岩石名称	里程桩号	主要工程地质特征	围岩开挖后的稳定问题及水文地质条件
IV	T_{1j}	泥灰岩、泥质白云岩、灰岩、白云岩	详见剖面图	软～硬质岩，薄～厚层状构造，受地质构造影响较重，不同岩性层间结合较差，节理较发育～发育，岩体以大块状砌体结构为主	岩溶以溶孔、溶隙和小型管道为主，有细股～大股岩溶水涌、突出和轻微的突泥。拱顶无支护时可产生小坍塌，侧壁基本稳定，爆破震动过大易坍塌
	T_{2l}	泥灰岩、泥质白云岩、夹白云岩、白云质灰岩、灰岩、粉砂岩	详见剖面图	软～硬质岩，中～厚层状构造，受地质构造影响较重，不同岩性层间结合较差，节理较发育，岩体以大块状砌体结构为主	
	$T_3 \sim J_{1x}$	细砂岩、粉砂岩、粉砂质泥岩互层	详见剖面图	软～硬质岩，中～厚层状构造，受地质构造影响较重，层间结合一般，节理较发育，岩体以大块状砌体结构为主	含少量层间裂隙水，呈滴水或淋雨状渗出。拱顶无支护时可产生小坍塌，侧壁基本稳定
V	T_{2l}	灰岩、白云质灰岩、白云岩夹少量泥灰岩	详见剖面图	硬质岩，中～厚层状构造，受地质构造影响较重，层间结合一般，局部夹泥灰岩处结合较差，节理较发育，岩体以大块状砌体结构为主	岩溶以溶孔、溶隙和小型管道为主，有细股～大股岩溶水涌、突出和轻微的突泥。拱顶无支护时局部可产生小坍塌，侧壁稳定

（二）设计参数建议

设计建议参数取值见表2-3。

三、隧道洞口工程地质条件

（一）隧道进口

隧道进口处于沐川县永福镇楠木村张家沟右岸斜坡，横坡上陡下缓呈折线状，坡角变化在20°～40°间，总体横坡角约30°，ZK1钻孔揭露松散层厚28.90m，ZK3钻孔揭露松散层厚61.95m，由块石夹（质）土构成，局部夹有角砾土、含角砾低液限黏土透镜体。坡表植被茂密，多竹子及部分树木，无滑塌破坏迹象，无地裂缝发育，整体稳定性较好，无大规模滑动破坏可能，但局部陡坎高3～5m，其长期稳定性不高，会产生小规模的滑塌。

伏于松散层下的基岩为飞仙关组（T_{1f}）砂岩、粉砂岩，岩层缓倾坡内，节理陡倾并大于岩面坡角，无滑动破坏可能，岩体稳定。

隧道进口桩号K28+418.00，路面设计高程879.66m，当洞高7.0m时，仅局部侧壁处于松散层中。现洞口向坡面近20m段的折线状缓坡可作局部滑塌体的堆积区，局部土体的破坏对隧道无大的危害，洞口斜坡整体稳定。堑坡由块石、块石质土构成，横向上岩土界面平缓，不构成潜在危险滑移面，当堑坡按1:1放坡时，堑坡稳定。

设计参数建议表 表2-3

围岩类别	地层代号	岩石名称	岩石性质	岩体结构	密度 (g/cm^3)	弹性抗力系数 (MPa/m)	静弹性模量 (Gap)	泊松比	计算摩擦角 (°)	摩擦系数	容许承载力 (MPa)
II	Q_4^{c+dl}	块石质土夹黏土质角砾	松散~中密	松散~松软结构	1.90~2.00	130	1.2	0.45	35	0.40	0.4
	T_{1f}~T_3~J_{1x}	构造角砾岩(层间破碎带)、煤	极软质岩	碎石状压碎结构~角碎状松散结构	2.10~2.20	140	1.3	0.40	31	0.30	0.3
	T_{1f}、J_{2Z}	(强风化)粉砂岩、细砂岩、泥岩、泥灰岩、泥质粉砂岩	极软~软质岩	块碎状镶嵌结构	2.30~2.45	200	2.0	0.35	31	0.35	0.4
III	T_{3k}、T_3~J_{1x}、J_{2Z}	泥岩、页岩、泥灰岩、炭质页岩、粉砂质泥岩、粉砂岩	软~硬质岩	块碎状镶嵌结构	2.40~2.50	400	7	0.35	43	0.35	0.6
	T_{1f}、T_1、T_3~J_{1x}、J_{2Z}	粉砂质泥岩、粉砂岩、细砂岩、灰岩	软~硬质岩	大块状砌体结构~块碎状镶嵌结构	2.45~2.55	500	10	0.30	50	0.45	1.0
IV	T_{1j}、T_{2L}、T_3~J_{1x}	泥灰岩、泥质白云岩、灰岩、白云岩、粉砂岩、细砂岩	软~硬质岩	大块状砌体结构为主	2.50~2.60	1 000	20	0.25	55	0.5	2.0
V	T_{2L}	白云质灰岩、灰岩、白云岩	硬质岩	大块状砌体结构为主	2.55~2.65	1 600	35	0.20	67	0.6	4.0

(二)隧道出口

隧道在屏山县太平乡龙潭村龙深塘沟右岸斜坡出洞,横坡近直线状,坡角约35°,松散层厚8.0~15.0m(ZK2钻孔揭露松散层厚13.25m),由块石质土和块石构成,松散层整体低于块石质土的自然休止角(约45°),坡体稳定性较好,但坡表多荒草,块石密布,3~5m厚的块石部分松散堆积,有架空现象,稳定性差,易发生崩、滑落破坏。伏于松散层下的基岩为自流井组(J_{2z})泥岩夹砂岩、粉砂岩,岩面坡角由钻探、物探得知上陡下缓,其中高程878~826m段约40°,826~796m段约25°,796~784m段约10°,不构成崩坡积体潜在的滑移面,不存在大规模滑动破坏可能。

伏于松散层下的基岩为自流井组(J_{2z})岩面坡角由砂岩层面控制,并且岩石倾角大于岩面坡角,无滑动破坏可能,岩体稳定。

隧道出口桩号 K32+329，路面设计高程 801.37m，当洞高 7.0m 时，仅局部侧壁处于松散层中。现洞口向坡近 15m 段的缓坡不能满足斜坡松散体表部破坏的堆积，建议对其进行加固或防护处理，并对沟岸作防冲刷护岸，以保证隧道运营安全。

四、隧道洞身工程地质条件

隧道由崩坡积层（Q_4^{c+dl}）块石质土进洞，于崩坡积层（Q_4^{c+dl}）块石（质）土出洞，洞身穿过岩性差异大的 T_{1f}、T_{1t}、T_{1j}、$T_{2l}+T_{3k}$、$T_3 \sim J_{1x}$、J_{2z}层，隧道轴线与地层走向近正交，最大埋深约 790m。

洞身围岩含有极软岩（构造角砾岩、煤、炭质页岩）~极硬岩（白云岩、白云质灰岩、灰岩），围岩岩石具有矿物成分、结构、构造、强度差异极大特性。

隧区位于五指山背斜南东段核部向南西翼过渡带上，隧道穿过“半箱状”的地质结构，岩层产状由进口处（五指山北东坡）飞仙关组的 280°~297°∠2°~5°扭为出口处（五指山南西坡）自流井组的 210°~228°∠44°~51°。洞身围岩的地质构造具有不断变化特征。

场地在区域应力场和局部应力场作用下，于背斜转折部和陡倾段发育了一些层间破碎带，岩石中发育了 2~6 组节理。属于受地质构造影响较重~严重，节理发育~较发育范围。隧道洞身围岩以碎块状镶嵌结构~大块状砌体结构为主，局部为呈碎石状压碎结构~角碎状松散结构。

隧区碳酸盐岩地层岩溶发育，地表形态主要以石牙、溶沟、峰丛、槽谷、溶隙、竖井、溶洞为主，地下深部岩溶则以溶孔、溶隙和小型管道为主，在隧道硐身围岩局部段会遇到股状涌水或突水。

香溪群（$T_3 \sim J_{1x}$）为煤系地层，隧道于此段为低瓦斯工区，隧道属低瓦斯隧道。

隧道洞身围岩在以上的工程地质、水文地质环境中，具有围岩类别众多，变化频繁，工程地质、水文地质特征差异大的特点。围岩类型的划分、特征、分段详见隧道围岩分类表及纵剖面图（图 2-1）。

五、隧道各类围岩的工程地质、水文地质特征

（一）II 类围岩

II 类围岩长 200m，占总长的 5.1%。主要由隧道进、出口处的 Q_4^{c+dl} 的块石（质）土、T_{1f}、J_{2z}强风化带的粉砂岩、细砂岩、泥岩、泥灰岩、泥质粉砂岩和 T_{1f}层间破碎带的构造角砾岩构成。

Q_4^{c+dl} 主要由块石（质）土松散~中密，潮湿~饱和，结构不均，局部角砾、粉黏粒富集，个别块石直径 >6.0m，堆积体呈松散~松软结构。含少量孔隙潜水，呈滴水或淋雨状渗出。围岩易坍塌，拱部易冒顶。

T_{1f}、J_{2z}强风化带的粉砂岩、细砂岩、泥岩、泥灰岩、泥质粉砂岩，岩质极软~软，薄~厚层状构造，受地质构造、风化影响较重，层间结合较差，构造、风化裂隙发育，岩体以块碎状镶嵌结构为主。含少量风化裂隙水及层间裂隙水，呈滴水或淋雨状渗出。拱顶围岩易沿层面塌落，侧壁易出现小坍塌。

T_{1f}层间破碎带的构造角砾岩岩质极软~软，受地质构造很岩质，节理很发育，岩体呈碎石状压碎结构~角碎状松散结构。含少量层间裂隙水，呈滴水或淋雨状渗出。拱顶围岩易沿层

1 640
1 630
1 600
1 580
1 560
1 510
1 530
1 500
1 480
1 460
1 440
1 430
1 400
1 380
1 360
1 310
1 320
1 300
1 280
1 260
1 240
1 220
1 200
1 180
1 160
1 110
1 120
1 100
1 080
1 060
1 040
1 020
1 100
1 980
960
940
920
900
880
860
840
820
800
780
760

岩石名称
工程地质特征
围岩类别
剖面方向及钻孔平面位置示意图
地面高程(米
里程桩号(米

面塌落，侧壁易出现小坍塌。

（二）Ⅲ类围岩

Ⅲ类围岩长2 423m，占总长的62%。主要由隧道洞身T_{1f}、T_{1t}、T_{3k}、T_3～J_{1x}、J_{2z}的细砂岩、粉砂岩、粉砂质泥岩、泥岩、炭质页岩夹灰岩、煤构成，岩质极软～硬，薄～厚层状构造，进口段岩层产状较平缓，并于五指山脊处岩层急剧弯曲，受地质构造影响较重～严重，层间结合较差或一般，节理较发育～发育。

T_{1f}由粉砂岩夹细砂岩、粉砂质泥岩构成，岩质软～硬，中～厚层状构造，于岩层产状较平缓处岩体以大块状砌体结构为主，于背斜陡折处岩体呈块碎状镶嵌结构。含少量层间裂隙水，呈滴水或淋雨状渗出。拱顶围岩易沿层面塌落，侧壁有时失去稳定。

T_{1t}、T_{3k}、T_3～J_{1x}、J_{2z}的粉砂岩、粉砂质泥岩夹细砂岩、灰岩、泥灰岩、泥岩、炭质页岩、煤构成，处于五指山背斜的转折部～翼部，岩体以块碎状镶嵌结构为主。含少量层间裂隙水，呈滴水或淋雨状渗出。拱顶无支护时可发生较大坍塌，侧壁有时失去稳定。

（三）Ⅳ类围岩

Ⅳ类围岩长711m，占总长的18.2%。由隧道洞身T_{1j}、T_{2l}的泥灰岩、泥质白云岩夹灰岩、白云岩、粉砂岩和T_3～J_{1x}的细砂岩、粉砂岩夹粉砂质泥岩构成。岩质软～硬，中～厚层状构造为主，岩层单斜，受地质构造影响较重，不同岩性层间结合较差，节理较发育，岩体以大块状砌体结构为主。

其中T_{1j}、T_{2l}岩溶以溶孔、溶隙或小型岩溶管道为主，富含岩溶水，多以细股～大股状涌、突出和轻微突泥；T_3～J_{1x}含少量层间裂隙水，呈滴水或淋雨状渗（突）出。

此类围岩拱顶无支护时可发生小坍塌，侧壁基本稳定，爆破振动过大易坍塌。

（四）Ⅴ类围岩

Ⅴ类围岩长577m，占总长14.7%。由隧道洞身T_{2l}的灰岩、白云质灰岩、白云岩夹少量泥灰岩构成。岩质硬，中～厚层状构造，受地质构造影响较重，层间结合一般，节理较发育，岩体以大块状砌体结构为主。

其中T_{2l}岩溶以溶孔、溶隙或小型管道为主，富含岩溶水，多以小股～大股状涌、突出和轻微突泥。

此类围岩拱顶无支护时局部可发生小坍塌，侧壁稳定。

在本次工程地质调绘、钻探时，于T_{1j}、T_{2l}地层中见有溶隙、竖井、溶洞发育及大泉出露于碳酸盐岩类与非可溶性岩层接触界面处，隧道在此段地层中地下水水头高，特别是在碳酸盐岩类的不同岩性接触界面和与非可溶性岩层接触界面附近可能会遇到小型溶蚀管道，应注意防范涌、突水。

（五）对岩爆和围岩大变形评价

拟建隧道长3 926m，最大埋深约790m，岩体自重应力可达21.3MPa。

1. 对岩爆的评价

围岩发生岩爆一般应满足3个条件：

（1）岩石属硬质岩，强度与最大地应力之比小于7；

（2）岩体完整性好，能储存较大的能量，一般岩体呈大块状砌体结构～巨块状整体结构；

(3)无地下水活动。

由含有硬质岩地层构成的围岩有 III ~ V 类。

本次勘察地应力测量，在 ZK4 孔深 421 ~ 593m 深度域内最大水平主应力 P_H = 11.82 ~ 18.15MPa，最小水平主应力 P_h6.92 ~ 11.15MPa，最大主应力方向 N74°W，岩体原地抗张强度一般为 1.90 ~ 3.00MPa。当岩石密度取 2.70g/cm^3，岩体垂向（自重）应力 P = 11.39 ~ 16.02MPa，表明岩体的应力基本上为自重应力。

以硬质岩为主的 III 类围岩分布于 K28 + 570 ~ K30 + 060 段，隧道埋深 90 ~ 630m，位于五指山背斜核部 ~ 转折部，由 T_{1f}的粉砂岩、细砂岩（硬质岩）夹粉砂质泥岩（软质岩）构成，受地质构造影响较重，岩体呈大块状砌体结构 ~ 块碎状镶嵌结构，有地下水活动（ZK4 孔底岩芯上见溶孔发育），围岩无岩爆可能。

IV 类围岩由 T_{1j}、T_{2l}属软质岩的泥灰岩、泥质白云岩（R_b = 29.5 ~ 35.6MPa）和属硬质岩的白云岩、灰岩（R_b =64.6 ~ 110.4MPa）构成，呈互层状，受地质构造影响较重 ~ 严重，岩体呈大块状砌体结构 ~ 块碎状砌体结构，含岩溶水。虽然隧道埋深 790 ~ 470m，发生岩爆可能性较小。

V 类围岩埋深 600 ~ 100m，由 T_{2l}属硬质岩的白云岩、灰岩（R_b = 64.6 ~ 110.4MPa）互层构成，受地质构造影响较重，岩体呈大块状砌体结构，含岩溶水。隧道埋深 600 ~ 420m，局部可能存在洞壁岩体片状剥离及零星弹射等高应力条件下弱岩爆。

2. 对围岩大变形评价

围岩发生大变形一般应满足以下条件：

(1)岩石属软质岩石，强度与最大地应力之比小于 7；

(2)围岩类别低（I ~ III），塑性大，完整性差，一般岩体呈块碎状镶嵌结构 ~ 角碎状松散结构。

根据以上条件，场地无 I 类围岩。

II 类围岩分布于 K28 + 418 ~ 570、K30 + 060 ~ 125、K32 + 275 ~ 329 段。

K28 + 418 ~ 570、K32 + 275 ~ 329 段位于隧道进出口处，埋深浅，主要的工程地质问题是围岩易坍塌、冒顶。

K30 + 060 ~ 125 段位于五指山背斜转折部和局部岩层陡倾处，隧道埋深 685 ~ 705m，岩体自重应力达 18.5 ~ 19.0MPa，由 T_{1f}的构造角砾岩（层间破碎带）、粉砂岩夹粉砂质泥岩、细砂岩构成，受地质构造影响很严重，构造角砾岩泥化严重，岩体呈块碎状镶嵌结构 ~ 角碎状松散结构，易发生大变形。

III 类围岩分布于 K28 + 570 ~ K30 + 060、K30 + 125 ~ 315、K31 + 175 ~ 330、K31 + 410 ~ 550、K31 + 615 ~ 700、K31 + 830 ~ K32 + 085、K32 + 115 ~ 170、K32 + 205 ~ 275 段，由 T_{1f}、T_{1t}、T_{3k}、T_3 ~ J_{1x}、J_{2z}构成。

T_{1f}以粉砂岩、细砂岩（硬质岩）为主，夹少量粉砂质泥岩（软质岩），于背斜核部段以大块状砌体结构为主（J_v =4.74 条/m^3），于背斜转折段呈块碎状镶嵌结构（RQD = 22% ~ 100%），隧道围岩发生大变形的可能性小。

T_{1t}以粉砂岩、粉砂质泥岩（软质岩）为主，夹灰岩（硬质岩），受地质构造影响较重 ~ 严重，岩体呈块碎状镶嵌结构。隧道埋深 705 ~ 770m，地应力 P = 19.0 ~ 20.4MPa[$(P_H + P_h)/2 < P$]，粉砂质泥岩的 R_a = 36.8MPa，粉砂岩 R_b = 25.5MPa，R_b/P = 1.5 ~ 1.2，但隧道围岩在硬质灰岩的夹持下可发生极高应力条件下的大变形，变形等级属轻度。

T_{3k}由软、硬岩相间的中 ~ 薄层状灰岩、泥灰岩、钙质泥岩、页岩构成，岩体呈块碎状镶嵌结构。隧道埋深410～390m，$P=11.1\sim10.5\text{MPa}$，但隧道围岩在硬质灰岩、泥灰岩的夹持下可发生极高应力条件下的轻度等级围岩大变形。

$T_3\sim J_{1x}$：第一旋回由细砂岩（硬质岩）和粉砂岩、粉砂质泥岩、碳质页岩（软质岩）互层夹薄煤层构成，厚70m，受地质构造影响严重，岩体呈块碎状镶嵌结构。隧道埋深390～320m，地应力$P=10.3\sim8.48\text{MPa}$，粉砂质泥岩的$R_a=13.9\text{MPa}$，粉砂岩$R_b=23.6\text{MPa}$，炭质页岩$R_a=8.2\text{MPa}$，$R_b(R_a)/P=0.8\sim2.3$，隧道围岩于此段地层可发生极高应力条件下的大变形。

第二、三旋回由细砂岩（硬质岩）和粉砂岩、粉砂质泥岩（软质岩）夹炭质页岩（软质岩）、薄煤层构成，厚600m，受地质构造影响较重～严重，岩体呈大块状砌体结构～块碎状镶嵌结构。岩石软、硬相间，软质岩多以薄～中层状构造为主。隧道埋深320～70m，隧道围岩于此段发生大变形的可能性较小。

IV类围岩中，T_{1j}、T_{2l}由属软质岩的泥灰岩、泥质白云岩（$R_b=29.5\sim35.6\text{MPa}$）和属硬质岩的白云岩、灰岩（$R_b=64.6\sim110.4\text{MPa}$）构成，呈互层状，受地质构造影响较重，岩体呈大块状砌体结构。隧道埋深790～410m，发生围岩大变形的可能性较小。

六、隧道地下水侵蚀性评价及涌水量预测

（一）水化学类型及对混凝土的腐蚀性评价

测区的地下水类型在1:20万的区域水文地质普查报告中定为HCO_3-Ca、HCO_3-Ca・Mg型，pH值6.5～8.0，矿化度0.1～0.2g/L，一般对混凝土无腐蚀性。

本次勘察，根据场地地下水的类型（水文地质单元）和地下水的径流、排泄通道，在隧道场地的南、北坡取有12件水样，其中沟、溪水8件，泉水4件（相对于孔隙潜水2件，基岩裂隙水6件，岩溶水4件）。

据《公路工程地质勘察规范》（JTJ 064—98），隧道所处环境类别为III类，场地浅部地下水（地表水）对混凝土腐蚀性评价见表2-4。

表2-4

场地环境水对混凝土的腐蚀性评价表

腐蚀类别		腐蚀介质	松散层孔隙潜水（Q_4^{c+dl}）			岩溶水（T_{2l+3k}、T_{1j}）			基岩裂隙水（J_{2z}、$T_3\sim J_{1x}$、T_{1t}、T_{1f}）		
			含量	标准	腐蚀等级	含量	标准	腐蚀等级	含量	标准	腐蚀等级
结晶类腐蚀		SO_4^{2-}（mg/L）	14.24～17.68	<1 500	无	10.44～146.2	<1 500	无	6.24	<1 500	无
分解类腐蚀	酸型	pH值	7.4～8.1	>6.0	无	7.9～8.3	>6.0	无	7.7～8.2	>6.0	无
	碳酸型	侵蚀性CO_2（mg/L）	0.0	<30	无	0.0	<30	无	0～2.2	<30	无
	微矿化酸型	HCO_3^-（mg/L）	146.4～195.3	>1.0	无	164.7～183.1	>1.0	无	36.61～177.0	>1.0	无
结晶分解复合类腐蚀		Mg^{2+}（mg/L）	3.65～6.08	<3 000	无	13.38～25.54	<3 000	无	2.43～13.38	<3 000	无
		$Cl^-+SO_4^{2-}$（mg/L）	17.79～21.23	<10 000	无	13.99～40.87	<10 000	无	8.01～60.41	<10 000	无

从水质分析成果资料及表2-4可以看出,场地地表水、浅部地下水类型以HCO_3-Ca为主,$HCO_3 \cdot SO_4$-Ca · Mg型少量,pH值7.4~8.3,为中性~弱碱性水,对混凝土无腐蚀性。

场地浅部地下水的循环交替强烈,而深部地下水的循环交替弱,水化学特征随着隧道的开挖及深部地下水的补给将发生变化,其腐蚀性质不明,建议施工时对隧道地下水水化学特征及水质进行复核。

(二)涌水量分段预测

据沐川县气象站资料,多年平均降水量1 297mm,平均降水天数200d,其中永福镇多年平均降水量1 549.67mm,平均降水天数219d,中都镇多年平均降水量802mm,平均降水天数181d。

隧区隶属石竹坪水文地质单元,依据隧道穿过的地下水类型、地层岩性及地形地貌划分为5个计算单位。

1. K28+418~570段

该段隧道通过Q_4^{c+d}、T_{1f}、T_{1t}含水层长度152m,处于张家沟右岸谷坡。而张家沟两岸谷坡较陡,植被茂密,谷肩以上均为一缓坡平台地形,且左岸基岩裸露,多灌木,右岸块石质土堆积,多农田。降水不能迅速地汇集于冲沟后向张家沟排泄,入渗量较大,隧道于此段地下水较丰,围岩主要由块石质土、基岩强风化带构成,地下水以滴水或淋雨状渗出为主,局部有小股状流出。地下水径流模数:Q_4^{c+dl}层$M_j=5.80\text{L/s}\cdot\text{km}^2$,$T_{1f}$、$T_{1t}$层$M_j=2.77\text{L/s}\cdot\text{km}^2$;降水的渗入系数:$Q_4^{c+dl}$层$\lambda=0.118$,$T_{1f}$、$T_{1t}$层$\lambda=0.057$;渗透系数:$Q_4^{c+dl}$层$K=0.15\text{m/d}$,$T_{1f}$、$T_{1t}$层强风化带$K=0.30\text{m/d}$。

(1)按径流模数估算该段地下水的出水量

隧道左侧计算Q_4^{c+dl}t层长度为1 420m。

$$Q_L = M_j \times F_i = 5.80 \times 1.42 \times 0.152 = 1.25(\text{L/s}) = 108.0(\text{m}^3/\text{d})$$

隧道右侧计算T_{1f}、T_{1t}层长度为1 980m。

$$Q_R = M_j \times F_i = 2.77 \times 1.98 \times 0.152 = 0.83(\text{L/s}) = 71.7(\text{m}^3/\text{d})$$

$$Q = Q_L + Q_R = 108.0 + 71.7 = 179.7(\text{m}^3/\text{d})$$

式中:Q_L——隧道左侧地下水补给量;

Q_R——隧道右侧地下水补给量;

Q——此段隧道地下水总补给量;

M_j——地下水径流模数;

F_i——计算块段面积。

(2)按年降水有效渗入时间系数法估计该段地下水的日渗入补给量

$$Q_L = \lambda \times X \times F_i / A_i = 0.118 \times 1.549\,67 \times 1\,420 \times 152/219 = 180.2(\text{m}^3/\text{d})$$

$$Q_R = \lambda \times X \times F_i / A_i = 0.057 \times 1.549\,67 \times 1\,980 \times 152/219 = 117.3(\text{m}^3/\text{d})$$

$$Q = Q_L + Q_R = 180.2 + 84.1 = 297.5(\text{m}^3/\text{d})$$

式中:λ——渗入系数;

X——年降水量;

A_i——年降水有效渗入时间,五指山东北坡$A_i=219\text{d}$;五指山西南坡$A_i=181\text{d}$。

(3)按地下水动力学法估计该段地下水的涌出量

隧道左侧小坪桥水沟常年流水，距隧轴 300～400m，均距 350m；沟床高程 882～1 000m，均高 941m。隧道路面设计高程 879.66～876.77m，均高 878.22m。水位与隧道路面高程平均差值 62.78m。

$$Q_L = BK(H^2/2a) = 152 \times 0.15 \times (62.78 \times 62.78/2/350) = 128.4(\mathrm{m^3/d})$$

隧道右侧张家沟常年流水，距隧轴 30～80m，均距 55m；沟床高程 881.5～895m，均高 888.25m。水位与隧道路面高程平均差值 10.03m。

$$Q_R = BK(H^2/2a) = 152 \times 0.30 \times (10.03 \times 10.03/2/55) = 41.7(\mathrm{m^3/d})$$

$$Q = Q_L + Q_R = 128.4 + 41.7 = 170.1(\mathrm{m^3/d})$$

式中：B——隧道通过含水层的长度，m；

K——渗透系数，m/d；

H——地表水（潜水）水位与隧道路面设计高程平均差值，m；

a——隧道至地表水的距离或隧道涌水影响半径，m。

(4)对该段隧道的涌水量预测

因隧道位于张家沟右岸，张家沟在该地层中深切，左岸地下水多被拦截，同时隧道左侧小坪桥沟也排泄了一些地下水，建议该段隧道的最大涌水量按 180m^3/d ，一般涌水量按170m^3/d 考虑。

2.其他各段涌水量预测

用以上方法对五指山隧道其他各段涌水进行计算，得出其余各段涌水量。五指山隧道各段涌水预测如表 2-5 所示。

五指山隧道涌水量分段预测表 表2-5

段落桩号	最大涌水量(m^3/d)	一般涌水量(m^3/d)
K28+418～K30+300	1 287	1 210
K30+300～K31+180	5 486	2 592
K31+180～K32+205	2 689	1 296
K32+205～K32+329	285	9
合计	9 747	5 107

限于目前工程地质勘察技术水平，准确地预报可能发生隧道地质灾害的位置、性质、状态、规模是十分困难，必要的超前预报和防治措施对减轻岩溶、岩溶水对隧道建设影响十分重要。建议采用地质调查法、超前钻孔法或声波反射法超前预报，超前距离宜 >50m。水量小时，可采用喷混凝土、钢拱架、浆砌片石、超前预注水泥砂浆等措施，但水量、水压、水位变幅大时应根据实况慎重处理。对水量大时，应采用管道、泄水洞、明洞引排，采用动态设计。

第三节 五指山隧道补充地质勘察

一、进行五指山隧道补充地质勘察的原因

(一)原设计围岩划分及涌水量预测

原勘察认为，大部分围岩属于 III 类，III 类围岩长 2 440m，占总长的 62.39%，IV 类围岩长

1 010m，占总长的 25.82%；进口端围岩以近水平层状砂岩为主，层间夹砂质泥岩，出口端以泥灰岩、灰岩为主，围岩含有极软岩（构造角砾岩、煤、炭质页岩）~极硬岩（白云岩、白云质灰岩、灰岩），围岩岩石具有矿物成分、结构、构造、强度差异极大特性；在背斜转折部和陡倾段发育了一些层间破碎带，岩石中发育了 2~6 组节理；隧道洞身围岩以碎块状镶嵌结构~大块状砌体结构为主，局部为呈碎石状压碎结构~角碎状松散结构。进口端预测最大涌水量 1 287 m^3/d，一般涌水量 1 210m^3/d，出口端隧道平水期最大涌水量按 5 486 m^3/d，一般涌水量按 2 592 m^3/d 考虑，整个隧道开挖后多数地段以滴水为主，局部拱顶有淋水。整个隧道预测该隧道最大涌水量9 747 m^3/d，一般涌水量 5 107 m^3/d。

（二）开挖后的实际状况

然而至进口端突水坍方时，开挖后围岩遇 FW1、FW3 和 FW4 破碎带，多处发生大的涌水，进口端 K28+530~570 段开挖后涌水，持续时间 20d，最大涌水量达 8 000 m^3/d；进口端 K28+830~950 段发生涌水，持续时间约 30d，开挖后涌水达 11 000m^3/d；进口端 K29+542 处发生突水及坍方，稳定涌水量在 600~800m^3/h，持续时间一年以上，最大涌水量达 3 800 m^3/h；出口端 K31+300~K31+638 段，涌水持续时间 4 个月，最大涌水量 35 140m^3/d；出口端 K30+817~K30+912 段，涌水持续时间 4 个月，最大涌水量 66 518m^3/d，出口端 K30+686~K30+750 段，最大涌水量 59 171m^3/d。由此可看出，开挖后隧道水文地质条件与原勘察设计相差很大，开工至 2005 年 8 月份，隧道进口掘进总长 1 024m，出口掘进总长 1 429m，由于进口端发生突水及坍方，致使施工进度受阻。

（三）补充地质勘察的目的

2006 年 2 月 7 日，四川省交通厅公路规划勘测设计研究院委托四川省地质工程勘察院开展"沐新路五指山隧道专项水文地质勘察（施工补勘）"工作，查明五指山隧道的水文地质条件，特别是地质构造特征、岩溶发育情况对水文地质条件的影响；分析隧道开挖及运营期的地下水补给、径流、排泄关系，判定隧道静态涌水量，动态涌水量及总涌水量，预测疏干区及影响区范围和隧道未开挖段的分段涌水量及可能产生涌、突水的地段，提出防治措施建议。

二、五指山隧道补充地质勘察的主要内容

（一）五指山背斜岩溶水文地质

1. 地层岩性的控制作用与岩溶含水层类型

五指山背斜出露的地层，轴部向两翼由老至新依次为上二叠系峨眉山玄武岩、宣威组碎屑岩类；下三叠系飞仙关组钙质砂岩，夹泥岩与泥灰岩、薄层灰岩、灰岩角砾岩不等厚互层；下三叠系铜街子组灰岩夹钙质砂岩、灰岩角砾岩；下三叠系嘉陵江组灰岩白云质灰岩、盐溶角砾岩夹泥灰岩与石膏；中三叠系雷口坡组灰岩、白云质灰岩夹泥灰岩、钙质砂岩、盐溶角砾岩与石膏；上三叠系垮洪洞组灰岩、泥灰岩、泥岩；上三叠系须家河组砂岩夹页岩含薄煤层、煤线；侏罗系自流井组、沙溪庙组、遂宁组、蓬莱镇组、白垩系夹关组均属红层碎屑岩类。其中下三叠系飞仙关组与铜街子组、嘉陵江组、中三叠系雷口坡组、上三叠系垮洪洞组的灰岩、白云质灰岩具备易受溶蚀岩溶发育条件，特别是嘉陵江组、铜街子组、雷口坡组与垮洪洞组的灰岩，层厚质纯、岩溶发育强烈。另在碳酸盐岩系列中，还包含古风化壳储水层和盐溶角砾岩洞穴水。盐溶角

砾岩为富含盐类矿物成分的岩层，三叠系中、下统地层中有所分布。在地下水作用下，盐类矿物被大量溶解流失造成岩层塌陷、崩解、碎裂，并经重新胶结成为具有角砾状结构或巨厚层块状构造的岩层。常见有石膏被溶滤后形成的晶孔和孔洞。根据岩石成分、胶结物等物性差异，本区可分为钙质盐溶角砾岩和砂、泥质盐溶角砾岩。根据五指山各级夷平面上嘉陵江组灰岩分布区的初步统计，岩溶洼地，漏斗的密度达到64个/km^2，面岩溶率为2.9%。在灰岩、白云岩中，发育有由溶洞、裂隙构成的岩溶管道水系统，在灰岩、泥灰岩、灰岩角砾岩与钙质胶结的碎屑岩中，发育有溶孔、溶隙为主，偶见小型溶洞的岩溶管网水系统。根据《五指山隧道工程地质详勘报告》ZK4号钻孔资料统计：溶洞、角砾岩、溶孔等岩溶现象较普遍出现。T_{1j}与T_{2l+3k}层中，溶洞与溶孔溶隙极为发育，各层溶孔分布广泛，其中T_{1f}层在高程889.43m以下仍有所发育。按照填图单元，将五指山背斜的岩溶含水层划分为：$T_{1f}+T_{1t}$为碎屑岩夹碳酸盐岩岩溶裂隙孔洞水，含水层的富水性级别为中等级，岩溶水单个出水点排泄量5~50L/s（0.043 2~0.432万m^3/d）。T_{1j}与T_{2l+3k}或T_{1t}为碳酸盐岩岩溶裂隙溶洞水，含水层的富水性级别为强、较强级，岩溶水单个出水点排泄量>100L/s（>0.864万m^3/d）。

2. 地貌的控制作用与区域水文网对岩溶水的影响

五指山位于四川盆地的西南边缘，属凉山山地向盆地延伸的余脉，区内山脉走向以北西为主，为切割深度500~1 000m的中低山。五指山系由不对称背斜形成的构造隆起山体。南西侧是T_{3xj}碎屑岩构成的缓倾单斜山，岭脊海拔1 700~2 000m地带，在局部地段为T_{2l}~T_{3k}碳酸盐岩分布；轴部地势较平缓，由三叠系下统及部分二叠系上统形成台状、脊状山与深切沟谷层状岩溶地貌，海拔700~1 500m；北东侧为T_{3xj}碎屑岩构成的锯齿状山脊，海拔900~1 300m。背斜山体的两侧均为红层深切丘陵与低山，海拔500~1 000m。

本区在不同高程上，展布着四级起伏不大的剥夷面，其各级剥夷面的岩溶组合形态特征与相应的区域地文期对比如下。

鄂西期：分布高程1 700~2 000m，定型于早第三纪末，与下界面呈陡坡过渡相接，典型地段有老君山、五指山等岭脊部位，岩溶地貌组合形态有残存的波状高台原，面上散布着洼地、峰峦，比高100~200m，谷坡与谷底残积土堆积，森林植被广布。

山原期：分布高程1 300~1 500m，定型于晚第三纪末至早更新世，与下界面呈陡坡过渡相连，典型地段如石竹坪等，岩溶地貌组合形态主要是台状丘峰洼地，落水洞遍布，垂直或陡斜岩溶管道发育。

山盆期：分布高程700~900m，定型于中更新世晚期，与低级界面呈陡坡过渡，广泛分布于五指山北东翼T_{1j}~T_{2l}山地，为山间纵向谷地貌，以水平管道为主，屏山县龙华镇金鱼溪一带还有明流与伏流交替出现的景观。

嘉陵江期：分布高程300m，属现代区域侵蚀基准面，金沙江在五指山南端横切而过，为本区岩溶水的最低排泄区。

五指山是金沙江及其支流中都河、屏山河与岷江水系马边河、沐川河、龙华河等支流的分水岭。除金沙江横切五指山外，其余次级水系均沿背斜两侧呈纵向分布、羽状发育的支沟横向发育于背斜山体两侧，并成为众多的当地侵蚀基准面。重要的支流有沐川建和乡的俞家坪沟，屏山县太平乡的大堰沟，屏山县龙华镇的金鱼溪等，它们大都成为五指山岩溶水的排泄中心。

3. 地质构造对岩溶发育的控制作用

五指山背斜位于四川盆地南西侧，属四川台拗川中台拱的马边斜坡Ⅳ级构造单元。四川台拗指T_{3-e}陆相地层的大型盆地阶段。继泥盆—石炭系全区隆起为陆，二叠—中三叠世再次海侵,此时川中台拱的马边斜坡,由深海过渡为滨海,造就了大量碳酸盐岩堆积,其沉积相与厚度相对稳定,成层性与沉积韵律均较清楚。印支运动晚幕后四川盆地开始形成,历经喜山运动、陆相地层褶皱,尤其是二叠—中三叠系地层遭受进一步变形破坏,通常出露于背斜核部。五指山背斜为一 NEE 折向 SE 方向的弧形不对称背斜构造,隧址地区主要涉及呈 NW—SE 展布的背斜核部与 SW 冀的碳酸盐岩分布段。两侧为含水性较差的碎屑岩为其边界。对于浅循环岩溶水系统,岩溶的导水空间发育与分布受碳酸盐岩的成层性控制明显。五指山背斜核部呈箱形构造,沿轴向形成若干高点,自北向南有莱园坡高点、河口高点、合面山高点、楠木坪高点等。受这些隆起影响,碳酸盐岩系的分布埋藏具有起伏的特征,并由此形成了裸露型、裸露~覆盖型与裸露埋藏型岩溶水系统,各种系统岩溶水均有其垂直和水平分带特征,地下水运动和赋存主要受地质构造控制。此外,背斜核部埋藏有二叠系宣威组碎屑岩与峨眉山玄武岩作为相对阻水底界,使其上部三叠系岩溶水富集与积聚。箱形构造转折部,受力集中,变形破坏大,横张与纵张节理发育,切层贯通,造成岩溶水越层补给。

(二)岩溶水动力分带与岩溶水文地质单元

岩溶水动力分带与隧道涌水量预测有密切关系。根据五指山地区的地形、地质条件、气候特征、植被涵盖等因素,将岩溶的垂直与水平分带模式特征综述于下。

1. 岩溶水动力垂直分带

表生岩溶带:五指山岩溶山地表层岩溶带水储存于可溶岩地表至浅部溶隙溶孔中,其下界面是溶蚀相对微弱,完整性较好的可溶岩面,一般厚度 5 ~ 20m,部分地段可达 50m。此带形成的储水体受地形起伏影响互不相续,表层岩溶泉流量较小,一般小于 1L/s,属淡水化学类型。本区森林植被好,降水充沛,表层岩溶带有很好的水源涵养作用。此类泉水流量相对稳定,成为山区人畜用水的重要水源。表层岩溶泉与饱水带之间一般没有直接水力联系,但与饱气带关系较密切。

饱气带:指垂直下渗带,位于表层岩溶带以下,丰水期区域地下水位以上的地带。本带通过可溶岩体发育不均一的溶隙、溶蚀管道、竖井与地面的洼地、漏斗、槽谷相通,将大气降水与地表径流导入地下,暴雨期间更甚。本带在切割较深的五指山岩溶山地厚度很大,据 4 号勘探孔资料达 215m(高程 1 232.93m)此带水流在时空方面是不连续的,一般不具静水压力,是隧道岩溶涌水的补给空间。

季节交替带:由季节变化而引起的地下水位升降波动地带,位于饱气带与饱水带之间,因本隧道勘探孔缺乏地下水监测资料,据全省其他岩溶区有关资料,本带厚度可达数十米,属淡水化学类型。

浅饱水带:本带位于枯水期地下水位以下,地下水排泄口影响带以上的饱水含水带,水平管道比较发育,处于岩溶含水层上部的循环带,岩溶发育强烈。导水系统主要是平卧洞穴、地下河主管道、充水溶洞、宽大的充水溶隙等形态,对隧道涌水的威胁极大,一般具有压突水、突泥、沙。本带厚度逾百余米。此带岩层中如含有膏盐成分,水的溶滤作用可能出现 SO_4-Ca 型微咸水。

压力饱水带:位于地下水排泄口以下,当地主要河流排泄基准面影响带以上的含水层。受当地主要河流侵蚀基准面控制的岩溶水循环带,岩溶发育不如饱水带,但沿构造破碎带和各种结构面(包括古风化壳、古岩溶等),岩溶发育较深较强,由于水头高、压力大,对隧道涌水威胁仍然很大,西南地区许多位于本带的隧道,突水、突泥灾害均较严重。本隧道南侧的金沙江水面平均高程为 300m，相距约 30km，成为本区最低侵蚀基准面。河谷地段岩溶地下水水力坡度很大，水化学类型为 HCO_3-Ca 型淡水或 SO_4-Ca 型的微咸水。

深部缓流带：位于压力饱水带以下，受岩溶水排泄基准面影响比较弱的含水层。一般情况下岩溶水循环缓慢，岩溶发育较弱，岩溶形态规模小，水的矿化度较高，但在构造破碎带、膏溶作用、混合溶蚀作用下，也可形成深部岩溶富水地段，水化学类型 SO_4-Ca 或 SO_4-Ca · Na、Cl-Na 型的微咸水 ~ 咸水。

图 2-2 为五指山隧道岩溶水系统变化预测图。

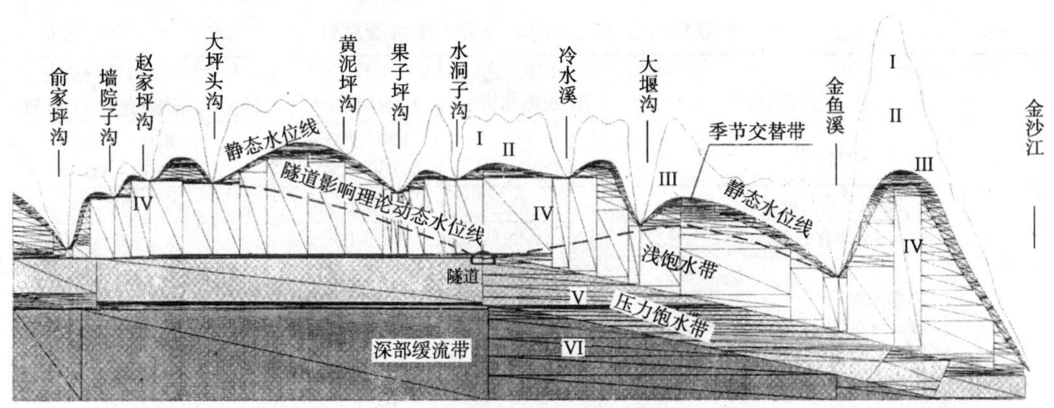

图 2-2　五指山隧道岩溶水系统动力系统变化预测图

2. 岩溶水动力水平分带与水文地质单元

岩溶水系统的水平分带对隧道涌水量的大小有重要控制作用。主要指隧址所在的岩溶山体岩溶含水层在纵向分布上可划分为补给区、补给径流区和排泄区，彼此构成多个水文地质单元。

五指山隧道处于沐川建和和屏山龙华两个岩溶水文地质单元之间。

沐川建和水文地质单元位于隧道北侧相距 17km，受水面积 $26km^2$，主要由俞家坪沟与赵家坪沟切割三叠系岩溶含水层并成为浅层岩溶水的当地排泄基准面，其中俞家坪沟切割较深，侵蚀基准面高程 840m。岩溶地下水排泄量达 2 600 万 m^3/年。

屏山龙华金鱼溪水文地质单元，位于隧道南侧，相距 14.5km，受水面积 19km。处于五指山背斜 T_{1j} 与 $T_{2l\text{-}3k}$ 的倾没端，岩溶层分布面积比较集中，切割山原期与山盆期剥夷面形成 700m 高程的侵蚀基准面，岩溶地下水排泄量为 3 300 万 m^3/年。本次对建和水文地质单元和龙华水文地质单元地表溪流的测量数据进行换算，本区碳酸盐岩溶水的年平均地下径流模数为 33.81 ~ 35.40L/(s · km^2)；碎屑岩夹碳酸盐岩岩溶水的年均地下径流模数为 12.36 L/(s · km^2)。

隧道影响带位于屏山龙华金鱼溪水文地质单元与沐川建和水文地质单元之间的补给径流区，控制面积 $55km^2$，该区按天然水位 1 232.93m 换算，海拔 827m 以上岩溶水的储存量为 1.72 亿 m^3。屏山龙华与沐川建和水文地质单元的位置见第八章图 8-46。

(三)隧道未开挖段岩溶水涌水量预测

1. 未开挖段岩溶水涌水量计算

隧道开挖期间的涌水量是一个变量，各段涌水量大小主要决定于含水层的性质与富水性等。而岩溶含水层具有极大的不均一性，由此而发生涌水量在时空上的不确定性与多变性，尽管存在涌水量预测的种种疑难点，可以运用水动力学的理论，掌握地下水补给储存与运动的基本规律，合理计算与评价分段涌水量。因此，隧道涌水量是指符合一般渗透定律和水均衡原理，用相对均匀进入隧道的水量来表示，其数量为该段含水层的疏干量与补给径流量的代数和。分段涌水量是用来计算隧道总涌水量的基础。施工期间的涌水量应根据标段设置、进度安排并结合水文地质条件分析厘定。隧道贯穿时的总涌水量，理论上由涉及含水层有效补给范围内的补给径流量表达，并与其保持动态平衡。

进口段发生突水坍方后，未开挖段 K29 +600 ~ K30 +900 涌水量分段预测见表 2-6。

五指山隧道未开挖段岩溶水涌水量总表 表 2-6

段名称			C 合同段(进口) T_{1f}裂隙孔洞水	C 合同段(进口) T_{1t}裂隙溶洞水	D 合同段(出口)T_{1j}、T_{2l+3k}裂隙溶洞水(包括 T_{1t}长 35m)
设计里程			K29 +542 ~ K30 +125	K30 +125 ~ K30 +280	K30 +280 ~ K30 +832
分段长度 (m)			583	155	552
疏干动水位有效值(m)			842	840	827
补给径流量	降水入渗法 $Q_{径1}=\frac{1\,000 \cdot XF\lambda}{365}$	$Q_{径1}$(m^3/d)	16 537	24 805	46 304
		λ	0.20	0.30	0.32
		F(km^2)	20	20	35
		X(mm)	1 509	1 509	1 509
	地下水径流模数法 $Q_{径2}=86.4FM$	$Q_{径2}$(m^3/d)	21 358	58 424	107 050
		F(km^2)	20	20	35
		M(L/s·km^2)	12.36	33.81	35.40
	地下水动力学法 $Q_{径3}=\frac{L \cdot K \cdot H^2}{R}$	$Q_{径3}$(m^3/d)	34 464	27 291	127 385
		K(m/d)	0.58	1.71	2.10
		H(m)	391	393	406
		R(m)	1 500	1 500	1 500
疏干涌水量	$Q_{疏}=\mu RS\nu$	$Q_{疏}$(m^3/d)	29 325	44 212	45 675
		R(m)	1 500	1 500	1 500
		μ	0.01	0.015	0.015
		S(m)	391	393	406
		ν(m/d)	5	5	5
分段涌水量推荐值(年平均涌水量)		Q(m^3/d)	$Q=Q_{径3}+Q_{疏}$ 63 789	$Q=Q_{径2}+Q_{疏}$ 102 636	$Q=Q_{径2}+Q_{疏}$ 152 725

计算结果表明，用降水入渗法、地下径流模数法、地下水动力学法计算的地下水补给径流量，在数值上有一定差别，地下径流模数法与地下水动力学法比较接近，降水入渗法偏低，反映了岩溶水赋存的不均一性特征，区间值提供了不同条件下的选值依据。本次工作对主要水文地质流域的径流量进行了实测。岩溶水的地下径流模数比较接近实际。可作为补给径流量计算的主要依据。疏干涌水量的理论计算，主要受天然水位值与疏干影响半径等指标控制，给水度和掘进速度取值空间变化不大。就隧道补给范围内，降落漏斗形成区，储存量为 0.57 亿 m^3，与施工期间总排泄量 0.43 亿 m^3 比较，理论预测值基本接近。故本次计算的公式与参数取值合理，计算结果可信。

隧道分段涌水量是计算隧道贯穿时总涌水量的基础，施工期间隧道的涌水量应根据标段设置、进度安排并结合隧址区的水文地质条件分析厘定。五指山隧道贯穿时的总水量应由涉及含水层有效补给范围内的补给径流量表达，并与其保持动态平衡。根据隧道分段涌水量计算结果，隧道未开挖段在施工期间及隧道贯穿时的总涌水量分析计算如下：

(1)C合同段与D合同段相对掘进施工时，若同时到达标段界K30+280，则C合同段全段涌水量由目前的11 793.6m^3/d增大至102 636m^3/d；D合同段全段涌水量由目前的50 655.2m^3/d增大至152 725m^3/d。若D合同段提前掘进至标段界K30+280，则C合同段全段涌水量将有所减小，可定为27 291m^3/d+44 212m^3/d=71 503m^3/d。

(2)C合同段停止施工，由D合同段施工至K29+542时，则D合同段全段涌水量为107 050m^3/d+27 291m^3/d+44 212m^3/d=178 553m^3/d；C合同段全段涌水量即目前隧道涌水量11 793.6m^3/d。

(3)隧道贯通时的涌水量为107 050m^3/d+58 424m^3/d=165 474m^3/d。

2. 岩溶强涌(突水)段预测

隧址区位于五指山背斜轴部偏南西冀三叠系可溶岩中，轴部地段为T_{1f+t}碎屑岩夹碳酸盐岩分布，裂隙发育，上覆的T_{1j}等碳酸盐岩岩溶水对其有越层补给，造成进口C合同段产生大量涌水。C与D合同段均可视为非均质层状岩溶含水介质。岩溶含水介质的不均一性，导致地下水在局部地段相对富集，从而给隧道施工带来影响和危害。根据本次调查与分析，五指山地区岩溶发育程度和地下水集中排泄水量大小，均受背斜褶皱变形程度、可溶岩与非可溶岩接触带控制，根据勘探孔分段岩性资料，预测C合同段(进口段)K29+800~940背斜轴部T_{1f}埋藏地段、K30+125T_{1f}与T_{1t}的过渡带，D合同段(出口段)K29+800~940背斜轴部T_{1f}分布地段，K30+310~360、450~470、520~540、590~610、690~720等岩性接触带发生大涌水可能性很大。其起始涌水量(初揭涌水量)一般都超过本段的推荐值。如C合同段经物探提供的数据，存在塌坍变形区，高度达40m，该段应属突水造成的溃决带，起始突水量达3 800m^3/d，约延续12h，这个数据与数月后的流量491.4m^3/d比较，说明隧道揭露主要富水部位时，起始流量与相对稳定流量之比为8∶1。对隧道施工造成的危害极大。

隧道集中涌入水量引起的突水危害还与强降水入渗有关。根据石竹坪等岩溶洼地的面积统计资料，采用下式计算强降水瞬时的涌水增量。强降水影响带采取该隧道岩溶段两侧各0.5km的地面面积计算。

$$Q = \eta_1 F_1 \lambda_1 X + \eta_2 F_2 \lambda_2 X$$

式中：Q——预测强降水引起的涌水量增量，m^3/d；

F_1——洼地面积，m^2，$F_1=5\,600m^2$；

F_2——统计区非洼地面积，m^2，$F_2=1.4km^2$；

λ_1——洼地的入渗系数，$\lambda_1=1$；

λ_2——统计区非洼地面积的入渗系数，$\lambda_2=0.32$；

η——涌水系数，$\eta_1=0.8$，$\eta_2=0.5$；

X——当地极端日降水量，为191.3mm。

经计算，遇强降水影响，隧道的涌水量最大瞬时增量为43 708m^3/d，因该隧道埋深大，增量值出现比降水应有所滞后。

(四)岩溶水对隧道施工及水文地质环境的影响评价

根据《公路工程地质勘察规范》(JTJ 064—98)要求，主要是评价隧道涌水量对隧道施工的影响，防治处理；地下水对隧道混凝土腐蚀性的影响；隧道施工开挖后降低了地下水位，改变了水文地质环境，对周围工农业生产及人民生活的影响。

1. 岩溶水对隧道混凝土腐蚀的评价

(1)结晶类腐蚀以水中SO_4^{2-}含量(mg/L)划分腐蚀性等级,按Ⅱ类环境。

C合同段(进口段):SO_4^{2-}含量为86.67(mg/L)属无腐蚀。

D合同段(出口段):SO_4^{2-}含量为1 536.0~1 744.0(mg/L),属中等腐蚀。

(2)分解类腐蚀以水中pH值、侵蚀性CO_2(mg/L)、HCO_3(mg/L)划分腐蚀性等级,按直接临水或强透水层。

C合同段(进口段):

pH值为7.3~7.4,无酸型腐蚀。

侵蚀性CO_2(mg/L)为4.8~11.0mg/L,无碳酸型腐蚀。

HCO_3(mg/L)为125.1~128.1mg/L,无微矿化水型腐蚀。

D合同段,(出口段):

pH值为7.1~7.2,无酸型腐蚀。

侵蚀性CO_2(mg/L)为9.7~17.4mg/L,弱碳酸型腐蚀。

HCO_3(mg/L)为112.9~115.9mg/L,无微矿化水型腐蚀。

按JTJ 064—98D.0.7规定:"三型腐蚀中,有两型或两型以上腐蚀共存时,以腐蚀强度最大者作为分解类腐蚀评价结论",C与D合同段目前的岩溶水属无分解类腐蚀。

(3)本区按Ⅱ类环境,C合同段(进口段)与D合同段(出口段)的$Mg^{2+}+NH_4+$与$Cl^-+SO_4^{2-}+NO_3^-$含量均小于2 000mg/L和小于5 000mg/L,均属无结晶分解复合类腐蚀。

(4)评价与防护措施。按JTJ 064—98规范D.0.8:"结晶类、分解类、结晶分解复合类腐蚀,仅有一类腐蚀时,则按该类腐蚀的腐蚀等级作为评价结论"的规定,C合同段目前的岩溶涌水属无腐蚀级,采用常规防护等级。但应加强施工地质与水质监测工作,随时掌握水质变化,采取相应防护措施。D合同段目前的岩溶涌水属中等腐蚀等级,应定为二级防护等级,使用抗硫酸盐水泥,或普通硅酸盐水泥、矿渣硅酸盐水泥,水灰比0.55,最少水泥用量350~370kg/m^3,$5<C_3A(\%)<8$,防护层厚度30mm。

公路混凝土工程的腐蚀,常常是受几种物理条件综合作用而产生的。本区的物理性指标腐蚀有:常年在强透水层的受水段;混凝土部分侧面受水,另一部分侧面暴露于大气之中等。化学性腐蚀除岩溶涌水的影响外,本隧道还包括含有石膏、岩盐等含盐地层,易产生硫酸盐的地层或含硫温泉水渗入等因素,本隧道兼有两者腐蚀,混凝土被腐蚀的速度将急剧加快,应加强现场施工地质工作,对膏盐地段及时提出处理措施,必须引起高度重视。

2. 隧道岩溶水涌水排放对水文地质环境及周围工农业生产与人民生活的影响

(1)对水文地质环境的影响

沐新路五指山公路隧道横穿五指山山脉,单洞下坡,隧道开挖净空截面积约80m^2,长3 911m(原设计长度),属特长越岭公路隧道。该隧道理论疏干影响带约20km,隧底高程以上的影响带岩溶地下水储存量1.72亿m^3,隧道施工期间以排为主,截至目前,排泄量约0.14亿m^3。五指山隧道施工对该区水文地质环境的影响主要有:

①区域地下水动力条件改变。由于疏干引起地下水位大幅度下降,改变了区域地下水补给、径流、排泄格局。在建和俞家坪沟与龙华金鱼溪两个水文地质单元之间,大量浅饱水带岩溶水涌向隧道,造成该带地表水、泉水不同程度漏失和泉水枯竭。预测在隧道两侧3~5km范围内影响较明显,并给该区居民造成人畜饮水和灌溉用水的困难。

②区域地下水动力场变化,引起深部温热水大量涌出,既对隧道施工造成不利影响,也浪

隧道左侧小坪桥水沟常年流水，距隧轴 300～400m，均距 350m；沟床高程 882～1 000m，均高 941m。隧道路面设计高程 879.66～876.77m，均高 878.22m。水位与隧道路面高程平均差值 62.78m。

$$Q_{\mathrm{L}} = BK(H^2/2a) = 152 \times 0.15 \times (62.78 \times 62.78/2/350) = 128.4(\mathrm{m^3/d})$$

隧道右侧张家沟常年流水，距隧轴 30～80m，均距 55m；沟床高程 881.5～895m，均高 888.25m。水位与隧道路面高程平均差值 10.03m。

$$Q_{\mathrm{R}} = BK(H^2/2a) = 152 \times 0.30 \times (10.03 \times 10.03/2/55) = 41.7(\mathrm{m^3/d})$$

$$Q = Q_{\mathrm{L}} + Q_{\mathrm{R}} = 128.4 + 41.7 = 170.1(\mathrm{m^3/d})$$

式中：B——隧道通过含水层的长度，m；

K——渗透系数，m/d；

H——地表水（潜水）水位与隧道路面设计高程平均差值，m；

a——隧道至地表水的距离或隧道涌水影响半径，m。

(4)对该段隧道的涌水量预测

因隧道位于张家沟右岸，张家沟在该地层中深切，左岸地下水多被拦截，同时隧道左侧小坪桥沟也排泄了一些地下水，建议该段隧道的最大涌水量按 $180\mathrm{m^3/d}$，一般涌水量按 $170\mathrm{m^3/d}$ 考虑。

2. 其他各段涌水量预测

用以上方法对五指山隧道其他各段涌水进行计算，得出其余各段涌水量。五指山隧道各段涌水预测如表 2-5 所示。

五指山隧道涌水量分段预测表 表 2-5

段落桩号	最大涌水量($\mathrm{m^3/d}$)	一般涌水量($\mathrm{m^3/d}$)
K28+418～K30+300	1 287	1 210
K30+300～K31+180	5 486	2 592
K31+180～K32+205	2 689	1 296
K32+205～K32+329	285	9
合计	9 747	5 107

限于目前工程地质勘察技术水平，准确地预报可能发生隧道地质灾害的位置、性质、状态、规模是十分困难，必要的超前预报和防治措施对减轻岩溶、岩溶水对隧道建设影响十分重要。建议采用地质调查法、超前钻孔法或声波反射法超前预报，超前距离宜 >50m。水量小时，可采用喷混凝土、钢拱架、浆砌片石、超前预注水泥砂浆等措施，但水量、水压、水位变幅大时应根据实况慎重处理。对水量大时，应采用管道、泄水洞、明洞引排，采用动态设计。

第三节　五指山隧道补充地质勘察

一、进行五指山隧道补充地质勘察的原因

（一）原设计围岩划分及涌水量预测

原勘察认为，大部分围岩属于 III 类，III 类围岩长 2 440m，占总长的 62.39%，IV 类围岩长

费了宝贵的地下热水资源；同时也对隧道排水口下游沿途居民的生活及灌溉用水的水质等造成不利影响。

③大幅度水位下降与疏干，可能造成岩溶山区生态环境失调。据有关方面研究，我国西南岩溶山区是一个可溶岩造壤能力低，营养元素匮乏和长期强烈岩溶作用下，形成的地表、地下双层空间结构，导致土壤贫瘠，加之土地利用方式不当引起水土流失，最终可能造成岩溶石漠化。

五指山岩溶山地的生态水文特征与非岩溶山地如红层丘陵山地亦有明显区别。本区的浅表层存在溶蚀裂隙发育的表层岩溶带，使雨水滞留，并可形成表层泉水，支撑起山地植物生态系统，并与生态系统一起对岩溶水文系统进行调蓄。本区植物生长主要依赖于表层岩溶带，包括土壤和浅部强风化破碎岩石，是岩溶生态系统中的重要组成部分。在生态因子中，既有光热、降水相对充沛的一面，也有雨量分配不均，尤其是隧道工程大量排水、土层浅薄、地力衰退、水土流失、人畜饮水困难等不利因素。所以在隧道影响带，尤其是岩溶塌陷地段对植物的损伤是明显的，一定要加强植物生态的保护与修复。

④岩溶塌陷的形成。隧道大量排泄岩溶水，致使水动力条件急剧改变。具体表现在地下水位迅速降低，在降落漏斗范围内，水力坡度突然增大，流速加快，减少了对岩土体的浮托力，另一方面增强了地下水流对原有洞穴、溶隙、裂隙中充填的土、岩屑、碎块石等的潜蚀、冲蚀以及液化作用，并将其带走，不但造成隧道突水同时突泥、突沙等危害，在地表还形成岩溶塌陷。五指山隧道影响范围中的主要岩溶层 T_{1j} 与 T_{2l+3k} 大多数分布在高程 1 200m 以上的高台及斜坡地带，人居、活动普遍较少，影响不大。

(2)对周围工农业生产与人民生活的影响

①隧道岩溶水的生活饮用水水质评价

按照 GB 5749—85，隧道岩溶水与国家标准比较见表 2-7。

隧道岩溶水的生活饮用水水质评价(GB 5749—85)　　表 2-7

项　目		国家标准	进口水样	出口水样
pH		6.5～8.5	7.4	7.1
总硬度(以碳酸钙计)	mg/L	450	167.7	1 626.5
铁	mg/L	0.3	<0.05	1.08
锰	mg/L	0.1	<0.01	0.037
铜	mg/L	1.0	<0.05	<0.05
锌	mg/L	1.0	<0.05	<0.05
硫酸盐	mg/L	250	86.67	1 536.0
氯化钠	mg/L	250	2.84	2.13
溶解性总固体	mg/L	1 000	301.2	2 290.5
氟化物	mg/L	1.0	0.22	0.74
氰化物	mg/L	0.05		
砷	mg/L	0.05	<0.01	<0.01
硒	mg/L	0.01		
汞	mg/L	0.001	<0.001	<0.001
镉	mg/L	0.01	<0.005	<0.005
铬(6 价)	mg/L	0.05	<0.010	<0.01
铅	mg/L	0.05	<0.01	<0.01
银	mg/L	0.05	<0.01	<0.01
硝酸盐(以氮计)	mg/L	20	0.57	<0.05

从表2-7可以看出，进口段的水质符合饮用水标准，而出口段的水质中，可溶性总固体、硫酸盐、铁、总硬度超出国家饮用水标准1.29~5.1倍。

②隧道岩溶水的农灌用水评价

农灌用水的水质，一般需要考虑水温、pH值、含盐量，盐分组成，钠离子与其他阴离子的相对比例，硼和其他有毒元素的浓度等指标，现用灌溉系数法进行评价。

进口段水样：

$$rCl' + rSO_4 > rNa^+ > Cl'$$

$$K_a = \frac{288}{rNa + 4rCl'} = \frac{288}{0.52 + 4 \times 0.08} = 344$$

出口段水样：

$$rCl' + rSO_4 > rNa^+ > rCl'$$

$$K_a = \frac{288}{rNa^+ 4 \times Cl'} = \frac{288}{0.52 + 4 \times 0.06} = 400$$

根据计算，进、出口水样灌溉系数均远大于18，不会造成盐碱化，但根据联合国灌溉用水评价标准，进口段水达到I类水，出口水因硫酸根离子和总盐分过高，只能基本达到III类水。

③隧道岩溶水的工业用水评价

根据计算，进口段水为锅垢少的、具硬沉淀物的、不起泡的半腐蚀性的水，出口段水为锅垢很多的、具有硬沉淀物的、不起泡的腐蚀性的水。有溶孔、溶隙为主，偶见小型溶洞的岩溶管网水系统。根据《五指山隧道工程地质详勘报告》ZK4号钻孔资料统计：溶洞、角砾岩、溶孔等岩溶现象较普遍出现。T_{1j}与T_{2l+3k}层中，溶洞与溶孔溶隙极为发育，各层溶孔分布广泛，其中T_{1f}层在高程889.43m以下仍有所发育。按照填图单元，将五指山背斜的岩溶含水层划分为：$T_{1f}+T_{1t}$为碎屑岩夹碳酸盐岩岩溶裂隙孔洞水，含水层的富水性级别为中等级，岩溶水单个出水点排泄量5~50L/s（0.043 2~0.432万m^3/d）。T_{1j}与T_{2p+3k}或T_{1t}为碳酸盐岩岩溶裂隙溶洞水，含水层的富水性级别为强、较强级，岩溶水单个出水点排泄量>100L/s（>0.864万m^3/d）。

第四节　物 探 成 果

一、进行物探工作的原因、目的及任务

五指山越岭隧道是沐新路改建工程的重点控制性工程，2005年8月6日隧道进口掘进至K29+542时，K29+480~+542段大量涌水并发生巨大坍塌（图2-3），致使施工停止，施工开挖面已退至K29+480附近。至2006年6月10日，出口端上导坑开挖面为K30+730，K30+730~+920段涌水严重（图2-4），2005年7月28日至2006年2月隧道出口端仅开挖了约180m；出口平导开挖面为K30+850，开挖面围岩破碎，层间岩石错动、挤压、扭曲、拉张明显。据施工记录，目前隧道涌水量已达60 000m^3/d，隧道未开挖段1 250m，埋深600~800m，该段正是五指山背斜转折端和碳酸岩地表岩溶发育区，岩层纵张裂隙发育，层间岩石错动、挤压、扭曲、拉张或虚脱等现象会越来越严重，隧道内地下水涌水量将可能会越来越大。

五指山隧道区的地下水位高，水头压力大，对隧道围岩、特别是对泥质岩类的稳定影响极大。原有的工程和水文地质资料已不能准确预测未开挖隧道的涌突水地段、涌突水量和划分隧道围岩类别段落，为了探明未开挖隧道段围岩的工程水文地质情况，正确指导施工

a)

b)

图 2-3　五指山隧道进口端 K29 +480 ~ +542 段塌方

a)进口端坍体处坍体及各种钢管；b)进口端坍体二衬台车顶部打钢管泄水

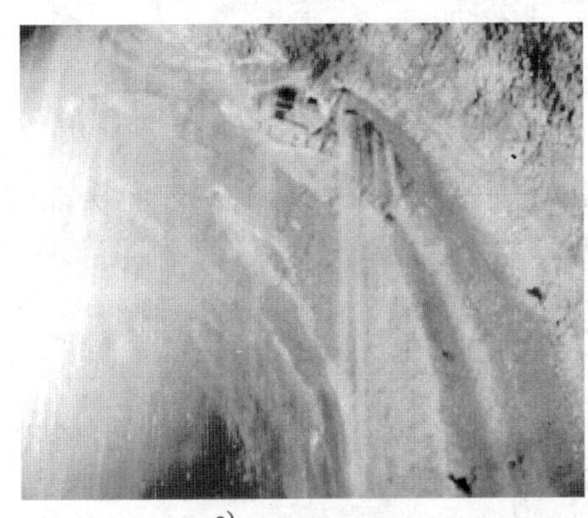

a)

b)

图 2-4　五指山隧道出口端 K30 +800 ~ +920 段拱顶出水及洞内涌水图片

a)出口端股状涌水；b)出口端掌子面后方排水

开挖，四川省通川岩土工程技术开发有限公司委托成都理工大学，对施工的国道 213 线乐山沐川至宜宾新市镇段二级公路五指山隧道，应用可控源音频大地电磁测深(CSAMT)和高密度电阻率成像法等综合物探方法，进行以深层物探为主的五指山隧道专项工程地质勘察工作，目的是为了配合其他勘探方法，进一步查明五指山隧道的工程水文地质条件、地质构造特征，探明地下水的发育、埋藏、分布和地下岩溶发育情况，确定隧道未开挖段的地质构造、岩体破碎情况及分布地段，预测隧道未开挖段可能产生涌、突水的地段和围岩类别变化地段。

二、物 探 结 论

本次物探成果主要有：213 国道沐新段五指山隧道 K29 +180 ~ K32 +015 段物探成果平面图(图 2-5)、五指山隧道 K29 +180 ~ K32 +015 段物性地质断面图、五指山隧道进口段 K29 +200 ~ K30 +350 段左侧 70 ~ 200m 纵剖面电阻率分布图(图 2-6)、五指山隧道出口段 K30 +690 横剖面电阻率分布图(图 2-7)。

隧道的电阻率分布剖面图反映的隧道区地质特征与原有的资料有较好的一致性，同时又

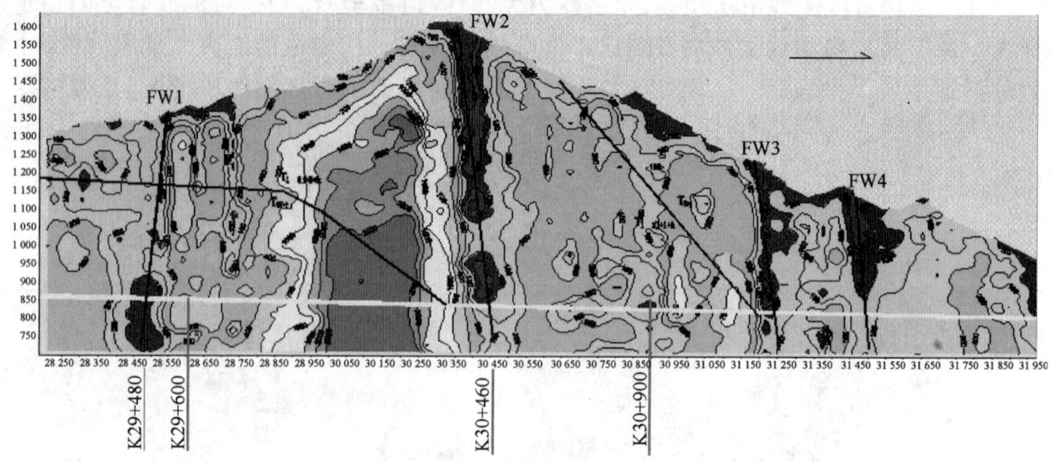

图 2-5　物探成果平面图

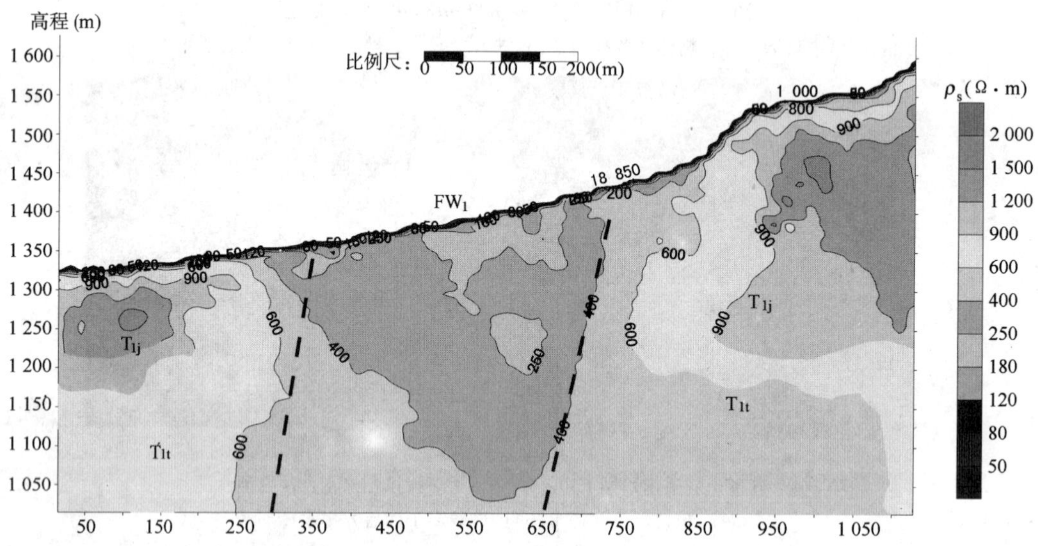

图 2-6　五指山隧道 K29 + 200 ~ K30 + 350 段左侧 70 ~ 200m 纵剖面电阻率分布图

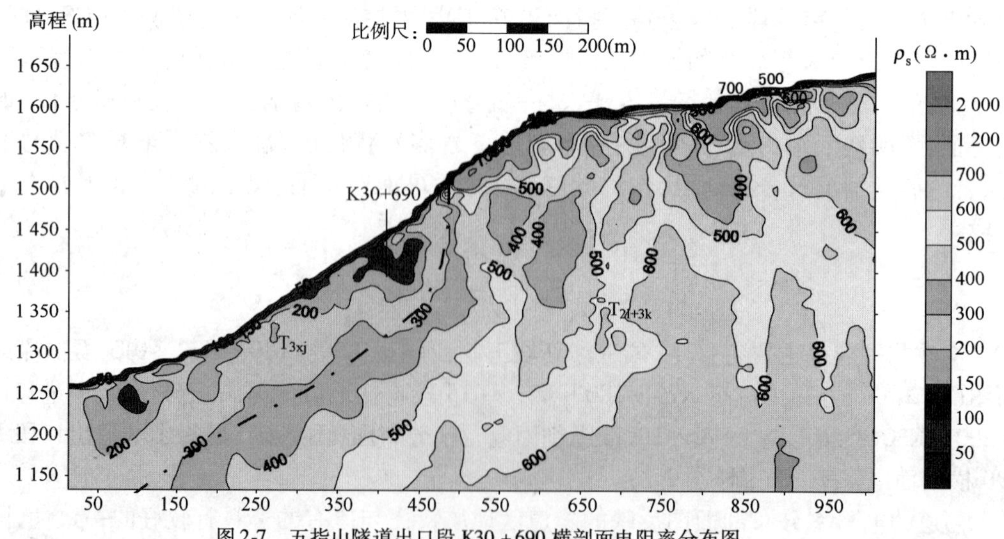

图 2-7　五指山隧道出口段 K30 + 690 横剖面电阻率分布图

增加了新的地质内容。根据隧道围岩电阻率的分布和反演处理成果，参考地质资料并结合地质调查结果综合分析，确定了主要地层界线，探明了构造破碎带的位置、影响深度及范围，划分了富水段落并预测了可能发生突水、涌水的地段。

(一)地层

五指山隧道穿越的地层比较复杂，本次物探工作区主要是以灰岩为主的碳酸盐岩地层和以砂泥岩为主的碎屑岩地层，这两类地层有明显的电性差异。虽然五指山隧道区的碳酸盐岩地层由于受构造裂隙、溶蚀、地下水的共同作用，其电阻率明显降低，但从五指山隧道 K29 + 180 ~ K32 + 015 段物探综合成果平面图、进口段 K29 + 200 ~ K30 + 350 段左侧 70 ~ 200m 纵剖面电阻率分布图和出口段 K30 + 690 横剖面电阻率分布图还是可以看到，碳酸盐岩地层的电阻率仍然高于以砂泥岩为主的碎屑岩地层，结合既有资料和地质调查对本次工作区隧道围岩地层可以作出以下划分。

1. K29 + 180 ~ + 920 段

隧道 K29 + 180 ~ + 920 段洞身围岩为 $T_{1t} + T_{1f}$的砂泥岩地层。根据既有资料和地面地质调查，隧道 K29 + 180 ~ + 920 段地表出露的是 T_{1j}与 $T_{2l} + T_{3k}$的灰岩，下伏 $T_{1t} + T_{1f}$的砂岩和泥岩。钻孔 ZK4 揭露在 T_{1f}地层之上有厚约 120m 的粉砂岩和粉砂质泥岩地层，这一地层应是明显的低阻层，从图 2-15 的物探成果平面图可以看到，在 1 050 ~ 1 200m 高程之间存在一明显的低阻层，电阻率以小于 250Ω · m 为主，产状平缓，略向出口方向倾斜，这即是粉砂岩和粉砂质泥岩地层的反映。

2. K29 + 920 ~ K30 + 330 段

隧道 K29 + 920 ~ K30 + 330 段位于五指山背斜的核部，该段隧道围岩电阻率较高，大于 1 000Ω · m，为完整性较好的砂岩地层，地下水不发育，工程性质较好，比较利于隧道工程开挖施工。

3. K30 + 330 ~ K31 + 200 段

隧道 K30 + 330 ~ K31 + 200 段洞身围岩为 $T_{1\sim3j+l+k}$碳酸盐岩地层，由于受构造作用、溶蚀和地下水的影响，该段碳酸盐岩地层电阻率明显降低，电阻率为 100 ~ 400Ω · m，小于 250Ω · m的地段超过 50%，是不利于隧道工程开挖施工的地段。

4. K31 + 200 ~ K32 + 015 段

隧道 K31 + 200 ~ K32 + 015 段洞身围岩主要为 T_{3xj}砂泥岩地层。从 K31 + 200 向出口方向隧道洞身围岩的电阻率普遍低于向进口方向，而在地表从 K30 + 620 向出口方向有明显的低阻层倾斜覆盖于相对的高阻层上，这应该是五指山背斜南翼的 T_{3xj}砂泥岩地层覆盖于 T_{2l+3k}灰岩之上的反映。

(二)构造

物探在隧道 K29 + 180 ~ K32 + 015 段共发现了 4 条具有构造破碎特征的低阻异常带（编号为 FW1、FW2、FW3、FW4）和 1 个节理、岩溶裂隙密集发育带。进口段异常带（FW1）应用高密度电阻率成像法探测进行了核对验证，构造破碎带的位置、宽度、倾向都标在五指山隧道 K29 + 180 ~ K32 + 015 段物探成果平面布置图（图 2-15）中。综合平面图上所标构造线只表示其在线路上的位置和推断的大致走向；物性地质断面图上标注的构造线只表示其位置、宽度和倾向，而并不代表其真正的倾角。

对各构造破碎带的特征分别描述如下：

1. FW1 破碎带

FW1 在隧道洞身的中心位置为 K29 + 480，构造带内岩体破碎，电阻率小于 200Ω · m，在地貌为一宽缓的浅沟，因地表耕地和茂密的植被，无法观察到露头。从五指山隧道 K29 + 180 ~ K32 + 015 段电阻率分布断面图和进口段 K29 + 200 ~ K30 + 350 段左侧 70 ~ 200m 纵剖面电阻率分布图看，该构造破碎带向北东陡倾，走向约 N25° W。受其影响，在隧道洞身 K29 + 390 ~ + 750 段形成宽达 360m 的低阻带。该构造破碎带内节理裂隙密集发育且连通性好，使上部的岩溶地下水具有了良好的排泄通道，该地段隧道为富水段，尤其是 K29 + 415 ~ + 540、K29 + 710 ~ + 750 段为强富水段，施工开挖时要预防发生塌方和涌水的可能，2005 年 8 月 6 日隧道进口端 K29 + 480 ~ + 542 段大量涌水并发生巨大坍塌主要就是由于受到了 FW1 的影响。

2. FW2 破碎带

FW2 在隧道洞身的中心位置为 K30 + 460 附近，构造带内岩体破碎，电阻率小于 200Ω · m，最低的不到 50Ω · m。从五指山隧道 K29 + 180 ~ K32 + 015 段电阻率分布断面图看，该构造破碎带倾向南西，走向约为 N70°W。受其影响，在隧道洞身 K30 + 400 ~ + 520 段形成宽约 120m 的低阻带，构造破碎带内节理裂隙密集发育，因其位于碳酸盐岩地层，带内岩溶裂隙发育，地下水具有良好的排泄通道，该地段隧道为强富水段，是未开挖地段最不利于隧道施工的地段之一，施工开挖时要预防发生塌方和涌水。

3. 岩溶裂隙发育带

隧道洞身 K30 + 615 ~ + 925 段处于以碳酸盐岩为主的 T_{2l+3k}地层中，为岩溶孔洞和节理裂隙密集发育带，电阻率明显偏低，小于 250Ω · m，以小于 180Ω · m 为主。该段地下水发育，中等 ~ 强富水，K30 + 640 ~ + 770、K30 + 810 ~ + 925 段为强富水段，施工开挖时要预防发生塌方和涌水。隧道 K30 + 730 ~ + 925 段已开挖，施工期间 K30 + 800 ~ + 920 段涌水就是由于受到了该岩溶裂隙发育带的影响。

4. FW3 破碎带

FW3 在隧道洞身的中心位置为 K31 + 250 附近，受其影响，在隧道洞身 K31 + 200 ~ + 300 段形成宽约 100m 的低阻带，带内电阻率小于 200Ω · m，最低的小于 50Ω · m。从五指山隧道 K29 + 180 ~ K32 + 015 段电阻率分布断面图看，该构造破碎带倾向南西，走向约为 N35° ~45°W。构造破碎带位于砂泥岩地层，带内节理裂隙发育，连通性较好，为中等富水段，围岩完整性差。该段隧道已开挖，施工期间 K31 + 200 ~ + 330 段涌水就是由于受到了 FW3 的影响。

5. FW4 破碎带

FW4 在隧道洞身的中心位置为 K31 + 490 附近，受其影响，在隧道洞身 K31 + 440 ~ + 530 段形成宽约 90m 的低阻带，带内电阻率小于 200Ω · m，最低的小于 50Ω · m。其特征与 FW3 相似，该构造破碎带倾向南西，走向约为 N40° ~ 50°W。构造破碎带位于砂泥岩地层，带内节理裂隙发育，连通性较好，为中等富水段，围岩完整性差。该段隧道已开挖，施工期间 K31 + 393 ~ + 526 段涌水就是由于受到了 FW4 的影响。

（三）地下水

地下水的发育程度和赋存情况是比较复杂的地质问题，仅靠物探工作无法对隧道区域的地下水情况给出准确、定量的评价，出于工程需要，我们就所做的物探工作结合地质调查、已开挖段施工资料和以往工作经验作简单分析供参考。

根据隧道探测区地下水的赋存条件性质和各含水层的构成岩性、储水空间特征等，可以把隧道探测区的地下水划分为第四系松散层孔隙水、碎屑岩孔隙裂隙水、碎屑岩夹碳酸盐岩岩溶裂隙孔洞水和碳酸盐岩岩溶裂隙溶洞水4大类型。

1. 第四系松散层孔隙水

在物探工作区内，隧道线路地表大多有厚度不等的第四系覆盖层，其所含的松散层孔隙水仅对浅部的电阻率有影响，其水量大小对隧道施工影响不大，故不作评述。

2. 碎屑岩孔隙裂隙水

碎屑岩孔隙裂隙水主要是指赋存于T_{3xj}砂泥岩裂隙及孔隙中的地下水，根据五指山隧道K29 + 180 ~ K32 + 015段电阻率分布断面图中的反映，隧道K31 + 200 ~ K31 + 300、K31 + 440 ~ K31 + 530段为中等富水，其他砂泥岩地段为弱富水。

3. 碎屑岩夹碳酸盐岩岩溶裂隙孔洞水

碎屑岩夹碳酸盐岩岩溶裂隙孔洞水主要是指赋存于T_{1f+t}砂泥岩及碳酸盐岩中的岩溶裂隙孔洞水，根据五指山隧道K29 + 180 ~ K32 + 015段电阻率分布断面图中的反映，隧道K29 + 410 ~ + 540、K29 + 710 ~ + 750段为强富水，其他地段为弱~中等富水。强富水段在施工开挖时有发生突水坍塌的可能，弱~中等富水地段不会对隧道施工造成明显的影响。

4. 碳酸盐岩岩溶裂隙溶洞水

碳酸盐岩岩溶裂隙溶洞水主要是指赋存于T_{1j}及T_{2l} + T_{3k}碳酸盐岩中的岩溶裂隙水和溶洞水，根据五指山隧道K29 + 180 ~ K32 + 015段电阻率分布断面图中的反映，其主要分布段落为K30 + 330 ~ K31 + 200，其中K30 + 400 ~ + 520、K30 + 615 ~ + 925段为强富水，其他地段为中等富水。强富水段在施工开挖时有发生突水和局部坍塌的可能，中等富水地段对隧道施工的影响不大。

（四）隧道围岩工程地质评价

五指山隧道穿越的地层比较复杂，由于受五指山背斜的影响，隧道区构造节理裂隙发育，碳酸盐岩地段岩溶裂隙发育，隧道围岩完整性差，地下水比较丰富，节理裂隙的连通性较好，整个隧道的工程地质条件较差，根据本次物探成果结合地质调查和既有资料综合分析，对工作区隧道围岩分段如下。

1. K29 + 180 ~ K30 + 330段

隧道洞身K29 + 180 ~ K30 + 330段穿越以砂泥岩为主的碎屑岩地层（T_{1f+t}），属软~硬质岩，薄~厚层状，以中层为主。

K29 + 180 ~ + 920段围岩受构造影响严重，层间结合较差，节理裂隙发育，由于受FW1的影响，K29 + 410 ~ + 540段和K29 + 710 ~ + 750段围岩破碎，地下水发育，砂、泥岩的节理裂隙导通了上部碳酸盐岩中的岩溶水，使这两段为强富水段，施工时有发生塌方涌水的可能，其他地段虽为弱~中等富水，但由于地下水的作用，导致围岩工程类别有所降低。

K29 + 920 ~ K30 + 330段围岩相对比较完整，节理裂隙连通性差，为贫水段，围岩工程地质条件较好，是未开挖段隧道比较利于工程开挖施工的地段。

2. K30 + 330 ~ K31 + 200段

隧道洞身K30 + 330 ~ K31 + 200段穿越碳酸盐岩地层，以泥灰岩为主，灰岩和白云岩次之,K30+740~K31+200段局部有软弱夹层。属硬质岩,薄~厚层状,以中层为主,节理和岩溶裂隙发育。该段受构造影响较严重,完整性差,地下水发育,围岩工程地质条件较差。

K30+400~+530段由于受FW2的影响,岩溶发育,节理和岩溶裂隙连通性好,施工时易发生局部塌方、涌水,是未开挖段隧道最不利于工程开挖施工的地段之一;K30+615~+925段岩溶较发育,地下水丰富,施工时有发生小坍塌和涌水的可能;其他地段为中等富水,对施工无明显影响。

3. K31+200~K32+015段

隧道K31+200~K32+015段为已开挖段,隧道洞身穿越砂泥岩夹炭质页岩、煤线地层,属软~硬质岩,层间结合一般,K31+200~+300段和K31+450~+530段受构造影响严重,节理裂隙发育,地下水连通性较好,为中等富水,其他地段为弱富水,是相对比较利于隧道工程开挖施工的地段。

第五节　五指山隧道新奥法设计

(一)新奥法的概念

新奥法是新奥地利隧道施工方法的简称,原名为New Austrian Tunnelling Method,英文缩写为NATM,是奥地利学者L. V. Rabcewicy教授等人于20世纪50年代根据多年的矿山工程经验开创并发展起来的一种实用的隧道设计、施工方法。新奥法以既有的隧道工程经验为基础,将喷射混凝土和锚组合在一起作为支护段的一种设计施工方法,经过多年的理论研究和工程实践,1963年正式命名。新奥法有其丰富的理论基础,地下洞室工程一书中将其理论基础概括为四点,一是地应力的存在使岩体能形成一个自承体系,要充分利用围岩的自承能力;二是岩体虽然破坏,但仍具有一定的残余强度,在施工中尽量保护围岩;三是隧道开挖后围岩应力重分配,围岩在一定范围内发生位移,围岩应力相应减小,施工中适时支护;四是围岩与支护相互作用,处于一个动态稳定中。从岩体力学理论中得出结论,我们在施工中要注意保护围岩,充分利用围岩的自承能力,施工中应用监控量测数据,适时支护结构,允许围岩和支护结构有一定的变形。

新奥法抛弃了原来隧道工程中应用木支护或应用厚壁混凝土衬砌结构支护强大地压的做法。原来认为,地压越大,支护结构就越厚。新奥法利用监控量测等技术手段,适时地采用薄壁柔性支护结构,充分调动围岩自承能力,变围岩为重要的支护结构组成部分,同时注意保护围岩,因而比较经济且安全可靠。其特点是在开挖后及时施作密贴于围岩的薄层柔性支护结构(喷混凝土、锚杆、钢筋网),以控制围岩的变形和应力释放,从而在支护和围岩的共同变形中调整围岩应力重分布,以求达成新的平衡。新奥法问世以来,在世界各地得到了广泛的应用,我国利用新奥法施工了大瑶山、军都山等特长隧道,特别是在软弱围岩中应用新奥法施工,取得了成功。

(二)新奥法设计方法

新奥法不单是一种施工方法,也不能认为锚喷支护就是新奥法,新奥法是一种先进的设计与施工一体化的方法。其设计内容包括初期支护设计、辅助施工措施设计、二次衬砌设计、防排水设计及信息反馈修正设计等。

新奥法的设计主要以工程类比法为主,并通过现场监控量测来加以修正支护参数,必要时可辅以理论计算确定支护参数。新奥法目前有3种主要设计方法。

1. 工程类比法

工程类比法是当前锚喷支护结构设计中最广泛的设计方法。我国《锚杆喷射混凝土支护技术规范》仍然以工程类比为主。工程类比法主要是在围岩分类的基础上,利用已建成功的工程的经验,结合拟建工程的围岩等级与工程结构尺寸、地质水文条件等,将已建工程与拟建工程进行类比,然后决定拟建工程的支护参数与施工方法。这就要求拟建工程与已建工程相似或基本相似,并且要求设计者要有丰富的工程经验,这样才能与拟建工程进行类比分析。类比分类法具有重要的意义,是当今主要的设计方法。

2. 现场监控量测法

现场监控量测法又称为信息法,是20世纪80年代发展起来的一种以现场量测信息为手段,以量测信息为确认和修正设计的依据。隧道开挖之后,把围岩和支护系统力学形态的变化动态作为判断围岩稳定的依据,将施工监测所获得的信息加以计算机处理并与工程类比相结合,利用量测结果进行现场反馈、修正设计的支护参数,使设计与现场实际符合或接近。现场监控量测法能适应多变的地质条件和各种不同的施工手段,因而比工程类比法更为合理、可靠。

3. 理论计算法

理论计算法是在测定岩体力学参数的基础上,利用围岩力学特征建立力学模型,通过力学计算,确定支护参数。这种方法是基于岩体力学的发展,考虑围岩与支护共同作用而逐渐发展起来的,其力学模型和计算方法主要是根据岩体的力学特性和结构类型而定,当前有解析法和有限元法、边界元法等方法。计算模型不同,其结果可能有很大的差别,不管哪种计算模型,均不能完全反映围岩与支护间的相互作用,且围岩参数的选取不能反映围岩的实际情况,理论计算只能作为设计时的参考。

以上3种设计方法各有优缺点,单用一种方法都有很大的局限性。现在利用最广的是工程类比法设计,并以现场监控量测法进行工程实际检验。考虑到地下工程的复杂性,在复杂地质条件或相似工程不足的情况下,可采用解析法加以验算。

新奥法设计分两个阶段:一是施工前的预设计阶段,在认真研究测定资料的基础上,初步确定支护参数和施工方法。在此阶段,一般很难完全详细地掌握实际的工程地质和水文地质情况,故这一阶段的设计是初步的。二是信息反馈修正设计阶段,在这一阶断,利用施工中的监控量测信息,修正施工前预设计的支护参数。新奥法的设计必须要有信息反馈修正阶段,但要尽量避免大规模地修改设计及施工方法。

(三)五指山隧道的支护设计

五指山隧道采用新奥法设计,应用多种方法进行比较,力求找出既安全又经济的设计方案。在预设计中,对隧道主体工程应用工程类比法,根据已成功修建的类似工程的支护参数,初步选定了各类围岩的支护参数。最后通过施工量测的数据整理与分析,得到围岩与支护结构变形的基本信息,经综合分析有关信息,校核围岩与支护结构的稳定性,并作出施工决策和施工安排。

1. 应用工程类比法选定支护参数

在这以前,我国成功修建了多座特长隧道,如中梁山隧道(3 100m ×2),缙云山隧道(2 450

×2)，大溪岭隧道（4 116m×2)，二郎山隧道（4 200m×2)，还有真武山隧道及飞鸾岭隧道等。二郎山隧道于2000年建成通车，隧道全长4 161m，最大埋深760m，工程按山岭重丘三级公路标准修建，设计行车时速30km/h，主洞横断面建筑限界为：最大高度7.0m，底宽9.0m，单洞双车道，自然条件、隧道断面参数与五指山隧道差不多。设计时考察了二郎山隧道及其他几座特长山岭隧道的支护参数，在此基础上初步设计了五指山隧道的支护参数。

隧道按新奥法原理进行洞身结构设计，即以系统锚杆、喷混凝土、钢筋网、格栅钢架等组成的初期支护与二次模筑混凝土相结合的复合衬砌形式，通过结构分析计算、技术经济比较及工程类比等多种方法拟定洞身衬砌支护参数，围岩开挖后未达设计类别时，降低围岩等级，采用原设计相应等级的支护参数，突水坍方发生后，对地质情况进行了重新勘察，勘察表明两个合同段前方未开挖段涌水较大，因此对原设计支护参数进行了较大修改，突水坍方地段和膏盐地段的支护参数也作了相应调整，局部破碎带及涌水大的地段支护参数也进行了相应的调整。隧道支护参数见表2-8～表2-12，各类围岩衬砌见图2-8～图2-11。

隧道洞身支护参数表（突水坍方前）（单位：mm） 表2-8

衬砌类型		初期支护					二次衬砌厚度（C25混凝土）		超前支护	适用地段
		喷C20混凝土	φ25中空锚杆 长度	φ25中空锚杆 纵×横间距	φ6.5钢筋网网格	格栅钢架间距	拱墙	仰拱		
1	$\mathrm{II}^{管}_{浅}$	20	400 自进式	60×80	15×15	60（18号工字钢）	60（C25钢筋混凝土）		φ108 大管棚	洞口覆盖层段
2	$\mathrm{II}^{超}_{浅}$	20	350	80×80	15×15	80	50（C25钢筋混凝土）		小导管	洞口浅埋II类围岩段
3	$\mathrm{III}^{超}_{封}$	20	300	100×100	20×20	100	40		小导管	III类炭质页岩段
4	III	15	300	100×100	25×25	—	40		—	一般III类围岩
5	$\mathrm{III}^{加强}$	15	300	100×100	25×25 φ12双层钢筋网	—	40		—	拱部较差III类围岩
6	$\mathrm{III}_{封}$	15	300	100×100	25×25	—	40		—	有瓦斯III类围岩
7	IV	10	250 砂浆锚杆	120×120	25×25 局部设置	—	35	—	—	一般IV类围岩
8	$\mathrm{IV}_{封}$	12	250 砂浆锚杆	120×120	25×25 局部设置	—	35	—	—	有瓦斯IV类围岩
9	$\mathrm{IV}^{爆}$	12 钢纤维	250 （药卷）	120×100	—	—	35	—	—	IV类围岩岩爆地段
10	V	5	250 砂浆锚杆	局部设置	—	—	30	—	—	一般V类围岩
11	$\mathrm{V}^{爆}$	10 钢纤维	250 （药卷）	120×120	—	—	30	—	—	V类围岩岩爆地段

隧道洞身支护参数表（突水坍方后） 表2-9

衬砌类别	适用地质条件和辅助施工措施	喷混凝土（cm）	锚杆（cm）纵×横	钢筋网	钢架（cm）	预留量（cm）	混凝土拱墙（cm）	混凝土仰拱（cm）
I	断层、断层破碎带单层φ42小导管@40，$L=4$m。单层φ108大管棚@40，$L=20$m	24 含仰拱	350 @50×80	φ8 @20	I18工字钢 @50	25	70钢筋混凝土 φ25@20	70钢筋混凝土 φ25@20

续上表

衬砌类别	适用地质条件和辅助施工措施	喷混凝土（cm）	锚杆（cm）纵×横	钢筋网	钢架（cm）	预留量（cm）	混凝土拱墙（cm）	混凝土仰拱（cm）
II水(1)	洞身II类硬质围岩（即：T_{1j}、T_{2l+3k}地层），地下水发育地段。单层ϕ42小导管@30，$L=4$m	24	350 @120×100	ϕ8 @20	I18工字钢 @60	12	50	50
II水(2)	洞身II类软质围岩（即：T_{1f}、T_{1t}地层），地下水发育地段。单层ϕ42小导管@40，$L=4$m。单层ϕ25药卷锚杆@40，$L=4$m	22 含仰拱	350 @120×100	ϕ8 @20	HK160b 钢架 @60	15	50钢筋混凝土 ϕ22@25	50钢筋混凝土 ϕ22@25
III水	洞身一般III类围岩，地下水发育地段单层ϕ42小导管@40，$L=4$m	24	300 @80×100	ϕ8 @20	I18工字钢 @80	12	45	45
II水停	洞身II类围岩停车带、且地下水发育地段。单层ϕ108大管棚@40+ϕ25药卷锚杆@40	26含仰拱	400 @100×80	ϕ8 @20	I20钢架 @50	15	80钢筋混凝土 ϕ25@20	80钢筋混凝土 ϕ25@20
III水停	洞身III类围岩停车带、且地下水发育地段。单层ϕ42小导管@30	24	350 @120×100	ϕ8 @20	I18工字钢 @60	12	60 钢筋混凝土	60 钢筋混凝土

注：1. 表中辅助施工措施（超前支护）均在拱部120°布设。

2. 表中I型衬砌支护参数已经施工现场四方会议初步拟定，施工中应加强监控量测并及时修正参数。

突水坍方段支护参数表 表2-10

工区段		主洞				迂回导洞V区段		
		I区段衬砌	II区段衬砌	III区段衬砌	IV区段衬砌	I型衬砌	II型衬砌	III型衬砌
超前支护		ϕ108@30 ϕ42@80	ϕ108@30 ϕ42@80	—	ϕ42@40 ϕ25@40	ϕ42@40	ϕ108@30	ϕ108@30
初期支护	C20喷混凝土	24（仅仰拱）	24（含仰拱）	24（含仰拱）	24（含仰拱）	24	24（含仰拱）	24（含仰拱）
	锚杆	ϕ42 L-600 @80×80	ϕ42 L-500 @80×80	ϕ25 L-350 @80×80	ϕ25 L-350 @100×100	ϕ25 L-300 @100×80	ϕ25 L-300 @80×60	ϕ25 L-300 @80×60
	钢筋网	—	ϕ8@20	ϕ8@20	ϕ8@20	ϕ8@20	ϕ8@20	ϕ8@20
	钢架	I18@40（仅仰拱）	I18@40（含仰拱）	I18@40（含仰拱）	I18@50（含仰拱）	I18@80	I18@60	I18@30
二次衬砌	拱墙	50钢筋混凝土 ϕ25@20	70钢筋混凝土 ϕ25@20	70钢筋混凝土 ϕ25@20	50钢筋混凝土 ϕ25@25	40钢筋混凝土 ϕ18@25	40钢筋混凝土 ϕ18@25	40钢筋混凝土 ϕ18@25
	仰拱	50钢筋混凝土 ϕ25@20	70钢筋混凝土 ϕ25@20	70钢筋混凝土 ϕ25@20	50钢筋混凝土 ϕ25@25	40钢筋混凝土 ϕ18@25	40钢筋混凝土 ϕ18@25	40钢筋混凝土 ϕ18@25
预留变形量		—	20	20	15	8	12	12
施工支护		注浆加固 锁脚、定位锚杆	注浆加固 锁脚、定位锚杆	门型钢架 锁脚、定位锚杆	注浆加固 锁脚、定位锚杆	锁脚、定位锚杆	锁脚、定位锚杆	锁脚、定位锚杆

膏盐地段支护参数表 表 2-11

超前支护		φ42@40(小导管)、φ25@40(锚杆)
初期支护	C20 喷混凝土	24(防腐蚀)、(含仰拱)
	拱部锚杆	φ25L-350、@120×100
	仰拱锚杆	φ25 L-500、@120×100
	钢筋网	φ8@20
	钢架	I18@40(含仰拱)
二次衬砌	拱墙	60 钢筋混凝土(防腐蚀)φ22@25
	仰拱	60 钢筋混凝土(防腐蚀)φ22@25
泡沫板		10
注浆方式		开挖后周边注浆
预留变形量		20
施工支护		锁脚、定位锚杆

紧急停车带支护参数表(单位:mm) 表 2-12

衬砌类型		初期支护					二次衬砌厚度(C25 混凝土)		超前支护	适用条件
		喷 C20 混凝土	φ25 中空注浆锚杆		φ6.5 钢筋网网格	格栅钢架间距	拱墙	仰拱		
			长度	纵×横间距						
$\mathrm{III}_{停}$	20	400	80×80	20×20	80	50	50		—	III 类围岩、停车带
$\mathrm{III}_{封停}$	20	400	80×80	20×20	80	50	50		—	III 类围岩瓦斯地段
$\mathrm{IV}_{停}$	15	350 φ22 砂浆锚杆	120×100	25×25 局部设置	—	45	—		—	IV 类围岩、停车带
$\mathrm{V}_{停}^{爆}$	10 钢纤维	300 φ22 药卷锚杆	120×120	—	—	40	—		—	V 类围岩岩爆地段

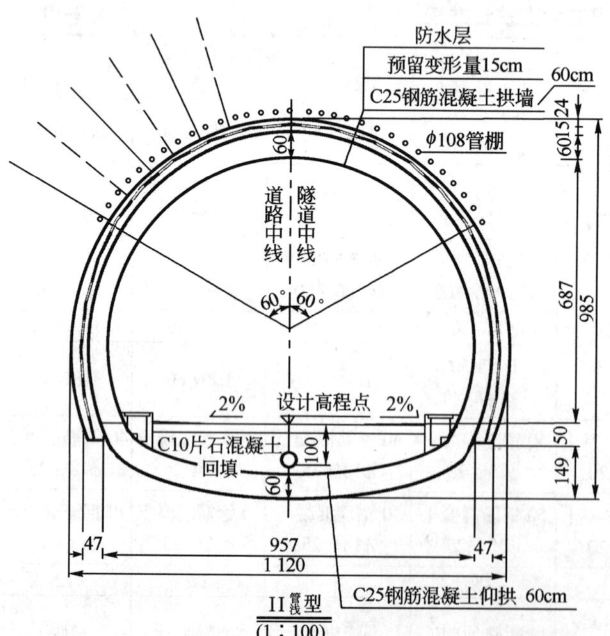

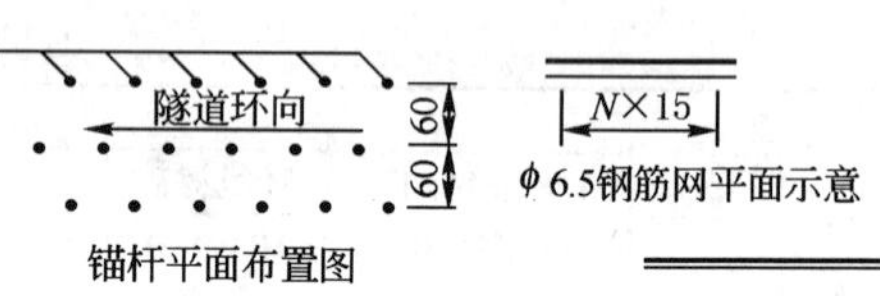

注:

1.本图尺寸除钢筋直径以mm计外，其余尺寸均以cm计。
2.本衬砌断面适用于洞口II类围岩拱部为碎块石土，仰拱为基岩的浅埋地段，鉴于浅埋段地层压力较大，施工中应根据具体情况适时浇筑钢筋混凝土衬砌。
3.图中锚杆仅示一半，另一侧相同布设，锚杆按梅花形布设，横向间距为80cm。纵向间距为60cm。
4.超挖回填拱墙平均按15cm,仰拱平均按10cm计。
5.C20喷混凝土在隧道纵向上呈波浪形喷射，平均厚度按20cm计，钢架保护层厚度不小于4cm。
6.超前支护采用φ108管棚，每根长30m，搭接3m左右，环向间距40cm，外插角1~2度，拱部120度范围布置。
7.图中工程数量表内C合同段的数量已包括了管棚工作室的相关数量。

图 2-8 II 类管浅围岩衬砌设计图

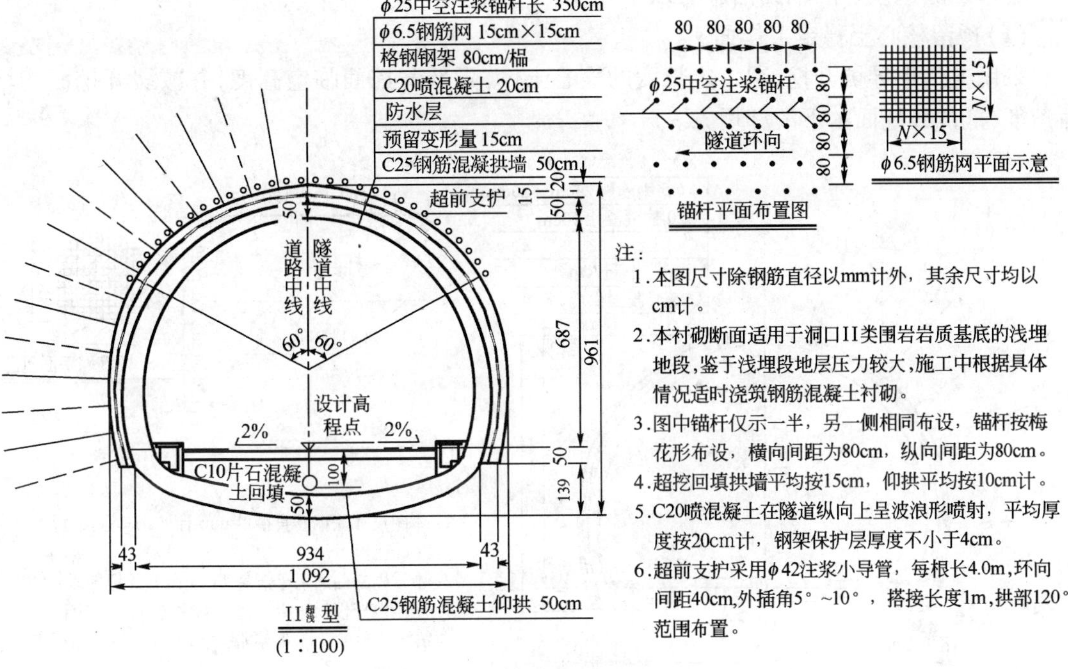

图 2-9　II 类超浅围岩衬砌设计图

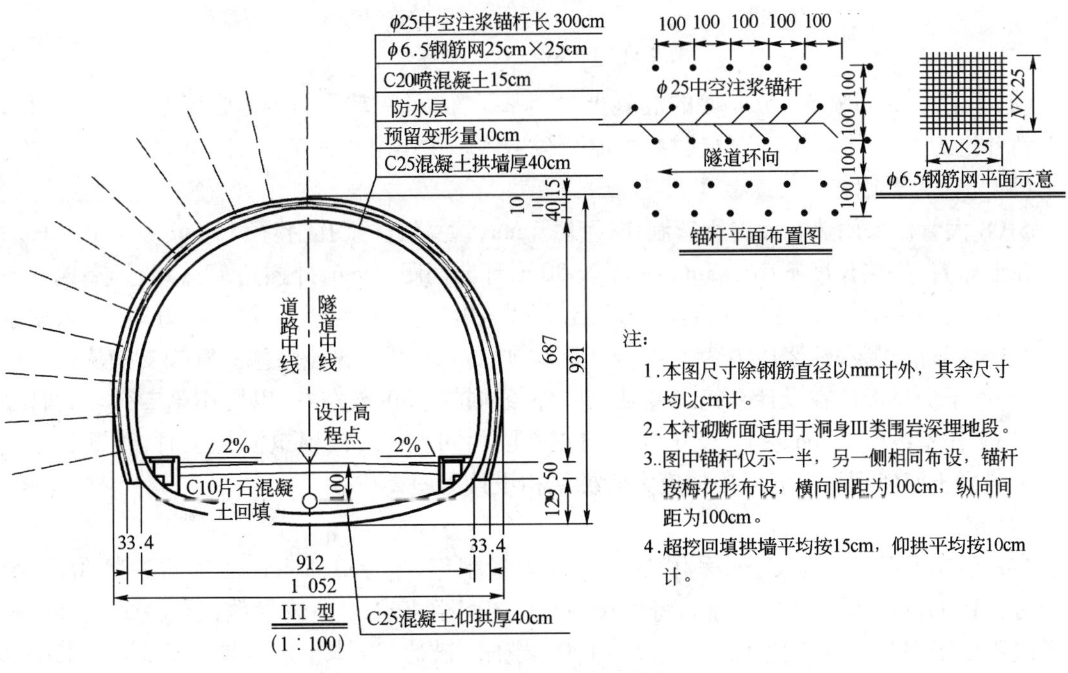

图 2-10　III 类围岩衬砌设计图

2. 五指山隧道施工辅助措施设计

隧道在浅埋软弱地段、软弱破碎带、断层破碎带以及大面积淋水涌水地段施工时，常常会发生掌子面围岩不能自稳，或由于围岩拱顶易发生松弛，锚杆作用有限，初期支护的强度不能满足要求，或者由于围岩软弱、大面积淋水、涌水而导致洞体围岩失稳坍方。当出现上述情况时，通常的做法是在开挖前先采取一些辅助措施，增加围岩的稳定性，以便顺利开挖。

五指山隧道设计的辅助措施有以下几项。

(1)预留核心土稳定工作面

采用上弧形导坑开挖,留一定长度的核心土体,降低开挖面临空高度,并减缓开挖面的坡面角度,抵抗开挖面的下滑和坍方。

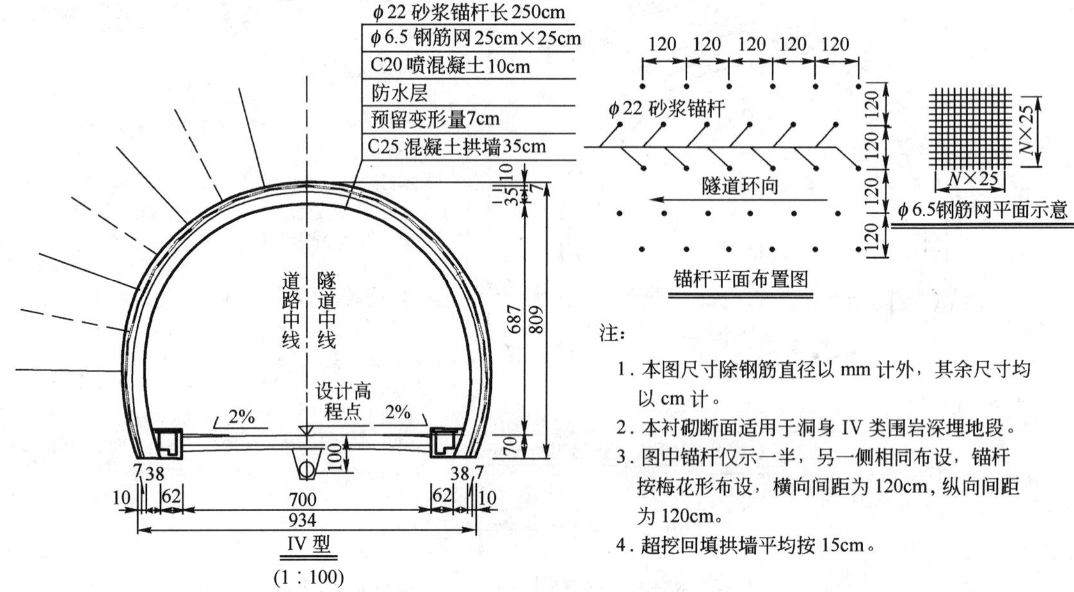

图 2-11 IV 类围岩衬砌设计图

(2)开挖后立即喷 3~5cm 厚的混凝土封闭掌子面,可使掌子面岩体强度不致明显降低,同时新开挖工作的岩体不与空气接触,可能减缓岩体风化作用的影响。

(3)超前大管棚

ϕ108 大管棚采用热轧无缝钢管制作,壁厚 6mm,管身钻注浆孔,孔径 15mm,孔间距 20cm,呈梅花形布置,搭接长度不小于 3m。每根长 30m,环向间距 40cm,外插角 1°~2°,远端偏差不大于 45cm。注浆参数:压注纯水泥浆,水灰比 $W/C=0.8\sim1.0$,当止浆效果不好时,可采用水泥—水玻璃双液注浆,注浆压力为 1.0~2.0MPa,必要时在孔口设止浆塞。管棚支护从第二循环开始,掌子面拱部应在设计开挖线基础上向外径向扩挖 50cm 左右,以用作第二循环的管棚工作室,工作室纵向长 6m 左右,支护参数与正常段相同。在二次模筑混凝土时,管棚工作室用同级混凝土密实回填。五指山隧道大管棚结构设计见图 2-12。

(4)超前小导管

ϕ42 小导管用于超前支护,采用热轧无缝钢管制作,壁厚 3.5mm,管身钻注浆孔,孔径 8mm,孔间距 15cm,呈梅花形布置。每根长 4m,环向间距 40cm。注浆参数:压注水泥砂浆(强度等级不低于 M20),水灰比 $W/C=0.5\sim1.0$,当围岩破碎,岩体止浆效果不好时,可采用水泥—水玻璃双液注浆,将浆液凝结时间控制在数分钟以内;注浆压力为 0.5~1.0MPa,必要时在孔口设止浆塞。五指山隧道注浆小导管结构设计见图 2-13。

(5)超前药卷锚杆

超前药卷锚杆对于隧道控制超欠挖也有一定的保护作用,同时可以减少隧道小型坍方的发生,对隧道超前支护发挥的作用是不容置疑的。超前锚杆采用 ϕ22 的螺纹钢钢筋,长度 4m,药卷在桶中进行浸泡,浸泡时间不超过 1min,药卷浸泡后按照规范要求装进孔内,同时插入杆体，确保药卷破裂并与杆体充分黏结。

(6)全断面深孔超前注浆堵水

当超前地质预报显示，隧道即将通过段落较长的软弱破碎围岩、且地下水特别发育，易形成涌突水以及因地下水而可能造成特大坍方的地段时，应采用全断面深孔预注浆堵水。

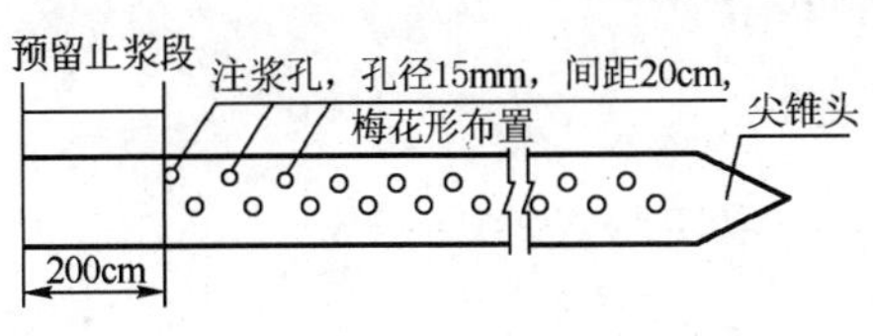

图 2-12　五指山隧道大管棚结构设计图

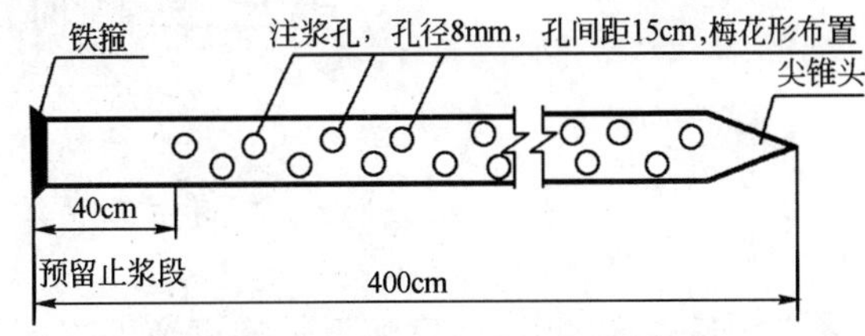

图 2-13　五指山隧道注浆小导管结构设计图

在确定实施前，应加强超前地质预报和超前水平钻孔以探明地下水发育情况和溶洞、溶穴、破碎带的方位、规模等地质概况。超前钻孔起点应在预测突水处以前 5 ~ 10m，以便形成止水岩盘。

全断面注浆堵水加固范围为开挖轮廓线外 10m 以内的范围，每一注浆段一般按 30m 长考虑，一个注浆段完成后留 5 ~ 8m 不开挖作为下一注浆段的止浆岩盘。注浆孔布置由工作面向开挖方向呈伞形辐射状，钻孔布置成数圈，内外圈按梅花形排列，并采用长短孔相结合，以达到注浆充分、不留死角为目的，浆液扩散半径 2m，孔底间距不大于 3m，开孔直径 ϕ115，终孔直径 ϕ75。注浆材料为水泥—水玻璃双液浆，浆液浓度应根据岩体条件加以调整；初拟如下：$C:S=1:(0.6\sim1.0)$（体积比），水泥浆水灰比 0.8:1 ~ 1:1，水玻璃模数 2.6 ~ 2.8，水玻璃浓度 35Be′。

(7)周边深孔超前注浆堵水

当超前地质预报显示，隧道即将通过厚度较小或岩质较好的断层破碎带、岩溶地层与非岩溶地层界面和地下水发育、易形成涌水以及因地下水可能造成坍方的地段时，可采用周边深孔超前预注浆堵水。注浆加固范围为开挖轮廓线外 10m 以内，轮廓线以内的岩体因其稳定性相对较好，且即将挖除，可不必注浆固结。其他注浆参数和全断面注浆一致。

(8)开挖后周边注浆堵水

当超前地质预报显示，隧道即将通过地层裂隙水较大，地下水呈大面积淋水状，但围岩尚能保持稳定，隧道掘进尚能保证施工安全的段落时，可采用开挖通过后再进行周边注浆堵水。开挖后周边径向注浆加固范围为隧道开挖轮廓线外 5m，ϕ50 注浆孔间排距 1.5m × 1.5m，梅花形布置。各注浆参数应根据现场注浆试验加以调整。

第三章　洞口设计与施工

第一节　概　　述

洞口就像咽喉,洞口施工是隧道施工的难点之一。洞口部分在地质上通常是不稳定的,设计时应考虑避开滑坡、崩塌、泥石流等不良地质;确定洞门位置时,应考虑确保边、仰坡的稳定性,以免造成难以整治的病害。一般应设在山体稳定、地质情况较好的地方,隧道"宜长不宜短",应"早进洞、晚出洞",尽量避免大挖大刷,破坏山体自身的稳定和平衡,洞口的施工是隧道施工的开始,洞口段的安全可靠是隧道施工成败的关键。一般说来,洞口地段的地质条件较差,有的依山傍河,临崖靠壁,施工条件不开阔,且地表水汇集,施工难度较大,但无论如何,都不能留下将来可能发生病害的因素,一旦洞口安全不能保证,今后洞内施工也将停止,且要花费大量的人力物力去处理洞口,工期也将延长。

在具体设置洞门时,由于受路线走向线形的影响,经常会发现很难使洞门刚好处于理想的位置上,往往是线形摆顺了,但洞门位置又不理想,要么就是洞门位置选好了,而线形又不理想。在洞口选址时,一般是洞口选址服从于公路线路,如洞口地质、地形、水文条件特差,那就要线路服从隧道洞门的位置。基本原则是洞口的安全必须得到保障,设计时可以将若干方案加以经济技术比较。

为使洞口段受力条件较好,应使隧道中线与地形等高线正交,洞口不应该设在沟谷低洼和汇水沟处,隧道不要直穿鞍部、哑口。通常鞍部在地质上是薄弱点、断层破碎带、富水带,是不稳定的地层;沟谷地势狭窄,施工机械等难以展开布置,施工条件差,且夏季有泥石泥,防洪困难,还常常有断层破碎带,地下水也较丰富,对施工和营运不利。洞口设在高处,隧道长度短,引线长度大,线路可能要盘旋,有利之处就是洞口遇到坡积、堆积层的可能性小,对进洞有利;洞口设在低处时,可能进洞会遇到厚层的坡积土、堆积层,但引线长度短。坡积层、堆积层土体松散,稳定性差,施工时难度较大,施工完毕后易发生病害,有时要花大力气如注浆等加固洞门地基。所以在设计时要很好地比较隧道的长度与引线长度、工程造价的关系。

第二节　五指山隧道的线形、洞门位置及形式

一、隧道平面线形

五指山隧道为国道 213 线穿越沐川县和屏山县交界处五指山的越岭隧道,隧道进口位于沐川县永福镇楠木村境内的大坪桥旧 G213 线漫水公路旁,洞口右侧紧邻冲沟,冲沟右侧山势较陡。据了解,冲沟内常年流水,夏季水量较大,暴雨洪水对洞口有一定影响,设计进行了改沟和渠化处理(图 3-1 和图 3-2),改沟绕过隧道进口端前方,对施工有一定影响;隧道出口位于屏山县太平乡龙潭村境内的蕨基坪,交通极为不便,龙深塘沟从隧道洞口右下侧斜向穿过,其对

洞口的影响较大，必须进行适当改沟、加深和渠化处理，设计在洞口右侧设置了重力式混凝土挡墙防护。

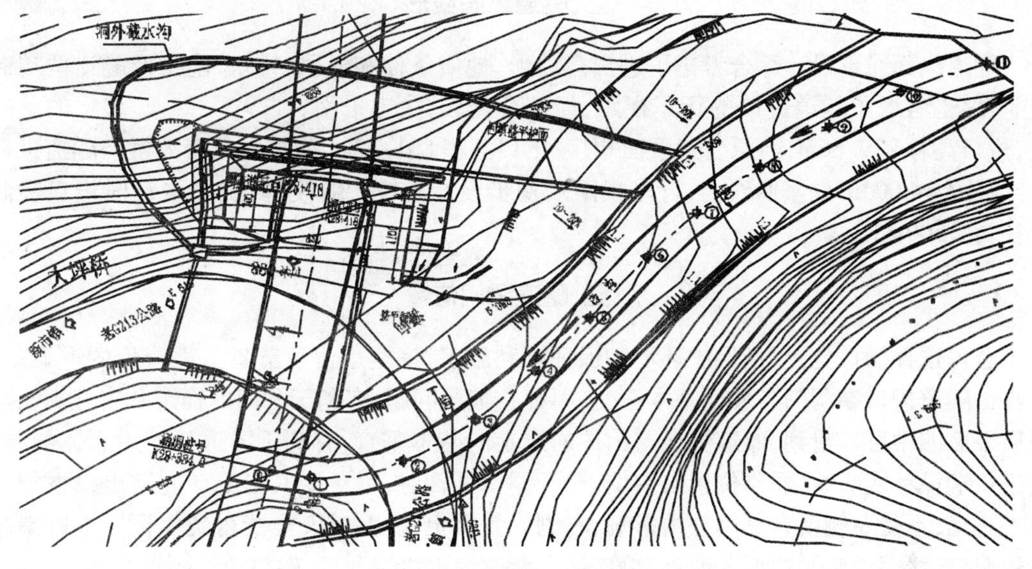

图 3-1　进口端洞门位置及改沟

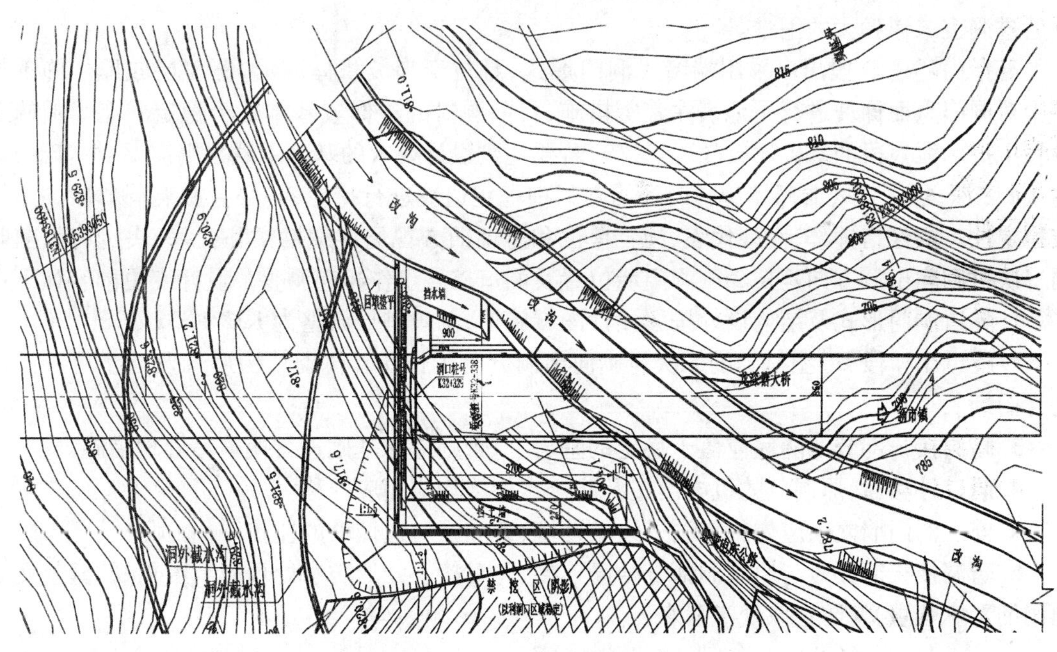

图 3-2　出口端洞门位置及改沟

隧道进口位于半径 400m 的圆曲线上，曲线进洞长度 99.6m，洞身和出口为直线。进口端之所以要位于半径为 400m 的圆曲线上，主要是使洞口与进口处坡面垂直，避开洞口偏压及右侧沟谷的影响。出口端位于半山腰，洞口右侧山势较陡，线路出洞之后盘旋下山，这是由地形决定的。从隧道地质平面图中可以看出，隧道进口端前方是一条大的冲沟，两边山势陡峭，原国道 213 线在隧道进口端前面左转进入盘山路，如果不在原设计位置进洞，将进出口位置高程降低，则要大幅度增加隧道长度，增加工程投资，增大隧道施工难度，且隧道进出口均处于冲沟之中，洞口安全得不到保障。

二、隧道纵面线形

隧道纵面线形设计综合考虑了进出口地形、地质条件和通风、排水、施工及隧道两端的接线条件，也考虑了隧道进口的行车视距，经综合比较，决定采用 −1.9% ~ −2.23% 的单向下坡，进口高程 879.66m，与原公路平面相接；出口高程 801.37m，紧接龙深塘大桥。隧道进口位于半径 $R=4\,000$m 的竖曲线上，行车视距较初步设计有较大的改善（初步设计时进口竖曲线半径为 2 500m）。

三、隧道洞门位置

合理选择洞口位置，是保护环境和保证顺利施工、安全运营及节省工程造价的重要条件。五指山隧道进口端洞门与坡面基本正交，不存在偏压问题，有利于洞门的稳定和安全。从隧道地质平面图中可以看到，隧道轴线与山体岩层走向基本垂直，有利于隧道开挖后岩体的稳定。将进口端设计成曲线，洞口位置向左偏，避开洞口处沟谷，以免受其影响。隧道出口也与坡面基本正交，不受左侧及右下侧冲沟影响，右侧设置挡土墙，洞口安全能得到保证。进口端改沟绕过洞口，线路用暗涵的形式通过，出口端左侧改沟也绕过洞口，架桥通过改沟。

五指山隧道的线路及洞门位置选择是成功的，洞口在施工过程中未发生大的塌方事件，刷坡后进洞也未遇到大的困难。

五指山隧道 D 段出口采用端墙式洞门形式，且位于崩坡积体前沿，覆盖层较厚。施工过程中对洞门上面仰坡进行了地表注浆等措施，目前洞口的边仰坡基本处于稳定状态。但施工过程中揭示洞口段的基础比较软弱、破碎，若要达到设计要求的基础承载力则需要对基础换填达 4m 多深，加之该处洞门墙施作时还需对目前稳定边坡进行扩挖，势必会影响洞口段的边仰坡稳定性。故经指挥部、设计代表、施工单位和监理四方现场详细勘察和会议，决定将目前暗洞二次衬砌向出洞方向延长 3m，洞门墙位置及洞口桩号也作相应调整。设计变更内容如下：

1. 隧道洞门形式及结构设计按原设计图纸施工，洞口桩号调整为 K32 + 332。

2. 隧道出口段 $\text{II}_{浅}^{管}$型衬砌的二次衬砌向出洞方向延长 3m，衬砌结构形式及计量可参照原设计图纸。

3. 暗洞接长部分的隧底应落于稳定的基岩上，否则应对基础进行换填等处理措施。

4. 洞口外移后，原洞口的机电设施及防排水措施均应相应外移。

5. 施工洞门墙之前应先施作洞外边坡挡墙，并加强对边仰坡的监控。

6. 暗洞接长部分应与原暗洞部分插筋连接，并对接头处的防水处理应高度重视，缝外侧必须用沥青麻絮填实，防止该处渗漏水。

四、隧道洞门形式

在原设计中，隧道进、出口洞门墙均采用“端墙式”，仰斜坡度 1:0.15，洞门墙采用 C20 现浇混凝土，厚度 2.5m。进口端洞门为了与地形相匹配，在后期施工中改为削竹式洞门（图 3-3）。出口仍采用端墙式洞门形式（图 3-4），且位于崩坡积体前沿，覆盖层较厚，施工过程中对洞门上面仰坡进行了地表注浆等措施后洞口的边仰坡基本处于稳定状态。但施工过程中揭示洞口段的基础比较软弱、破碎，若要达到设计要求的基础承载力，则需要对基础换填达 4m 深，加之该处洞门墙施作时还需对目前稳定边坡进行扩挖，势必会影响洞口段的边仰坡稳定性。

经指挥部、设计代表、施工单位和监理四方现场详细勘察和会议，决定将目前暗洞二次衬砌向出洞方向延长3m，洞门墙位置及洞口桩号也作相应调整。洞口桩号调整为K32+332，暗洞接长部分应与原暗洞部分插筋连接，缝外侧必须用沥青麻絮填实，防止该处渗漏水。

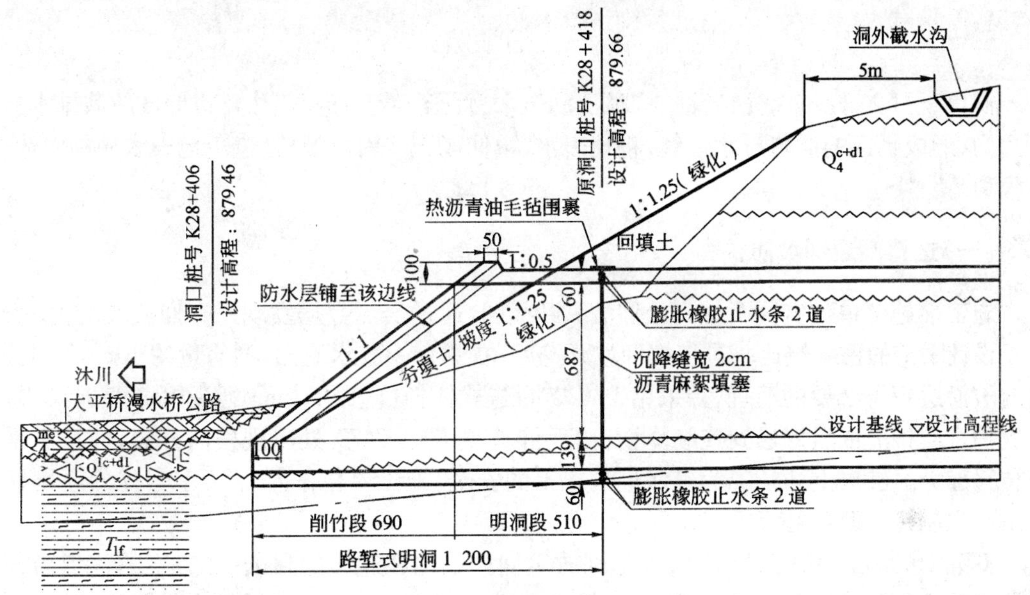

图3-3　进口端削竹式洞门

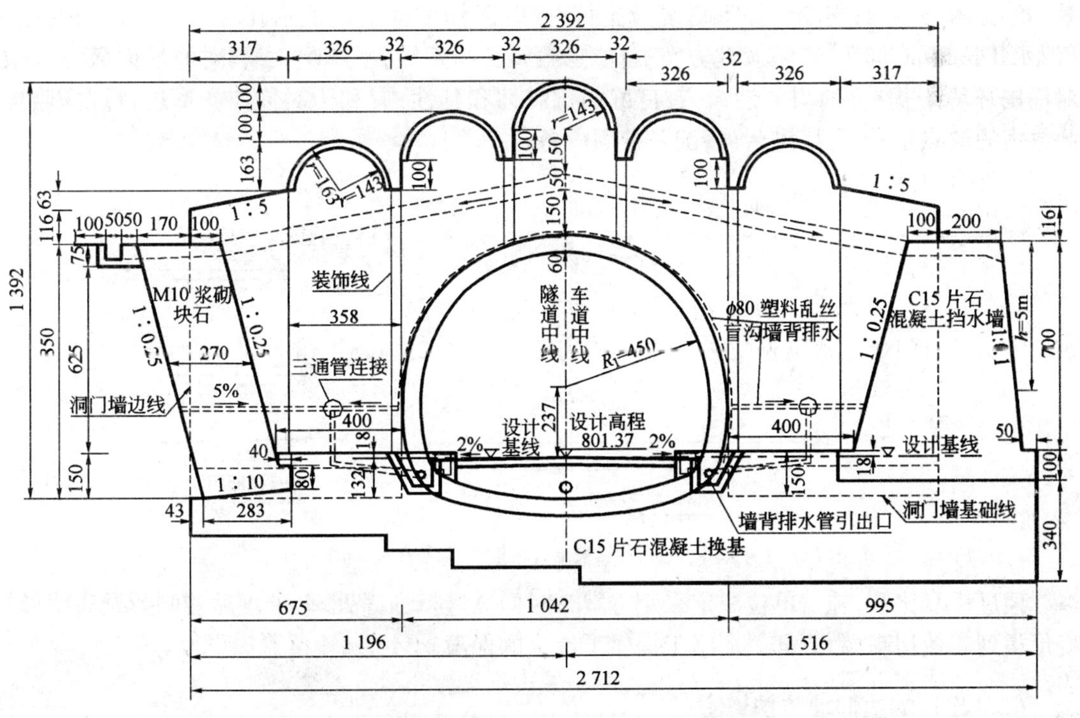

图3-4　出口端端墙式洞门(尺寸单位:cm)

第三节　边仰坡防护及洞口开挖

一、边仰坡防护

洞口土石方开挖前，先清除边仰坡上的树木、竹子、浮土、危石，作好边仰坡的截排水天沟、侧边沟，形成畅通的洞口排水系统，将地表水、边仰坡积水引离洞口，避免地表水冲刷而造成边坡失稳。

(一)进口端边仰坡防护

施工前施工单位实测了挂口处仰坡纵断面图，通过实测数据发现原有仰坡坡度为1:0.6，小于设计1:1的稳定坡比。进口端仰坡开挖后，右侧有一股水流出，涌水量约$10m^3/h$；与此同时对坡面进行了必要的清理，并采用5mϕ27自进式锚杆(间距1.2m)配以10cm厚挂网喷混凝土支护。支护完成后即遇到连续降雨，雨后仰坡顶K28+433处出现横向开裂，仰坡水平、垂直位移加大。针对上述情况为确保进洞施工的安全，施工单位本着“稳”字当先的原则，经过慎重研究制订了两套处置方案。

方案1　清除裂缝前端土体，以达到放缓仰坡坡比和卸载的目的，此方案的优点为：施工工艺简单易行，效果明显。但是缺点也很多：对原地面破坏大，并且增加今后洞门端墙墙背回填数量；施工时间长，延误工期；地表水侵蚀后稳定性降低。

方案2　采用土钉墙技术对开裂仰坡进行处置(图3-5)。此方案采用6mϕ27自进式锚杆(间距1.2m)配以10cm厚挂网喷混凝土进行支护，锚杆与周围土体接触，依靠接触界面上的黏结摩擦阻力，与其周围土体形成复合土体；同时于仰坡面安设泄水孔排泄坡体内部孔隙水(泄水孔长20m，仰角>2°)。此方案的优点为：施工周期短，不影响工期；对原地面破坏轻微，对周围环境干扰小；加固柔性大，有良好的抗震性和延性；有利于对仰坡变形进行现场监控。此方案的缺点是：需要搭设台架，配备专用设备。

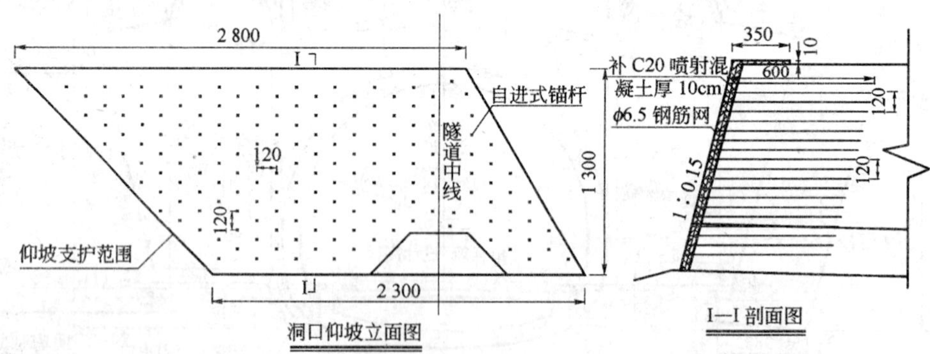

图3-5　进口端仰坡土钉墙布置(尺寸单位：cm)

经过反复比较，施工单位决定采用方案2对仰坡进行加固处理，处理后监测数据表明仰坡变形得到有效抑制，为下部工序施工提供了有力的保障。

(二)出口端边仰坡防护

出口端洞口有孤石、危石，在进洞前进行了清理，洞口在地表平台前沿在超前支护下无仰坡暗挖进洞，并及时作好洞口掌子面的锚喷网防护(图3-6和图3-7)，进洞前作好洞口左侧的改沟工程。隧底、洞门墙及洞口右侧挡水墙的基础均应落于稳定的基岩上，采用C15片石混凝土换填基础并嵌入基岩面下不小于50cm，洞口外左侧的27m长仰斜式路堑墙基础应置于原生稳定的地基上，且应做人工夯实处理，其承载力不应小于0.5MPa。洞口开挖前应先进行地表固结注浆，并清除仰坡地表的危石，保证施工安全。因雨天多，对洞口边仰坡的稳定不利，洞口开挖前应先施作洞顶截、排水系统，在挂口进洞后，及时浇筑洞口段二次衬砌、洞门墙和两侧翼墙(挡墙)，以确保洞口的安全。洞口施工前必须先作好冲沟的改沟和渠化工程，洞口应尽量避开雨季施工。

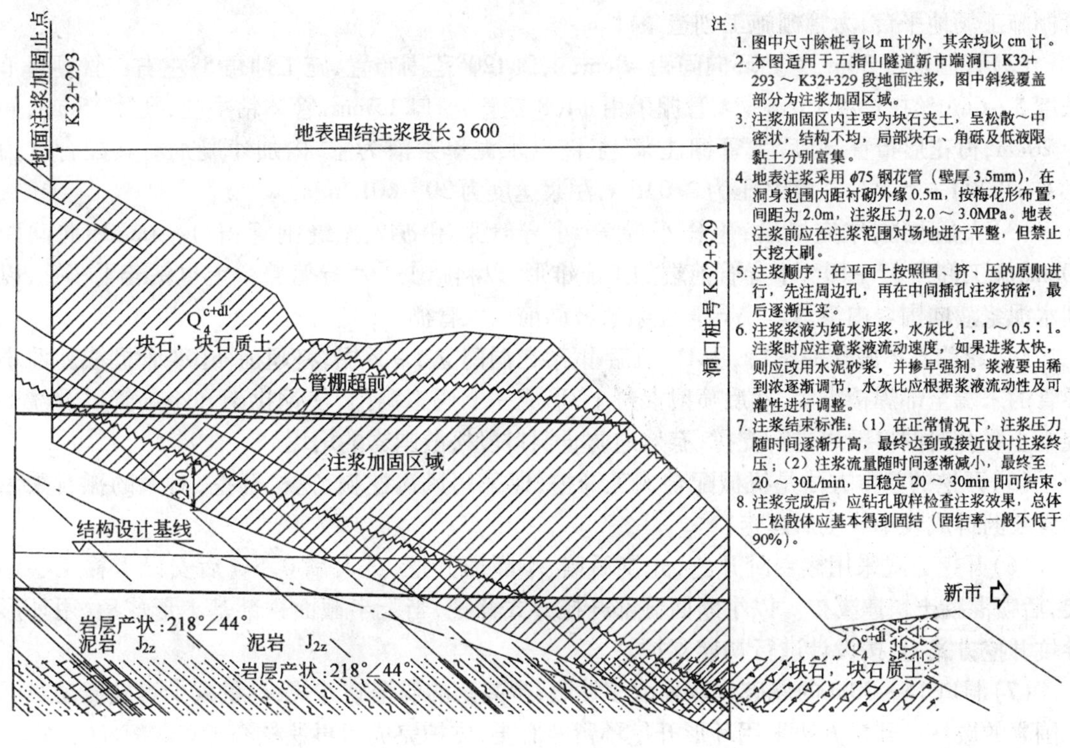

图3-6　出口端边仰坡加固

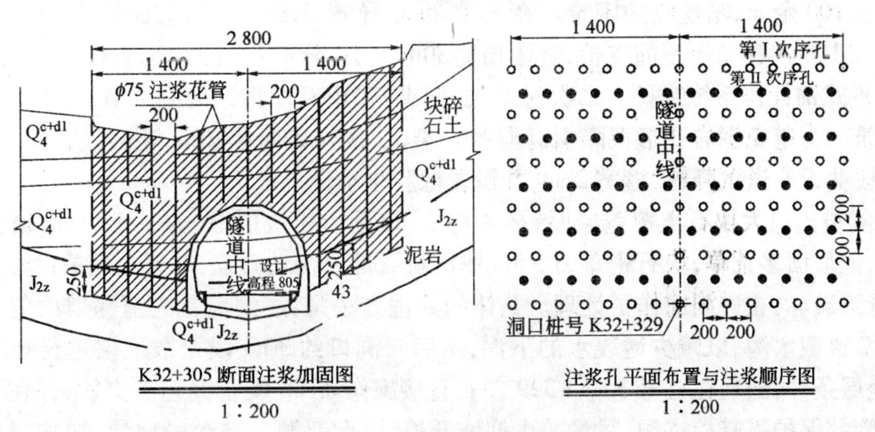

图3-7　出口端边仰坡加固

二、洞 口 施 工

由于隧道洞口长期受到风化作用,围岩比较破碎,而且隧道在未成拱前围岩自身没有自承能力,为了保证隧道洞口施工的安全,必须采取合理的进洞方案。为了减少开挖,进出口洞口采用在超前支护下无仰坡开挖进洞方式,这样既可避免破坏植被,也可减少泥石流的发生。

(一)洞口施工要点

(1)根据地质地形条件采用 PC200 反铲式挖掘机挖出洞口位置,在开挖洞口时注意安置管棚施工场地平台,为管棚施工创造条件。

(2)管棚长度 30m,管棚环向间距 40cm,拱顶 120°范围布置,施工仰角 5°左右。管棚每节长度 5 ~6m,丝扣长度 15cm。大管棚采用 ϕ108 钢管,壁厚 15mm,管体钻小孔,孔径 15mm,间距 20cm,梅花形布置,然后大管棚注浆,浆液以水泥单浆液为主,内加速凝剂。其配合比为 $W:C=0.8:1\sim1.2:1$,注浆终压为 2.0MPa,注浆速度为 30 ~60L/min。

(3)大管棚施作完毕后,施作小导管,小导管采用 ϕ42 无缝钢管,长度 4m,环向间距 30cm,施工仰角 5° ~10°,小导管前端加工成锥形,以利施工。小导管管壁上也钻若干小孔,以利水泥浆液向围岩内渗透。小导管注浆浆液同前面大管棚。

(4)超前支护施作完毕后,用 I18 工字钢架在洞门立 1 ~2 榀,将超前 ϕ108 管棚或超前小导管的末端全部焊接牢固,然后喷射混凝土,形成一个假拟洞门,使钢拱架和小导管以及喷射混凝土联合对洞口围岩进行支撑,有效地防止洞口段松散围岩的坍塌。

(5)开挖的基本方法是机械配合人工开挖,即采用风镐挖掘、挖机开挖,对大的孤石采用少量装药拆成较小块度后运走。

(6)开挖方式采用微台阶开挖,先拱后墙、小断面开挖,进尺满 0.5m 后安设 1 榀工字钢架,后喷混凝土快速支护。以小断面分部开挖方式开挖,当上半截面拱部基本形成后,用环形导坑开挖方式,且按设计进行初期支护。

(7)洞口 15 ~20m 的爆破作业采取多钻眼、少装药的弱爆破方式,尽量减少爆破振动对洞口围岩的破坏。开挖方法采用环形开挖预留核心土,支护完成后再挖核心土。

(8)洞口段的进尺 50 ~80cm。总的原则是:管超前、短进尺、弱爆破、早支护、勤量测。

(9)进口端洞口覆盖层巨厚,近 30m,洞口浅埋段地形平缓,边仰坡整体稳定性较好,洞身穿越覆盖层 100 余 m,暗挖较为困难。在大管棚、小导管、I18 工字钢架保护下"无仰坡"开挖进洞后,用 ϕ108 大管棚作超前支护,管棚长度 30m 左右,分 4 ~5 个循环,管棚环向间距 40cm;用 ϕ27 自进式锚杆作系统锚杆。二次衬砌(含仰拱)采用 C25 钢筋混凝土结构,并根据变形情况适时浇筑。为避免围岩变形沉降引起洞身开裂,二次衬砌每隔 20m 环向设置一道沉降缝,进口洞身段共设 5 道沉降缝,缝宽 2cm,并设置橡胶止水带止水。

(10)隧道出口大块石土覆盖层厚,林木稀少,该洞口松散层厚 8.0 ~15.0m,坡体整体稳定性较好,但坡面多荒草,块石密布,3 ~5m 厚的块石部分松动叠置,有架空现象,稳定性差,易发生崩、滑落破坏,在进洞前作了处理。具体的处理方法是:进洞前首先清除坡面危石并在仰坡地表作 2 道截水沟,以减少地表水的下渗,然后对洞口约 30m 段松散地层进行地表注浆固结,改善地层条件,随后在桩号 K32 +329 左右直接施作 ϕ108 大管棚超前支护,并在大管棚和超前小导管的保护下暗挖进洞,尽量减少仰坡开挖,以保留洞口平台段地层,增加洞口坡体的稳定作用。

洞口段隧底基础局部不在基岩上，施工过程中揭示洞口段的基础比较软弱、破碎，经四方现场详细勘察和会议，决定将目前暗洞二次衬砌向出洞方向延长3m，洞口桩号调至K32+332。洞口浅埋段二次衬砌每隔20m环向设置一道沉降缝，共设置4道，缝宽2cm，并设置橡胶止水带止水。

（二）管棚施工

1. 管棚施工工序

（1）管棚施工工序。管棚施工流程为，施工准备—施工测量—钻机就位—钻孔—扫孔—插入钢管—孔口密封处理—管棚注浆—检验—进入下道工序。

（2）管棚加工。管棚采用ϕ108无缝钢管，预加工成6m和4m两种，管身钻注浆孔，孔径15cm，孔间距20cm，呈梅花形布置；每节钢管接头采用厚壁钢箍，上满丝扣，丝扣长度为15cm。

（3）钻孔。施工测量确定管棚位置，在开挖线外40cm进行布点。在每一循环中，把31个孔位进行编号，钻孔顺序由高孔位向低孔位进行。钻孔外插角以不侵入隧道开挖轮廓线越小越好，根据钻孔预定深度与实际的隧道下坡施工，确定进口端管棚钻孔外插角为1°，出口端外插角6°；钻孔从导向管钻进，开孔时低速低压，钻机主轴方向准确定位，确保孔向正确，不偏离或侵入隧道开挖轮廓线内，每孔钻完后及时顶进钢管，以免塌孔，在钻孔时，定时进行钻机的方向与外插角度的检查，发现偏差应立即纠正。

（4）管棚插入。在每一钻孔成形后，应及时进行扫孔与钢管安装；为克服坍孔等不利情况影响采用机械旋进，钢管采用丝扣连接，丝扣长15cm；为保证管棚支护效果，不同长度管棚应交错插入，同一断面上接头数量不超过管棚总数量的50%，相邻钢管的接头相错量不小于1m（按照施工图所示孔号有奇数孔和偶数孔，奇数孔使用6m的第一节管，偶数孔使用4m的第一节管，后面使用相同的6m或4m钢管，这样就能保证上述技术指标），钢管就位后加以固定。

（5）注浆。管棚安装就位后应进行检查，确定钢管安装牢固后用棉纱堵塞钢管与钻孔间的空隙，进行封堵工作，封堵应有进料孔和出气孔。注浆采用HFV-50注浆机进行灌注，材料为M30水泥砂浆。注浆时为免孔多串浆，应钻一孔注一孔，注浆压力一般为1.0~2.0MPa，在出气孔流浆后，方可停止压注。

上下两循环管棚搭接长度不小于3m，管棚支护从第二循环开始，掌子面拱部在设计开挖线基础上向外径向扩挖50cm，以作为第二、第三等循环的管棚工作室，工作室纵向长6m左右，支护参数与正常段相同，在二次模筑混凝土时，管棚工作室用同级混凝土回填密实。

2. 管棚施工的技术要点

（1）外插角和单循环长度的选择。钻孔外插角的确定以不侵入隧道开挖轮廓线为原则，外插角过大或单循环长度太长，管棚与洞身开挖轮廓线间距加大，管棚对其下部土体支护效果降低，开挖时会出现顶部掉块现象，从而影响超挖控制并带来安全隐患；单循环长度太短又会造成搭头太多、施工周期增加，不够经济。由于本隧道是单向下坡施工，为避免管棚与洞身开挖轮廓线间距过大而降低支护效果，综合考虑决定进口端采用外插角小于1°、出口端外插角约6°、单循环长度不大于30m的施工方法。

（2）为优化管棚受力性能，管棚接头必须错位，错位长度不小于1m，两循环搭接长度3m。

（3）管棚安装就位后应进行检查，确定钢管安装牢固后用棉纱堵塞钢管与钻孔间的空隙。进行封堵工作，封堵应有进料孔和出气孔。注浆压力一般为1.0~2.0MPa，在出气孔流浆后，方可停止压注。

（三）注浆效果

由于隧道洞口围岩为黏土夹石，实际施工时注浆固结效果十分有限，开挖情况表明，管棚外5倍管径以内范围为固结有效区，5倍管径外浆液沿土体裂缝充填，成树状分布（图3-8），固结效果不是十分理想。

大管棚超前支护效果分为两部分，一是管棚本身的刚性支撑作用，二是管棚注浆加固地层。对五指山隧道而言，管棚钢管自身刚性对围岩的支承效果明显，施作管棚后监控量测数据显示地表位移减小，洞内拱顶下沉总量一般能控制在3cm以内，达到了预期目的；注浆止水效果明显，注浆后掌子面渗水显著降低，而围岩是土夹石，注浆加固围岩效果不是十分理想。大管棚和钢架配合使用，起到了防止隧道坍塌的作用。

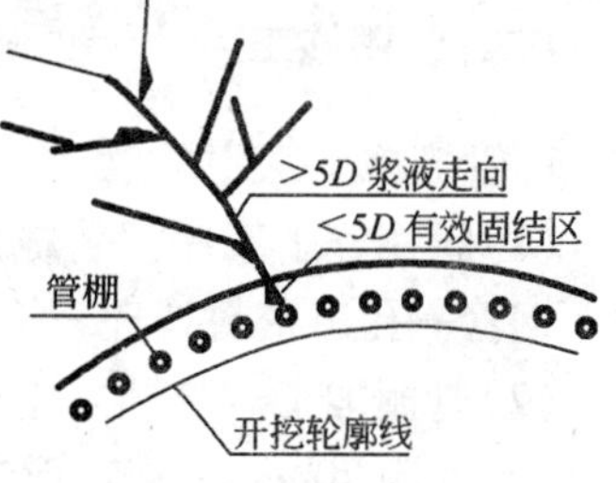

图3-8 注浆效果图

（四）进口端洞口段偏压的处理

五指山隧道进口段洞口段存在一定的偏压，从图3-1中可以看出，进口端左侧山体较厚，而右侧山体较薄，右侧还有一条便道和水沟，对水沟进行了改沟处理。隧道进口端进洞开挖施工后，发现仰坡有开裂现象，均为横向开裂，未发现纵向开裂现象。为了安全起见，决定对隧道进口端右侧进行反压回填处理，回填处理之后，随着开挖向前推进，未见有新的开裂发生，地表下沉监控也未有异常现象发生，直至隧道竣工，进口端洞口处于稳定状态。

第四章　五指山隧道洞身开挖

第一节　五指山隧道开挖方法

山岭公路隧道施工方法的选择，主要根据隧道地质条件、水文条件、埋深大小、隧道断面形状尺寸、施工技术条件和施工技术水平及工期要求等因素综合考虑决定。在选择施工方法时，应根据各方面条件综合考虑，选择最经济、最理想的施工方案，有时甚至多种方案综合应用，因而隧道开挖是一个受多种因素影响的动态施工过程。在影响隧道施工方法选择的众多因素中，最主要的还是隧道围岩的地质情况，当围岩地质情况较好，围岩稳定时，可以紧跟开挖面喷射一层薄的混凝土，将开挖和初期支护拉开一定的距离，前面开挖作业，后方初期支护，并且选择全断面开挖。当隧道围岩较差时，则需要开挖后立即支护，防止围岩过度变形而坍塌。总之，在选择施工方法时，要根据各种因素和隧道本身的地质条件，采取合适的施工方法。

现在隧道一般采用新奥法设计和施工。新奥法与传统的矿山法相比，不仅仅是手段上的不同，更重要的是工程概念、力学理论和认识上的不同，是人们对隧道及地下工程问题的进一步认识和理解。新奥法是一个具体应用岩体动态性质较完整的力学概念，科学性较过去的隧道施工方法强，因而不能单纯地将它仅仅看成是一种施工方法或是一种支护方法，也不应片面理解将仅用锚喷支护就认为是采用了新奥法。事实上应用锚喷支护并不能完全表达新奥法施工的技术措施，新奥法的内容较广泛，它既包括隧道工程设计，又包括隧道工程施工。新奥法应用岩体力学的理论，以维护和利用围岩的自承能力为基本出发点，采用锚喷为支护手段，及时地进行支护，限制围岩过度变形和松弛，以监控量测为监测手段，掌握围岩和支护体系的变化信息，随时调整支护参数。

由于新奥法的应用和发展，导致隧道及地下工程理论步入到现代理论的新领域，从而使隧道及地下工程的设计和施工更符合地下工程的特点，也使建设成本降低了。新奥法已成为隧道修建的主要方法。

一、公路隧道常用开挖方法

(一)全断面开挖法

全断面开挖就是将全部设计断面一次开挖成形，再施作初期支护及二次衬砌。一般适用于围岩较好的Ⅳ类及Ⅴ类围岩，部分Ⅲ类围岩也可用全断面开挖。采用全断面法开挖，一次爆破进尺可达2.5~3.5m。全断面法开挖施工顺序：使用移动台车，首先全断面一次钻孔，并进行装药、连线，然后将钻孔台车后移，接着起爆、通风、排烟、出渣后施作初期支护，接着又进行下一个循环，以此类推。如果围岩较好，可以延迟初期支护，即将开挖与支护作业分开进行，前面进行开挖作业，掌子面后方进行初期支护，或者干脆开挖工作全部完成后再进行初期支护，这要视围岩的稳定性而定。

（二）台阶法

台阶法就是将设计断面分成上、下两次开挖，台阶法又分长台阶、短台阶、微台阶。长台阶开挖上下台阶之间的距离较远，为 50 ~ 100m，施工中上下部配属同类机械进行平行作业，相互不受影响。台阶法一次开挖的断面较小，对维护围岩稳定有利。短台阶法开挖一般上下台阶之间的距离为 30 ~ 50m，上下台阶多采用平行作业的方式，由于短台阶法可缩短支护闭合时间，改善初期支护的受力条件，有利于控制围岩的变形，其适用范围较广，在实际施工中应用较多。微台阶法开挖上下台阶之间的距离为 3 ~ 5m，适用于特别软弱需要短期内封闭的围岩。

（三）环形导坑预留核心土开挖

这种方法将开挖面分为环形拱部、上部核心、下部台阶 3 个部分。主要适用于土质围岩及软弱围岩。施工中可根据地质情况，将环形拱部断面分成一块或几块开挖。环形开挖尺寸一般取 1 ~ 1.5m，甚至更短，开挖的特点是台阶分部留有核心土，可以稳定开挖面，环形开挖部分面积小，能在很短的时间内及时支护环形开挖部分，有利于维护围岩的稳定。核心土开挖是在拱部初期支护完成之后施作的，施工安全能得到保证。

（四）中隔墙法

此法一般将断面分成 4 块，先开挖上部左侧和下部左侧，再开挖上部右侧和下部右侧。此法适用于断面跨度较大，地表沉陷难以控制的软弱松散围岩中的浅埋隧道。

（五）双侧壁导坑

双侧壁导坑将整个断面分为 6 块，左导坑上部、左导坑下部、右导坑上部、右导坑下部、中央部拱顶、中央部其他部分。双侧壁导坑适用于断面跨度较大，地表沉陷要求严格、围岩条件特别差的隧道，由于双侧壁导坑施工时工序转换较多，因而施工进度较慢。

二、五指山隧道开挖方案选择

（一）五指山隧道围岩特征

隧址区植被茂密，地表多被松散层覆盖，岩溶发育总体上规模较小，区域岩溶发育高程主要在 1 000 ~ 1 600m 之间，比隧道设计高程 805 ~ 885m 高 100m 以上，故岩溶强烈发育带对隧道无大的影响，形成大型的溶洞、暗河可能性极小，多以溶孔、溶隙及小型管道形态出现。隧道通过碳酸盐岩地层时，和其相邻的非可溶性岩层接触界面处可能会发生涌突水。

五指山隧道洞身穿越区出现大型溶洞、暗河的可能性很小，但在隧道中部碳酸盐岩区段仍可能出现规模较小的溶洞、溶穴，此外，详勘报告表明：在隧道中部，洞身穿越中深部岩溶带，岩溶形态以溶隙、溶孔为主，局部可能存在小型岩溶管道，因此，在嘉陵江组灰岩的局部段落可能承受较高的水头压力，开挖时容易发生涌突水。

经过分析，有 3 个段落是涌突水的高发地段：

（1）K30 + 240 ~ K30 + 270（30m），揭露铜街子组砂泥岩互层和嘉陵江组碳酸盐岩的分界段；

(2)K30+620~K30+650(30m),揭露雷口坡组泥灰岩和白云岩、灰岩的分界段;

(3)K31+140~K31+190(50m),揭露垮洪洞组灰岩和香溪群组砂泥页岩互层的分界段。

II$^{管}_{浅}$围岩特征:洞口浅埋段,地表覆盖厚度巨厚的块石质土,含少量孔隙潜水,松散~中密状。下伏基岩为粉砂岩,受风化、裂隙、地下水影响大,属极软岩类,层间结合差,地下水以滴水为主,局部有股水,围岩稳定性差。

II$^{超}_{浅}$围岩特征:洞口浅埋段,地表覆盖厚度巨大的块石质土,含少量孔隙潜水,松散~中密状。下伏基岩为粉砂岩,受风化、裂隙、地下水影响大,属极软岩类,层间结合差,地下水以滴水为主,局部有股水出入,围岩稳定性差。

II^{超}、II^{水}(2)、II^{水}(1)围岩特征:粉砂岩、砂质泥岩,受风化、裂隙、地下水影响大,层间结合差,局部有软弱夹层,属软岩类,地下水以淋水为主,围岩稳定性差。

III^{格} 围岩特征:近水平粉砂岩、砂质泥岩,竖向节理切割水平岩层,岩体以块碎状镶嵌结构为主,节理、裂隙发育,层间结合差,局部有软弱夹层,地下水以滴水为主。由于开挖段落不同,水平岩层倾角从几度到几十度均有,不同开挖地段涌水量大小差别较大,围岩稳定性差。

III^{加强}围岩特征:砂岩、粉砂岩夹砂质泥岩,节理、裂隙较发育,竖向节理切割水平岩层,岩体以块碎状镶嵌结构为主,层间结合较差,地下水以滴水为主。围岩稳定性差。由于开挖段落不同,水平岩层倾角从几度到几十度均有。

III、III^{水} 类围岩特征:属软~硬质岩类,薄~中层状构造为主,不同岩性层间结合较差,节理较发育,岩体以块碎状镶嵌结构为主。含少量层间裂隙水,呈滴水或淋雨状渗出。围岩稳定性较差。由于开挖段落不同,水平岩层倾角从几度到几十度不等。

进口端Ⅳ类围岩特征:属软~硬质岩类,中~厚层状构造,不同岩性层间结合较差,节理较发育,岩体以大块状砌体结构为主。含少量层间裂隙水,呈滴水或淋雨状渗出。

出口端 IV 类围岩特征:属硬质岩类,中~厚层状构造,不同岩性层间结合较差,节理较发育,岩体以大块状砌体结构为主。岩溶发育较差,有细股~大股岩溶水流出。

V 类围岩特征:属硬~极硬质岩类,中~厚层状构造,同类岩性层间结合一般,不同岩性层间结合较差,节理较发育,岩体以大块状砌体结构为主。岩溶较不发育,有细股~大股岩溶水流出。

(二)五指山隧道开挖方法选定

通过对五指山隧道围岩的地质、水文情况的了解,结合上述各种开挖方式的特点,决定对II$^{管}_{浅}$、II$^{超}_{浅}$采用环形导坑开挖,II^{超}、II^{水}(2)、III^{格}、III^{加强}、III^{水} 和 II^{水}(1)类采用上、下台阶法施工开挖,较好 III 类、IV 类、V 类围岩采用全断面开挖,加宽带宽度达 15m,采用侧壁导坑法开挖,围岩较好时采用单侧导坑法,围岩软弱时采用双侧壁导坑法,围岩好时也可采用“先通过后刷大断面”的方法开挖,可根据围岩情况决定,钢架及时落底封闭,以保证施工安全。

1. 台阶法

台阶法施工顺序见图 4-1。

(1)台阶法开挖施工要点

①先超前支护,再进行开挖工序;开挖作业由上至下,施工要求开挖后及时进行初期支护、及时施作仰拱及二次衬砌。

②上下台阶的纵向间距控制在 30~50m,每台阶开挖进行控制在 1.5~2.0m,爆破振动速度控制在 15cm/s 以内,严禁上下台阶同时进行爆破作业,以防爆破冲击波波峰值的叠加。

③加强监控量测工作，及时准确地提供围岩及支护的变形、受力情况，必要时调整支护参数、开挖方法，确保隧道安全。

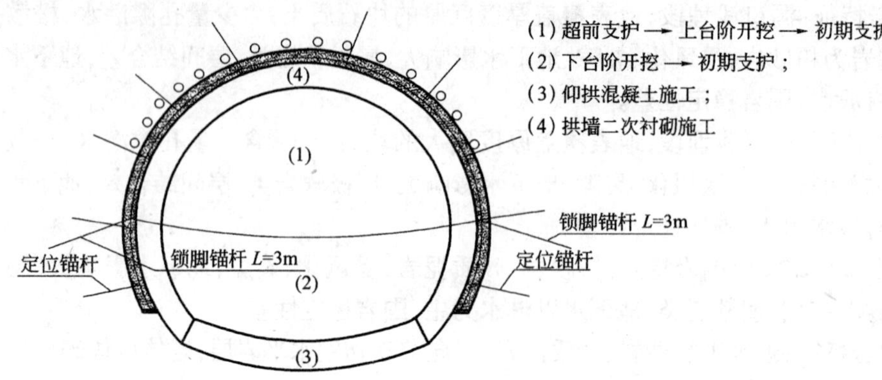

图 4-1　台阶法施工顺序图

④锁脚锚杆布置在上下台阶部，每榀布置 2 根 $\phi25$ 药包锚杆，每根长度 3m，每单元钢架定位锚杆采用 2 根 $\phi22$ 药包锚杆，每根长度 1.5m。

(2) 台阶法施工的优缺点

①台阶的高度和长度可以根据施工机械的要求自由选择，台阶法施工具有较大的施工空间，基本能满足施工机械的要求，也具有较快的施工速度，在上台阶具有异常情况发生时也能在短期内封闭上台阶初期支护，具有较大的灵活性。

②台阶法每次开挖断面与全断面相比较小，有利于开挖面的稳定，尤其是上部开挖支护后，下部断面作业就较为安全了。

③台阶法开挖的缺点是上下台阶作业有相互干扰现象，分两次开挖，增加了对围岩的扰动次数，下部开挖对上部初支有影响。

(3) 用台阶法开挖的注意事项

①台阶数不宜过多，以免对围岩的扰动次数过多，影响围岩的稳定。

②台阶长度不宜过长，也不宜过短，台阶过长时，上台阶初支短期内得不到封闭，不利于上台阶初期支护结构，台阶太短时相互影响严重，不利于施工效率的发挥。

③在施工前要安排好上下台阶的人员、机械、设备，人员数量要足够，上台阶开挖的高度要适当，施工机械要与上台阶施工空间相适应，机械太大则在上台阶不能发挥作用，还要周密安排组织，解决好上台阶运输等对上台阶的干扰。

④下台阶开挖临空面较多，渣体块度较大，不利于装运，应适当密布中小炮孔，还应当注意装药量要适中，避免损伤上台阶初期支护。

2. 全断面法

全断面法开挖施工顺序见图 4-2。

(1) 全断面法开挖的优缺点

①施工工序较少，相互干扰较少，施工转换较少，便于组织与管理，围岩好时开挖与支护作业可拉开一定的距离，实行开挖与初支平行作业，这样开挖速度更快。

②开挖工作面较大，钻爆施工效率高，可以采用深孔爆破，循环进尺大，可以加快施工进度。

③开挖空间大，便于大型施工机械如装载机、挖掘机、重型载重汽车等工作，实现综合机械

化施工，从而可以提高劳动效率，加快施工进度。

④对围岩扰动次数少，有利于隧道稳定。全断面开挖的缺点在于一次装药量较大，爆破振动较大，要求围岩稳定性较好才能用全断面开挖。

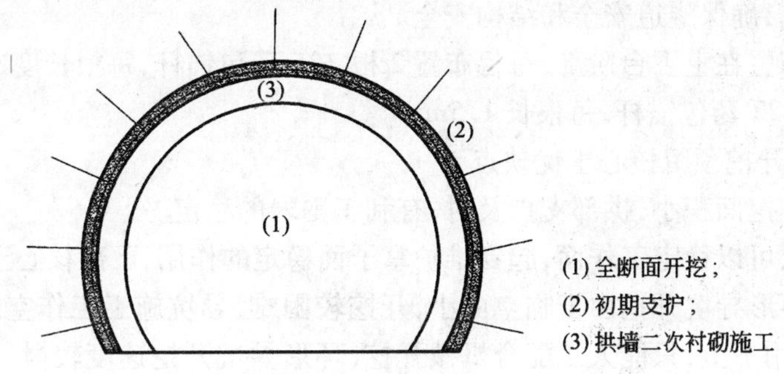

图 4-2　台阶法施工顺序图

(2)采用全断面开挖施工注意事项

①机械设备要配套，如钻孔、装渣、运输等主要机械和相应的机具，在规格、型号尺寸、生产能力上都要要相互配套，施工才能环环相扣，不致发生矛盾，并要经常注意维修机械设备，还应备足机械设备的易损件，以保证施工的顺利进行。

②加强各种辅助作业和设备的管理，如高压风管、水管、电线电缆等。

③加强对工程地质和水文地质的调查和研究，对不良地质要及早发现，如采用 TSP 进行长期地质预报及超前地质雷达进行短期预报，以便采取对策；如盲目施工冒进，易发生坍方，影响施工安全和进度。

④加强施工技术人员的培训，使其能熟练掌握和种机械设备和推广新技术、新工艺，不断提高工效，改进施工管理。

⑤要根据围岩的情况及时调整施工方案，围岩变差时，要改变开挖方式，采用台阶法开挖，如有必要，采取一定的辅助开挖措施，做到动态施工。

3. 环形导坑预留核心土开挖

环形导坑预留核心土开挖施工顺序见图 4-3。

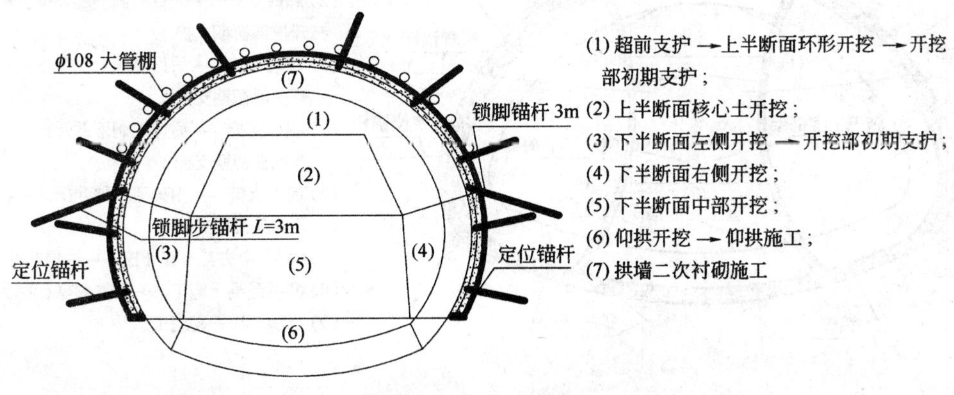

图 4-3　环形导坑施工顺序图

(1)施工要点

①先超前支护，再进行开挖工序；开挖作业由上至下，施工要求开挖后及时进行支护，及时施作仰拱及二次衬砌。

②上台阶的纵向间距控制在 8 ~ 10m，每个台阶开挖进尺控制在 0.5 ~ 1m，爆破振动速度控制在 15cm/s 以内，且严禁各部位同时进行爆破作业，以防爆破波峰值的叠加。

③加强监控量测作业，及时、准确地提供围岩支护的变形、受力情况，必要时对支护参数、开挖方法进行调整，确保隧道安全和结构安全。

④锁脚锚杆布置在上下台阶部，每榀布置 2 根 ϕ25 药包锚杆，每根长度 3m，每单元钢架定位锚杆采用 2 根 ϕ22 药包锚杆，每根长 1.5m。

(2)环形导坑开挖预留核心土优缺点

①环形导坑开挖面积小，拱部支护及时，有利于围岩的稳定。

②预留核心土可以稳定工作面，起到维护掌子面稳定的作用，下部核心土的开挖较快。

③缺点在于环形导坑开挖由于临空面小，开挖较困难，导坑施工工作空间小，人员活动受限，大型机械往往用不上，只能人工配合机械开挖，环形导坑开挖速度较慢。环形导坑和核心土开挖一般不能平行作业。

(3)用环形导坑预留核心土开挖的注意事项

①环形导坑开挖面积不宜过大，一般环形空间能施作初期支护就可以了，目的是为了及时施作拱部初期支护和维护掌子面的稳定。

②环形导坑进尺也不宜过大，由于施工空间有限，进尺过大会造成施工操作困难，且拱部初支不能及时封闭。

③每次核心土不能全部开挖完，要为下一循环的环形导坑开挖设置工作平台，核心土的高度要足够，以免工人开挖环形导坑操作困难。

④核心土开挖要注意拱部初期支护的安全，尤其是开挖下部左右侧核心土时不能两侧同时开挖，先开挖一侧，初期支护施作完毕后再开挖另一侧。

4. 侧壁导坑法开挖

加宽带采用侧壁导坑法开挖时施工顺序见图 4-4。

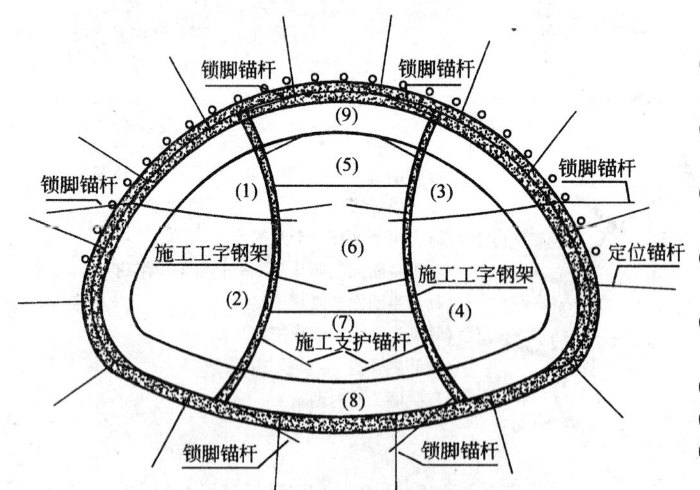

(1) 超前支护 ⟶ 先行导洞上部开挖 ⟶ 开挖部初期支护；
(2) 超前支护 ⟶ 先行导洞下部开挖 ⟶ 开挖部初期支护；
(3) 超前支护 ⟶ 后行导洞上部开挖 ⟶ 开挖部初期支护；
(4) 超前支护 ⟶ 后行地洞下部开挖 ⟶ 开挖部初期支护；
(5) 超前支护 ⟶ 中央部拱顶开挖 ⟶ 开挖部初期支护；
(6)、(7) 中央其余部开挖 ⟶ 拱顶初期支护；
(8) 抑拱混凝土施工 ⟶ 拆除侧壁初期支护；
(9) 拱墙二次初砌施工

图 4-4　侧壁导坑施工顺序图

(1)施工要点

①围岩较好时左右侧壁导坑分别一次开挖，围岩不好时左右侧壁导坑上下台阶法开挖，中央部分分 3 个台阶开挖。加宽段可视具体情况，也可采用单侧壁导坑法开挖，侧壁采用上下台

阶法开挖。

②先超前支护，再进行开挖工序；先进行靠近中岩柱侧壁导坑施工，后进行远离中岩柱导坑施工；开挖作业由上而下进行，衬砌施工由下而上；施工要求开挖后及时进行支护、及时施作仰拱及二次衬砌。

③侧壁的纵向间距控制在5～7m，每个台阶开挖进尺控制在0.4～0.6m，爆破振动速度控制在10cm/s以内，且严禁各导坑同时进行开挖爆破作业，以防爆破波峰值的叠加。

④施工支护工字钢与初期支护工字钢纵向间距相同，在拱部和仰拱底部相互连接采用直接密焊接，中间接头采用螺栓连接。

⑤钢架间设纵向连接钢筋，其环向间距为1.0m（内外侧交错布置），钢架与纵向连接钢筋间采用焊接，焊接高度10mm。

⑥加强监控量测作业，及时、准确地提供围岩支护的变形、受力情况，必要时支护参数、开挖方法进行调整，确保隧道安全和结构安全。

⑦锁脚锚杆布置在上下台阶部，每榀布置2根$\phi25$药包锚杆，每根长度3m，每单元钢架定位锚杆采用2根$\phi22$药包锚杆，每根长1.5m。

(2)侧壁导坑施工的优缺点

①施工引起的地表沉降较小，一般只有短台阶法施工的一半左右。

②施工安全可靠，每次开挖的面积均很小，施工对围岩的扰动小。

③缺点是工序转换多，工序多，施工进度慢，要采取临时支护措施，施工成本高。

5.五指山隧道施工主要机械设备

五指山隧道施工主要机械设备见表4-1。

五指山隧道施工机械配备表 表4-1

工序名称	设备名称	机械型号	数量（进出口分别配置）	备　注
钻孔	施工台车	自制	2	
	风动凿岩机	YT28	30	
	简易钻台	自制	2	
	水平钻机	FS6011	2	管棚/地勘用
通风	通风机	轴流式风机75kW X2	1,2	通风（前期一台，后期二台）
喷、锚支护	强制式拌和机	JS500	2	
	拌和楼	MC100 60m^3/h	1	与二衬共用
	灰浆拌和机	310	2	
	混凝土喷射机	TK961	3	
	注浆泵	KBY-50/70	3	
	锚杆注浆机	NZ130	2	
装、运渣	装载机	ZL50	2	
	挖掘机	PC200	2	
	农用车		4	
	自卸汽车	红岩CQ3629、15T	6	
		东风8T	4	

续上表

工序名称	设备名称	机械型号	数量(进出口分别配置)	备　注
衬砌	水泥混凝土拌和站	MC100 60m³/h	1	
	模筑台车	工厂订做	2	
	防水板作业台架	自制	2	
	混凝土输送泵	HBT808	1	
	插入式振动器	ZX-60	10	
	混凝土输送车	SQH5270	3	
动力机械	变压器	315kV · A	2	
	柴油发电机	50kW	1	备用
	柴油发电机	250kW	2	备用
	内燃空压机	VY12/7	4	备用
	电动空压机	4L-20/8	2	
排水机械	水泵	37kW 和 13kW	25,进口端配置	下坡施工排水

第二节　钻爆设计与施工

隧道开挖采用光面爆破技术,以减少对围岩的扰动,严格控制超欠挖,提高施工效率。

一、光面爆破及器材选用

(一)光面爆破的种类、作用机理及优越性

1. 光面爆破的种类

光面爆破技术在我国的应用已有30余年的历史。五指山隧道施工中采用光面爆破技术,对各类围岩的开挖进行了光面爆破参数统计技术分析,得出了适合于各类围岩的光爆参数,收到了良好的光爆效果,保证了隧道的顺利施工。

光面爆破采取一定的装药结构,选择合理的钻孔布置方式,严格控制装药量,合理安排起爆顺序和起爆方法进行准确开挖,达到预期的爆破效果。爆破后,岩层较精确地沿周边炮孔的连线断裂,使岩面平整光滑,隧道表面不存在大的应力集中,围岩固有的整体性、稳定性不遭受明显的破坏,后续施工喷锚支护也能顺利进行,提高施工速度。这种爆破的突出标志是围岩面平整、规则,并留有较高的炮眼残迹率,岩壁上很少产生明显的炮震裂缝,原有的结构裂隙也不因爆破影响而产生明显的扩展,应力分布较均匀,有利于围岩的稳定。

光面爆破又分普通光面爆破和预裂光面爆破,普通光面爆破是隧道工程广泛采用的一种爆破方式,它主要是通过选择合适的光面爆破参数和采取一系列措施,控制炸药的爆破力,从而获得较理想的隧道周边轮廓,此法的周边孔可以紧跟作业面上其他炮孔之后起爆,也可预留光面层最后单独进行光面爆破,只要爆破参数合理,而且施工质量得到保证,均可获得理想的效果。普通光面爆破一般适用于软岩和中硬岩层的浅孔光面爆破。预裂光面爆破主要是周边孔先起爆,爆破后周边各孔之间形成贯通的裂缝,再起爆其他孔,与普通光面爆破最大的区别在于起爆顺序不一样。因为轮廓线已形成,其他炮孔起爆时,不会引起隧道围岩体的破坏,其

爆破效果比较好，适用于较为完整的硬岩及中硬岩中的深孔爆破。

五指山隧道施工时，上半断面一般采取普通光面爆破形式，以便有好的周边轮廓，下半断面开挖一般采取预裂爆破，以减轻下半断面爆破对上台阶初支和围岩的扰动，有利于隧道安全。

2. 光面爆破的作用机理

(1)应力波叠加理论。光面爆破是合理利用、有效控制炸药的爆破作用。炸药的爆轰过程是极为迅速的，它可以在瞬间产生强大的高温高压气体，可以每秒钻数千米的冲击波作用于周围的岩体，在岩体内产生冲击压力，引起岩体质点的径向位移，同时爆生气体的急骤膨胀作功，也对周围岩体施加巨大的压力，因此，可把炸药的爆炸作用分为两种形式。一是冲击波的作用，爆轰波的冲击作用，属于动力作用，它的大小主要取决于炸药的爆速；二是爆生气体的膨胀作用，它是炸药爆力作功的表现形式，可属静力作用，它的大小取决于炸药的爆热，上述这两种作用是同时存在的，只是气体的膨胀时间要比冲击作用时间长。应力波叠加理论认为，光面爆破中，当两个炮孔同时起爆时，各炮孔炸药所引起的压缩应力波，呈圆柱状向四周放射，传播至两炮孔中间相遇，形成应力波叠加，此时两炮孔的连线方向的压力引起与其垂直方向的拉应力，若拉应力超过岩石的抗拉强度，将沿两炮孔连线产生裂缝，并向孔壁扩展，形成了光面爆破的开裂面。光面爆破除了合理的爆破参数外，还应尽量做到周边孔同时起爆，目的是产生应力波叠加，达到使岩石开裂的目的。

(2)不偶合爆破理论。不偶合爆破是通过偶合装药实现的，不偶合装药是指装药直径小于炮孔直径，常用不偶合系数表示装药状况，当一个不偶合装药孔爆炸时，如邻近有一个药孔，则爆炸气体将向两炮孔连线方向产生较大的应力集中，并在一定的时间内作用于这个方向的孔壁上，于是最先从孔壁上产生横向裂缝，而爆炸气体进一步使横向裂缝扩展，形成平面的炸裂面。药卷与炮孔之间的间隙使冲击波波头压力降低，因而可以消除或缩小孔壁周围岩体的粉碎圈，即减小了对围岩的损伤。

当周边孔药包爆炸时，光面层的岩石是在压缩应力波及爆炸气体静压力的共同作用下造成岩石的破坏，而围岩体的破坏被减小到最低限度，为了达到光面爆破的目的，除了全理选择光爆参数外，采用低猛度炸药、不偶合装药、导向空孔和堵塞炮泥等，对冲击波及爆炸气体的作用尽可能地作全面、综合探测分析，掌握其规律，是发展光面爆破理论所必不可少的。

3. 光面爆破的优越性

光面爆破是新奥法施工的重要前提，没有良好的光面爆破，就无法实现围岩与喷锚支护形成共同的整体承载体系，所以说，光面爆破是新奥法施工的三大柱之一，是新奥法施工的重要内容。因此，光面爆破与喷锚支护配合应用，才能形成 个承载能力强、变形性能良好的承载体，有时甚至是必不可少的先决条件，从近年的理论研究和生产实践的趋势可以看出，由于采用光面爆破，仅局部锚喷加固，即可取得全断面支护，工程即可投入使用。其次，光面爆破可以避免浮石坍落险，增加施工进度，尤其是岩体物理力学性能差，缺乏自承能力，或是因岩体断层、节理裂隙及地下水影响造成的危害，更适宜采用光面爆破施工。再次，由于实施光面爆破面减少超挖量所带来的经济效益也是非常明显的，但光面爆破炮孔较一般爆破要多，钻孔的准确性要求高，钻孔作业的单项工序时间一般要增加一些，但从整体来看，光面爆破具有良好的经济效率。

(二)爆破器材选用

隧道使用的爆破器材有炸药、导火索、导爆索、雷管等。

1. 炸药

隧道内使用最广的是硝铵炸药。硝铵炸药品种很多,但主要成分是硝酸铵,占60%以上,其次是梯恩梯或硝酸钠,占10%~15%。

(1)铵梯炸药

在无瓦斯隧道中使用的铵梯炸药,简称为岩石炸药,其中2号岩石炸药是最常用的炸药;在有瓦斯隧道中使用的炸药称为矿用炸药,它是在岩石炸药中加一定比例的食盐作为消焰剂制成的。

(2)浆状炸药

浆状炸药是一种新型安全炸药。由于这类炸药含水量较多,爆温较低,比较安全。浆状炸药是由氧化剂水溶液、敏化剂和胶凝剂为主要成分的混合物。在浆状炸药的基础上应用交联技术,使之成为塑性凝溢状态,进一步提高了炸药的化学稳定性和抗水性,提高了传爆性能,称为浆状水胶炸药。浆状水胶炸药具有抗水性,密度高、爆炸威力大、原料广、成本低、安全性能好等优点,因此常用于露天有水的深孔爆破作业中。

(3)乳化炸药

通常是以硝酸铵、硝酸钠水溶液与碳质烯料通过乳化作用,形成的乳脂状混合炸药,它具有爆炸性能好、抗水性能强、安全性能好、环境污染小、原料来源较广、生产成本低、爆破效率比浆状炸药及水胶炸药更高等优点,因此适用于硬质岩石的爆破。

(4)硝化甘油炸药

是一种高猛度炸药,其主要成分是硝化甘油,或硝化甘油与二硝化乙二醇的混合物,硝化甘油炸药抗水性强、密度高、爆炸威力大,因此适用于有水和坚硬岩石的爆破,但它对撞击摩擦的敏感度高,安全性能差,价格昂贵,保存期不能过长,容易老化而降低性能甚至失效,因此,硝化甘油炸药宜在有水的情况下使用。

隧道工程爆破使用的炸药,一般由厂家加工成药卷的形式,药卷直径有ϕ22、ϕ25、ϕ32、ϕ35、ϕ40等,长度一般在165~500mm。表4-2是常用的几种炸药成分、规格、性能和适用范围。

通过对上述常用炸药性能的对比,结合五指山隧道的实际情况,决定在无水地段采用2号岩石炸药,有水地段采用RJ-2乳化炸药(标准型)。2号岩石炸药的优点是感应迟钝,生成危害气体少,使用安全,猛度小,成本低,供货容易;缺点是吸湿性强,抗水性差,受潮后硬化结块,严重时拒爆或不能充分起爆。周边孔采用小直径药卷,其他孔采用标准型药卷,以提高光爆效果。RJ-2乳化炸药抗水性能好,五指山隧道大部分地段钻孔之后炮孔都有水,有些地段炮孔水量大,压力高,需将炸约绑在钢筋上再送入炮孔。在本隧道中,RJ-2乳化炸药用量较大。

2. 起爆器材

设置传爆起爆系统的目的是在装药以外安全距离处,通过发爆(点火或通电)使安在药卷或药包中的雷管起爆,并引发药卷或药包爆炸,达到爆破的目的。

五指山隧道全部采用非电毫秒延时起爆系统。这种起爆系统安全度高,防电性能好,在静电感应大、雷雨天隧洞内电器设备多的情况下使用安全可靠,能实现全断面一次起爆或组合成多段位控制起爆。

五指山隧道起爆总体设计是掌子面附近点燃导火索,导火索在燃烧的过程中,人员马上离开掌子面到安全的地方,导火索引爆火雷管,火雷管击发导爆管,导爆管引爆传爆雷管(一般采用8号火雷管),传爆雷管引爆塑料导爆管,塑料导爆管引爆孔内非电毫秒延时雷管,非电毫秒延时雷管引爆孔内装药爆炸。

常用的几种炸药成分、规格、性能和适用范围 表4-2

序号	炸药名称	药卷规格			药卷性能							适用范围
		直径(mm)	长度(mm)	质量(g)	密度(g/cm^3)	爆速(m/s)	猛度(mm)	爆力(ml)	殉爆(cm)	有害气体(l/kg)	保存期(月)	
1	二号岩石硝铵炸药(标准型)	35	165	150	0.95	3 050	12	320	7	<43	6	适用于一般岩石隧道，孔径40mm以下的炮眼爆破、大孔径的光爆
2	二号岩石小药卷	22	270	105	0.84	2 200		320	3	<43	6	适用于一般岩石的周边光爆
3	一号抗水岩石硝铵(小直径)	42	500	450	0.95	3 850	14	320	12	<45	6	适用于一般有水岩石隧道孔径42mm的深孔炮眼
4	一号抗水岩石硝铵(小直径)	25	165	80	0.96	2 400	12	320	6	<45	6	适用于一般有水岩石隧道的周边光爆
5	RJ-2乳化炸药(大直径)	40	330	490	1.2	4 100	13~16	340	13	<42	6	适用于坚硬有水岩石隧道，孔径48mm的深孔爆破
6	RJ-2乳化炸药(标准型)	32	200	190	1.2	3 600	12	340	9	<42	6	适用于一般有水岩石隧道孔径40mm以下大孔径光爆
7	粉状硝铵甘油炸药(标准型)	32	200	170	1.1	4 200	16	38~410	15	<40	8	适用有一定涌水量的隧道
8	粉状硝铵甘油炸药(2号光爆)	22	500	152	1.1	2 300~2 700	13.7	410	10	<40	8	适用于岩石隧道的周边光爆

(1)导火索与火雷管

导火索是用来传递火焰给火雷管，并使火雷管在火焰作用下传爆引发爆炸的材料。导火索的燃烧速度一般在110~130s/m范围，导火索具有一定的防潮功能和耐水能力，在1m深的常温静水中浸泡2h后，其燃烧速度和燃烧性能不变，但是在瓦斯隧道中禁止使用导爆索。火雷管成体较低，使用简单，不受杂散电流的影响，应用广泛。火雷管都是即发雷管，即一点火就爆炸。在隧道工程中一般使用8号火雷管作起爆雷管。

(2)塑料导爆管与非电雷管

塑料导爆管是20世纪70年代问世的新型起爆器材，是由高压聚乙烯制成的管线，柔软无毒，软管外径为3mm，内径为1.5mm，在内壁涂有一层很薄的特制混合炸药，管壁上的高性能炸药受到冲击时可沿着管道方向连续稳定爆轰，从而将爆轰传播到非电雷管使雷管起爆。弱爆轰在管内的传播速度为1 600～2 000m/s，但因爆轰微弱，不会炸坏塑料管。

塑料导爆管的优点是：不受电流干扰，抗冲击性能好，传爆性能稳定，扭转180°或是局部损坏后管端对接均能正常传爆，它不能直接起爆炸药，应与非电毫秒雷管配合使用，在运输和使用中抗破坏能力强，使用方便，价格也较便宜，且可作为非危险品运输。由于具有以上优点，因此在隧道施工中被广泛使用。

非电毫秒延时雷管是解决大断面光面爆破组合各种顺序起爆的主要元件。非电毫秒雷管需与塑料导爆管配合使用。国产非电毫秒雷管的延时性能见表4-3所示。

国产非电毫秒雷管的延时性能 表4-3

段　别	延迟时间(ms)	段　别	延迟时间(ms)
1	≥13	11	460±40
2	25±10	12	550±45
3	50±10	13	650±50
4	$75\pm^{15}_{10}$	14	760±55
5	110±15	15	880±60
6	150±20	16	1 020±70
7	$220\pm^{20}_{25}$	17	1 200±90
8	250±25	18	1 400±100
9	310±30	19	1 700±130
10	380±35	20	2 000±150

(3)非电传爆雷管及传爆网络

非电传爆雷管由塑料导爆管、8号纸雷管装配而成，传爆雷管使塑料导管管内药粉被激发而产生冲击波，在线路中起传爆作用。将雷管和非电导爆管连接成非电传爆雷管的方法是将导爆管截成所需要的长度，切去一端，插到卡口塞底部，然后将卡口塞插入8号雷管壳内10～12mm，并用电工胶布在卡口塞与塑料导爆管及雷管壳处包扎两圈，为利于防水，塑料导爆管应封口备用。利用这种非电传爆雷管，可组合成不同需求的起爆网络，其连接和分支可集束捆扎雷管继爆。

(4)非电起爆网路的装配与连接方法

导爆管起爆系统的装配要依照预定的网路形式认真操作，以构成简单可靠的起爆网路。塑料导爆管非电起爆系统可自行加工，也可由工厂加工好直接使用。

隧道掘进爆破作业，工作面范围小，药孔多，并且药孔排列不规则，多采用簇式起爆网络。簇式起爆网络是把每个药孔中引出的导爆管捆扎在传爆雷管上构成的一种网络，若传爆雷管采用8号工程雷管，则捆扎在上面的导爆管数目一般不能超过40个，捆扎时，要将导爆管均匀地排布在传爆雷管的周围，用胶布在雷管的后半部将导管捆紧，胶布缠5层以上，被连接的导爆管末端捆扎处应不小于10cm，而且其端部最好进行封口。起爆顺序的控制，可以用孔内延期方式，即通过导爆延期雷管来实现。同样地，也要考虑导爆管的固有延期时期，以便使起爆顺序更加准确无误。

在作业面连接摆放网络时，传爆雷管与导爆管需要有一定的安全距离，以防止传爆雷管起爆时，击穿相邻的导爆管而中断传爆。

二、光面爆破设计

(一)五指山隧道光面爆破参数总体设计

1. 掏槽

掏槽是将开挖面上适当部位先掏出一个小型槽口，以形成新的临空面，为后爆破的辅助眼开创更有利的临空面，达到提高爆破效率的作用，掏槽本身只有一个临空面，且受周围岩石的挤压作用，故常需要采用较大的炸药量以增大粉碎区，并利用爆炸冲击波及爆炸产物作功，将岩石抛掷出槽口。

通过比较，五指山隧道决定采用斜眼楔形掏槽。为保证掏槽炮能有效地将石渣抛出槽口，在实际施工中，将掏槽眼设行比掘进尺寸加深10~20cm，并采用反向连续装药结构和用双雷管起爆，以便保证起爆的有效性。要求槽口误差和眼底间误差不得大于5cm。选用斜眼楔形掏槽的优点是可按岩层实际情况选择掏槽方式和掏槽角度，容易把石渣抛出槽口，且掏槽眼数目较少。

2. 辅助眼

辅助眼的作用是进一步扩大槽口体积和爆破量，并逐步接近开挖断面形状，为周边眼创造有利的起爆条件。辅助眼主要是指炮眼间距 E 值和最小抵抗线 V 值的确定。一般辅助眼取 $E/V=0.6\sim0.8$ 为宜。并采用孔底连续装药，辅助眼应从内向外，逐层布置，逐层起爆，逐步接近开挖断面轮廓形状。

五指山隧道一般软弱围岩、软石取 E 值为100~120cm，中硬石取 E 值为80~100cm，坚硬石取 E 值为60~80cm。五指山隧道进口端围岩大多以近水平粉砂岩夹泥质砂岩为主，出口端以泥灰岩为主，所以进口端取100~120cm为宜，出口端取80~100cm为宜，最小抵抗线取 $V=(0.6\sim0.8)E$。

3. 周边眼

周边眼起成型作用，周边眼爆破后使隧道断面达到设计的轮廓线。为了达到成形较好的目的，周边眼间距和最小抵抗线均比辅助眼小。

五指山隧道周边眼间距对于软弱岩层，取40~50cm，中硬岩层取45~55cm，硬岩取60cm，最小抵抗线取 $V=(0.6\sim0.7)E$。

当围岩为较软破碎类围岩时，炮眼口布置在设计开挖轮廓线内，眼底则应根据岩石抗爆性来确定其位置，应将炮眼方向以3%~5%的斜率外插，目的是为了控制超欠挖和下一个循环好钻孔；对于中硬围岩周边眼放在设计开挖轮廓线上；对于硬岩可将周边眼放在设计轮廓线以外10cm。

4. 装药结构

五指山隧道采用反向装药结构，将药卷放在眼底第二个药卷位置上，雷管聚能穴朝向眼口，反向装药结构能提高炮眼利用率，减少瞎炮率，减少石渣块度，便于运输，增强抛掷作用，当炮眼越深时，反向装药结构的爆破效果越好。

掏槽眼和辅助眼采用 $\phi35$ 大直径药卷在孔底连续装药，周边眼采用 $\phi22$ 小直径药卷连续装药，以减小对隧道周边轮廓的损伤，提高光爆效果。

5. 起爆顺序及时差

下半断面采用预裂爆破，首先起爆周边眼。上半断面爆破时，首先起爆掏槽，其次起爆辅助眼，最后起爆周边眼和底板眼，这一顺序不能改变；否则，爆破效果不佳。研究表明，各层炮之间的起爆时差越小，则爆破效果越好，因此五指山隧道采用毫秒微差爆破来实现这一要求。首先起爆掏槽眼，为整个开挖面创造临空面，然后起爆辅助眼，由里层向外层扩挖，这样每次起爆的药量少，爆破振动小，对维护围岩稳定有利，因此五指山隧道每段起爆的药量控制在 40kg 以内。在深孔爆破时要注意将掏槽与辅助炮之间的时差适当加大，以保证掏槽在此时差内将石渣抛出槽口，为后属炮起爆提供临空面。

五指山隧道爆破一律采用孔内控制时间延期，即由装入孔内的非电毫秒雷管来实现毫秒微差爆破。

(二) 各类围岩光爆参数

(1)对软弱围岩，层理、节理比较发育的破碎围岩(主要是 II 类围岩)，如 K29 +500 ~ K29 +970，K29 +420 ~ K29 +540 等，在设计光面爆破时，周边孔间距设计得小一些，光爆层间距设计得大一些，E 值一般为 40 ~ 50cm，V 值一般为 60 ~ 70cm，E/V = 0.65 ~ 0.75，不偶合装药，周边孔的装药集中度为 0.21 ~ 0.27kg/m，不偶合系数为 1.6 ~ 1.8。

(2)对于节理、裂隙较少，整体性比较好的中硬围岩，主要是指 III 类围岩，如 K29 +980 ~ K29 +400，K29 +750 ~ K30 +050，周边孔间距取 0.5m 左右，光爆层厚度取 0.65m 左右，E/V = 0.75 左右，周边孔装药集中度 0.25 ~ 0.35kg/m，不偶合装药系数为 1.6 ~ 1.8。

(3)对于整体性较好的围岩，主要指出口段的泥灰岩、灰岩、细砂岩等，一般周边孔间距取 0.55 ~ 0.6m，光爆层厚度取 0.6m 左右，E/V = 0.9 ~ 1，不偶合装药系数 1.4 ~ 1.5，装药集中度 0.3 ~ 0.4。五指山隧道各类围岩光面爆破设计参数见表 4-4。

五指山隧道各类围岩光面爆破设计参数表 表 4-4

围岩类别	周边眼间距 E (cm)	最小抵抗线 V (cm)	相对距离 E/V	周边药卷直径 (mm)	周边装药集中度 (kg/m)	装药结构
$II_{水(1)}$、$II_{超}$、$II_{水(2)}$	40 ~ 50	60 ~ 75	0.6 ~ 0.8	$\phi22$	0.21 ~ 0.27	反向连续装药
$III_{水}$、$III_{格}$、$III_{加强}$	45 ~ 55	60 ~ 70	0.6 ~ 0.8	$\phi22$	0.26 ~ 0.31	反向连续装药
IV ~ V	55 ~ 60	60 ~ 65	0.6 ~ 0.8	$\phi22$	0.28 ~ 0.35	反向连续装药

(三) 五指山隧道光面爆破参数计算

1. 上台阶开挖爆破参数计算(有水地段)

五指山 II、III 类围岩节理裂隙比较发育，围岩比较软弱，有淋水，局部有较大股水，稳定性较差，一般采用台阶法施工，上下台阶相距 30 ~ 50m，上下台阶施工相互影响较小。上台阶设计开挖高度 5.8m 以上，以便挖掘机、装载机进洞装渣，加快施工进度，上台阶爆破面积约

$58m^2$,采用普通光面爆破。采用 YT-28 气腿式凿岩机钻孔,孔径 $\phi 42$,有水地段循环进尺约 1.5m,无水地段循环进尺可根据情况加大到 2~2.5m。有水地段使用乳化炸药,药卷直径 35mm,周边孔用 $\phi 22$ 小药卷,无水地段使用 2 号岩石炸药。周边孔装药不偶合系数 1.9,其余钻孔装药不偶合系数 1.3。

(1)每循环爆破的总装药量 Q 值可用下式计算

$$Q = K \cdot L \cdot S$$

式中:Q——每循环爆破总药量,kg;

K——爆破单位体积岩石的炸药平均消耗量,即炸药单耗量,kg/m^3,表 4-5 和表 4-6 是常用导坑开挖和扩大开挖爆破炸药单耗 K 值;

L——爆破掘进进尺,m;

S——隧道开挖面面积,m^2。

其中爆破系数 K 的选择对爆破的效果很重要,根据现场爆破面积和岩石情况确定合适的爆破参数,上一循环结束为下一循环确定爆破参数,保证爆破参数与实际情况相符。

导坑爆破炸药单耗 K 值表 表 4-5

开挖断面面积		一个临空面的水平坑道									
		4~6		7~9		10~12		13~15		16~20	
炸药类型		硝铵炸药	62%胶质炸药	硝铵炸药	62%胶质炸药	硝铵炸药	62%胶质炸药	硝铵炸药	62%胶质炸药	硝铵炸药	62%胶质炸药
岩石等级	软岩	1.5	1.1	1.3	1.0	1.2	0.9	1.2		1.1	
	次坚石	1.8	1.3	1.6	1.25	1.5	1.1	1.4		1.3	
	坚石	2.3	1.7	2.0	1.6	1.8	1.35	1.7		1.6	
	特坚石	2.9	2.1	2.5	2.5	2.25	1.7	2.1		2.0	

从表 4-6 中选取 K 值为 0.8,上半断面开挖面积 S 取 $58m^2$,台阶法施工上半断面总装药量:

$$Q = K \times L \times S = 0.8 \times 1.5 \times 58 = 69.6\text{kg}$$

(2)炮眼数目 N 的确定

$$N = Q/q = (K \cdot S)/(\alpha \cdot \beta)$$

式中:α——各部炮眼的装药系数,即药卷总长度与炮眼长度比;

β——药卷单位长度质量,kg/m;

q——单孔平均装药量 $q = \alpha \cdot \beta \cdot L$。

表 4-7 和表 4-8 是常见围岩炮眼的装药系数和 2 号硝铵炸药不同直径单位长度质量表。从表中选取 α、β 的值,α 取值 0.5,β 取值 0.9,上台阶总炮眼数:

$$N = \frac{Q}{q} = \frac{Q}{\alpha \cdot \beta \cdot L} = \frac{69.6}{0.5 \times 0.9 \times 1.5} = 103 \text{ 个}$$

计算总炮孔数 103 个,在实际施工中根据爆破的实际情况作了调整,调整为 97 个。

总炮眼数确定之后,在掏槽眼、辅助眼、周边眼之间调节炮眼数目。掏槽采用斜眼楔形掏槽,掏槽眼总数 4 个,采用 2 号岩石标准药卷集中装药。第一层掘进眼间距 80cm,第二层掘进眼间距70cm，第三层掘进眼间距60cm，采用2号标准药卷集中装药，周边眼间距50cm，最小抵抗线0.6m，采用2号岩石炸药小直径药卷。炮眼布置见图4-5，爆破参数见表4-9。

各部分扩大单位炸药消耗 K 值表 表4-6

岩石名称	岩石特性	f 值	K 值（kg/m^3）		
			抬炮	侧炮	压炮
各种土	松软的	<1.0	1.0~1.1	0.65~0.75	0.3~0.4
	坚实的	1~2	1.1~1.2	0.75~0.85	0.4~0.5
土夹石	密实的	1~4	1.2~1.4	0.8~1.0	0.4~0.6
页岩、千枚岩	风化破碎	2~4	1.0~1.2	0.7~0.85	0.4~0.5
	完整风化轻微	4~6	1.2~1.3	0.85~0.95	0.5~0.6
板岩、泥灰岩	泥岩薄层层面张开较破碎	3~5	1.1~1.3	0.75~0.95	0.4~0.6
	较完整、层面闭合	5~8	1.2~1.4	0.85~1.05	0.5~0.7
砂岩	泥质胶结中薄层或风化破碎层	3~5	1.1~1.3	0.75~0.95	0.4~0.6
	钙质胶结中厚层中细粒结构裂隙不甚发育	7~8	1.3~1.4	0.9~1.0	0.5~0.6
	硅质胶结石英质砂岩厚层裂隙不发育半风化	9~14	1.4~1.7	1.0~1.2	0.6~0.7
砾岩	胶结较差，砾石以砂岩或较不坚硬的岩石为主	5~8	1.2~1.4	0.85~1.0	0.5~0.6
	胶结较好以较坚硬的砾石组成未风化	9~12	1.4~1.6	1.0~1.15	0.6~0.7
石灰岩	中薄层或含泥质的或片叶状结构的及裂隙较发育	6~8	1.3~1.4	0.9~1.0	0.5~0.6
	厚层完整含硅质致密的	9~15	1.4~1.7	1.0~1.2	0.6~0.7

各部炮眼的装药系数表 表4-7

炮孔名称 \ α 值 \ 岩面 f 值	Ⅱ、Ⅲ	Ⅳ	Ⅴ
掏槽孔	0.5~0.6	0.65	0.7
辅助孔	0.5~0.55	0.55	0.6
周边孔	0.5~0.55	0.6	0.6

2号硝铵炸药药卷单位长度质量表 表4-8

药卷直径	32	35	38	40	45	50
β 值（kg/m）	0.78	0.9	1.1	1.25	1.54	1.9

上下台阶法开挖爆破参数表(有水地段,涌水量 5 000 ~ 15 000m^3/d)　　表 4-9

部位	段号	炮眼名称	炮孔深度(m)	孔数(个)	单孔装药量(kg)	段装药量(kg)	备注
上台阶	1	掏槽眼	1.8	4	1.2	4.8	主要指标 炮孔数:97 个 开挖面积:约 58m^2 设计进尺 1.5m 炸药单耗 0.8kg/m^3 单位面积炮孔数:1.7
	3	掘进眼	1.6	12	0.8	9.6	
	5	掘进眼	1.6	18	0.8	14.4	
	7	掘进眼	1.6	18	0.8	14.4	
	9	底板眼	1.6	12	1.1	13.2	
	9	周边眼	1.6	33	0.4	13.2	
	合计			97		69.6	
下台阶	1	掘进眼	1.3	18	0.8	14.4	主要指标 炮孔数:36 个 开挖面积:约 22m^2 设计进尺 2m 炸药单耗 0.74kg/m^3 单位面积炮孔数:1.6
	3	掘进眼	1.4	18	1.0	18.0	
	合计			36		32.4	

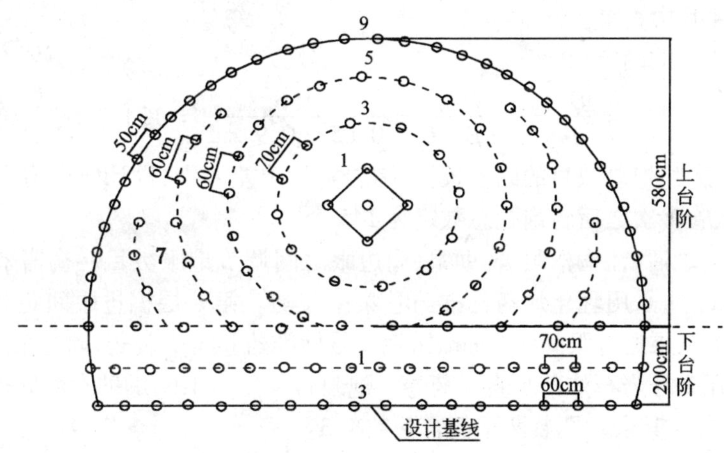

图 4-5　上下台阶法开挖炮眼布置图

(3) 比钻眼数 n

n 是指单位开挖断面的平均钻眼数。

$$n = N/S$$

比钻眼数 n 是评价在同等条件下,钻眼工作量的一个指标,是衡量掘进快慢的指标。

以上是围岩涌水中等地段上台阶爆破设计。五指山隧道大多属于有水地段,涌水分 3 个档次,较小涌水量 5 000m^3/d、中等涌水量 5 000 ~ 15 000m^3/d,较大涌水量 15 000m^3/d 以上,循环进尺在实际施工中根据围岩实际不断作出调整,涌水较小时可根据实际情况加大到 2m,在无水地段,上台阶循环进尺可加大到 2.5m,将爆破参数稍作改进。

开挖 III、II^{超}、II^{水}(2)、III^{格}、III^{加强}、III^{水} 和 II^{水}(1) 按照上下台阶法开挖,炮眼布置详见图 4-5。每循环进尺根据现场围岩条件状况调整,循环进尺 1.5 ~ 1.8m,周边眼环向间距为 50cm,

炮孔深度为1.6~1.8m,其他炮眼深度为170~180cm,掏槽眼斜向洞身中心20°~30°进行钻设,掏槽眼深度1.7~1.9m。总之,参数可根据围岩的具体情况作调整。

2. 下台阶开挖爆破参数计算

五指山隧道台阶法开挖下台阶采用预裂爆破,先起爆周边孔。由于上台阶已有初期支护,可将下台阶循环进尺稍加大一些,加大至2~2.5m,有水地段取小值,无水地段取大值。为了便于上台阶施工,上台阶开挖高度较高,便于大型机械如挖机和装载机施工作业,下台阶开挖高度只有2m,预裂爆破作用不是很明显,可采用抬炮形式开挖下台阶,利用上台阶开挖后的临空面,先起爆上面一排孔,后起爆底板孔,具体见炮眼布置图4-5,装药参数见表4-9。

仰拱一般作为第三次开挖,未计算在上下台阶开挖范围内,作为II类围岩,仰拱围岩一般较软,开挖方法是局部放炮松动后用挖掘机开挖,故在此未示出仰拱开挖炮眼布置图。

3. 全断面开挖爆破参数计算

对于较好的IV、V类围岩采用全断面开挖。全断面一次开挖面积约$78m^2$,有水地段采用乳化炸药,无水地段采用2号岩石炸药,有水地段每循环开挖进尺2m,无水地段开挖进尺2.5~3m。周边孔间距取0.55~0.6m,光爆层厚度取0.6m左右,$E/V=0.9\sim1$,不偶合装药系数1.4~1.5,装药集中度0.3~0.4。

(1)每循环爆破的总装药量

$$Q = K \times L \times S = 1 \times 2.0 \times 78 = 156\text{kg}$$

K值从前表4-6中查得。

(2)炮眼数目N的确定

$$N = \frac{Q}{q} = \frac{Q}{\alpha \cdot \beta \cdot L} = \frac{156}{0.65 \times 0.9 \times 2} = 133\text{ 个}$$

实际施工中,影响炮总数目的因素较多,围岩实际千差万别,设计所得炮眼总数目要在现场进行试验,经试验多次之后将炮孔总数定为145个。

总炮眼数确定之后,在掏槽眼、辅助眼、周边眼之间调节炮眼数目。掏槽采用斜眼楔形掏槽,掏槽眼总数11个,采用乳化炸药标准药卷集中装药。第一层掘进眼间距80cm,第二层掘进眼间距70cm,第三层掘进眼间距60cm,采用2号标准药卷集中装药,周边眼间距50cm,最小抵抗线0.6m,采用2号岩石炸药小直径药卷。炮眼布置见图4-6,爆破参数见表4-10。周边孔装药不偶合系数1.9,其余钻孔装药不偶合系数1.3。

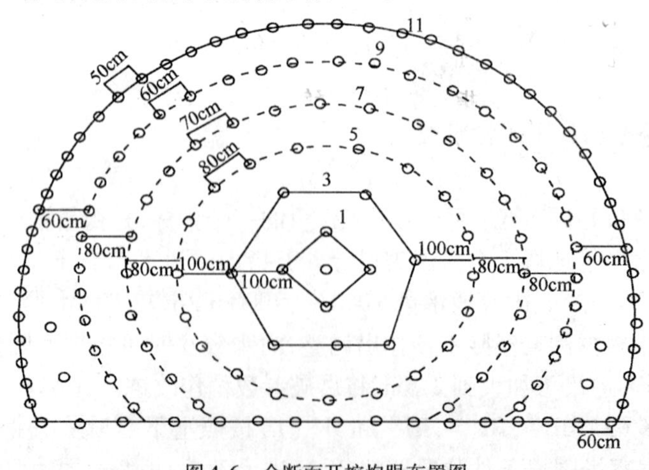

图4-6 全断面开挖炮眼布置图

全断面开挖爆破参数表 表 4-10

段号	炮眼名称	炮孔深度(m)	孔数(个)	单孔装药量(kg)	段装药量(kg)	备　注
1	掏槽眼	2.4	4	1.5	6.0	主要指标 炮孔数:145 个; 开挖面积:约 $78m^2$(未计仰拱); 设计进尺:2.0m; 炸药单耗:$1.0kg/m^3$; 单位面积炮孔数:1.8 个; 施工中根据围岩的具体情况对用药量进行适当调整
3	掏槽眼	2.4	7	1.2	8.4	
5	掘进眼	2.3	19	1.0	19	
7	掘进眼	2.3	23	1.0	23	
9	掘进眼	2.3	32	1.0	32	
11	底眼	2.3	16	1.2	19.2	
11	周边眼	2.2	44	0.6	26.4	
合计			145		156	

设环形导坑。由于围岩十分软弱,一次开挖范围小,根据以往开挖的经验,一般采用先放炮松动,后采用挖掘机配合人工开挖的方法,比如进口端 K29 +418 ~500 段,围岩属块石质土夹石,局部有孤石,采用环形导坑开挖,局部孤石放炮松动,其余用挖掘机配合人工开挖,炮眼布置根据围岩的情况,在相对较硬的地方钻炮眼,炮眼的选定随机性强,故环形导坑开挖在此不画炮眼布置图,也不作爆破参数计算。设计中有侧壁导坑开挖,但在实际施工中,加宽带采用"先通过,再刷大"的方法施工加宽带,顺利施工完加宽段。

4. 全断面开挖爆破参数计算

全断面开挖爆破参数计算 4-10。

三、隧道钻爆施工

炮眼施工时,炮眼要分类进行施工。对经验不同的工人,分别安排打不同的炮孔,保证工人对专项炮眼的熟练。钻眼与装药要安排一名技术人员进行指导。保证爆破达到最佳效果,因为爆破是关系到工程质量、工程安全、工程成本的重要一个环节。

(一)钻孔机具的选择

根据五指山隧道的地质情况、工期要求和开挖进尺,确定选用 YY-28、7655 两种手持式风动凿岩机,配以自制的多功能台架钻孔气腿,如 FT160BC、FT-140。所用钻孔机具性能如表 4-11所示,这些钻孔机具能满足五指山隧道施工钻孔的要求。

五指山隧道所选择钻孔机具的性能表 表 4-11

钻机型号	YT-28	7655	钻机型号	YT-28	7655
制造厂	天水	沈阳	凿岩速度	542(f=10)	
机身质量(kg)	26	23	配套气腿	FT160BC	FT-140
空气压力(MPa)	0.63	0.5	推进行程(mm)	1 365	1 320
空气消耗量(L/s)	81	45	质量(kg)	16.9	15
钎尾尺寸(mm)	22×108	22×108	水压	0.2~0.3	0.2~0.3
凿岩孔径(mm)	34~42	34~38	气腿长度(mm)	1 800	1 650
凿岩深度(m)	5	5			

（二）测量

测量是控制开挖轮廓精确度的关键。五指山隧道均采用日本索佳型全站仪进行测量，控制断面开挖采用自动炮孔放样测量系统进行，并在后方拱顶部位确定掘进方向。每隔10m进行隧道轮廓断面的测量与高程复核，确保隧道高程与轮廓断面在设计要求内。每循环都由测量技术人员在掌子面标出开挖轮廓和炮孔位置，严格按照爆破设计施工，并在以支护好墙壁上标出路程桩号，以便技术人员与监理检查。测量放样时要注意根据设计留足预留沉降量，一般软弱围岩的预留沉降为15～20cm，中等围岩的预留沉降为12～15cm，好的围岩预留沉降量为7～10cm。

当围岩为较软破碎类围岩时，周边眼炮眼口布置在设计开挖轮廓线内，眼底则应根据岩石抗爆性来确定其位置，应将炮眼方向以3%～5%的斜率外插，目的是为了控制超欠挖和便于下一个循环钻孔；对于中硬围岩周边眼放在设计开挖轮廓线上；对于硬岩可将周边眼放在设计轮廓线以外10cm。测量人员在放炮眼位置时，要根据以上原则放样周边孔炮眼位置。

（三）钻孔

采用自制钻孔台架配YT-28气腿式风动凿岩机严格按照爆破设计进行钻孔，人工装药起爆。个别孔位处不便钻孔或易于卡钻，应适当调整孔位并经专业技术人员批准和调整后方可进行。钻孔时先用短钻杆开孔，再换上长钻杆钻进。钻孔施工中应特别注意炮孔方向和角度，随时进行调整。钻孔采用风动湿式钻法，减少噪声和灰尘。对于角隅处钻孔应特别注意。

严格按炮孔布置图正确对孔，确保爆破质量。采用直捣或斜捣打钻，周边孔外插1°～2°角，炮孔相互平行，周边孔对孔误差环向不大于5cm，掏槽孔对孔误差不大于3cm，其他孔开眼误差不大于10cm，确保开挖轮廓圆顺，避免大的超欠挖。

（四）装药

钻完孔后，用高压风吹孔，经检查合格后装药。装药时，对孔进行检查，用一直顺的炮杆，检查其孔深及方向和角度，并对孔内有无水进行判断，对有水和可能有水的炮孔装乳化炸药，无水炮孔装普通岩石炸药。由于孔位存在一定误差，经检测，在装药时可局部进行调整。装药分片分组负责，严格按爆破设计规定的装药量、雷管段号“对号入座”。爆破网路连接、检查及起爆，按照爆破设计要求和《爆破安全规程》（GB 6722—86）执行。全断面法开挖和台阶法开挖作业循环时间表见表4-12、表4-13。

（五）堵塞

装药的炮眼均堵塞炮泥，堵塞长度不小于25cm。

（六）爆破施工工艺流程

光面爆破施工工艺流程见图4-7。

全断面法开挖作业循环时间表 表 4-12

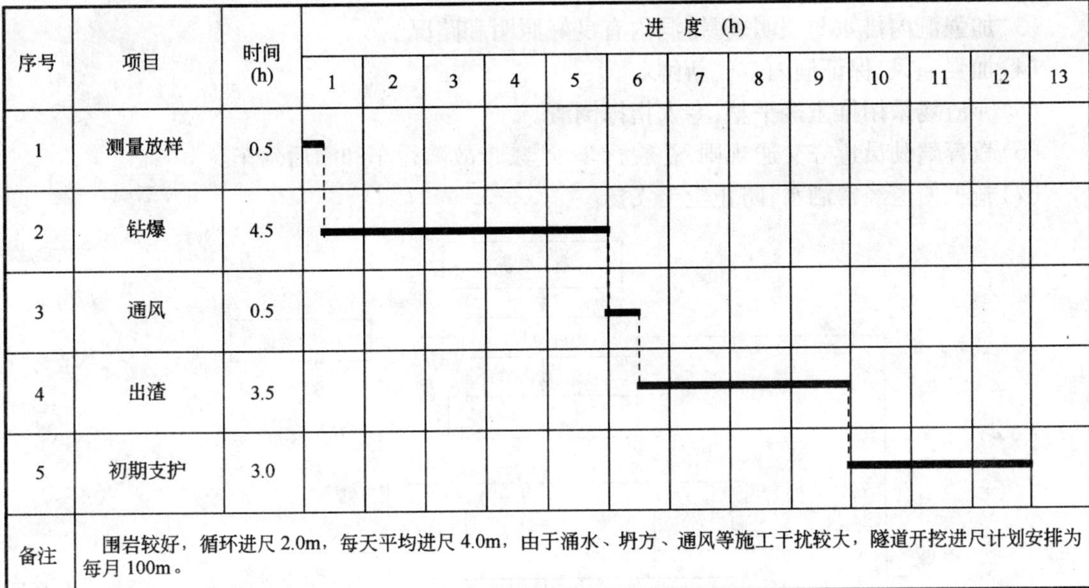

序号	项目	时间 (h)	进 度 (h)												
			1	2	3	4	5	6	7	8	9	10	11	12	13
1	测量放样	0.5													
2	钻爆	4.5													
3	通风	0.5													
4	出渣	3.5													
5	初期支护	3.0													
备注	围岩较好，循环进尺 2.0m，每天平均进尺 4.0m，由于涌水、坍方、通风等施工干扰较大，隧道开挖进尺计划安排为每月 100m。														

台阶法开挖作业循环时间表 表 4-13

序号	项目	时间 (h)	进 度 (h)												
			1	2	3	4	5	6	7	8	9	10	11	12	13
1	测量放样	0.5													
2	钻爆	4.0													
3	通风	0.5													
4	出渣	3.0													
5	初期支护	4.0													
备注	由于洞身 II 类围岩段围岩地质较差，且涌水较大，施工干扰，注浆止水所需时间长，循环进尺 1.5m，每天平均进尺 3m，考虑到台阶法开挖施工干扰，全隧道进尺计划安排为每月 70m。														

(七)隧道弃渣装运

出渣主要采用隧道专用长臂挖掘机及两辆装载机装渣。II 类围岩短台阶施工时采用长臂挖掘机配合侧卸式 ZLC50 装载机,汽车运输。长臂挖掘机的特点是小巧、灵活、上台阶扒渣快且较彻底;同时长臂挖掘机可辅助找顶工作。由于隧道较长,为了尽量减轻隧道内空气污染,汽车尽量采用燃烧完全、排气排烟量少的 15t 汽车直接运渣至指定弃渣场。

为了提高出渣效率,缩短循环时间,保证安全,采取如下措施:

(1)加强装运渣设备的维护保养,备足易损配件,发现故障及时修理与排除。

(2)设专人养护道路,保持弃渣道路平整、无积水,定期维修。尤其雨季,设专人及时排除不安全隐患。

(3)加强洞内排水与照明,保持洞内有良好照明和路况。

(4)加强通风,保证洞内空气新鲜。

(5)弃渣场采用推土机平整,专人指挥倒渣。

(6)教育驾驶员遵守交通规则,礼貌行车,严禁带故障行车和酒后驾车。

(7)施工便道经常洒水,防止尘土飞扬。

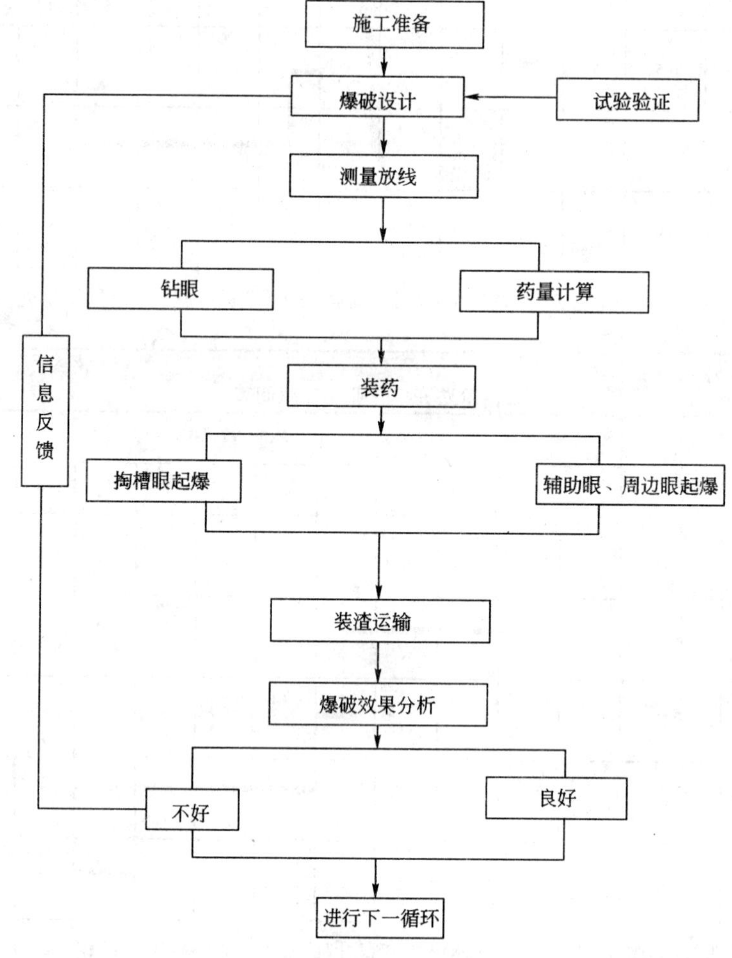

图4-7 光面爆破施工工序流程图

四、五指山隧道超欠挖控制

以设计的隧道开挖轮廓线为基准线,实际开挖获得的断面在基准线以外的部分称为超挖,在基准线以内的部分则称为欠挖。目前由爆破造成的超欠挖问题无论在哪个隧道中都是普遍存在的,它对隧道的施工速度和施工成本有着不容忽视的影响。在严重超欠挖情况下,对隧道的稳定也有一定的影响。根据对近百座隧道的调查和统计,在采用钻爆法施工的隧道中,平均超挖值为38.7cm,最大达到76cm。隧道的超欠挖虽然是不可避免的,但是可以控制,采取一定的工程措施,可使超欠挖控制在一定的范围之内,最主要的工程措施就是实施光面爆破技术,实施光爆技术后,平均超挖值得到了有效控制,平均超挖值减小到16~20cm,隧道表面的平整度大为改善,但仍有不少隧道的超挖值很大,特别是在一些层状围岩中,拱顶超挖值达40~80cm。超挖引起多装渣、多运渣,还要多用喷混凝土回填,费时费料,给后属工程施工如喷混凝土、挂防水板等作业造成一定的困难,影响施工进度,提高工程造价。欠挖则要清除,同样影响施工进度和施工成本。

在《公路隧道施工技术规范》中对隧道超欠挖规定,当岩石的抗压强度大于30MPa,并确认不影响衬砌结构稳定和强度时,允许岩石个别突出部分欠挖,每平方米内不大于0.1m^2,但其隆起量不得大于5cm,拱、墙脚以上1m内断面严禁欠挖,不同围岩地质条件下的允许超挖量规定如表4-14所示。

隧道施工超欠挖量规定表 表4-14

围岩条件类型 / 开挖部位	硬岩（一般相当于VI围岩）(cm)	中硬岩软岩（相当于V~III类围岩）(cm)	破碎松散岩石及土质（相当于II~I类围岩），一般不需爆破开挖(cm)
拱部	平均10,最大20	最大25,平均15	最大15,平均10
边墙、仰拱隧道	平均10	平均10	平均10

注:1. 硬岩是指岩石抗压极限强度 $R_b>60$MPa,中硬岩指 $R_b>30\sim60$MPa,软岩 $R_b<30$MPa。

2. 平均线性超挖值:超挖面积 A/爆破设计开挖断面周长 B(不包括隧底)。

3. 最大超挖值系指最大超挖处至设计开挖轮廓切线的垂直距离。

4. 表列数值不包括测量贯通误差、施工误差,如采用预留支撑沉降量时,不应再计超挖值。

(一)造成超欠挖的主要因素

根据研究和调查的结果,影响超欠挖的因素可以归纳为以下几点:钻孔精度、爆破技术、施工组织管理、测量放线、地质条件变化等。根据对276个开挖循环的统计表明,上述因素中钻孔精度对超欠挖影响最大,占44.2%,其次是爆破技术(占20.3%),施工管理(17.6%),测量放线(7.6%),地质变化(6.1%)等,前3项因素占了82%。因此控制超欠挖的重点是控制钻孔精度、爆破技术及施工管理。

1. 钻孔精度的影响

钻孔对隧道超欠挖的主要影响是周边炮孔的外插角 θ、开口位置 e 和钻孔的深度 L,它们之间的关系可用下式表示(h 为超欠挖高度):

$$h = e + L\tan(\theta/2)$$

式中:h——超欠挖高度;

e——开口位置,表示开口位置与设计轮廓线的距离;

L——钻孔深度。

超欠挖随钻孔深度、开口位置及钻钎外插角的增大而增大,开口位置及钻孔深度较易控制,外插角不易控制,取决于工人的技术水平。由以上公式看出,浅孔爆破有利控制超欠挖。在一般情况下,炮眼深度小于3.5m。钻机均有一个外缘高度,这个外缘高度一般在5~7cm之间,这是实际施工中的最小超挖值。规范规定,最大超挖值为15cm,当 L 为3m时,外插角为2.65°,显然,一般工人的操作水平是难以达到的,所以钻孔精度成为影响爆破质量的重要原因。此外由于钻孔作业覆盖空间所限以及受隧道形状的影响,拱部范围内,则应控制仰角,而在两侧边墙部位则应控制外插角,对底板眼控制下插角。外插角的准确控制有困难,但是五指山隧道施工的实践证明，只要加强工人的责任心，加强管理，比较准确地控制外插角是能够办到的，将外插角控制在5°左右是没有问题的，并且工人能将开口位置及钻孔的精度控制在5～10cm之内。

2. 爆破技术

国内外的统计资料表明，爆破技术对超欠挖影响非常大。主要涉及的爆破技术是爆破方法、爆破方式及各种爆破参数。

五指山隧道有相当部分的围岩是近水平岩层，层厚不均，层间夹砂质泥岩，开始施工时实施光面爆破效果较差，部分施工人员不愿意采用光面爆破，认为光面爆破钻孔多，费时。施工实践证明，对于超挖，采用光面爆破技术开挖比用普通爆破法要小得多。表4-15是普通爆破与光面爆破的比较，可以看出，光面爆破能减小超欠挖，对围岩有利。

爆破方法的比较 表4-15

爆破方法	平均超挖(cm)	欠挖(cm)	比较(%)	备　注
普通爆破	38.7	无统计	100	最大76cm
光面爆破	20.4	无统计	52.7	最大37cm

实行光面爆破后，并不是所有的光面爆破都能取得好的效果，五指山隧道施工至K29+970附近时，围岩处于由软向硬的过渡段，且同一断面内围岩软硬不均，又是近水平层状围岩，拱顶超挖达1.0m，采取拱顶范围少装药或不装药只打孔，基本上克服了拱顶超挖的困难，取得了较好的效果。在施工时，围岩不断地发生变化，要求爆破参数不断地调整。

在控制爆破中，主要的技术参数包括单位岩石炸药消耗量q、周边孔线装药密度g，周边孔布置等，合理地调整这些参数之间的配合，对减少超欠挖是至关重要的。

由施工实验统计表明，相对间距E/V对超挖和轮廓成形的影响是很大的。五指山隧道的施工实践表明，在Ⅳ类围岩中，合理相对间距为0.65～1.1，周边孔间距为45～80cm，最小抵抗线V为50～80cm。

合理地利用爆破器材(如雷管和炸药)和装药方法，可以明显减少由于爆破产生的振动和应力波对围岩的破坏，因而有利于减少超欠挖，提高轮廓质量。测试表明，当相邻段位炮孔起爆时差小于50ms时，振动波会在围岩中产生叠加作用，从而加大对围岩的扰动和破坏，使超挖增大，隧道成形变差，在节理发育的围岩中更为明显，在条件大体相同的条件下，用等差雷管、半秒雷管和毫秒雷管所做的现场对比实验表明，以等差雷管爆破效果最好，振动最小，采用毫秒雷管跳段使用也可以获得较好的效果。五指山隧道当地只有15段毫秒雷管，所以决定采用跳段使用的方式，即使用1、3、5、7、9段雷管。为了控制超欠挖，控制爆破振动速度，必须选择合适的炸药和雷管。根据爆轰理论，炸药的爆轰速度直接影响质点振动速度，要降低质点振动速度，应当选用低爆速炸药，为了获得好的爆破效果，又不宜用低爆速炸药，因此，五指山隧道选用中等爆速的岩石硝铵炸药和乳化炸药。

光面爆破中周边孔线装药密度是决定光面爆破质量的关键，周边孔线装药密度如果太小，炸药爆破能量小，不能使相邻的周边孔有效地形成贯通的裂缝，爆破能量主要集中作用于孔壁周围的较小区域，对孔壁体产生破坏作用，该部位即产生超挖现象，如果装药密度过大，炸药爆破能量较大，容易使孔壁的岩体破碎并增加岩体的破碎作用，在爆破后发生松落掉块，更容易产生较大的超挖。因此，选择适当的周边孔线装药密度是至关重要的，合适的线装药密度使周边孔容易形成贯通的裂缝而不会过多的破坏孔壁岩体，同时造成的超挖量也较小。

在周边孔控制爆破中，为减小炸药对围岩的直接破坏作用，应特别注意装药质量，因为它直接影响爆破效果和超挖量，尤其是周边孔间隔装药质量更为重要。五指山隧道开挖后涌水较大，有时钻孔之后炮孔水压较大，间隔装药质量不好控制，装药有困难，为了郑重起见，装药前，用钢筋将设计药卷按间隔距离绑扎成药串，各段钻孔装药量严格控制，虽然采取了以上措施，但施工中仍有拒爆现象，最后将间隔装药改为小直径药卷连续装药，克服了拒爆现象；另外装药还强调三低一高，即低密度、低爆速、低猛度、高爆力的炸药，并特别强调采用不偶合装药结构，炮孔装药后，必须认真填堵炮泥，炮泥堵塞质量直接影响到炸药用量及隧道超欠挖的控制，对保护围岩稳定具有重要的意义。

统计资料表明，小药卷连续装药对控制超挖效果最好，比间隔装药和集中装药分别减少超挖16%和28%，因此在五指山隧道施工采用小直径药卷的连续装药，而不用间隔装药，间距装药费时较多，用连续装药方式能加快施工进度。

3. 现场施工管理与组织

良好的施工管理和组织，对减少超欠挖具有十分重要的意义，在控制隧道超欠挖中，建立一个比较完善的质量保证体系，对作业全过程进行严格的管理是非常必要的。现场管理与组织是指人员组织、作业安排、技术交底、指导，质量检测、反馈以及相应规章、技术标准的制订等。管理的目的就是要把众多的因素置于可控制的状态，达到爆破设计的基本要求。

（二）五指山隧道防止超欠挖的主要措施

钻爆施工是隧道施工中的重要工序，钻爆质量与施工进度、工程造价密切相关。针对五指山隧道以近水平层状围岩（3°~8°）的特点，专门研究层状围岩光面爆破参数，针对本隧道围岩的特点进行爆破参数试验，对试验数据进行分析比较选择合适的爆破参数。在施工中五指山隧道采取以下措施严格控制超欠挖。

1. 提高画线和钻孔精度

五指山隧道规定：在每次爆破前，测定周边孔的位置，其他孔根据炮孔设计图，由周边孔的位置来确定放样轮廓线。炮孔位置的精度直接影响隧道爆破开挖效果，特别是周边孔的放线定点精度，更直接影响超挖值。施工中在控制其他炮孔的钻孔精度的同时，应特别注意对周边孔精度的控制。五指山隧道规定：周边孔钻孔沿隧道设计断面轮廓线上的间距误差不得大于5cm，周边孔外斜率不得大于5cm/m，孔底不超出开挖断面轮廓线10cm，最大不超过15cm，内圈孔至周边孔的排距误差不得大于5cm，炮孔深度超过2.5m时，内圈炮孔与周边孔采用相同的斜率。影响炮孔的画线精度主要有两个方面，一是掌子面凹凸不平和倾斜，这种误差一般可控制在5cm以内，对隧道超欠挖影响较小，二是人为放大开挖轮廓线。隧道施工中历年来形成一种“宁超勿欠”的观点，一般隧道的开挖轮廓线都被人为地放大5~10cm，因此引起的超挖量一般占隧道总超挖量的40%~50%，对隧道超欠挖影响很大。在施工中严格按照设计的周边轮廓画线，严禁人为放大周边开挖轮廓线。

2. 提高装药和炮孔堵塞质量

装药质量直接影响爆破效果和超挖量，尤其是周边孔的装药质量更为重要。由于五指山隧道涌水较大，钻孔之后孔内水压较大，能将药卷冲出来。我们采取的办法有两个，一是钻孔泄水，将炮孔内的涌水减小一些；二是将药卷绑在小钢筋上，连同钢筋一起送入孔内。装药之后要认真堵塞炮泥，装药炮孔如果不堵塞，炸药就仅有冲击波能量和一部分爆炸气体作功，大部分气体从炮孔中冲出，被浪费了。五指山隧道规定炮孔的堵塞长度不小于25cm。

3. 断面轮廓检查及信息反馈

对开挖断面轮廓进行检查包括两个方面的内容，一是检测开挖断面的规整度，二是超欠挖的数值。五指山隧道对规整度一般采用目测的方法，即技术人员用眼睛看，形成一个大致的印象；对超欠挖数值则通过测量后作出评价。信息反馈方面，五指山隧道的做法是每次放炮之后，隧道技术人员要到掌子面了解本次爆破超欠挖情况，并对围岩进行观测和描述，对围岩的节理裂隙状态进行统计，据此调整爆破参数和施工方法。爆破效果不佳时，采取局部内移炮眼、局部空孔不装药、加密炮眼、局部调整起爆顺序等措施。出渣完毕之后，测量人员进洞量测，在开挖掌子面周边上标明所测点超欠挖情况，超挖用"-"号表示，欠挖用"+"号表示，并标明超欠挖的数值，下一循环钻孔工人一看就明白该如何调整周边眼位置。

4. 建立严格的施工管理制度

在解决好超欠挖技术问题的同时，五指山隧道建立了一套严格的施工管理制度来保证技术的实施，制订严格的奖罚制度，用经济杠杆来调动施工人员的积极性，做到人人关心超欠挖，人人为控制超欠挖努力。每次爆破欠挖的处理不能超过0.5h，补炮不能超过1次，超挖不得超过2个点，拱顶超挖量最大不能超过0.4m，边墙超挖不能超过0.2m；否则，开挖班罚款200元。

在爆破质量管理中，坚持以下基本原则：

(1)必须采用光面爆破技术(包括预裂爆破)，坚持断面轮廓检查及信息反馈。

(2)在满足技术经济要求的情况下，应优先考虑采用操作简单且精度高、有良好性能的钻孔机械、测量放线仪器、断面检测仪以及爆破器材等。

(3)应严格控制断面的测量放线精度，特别是要避免随意放大或缩小断面的现象，严格执行设计的预留沉降量。

(4)必须严格控制钻孔精度，重点是控制周边眼的外插角、开口误差以及炮眼在断面分布的均匀性。

(5)必须严格控制装药量，并保证正确的起爆顺序。

(6)必须强化施工组织管理，推行作业标准化并经常加强作业人员文化和责任心的教育等。

(7)对有关人员进行技术培训，建立质量责任制度，实行质量奖惩制度。

(三)五指山隧道防止超欠挖的处理

隧道开挖过程中的超欠挖是客观存在的，是不可避免的。从五指山隧道开挖的结果来看，超挖部位主要集中在层状软弱围岩、破碎带、节理裂隙比较发育的地段，边墙很少发生超欠挖，超欠挖部位主要发生在拱顶。五指山隧道地质变化快，前一个断面与后一个断面的围岩情况可能就有很大的变化，如果施工中稍不注意，爆破参数不作调整就不合适，就会产生超欠挖。同一断面围岩也不均匀，节理裂隙发育不同，上下软硬不一，这些因素均可能造成爆破效果不理想。特别是近水平层状围岩,开挖后发生松弛,层状岩层被竖向节理切割,再加上层间夹砂质泥岩,层间结合力低,开挖后易发生拱顶掉块,特点其是开挖后围岩一层一层地掉,先是里层掉块,里层掉块之后外层又掉,如不及时处理破碎区域会随着地下水不断渗漏、风化,形成更大的超挖。施工段落 K29 + 580 ~ K29 + 970、K29 + 420 ~ K29 + 540、K29 + 600 ~ K29 + 800 及出口端 K30 + 920 ~ K30 + 870 超欠挖比较严重。图 4-8 是五指山隧道常见超挖示意图。

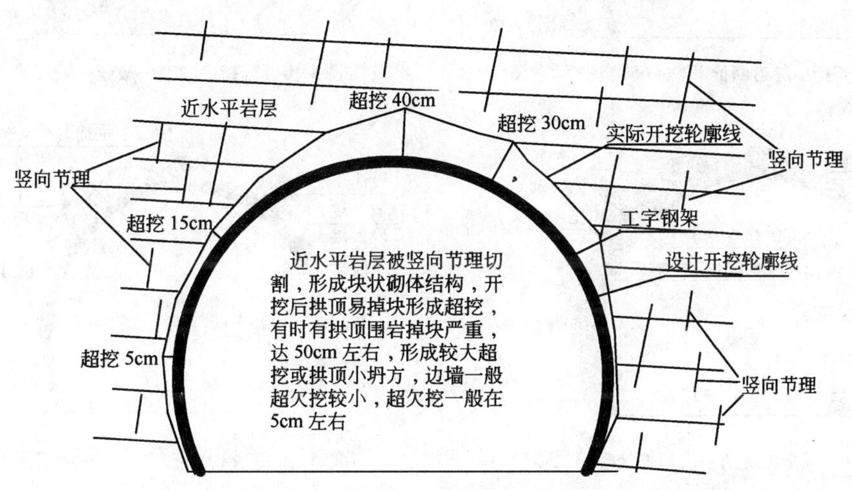

图 4-8　五指山隧道常见超挖示意图

1. 一般超挖的处理

五指山隧道一般超挖量在 10 ~ 30cm 之间,多数超挖发生在拱顶位置。开挖爆破后没有超挖或超挖较小,在放炮通风排烟后找顶的过程中,只要轻轻敲击拱顶层状围岩,有竖向节理的层状围岩拱顶就会形成超挖,如果掉块严重还会形成大的超挖。爆破后没有形成超挖的,找顶后至初期初护完成的时间内就有可能形成超挖,这是五指山隧道近水平层状围岩开挖的特点。处理方式是喷混凝土将超挖之处大致喷平,然后再进行喷锚作业。以进口端超挖段面 K29 + 658 为例说明一般超挖的处理方式。图 4-9 是断面 K29 + 658 超挖示意图,最大超挖发生在拱顶右侧,拱顶和右侧都超挖,最大超挖 40cm,属于一般超挖,主要原因是右侧拱腰位置有一个破碎带,围岩软弱,开挖后易形成超挖。图 4-10 和图 4-11 是一般超挖处理的两个步骤。

2. 较大超挖的处理

对于超过 50cm 的隧道超挖,如果全部用喷混凝土处理则费工费时,影响施工进度和施工成本。对于较大超挖,首先在超挖岩体表面喷一层 10cm 的混凝土,喷完之后尽快安设钢架,在超挖较大的凹面设置工字钢加背板支护,在钢架上设置模板进行模喷,超挖内部无法填实的部位,预先预埋压浆管,等原设计初期支护施作完毕之后,从外向内压浆,将空腔填实,见图 4-12。

3. 欠挖的处理

施工中中等硬度的岩层和硬岩易出现欠挖,施工中都受“宁超勿欠”的思想指导,周边孔的轮廓线在测量人员放线时人为地扩大了一些,所以欠挖的部位相对来说不是很多。对于大的欠挖,处理的方法是重新钻孔装药放炮,对于小的欠挖,则可以用风镐处理,以确保开挖的轮廓达到设计要求。

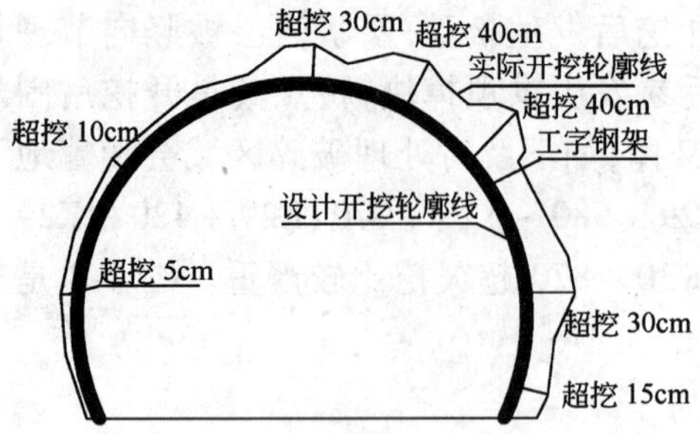

图 4-9　五指山隧道断面 K29 + 658 超挖示意图

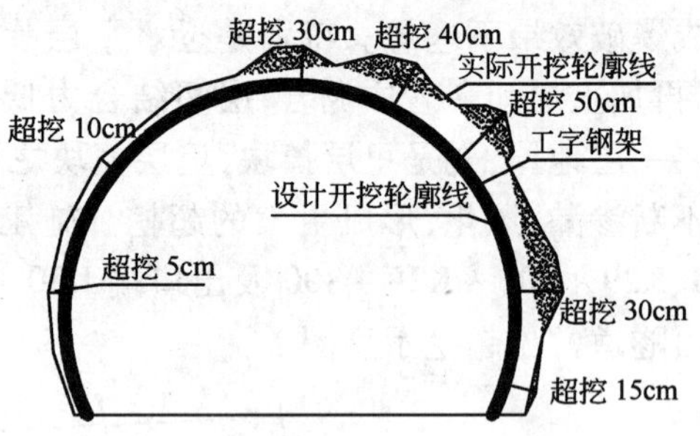

图 4-10　五指山隧道一般超挖处理第一步

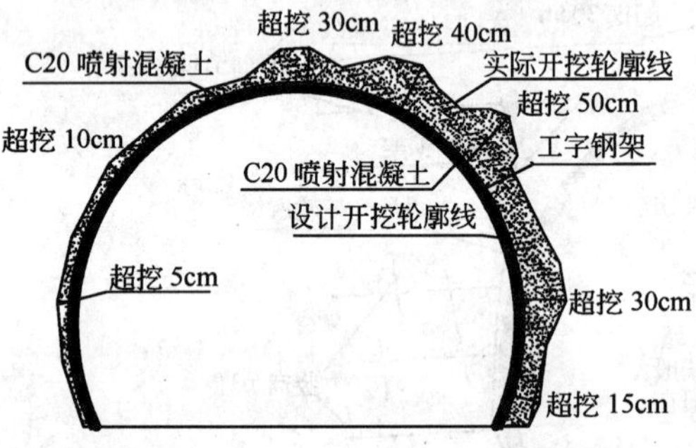

图 4-11　五指山隧道一般超挖处理第二步

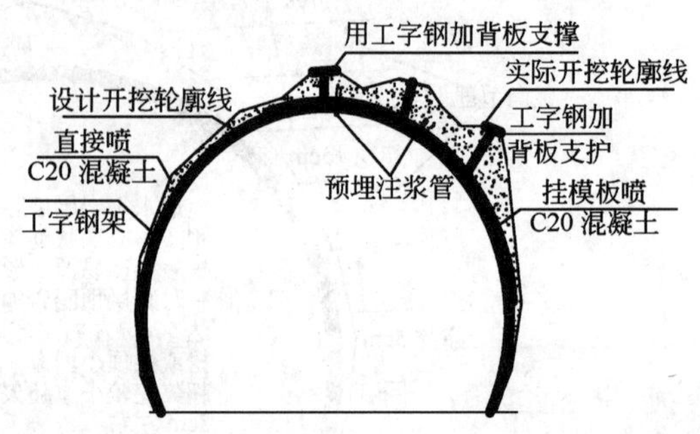

图 4-12　五指山隧道较大超挖处理示意图

第五章　五指山隧道开挖与支护的数值模拟

第一节　概　　述

一、分析方法

用数值模拟方法对隧道施工阶段的力学行为进行研究主要有二维及三级两种方法。在过去的几十年中，有限元、边界元、离散元等数值模拟运用得较多，特别是有限元方法，在过去运用得较多。二维数值模拟采用平面应变假设对隧道施工阶段的力学行为进行研究，二维数值模拟时模型单元数量少，一般在几千个，所用的计算时间短，花费也较少，对计算机的硬件要求低，可以在很短的时间内对所要求的模拟步骤、开挖方案进行比较，计算出竖向位移、地表沉降、最大主应力、开挖后的塑性区等；其主要缺点是不能模拟围岩与支护结构纵向的应力、变形随施工过程的变化情况，对于某一个断面的开挖施工，该断面前后施工均对其有影响，但二维模拟不能得到此种效应，故计算结果有一定的误差，其误差大小与模型单元、施工步骤等因素有关，误差一般在10%～30%。三维数值模拟的优点，在于能够将时间和空间效应完全地展现出来，将围岩和支护随施工过程的变化及纵向力学效应完全模拟出来。在进行三维力学模拟时，对计算机硬件的要求相对较高，模型单元数目一般在几万个，计算所需的时间长，费用相对较高。

二、隧道施工阶段的力学行为分析

隧道围岩稳定与否，关键是开挖后至初期支护阶段这段时间的围岩与支护状态，因此，相对其他施工阶段来说，开挖是最重要的阶段，各种施工模拟也都围绕着这一时期的应力状态进行，隧道围岩应力、应变、塑性区、位移、支护结构弯矩、剪力等力学因素分素可通计算机精确计算。

施工力学行为分析的主要任务在于反映隧道施工方法、施工顺序、施工步距对围岩支护或衬砌内的影响。隧道施工力学行为不仅与掌子面空间约束有关，而且与支护结构设置的间隔有关，对于大多数岩体而言，当围岩级别较高时，在施工进程中围岩处于弹性范围，此时整个隧道稳定性好，围岩和支护结构不发生屈服破坏；在低级别的围岩中，可能会因剪应力过大而产生塑性应变，围岩和支护结构可能会发生屈服，塑性应变过大还会造成隧道失稳。因此，隧道施工过程是三维非线性的弹塑性过程。

在过去的几十年中，很多学者都对隧道施工阶段的力学行为进行了研究，利用施工应力分析、最大位移分析等方法来寻求大型地下洞室、复杂施工洞群的最佳施工顺序，研究人员关注如何能找到即简单而又能反映施工影响的分析方法。最初人们按平面问题进行处理，并利用洞壁径向位移释放系数来反映开挖面径向“虚拟支撑力”的变化，这种简化的不合理在于，释放荷载与位移并非简单比例关系，而且当初始应力场任一主应力不与洞轴线平行时，平面近似分析方法就不再适用。

从理论上讲，应对隧道进行从开挖到结束的全过程的三维黏弹塑性分析才能全面地了解围岩在开挖过程中的力学行为，了解锚杆、喷射混凝土及二次衬砌等结构的受力变形特征，但这样费时费力，且相当复杂，常用的方法是选取一段围岩与支护进行三维计算，得出该段围岩与支护的受力变形特征，该段围岩能反映出分步开挖的全过程。

用于数值分析的程序在以前主要是研究人员根据自己不同的需要，采用 FORTRAN 语言专门编写的。随着数值模拟的广泛使用，出现了大型的通用有限元程序，这类型的程序有 ANSYS、FLAC、MARC 等。运用这些程序的科研工作者越来越多，这些程序各有特色，但均能有效地分析隧道开挖的三维问题，运用这些程序分析隧道施工力学行为的论文也越来越多，本章也用 FLAC 大型通用程序对五指山隧道开挖与支护进行三维分析。

第二节　FLAC 程序简介

FLAC 是 Fast Lagrangian Analysis of Code 的缩写，可翻译为连续介质快速拉格朗日分析。FLAC 是一种显式有限差分程序，其基本原理与离散元相同，但却能像有限元那样，适用于多种材料模式与边界条件的非规则区域的连续问题求解。它在采用显式有限差分分析方法求解运动基本方程过程中，又采用了离散元的动态松弛法，不需求解大型联立方程组（大型刚度矩阵），便于在计算机上实现。同以往的差分分析方法相比，快速拉格朗日数值分析不但可以处理一般的大变形问题，而且可以模拟岩体沿某一弱面或结构面产生的滑动变形，同时还能够针对不同的材料特性，使用相同的本构方程来比较真实地反应材料的动态行为。

1. 基本显式计算循环

FLAC 程序采用显式差分法求解运动方程和动力方程。程序将计算区域内的介质划分成为若干个二维单元，单元之间用节点相互连接，对某一个结点施加荷载之后，该结点的运动方程可以写成时间步长 ΔT 的有限差分形式。在某一个微小的时段内，作用于该结点的荷载只对周围若干节点有影响，根据单元节点的速度变化和时段 ΔT，程序可计算出单元之间的相对移动，进而可以求出单元应变。根据单元材料的本构方程即可求出单元应力，随着时段的增长，这一过程将扩展到整个计算范围，直到边界。FLAC 基本显式计算循环如图 5-1 所示。

2. FLAC 网格

FLAC 的理论公式是按照 M. L. Wilkins 提出的差分格式进行计算，概念上类似于 J. R. H. Otter 提出的动态松弛法，采用任意形状的网格、大应变和不同的阻尼。将固体分为由四边形单元组成的有限差分网格，FLAC 在内部将每一个单元分为两组覆盖（共有重叠的 4 个）的常应变三角形单元，如图 5-2 所示。每个三角形单元的偏应力分量相互独立，故对每个四边形来说总共有 16 个应力分量。作用在每个节点上的外力可以视为在两个重叠的四边形的两个外力矢量的平均值。

3. FLAC 程序求解过程

为了建立一个模型并使用 FLAC 进行模拟，需要首先指定 3 个基本方面：有限差分网格，本构关系和材料性质，初始条件和边界条件。网格用来定义模型形状，本构关系和材料性质是显式模型对扰动所作出的力学反应，初始条件和边界条件则是为了定义问题的初始状况。定义了这些基本条件之后，程序会计算形成模型的初始状态；然后进行开挖或执行其他模型条件，进行工程的响应分析，经过处理后，得到计算模型的响应情况即经过计算作出解答。用户可以根据结果，对模型进行适当调整重新计算，直到结果达到目的为止；另外，达到问题所需的计算步能够通过程序或用户加以控制。

4. FLAC 程序的特点

运行 FLAC 程序对计算机的硬件配置要求非常低。FLAC 程序是采用显式求解方程,计算过程中不必形成像有限元程序那样的整体刚度矩阵,每一步计算所需要的计算机内存很小。

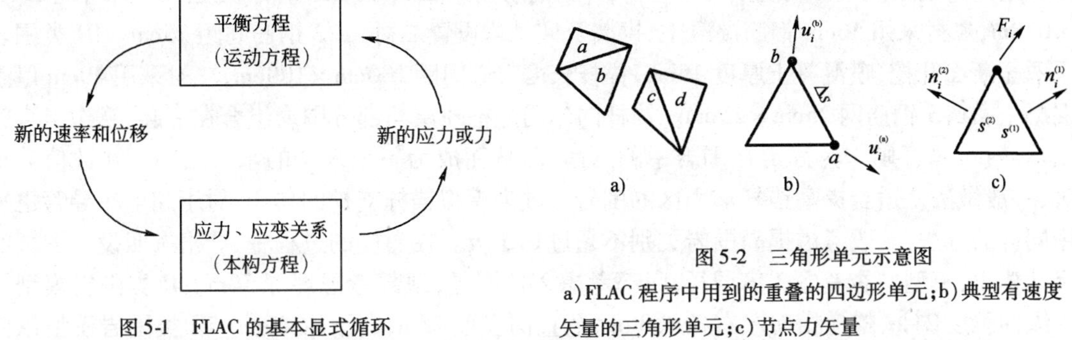

图 5-1　FLAC 的基本显式循环

图 5-2　三角形单元示意图

a)FLAC 程序中用到的重叠的四边形单元;b)典型有速度矢量的三角形单元;c)节点力矢量

与隐式求解方案将会花费较长的时间求解非线性问题相比,显式求解方案对非线性的应力—应变关系的求解所花费的时间,几乎与线性本构关系相同;模拟大变形问题消耗的计算时间也并不是特别多。同时,FLAC 具有完善的前、后处理功能,网格生成和成果数据输出都极易实现。它所模拟得到的所有变量的图形以及相应的数据文件都非常容易自动形成。FLAC 程序基本上是为解决岩土工程应用而开发设计的。FLAC 程序包含有十种内置的材料模型:空单元模型;各向同性弹性材料模型;横观各向同性弹性材料模型;库仑—莫尔模型;德鲁克—普拉格模型;应变软化/硬化塑性材料模型;节理化模型;双线性应变软化/硬化的节理化模型;双屈服模型;修正的剑桥黏土模型。根据需要,用户还可以通过 FLAC 自带的 FISH 程序设计语言来建立自己的本构模型。通过上述这些内嵌的数值模型以及可选的流固相互作用分析模块、动力学模块、蠕变模块等,FLAC 可以模拟岩土材料的各种力学反应以及流体流动和热传导等广泛的物理过程。既可以模拟单个过程,也可以模拟他们之间的耦合作用。FLAC 的强大功能还体现在它可以处理任意的本构模型而不需要对求解运算法则进行调整——许多有限元程序对不同本构模型需要不同的求解方法。

5. FLAC 程序的应用范围

有限差分法问世以来,在工程地质界得到了广泛的应用。20 世纪 90 年代,我国岩土界的学者引进了 FLAC 程序,并将该程序广泛应用于上至三峡大坝等大中型水利枢纽,下至一般地基加固等在内的诸多相关工程建设项目之中,研究范围几乎涵盖了岩土工程的所有领域,包括基坑开挖变形与支护分析和地基基础加固处理,边坡稳定与加固分析和滑坡变形与稳定分析,隧道及地下洞室(群)围岩稳定性分析及施工开挖及衬砌、锚固支护分析,隧道开挖或基坑开挖引起的地表沉降变形及其影响分析,隧道及矿山工程中爆破等动力作用与振动分析,基础与大坝等振动液化分析,渗流场与应力场流固耦合相互作用分析,流变分析以及由于热作用产生的变形与稳定问题分析等。

第三节　五指山隧道三维计算模型

一、模型确定

五指山隧道最大埋深约 790m,洞口坡度较陡,处于浅埋地段围岩很少,因此考虑埋深 50m 和 200m 的地段,选择占五指山隧道绝大多数的 II 类和 III 类围岩,三维计算选择此两种类型围岩。由于二衬是在初期支护及围岩基本稳定后施作的，我们主要目的是模拟开挖过程，因此此处不模拟二次衬砌作用。

对于II类围岩，施工采取上下台阶法开挖，在开挖前施作小导管作超前支护并注浆，小导管长度4m，间距40cm，喷混凝土20cm，ϕ6.5 钢筋网15cm×15cm，锚杆长度3.5m，间距0.8m×0.8m，二衬采用50cm 钢筋混凝土，拱墙及仰拱均设置二衬，ϕ22 钢筋间距25cm。III类围岩采取全断面开挖，喷混凝土厚度15cm，锚杆长度3m，间距100cm×100cm，二衬采用40cm厚素混凝土，ϕ6.5 钢筋网25cm×25cm。锚杆的作用是把喷层与部分围岩组合在一起，视作组合梁或承载拱，锚杆则作为固定在围岩中的悬吊杆，从而成为一个复合的承载结构。在数值分析时，一般做法是适当提高锚杆加固区的围岩参数来模拟锚杆支护的作用，对于超前小导管也采用同样的方法，一般考虑提高围岩类别不超过0.5级。在建模的过程中，严格按照设计图纸的尺寸建模，模型左右考虑3倍洞径，底部考虑2倍洞径，顶部考虑埋深50m。II类围岩模型尺寸纵向长度21m，隧道横向左右各取30m，竖直向上取25m，向下取20m。III类围岩模型纵向长度取30m，竖向埋深取25m，向下取20m。II类围岩考虑埋深50m，III类围岩考虑埋深200m，对于隧道埋深，顶部只截取部分围岩，其余顶部围岩考虑加压的方法模拟。计算模型的边界条件除上部为垂直荷载边界外，其余各侧面和底部为法向约束边界，在隧道纵向上不考虑约束。II类围岩模型共24 808个单元，27 315个节点，III类围岩模型共35 440个单元，38 241个节点。计算模型见图5-3。

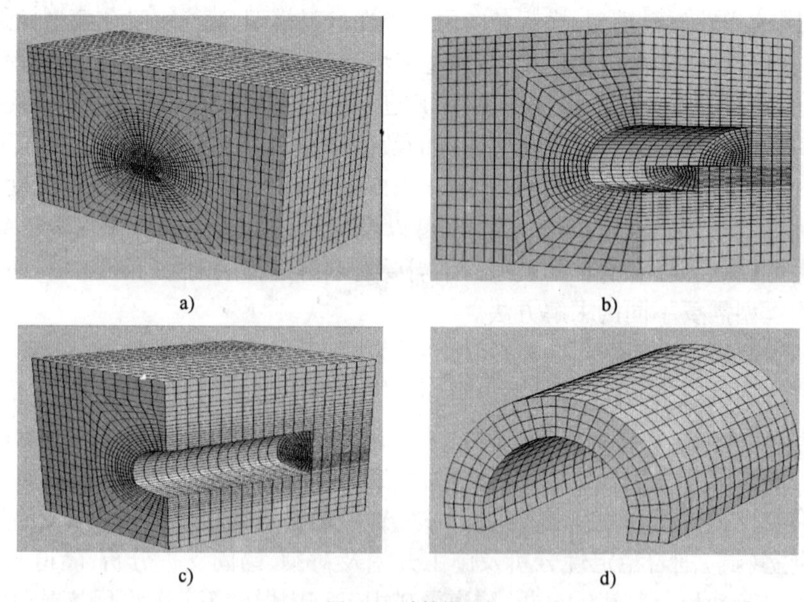

图5-3 计算模型

a）整体模型；b）II类开挖模型；c）III类开挖模型；d）超前支护及锚杆加固区模型

钢拱架的作用参考其他文献，采用等效方法予以考虑，即将钢拱架弹性模量折算给地层，计算式为：

$$E = E_0 + \frac{S_g \times E_g}{S_c}$$

式中：E——折算后混凝土的弹性模量；

E_0——原混凝土的弹性模量；

S_g——钢拱架截面积；

E_g——钢材的弹性模量；

S_c——混凝土截面积。

对初期支护体系中的喷层混凝土采用壳单元来仿真模拟。采用莫尔—库仑准则作为屈服准则。对于围岩物理力学参数，依照五指山隧道勘察设计中所建议的各类围岩力学参数，各类围岩有多种岩层的，取低值。其他材料力学参数依据《公路隧道设计规范》(JTG D70—2004)选取。围岩和结构材料计算参数如表5-1所示。

计 算 力 学 参 数　　表5-1

材　料		E(GPa)	μ	重度γ($kN \cdot m^{-3}$)	C(MPa)	ϕ(°)
围岩	II类	1.2(小导管及锚杆支护前) 3(小导管及锚杆支护后)	0.45	20	0.4	35
	III类	7	0.3	24	1.0	43
喷混凝土(折算后)		22	0.2	24	3.5	50
仰拱回填		15	0.2	24	2	45

二、模拟工况及模拟步骤

隧道开挖方法多种多样，有全断面开挖，有台阶法开挖(台阶法分长台阶及短台阶、微台阶)，还有环形导坑预留核心土法及侧壁导坑法等。但就五指山隧道而言，主要还是台阶法施工和全断面法施工，因此，对五指山隧道采用台阶法开挖的II类围岩和III类围岩开挖过程进行模拟，并模拟两种工况，即开挖后施作初期支护和开挖后不施作初期支护，以此对比及时施作初期支护的重要性，分析施作初期支护及不施作初期支护情况下围岩的塑性区、位移、应力等。II类围岩模型尺寸纵向长度21m，隧道横向左右各取30m，竖直向上取25m，向下取20m。II类围岩开挖第一种工况不施作初期支护，每步开挖1.5m，共模拟16步，1~10步模拟上台阶开挖，上台阶开挖15m以后开始开挖下台阶，11~16步模拟下台阶开挖；第二种工况为开挖后施作初期支护，共模拟16步，开挖并支护1.5m为一步，1~10步模拟上台阶，11~16步模拟下台阶，III类围岩模型纵向长度为30m，模拟计算一共7个步骤，共开挖21m，同样模拟两种工况，第一种工况为开挖后无初期支护，第二种工况为开挖之后施作初期支护，对比两种工况的塑性区、位移、应力等。

第四节　三维计算结果分析

一、II类围岩计算结果分析

(一)应力特征

选取隧道开挖一定距离之后的开挖步来分析围岩及初支的应力应变特征。选第10步模拟结果来加以对比分析，从图5-4和图5-6开挖后有支护和无支护最小主应力对比中可以看出，没有支护时，最小主应力向围岩深处发展，由于初期支护对围岩的限制作用，有初期支护时，围岩最小主应力要比无初期支护时大，开挖掌子面附近两种工况下最小主应力均较大；有支护时围岩最大主应力比无支护时大,是因为支护限制了围岩的移动,导致应力增大。上台阶施工时,下台阶围岩由于没有约束,在两种工况下最大主应力和最小主应力均较小,掌子面处的应力比掌子面前方一定范围的应力要小,但在掌子面与隧道轮廓的交界处,最大主应力和最小主应力均达最大,在交界处无支护时最大主应力约为 -1.5MPa(压应力为负),最小主应力为 -4MPa,有支护时最大主应力 -2.0MPa,最小主应力 -5.0MPa。通过两种工况对比得出初期支护承担了更多的围岩压力,有效的承担了开挖面附件的围岩荷载,限制了围岩的进一步变形,从而也就限制了围岩塑性区的发展。

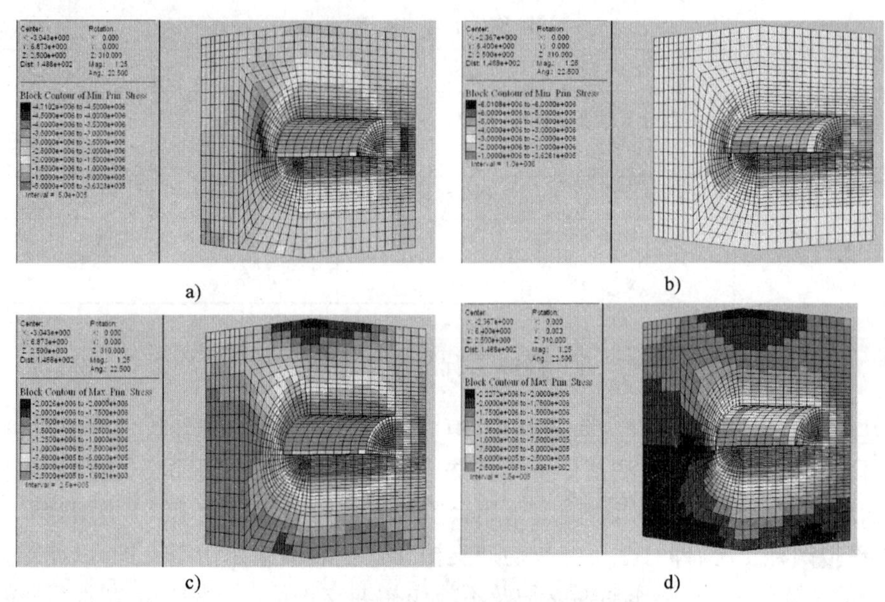

a) b) c) d)

图 5-4 第 10 步开挖应力等值线

a)没有支护最小主应力等值线;b)施加初期支护最小主应力等值线;c)没有支护最大主应力等值线;d)施加初期支护最大主应力等值线等值线

通过图 5-4 和图 5-5 开挖步 10 和 16 的对比,下台阶开挖之后应力变化比较大。无支护时,在拱脚处,上台阶开挖后第 10 步最小主应力约 -2.0MPa,最大主应力为 -0.75MPa,第 16 下台阶开挖后下台阶拱脚处最小主应力约 -1MPa,最大主应力为 -0.25MPa,可见在拱脚处,上台阶开挖后的最大主应力是下台阶的 3 倍,最小主应力是下台阶的 2 倍,对掌子面进行分析也能得到类似的结论。有支护时,在拱脚处,上台阶开挖后第 10 步最小主应力约 -1.0MPa,最大主应力为 -0.25MPa,第 16 下台阶开挖后下台阶拱脚最小主应力约 -3.0MPa,最大主应力为 -1.0MPa,可见在拱脚处,下台阶开挖后的最大主应力是上台阶的 4 倍,最小主应力是上台阶的 3 倍。有支护和无支护应力变化随着开挖步的推进其变化是不一样的,无支护时,上台阶开挖后应力比下台阶开挖后大,有支护时,下台阶开挖后应力比上台阶大。

(二)塑性应变特征

仍取两种工况的第 10 步和 16 步计算结果来分析。如图 5-6、图 5-7 所示,对比两种工况,在掌子面和拱肩部位,有支护时塑性区比无支护时塑性区小得多(n 表示正在破坏,p 表示已经破坏),大约只有无支护的 1/5 ~ 1/4。无支护时拱肩部位出现了比较大的塑性区,其次部位是掌子面及掌子面后方围岩拱顶,有支护时塑性区主要出现在下台阶、掌子面、拱肩处,由于支护的作用,有支护时拱肩处的塑性区和掌子面后方围岩塑性区比无支护时拱肩处塑性区小得

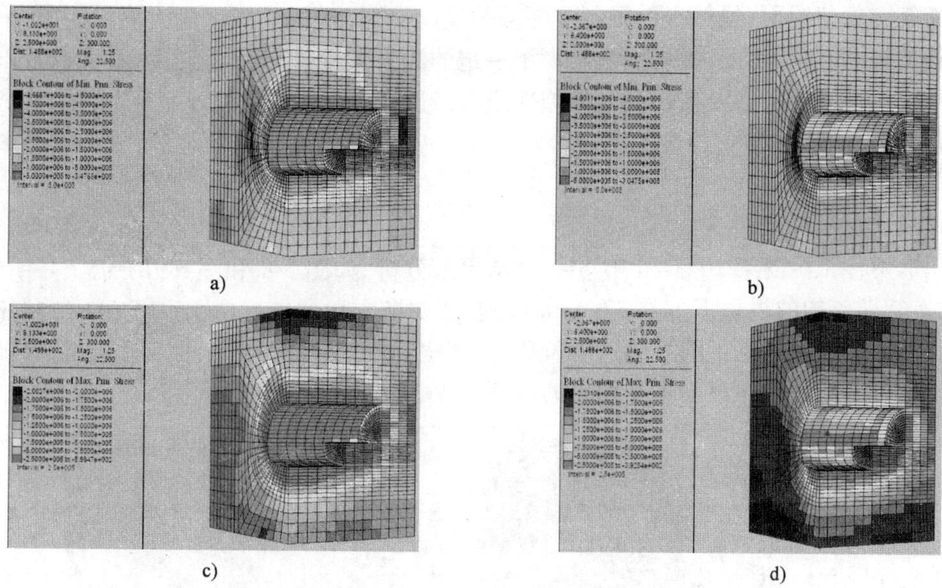

a)　　b)

c)　　d)

图 5-5　第 16 步开挖应力等值线

a)没有初期支护最小主应力等值线;b)施加初期支护最小主应力等值线;c)没有初期支护最大主应力等值线;d)施加初期支护最大主应力等值线

多,但未开挖的下台阶塑性区比无支护时稍大。随着下台阶开挖推进,两种工况各部位塑性区均有所发展,无支护时塑性区在未开挖的下台阶及仰拱处均有较大发展,有支护工况在未开挖的下台阶处有较大的发展,由于仰拱的作用,仰拱部位处塑性区并没有大的发展。

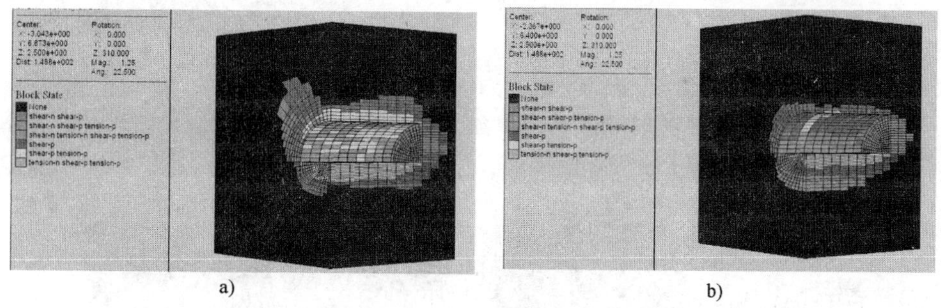

a)　　b)

图 5-6　第 10 步开挖塑性区分布

a)没有支护的塑性区;b)施加初期支护后的塑性区

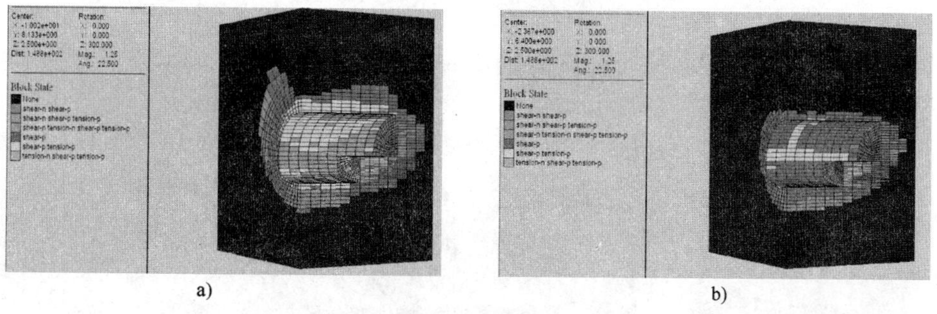

a)　　b)

图 5-7　第 16 步开挖塑性区分布

a)没有支护的塑性区;b)施加初期支护后的塑性区

有初支的情况下，虽然有效限制了围岩的过度变形，阻止了围岩的大面积屈服，但由于初期支护的强度有限，因此，围岩还是出现了一定的围岩塑性破坏，包括支护本身也发生了一定的塑性变形，因此，有必要在初期支护施作后及时进行二次衬砌的浇注，以保证围岩的安全。

（三）位移特征

1. 拱顶沉降特征

仍取两种工况的第 10 步和 16 步计算结果来分析，如图 5-8 和图 5-9 所示。开挖第 10 步后，没有初期支护的拱顶下沉是 57.4mm，而施加初期支护的工况，拱顶下沉只有 24mm，正是由于初期支护有效限制了围岩的过度位移，从而限制了围岩塑性区的进一步发展，两种工况拱顶下沉最大值均发生在第 1 步开挖后的拱顶。

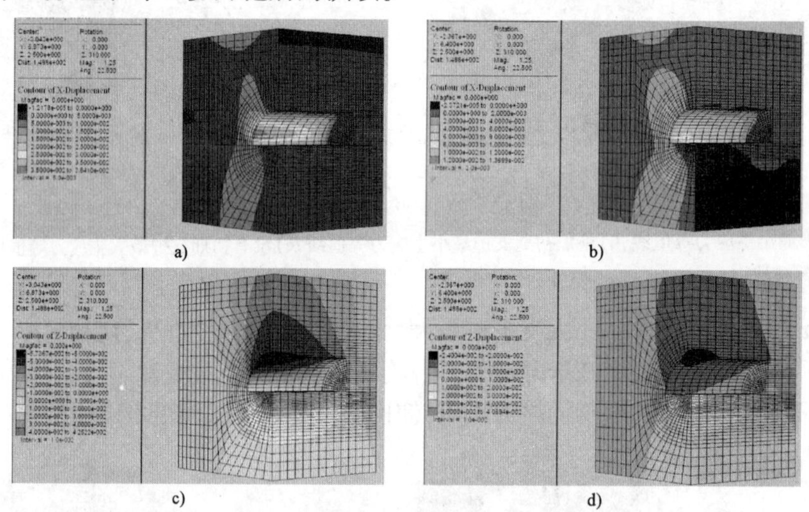

图 5-8　第 10 步开挖围岩的位移分布

a）没有支护的 X 方向位移等值线；b）施加初期支护的 X 方向位移等值线；c）没有支护的 Z 方向位移等值线；d）施加初期支护的 Z 方向位移等值线

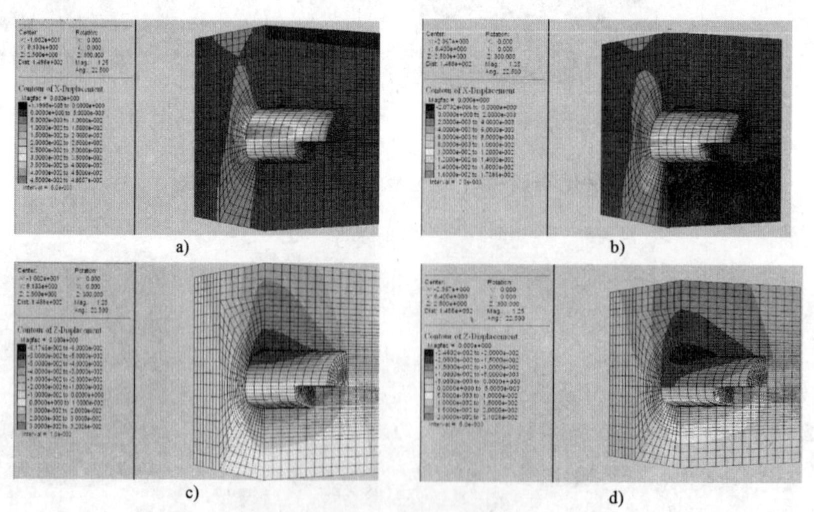

图 5-9　第 16 步开挖围岩的位移分布

a）没有初期支护的 X 方向位移等值线；b）没有初期支护的 Z 方向位移等值线；c）施加初期支护的 X 方向位移等值线；d）施加初期支护的 Z 方向位移等值线

没有初期支护的情况，截至16步时，拱顶下沉已经达到62mm，塑性区已经大面积出现，锚杆注浆区已经开始大面积屈服破坏，而施加初期支护的情况，拱顶下沉还不到25mm，通过对比说明，有初期支护时的拱顶沉降比无初期支护时小得多，只有无初期支护的40%，塑性区只出现在初期支护及一定范围的围岩内，比无支护时塑性区小得多。对上下台阶开挖的对比发现，拱顶下沉主要发生在上台阶开挖阶段。另外，第16步时，无支护时隧道底部出现了32mm的底鼓，有支护时仰拱出现了20mm的底鼓，这主要是由于下台阶开挖后，围岩的临空面加大，同时初期支护强度较高限制了拱墙围岩的变形，从而围岩应力向仰拱转移，使仰拱产生了底鼓现象，两种工况数据对比证明了在软弱围岩中施工的隧道，必须设置仰拱，且重视仰拱的及早闭合，减少底鼓的发生。五指山隧道II类围岩均设置了仰拱，在膏盐地层中，将仰拱曲率加大，以便更有效地抵制隧道底鼓的发生。突水坍方后，有些II类围岩涌水较大地段、围岩较差地段仰拱设置了工字钢架，仰拱也设计了喷混凝土，厚度26cm，初期支护全环封闭，目的是有效地抵制隧道底鼓的发生。

2. 水平位移特征

上台阶开挖完毕后，即第10步时，两种工况水平位移分别为38.4mm和13.7mm，下台阶开挖后，即第16步时，两种工况分别为48.6mm和17.4mm，无支护时最大水平位移发生在开挖最大宽度的位置，有支护时最大水平位移发生在上台阶拱脚处，两种工况水平位移发生的位置不一样。通过对比说明，有初期支护时的水平位移比无初期支护时小得多，只有无初期支护的36%。在总的水平位移中，两种工况上由台阶开挖引起的分别占79%和78.7%，说明上台阶开挖对水平位移有重要影响，拱顶下沉也有类似的现象。要控制开挖后围岩的位移，主要是控制上台阶开挖对位移的影响，在开挖对位移发生影响比较大的上台阶范围内采取措施。与竖向沉降量相比，两种工况水平位移只有拱顶沉降值的78%和70%。

上台阶开挖后，拱脚处是弱点，发生较大的水平位移及竖向位移，因此上台阶开挖之后要采取一定的措施，防止拱脚处发生太大的位移，对支护不利。五指山隧道一般采取设置锁脚锚杆、垫钢板或槽钢，这些措施保证了上台阶开挖后拱脚不会发生大的位移。

（四）特征点的位移特征

从未开挖的掌子面算起，在纵向上距此6m处掌子面拱顶的点为特征点，以此来研究开挖三维效应，以最关心的拱顶下沉量随开挖掌子面的推进关系来说明。图5-10以拱顶下沉为研究对象，绘出了拱顶下沉随开挖的推进而变化的曲线，II类围岩模拟采用的开挖进尺为1.5m，开挖第5步掌子面刚好到达特征点处，但该点已经产生了一定的竖向位移，无支护时达15mm，

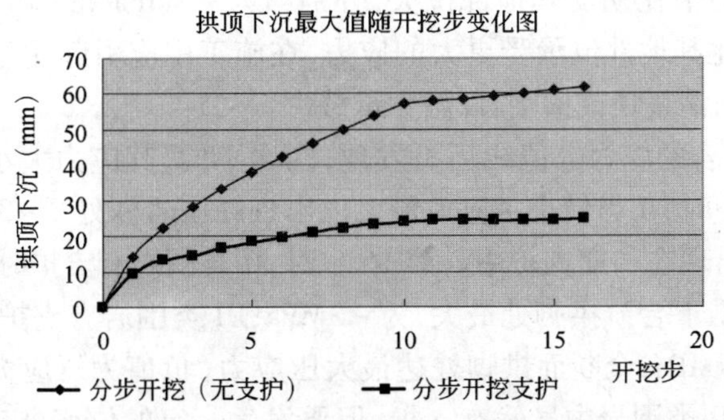

图5-10 特征点拱顶下沉随开挖步的变化

有支护时达 10mm，分别占总位移的 24% 和 40%，占的比例较大。深入分析还可发现，掌子面推进至特征点前后一定距离范围时，特征点处拱顶下沉量较大，其下沉量大都发生在此段距离内，有支护时，距特征点前 3m 和后 3m 开挖引起的沉降占总沉降的 50%，无支护时占 53%，说明在软弱围岩中施工，掌子面附近承受了很大的围岩应力，对拱顶沉降有严格要求的隧道施工，应该采取一定的超前支护措施，控制掌子面通过该点前后的沉降量，尽量减小这部分沉降的发生。

开挖到 6m 以后，如果不施加初期支护，则该点的下沉量会随着开挖步的推进而逐渐加大，且其增大趋势在短时间之内难以减小，如果不加以人工干预，必将最终导致围岩破坏坍塌，而对于有初期支护的情况，其下沉量在第 4 步开挖时候有较大的增加，随后其下沉量也持续增加，但增加的速率越来越慢，第 9 步和第 10 步开挖特征点处拱顶下沉量增加约 1mm，数值较小，掌子面距特征点 10m 后掌子面推进对特征点的下沉影响较小，证明设计的初期支护对于控制围岩过度变形起到了重要作用，初期支护的设计是合理的。对无支护的情况，由于没有支护的约束，掌子面推进 10m 之后，特征点拱顶下沉随掌子面推进还有较大变化。

二、III 类围岩计算结果分析

(一)应力特征

选取隧道开挖一定距离之后的开挖步来分析围岩及初支的应力应变特征，选第 4 步、第 7 步的模拟结果来加以对比分析。从图 5-11 开挖后有支护和无支护最小主应力对比中可以看出，没有支护时，最小主应力向围岩深处发展，在围岩一定深处及掌子面前方达最大，围岩表面最小主应力数值较小，这是因为围岩没有支护约束的原因；有支护时，最小主应力在支护中达最大。第 4 步时有支护时最小主应力最大值 -17.6MPa，第 7 步有支护时最小主应力最大值 -17.8MPa，均初期支护上；第 4 步无支护时最小主应力最大值 -8.63MPa，第 7 步无支护时最小主应力最大值 -9.4MPa，均在围岩深处一定范围中，在初支中最小主应力较小，第 4 步和第 7 步均为 -2.0 ~ -1.0MPa。两种工况随开挖步的推进，最小主应力最大值并未增加多少。两种工况最显著的区别还在于最小主应力的数量值有较大差别，有支护时是无支护时的近 2 倍，说明有支护结构时，支护结构承担较大的应力。

从图 5-12 最大主应力对比图中可以看出，有支护时支护上最大主应力第 4 步和第 7 步分别为 -2MPa 和 -2.5MPa，无支护时开挖后围岩表明面最大主应力第 4 步与第 7 步分别为 -0.64MPa和 -0.69MPa，可见，随开挖步的推进，两种工况最大主应力增大并不大。有支护时支护拱脚上的最大主应力值比初支其他部位大，分别约为 -2MPa 和 -0.5MPa，见图 5-12 中 a)、b)，可见初支拱脚处比其他部位承受更大的应力，在施工中应引起注意，五指山隧道 II 类软弱围岩中在拱脚处增加钢垫块或槽钢，以增大承载力。

对比 II 类和 III 类围岩的应力等值线还可发现，围岩不同，其应力大小不同，最大值出现的部位也不一样。有支护时，II 类最小主应力最大值出现在围岩深处 2 ~ 3m 范围内，而 III 类围岩最小主应力最大值出现在初期支护中。第 16 步时，II 类围岩有支护时初期支护中的最小主应力值为 -1 ~ -3MPa，下台阶拱脚处最大，为 -3MPa；III 类围岩有支护时初期支护中的最小主应力值约 -10 ~ -17MPa，全断面拱脚处达最大压应力（负值为压应力，正值为拉应力），为 -17.8MPa。可见，在 II 类围岩中虽然有支护，但要发生一定的位移，应力最大值仍要向围岩的深部一定范围转移，隧道内表面围岩受力还不是最大的，隧道内表面围岩由于发生了较大

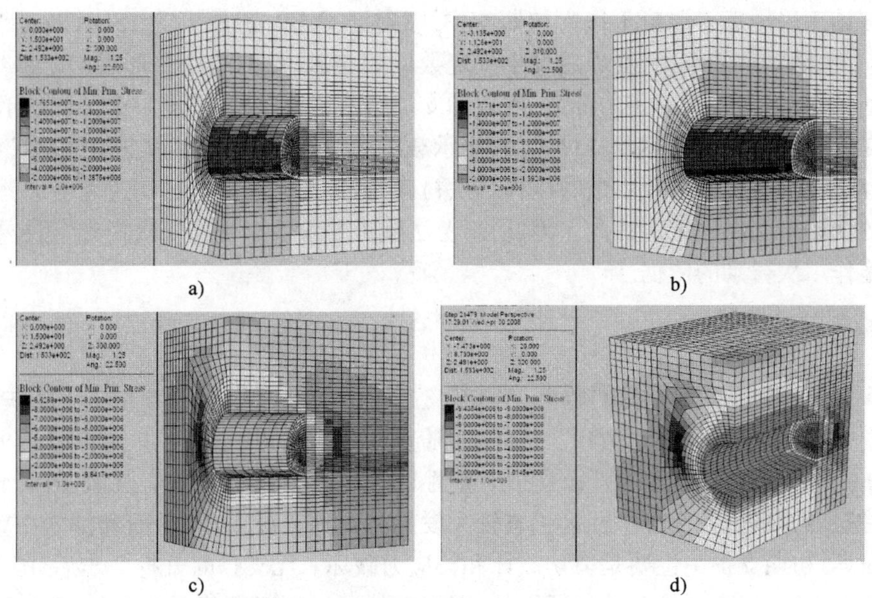

图 5-11　最小主应力等值线

a)第 4 步开挖施加初期支护最小主应力等值线;b)第 7 步开挖施加初期支护最小主应力等值线;c)第 4 步开挖没有支护最小主应力等值线;d)第 7 步开挖没有初期支护最小主应力等值线

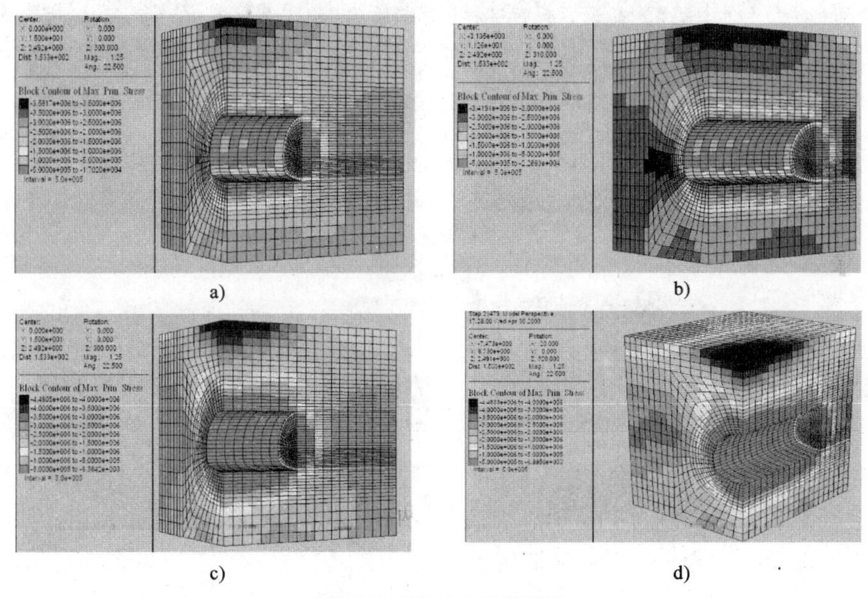

图 5-12　最大主应力等值线

a)第 4 步开挖施加初期支护最大主应力等值线;b)第 7 步开挖施加初期支护最大主应力等值线;c)第 4 步开挖没有支护最大主应力等值线;d)第 7 步开挖没有初期支护最大主应力等值线

的位移,其中的部分应力得到释放,因而应力有所减小,以此类推,在无支护作用下,围岩内表面相对有支护来说位移更大,应力释放更多,隧道围岩内表面上应力相对就更小。III 类围岩有支护时,位移相对来说较小,应力释放也就小,因此应力最大值出现在初支中,由初期支护承担主要的应力,初支中的应力比相对来说比 II 类围岩大。

当然,围岩中的应力并非越小越好,围岩过度松弛,会造成初期支护的荷载增加,对初支不利。总的结论是围岩要有一定的位移,让其释放一定的应力,对支护结构和围岩均有利。

新奥法施工采用喷射混凝土作为初期支护,喷射混凝土一般厚度为15~25cm,为薄层柔性结构,具有主动支护的作用,受力后发生一定数量的变形,支护结构变形后围岩得到了一定范围的松弛,围岩应力得到一定的释放,围岩和支护结构相互作用,形成一个共同的承载结构,围岩应力在这种共同结构中达成一种平衡,当承载结构中的应力过大时,支护结构就会过度变形,甚至造成破坏,这就需要我们适时施作二次衬砌,阻止围岩和支护结构过度变形,将围岩和支护结构的变形限制在一定范围内。因此,新奥法施工要求适时施作二次衬砌,监控量测结果就是适时施作二次衬砌的依据。

(二)塑性区特征

从图5-13可知,没有支护时的塑性区比有支护时的塑性区大了约5倍。有支护时,塑性区主要出现在开挖掌子面处,约为0.5倍洞宽,随着开挖的推进,已开挖区域塑性区并没有大的增加,这主要归功于初期支护。无支护时塑性区主要发生在围岩拱肩及掌子面前方、仰拱处,随着开挖步的推进,各部位塑性区仍有较大发展。两种工况中,掌子面和围岩中塑性区主要是剪切破坏,初期支护中主要是剪切破坏和拉应力破坏。无支护时开挖7步后,围岩拱肩处塑性区可达1倍洞跨,有支护时除掌子面外,围岩中的塑发型区不超过0.2倍洞跨,可见支护的作用是明显的,在较好的围岩中,也应该及时施作初期支护,限制塑性区的发展。

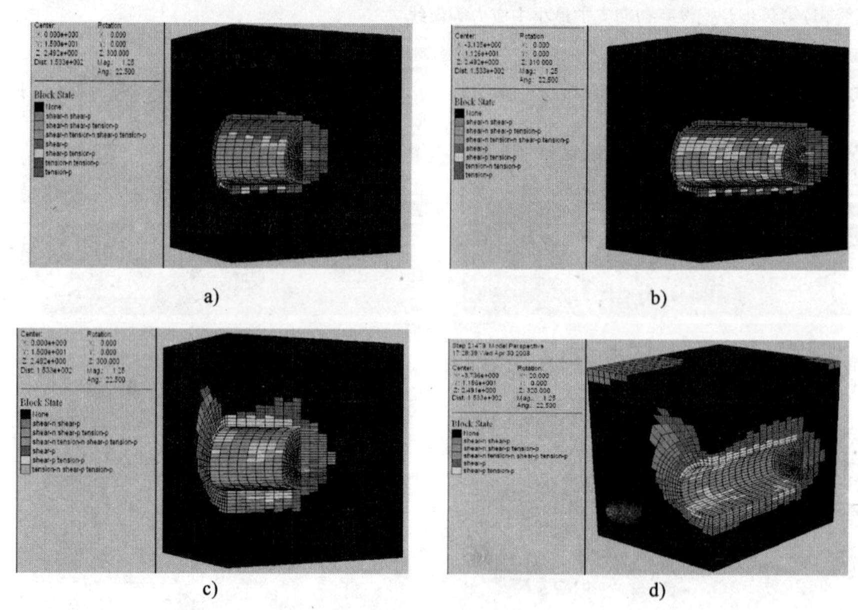

图5-13 塑性区分布

a)第4步开挖施加初期支护后的塑性区;b)第7步开挖施加初期支护的塑性区;c)第4步开挖没有支护的塑性区;d)第7步开挖没有初期支护的塑性区

(三)位移特征

在第4步开挖后没有初期支护的拱顶下沉最大值是13.4mm,而施加初期支护后,拱顶下沉最大值只有7.6mm,大约只有无初期支护最大值的一半。正是由于初期支护有效限制了围岩的过度位移,从而限制了位移的进一步发展。随着开挖步的推进,至第7步,拱顶下沉两种工况最大值分别为19.3mm和9.7mm,两种工况下拱顶下沉均有所发展。对于底鼓,有支护时

第 7 部开挖最大为 6.8mm，无支护时为 8.9mm，第 4 步时有支护和无支护底鼓分别为 6.3mm 和 8.6mm，两种工况第 4 步和第 7 步差值并不大。

对于水平位移，没有支护时第 4 步最大水平位移为 9.1mm，第 7 步为 11.6mm，有支护时第 4 步和第 7 步分别为 1.73mm 和 2.0mm，可见有支护时的水平位移只有无支护时的 20% 左右，水平位移值均较小，这和围岩是近水平层状结结有很大的关系。以上对比见图 5-14 和图 5-15。

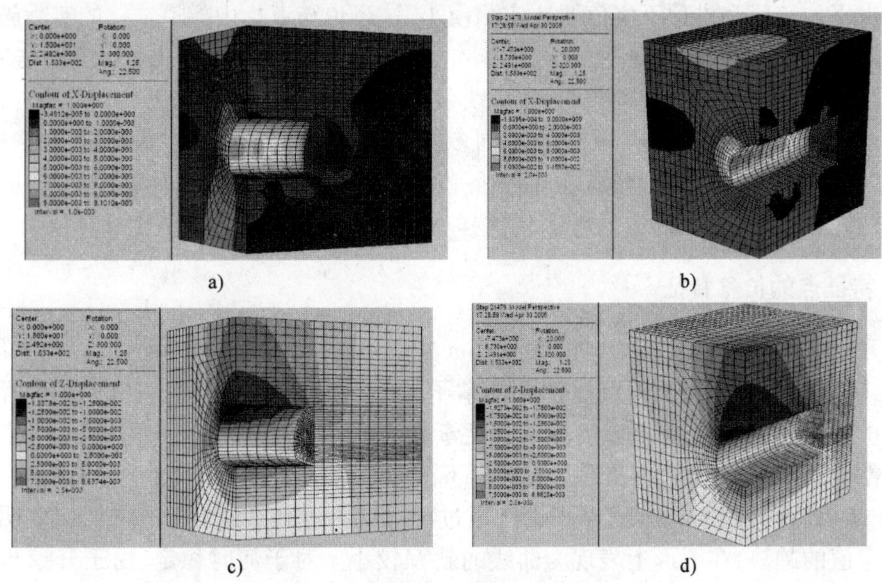

图 5-14　没有初期支护时位移等值线

a）第 4 步开挖没有支护 X 方向位移等值线；b）第 7 步开挖没有初期支护 X 方向位移等值线；c）第 4 步开挖没有支护 Z 方向位移等值线；d）第 7 步开挖没有初期支护 Z 方向位移等值线

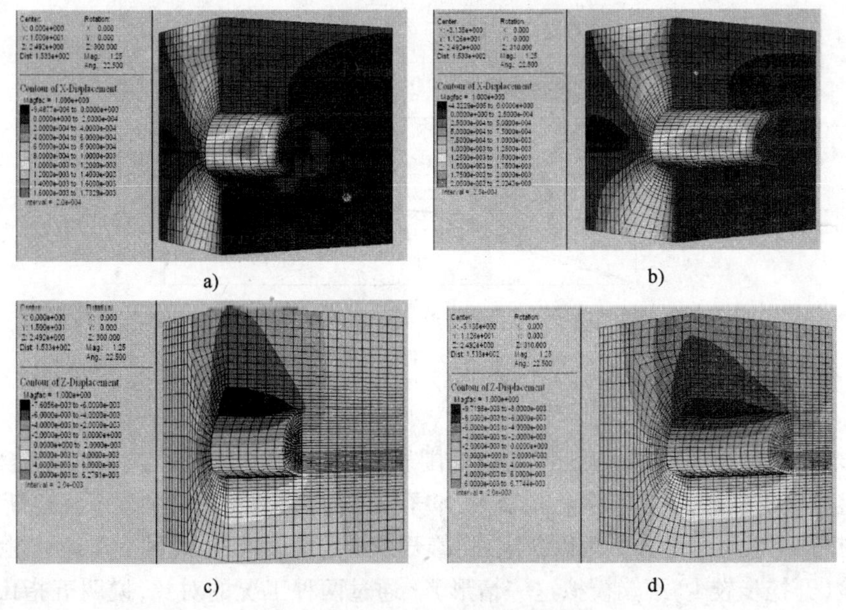

图 5-15　施作初期支护时位移等值线

a）第 4 步开挖施加初期支护 X 方向位移等值线；b）第 7 步开挖施加初期支护 X 方向位移；c）第 4 步开挖施加初期支护 Z 方向位移等值线；d）第 7 步开挖施加初期支护 Z 方向位移

将Ⅱ类和Ⅲ类围岩位移加以对比，发现有支护时Ⅲ类拱顶下沉只有Ⅱ类围岩的31% ~ 39%，水平位移只有Ⅱ类围岩的11% ~13%。实际监控量测数据统计表明，在Ⅲ类围岩中水平位移统计值为10.8mm ±1.8mm，拱顶沉降统计值为13.4mm ±1.2mm，Ⅲ类围岩第7步数值分析水平位移和拱顶下沉分别为2.0mm和9.7mm，尽管后属开挖计算步骤较少而有一定的影响，但位移主要是掌子面推进至该点前后发生的。通过计算值与监控量测值统计结果比较，发现计算水平位移值和拱顶下沉值要比实测值小，这恐怕与五指山隧道锚杆的实际施工有关。在五指山隧道中，Ⅱ类围岩软弱，围岩结构紊乱，锚杆均按设计间距施作，Ⅲ类围岩主要为近水层砂岩，岩层倾角也很小，层理较明显，呈块状砌体结构，因此在边墙处，Ⅲ类围岩根据实际岩层的特点，在边墙处少打锚杆，在拱顶范围多打锚杆，重点支护拱部层状围岩，减少掉块的发生。这样做的结果使边墙支护减弱，因而实际发生较大的水平位移，而计算模型统一考虑锚杆支护作用（按提高围岩类别的方式考虑），这样就会造成水平位移实际值比计算值大一些。

（四）特征点的位移特征

从未开挖的掌子面算起，在纵向上距此6m处掌子面拱顶的点为特征点，以此来研究开挖三维效应，仍以最关心的拱顶下沉量随开挖掌子面的推进关系来说明。如图5-16所示，不管有没有支护，拱顶下沉值都是随着开挖步而逐渐加大的，但对于没有支护的拱顶下沉在开挖第7步后的增加趋势依然较大，在图形上表现出下沉曲线的斜率较高，而对于施加初期支护的情况，在第3步以后（开挖9m以后，掌子面已通过特征点3m）其拱顶下沉的增加速度明显趋缓，有趋于稳定值的趋势，在图形上表现为曲线的斜率较小。对于何时稳定，由于开挖步较少，从本次模拟还不能确定，从相关资料表明，掌子面通过15m以后，开挖对其拱顶下沉的影响已经非常小了，研究还表明，对位移有显著影响的段落为掌子面通过前后3m的范围，约占总位移的2/3，具体影响大小与开挖步距、开挖方式等因素有关。

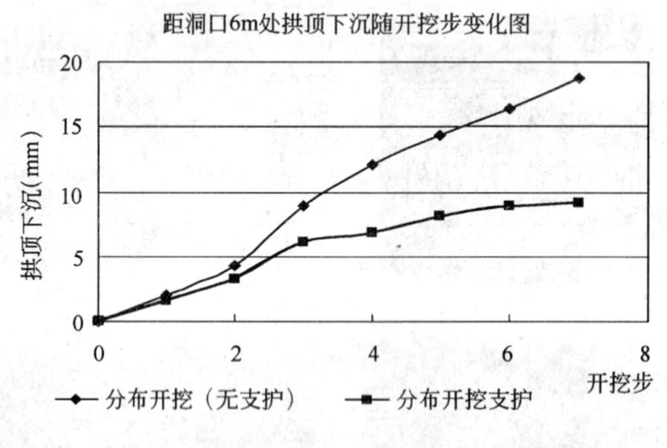

图5-16　特征点拱顶下沉随开挖步变化

第一步开挖（循环进尺3m）后，特征点处围岩虽然没有开挖，但也会发生一定的位移，随着掌子面继续向前推进，拱顶下沉急剧增大，掌子面通过后，有支护时拱顶下沉逐渐变缓，对于无支护时，拱顶下沉继续增大。可以断定，随着开挖步的继续推进，此种变形还会继续，围岩有失稳的危险（开挖步较少，不能模拟这一情形）。通过两种工况的对比，说明五指山隧道所设计的Ⅲ类围岩初期支护能有效抑制围岩的过度变形，保证了隧道安全；同时也说明，在较好的围岩中，也必须及时施作初期支护，无支护的围岩段落不能过长，否则，长时间不支护，位移将不断增大，围岩会变得过度松弛而失稳。

第五节　迂回导洞修建对主洞的影响分析

一、计算模型确定

五指山隧道于 2005 年 8 月 6 日发生突水及坍方，先用钻孔泄水方案处理不成功，后经多方研究决定，采用迂回导洞泄水方案处理。突水坍方情况、迂回导洞的施工等具体内容见第九章。迂回导洞线路、与主洞关系、迂回导洞断面形式见图 5-17、图 5-18。

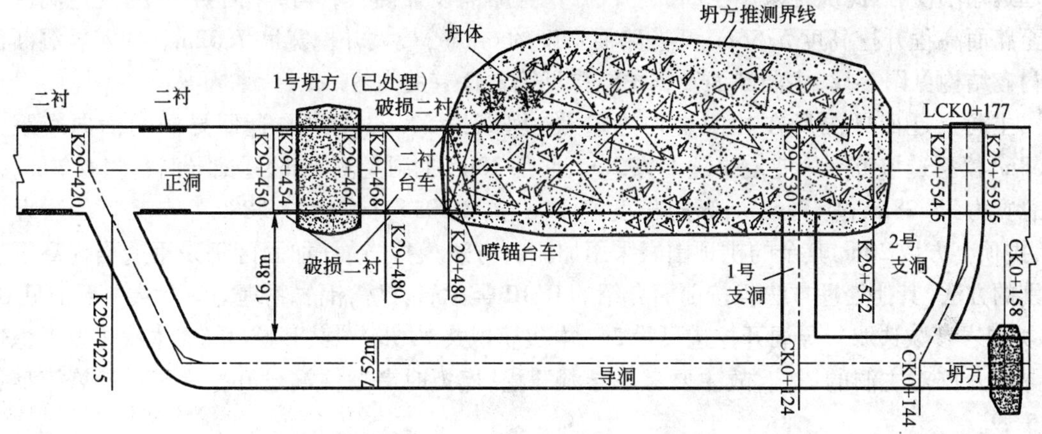

图 5-17　迂回导洞线路及与主洞的关系

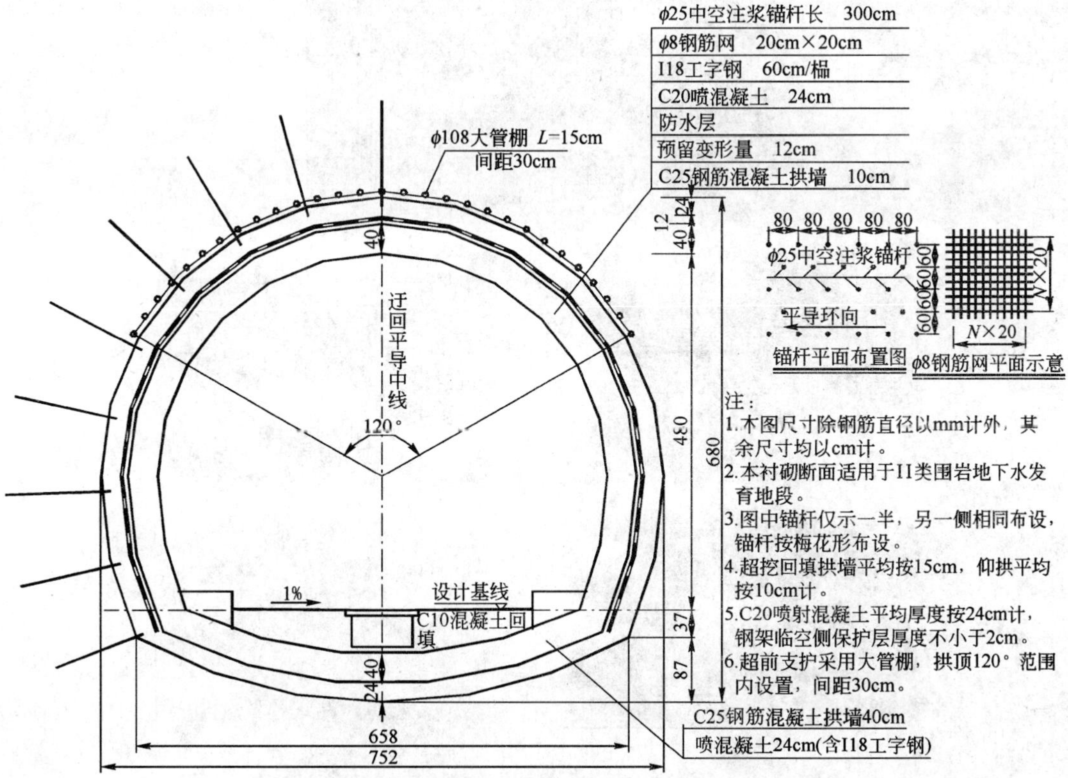

ϕ25中空注浆锚杆长　300cm
ϕ8钢筋网　20cm×20cm
I18工字钢　60cm/榀
C20喷混凝土　24cm
防水层
预留变形量　12cm
C25钢筋混凝土拱墙　10cm

ϕ108大管棚 L=15cm
间距30cm

迂回平导中线

120°

设计基线

1%

C10混凝土回填

12
24
40
40
480
680
37
87
2440
658
752

80 80 80 80 80
ϕ25中空注浆锚杆
平导环向
锚杆平面布置图
N×20
N×20
ϕ8钢筋网平面示意

注：
1.本图尺寸除钢筋直径以mm计外，其余尺寸均以cm计。
2.本衬砌断面适用于II类围岩地下水发育地段。
3.图中锚杆仅示一半，另一侧相同布设，锚杆按梅花形布设。
4.超挖回填拱墙平均按15cm，仰拱平均按10cm计。
5.C20喷射混凝土平均厚度按24cm计，钢架临空侧保护层厚度不小于2cm。
6.超前支护采用大管棚，拱顶120°范围内设置，间距30cm。

C25钢筋混凝土拱墙40cm
喷混凝土24cm(含I18工字钢)

迂回平导II型衬砌断面设计图

图 5-18　迂回导洞断面及衬砌结构

导洞前后洞口主洞 K427～437、K29 +412～402 段施作二次衬砌，其余地段 K29 +480～K29 +542 段坍塌，K29 +437～K29 +450 段已施作初期支护。主洞 K29 +450～K29 +480 段已施作了三模二次衬砌，但受突水坍方的影响，这三模二衬已大部分开裂，有大量可见裂隙，涌水从裂隙中涌出，已失去二次衬砌的作用。鉴于以上情况，迂回导洞施工时，将主洞 K29 +437～K29 +450 段当作已施作初期支护段，模拟迂回导洞开挖对主洞的影响。主洞当时开挖至设计路面高程处，仰拱尚未开挖。迂回导洞采用三心曲边墙结构，迂回导洞断面相对较小，设计最大宽度 7.52m，最大高度 6.8m，如果采用台阶法施工，开挖空间较小，无法使用装载机出渣，交通运输不便，因此决定采用全断面一次开挖至路面设计高程，仰拱以后再开挖，开挖高度拱顶至路面高程开挖高度 5.56m，开挖路面宽度约 6.6m，最大开挖宽度 7.52m。迂回导洞断面及衬砌结构见图 5-18，主洞断面及支护结构见第二章有关内容。

主洞及迂回导洞所在的围岩均为 II 类，埋深约 500m，主洞与迂回导洞的横向净距为 16.8m，模型选取范围为隧道拱顶上方 20m，底部 20m，主洞左侧 30m，迂回导洞右侧取 20m，模型总宽为 85.28m，高 47.61m，纵向长度取 30m，共 35 055 个单元，38 880 个节点。围岩埋深大，拱顶上方取 20m，其余的拱顶围岩采用加压的方法模拟，锚杆加固区仍采用适当提高围岩类别的方法，其他处理方法仍按前面介绍的 II、III 类围岩方法，围岩物理力学参数参照前见 II、III 类围岩参数选取。导洞开挖进尺为 2m，本次模拟共 10 步，一共开挖 20m。本次主要考虑迂回导洞开挖对主洞的影响，故主要考虑导洞开挖，模拟时考虑主洞已开挖完毕。计算模型见图 5-19。

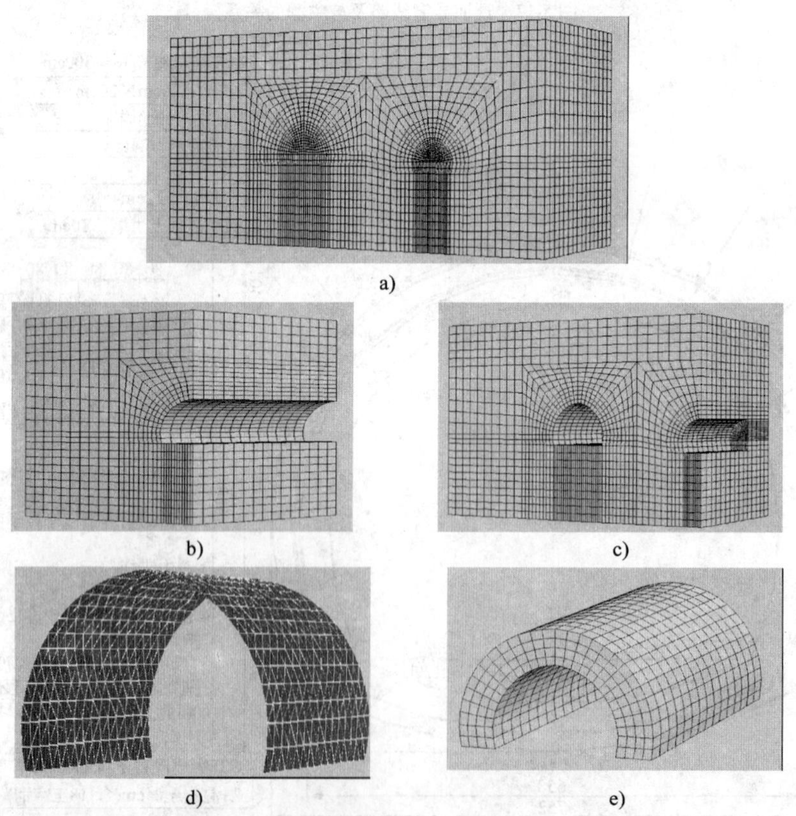

图 5-19　计算模型

a）整体模型；b）主洞开挖模型；c）迂回导洞开挖模型（导洞取一半）；d）主洞的初期支护（壳单元）；e）锚杆注浆区

主洞很长一段是坍方，由于无法知道坍塌高度，坍体内有无坍腔以及坍腔空间，因此无法对坍方段模拟，本次主要模拟导洞开挖对主洞初支段及二次破损坏段的影响，应该说此段不完全是初支，还有破损的二次衬砌，纵向长度也没有 30m，按上述模型处理，旨在分析迂回导洞开挖对主洞的影响趋势，定性分析。

二、计算结果分析

（一）主洞开挖后的计算结果

由图 5-20 导洞开挖前主洞应力、位移等值线可以看出，由于当时主洞该段落均未开挖仰拱，导致主洞底部塑性区较大，特别是在拱脚底部以下，最大处接近 1 倍洞跨，仰拱的塑性破坏较大。主洞开挖后最大水平位移 6.5mm，发生在拱脚处，最大拱顶沉降为 21.4mm，最大底鼓 25.3mm，与主洞其他地段 II 类围岩开挖后位移量差不多，由于底部没有开挖仰拱，底鼓量较大，超过了拱顶下沉的量值。最大主应力和最小主应力值均不大，与前面 II 类围岩具有相似的特点。初期支护 X 方向上弯矩值 -1.33×10^6，初期支护 X 方向轴力 -5.2×10^6，均在正常范围。

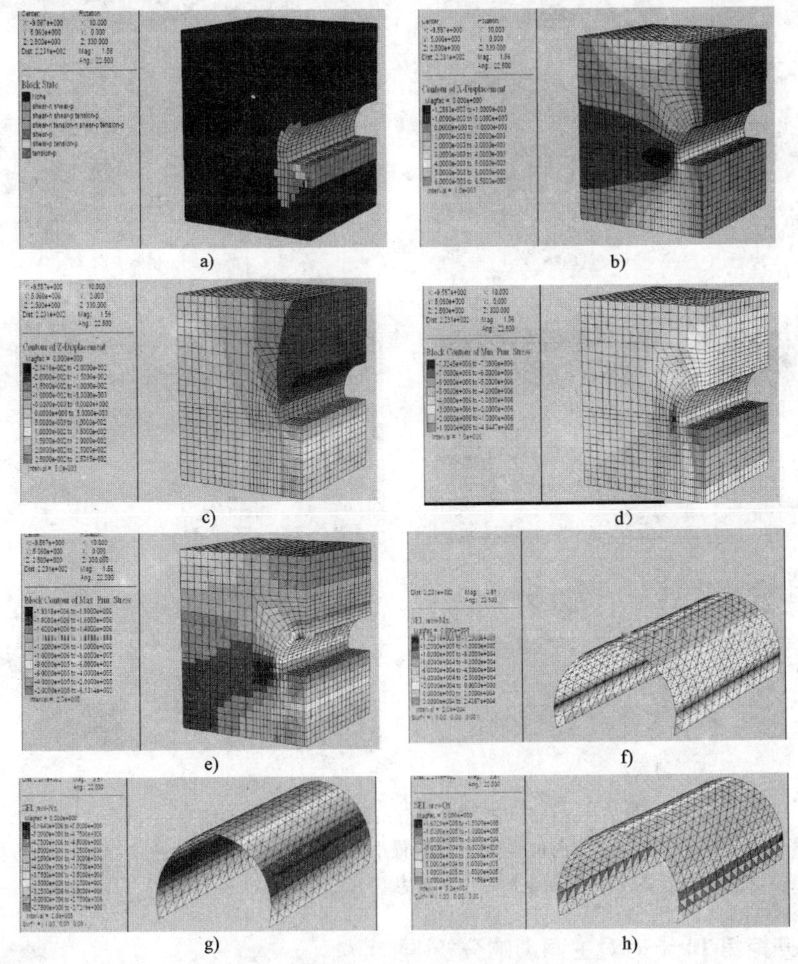

图 5-20　导洞开挖前主洞应力、位移等值线

a）塑性区分布；b）X 方向位移等值线；c）Z 方向位移等值；d）最小主应力等值线；e）最大主应力等值线；f）初期支护 X 方向弯矩等值线；g）初期支护 X 方向轴力等值线；h）初期支护 X 方向剪力等值线

(二)导洞开挖第 5 步时对主洞影响分析

导洞开挖第 5 步时主洞应力、位移等值线见图 5-21。导洞开挖第 5 步时,主洞塑性区在拱肩处有较大发展,发展深度超过了导洞未开挖时拱脚底部的塑性区。X 方向最大位移变为 14.6mm,最大拱顶下沉变为 27.7mm,底鼓最大值变为 25.8mm,导洞未开挖时,最大水平位移 6.5mm,发生在拱脚处,最大拱顶沉降为 21.4mm,最大底鼓 25.3mm,可见在 X 向位移和拱顶下沉量有较大变化,底鼓量几乎没有变化。通过迂回导洞开挖后第 5 步与迂回导洞未开挖时相比,主洞各部位的最大主应力、最小主应力、初期支护 X 方向弯矩、X 方向轴力、X 方向剪力值均没有大的变化。

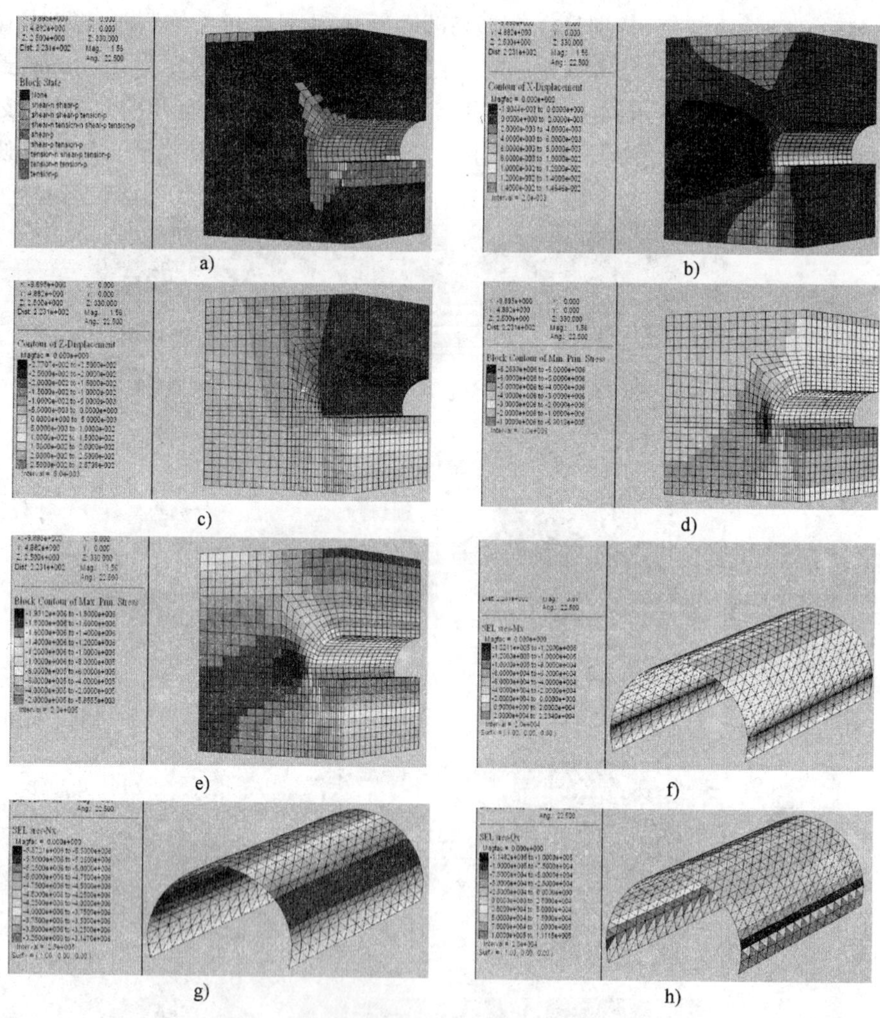

图 5-21 导洞开挖第 5 步时主洞应力、位移等值线

a)塑性区分布;b)X 方向位移等值线;c)Z 方向位移等值线;d)最小主应力等值线;e)最大主应力等值线;f)初期支护 X 方向弯矩;g)初期支护 X 方向轴力等值线;h)初期支护 X 方向剪力

(三)导洞开挖第 10 步时对主洞影响分析

与导洞开挖第 5 步相比,导洞第 10 步开挖后,塑性区面积未有大的发展,但导洞开挖第 5 步的部分剪应力、拉应力正在破坏的单元(用 n 表示的单元)变为剪应力已经破坏单元(用 p

表示的单元)，破坏程度加深了。第 10 步时 X 方向最大位移变为 14.9mm，最大拱顶下沉变为 28.6mm，底鼓最大值变为 25.8mm，第 5 步开挖后 X 方向最大位移为 14.6mm，最大拱顶下沉为 27.7mm，底鼓最大值为 25.8mm，两者相比变化很小。导洞第 10 步开挖后主洞最小主应力、最大主应力、初支上 X 方向中弯矩、X 方向上轴上、X 方向上剪力值与导洞第 5 步开挖后相比基本上没有变化，与导洞未开挖时主洞应力相比也变化不大。

以上分析表明，迂回导洞开挖对主洞位移影响比较大，在主洞最终水平位移中，由导洞开挖引起的占 14.9mm − 6.5mm = 8.4mm，占总位移的 56%，由导洞开挖引起的拱顶沉降为 28.6mm − 21.4mm = 7.2mm，占总沉降的 25%，底鼓量主要发生在主洞自身开挖中，导洞开挖对底鼓几乎没有影响。第 5 步开挖时，X 方向最大位移变为 14.6mm，最大拱顶下沉变为 27.7mm，底鼓最大值为 25.8mm，与第 10 步开挖后数值差不多，可见导洞开挖前 5 步对主洞影响较大，第 5 步开到达特征点后，以后的开挖步对主洞影响很小，见图 5-22。

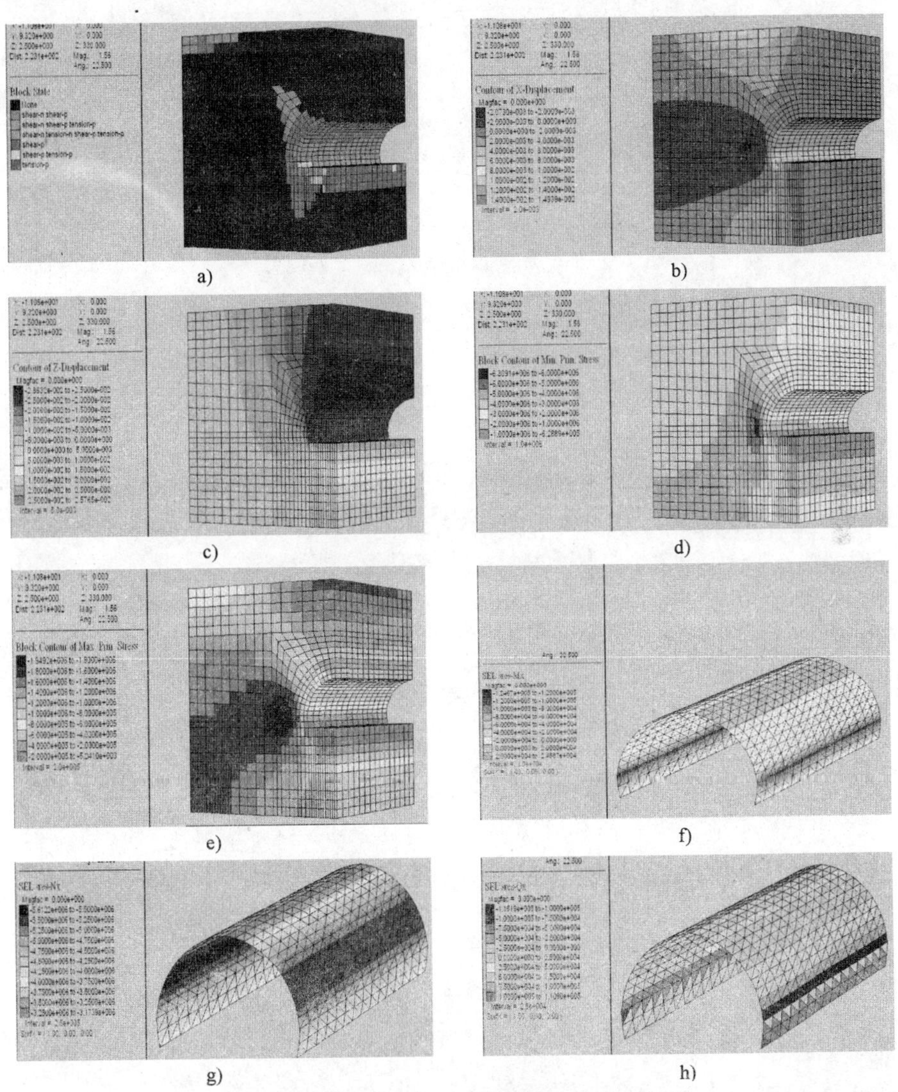

图 5-22　导洞开挖第 10 步时主洞应力、位移等值线

a) 塑性区分布；b) X 方向位移等值线；c) Z 方向位移等值；d) 最小主应力等值线；e) 最大主应力等值线；f) 初期支护 X 方向弯矩等值线；g) 初期支护 X 方向轴力等值线；h) 初期支护 X 方向剪力等值线

以上分析表明,迂回导洞与主洞间净距设计取 16.8m 是合理的,迂回导洞开挖对主洞的影响主要是对水平位移的影响,对拱顶沉降的影响不大,二者均在可控制的范围。实际上,在迂回导洞施工前已对主洞采取了一些措施,如锚杆加固、K29 +450 附近注浆、迂回导洞洞口附近先施作二衬后再施工迂回导洞。所进行的监控量测表明,迂回导洞施工期间,K29 +422 ~ 450 段产生的最大拱顶沉降最大为 10mm,即迂回导洞施工导致主洞新增加拱顶沉降 10mm,与数值计算的值相差不大,说明迂回导洞所设计的支护参数是合理的,所选择的两洞净距也是合理的。

当然,主洞开挖时也要对迂回导洞围岩产生影响,迂回导洞是在主洞开挖影响了的地层中施工,其位移、应力等与在原始地层中开挖的位移、应力等有一定的差异,主洞开挖对迂回导洞地层的影响不在本次模拟所要讨论的范围,有很多文献已对近距离双洞开挖的相互影响作了研究,具体可参见相关文献。

第六章　复合式衬砌施工

复合式衬砌是以新奥法为基础的一种新型支护结构,包括初期支护和二次衬砌,其关键是把支护结构分期施作,以达到最佳的经济效果。初期支护和二次衬砌在施作时间上有一定的差别,二次衬砌是在初期支护基本稳定后施作的,初期支护承受主要的荷载,二次衬砌承受部分荷载,主要作为安全储备和装饰之用,这一点已经得到了共识。在初期支护和二次衬砌之间,还有一层防水层,主要起防水作用,不起承载作用。

第一节　锚 喷 支 护

一、概　　述

工程实践证明,锚喷支护较传统的现浇混凝土衬砌支护优越,由于锚喷结构能及时支护和有效控制围岩的变形,防止岩块坠落和坍塌的产生,充分发挥围岩的自承能力,所以锚喷支护结构比模筑混凝土衬砌的受力更加合理。锚喷支护能大量节约混凝土、木材和劳动力,加快施工进度,工程造价可大幅度降低,并有利于施工机械化程度的改进和劳动条件的改善。此外,锚喷支护是一种符合岩体加固原理的积极支护方式,加固体具有良好的物理力学性能。即它能及时地支护加固围岩,与围岩密贴并封闭岩体的张性裂隙和节理,加固围岩结构面,有效地发挥和利用岩块间的镶嵌咬合和自锁作用,从而提高岩体自身的强度、自承能力和整体性。由于锚喷支护结构柔性好,它能同围岩共同变形,构成一个共同工作的承载体系。在变形过程中,它能调整围岩应力,抵制围岩变形的发展,避免岩体坍塌的产生,防止过大的松散压力出现。锚喷支护结构不再把围岩仅仅视作荷载,同时还把它视为承载结构的组成部分。

锚喷支护应配合光面爆破等控制爆破技术,使开挖断面轮廓平整、准确,便于锚喷成型,并减少回弹量;减轻爆破对围岩的松动破坏,维护围岩强度和自承能力,使其受力良好。目前,锚喷支护结构的设计和施工,已积累了不少经验。锚喷支护结构设计和施工除了计算外,还依赖经验类比,还有很多需要进一步研究的问题。

(一)初期支护结构的基本要求

1. 支护必须与周围围岩体大面积牢固接触,即保证支护—围岩作为一个统一的支护体系而共同工作。支护的接触状态不好,不仅改变了荷载的分布图形,也改变了两者之间共同作用的性质,由于施工方法、支护类型的不同,两者的接触状态也不同,即有点接触和面接触之差别。初期支护如采用格栅或型钢钢架,它们与围岩的接触状态属于点接触且是任意的。这种接触状态下只能传递径向应力,围岩的压力极不均匀。研究表明,加 5 个楔块时,钢支撑强度只能发挥 80% 的强度,钢支撑加 9 个楔块时,钢支撑强度可发挥近 100% 的作用,因此钢支撑的数量不应少于 7 个。喷锚施工中规定:

(1)支护与围岩间必须填塞密实。

(2)对于软弱围岩用钢架作为支护构件时，钢架必须有足够的强度和刚度，以控制围岩变形速度，钢架之间必须用纵向钢筋连接。钢架与围岩应尽量靠近，但应留 2～3cm 的间隙作混凝土保护层。当钢架和围岩之间的间隙过大时应设垫块、钢楔或混凝土楔块顶紧，其点数不得少于 8 个。对于面接触。地质较好时可与围岩全面而牢固地接触，地质较差时与围岩是松散的面接触。如地质条件较好，喷射混凝土不仅能传递径向应力而且还能传递切向应力，使接触点分布比较均匀，改善结构的受力状态，支护效果较好。

2. 应允许围岩及初期支护结构产生有限的变形，以充分发挥围岩的承载作用而减少支护结构的受力，为此要求对支护结构产生有限的刚度，按不同的围岩采取不同的参数。锚喷支护属柔性支护，能产生一定的变形，比刚性支护厚度大为减小，基本上是受压的。

3. 初期支护应根据围岩变形情况及时施作，如支护施作过晚，会使周围围岩暴露时间过长，产生塑性变形而破坏。隧道开挖后，对于围岩较差的地段，及时、尽快地加以支护是很重要的。因为在这种情况下，如不及时支护，几厘米的径向位移就会造成岩体的有害松弛，造成塌方。

4. 新奥法用喷锚支护时必须对围岩的变形进行监控量测，及时调整和修正支护参数和施工方法，以适应不断变化的围岩。及时获取围岩变形的动态信息并反馈，以修正支护参数和调整施工措施，保持围岩的稳定性，以期达到令人满意的经济与安全的目的。

（二）喷锚支护的机械设备

五指山隧道进场时指挥部要求采用湿喷工艺，但工人使用湿喷机械后反映，湿喷机械易堵塞，处理堵塞费时，喷料成团，初支表面不平整。后来改用潮喷工艺，即先用黏稠剂将喷料润湿后运入隧道使用，这种方法也能减小粉尘，工人操作起来方便，机械不易出毛病，即使机械出了毛病也易修理，且施工质量能达到设计要求。五指山隧道喷锚支护的机械设备见表 6-1。

锚喷支护机械设备表（进出口各一套）　　表 6-1

序　号	设备名称	型　号	数　量
锚杆	凿岩机	YT-28	10
	钢筋切断机	40mm	1
	锚杆加工机	20mm	1
格栅施工	电焊机	30kV · A/40kV · A	3
	钢筋弯曲机	40mm	1
	钢筋切断机	40mm	1
	钢筋调直机	14mm	1
喷射混凝土施工	东风自卸车	15t	5
	混凝土喷射机	PH-5A	2

（三）施工组织

五指山隧道各组织一个施工队，每个洞口成立一个喷锚作业班，负责锚杆、格栅、喷混凝土施工。每个作业班 35 人，具体分工如下。

(1)锚杆作业班，共 12 人，其中班长 1 人，锚杆加工 2 人，钻孔 3 人，安装、注浆 6 人。

(2)格栅施工，共 11 人，其中班长 1 人，加工制作 4 人，安装 6 人。

(3)喷混凝土作业班共12人,其中班长1人,搅拌机操作手1人,上料3人,喷射混凝土操作手1人,喂料2人,喷射手2人,材料运输驾驶员2人。

二、锚 杆 施 工

锚杆在隧道中主要是悬吊作用、组合梁作用及加固作用。五指山隧道中使用有3种锚杆,一种是全长黏结式药卷锚杆,二是全长黏结砂浆锚杆,三是中空注浆锚杆。药卷锚杆施工速度快,并且很快就能起作用,但在坍体处治及软弱围岩中,药卷锚杆的抗拔力不足,主要原因是插入软弱围岩的锚杆黏结力差,药卷和土体不能形成较好的握裹力,软弱围岩的抗剪强度较低。因此五指山隧道使用3种形式的锚杆,在围岩好的岩层中,使用药卷锚杆,这种锚杆施工速度快,且很快就能起作用;在软弱围岩及坍体中使用中空注浆锚杆,这种锚杆注浆有加固围岩的作用,在较好的地层中使用全长黏结砂浆锚杆。

(一)锚杆施工与安装

1. 药卷锚杆的施工

(1)钻孔及机具

五指山隧道采用YT-28手持式风钻加与之配套的气腿,在前一工序爆破出渣后,将钻孔台架移至施工点,根据设计的间距钻出锚杆孔位,孔位偏差±15cm,孔向尽量与岩层主要结构面垂直,深度不小于锚杆杆体的有效长度。

(2)锚杆制作

在ϕ25螺纹筋上截取设计长度的钢筋,并加工丝扣,运至洞内。杆体一般集中在洞外加工,使用时运至洞内即可。

(3)安装

药卷一般购买成品药卷,使用时直接从库房取出运到洞内。施工前药卷用小铁丝扎3~5个小孔,后放入水桶中浸水约1min到不冒泡即可,水灰比控制在0.35~0.45,安装锚杆前先将浸水药卷装入锚杆孔内,用木棍捅到孔底,注意不要将药卷捅破,不然送不到孔底,后续其他药卷也难以捅入。每孔装入药包卷到2/3孔深即可,后插入锚杆杆体。锚杆体在插入过程中边插入边旋转,尽量将药卷捣碎,达到全长黏结的目的。

(4)施工注意事项

锚杆孔深度要达到要求,不然丝扣离岩面的距离大,垫块起不到作用,最好是一小部分丝扣在孔内,大部分丝扣在孔外;药卷浸水时间必须掌握好,浸水时间不能太长也不能太短,浸水时间太长,药卷太软,不易送到孔底,易堵在半路上,影响后面药卷的施作,浸水时间太短,则药卷浸水不充分,药卷不能完全发挥作用,影响锚固效果;锚杆在插入孔内的过程中,要不断旋转,不能插入孔底时用铁锤打入孔底;锚杆杆体插入的过程中只前进不后退,以免在孔内产生空隙。

2. 砂浆锚杆的施工

(1)原材料准备

①锚杆材料:锚杆材料采用中空锚杆或钢筋,钢筋直径ϕ25㎜,按设计要求规定的材质、规格备料,并进行调直、除锈、除油,以保证砂浆锚杆的施工质量和施工的顺利进行。

②水泥:通常情况选用普通硅酸盐早强水泥。

③砂:宜采用清洁、坚硬的中细砂,粒径不宜大于3㎜,使用前应过筛。

④配合比:普通水泥砂浆的配合比(水泥: 砂)一般宜为1: 1 ~1: 1.5(重量比),水灰比宜为0.45 ~0.50。

⑤砂浆拌制:砂浆应拌和均匀,随拌随用。一次拌和的砂浆应在初凝前用完,并严防石块杂物混入,主要为了保证砂浆本身的质量及砂浆与锚杆杆体、砂浆与孔壁的黏结强度,也就是为了保证锚杆的锚固力和锚固效果。

(2)锚杆孔的施工

①孔位布置:孔位应根据设计要求和围岩情况布孔并标记,偏差不得大于15cm。

②锚杆孔径:砂浆锚杆孔径应大于锚杆体直径15mm。

③钻孔方向:宜沿隧道周边径向钻孔,以保证锚杆的作用半径。部分情况可沿岩层主要结构面垂直打入,但钻孔不宜平行岩面。

④钻孔深度:砂浆锚杆孔深误差不应大于±10cm。

⑤锚杆孔应保持直线。

⑥灌浆前清孔:钻孔内一般残存有积水、岩粉、碎屑或其他杂物,会影响灌浆质量和妨碍锚杆的插入,也影响锚固效果。因此,锚杆安装前,必须采用人工或高压风、水清除孔内积水和岩粉、碎屑等杂物。

(3)锚杆安装

①注浆:砂浆锚杆孔内的砂浆采用注浆罐和注浆管进行注浆。注浆开始或中途停止超过30min时应用水润滑注浆罐及其管路,注浆时应堵塞孔口。注浆管应插至距孔底5 ~10 cm处,随水泥砂浆的注入缓慢匀速拔出。

②锚杆安装:锚杆头就位孔口后,将堵塞孔口水泥纸掀开,随即迅速将杆体插入并安装到位。若孔口无水泥砂浆溢出,说明注入砂浆不足,应将杆体拔出重新灌注后再安装锚杆;锚杆插入孔内的长度不宜小于设计规定。锚杆安设后,不得随意敲击、碰撞,3d内不得悬挂重物。

③注浆的饱满程度,是确保安装质量的关键。工艺要求注浆管插到距孔底5 ~10 cm,并随砂浆的注入而缓慢匀速拔出,就是为了避免拔管过快而造成孔内砂浆脱节。砂浆不足时应重注砂浆。这都是为了保证锚杆全长有足够饱满的砂浆所握裹,保证其锚固效果。

④普通砂浆锚杆安装后不久,随意敲击杆体将影响砂浆与锚杆杆体、砂浆与孔壁的黏结强度,降低锚杆的锚固力。普通砂浆3d所能达到的强度为28d强度的40%左右,因此,规定3d内不得悬挂重物,不仅是为了保证锚固质量,也是为了防止发生安全事故。

(4)注意事项

①砂浆锚杆作业是先注浆,后插锚杆(中空注浆锚杆作业是先放锚杆后注浆)。

②先将水注入泵内,水占泵体积的2/3,并倒入少量砂浆,先压水和稀浆湿润管路,然后再将已调好的砂浆倒入泵内,将注浆管插至锚孔眼底,将泵盖压紧密封,一切就绪后,慢慢打开风阀开始注浆,在气压推动下,水在前,砂浆在后,水湿润泵体和管路,引导砂浆进入锚孔中。随着砂浆不断压入眼底,用推和锤击的方法,把锚杆插入孔底,然后用木楔堵塞眼口,防止砂浆流失。

③注浆压力不宜过大,保持在2 kg/cm^2 为好。

④压注砂浆时,必须密切注意压力表,发现压力过高,须立即停风,排除堵塞。

⑤注浆管不准对人放置,注浆管在未打开风阀前,不准搬动,关闭密封盖,以防高压喷出物伤人。

⑥砂浆掺速凝剂时,一次拌制砂浆数量不应多于3个孔,以免时间过长使砂浆在泵管中

凝结。

⑦灌注完成后,及时清洗机具。

⑧锚杆安设完成时,应在边墙部位预留1%的锚杆,以作拉拔试验使用。

⑨锚杆垫板应密贴岩面,并用螺母连接牢固。

3. $\phi27$ 和 $\phi25$ 中空注浆锚杆施工

①钻完孔后,用高压风吹净孔内岩屑。

②将锚头与锚杆端头组合,将组合杆体送入孔内,直达孔底,锚杆插入孔内的长度不短于设计长度的95%。

③将止浆塞穿入杆体末端,嵌入锚杆孔孔内。

④采用NZ130A砂浆锚杆专用注浆泵往中空锚杆内压注水泥浆,注浆压力为0.2~0.5 MPa,直到排气塑料软管漏浆为止。

⑤当锚杆锚固力达到5MPa时末端戴上垫板,然后拧紧螺母。

中空注浆锚杆和砂浆锚杆的施工工艺大致相同,不同之处在于砂浆锚杆作业是先注浆,后插锚杆,中空注浆锚杆作业是先放锚杆后注浆。

(二)锚杆质检验与控制

1. 材料检验

五指山隧道所用中空注浆锚杆是从厂家直接购买成品,药卷锚杆是自行加工的,经过加工车丝后才使用。锚杆打入岩体主要承受拉力,因此在材料进场前,实验室严格抽样进行材质检查,检测其抗拉强度,检查锚杆是否与设计相符,若发现锚杆有质量缺陷,则应弃之不用。

2. 安装尺寸检查

为了锚杆安装质量得到保证,施工钻孔前根据设计要求大致定出孔位,作出标记,根据围岩壁面岩层的情况,允许孔位偏差±15cm,重点要对锚杆之间排距进行控制,在施工时技术人员要负责检查。

钻孔时要查清围岩壁面和岩层结构面,尽量使钻孔与围岩壁面和岩层主要结构面垂直。钻孔一般在边墙和拱脚容易控制,在拱顶部位则不易得到控制,所以在检查锚杆质量时,要重点检查顶部锚杆的孔位情况。五指山隧道部分围岩是近水平岩层,拱顶易出现掉块,因此在拱顶部位应多设置锚杆,加强岩体锚固;边墙稳定性较好,可适当少设置锚杆。

适宜的钻孔深度是保证锚杆锚固质量的前提,尤其是对于药卷锚杆,孔深影响特别严重。深度不够时,锚杆出现悬空,锚杆难以发挥作用。

3. 锚杆抗拔力测试

锚杆抗拔力是指锚杆能够承受的最大拉力,它是锚杆材料、加工和施工安装质量的综合反映。根据有关规范要求,每300根锚杆中取3根进行抗拔试验,其抗拔力值均达到设计要求。

三、钢筋网施工

(1)钢筋网采用 $\phi6.5$,钢筋网网格为20cm×20cm和15cm×15cm两种,焊接在锚杆端头上。

(2)钢筋需调直除锈,按规定长度下料。钢筋网成形后,每根钢筋都应绑扎或焊接,按顺序堆放在工作面上使用。钢筋网片加工大小视开挖循环进尺决定。

(3)钢筋网应随喷射混凝土面的起伏进行铺设,紧贴初喷混凝土表面。在二次喷射混凝土时,钢筋极少颤动。

(4)钢筋网的铺设应在第一次喷射混凝土和锚杆施工后进行。前后搭接处应预留 10 ㎝ 左右,以保证和上一循环、下一循环搭接。

(5)如设置了型钢或格栅钢架时,钢筋网片应与型钢或格栅钢架、锚杆焊接牢固。

(6)在有钢筋的工作面上复喷混凝土,其喷射作业与无钢筋情况要求不同。有钢筋时,要求将钢筋背后喷护密实,钢筋表面不残留回弹物,以使钢筋有较大的握裹力。如果对着直喷,反而加大回弹量,因此在钢筋网外喷护,喷射混凝土应保持一个角度,既能使钢筋背后密实充填,又可使回弹减少。

(7)钢筋网表面保护层厚度不小于2cm。不允许将锚杆、钢筋头外露在初期支护外。

(8)当超挖较大时,应按每 20cm 厚一层加设钢筋网片,这样才能保证喷射混凝土的黏接,形成一个整体。

(9)多层挂网时,应分层挂网,分层喷射,以保证喷射混凝土的密实,不形成空洞。

四、喷射混凝土施工

用压缩空气将掺有速凝剂的混凝土拌和料通过混凝土喷射机高速喷射到开挖成型的隧道岩面上,使其迅速凝固而起支护作用。喷射混凝土可分为干喷、潮喷、湿喷 3 种方式。五指山隧道施工采用潮喷法。由于喷射混凝土颗粒在高速度的猛烈冲击下,混凝土被连续地捣固和压实,同时在管道内的摩擦和喷射时的撞击,能使混凝土具有紧密的结构和较好的物理力学性能,其作用有:

(1)充填裂隙加固围岩。在喷射过程中,混凝土受到高压冲击作用使混凝土颗粒充填围岩节理、裂隙及凹凸不平面,并与岩壁紧密地黏结在一起。再加上速凝剂的作用,使早期高强度的喷射混凝土与围岩形成一个整体。从力学角度讲,在初始应力发展前施加了一个约束力,使其与围岩中的单轴和双轴应力相平衡。

(2)封闭围岩表面防止风化。当隧道围岩壁面喷上一层混凝土后,完全阻止了水和空气对围岩的风化作用。

(3)喷射混凝土与围岩组成一个共同承载结构。由于喷射混凝土充填了围岩的节理、裂隙,把分裂岩块紧密地黏结、咬合在一起,靠混凝土与围岩之间的黏结力及其自身的抗剪力,形成一个共同受力的承载结构。

过去普遍采用干喷法喷射混凝土施工,这种方法在施工中存在着混凝土回弹量大,粉尘浓度大,影响工人身体健康的问题。为了解决这一问题,五指山隧道采用潮喷法,及在喷料中加入黏稠剂,效果较为理想。其工艺原理是:黏稠剂由多种有机高分子化合物聚合而成,是一种新型喷射混凝土外加剂,成品本身无黏性,掺入混凝土后长链分子在搅拌中吸附后于水泥等细颗粒表面,同时随着水泥的润湿、糊化,不断包裹在砂粒表面。由于长链分子在低水灰比的拌和中仍呈弯曲和盘曲状,故拌和物仍无黏性,这样采用分次投料搅拌工艺,低水灰比的砂浆包裹在粗集料表面,组成无黏性和半干状混凝土,被高压风吹送至喷头注水后,半干混凝土水灰比增大,当注水量使长链分子伸展成线形和集束状且连续时,则细颗粒产生黏聚反应,使喷出的混凝土具有较大的黏性,使砂石聚集,达到降低粉尘的目的,并且增加一次喷射厚度。

喷射混凝土作业机具设备有:混凝土喷射机、空气压缩机、搅拌机、运输机具、供水设施。

（一）五指山隧道喷射混凝土的原材料和配合比

1. 原材料

（1）水泥采用普硅早强水泥。

（2）砂用坚硬耐久的中砂或粗砂，细度模数大于2.5，含水率5%～7%。

（3）石子采用坚固耐久的碎石，粒径小于15mm。

（4）水采用洁净水，不得使用污水以及pH值小于4的酸性水和含硫酸盐超过1%的水，也不得使用含有害物质的其他水。

（5）速凝剂采用BR型外加剂，初凝时间不大于5min，终凝时间不大于10 min。根据实验确定，掺量为水泥用量的3%。

（6）黏稠剂用液态黏稠剂，掺量为水泥用量的1%，使用时取一定量的黏稠剂与水拌和均匀，后加入拌和料内搅拌后即可使用。

2. 配合比

配合比的选定可根据试验确定。含砂率过小或过大都易造成堵管、回弹量大、强度低、且收缩加大。

五指山隧道通过试验后确定C20喷射混凝土的配合比为（每m^3喷射混凝土所用材料）：水泥：水：砂：碎石＝440：198：874：874，水灰比为0.45，速凝剂加入量为水泥用量的3%，单位体积质量为2 399kg/m^3，试验喷射混凝土28d抗压平均值达25.4MPa，满足设计要求。

（二）喷射混凝土施工

喷射混凝土施工工艺流程见图6-1。

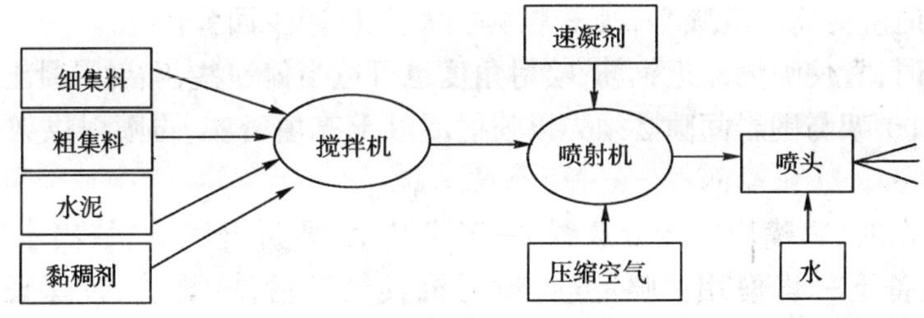

图6-1　干喷、潮喷工艺流程图

1. 场地布置

搅拌机布置在洞外，混合料通过运输车运入洞内，然后给料于喷射机，材料场地搭设雨棚，以控制砂石的含水率。

2. 清理工作面

喷射混凝土前，应认真检查开挖断面尺寸，欠挖者应予以凿除，修整断面，清理浮石及拱脚的虚渣等。

3. 喷射混凝土作业

（1）混合料的制备

①混合时，各种材料应按配合比准确称量，混合料根据砂、石的含水率大小再加入一定量的水后充分搅拌，加入的水量不能太多，混合料形成汗水状态即可。

②采用强制式密封搅拌，时间不少于90s。

(2)机具就位

机具安装在围岩稳定地段,保证输送线路通畅。未上料前,先进行混凝土喷射机试运转:开启高压风及高压水,如喷嘴风压正常,喷出的水呈雾状;如喷嘴风压不足,可能出料口堵塞;如喷嘴不出风,则可能是输料管堵塞。有故障及时排除,待喷射机运转正常后才能进行喷射作业。

(3)喷射混凝土作业要点

①喷前应用高压风或高压水清洗岩面,将附着在岩面上的粉尘、岩屑冲洗干净,以保证混凝土与岩面黏结牢固。若用高压水清洗会引起岩面软化时,只能用高压风清扫岩面杂物(视地质情况而定)。

②严格控制速凝剂掺量,并添加均匀;还要掌握添加时间。

③喷射机工作风压一般控制在0.2~0.4MPa,具体以输料管长度等调节。

④喷射手严格控制水灰比,使喷层表面平整光滑,无干斑或滑移流淌现象。一般水压应稍大于风压。

⑤喷嘴的方向应与受喷岩面垂直,并稍微偏向刚喷射的部位;喷嘴与受喷岩面距离保持在0.6~1.0m范围。

⑥喷嘴移动轨迹应因地制宜,横条、竖条、圆圈等应交替使用,移动速度要慢,让混凝土"堆"起来,有了一定厚度再移开,然后逐块扩大其喷射范围。

⑦喷射顺序一般采用先下后上,先墙后拱,以减少因重力作用而引起的滑动或脱落现象发生。

⑧喷射应分层进行,一次喷射厚度一般拱部为5~6㎝,边墙为7~10㎝,具体以喷射效率、回弹损失率等确定。

⑨凹凸不平时应先将凹处喷平,按正常顺序喷射,以减少回弹。

⑩有钢筋网时,宜使喷嘴靠近钢筋,喷射角度也可适当偏一些,喷射混凝土应覆盖钢筋。

⑪有拱架时,拱架与围岩间隙必须先以喷射混凝土充填密实,再喷射拱架周围,后喷拱架之间。

⑫喷完或间歇时,喷嘴应向低处放置,一工班结束,要拆开喷头,取出水环,用水清洗干净,疏通水眼,以备下一班使用。喷完后,喷射机具均应清洗、维护,以保证机具处于完好状态。

4.注意事项

(1)喷射机的合理使用

启动喷射机时,应先送风再开机,并应在机械运转正常后送料,供料均匀连续。作业结束时,先停止送料,待罐内余料喷完,再停机,然后关风。停止喷射作业后,喷射机和输料管内的积料应及时清除干净,以避免混合料结块堵管。

(2)输料管堵塞问题

堵管的一般原因及排除方法:

①混合料中混入超粒径的石子、水泥硬块或其他杂物。

②操作程序有误,如先开马达后送风,或砂子含水率过高,操作阀错开,致使高压风大量泄出,使工作室内风压急剧下降,也会引起输料管堵塞。

③如遇堵管,应立即关闭马达,随后关闭风源,并将软管拉直,然后以手锤敲击找到堵塞位置,可将风压开到0.3~0.4MPa,同时继续敲击堵塞部位,使其排出堵塞物而畅通。排出堵管

现象时,应注意喷嘴前方严禁站人,以免发生伤人事故。

(3)回弹问题

影响回弹率的各种因素有:混合料配合比、水灰比、砂子含水率、工作风压、水压、喷射距离、喷射角度、操作方法及熟练程度等。针对各种因素,采取相应的措施降低回弹率。正常情况下的回弹率,一般拱部为20%~30%,边墙为10%~20%。

(4)密实问题

喷射混凝土的密实与原材料、配合比、速凝剂种类和掺量、水压、风压、顺序、分层厚度、操作手的熟练程度等有关。它直接影响混凝土的强度及后期防水功能,尤其是Ⅰ、Ⅱ、Ⅲ类围岩衬砌,有钢筋网和拱架时。喷射混凝土密实与否对防止混凝土的劣化,腐蚀性成分侵蚀,提高耐久性都有很大影响。

(5)安全及劳动保护

①施工中注意喷嘴不准对人,以免伤人,喷射前先清理浮石、危石等必要的排险作业;喷射机一定要安放在围岩稳定或已衬砌地段。

②喷射混凝土施工人员必须佩戴防尘口罩等,操作喷头的工人应佩戴防护眼罩,穿工作服、戴长筒乳胶手套等。

③加强通风,保证新鲜空气供应。

(三)喷射混凝土的养护

喷射混凝土一般较薄,外表面系数大,当空气中水分不足时,极易发生早期干缩裂纹,同时所掺入的速凝剂在一定程度上抑制了水泥的水化反应,影响了混凝土强度发展,所以喷射混凝土终凝2h后要喷水养护,并经常保持潮润状态,养护时间不少于14d。

(四)施工注意事项

1.喷射前应敲帮问顶,处理危石,以免危及施工人员安全。

2.施工前检查一下有无超欠挖,有欠挖之处要处理后再喷射混凝土,不然初期支护要侵入二衬界限,有超挖之处要先用喷混凝土将超挖之处大致喷平,后再喷其他部分,有严重超挖时应按相应的处理程序和方法先处理后再施工喷混凝土。

3.经常检查喷料机出料弯头、输料管和管路接头是否正常,发现有问题时要及时处理。

4.开始喷射时,先注水,后送风,再开机上料,调整喷头注水量时,应避免干料喷出,喷射作业结束时,应将机内和管路中的拌和料用完后再停机关水和断水。

5.经常测定作业区内粉尘浓度,如超标应采取措施。再者,拌和地点距喷射地段如较远,速凝剂应在喷射机喂料时加入。

6.拌和料要按配合比投料,计量要准确,定时检验计量器,水压要稳定,运输道路应畅通,电源、照明应保证,喷射人员要戴防护用品加以保护。

(五)喷射混凝土的质量检查与控制

1.喷射混凝土质量检测指标

喷射混凝土的质量检验有喷射混凝土的强度和喷射混凝土的厚度两项内容。在施工中还应该采取必要的防护措施,保障工人的身体健康,并采取措施,减少喷混凝土的回弹,以节约生产成本。喷混凝土强度包括抗压强度、抗拉强度、抗剪强度等,而混凝土强度是以上这些强度的综合结果。这些强度之间存在一定的内在联系，这就有可能在具体试验中检测喷射混凝土的某一种强度并由此来推断混凝土的其他强度。在施工中，一般选择抗压强度作为检测混凝土质量的指标。

喷射混凝土厚度是指混凝土喷层至隧道围岩接触界面间的距离，在施工中保证喷射混凝土的厚度是确保喷射混凝土质量的前提，厚度检测也是喷射混凝土质量检测的一个重要指标。

2. 喷射混凝土质量检测方法

隧道有关施工规范中明确指出，现场抗压强度试验采用喷大板切割法。在施工时将混凝土喷射在45cm×35cm×12cm的模型内，此种试件可制成6块小试件，或喷射在45cm×20cm×12cm的模型内，此种试件可制成3块小试件。在混凝土达到一定强度后，加工成10cm×10cm×10cm的立方体试块，在标准条件下养护到28d进行试验，试验满足同批试块的抗压强度平均值不低于设计强度，任一组试块抗压强度平均值不得低于设计强度的80%。检查不合格的，查明原因并采取相应的措施补救。现场主要采用加厚或增设锚杆来补强。

喷层厚度检查可分喷射过程和支护完成后两个阶段进行，喷射时可插入长度比设计厚度长5cm的铁丝，纵、横向1~2m设一根，作施工控制用。支护完成后每10延米至少检查一个断面，再从拱顶中线起每隔2m凿孔检查一个点。每个断面拱、墙分别统计，全部检查孔处喷层厚度应有60%以上不小于设计厚度，平均厚度不得小于设计厚度，最小厚度不小于设计厚度的1/2。

3. 喷射混凝土的质量控制

(1)原材料控制

原材料包括水泥、砂子、石子、水、速凝剂等。施工中提供满足质量要求的原材料是保证喷射混凝土强度的前提。五指山隧道在施工中，严把材料质量关，水泥进、出库必须按规定的吨数、批次作强度、安定性、凝结时间的抽样检查，更换生产厂家后也要作抽样试验。砂石料的颗粒级配、最大粒径等质量指标，必须符合相关规定。为了加快喷射混凝土的凝结、硬化、提高早期强度，减少喷射混凝土施工时的回弹和混凝土的脱落，施工中在混凝土中加入速凝剂。由于速凝剂对不同品种的水泥的作用效果不同，因此在使用前应作速凝剂和水泥的相容性以及水泥净浆凝结效果试验，选用的速凝剂应保证初凝时间不大于5min，终凝时间不大于10min。

(2)施工工艺控制

在保证原材料合格的前提下，喷射混凝土的强度还与喷射混凝土支护施工作业质量密切相关，所以在喷射混凝土作业前，必须冲洗岩面，并把浮石清理干净。喷射混凝土拌和料的称量及拌和时水灰比等方面存在很大的随机性，其强度差异较大，要求工人在施工中加强责任心，认真总结经验，不断提高施工质量。

(六)涌水量大地段的喷射作业

五指山隧道有些地段水量较大，有涌水时不仅使喷射混凝土的附着性能降低，水混入后也会降低混凝土的品质，在硬化前，喷射混凝土会流失，硬化后混凝土背后存在空洞，或因水压作用而造成开裂和剥离。因此在涌水在的地段喷射混凝土之前要进行排水处理，图6-2~图6-4是五指山隧道涌水大的地方在喷射混凝土施工前的涌水处理方式。

(七)五指山隧道进口端喷射混凝土强度不足的措施

1. 事情的起因

五指山隧道进口端施工至 K28 + 520 附近,指挥部有关人员到工地检查,怀疑进口端喷射混凝土所用的砂含泥量超标,指示中心试验室测试进口端喷混凝土用砂的含泥量,测试结果表明,进口端喷混凝土用砂含泥量确实超标。因此指挥部人员怀疑进口端喷混凝土强度可能不足,要求在 K28 + 422 ~ K28 + 520 段边墙现场取试件加工成标准试件测试喷射混凝土强度。进口端按照有关要求取试件加工成 4 块标件后测试喷射混凝土抗压强度,4 块试件的抗压强度分别为 15.5MPa、17.5MPa、16.8MPa、18.2MPa,其平均强度为 17.0MPa,与 C20 设计强度相差 3MPa,指挥部要求补强。

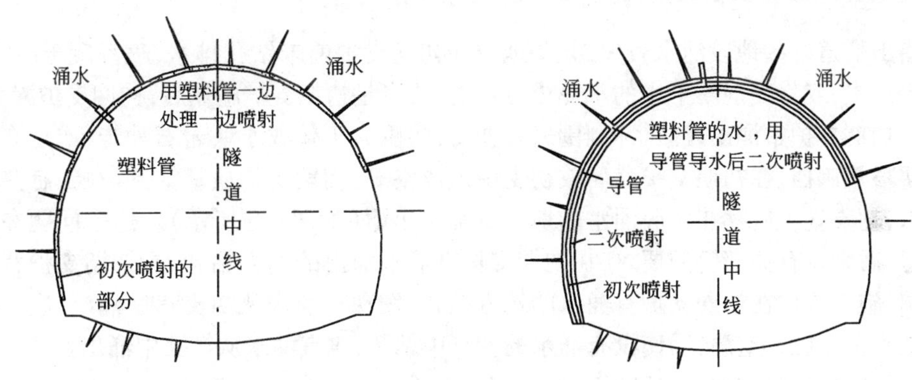

图 6-2 喷射混凝土前局部涌水处理

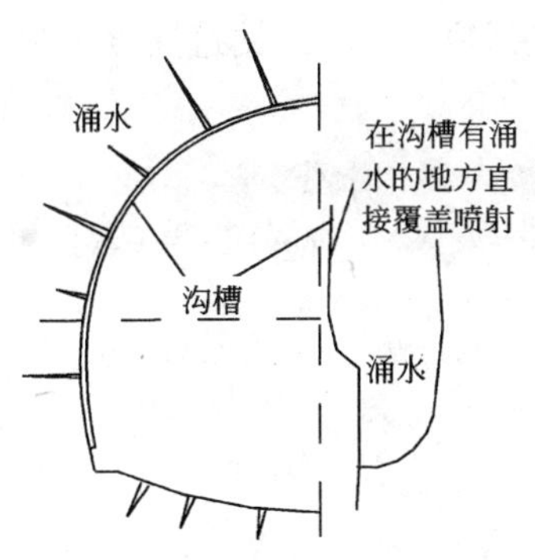

图 6-3 喷射混凝土前裂隙岩层涌水处理

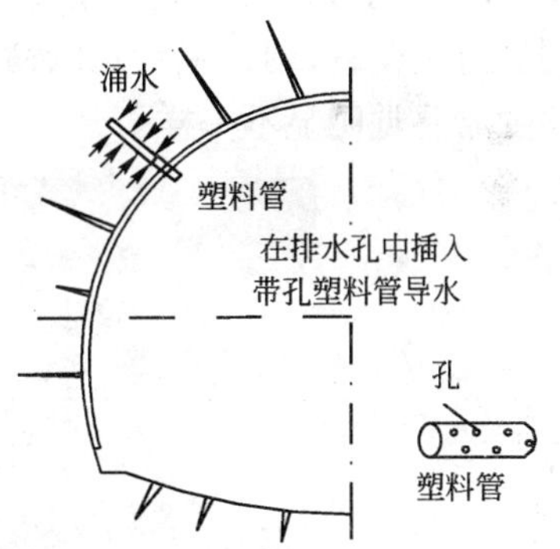

图 6-4 喷射混凝土前局部大涌水处理

2. 处理结果

试件抗压强度平均值未达设计抗压强度,但喷射混凝土厚度超过了设计值 24cm,其他地方厚度钻孔检测均超过设计值厚度,有的地方超过了 12cm 之多。施工单位委托交通厅咨询公司完成该补强设计,并递交了该段的监控量测结果和喷射混凝土厚度检测资料。

进口端监控量测资料显示,2004 年 5 月底 K28 + 423 处拱顶下沉速率为 0.06mm/d,周边位移速率 0.17mm/d(6 月份此处已安装衬砌台车),K28 + 440 处拱顶下沉速率 0.1mm/d,周边位移速率 0.14mm/d;K28 + 460 处拱顶下沉速率 0.1mm/d,周边位移速率 0.14mm/d,K28 + 500 处拱顶下沉速率 0.1mm/d,周边位移速率 0.095mm/d,监控资料表明,此段围岩已稳定。

有关规定喷混凝土检测方法采用喷大板切割法,然后加工成标准试件,标准养护条件下养护28d后测试。众所周知,隧道喷射混凝土受环境、施工及养护条件的影响很大,《公路隧道设计规范》正是考虑这些因素,因此在第4.2.7条规定喷射混凝土的强度等级为C20,其轴心抗压强度为14MPa,进口端的喷射混凝土强度满足这一要求。在隧道现场所取试件未进行标准养护,故喷射混凝土真实强度要比检测结果高。

2004年6月24日在C段项目部由业主主持的会议上,咨询公司表示,此段监控量测结果表明无异常情况,认为不影响安全及使用功能,达到设计及初期支护的目的(新奥法的施工理念就是动态设计、动态支护),没有必要再采取补强措施,应及时施作二次衬砌。

为尊重业主意见,进口端在该段落补喷C20混凝土4cm厚。在施作二衬之前,此段落围岩完全稳定,无任何异常。

(八)五指山隧道初期支护背后空洞调查

五指山隧道有些地段涌水较大,某些地方在初期支护前未钻孔排水,喷混凝土时,涌水将喷混凝土冲走,或将喷混凝土中的水泥成分带走;或者是初期支护施作后,初期支护漏水,有较大涌水从初期支护中涌出,涌水冲刷围岩及初支,将围岩土体或小块岩石冲走;或是有涌水的地方用塑料板遮挡,在初期支护背后或初支中形成空洞,初期支护质量受到影响,有些地方有大股涌水,初支施工后存在大股涌水的地方有围岩出露(如图6-5所示)。这个问题在开始未引起注意,后来应有关部门的要求,在初期支护有涌水涌出的地方钻孔,看初期支护背后是否存在空洞,施工单位在初期支护有涌水的地方钻孔,发现有涌水从初支背后涌出,进一步探测发现初期支护背后有空洞,即使没有涌水的初支中钻孔,也有涌水从钻孔中涌出。

对于集中涌水的地方,用塑料管插入钻孔,将涌水集中排出,对于涌水分散的地方,用铁箱收集涌水,在铁箱上钻孔后用塑料胶管排出(如图6-5所示)。发现问题之后,施工单位对初支背后空洞进行了调查,调查主要是以钻孔的方式,对于存在空洞的地方,钻进速度很快,钻进时与密实的围岩感觉明显不一样。

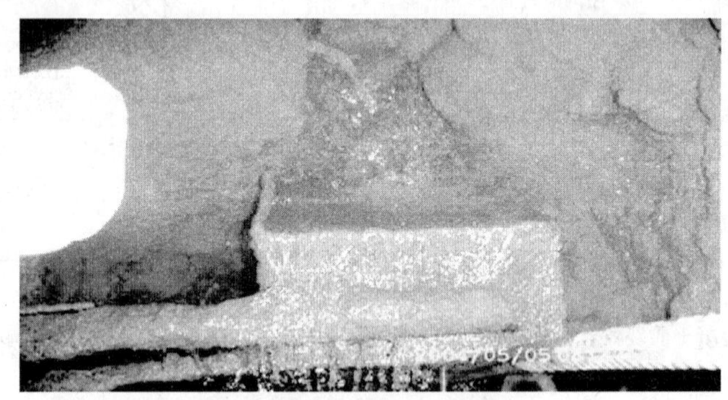

图6-5 大股涌水处初支围岩出露

空洞1

里程:K28+532~K28+534

开挖时的状况:裂隙水,呈股流状,岩体破碎且夹有泥土,流水将泥土浸泡软化,流水冲刷泥土,造成空洞增大。

开挖时的涌水量:开挖后涌水量约10m^3/h,涌水在开挖后一周内未见减小,一周后涌水量有所减小,目前有少量涌水。钻孔后有大股水涌出,2d后有明显衰减。

空洞描述:长210cm,宽240cm,深度63cm、7cm、21cm,平均深度约30.3cm。

空洞1位置及范围如图6-6所示。

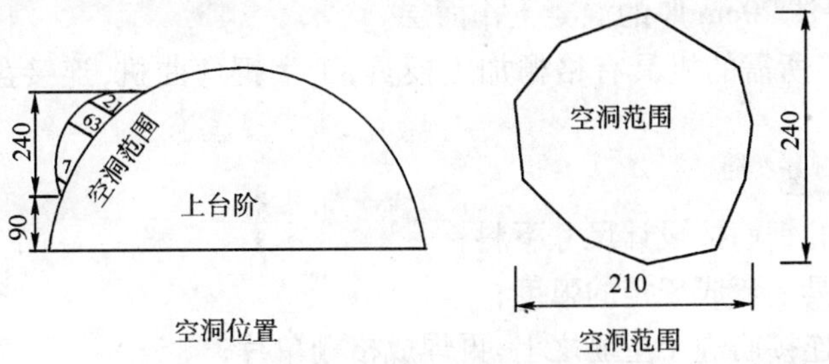

图6-6　空洞1位置及范围(尺寸单位:cm)

空洞2

里程：K28+549～K28+550

开挖时的状况：线状裂隙水，岩体破碎且夹有软泥，流水将软泥冲走，造成空洞增大。

开挖时的涌水量：开挖后涌水量约$15m^3/h$，一周后涌水量有所减小，目前涌水约$10m^3/h$；开孔检查空洞范围时有涌水出现。

空洞描述：长140cm，宽190cm，深度33cm、12cm、37cm，平均深度27cm。

空洞2位置及范围见图6-7所示。

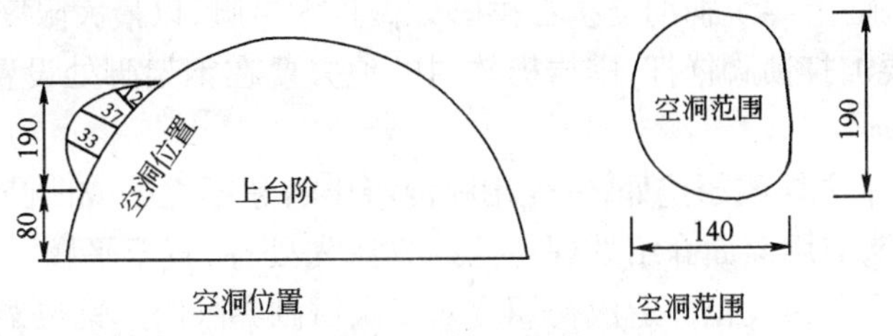

图6-7　空洞2位置及范围(尺寸单位:cm)

除了以上两处较大空洞外，还有一些小的空洞。对于空洞的处理，主要是采取注浆方式，具体处理方法见后面章节的相关内容。

由于五指山隧道涌水较大，喷混凝土施工前对股水采用塑料管引排，对大面积淋水之处，采取塑料板遮挡后施工喷混凝土，这样难免造成初支背后小泛围的空洞和不密实之处，如果没有采取这些涌水处理措施，喷混凝土施工就非常困难，混凝土喷上去之后有股水之处就将喷混凝土冲走，有时根本就喷不至岩面上去，造成岩面出露。

五、型钢或格栅钢架施工

1. 钢架构造

五指山隧道根据围岩类别不同，分别设计了型钢钢架和格栅钢架，在突水坍方前，II类围岩设计使用型钢钢架，有水较差的III类围岩设计使用钢格栅，无水较好的III类围岩未设计钢格栅。涌水坍方后，由于未开挖段经TSP探测有大量涌水，围岩地质情况也不太好，故未施工段全部使用I18工字钢架，并且全封闭，即仰拱也设置了工字钢架。格栅钢架主筋采用$\phi22$螺纹钢弯曲成与隧道开挖断面相同的形状和尺寸，次筋为$\phi10$钢筋，为了便于施工，每幅钢格栅都分成5节，节间加法兰，施工安装时选用螺栓固定连接之后再焊接。

2. 钢架制作

(1)场地。钢架在施工现场制作，故需要准备大样平台，平台尺寸为20m×8m。为保证钢架的加工质量,大样平台应有足够的强度和刚度,因此,平台地基应认真夯实,在地基上铺设5cm厚的卵石,再灌注20cm厚的混凝土作面层。

(2)主要机具。所需的机具有格栅加工模具,工字钢弯曲机,连接盘加工平台,切割机1台,电焊机2台。

(3)格栅加工工艺

①将各种型号的钢筋按设计尺寸下料;

②在主筋的模具上弯成规定的弧度;

③在模具上将连接筋焊于主筋之上,再焊成格栅单片;

④在模具的凹槽内安设活动横轴,在两个单片格栅之间焊接侧面连接筋;

⑤将焊好的格栅单元移到大样平台上检验,合格后在两端作好合格标记,然后堆码存放;

⑥使用前,将格栅单元在大样平台上拼装,在接头处外贴角钢,然后将角钢焊在格栅上。

工字钢架加工工艺与格栅大致相同,只是工字钢架是在弯曲机上弯成规定的弧度后按以上步骤拼装成型钢钢架。

3. 钢架安装

(1)开挖出渣后,应认真清理浮石,敲帮问顶,喷射混凝土大致喷平开挖面,将格栅运到洞内安装。安装前,由测量人员测量隧道中线,钢架应保证其垂直于隧道中线。在安装上导坑时,一般采取如下措施:上导坑初期支护在拱脚处做扩大拱脚,以最大限度地限制拱顶下沉;在上台阶钢架拱脚处要加打锁脚锚杆,围岩极软弱的地方要在钢架脚处设置注浆钢插管或架设托梁。

(2)隧道凹凸不平之处或超挖处,首先用喷混凝土将超挖之处或凹凸不平之处大致喷平。如果背后有较大超挖,应用前面介绍处理超挖的方法先处理,直至平顺。安装钢架时,应复核并修整开挖断面,以避免因欠挖而造成初期侵入二次衬砌界限内。钢架架设前,需测定隧道中线,并按需要设定水准基点,据之检查隧道断面。隧道断面检查合格后方可进行钢架安装。

(3)拱架应垂直于隧道中线,且上下、左右偏差应小于±5cm,拱架倾斜小于2°。

(4)拱架之间必须按设计要求进行纵向连接,以保证处于良好的联合受力状态。

(5)拱脚处用于作基础的槽钢应按正确位置置于原状土(石)上,并与拱架焊接牢固。当拱脚、墙脚高程不准时,用混凝土块垫平槽钢或设置钢板调整。

(6)拱架处表面喷混凝土保护层厚度不小于2cm,内表面保护支厚度4cm。

钢架安装工艺流程见图6-8。

4. 钢架施工质量控制

(1)加工质量检测

首先要严格控制格栅加工尺寸,因为隧道的开挖断面是一定的,钢架的尺寸应与之相配,如查其尺寸与设计相差较大,就可能给施工带来不方便,再者当地质条件复杂,钢架用量较大时,应对钢架的强度和刚度进行抽检,必要时将一定数量钢架样品放在试验台上进行加载试验,建立荷载与变形的关系曲线,分析计算钢架的强度与刚度是否满足要求。另外,钢架焊接质量是加工质量的重要组成部分,检测时要特别注意是否有假焊,焊缝长度、深度是否符合要求。

(2)安装质量

不同类别的围岩中钢架有不同的间距,检测时用钢卷尺测量。一般误差不应超过设计尺寸5cm。特别注意拱顶的高程,要求钢架不得侵入二次衬砌界限。在平面上检测可用直角尺,在纵断面上检测可用坡度尺,特别要注意纵坡坡率,要注意钢架的倾斜度使其有利于承受荷载。

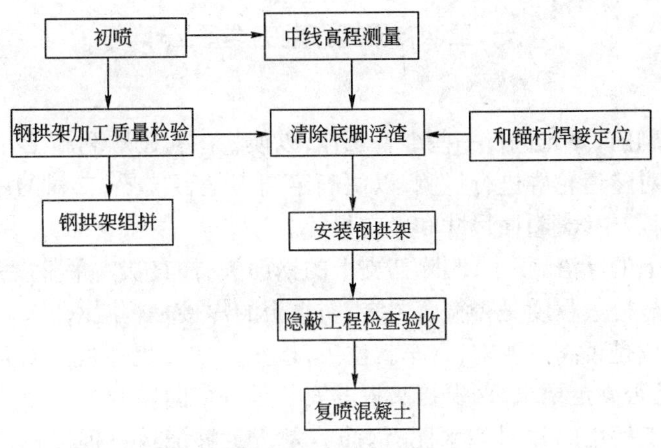

图 6-8　钢架安装工艺流程图

钢架之间必须用纵向钢筋连接,拱脚置于牢固的基础上。钢架安装时,应尽量靠近围岩,当钢架与围岩之间的间隙过大时应加设垫块。在施工过程中,尤其要检查钢架与锚杆的连接,要保证锚杆与钢架焊接密度与焊接质量,最终使锚杆、钢架、钢筋网、衬砌形成一个整体受力结构。

5. 钢架施工中应注意的问题

(1)五指山隧道部分地段涌水较大,软弱围岩被涌水冲刷,大大降低了岩体内部结构强度,从而易诱发隧道掉块或小坍方。在喷混凝土前一定要钻孔安装引水管排水,钢架安装前要喷一定厚度的混凝土封闭。涌水冲刷掉块严重的地段要先用喷混凝土大致喷平后再架设钢架,不然在拱顶部位易出现空洞。

(2)上台阶施作钢架要及时施作钢架锁脚锚杆,左右各 2 根,长度 4m,并与钢架焊接牢固。

(3)钢架要设置在牢固的基础上,不能放在软弱之处,如果钢架基础软弱,要设置面积较大的垫块或加设钢板。

(4)按设计位置安设,一般在初喷后进行。对局部欠挖部位应予凿除,以确保拱架正确就位,拱架应垂直于隧道中线。上下、左右偏差应小于 ±5 cm,拱架倾斜度小于 2°。连接钢板骑缝焊接及螺栓连接要保证质量。

(5)拱架之间必须按设计要求进行纵向连接,以保证处于良好的联合受力状态。

第二节　二 衬 施 工

二次衬砌是复合衬砌的一个重要组成部分,目前对其功能的看法还不一致,一般认为二次衬砌只承受部分荷载,主要作为安全储备用,如水压、振动、围岩蠕变和膨胀性地压力以及其他未考虑到的荷载,除此之外,还起保证营运安全、防水、装饰的作用。因此,除要求隧道二次衬砌内实外美之外,还要求二次衬砌不能出现裂缝和渗水现象。

二次衬砌采用整体模板台车,在五指山隧道进出口设一座混凝土搅拌站,混凝土由洞外搅拌站生产,混凝土输送罐车运输至洞内灌筑地点,由 HBT60 混凝土输送泵压送混凝土入模,插入式振捣器人工振捣。混凝土输送管长度控制在200 m左右。灌注混凝土时，预埋件、预留孔应按设计位置施作。

一、二次衬砌施作前的准备工作

在施作二次衬砌前，要先进行一些准备工作，以便二次衬砌顺利施工并符合相关要求。

1. 测量人员要对隧道轮廓进行量测，以便确定初支是否侵界，二衬的厚度是否满足要求，还要确定二衬的高程、中线、断面尺寸和净空尺寸。

2. 清理小边墙上的浮渣、积水，割除初支上的钢筋头，检查初支平整度是否满足要求。

3. 安装的防水板松紧程度是否符合要求，防水板的焊接是否漏水。

4. 检查台车就位是否满足要求，台车就位后，检查二次衬砌厚度是否足够，台车表面是否清理干净，脱模剂是否满足要求，两端挡头板的安装是否牢固。

5. 二次衬砌施工所用的材料如水泥、钢筋等是否足够浇筑一模二衬，原材料是否满足要求，是否会有可能停电，如有可能停电，则要准备自行发电，二衬浇筑中途不能停，否则就有可能产生横向施工缝，影响二衬强度。

6. 检修好混凝土制配、运输等各种机械设备，如拌和机、混凝土输送泵、运输罐车等设备，必要时应进行试运转。

7. 防排水、通风、照明的预埋件和预留孔是否设置。

二、二次衬砌的施作时机

二次衬砌施工质量与施作时机有很大的关系，过早施作二次衬砌将使二次衬砌承受过大的荷载，可能导致二次衬砌开裂，过晚施作二次衬砌可能会导致围岩过度松弛，引发围岩及初支失稳。按有关规范的要求，一般情况下，二次衬砌必须在喷锚支护变形基本稳定后才能施作。《公路隧道施工技术规范》中规定，二次衬砌的施作应在满足下列要求时进行。

(1)各测试项目的位移速率明显收敛，围岩基本稳定；

(2)已产生的各项位移已达预计总位移的80% ~90%；

(3)周边位移速率小于0.1 ~0.2mm/d，或拱顶下沉速率小于0.07 ~0.15mm/d。

五指山隧道在施工中将这一原则根据现场实际情况加以灵活运用。对于Ⅱ类及以下软弱围岩和浅埋段隧道，应在初期支护完成后注意观测其发展变形情况，并立即施作仰拱，如果变形较大，及时施作二次衬砌，防止初支变形过大；在围岩变形较大的地段、初期支护有开裂剥离地段、钢拱架有明显变形地段，应根据情况尽早施作二次衬砌；坍方处治时，初支作好后应抓紧时间立即施作二次衬砌；在二衬未设置钢筋的地段，过早施作二次衬砌可能要承受较大的围岩压力，引起衬砌混凝土裂纹，所以对于二衬的施作时间要根据具体情况，具体分析，总体原则是初期支护基本稳定后施作二次衬砌，但又要防止围岩和初支过度变形。

三、二次衬砌浇筑作业

现在施工的二次衬砌一般均用整体式钢模施工，其优点是：施工的钢模不易变形，施作的二次衬砌外观好，一次浇筑二衬的长度可灵活选择，一般选择6 ~12m，施工速度快。五指山隧道二次衬砌台车由专门的厂家制作，先把图纸送至厂家，制作好后运至工地，并由厂家来人负责组装、调试。模板台车由一套行车系统、一套钢模、一套液压支护系统组成。模板以型钢为骨架，上铺钢板，形成外壳，衬砌混凝土由模板结构支撑，拆模后从轨道上牵引至下一段作业。五指山隧道进出口各置一台二衬台车，钢板厚度10mm，一次施作二衬10m，这种台车可以适应衬砌厚度小于60cm的情况；突水坍方后进口端原二衬台车损坏，后重新购置了2台二衬台车，钢板厚度12mm，一次施作二衬9m，可以施作二衬厚度70cm。

根据量测数据，合理安排工序平行作业，隧道边墙基础、仰拱填充及二次衬砌与开挖工作面拉开100～200m距离同步进行。

衬砌施作，先施工两侧边墙基础，模板台车就位后施工拱墙衬砌。洞口II类围岩，尽快施作二次衬砌，洞身III类围岩段，应在围岩和初期支护变形基本稳定后进行，若围岩变形大，流性特征明显时，应加强初期支护，并及早施作二次衬砌。

1. 边墙基础，仰拱以及隧底填充

开挖完成后，尽快施作边墙基础和仰拱及隧底填充，模板采用钢模组合模板，混凝土泵输送混凝土，插入式振动棒振动，仰拱施作时，分左右幅交替进行，以确保运输畅通，加密测点，保证仰拱的设计拱度。

2. 防水层施作

在二次衬砌施工前安排单工序人工作业，脚手架为轨道式作业平台，铺设前先试铺。防水板在初期支护基本稳定后铺设，铺设时无锚杆和钢筋头外露，对不平部位和渗水处进行处理，固定防水板时，防水板要与岩面紧贴，并有一定的松弛系数（1.2左右），不要绷得太紧，根据岩面凹凸情况留有足够富余量，以防二次衬砌时将固定点拉脱，同时要防止防水板与基面间出现不密贴的空洞或二衬混凝土将防水板拉破，起不到防水作用。喷层渗水时，及时引排。铺设完毕后，全面检查，破损处需补救，经监理工程师检查合格后，方进入下一道工序。

3. 对泵送混凝土材料的要求

混凝土生产采用洞外自动计量拌和站集中供料，4～6m^3湿式搅拌罐车运送到工作面，砂、石、水泥等原材料由试验室负责选样检验。

4. 配合比

由试验室选配，并经质检部门验证合格后采用。五指山隧道C25模筑衬砌试验配合比为水泥：水：砂：碎石＝403：190：785：1 002，水灰比为0.47，砂细度模数2.71，使用峨胜牌P.O32.5水泥，碎石粒径5～40mm。五指山隧道涌水量较大，使用防水混凝土，防水等级S8，膨胀剂为水泥用量的8%，泵送剂为水泥用量的1.3%，坍落度14cm。

泵送混凝土必须符合以下施工技术规范：

（1）粗集料的最大粒径。当泵送高度小于50m时，碎石不宜大于管径的1/3，卵石不宜大于管径的1/2.5；泵送高度在50～100m时，碎石不宜大于管径的1/4，卵石不宜大于管径的1/3；泵送高度在100m以上时，碎石不宜大于管径的1/5，卵石不宜大于管径的1/4；粗集料采用连续级配，且针状、片状颗粒含量不宜大于10%。

（2）砂率为40%～50%。通过0.315mm和0.16mm筛孔的砂含量分别不应小于15%、5%。

（3）最少水泥用量不宜小于300kg/m^3（输送管径100～150mm）。不宜采用早凝或快凝水泥。

（4）坍落度不应小于80mm。坍落度可按表6-2选用。

（5）水灰比不宜大于0.4～0.6。

（6）泵送混凝土应掺用泵送剂或减水剂，并可适量掺用粉煤灰或其他活性掺和料。当掺用粉煤灰时，其质量符合用于水泥和混凝土的粉煤灰。

混凝土入泵坍落度选用表 表6-2

泵送高度(m)	<30	30~60	60~100	>100
坍落度(mm)	100~140	140~160	160~180	180~200

5. 对浇筑过程的基本要求

(1)在浇筑混凝土开始之前,先泵送一部分水泥砂浆,以润滑管道。而后,最先泵出的混凝土应废弃,直到排出监理工程师认为满意的、质量一致的、和易性好的混凝土为止。

(2)混凝土的泵送作业,应使混凝土连续不断地输出,且不产生气泡。泵送作业完成后,管道里面残留的混凝土应及时排出,并将全部设备彻底进行清洗。

(3)泵机开始工作后,中途不得停机,如非停机不可,停机时间一般不应超过30min,炎热气候不能超过10min。停机期间应每隔一定时间泵动几次,防止混凝土凝结堵塞管道。

6. 衬砌施工的技术措施

(1)制作混凝土的材料和衬砌工艺严格按技术规范的有关规定执行。自动计量拌和站的碎石仓上加罩格筛,控制倒入仓内碎石的最大粒径,防止混凝土输送管堵塞和损坏输送泵,造成质量和机械事故。

(2)严格自动计量拌和站质量控制,绝对保证混凝土的生产质量符合设计要求,混凝土质量的关键在于计量准确,所以在生产前和生产中必须检查调试计量部分和自动控制部分,使其处于正常范围。

(3)模板台车要加工精确,安装就位准确,锁定牢固,接头密贴于上循环,保持衔接和衬砌轮廓的正确。为确保衬砌不侵入隧道建筑限界,台车加工时轮廓线适当扩大。

(4)灌注混凝土按规范操作,灌注混凝土时两侧对称进行,两侧灌注高差不超过1m。混凝土灌注过程中要注意振捣,防止过捣或漏捣现象出现,保证混凝土密实,表面光滑,无蜂窝麻面,特别是封顶混凝土,一定要从内向端模方向灌注,排除空气,当混凝土面超过拱顶时,泵管出口应埋设在混凝土以下,保证拱顶所有空间能填满填实,保证拱顶灌注密实。在台车衬砌段拱顶部位预留注浆管,间距5m一根,在二次衬砌强度达到设计要求后,进行压浆回填,以保证拱顶混凝土灌注密实。

(5)混凝土浇注完后,及时洒水养护,次数和天数视施工实际情况并按有关规范办理。

(6)整体式衬砌采取垂直接缝,并将接头表面清理、凿毛、用压力水冲洗干净。

(7)混凝土泵应连续运转,输送管宜直,转弯宜缓,接头严密,泵送前润滑管道。灌注结束清理现场,及时检修、维护输送泵和清洗管道,以备下循环使用。

(8)作业要十分注意预埋件、洞室的施作。隧道内通信、消防、照明、通风等预先埋盒、预埋管道很多,按设计位置准确施工,必须稳妥牢固,且在衬砌台车设计时亦给予相应考虑。

7. 浇筑过程中的注意事项

(1)混凝土进入模板采用埋管法,即输送管不与模板接触,以免混凝土压出时对管口产生强烈的振动使模板变形,每浇筑一层进行振捣密实后再浇。边墙和拱脚部分的混凝土浇筑均采用插入式振捣器作业,做到内实外光。

(2)边墙浇到起拱位置时,应暂停浇筑1~2h,让混凝土充分下沉,防止开裂。

(3)拱顶利用混凝土输送泵的喷射作用使混凝土密实,同时用插入式振捣器或附着式振捣器进行振捣,使混凝土表面平整密实。

(4)拱顶不易灌注密实,在施工时要特别注意。灌注拱顶封顶部分时,在已封顶处逐步向前进行，将软管口端设置于模板上预备封顶处，待输送出的混凝土充满封顶部位时，将软管埋入混凝土中约30cm，然后将软管拔出约40cm，振捣后连续输送混凝土。待其埋入上述深度后，再一次拔管，直到封顶完成。

(5)为保证拱顶浇筑密实，还采用了预埋压浆管，待衬砌完成后作压浆处理。

(6)对超挖部分回填一般是通过作业窗口，用同标号混凝土回填，对超挖较大的边墙，经监理批准，可用碎石或片石回填后压浆，对拱顶除用同等级混凝土回填外，还应用注浆泵注浆，以确保拱顶衬砌的厚度和与初期支护密贴不留空隙。

(7)脱模的时间不能过早，过早则易造成开裂等问题。一般情况下，混凝土强度达到2.5MPa后可以脱模。在围岩较好地段，五指山隧道二次衬砌在浇筑作业完成30h以后，可以脱模，因围岩变形此时已基本稳定，此时在一定的时间内二次衬砌是不受力的。但在坍体处理、软弱围岩地段、初期支护开裂剥离段施作二衬，五指山隧道规定，为防止衬砌开裂，二次衬砌强度达到设计强度的70%后方可脱模，因为坍体处理及软弱围岩地段，脱模后的二次衬砌可能会很快处于受力状，这有可能引起二次衬砌开裂，对二次衬砌不利。工程实际表明，在五指山隧道软弱围岩地段、初期支护开裂剥离段施作二衬，二次衬砌一般在浇筑完毕50h以后可以脱模，按照此原则进行操作，五指山隧道二次衬砌脱模后未见有开裂之处。

第七章　超前地质预报及监控量测

第一节　超前地质预报

由于隧道发生突水、突泥、塌方事故造成的隧道停工和工程造价大幅度增加,在隧道施工中时有发生。为了避免这些灾害性事故发生,及时掌握掌子面前方的水文、地质情况非常重要。在隧道涌水量预测方面,水文地质学科领域内的学者提出了包括近似方法、专业理论方法、数值方法、随机数学方法、非线性理论方学等不同学科的许多方法,但是由于隧道围岩的复杂性和多变性,以及人们对现场水文工程地质条件的认识不完善,这些方法总是存在这样那样的问题,难以获得准确的结果。隧道地质条件仅靠隧道地质勘察时的几个钻孔资料很难确切掌握,只有等到开挖之后才完全明确。因而,在隧道施工过程中,主要采用超前地质预报方法预测前方开挖的工程地质及水文地质。

一、概　　述

(一)隧道超前地质预报的主要内容

隧道施工前的超前地质预报,是在探测或预测开挖工作面前方几米至几十米,甚至几百米以上的围岩工程地质和水文地质条件的基础上,结合掘进中地质条件的变化,及时提出预报,预报的具体内容如下。

(1)对照勘测阶段的地质资料,预报地质条件的变化情况及对施工的影响程度;

(2)可能出现坍方、滑动影响施工时,预报其部位、类型、规模、发展趋势,并提出处理措施;

(3)隧道将要穿过不稳定岩层、较大断层时,需施工单位改变施工方法或作应急措施预报;

(4)预报可能出现突然涌水地点、涌水量的大小、地下水泥砂含量及对施工的影响;

(5)软岩出现内鼓、片状掉块地段,应预报对施工的影响程度;

(6)岩体突然开裂或原有裂隙逐渐加宽时,应预报其危害程度;

(7)在位移量测中发现围岩变形速率突然加快时,应预报对围岩稳定性的影响程度;

(8)浅埋隧道地面出现下沉或裂缝时,应预报对隧道稳定性和施工的影响程度;

(9)洞口可能出现滑坡、坠石,应及时作出预报;

(10)预报由于施工不当,可能造成围岩失稳及其改进措施;

(11)隧道附近或穿过含瓦斯地段的煤层中,预测瓦斯影响程度。

(二)超前地质预报方法

隧道施工中超前地质预报,主要是根据已开挖地段的地质调查和各种探测方法取得的资料,预测开挖工作面前方一定长度范围内围岩的工程地质和水文地质情况,预报长度根据预报的方法不同差别很大,预报的准确性也不一样,如根据掌子面及其附近地段开挖后的地质观察(测),推断前方的地质情况,一般预测长度为几米至几十米,准确性不是很高,地质雷达探测一般可预测几十米,准确性比较高,TSP 系裂的探测一般可达 200m 以上,准确性也比较大。

1. 施工阶段地质调查

隧道施工中,对已开挖段进行地质观察和观测,可推断前方的地质状况,这也是地质预报的一种方法。调查的主要内容有隧道开挖面的地质素描、岩体结构面调查、涌水观测等内容。

2. 施工地质探测

施工地质探测是用机械设备或仪器,预测隧道开挖工作面前方围岩的工程地质。这种探测方法可靠性较高,是预报隧道工程地质和水文地质的可靠方法,主要包括导坑探测、钻探及物探。长大隧道或地质情况特别复杂的隧道中,用超前导坑或平行导坑超前进行探测,根据导坑揭露的地质情况,可较清楚地了解并准确地预测隧道开挖工作面前方的工程地质及水文地质情况;钻探包括超前水平芯探和开挖面上的浅孔钻探,超前水平芯探可以看作是隧道中的微型导坑,通过所取岩芯的性质、取芯率、岩芯长度等预报前方围岩情况。工作面上的浅孔钻探主要是在钻进过程中,从钻进的时间、速度、压力、冲洗液的颜色、成分以及是否卡钻、跳钻、钻孔的出水情况判断前方地质条件。如在遇到断层泥时,钻进时间短,钻进速度快,遇卡钻时说明岩体破碎,遇跳钻时,说明前方有可能出现空洞或溶洞。随着现代科学技术的发展,越来越多的手段用于隧道施工。物探主要包括地质雷达、超声波、地震波探测、物探测井,利用最大的是地质雷达、超声波及地震波。

3. 施工地质预测

施工地质预测,是根据施工地质调查和施工地质探测情况的预报,按照已开挖地段围岩的工程地质和水文地质特征,对隧道开挖工作面前方一定长度范围的围岩工程地质和水文地质条件所做的分析推断和评估工作。

(1)围岩工程地质特征的预测

通过工程地质调查,预报围岩工程地质特征有两种方法,一是前推法,另一个是平推法。前推法是根据隧道掌子面及其附近的地质情况,推断、预测掌子面前方围岩的工程地质特征。一般预测长度为几米至几十米。具体做法是首先按一定比例尺作出开挖面附近及开挖面前方一定长度的隧道设计尺寸展开图,然后逐一将开挖面或其附近边墙素描图上的岩性、断层界限,节理轨迹线等,按其产状并按隧道展开图的比例尺,展绘到展开图上,即得到用于地质预报的隧道预测平面图。平推法是按适当比例尺作超前导坑(或平行导坑)已施工和未施工地段底板(或拱顶)的平面图或展示图,然后将超前导坑(或超前平行导坑)底板(或拱部)的地质界线逐一沿其走向延伸到隧道两边墙脚(或拱脚),即得到隧道底板(或拱顶)预测地质平面图,如再由两边墙脚(或拱脚)按其视倾角延伸到边墙上,即得到隧道预测地质展示图。

(2)隧道涌水的预测

①相似比拟法。相似比拟法是通过导坑开挖时的实测涌水量来推算正洞涌水量,或用正洞已开挖地段实测涌水量来推断未开挖地段的涌水量。它建立在岩层裂隙比较均匀,比拟段的水文地质条件相似,涌水量与坑道体积成正比的基础上。

②根据开挖工作面上的超前炮眼钻孔或探水孔的涌水量预测前方几米至几十米的水情。这种方法的原理是利用爆破后的出水量和爆破前炮眼水喷距的一定比例关系,用喷距的大小来预测开挖后的涌水量。

二、五指山隧道超前地质预报总体方案

五指山隧道在突水坍方前，施工单位自己利用地质雷达进行短期预报，突水坍方发生后加强了超前地质预报工作，总体方案是长期预报配合短期预报，再用超前钻孔取芯加以进一步验证，五指山隧道超前地质预报总体方案见图 7-1。长期预报从总体上探测有无大的断层、溶洞、破碎带，短期预报验证长期预报结果，比较准确地判断破碎带的纵向长度及规模，超前钻孔取芯进一步验证地质雷达的结果，并判断前方有无突水的危险，结合 TSP 和地质雷达的探测结果，对前方围岩工程地质及水文地质得出最终的结论，指导隧道施工。五指山隧道超前地质预报方法如下。

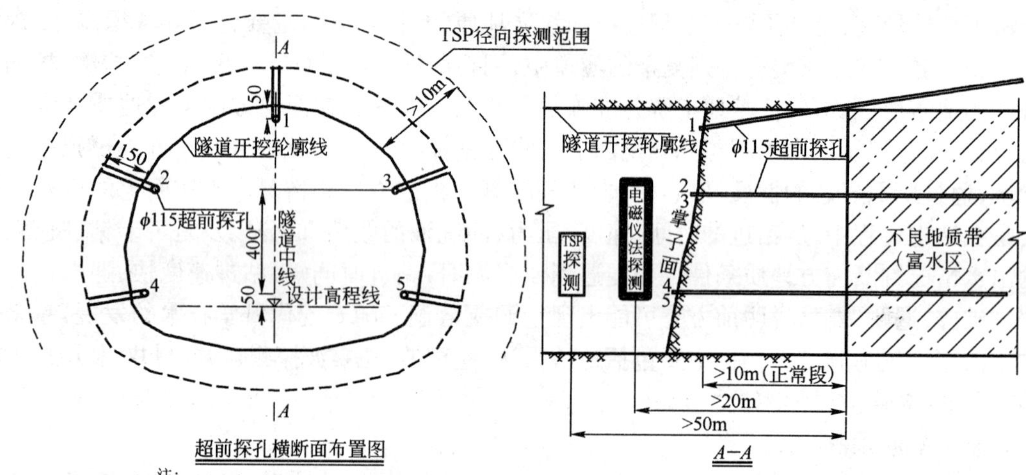

注：
1.图中尺寸单位除专门标注外均以cm计；
2.隧道开挖前，应首先用TSP202/203每隔50～100m探测一次，初步查明不良地质带和富水区的位置，再用电磁仪法等方法每隔20～30m探测一次，基本确定前方和周边富水区的位置，在临近怀疑的富水区时，采用钻孔探查，探孔长度20～30m，保护段长度不小于10m；
3.探孔宜用钻孔台车钻孔，终孔点应超出开挖轮廓线外1.5m，钻孔方位可根据物探成果调整；
4.采用TSP法探测时应查明隧道开挖轮廓线外径向10～20m以内的岩溶地质情况，若发现异常应及时上报；
5.根据各探孔的探测和出水情况，综合判定是否进行注浆堵水和堵水方式；
6.探孔在钻进时应对出水点位置、流量、水压、水温及出水状态等作详细记录，必要时应对探孔出水进行水质化验和分析。

图 7-1　五指山隧道超前地质预报总体方案

1. 长期地质预报

五指山隧道为特长隧道，加上有涌水及围岩软弱的情况，为预防突水及其他重大地质灾害，采取长期预报的手段，对大的断层、溶洞与瓦斯地质等情况做到预先知道，宏观预报隧道洞体可能出现的主要不良地质的成因、性质、类型、大约方位、位置和规模，以便采取措施。TSP2003 探测在这方面有其优越性，应用 TSP2003 探测，一般预报距离为 100 ~ 150m。五指山隧道突水坍方后请铁二院物探所进行长期地质预报。

2. 短期预报

在长期预报的基础上，应用 CR-20 型地质雷达探测前方不良地质，对掌子面前方地质进行短期预报，一般每次预报 10 ~ 30m，地质雷达对连续的短期超前预报能达到比较理想的预报精度。地质雷达的预报成果可和超前钻孔的成果进行对比，以检验地质雷达的准确性。

3. 超前钻孔取芯

利用 FS-6011 型水平钻机进行超前水平岩芯钻探，每次钻探孔深 30 ~ 50m，在钻进的过程中取岩芯，依次序放入木箱中，并观察记录钻进过程中的情况，如涌水量、总的钻进时间、冲洗液的颜色、钻进过程中有无跳钻、卡钻等情况。钻孔完毕后对岩芯进行数据分析，如取芯率、岩性描述、超前钻孔涌水量大小等，并结合 TSP 和地质雷达的探测情况，从而比较准确地定性判

断前方围岩，得出最终的结果，指导隧道开挖，特别是从超前钻孔的涌水量判断前方有无突水，解决了 TSP 和地质雷达预报涌水量准确性不高的困难。隧道超前钻孔孔位一般段落布置在拱腰以及拱顶，左右拱腰各 1 个，拱顶 1 个，共 3 个；在需要超前深孔注浆段落左右拱脚另各增加 1 个钻孔，一般段钻孔为 ZK2、ZK3、ZK4；注浆段落增加 ZK1、ZK5。

三、长期地质预报

长期预报由业主委托科研单位铁二院主持，用 TSP203 完成。TSP 超前地质预报系统是专门为隧道和地下工程超前地质预报研制开发的目前世界上在这个领域较为先进的设备，它为方便快捷地预报掌子面前方 100 ~ 200m 的范围内的地质情况提供了一种有效的方法和工具，为隧道施工变更施工工艺提供了依据，大大减少了隧道施工坍方带来的危险性，减少了人员和机械的损伤，同时也带来了很大的经济效益。

（一）TSP 的预报原理

TSP 超前地质预报系统是利用地震波在不均匀地质体中产生的反射波特征来预报隧道掘进面前方及周围临近区域的地质状况的。它是在掌子面后方边墙上一定范围布置一排爆破点，依次进行微弱爆破以后，产生的地震波信号在隧道周围岩体内传播，当岩石强度发生变化时，比如遇到破碎带或断层，信号的一部分被返回，界面两侧岩石的强度差别越大，反射回来的信号也就越强，返回的信号被经过特别设置的接收器接收转化成电信号并进行放大处理。根据信号返回的时间和方向，通过专用数据处理软件处理就可以得到岩体强度变化界面两侧界面的位置及方向，原理见图 7-2。

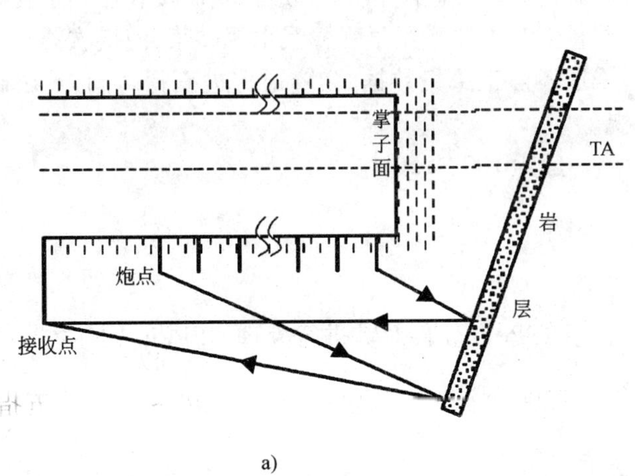

a)

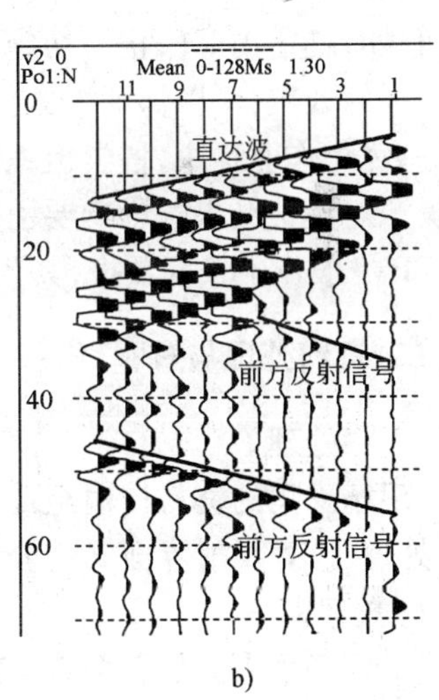

b)

图 7-2　TSP 预报原理示意图

a）地震波遇岩面反射；b）信号接收

当地震记录中不存在明显的反射波时，则认为掌子面前方的围岩是均质的，存在不良地质情况的可能性比较小。

对 TSP203 仪器采集的数据利用 TSPwin 软件进行处理，可以获得隧道掌子面前方的 P 波、SH 波和 SV 波的时间剖面、深度偏移剖面、岩石的反射层位、物理力学参数、各反射层能量大小等成果资料，同时还可得到反射层的二维或三维空间分布，并根据反射波的组合、动力学特征、岩石物理学参数等资料来预报隧道掌子面前方的地质情况，如溶洞、软弱岩层、断层及富水带等不良地质体。

洞内数据采集包括:打接收器孔和爆破孔、埋置接收器、连接接收器信号仪器及爆破接收信号等过程。

为使接收器能与周围岩体很好地耦合以保证采集信号的质量,采集信号前至少 12h 时应将一个保护接收器的接收器套管插入孔内,并由含两种特殊成分的不收缩水泥砂浆使其与周围岩体很好地黏结在一起,每个爆破孔装药量 10 ~ 40g,根据围岩软硬和完整破碎程度以及距接收器位置的远近而不同,若地震情况特别复杂,有时需要在隧道另一边墙上也布置一个接收器和 24 个爆破孔,通过左右边墙所测资料的对比分析,得出较为准确的结果。

1. 仪器设备

TSP203 仪器主要由三分量检波器、记录单元及起爆装置组成。三分量检波器用来接收地震波信号;记录单元将接收到的地震波信号进行放大、模数转换和数据记录,同时还进行测量过程控制;起爆装置则用于引爆电雷管和炸药,人工激发地震波。

2. 观测系统

通常在隧道的左、右边墙位置(一般离掌子面 55m 处)分别布置一个地震波信息接收孔,孔径为 50mm,深度约 2m,并以接收器处为参考点,在朝向掌子面,离参考点 20m 处的左边墙(或右边墙)位置开始布置第一个地震波信息激发孔,以后的炮间距为 1.5m,深度为 1.5m,共布置 24 个地震波信息激发孔。为了使爆炸产生的能量能尽量在围岩中传播,每一个激发孔需向下倾斜一定角度,以便在放炮前能用水来封堵炮孔。同时,布置的观测系统要求激发孔和接收孔能尽量保持在同一个高度上。

3. 预报工作注意事项

为保证预报长度、预报精度,提高预报质量,在一切可能的情况下尽量减少环境噪声,爆破接收信号时隧道内应停止一切施工工作;确定好采样间隔和采样数目;安放接收器一定要与周围岩体很好地耦合,以保证采集信号的质量。其方法是用早强膨胀水泥砂浆,使接收器与岩体粘贴好;优化作业程序,科学组织施工,采取不停工采集数据,为隧道掘进赢得时间;对爆破炸药作震源对预报结果的影响要引起重视。

TSP 一般作中长期预报,其预报距离一般为 100 ~ 250m。

(二)资料处理与解释

1. 资料处理

将现场采集的资料传输至计算机,利用 TSPwin 软件对其进行处理,TSPwin 软件主要由数据库、处理、计算反射界面 3 部分组成。

(1)数据库

编辑现场采集的数据和定义观测系统。

(2)处理

对原始数据进行放大、能量均衡、滤波等流程的处理。

(3)计算反射界面

在波形处理后,从地震波形记录中拾取纵波波形和横波波形,根据爆炸点与检波器的距离可分别计算各段围岩的纵波速度 V_p 和横波速度 V_z。

V_p 和 V_z 值的大小综合反映了围岩的物理力学性质,根据 V_p 和 V_z 值可直接计算动力学参数,即计算动弹性模量 E_i、动剪切模量 G_i 和泊松比 u_i,计算式如下:

$$E_i = \rho V_z^2 (3V_p^2 - 4V_z^2)/(V_p^2 - V_z^2)$$

$$G_i = \rho V_z^2$$

$$u_i = (V_p^2 - 2V_z^2)/2(V_p^2 - V_z^2)$$

式中：ρ——围岩的密度。

根据绕射重叠法原理（与常规地震反射资料处理中偏移流程的原理类似）计算反射界面与隧道的相对位置，即与隧道轴线的交角或至掌子面的距离。

2. 资料解释

根据 TSP 法的原理和工作经验，把距离隧道轴线近、能量大的反射波组判释为围岩异常区，并综合深度偏移图、地震波速、泊松比和动杨氏模量等参数对围岩异常区的类别进行划分。解释原则如下所列：

（1）反射振幅越强，反射系数和波阻抗的差别越大。

（2）正振幅表明是刚性岩层，负振幅表明是软弱岩层。

（3）若 S 波反射比 ρ 波强，则表明岩层饱含水。

（4）V_p/V_s 增加或泊松比 μ_i 突然增大，常常因流体的存在而引起。

（5）若 V_p 下降，则表明裂隙密度或孔隙度增加。

（三）五指山隧道 TSP 探测实例

1. 炮孔布置

进口端在 2005 年 8 月 6 日发生了突水坍方，后用 TSP 进行了坍方范围探测。接收器距掌子面约 55m，最后一个爆破孔距掌子面约 0.5m。爆破孔间距 1.5m，孔深 1.5m，孔径 19 ~ 45mm，孔口距隧底约 1.0m，向掌子面方向倾斜约 10°，向下倾斜 10° ~20°。

2. 成果图及结论

详见成果图 7-3 和图 7-4，本次探测范围内 K29 +480 ~ +542 段为“8.6 涌水坍方”区域。

通过对进口端 K29 +450 ~ +580 段的探测，结论如下：

（1）隧道左侧 K29 +452 ~ +458 至隧道右侧 K29 +452 ~ +455 范围内为塌陷变形区，最大高度（隧道高程以上）大约 15m。

（2）隧道左侧 K29 +474 ~ +500 至隧道右侧 K29 +506 ~ +510 范围内为塌陷变形区，最大高度（隧道高程以上）大约 40m。

（3）隧道左侧 K29 +544 ~ +546 至隧道右侧 K29 +541 ~ +550 范围内为塌陷变形区，最大高度（隧道高程以上）大约 30m。

（4）隧道左侧 K29 +557 至隧道右侧 K29 +560 处推测有裂隙的存在。

（5）隧道左侧 K29 +567 至隧道右侧 K29 +574 处推测有裂隙的存在。

（6）其余地段围岩破碎，富水。

（四）长期预报精度评价

进口端 K29 +450 ~ +580 段坍方预测范围基本准确，为本段突水坍方处治方案的制订提供了比较准确的情报。五指山隧道的使用统计表明，TSP 预测破碎带的准确率在 80% 以上，预测距离误差 7% 左右，对破碎带的定位有一定误差，当然这误差原因是多方面的。地震波反射法的优点是不占用掌子面，超前预报的距离长，这种方法探测断层、大的岩性界面等平直地质界面效果较好，当溶洞规模较大，其边界有一定平直界面且与隧道走向交角较大时，特别是发育在断层附近或顺层发育的较大规模的板形岩溶，探测效果较好。我国使用TSP的统计情

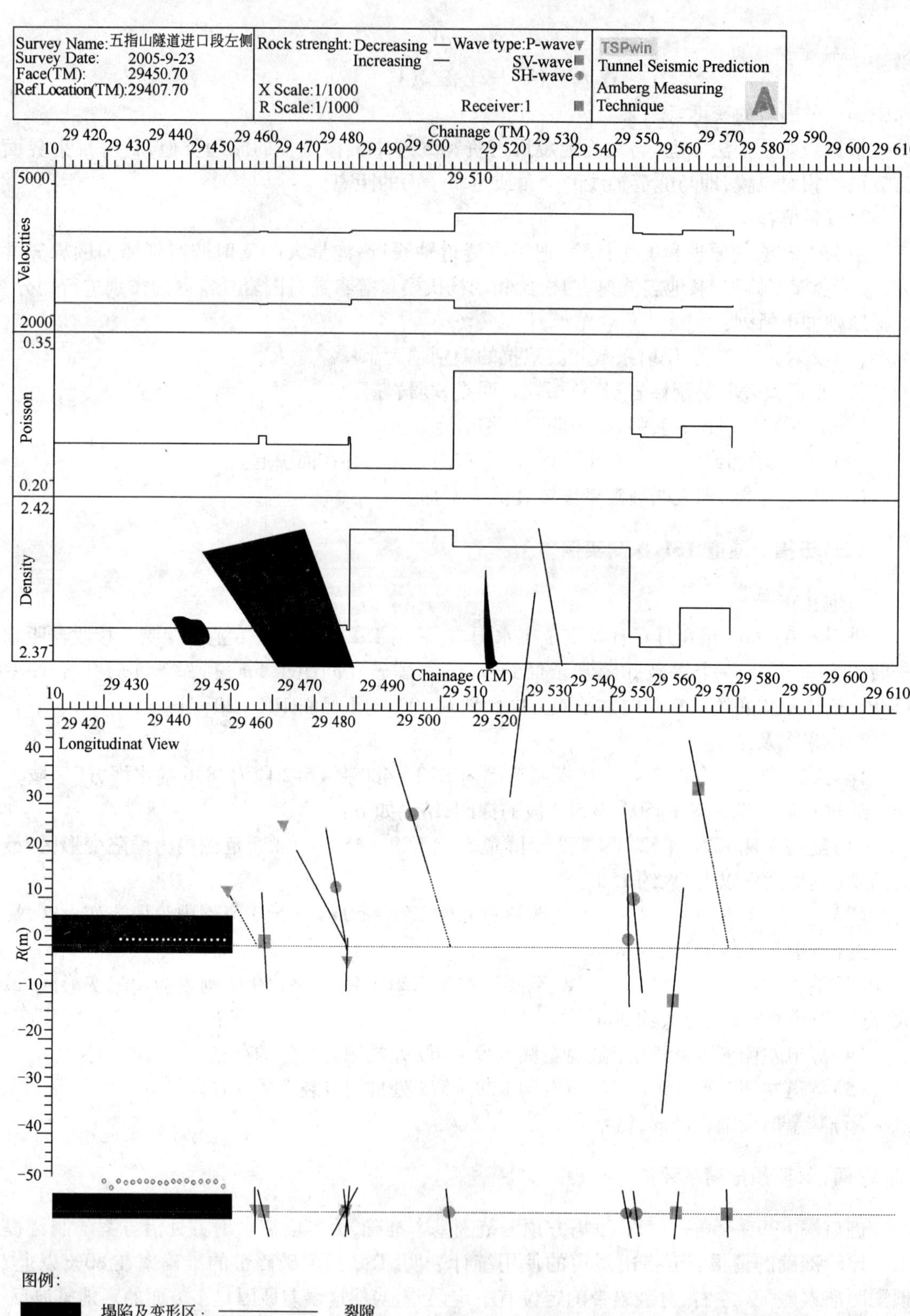

图 7-3　五指山隧道进口端 K29 +450 ~ +580 段左侧 TSP 探测成果图

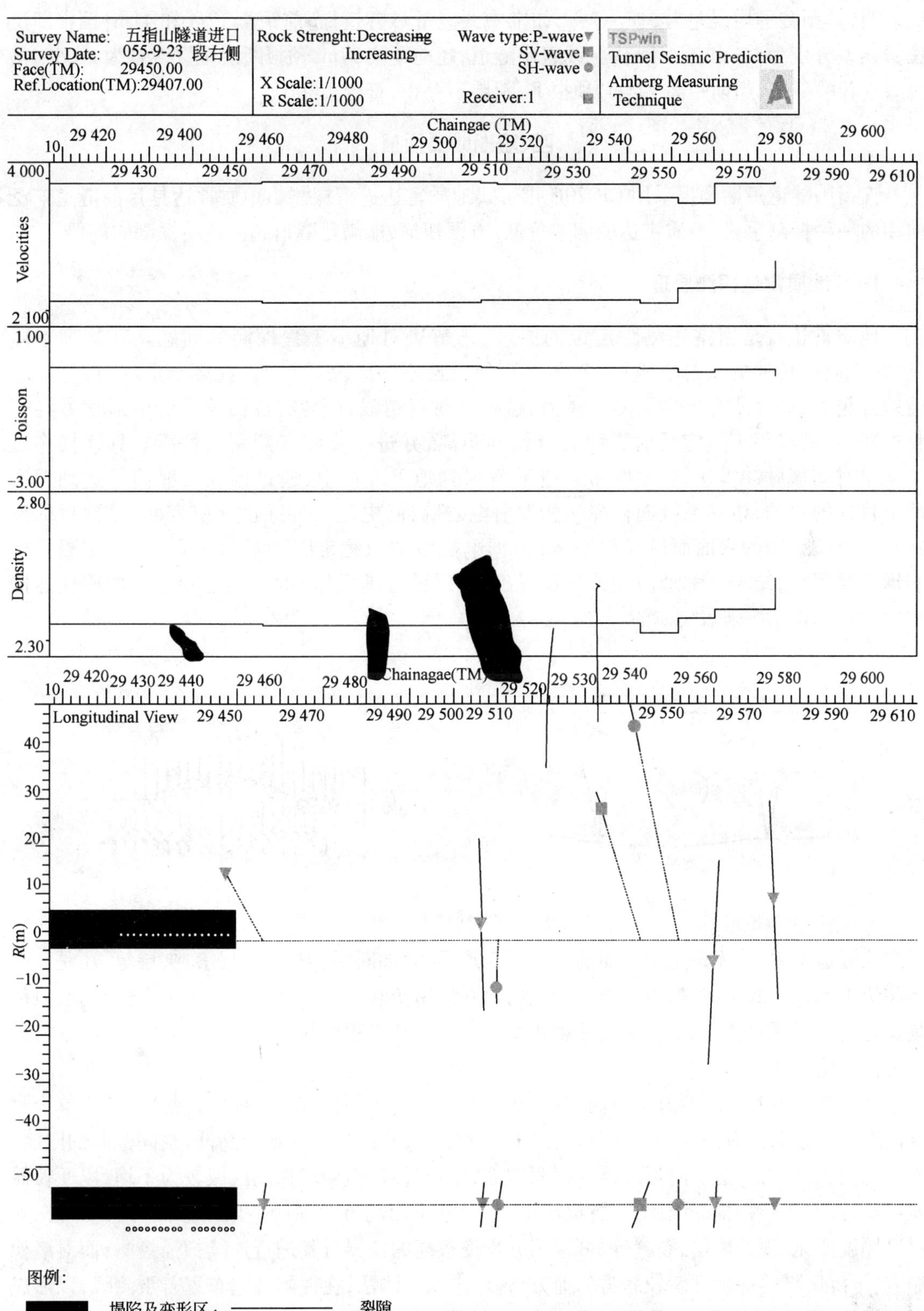

图例：

塌陷及变形区； 裂隙

图 7-4 五指山隧道进口端 K29 +450 ~ +580 段右侧 TSP 探测成果图

况表明，其预测平均误差为3% ~7%，如宝中线老爷岭隧道，超前距离17m和41m，预报断层位置误差分别为3%和2.4%，南昆线康牛隧道，超前距离37m，预报断层位置误差为1.0%，南昆线米花岭隧道，超前距离121m，预报F_3断层不存在，符合实际。

四、短期地质预报

五指山隧道短期预报采用CR-20C携带式地质雷达进行探测。地质雷达是目前隧道广泛使用的一种探测手段，地质雷达探测造价低，方便快捷，能满足隧道超前地质探测的需要。

（一）地质雷达探测原理

地质雷达就是用雷达测距定位的原理，来解决对地下工程探测的问题。其物理本质是：在介质中传播的入射电磁波，若遇上两种电性不一的介质界面，就会产生反射；界面电性差异越大，即介质介电常数差异越大，这种反射就越强，而含有界面信息的反射信号经接收处理后，就可用于判定反射界面的方位和距离，并进一步综合判别其性能。具体操作时可采用时间域脉冲雷达，将宽频带的脉冲发射到地下介质中，通过接收反射信号达到探测地下目标的目的，雷达系统向被探测物发射电磁脉冲，电磁脉冲穿过介质表面，碰到目标物或不同介质之间的界面而被反射回来，根据电磁波的双程走时的长短差别，确定探测目标的形态及属性，结合工程地质理论分析得出埋藏目标（地质体）的探测与判断。地质雷达探测原理可用图7-5来表示。

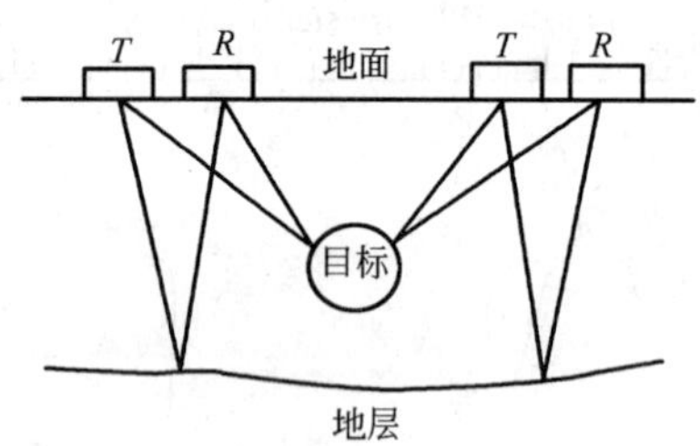

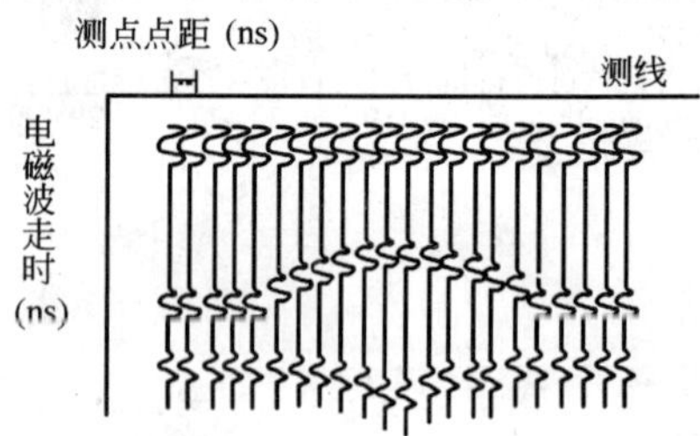

图7-5　雷达探测原理示意图

在隧道工程中，无论是掌子面前方的不良地质体，如断层、裂隙带、岩溶、夹层等，还是已竣工隧道中的各种病害体，如顶部离层，漏水裂隙等，由于和其周围介质都有较大电性差异，故都是良好的电磁反射体。因此，将地质雷达用于解决隧道工程中的地质探测和病害处理问题，是完全有理论依据的。

地质雷达的基本探测方式有两种：一是点测，二是连续探测。点测的优点是：可对单个测点波形进行参数实时调节和细化分析，且对环境的适应性强，不受地形高低、空间范围的限制。连续探测的优点是：能实时形成连续探测剖面，比较直观，但要求探测区域较为平坦，以便仪器能平稳运动，进行扫描。因此，在隧道施工中，对掌子面前方的探测一般以点测为宜。对探测衬砌厚度变化、顶部离层、裂缝等，可采用分辨率较高的仪器对其进行连续扫描控测；而对诸如塌方，下沉区域等探测环境较恶劣的地方，则可采用点测法，在探测区内布置若干测线，以形成测点网络，构成探测剖面。将洞内采集的地震数据传输到室内计算机上，应用地质雷达数据处理软件进行波形处理、预报计算、输出预报。根据所掌握的地质资料，判断出岩体强度变化界面是节理密集带、断层还是岩性发生变化界面。

(二)五指山隧道雷达超前地质预报

1. 预报方案及设备

高频(如400MHz)天线雷达图像具有较高的分辨率,显示出较清晰的图像,但探测深度较小;低频(如35MHz)天线的分辨率相对较低,但控测深度大,深度可达30m,介质界限较明显。鉴于地质雷达的以上特点,五指山隧道进口采取低频天线,一次探测深度定为30m,探测一段,掘进一段,以保证施工安全,探测结果与实际揭露验证的统计数据进行对比分析,统计雷达探测的精度,以备以后类似工程参考。

采用北京爱迪尔国际探测技术有限公司生产的CR－20C携带式探地雷达,工控级CPU主板,20G硬盘,标准UXB口、CRT口、键盘口,具有与计算机并口传输数据的能力,主机质量11kg,最大探测深度可达30m。

2. 五指山隧道地质雷达预报实例

从2004年11月11日开始,进口端掌子面K28＋933附近,掌子面围岩裂隙增多,结构破碎,围岩稳定性差,拱顶及右侧掉块严重,发生了坍塌。11月22日恢复掌子面掘进后,施工单位用于11月28日在掌子面K28＋946用地质雷达进行了超前地质预报,掌子面雷达图像如图7-6所示。

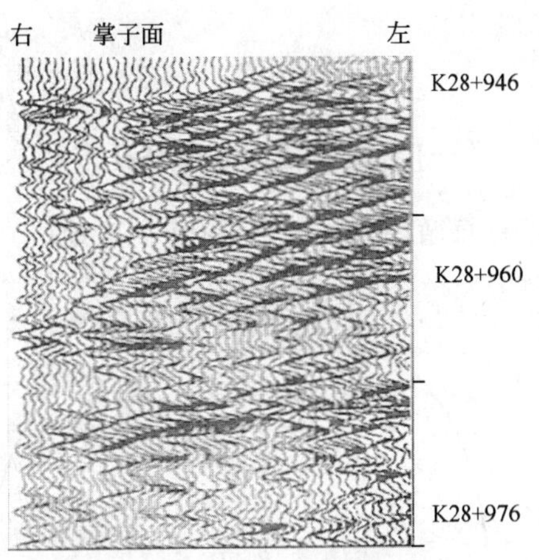

图7-6　掌子面K28＋946地质雷达预报图像

探测地层地质构造、查明其空间分布、产状量和规模等是地质雷达超前预报工作的主要目的。裂隙内有不同成分、不均匀的充填物,与周边围岩形成电性差异,所有采用地质雷达探测岩体内的裂隙存在地球物理基础,当雷达电磁波传播到裂隙表面时,会产生较强的界面反射波,同相轴的连续性反映出裂隙面是否平直、连续;在穿越裂隙的过程中会产生绕射、散射,波形杂乱、波幅变化大等现象,反映出裂隙内充填物的不均匀性。综合分析地质雷达图像,可以分析得出以下结论:

目前掌子面从K28＋946开始,至K28＋960段,围岩与坍塌处为同一破碎带,围岩裂隙较多,整体性较差,开挖后围岩自稳能力差,拱顶可能掉块严重,甚至坍塌,需做好超前支护,但无大型断层,无溶洞,无突水现象;进一步分析表明,左侧围岩较右侧差。K28＋960以后围岩比前一段围岩整体性稍好,但围岩结构仍较破碎,围岩裂隙仍较多;K28＋976以后反射较弱,下次超前预报再作分析,本次地质雷达超前地质预报长度30m(K28＋946～K28＋976)。

(三)地质雷达的预测精度评价

地质雷达与常规的钻探工作相比,地质雷达在探测岩溶等方面有其他物探方法无法比拟的优点。它是一种高效、直观、连续无破坏性、分辨率高的物探方法,提供的资料图件为连续的平面和剖面形态,对溶洞的分布范围、埋深、大小及连通情况一目了然,为实现勘察手段的现代化提供了行之有效的途径,在岩溶区隧道的探测领域具有强大的生命力和广阔的应用前景。在地质雷达探测前,首先应进行常规的工程地质调查,了解场地的地形地貌、地质构造、岩溶发育等情况,有条件时可适当布置少量控制性的钻孔,最好事先能了解各种目标体的地质雷达图像特征,使其后的地质雷达探测成果的解释更为准确可靠。由于大自然的变化无常,岩溶、破碎带等不良地质在图像上的反映形态更是复杂多样。在实际工作中,地质雷达仪操作人员的经验和技术水平及仪器参数选择的是否得当,是能否取得良好探测效果的关键因素。

目前超前地质雷达预报方法的应用在实践中积累了很多成功的经验,也暴露了不少问题。最主要的问题是对不良地质条件的判读缺乏明确的指标,更多的依赖于经验;其次是不良地质对象的定位精度不高,特别是对于与隧道走向近于平行的断裂带、饱水带等;第三是对于预报岩体工程类别的变化方面还缺乏可靠的依据。这些问题主要是由于观测条件的限制、观测方式和分析处理方法过于简单造成的。正是这些原因,造成地质超前预报准确率不高。地质雷达预报涌水也较困难,涌水预报目前主要采用红外探水的方法进行。为了提高地质超前预报的准确性,目前一般采取长期预报(TSP202 和 TSP203)与短期预报相结合相合的方法,地质雷达与地质综合分析相结合等多种方法进行隧道地质超前预报。

五、超 前 钻 孔

(一)五指山隧道超前钻孔方案

每循环布置 3 个钻孔(一般地段)。3 个钻孔布置不在同一直线上,钻进的过程中取岩芯,观察岩芯状况、冲洗液等情况,计算岩芯的采取率、RQD 值,结合掌子面围岩,综合推断前方围岩情况,通过钻孔过程中的涌水情况,推断前方围岩开挖时的涌水情况,预防突水的发生。钻孔采用 FS-6011 型地质钻机,在钻孔过程中每钻进一个循环(1.5m)取岩芯一次,用专用的木箱装岩芯,在取岩芯的同时,用小纸条记录钻进里程、钻孔过程中的涌水及其他情况,贴在岩芯上。钻孔完毕后,编写超前钻孔报告。掌子面超前钻孔布置见图 7-7。隧道超前钻孔孔位一般段落布置在拱腰以及拱顶,左右拱腰各 1 个,拱顶 1 个,共 3 个;在需要超前深孔注浆段落左右拱脚另各增加 1 个钻孔。如图 7-7 所示,一般段钻孔为 ZK2、ZK3、ZK4;注浆段落增加 ZK1、ZK5。

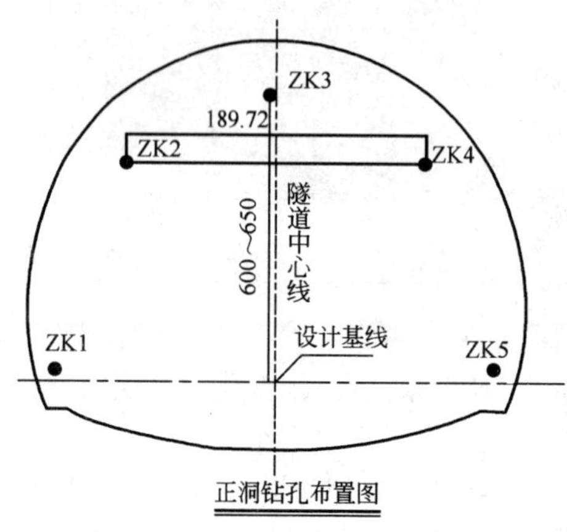

图 7-7　掌子面超前钻孔布置图

钻孔完毕之后,根据钻孔取芯率、岩性、RQD 值及钻孔取芯过程中涌水量及其他情况,结合掌子面开挖时的地质情况、超前地质雷达和 TSP 预测的情况综合推断前方地质,并得出最终的地质预报结论,指导施工。

(二)五指山隧道超前钻孔实例

利用地质钻机 FS-6011 按照孔位布置进行,将钻孔芯样记录,按照取芯样与实际钻进深度比值,确定芯样采取率。同时记录大于 10cm 芯样的累计长度和钻进深度比值,确定芯样的 RQD 值,并记录钻孔中涌水量,将所有钻孔情况汇制成一张钻孔柱状图。图 7-8 是 K29 + 550 断面的超前钻孔顶上一个孔的地质柱状图,计算出前 8m 的取芯率是 90%,RQD 值是 41.7%,涌水量是 $2m^3/h$,岩芯描述:围岩为棕褐色砂质泥岩,岩石以软质岩为主,中厚～厚层状构造,结构较完整,含少量层间裂隙水;钻孔 8~15m 的取芯率是 91%,RQD 值是 40.8%,涌水量是 $2m^3/h$,岩芯描述:围岩为棕褐色砂质泥岩,岩石以软质岩为主,中厚~厚层状构造,结构松散,裂隙发育,岩层以块状砌体结构为主,围岩稳定性较差;15~30m 的取芯率是 87%,RQD 值是 42%,涌水量是 $5m^3/h$,岩芯描述:围岩为棕褐色砂质泥岩,中厚~厚层构造,结构松散、裂隙发育,较软,岩体以块状砌体结构为主,含较大层间裂隙水,钻孔越深,涌水越大。根据钻孔涌水量,结合 TSP2003 预报及地质雷达预报结果,得出前方围岩涌水量约 $500m^3/h$ 左右,开挖后围岩以中厚~厚层状砂岩为主,黄褐色,节理裂隙较发育,呈块状砌体结构。无突水危险,无断层、破碎带。实际开挖后围岩总涌水量 $518m^3/h$,与预测的涌水量差不多。

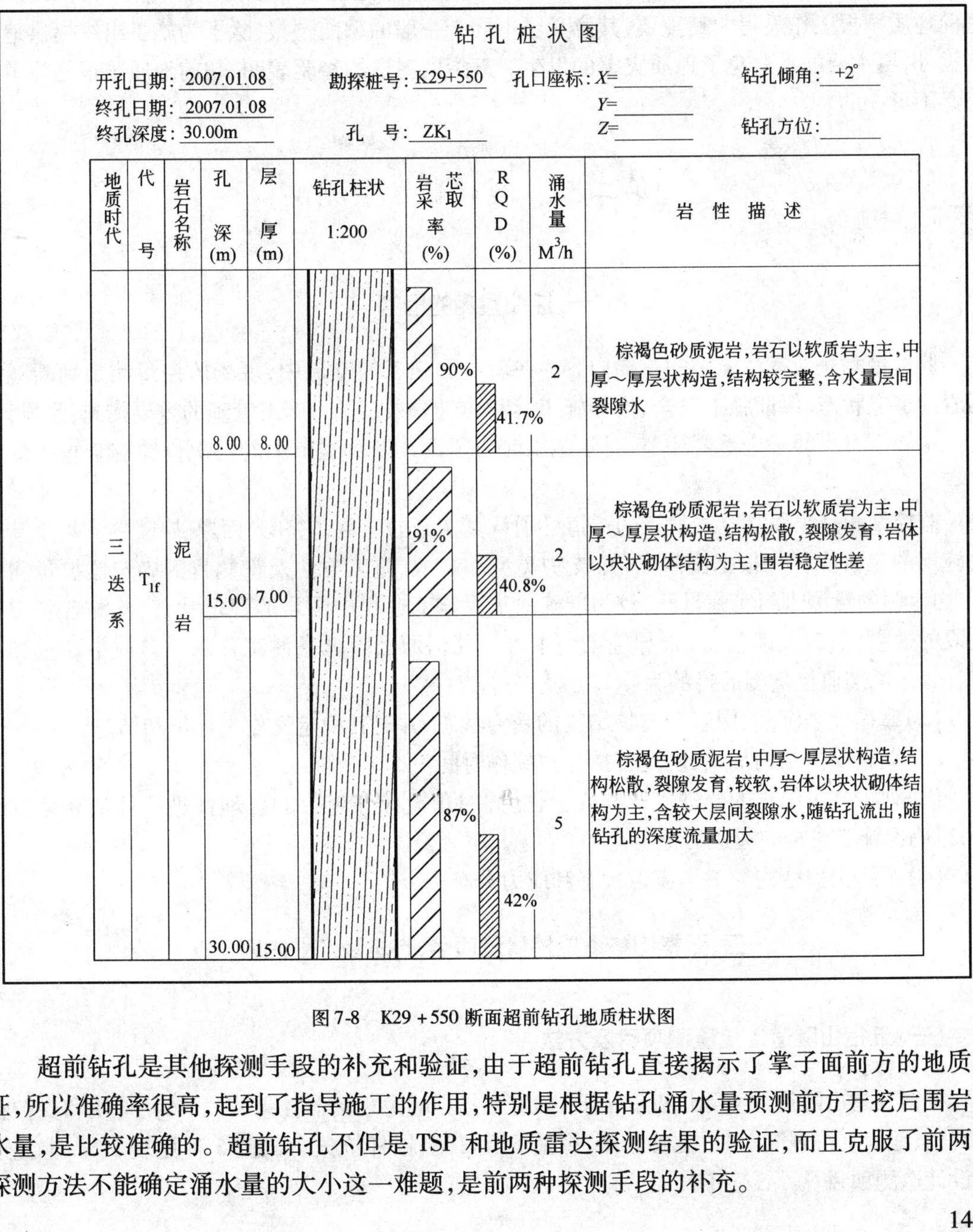

钻孔桩状图

开孔日期: 2007.01.08　　勘探桩号: K29+550　　孔口座标: X=　　钻孔倾角: +2°

终孔日期: 2007.01.08　　Y=

终孔深度: 30.00m　　孔　号: ZK_1　　Z=　　钻孔方位:

地质时代	代号	岩石名称	孔深 (m)	层厚 (m)	钻孔柱状 1:200	岩芯采取率 (%)	RQD (%)	涌水量 M^3/h	岩性描述
三迭系	T_{1f}	泥岩	8.00	8.00		90%	41.7%	2	棕褐色砂质泥岩,岩石以软质岩为主,中厚～厚层状构造,结构较完整,含水量层间裂隙水
			15.00	7.00		91%	40.8%	2	棕褐色砂质泥岩,岩石以软质岩为主,中厚～厚层状构造,结构松散,裂隙发育,岩体以块状砌体结构为主,围岩稳定性差
			30.00	15.00		87%	42%	5	棕褐色砂质泥岩,中厚～厚层状构造,结构松散,裂隙发育,较软,岩体以块状砌体结构为主,含较大层间裂隙水,随钻孔流出,随钻孔的深度流量加大

图 7-8　K29+550 断面超前钻孔地质柱状图

超前钻孔是其他探测手段的补充和验证,由于超前钻孔直接揭示了掌子面前方的地质特征,所以准确率很高,起到了指导施工的作用,特别是根据钻孔涌水量预测前方开挖后围岩涌水量,是比较准确的。超前钻孔不但是 TSP 和地质雷达探测结果的验证,而且克服了前两种探测方法不能确定涌水量的大小这一难题,是前两种探测手段的补充。

五指山隧道突水坍方以后未开挖围岩,包括迂回导洞开挖均设计了超前地质预报,且3种超前预报手段均用了,从使用的统计数据来看,超前钻孔的费用最高,影响施工的时间最长。TSP探测影响施工的时间大约2h,地质雷达影响施工的时间大约60min,超前钻孔取芯一个循环30m,纯钻进时间约10h,辅助时间约5h,影响施工时间约15h,超前钻孔平均费用约800元/m。

五指山地质超前预报的准确度经历了从不太准确到比较准确的过程,开挖后围岩与预报的地质情况基本符合,探测过程中未发现重大漏报的现象。五指山隧道为特长隧道,但在2005年8月以前,因于多方面的原因,地质预报未引起足够的重视,2005年8月发生过突水坍方后,各方面对超前地质预报都很重视,预报效果也的确起到了预期的效果。作为特长隧道,超前地质预报工作显得尤其重要,其意义已不同于一般的超前预报,除了为施工组织提供地质依据外,更主要的是避免了地质灾害的发生。五指山隧道的经验表明,超前地质预报是隧道施工必不可少的。

第二节　隧道监控量测

一、监控量测的目的

监控量测是新奥法施工的重要内容。在新奥法施工的隧道中,现场监控量测是判断隧道围岩的稳定状态、保证施工安全、指导施工、调整支护参数、进行施工管理的重要措施,是设计、施工中必不可少的一个重要环节,对于施工前的预设计以及施工中的再次设计有着重要的指导意义。

监控量测是采用复合式衬砌的隧道必须认真实施的项目,它和光面爆破、喷锚支护是新奥法施工的三大支柱。根据围岩条件、支护类型和参数、施工方法及量测目的确定监控量测内容,由专门的量测小组实施量测,较为准确地掌握施工过程中围岩的稳定状态,检测各项支护手段的效果,及时反馈信息,指导施工。不可因任何原因降低量测工作的质量或中断量测工作。具体说来监控量测的目的为:

(1)掌握地表沉陷、围岩和支护结构的受力状态,并对其稳定性作出评价和结论。

(2)调整支护结构形式,确定支护参数施作时间。

(3)评价支护结构的合理性及其安全性,并对预设计和施工的合理性进行评估和信息反馈,以确保施工安全和隧道的稳定。

(4)了解支护结构的工作应力状态和应力分布。

二、五指山隧道监控量测项目、方法及作业内容

(一)五指山隧道监控量测项目及方法

根据五指山隧道的实际情况和需要,确定五指山隧道现场监控量测项目为:地质和支护状况观察、地表下沉观测、周边位移量测、拱顶下沉量测、锚杆抗拔力试验5种见表7-1。本隧道未设计选测项目。

五指山隧道现场监控量测项目及量测方法 表 7-1

项目名称		方法及工具	布置	量测间隔时间			
				1~15d	16d~1个月	1~3个月	3个月以后
必测项目	地质和支护状况观察	岩性、结构面产状及支护裂隙观察	开挖后及初期支护后进行	每次爆破后进行			
	地表下沉观测	精密水平仪、水准尺	浅埋、洞口(埋深40m)每10~20m一个断面,每个断面宽度3B范围内7个测点	1~2次/d	1次/2d	1~2次/周	1~3次/月
	周边位移量测	收敛仪	每10~50m一个断面,每断面1~2对测点	1~2次/d	1次/2d	1~2次/周	1~3次/月
	拱顶下沉量测	水平仪、水准尺、钢尺或测杆	每10~50m一个断面,每断面2对测点	1~2次/d	1次/2d	1~2次/周	1~3次/月
	锚杆拉拔试验	锚杆拉拔仪	每10m一个断面,每断面至少做3根锚杆	1~2次/d	1次/2d	1次/周	1次/月

(二)监控量测作业的内容

1. 地质及支护状况观察

观察内容:掘进面及附近周边的自稳性,围岩节理裂隙发育程度及其方向,开挖工作面的稳定状态,顶板有无坍塌,涌水量大小,水压以及出水位置等,底板有无隆起现象;地质及岩质情况,校核围岩分类;对开挖后已支护地段围岩的动态观测,包括有无锚杆被拉断或垫板脱离围岩现象,喷混凝土有无裂隙、剥离和剪切破坏,钢拱架有无被压坏变形情况,锚杆注浆和喷射混凝土施工质量是否符合规定的要求;观察应当引起注意的破坏,如拱顶混凝土喷层因受弯曲压缩的影响而出现的裂隙,以及各种危险的征兆,如拱顶混凝土喷层出现有对称性局部的崩落和侧墙内移等。

地质素描的内容包括:岩石名称、结构、颜色;岩体层理、片理、节理、裂隙、断层等各种软弱面的产状、宽度、延伸情况、连续性、间距等;岩石各结构面的成因类型、力学性质、充填物成分及泥化、软化情况;岩脉穿插情况及其与围岩接触关系,软硬及破碎程度,围岩的自稳时间与自稳性能;岩体的风化程度、特征、抗风化能力;地下水的类型、出露位置、水量及对喷锚支护的影响;施工开挖方法、支护参数及循环时间;围岩内鼓、弯折、变形、岩爆、掉块、坍塌的位置、规模和分布情况;溶洞、黄土、流沙、瓦斯地层等特殊地质条件的描述;喷层开裂、起鼓、剥离情况的描述及照片。

每次爆破后都进行观测,地质无明显变化时可一天进行一次,观测后做好记录,并整理保存。

2. 拱顶下沉量测与周边位移量量测

拱顶下沉与周边位移量测也称收敛量测,是隧道内各种量测中最重要的项目,根据量测结果判定拱顶及周边围岩的稳定性、初期支护、施工的合理性、灌注二次衬砌的时间。

拱顶下沉量测与周边位移量测原则上设在同一断面上进行,量测的间距一般为:V 类围岩

150m,IV 类围岩 100m,III 类围岩 50m,II 类围岩 20m,洞口附近及施工初期的间距应当适当缩短,一般为 10 ~20m,逐渐增长至要求间距,施工进程到一定程度,地质良好,变化不大时,间距也可增大。

拱顶下沉量测的测点,原则上应设在拱顶中心,如因风管妨碍量测工作时,也可将测点设于拱顶中心之外。拱顶下沉量测可测得拱顶的绝对下沉量,周边位移量测可测得净空相对位移。周边位移量测的测线可采用 1 ~2 条水平测线或三角形测法,根据围岩情况及施工方法选用,围岩越好,测线越少,施工分部越多,测线越多。量测断面设置应尽量靠近开挖面,距开挖面 2m 范围内,以便量取初始数值,一般要求在开挖后 12h 以内,最迟不得超过 24h 安设,且应在下一次爆破以前进行。五指山隧道拱顶下沉与周边收敛测线布置如图 7-9 所示。

对于膨胀性围岩,位移长期不能收敛时,量测至变形速率小于每月 1mm 时,即可结束量测。

不同的围岩地质条件,从开挖到变形收敛所需时间各不相同,因此量测时间就各有长短,在稳定性好的围岩中,其变形收敛快,一般量测一周时间就可以判断围岩稳定状态,而在塑性流变岩体中,其变形收敛时间长达 2 个月以上,则需要进行较长时间的观测。

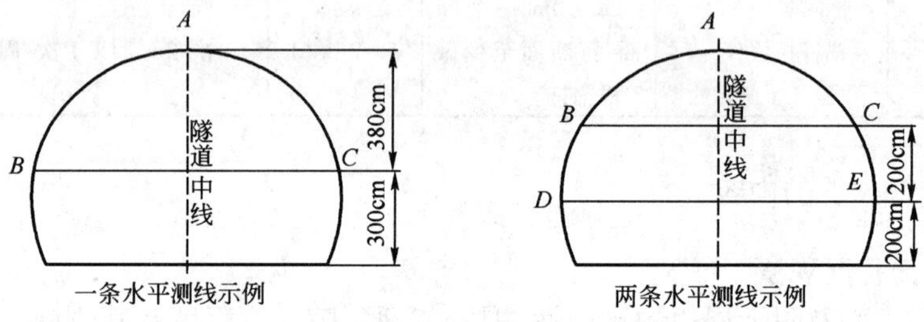

图 7-9　五指山隧道拱顶下沉与周边收敛测线布置图

据资料反映,温度对测量仪器有一定的影响,但影响较小,在五指山隧道的监控量测中,未考虑温度对仪器的影响,未考虑温度修正。

3. 地表下沉量测

I ~III 类围岩通常是软弱破碎地层,其稳定性差,如果覆盖层厚度较小,那么开挖时地表下沉量就较大,因此有必要进行地表下沉量测,以了解其稳定性。五指山隧道地表下沉观测布置 7 个测点,具体布置见图 7-10。

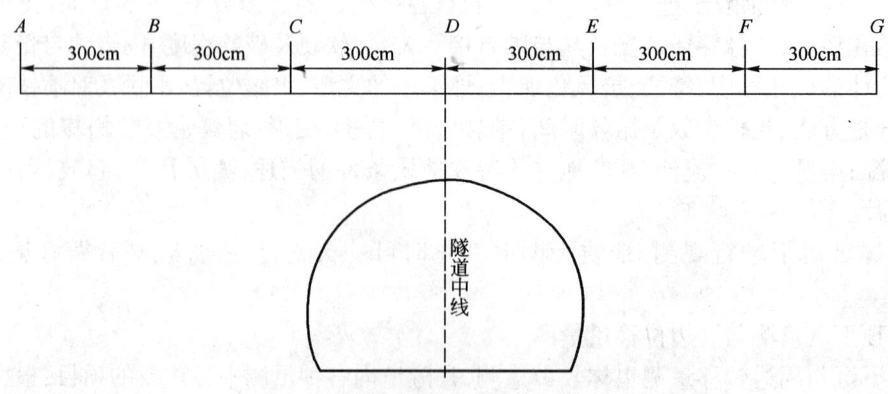

图 7-10　五指山隧道地表下沉量测测线布置图

(三)监控量测管理

将量测结果及时反馈到设计、施工中去的目的,首先是为了指导施工,保证施工中的安全,其次是为了确保设计中的经济性,通过降低支护参数,降低成本,使工程更加经济合理。因此,必须将量测结果快速、准确地反馈到设计及施工中去,并在整个隧道施工中积极、连续地进行量测,以获得良好的成效。五指山隧道进出口各设一个监控量测小组,监控量测小组成员组成:1 名总体负责人,2 名测量员,2 名民工,共 5 人。监控量测小组成员分工如下。

总负责人 1 名:负责围岩与地质支护状况观察,监控量测数据处理、支护结构分析,出报告。

测量员 2 人:负责监控量测数据测量。

民工 2 人:协助监控量测工作。

三、五指山隧道监控量测实例

每次测量、观测之后,要及时处理数据,将数据整理成表格及图形,以便分析观察结果,对位移进行回归分析,预测最终的位移量,拱顶下沉取 $v = ae^{-bt}$ 或者 $1/v = a/t + b$ 作为回归函数,周边收敛取 $u = ae^{-b/t}$ 或者 $u = a(1 - e^{-bt})$ 作为回归函数;对照勘测阶段的地质资料,预报地质条件的变化情况及对施工的影响程度;如果实测围岩的位移过大或位移速率过大,则应采取措施加强支护或调整施工方法,以控制围岩的位移速度,如加长锚杆或加大锚杆直径,补喷混凝土等。五指山隧道规定,监控量测数据如果没有异常变化,数据资料每一个月汇报一次,上报监理组和指挥部,如果数据有异常,则根据需要加大监控量测力度,量测之后马上整理资料,以便及时指导施工。

在现场监控量测中,由于量测条件、外界环境影响,加之操作时的人为因素,给测量数据不可避免地带来了偶然误差,或者是某些点的测量错误,实测值需经过一定的数学处理才能加以应用,因此必须进行数学上的回归分析。通过回归分析,找出时间和位移两个变量之间相关关系的函数关系式,从而获得能较准确反映实际情况的典型曲线,修正位移—时间(u-t)曲线中按实测数据所描绘的散点分布,找出位移随时间变化的规律,并推算出位移的极限值,为监控设计提供重要信息。

在一般的现场测试中,所测数据大多数是反映两个变量间的关系的,这类问题的分析可以用一元线性回归和一元非线性回归来反映。

(一)一元线性回归分析

一元线性回归分析是研究被测物理量随时间呈线性变化的规律,即通常所说的直线关系,若令被测物理量(如位移)为 y,观测时间为 x,设法找出一条直线函数关系式来表示这两个变量的关系,即:

$$y = a + bx$$

这条直线称 y 对 x 的回归。实测数据散点一般都不在一条直线上,要使选择的直线与实际散点相差最小,最有代表性,需要用最小二乘法原理来判断。

(二)一元非线性回归分析

在现场测试与工程试验中,两个变量之间多数不是线性关系,而是某种曲线关系,如何选择出恰当类型的曲线,可进行一元非线性回归分析,其方法步骤如下。

①选择能代表两变量 x 与 y 之间内在关系的函数类型。

②求出两变量 x 与 y 相关函数中的未知数，欲求非线性函数关系中的未知参数，首先是通过将非线性的函数关系变换成为线性函数关系，然后按线性函数求未知参数的方法求出未知参数，再由参数变换成为线性函数的未知参数，而得到曲线函数回归方程。

③通过剩余标准离散差分析，感到精度不够时，则可另选一种曲线函数按照上述步骤再重新分析计算。观测数据常用的回归分析有指数函数、对数函数。

（三）五指山隧道监控量测实例及数据回归处理

1. 隧道地质与支护状况观察

隧道地质与支护状况观察由监控量测小组中专人负责这项工作，每次放炮后进行观察，并作记录，对围岩和初支拍照（图 7-11 ~ 图 7-16），但地质与支护状况观察报告不一定每天出一份，因为有可能连续几个循环围岩情况并无大的差别，这样可以把围岩地质情况相同的段落出一份报告，将观察里程连接起来，从这些观察记录中可以看到围岩的变化。表 7-2 和表 7-3 是 K28 +880 ~ K28 +899 和 K29 +762 ~ K29 +795 两个段落的地质与支护状况观察记录。

五指山隧道 K28 +880 ~ K28 +899 地质与支护状况观察 表 7-2

名　称	213 线沐新路 C 合同段	施 工 单 位	四川路桥集团隧道分公司	合 同 段	C
工程名称	五指山隧道	监理单位	四川合石工程咨询监理有限公司		
观察时间	2004/10/14 ~ 2004/10/28				

地质及支护状况描述	开挖后围岩以细砂、粉砂为主，岩层产状近水平（约 3°），围岩层理明显，竖向节理切割层状围岩后，围岩以块状砌体结构为主，破碎，层间有夹层，掌子面及边墙有夹层厚度 0.3 ~ 1.0m 不等，夹层走向和倾角与围岩一致，涌水较前一段落进一步增大，隧道内总涌水量达 600m³/h，拱顶呈大面积股状淋水，掌子面有多处呈股流状泄出（见上图），拳头大小，抽水机昼夜抽水。初期支护喷射混凝土困难，要等淋水减小后才能喷射，喷射后有大面积湿斑并仍有多处股状流水现象，以后涌水有所减小，通过较长时间的涌水观察发现，拱顶淋水在约 20d 以后减小，逐渐转为以小淋雨、滴水为主。整个初期支护稳定，无开裂，但初支有大面积湿斑。此段监控量测表明，拱顶下沉总沉降约 10mm，周边位移 8mm，目前已基本稳定				

观察人：　　记录：　　监理工程师：　　观察日期：

K29 +762 ~ K29 +795 隧道地质与支护状况观察 表 7-3

<table>
<tr><td>项 目 名 称</td><td>213 线沐新路
C 合同段</td><td>施 工 单 位</td><td>四川路桥集团
隧道分公司</td><td>合 同 段</td><td>C</td></tr>
<tr><td>工程名称</td><td>迂回导洞</td><td>监理单位</td><td colspan="3">四川合石工程咨询监理有限公司</td></tr>
<tr><td>观察时间</td><td colspan="5">2007/4/18 ~ 2007/4/30</td></tr>
<tr><td></td><td colspan="5"> </td></tr>
<tr><td>地质及支护
状况描述</td><td colspan="5">前方正常开挖段开挖后围岩稳定性较好，开挖后围岩为中厚 ~ 厚层状粉砂岩，围岩倾角逐渐增大，由前一段落 20°逐渐增大到 30° ~ 40°，同时层理、节理较明显，掌子面及边墙均可见有二层夹层，夹层厚度 0.4 ~ 1.2m，夹层以角质层为主，破碎软弱。开挖后有涌水，左侧边墙涌水较大，拱顶有淋水，隧道总涌水量约 $400m^3/h$。本月完成主洞开挖 65m。本段落初支无开裂，但有股水从初支流出，用塑胶管排出后喷混凝土。监控量测显示，拱顶下沉最终值 9mm，围岩收敛最终值 7.67mm。爆破质量较好，眼迹在 90% 左右。
坍方处理仍按原计划进行，坍体围岩较差（见图 7-11 ~ 图 7-16），以破碎状黄色土体夹小块石为主，部分围岩为粉状、角质状岩体，坍体开挖后无水，每循环进尺 0.5m，以机械配合人工开挖为主</td></tr>
</table>

观察人： 记录： 监理工程师： 观察日期：

图 7-11 坍方处理人工开挖

图 7-12 坍方处理开挖后的围岩状况（右侧）

2. 地表沉降、拱顶下沉与围岩收敛

(1)数据变化和时态曲线

地表下沉测量、拱顶下沉和围岩收敛数据每天的变化和总的位移可以用表格来反映。所谓时曲线，就是时间与测量数据的关系。在监控量测中，将记录的围岩拱顶下沉和周边收敛与时间的关系用曲线表示，可以清楚地看到围岩拱顶下沉和周边收敛的总量、本次测量与上次测量结果的差值、围岩何时开始收敛。表 7-4 是 K28 +430 地表沉降量测记录，图 7-17 和图 7-18 是地表下沉随时间及掌子面距离的关系曲线，表 7-5 和表 7-6 是断面 K28 +690 拱顶下沉、围岩收敛量测记录，图 7-19 ~ 图 7-22 是断面 K28 +690 围岩拱顶下沉、围岩收敛随掌子面距离、时间的关系曲线图。

图 7-13　坍方处理开挖后的围岩状况(拱顶)

图 7-14　正向坍方处原坍塌初支内黄色粉末状土体

图 7-15　掌子面开挖围岩情况(掌子面左侧)

图 7-16　技术人员在测量掌子面岩层倾角及走向

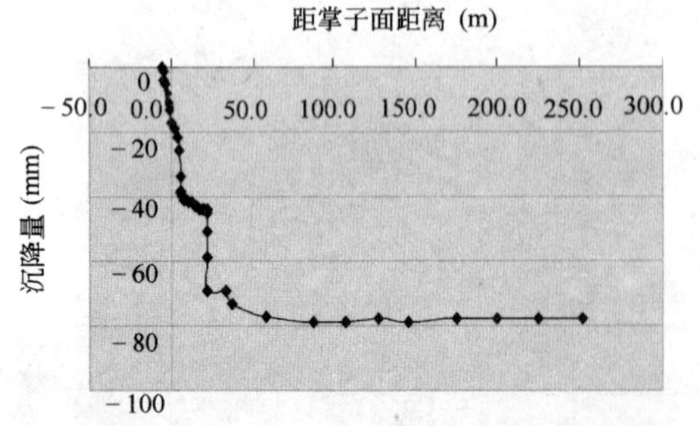

图 7-17　5 号测点地表沉降与距掌子面距离关系曲线

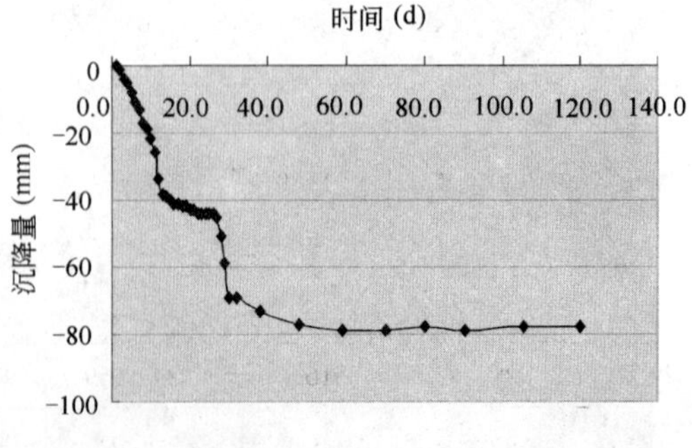

图 7-18　5 号测点地表沉降与时间关系曲线

五指山隧道 K28 +430 断面地表下沉量测记录表 表 7-4

<table>
<tr><td colspan="8">五指山隧道地表沉降量测记录表</td></tr>
<tr><td colspan="6">施工单位:四川公路桥梁建设集团有限公司</td><td colspan="2">合同号:C</td></tr>
<tr><td colspan="6">监理单位:四川合石工程咨询监理有限公司</td><td colspan="2">埋设里程:K28 +435</td></tr>
<tr><td>观测日期</td><td>掌子面桩号</td><td>与掌子面距离(m)</td><td>测点初始高程(m)</td><td>当日高程(m)</td><td>差值(mm)</td><td>总沉降值(mm)</td><td>备 注</td></tr>
<tr><td>2/3</td><td>K28 +424</td><td>-11.0</td><td>898.659</td><td>898.659</td><td>0</td><td>0</td><td rowspan="30">地表沉降数值较大,且掌子面通过测点时位移速率较大,在下台阶开挖时地表下沉量进一步增大,5 月和 6 月份下沉量很小,目前已施作第一模二衬,地表下沉在二衬施作前后均稳定</td></tr>
<tr><td>3/3</td><td>K28 +424.5</td><td>-10.5</td><td>898.659</td><td>898.659</td><td>0.0</td><td>0</td></tr>
<tr><td>4/3</td><td>K28 +425.2</td><td>-9.8</td><td>898.659</td><td>898.658</td><td>-1.0</td><td>-1</td></tr>
<tr><td>5/3</td><td>K28 +426</td><td>-9.0</td><td>898.659</td><td>898.657</td><td>-1.0</td><td>-2</td></tr>
<tr><td>6/3</td><td>K28 +426.5</td><td>-8.5</td><td>898.659</td><td>898.655</td><td>-2.0</td><td>-4</td></tr>
<tr><td>7/3</td><td>K28 +427.5</td><td>-7.5</td><td>898.659</td><td>898.652</td><td>-3.0</td><td>-7</td></tr>
<tr><td>8/3</td><td>K28 +429</td><td>-6.0</td><td>898.659</td><td>898.649</td><td>-3.0</td><td>-10</td></tr>
<tr><td>9/3</td><td>K28 +430</td><td>-5.0</td><td>898.659</td><td>898.646</td><td>-3.0</td><td>-13</td></tr>
<tr><td>10/3</td><td>K28 +431.3</td><td>-4.3</td><td>898.659</td><td>898.643</td><td>-3.0</td><td>-16</td></tr>
<tr><td>11/3</td><td>K28 +434.3</td><td>-2.0</td><td>898.659</td><td>898.641</td><td>-2.0</td><td>-18</td></tr>
<tr><td>12/3</td><td>K28 +435.5</td><td>-0.7</td><td>898.659</td><td>898.638</td><td>-3.0</td><td>-21</td></tr>
<tr><td>13/3</td><td>K28 +435.5</td><td>0.5</td><td>898.659</td><td>898.636</td><td>-2.0</td><td>-23</td></tr>
<tr><td>14/3</td><td>K28 +436.5</td><td>0.5</td><td>898.659</td><td>898.632</td><td>-4.0</td><td>-27</td></tr>
<tr><td>15/3</td><td>K28 +437.5</td><td>0.5</td><td>898.659</td><td>898.629</td><td>-3.0</td><td>-30</td></tr>
<tr><td>16/3</td><td>K28 +439</td><td>1.5</td><td>898.659</td><td>898.626</td><td>-3.0</td><td>-33</td></tr>
<tr><td>17/3</td><td>K28 +440</td><td>3.5</td><td>898.659</td><td>898.624</td><td>-2.0</td><td>-35</td></tr>
<tr><td>18/3</td><td>K28 +441.5</td><td>4.0</td><td>898.659</td><td>898.621</td><td>-3.0</td><td>-38</td></tr>
<tr><td>19/3</td><td>K28 +443.5</td><td>5.0</td><td>898.659</td><td>898.620</td><td>-1.0</td><td>-39</td></tr>
<tr><td>20/3</td><td>K28 +445</td><td>6.5</td><td>898.659</td><td>898.619</td><td>-1.0</td><td>-40</td></tr>
<tr><td>21/3</td><td>K28 +446.5</td><td>8.5</td><td>898.659</td><td>898.617</td><td>-2.0</td><td>-42</td></tr>
<tr><td>22/3</td><td>K28 +448</td><td>10.0</td><td>898.659</td><td>898.617</td><td>0.0</td><td>-42</td></tr>
<tr><td>23/3</td><td>K28 +449.5</td><td>11.5</td><td>898.659</td><td>898.616</td><td>-1.0</td><td>-43</td></tr>
<tr><td>24/3</td><td>K28 +451</td><td>13.0</td><td>898.659</td><td>898.616</td><td>0.0</td><td>-43</td></tr>
<tr><td>25/3</td><td>K28 +451</td><td>14.5</td><td>898.659</td><td>898.615</td><td>-1.0</td><td>-44</td></tr>
<tr><td>26/3</td><td>K28 +451</td><td>16.0</td><td>898.659</td><td>898.615</td><td>0.0</td><td>-44</td></tr>
<tr><td>27/3</td><td>K28 +451</td><td>16.0</td><td>898.659</td><td>898.614</td><td>-1.0</td><td>-45</td></tr>
<tr><td>28/3</td><td>K28 +451</td><td>16.0</td><td>898.659</td><td>898.614</td><td>0.0</td><td>-45</td></tr>
<tr><td>29/3</td><td>K28 +451</td><td>16.0</td><td>898.659</td><td>898.613</td><td>-1.0</td><td>-46</td></tr>
<tr><td>30/3</td><td>K28 +451</td><td>16.0</td><td>898.659</td><td>898.612</td><td>-1.0</td><td>-47</td></tr>
<tr><td>31/3</td><td>K28 +451</td><td>16.0</td><td>898.659</td><td>898.610</td><td>-2.0</td><td>-49</td></tr>
</table>

续上表

观测日期	掌子面桩号	与掌子面距离（m）	测点初始高程（m）	当日高程（m）	差值（mm）	总沉降值（mm）	备　注
2/4	K28 +452	17.0	898.659	898.597	-13.0	-62	
8/4	K28 +466	31.0	898.659	898.593	-4.0	-66	
18/4	K28 +487.5	52.5	898.659	898.573	-20.0	-86	
29/4	K28 +518	83.0	898.659	898.569	-4.0	-90	
10/5	K28 +537	102.0	898.659	898.568	-1.0	-91	
20/5	K28 +558	123.0	898.659	898.568	0.0	-91	
30/5	K28 +575.5	140.5	898.659	898.568	0.0	-91	
15/6	K28 +605.5	170.5	898.659	898.568	0.0	-91	
30/6	K28 +630	195.0	898.659	898.568	0.0	-91	
15/7	K28 +655	220.0	898.659	898.568	0.0	-91	
31/7	K28 +682	247.0	898.659	898.567	-1.0	-92	

测量：　　　　　　　　计算：　　　　　　　　复核：　　　　　　　　监理工程师：

从图7-17和图7-18第5号测点地表沉降与时间的关系图中可以看出，掌子面通过测点时位移速率较大，掌子面通过一段距离后沉降速率明显减小，中期经历一个较稳定阶段，但在下台阶及仰拱开挖时下沉量又有所发展，最后趋于稳定，从表中差值一栏中也可以看出，掌子面通过测点断面时，下沉量达2～4mm/d，掌子面通过该测点断面后逐渐趋于稳定，当3月底4月初下台阶及仰拱开挖时，下沉量加大，最大时下沉量达5mm/d，下台阶及仰拱开挖对地表沉降影响比较大，当下台阶及仰拱施作完毕后，每天下沉量又开始减小并逐步趋于稳定。整个过程中，地表沉降无异常，总体沉降量和沉降速率均在正常范围。

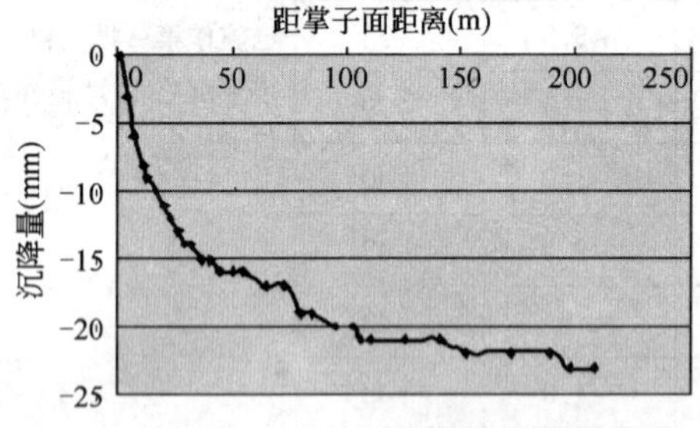

图7-19　K29 +690 拱顶下沉与距掌子面距离关系曲线

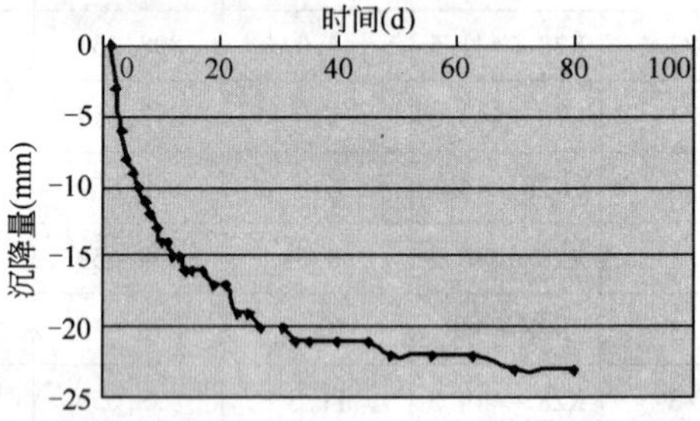

图7-20　K29 +690 断面拱顶下沉与时间关系曲线

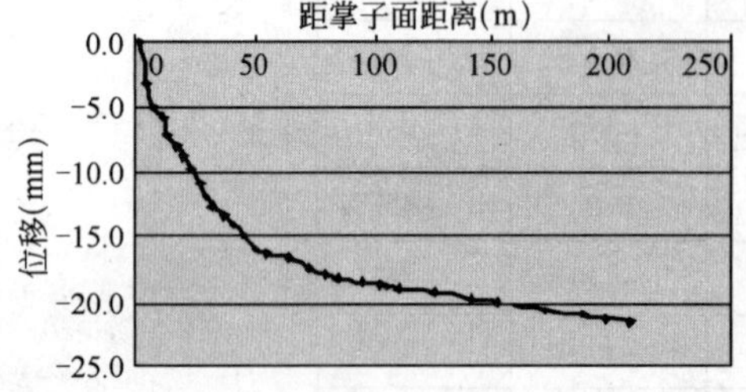

图7-21　K29 +690 围岩收敛与距掌子面距离关系曲线

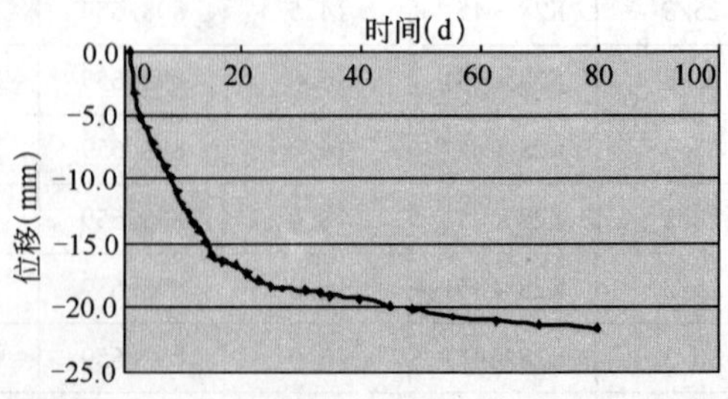

图7-22　K29 +690 围岩收敛与时间关系曲线图

五指山隧道 K28 +690 断面拱顶下沉量测记录表 表 7-5

<table>
<tr><td colspan="8">五指山隧道拱顶下沉量测记录表</td></tr>
<tr><td colspan="8">监理单位： 四川合石工程咨询监理有限公司　　埋设里程：　K28 +690</td></tr>
<tr><td>观测日期</td><td>掌子面桩号</td><td>与掌子面距离(m)</td><td>测点初始高程(m)</td><td>当日高程(m)</td><td>差　值(mm)</td><td>总沉降值(mm)</td><td>备　注</td></tr>
<tr><td>16/8</td><td>K28 +691.5</td><td>1.5</td><td>884.553</td><td>884.553</td><td>0</td><td>0</td><td rowspan="30">围岩已进入Ⅲ类，围岩主要以层状砂岩为主，岩层由中厚～厚层，拱顶易掉块，涌水较小，开挖后拱顶沉降速率较小，总的拱顶沉降不大，目前拱顶沉降已稳定，可以施作二衬。预测最终拱顶沉降为27.98mm</td></tr>
<tr><td>17/8</td><td>K28 +694.2</td><td>4.5</td><td>884.553</td><td>884.550</td><td>-3</td><td>-3</td></tr>
<tr><td>18/8</td><td>K28 +697.0</td><td>7</td><td>884.553</td><td>884.547</td><td>-3</td><td>-6</td></tr>
<tr><td>19/8</td><td>K28 +701</td><td>11</td><td>84.553</td><td>884.545</td><td>-2</td><td>-8</td></tr>
<tr><td>20/8</td><td>K28 +702.5</td><td>12.5</td><td>884.553</td><td>884.544</td><td>-1</td><td>-9</td></tr>
<tr><td>21/8</td><td>K28 +707</td><td>17</td><td>884.553</td><td>884.543</td><td>-1</td><td>-10</td></tr>
<tr><td>22/8</td><td>K28 +710</td><td>20</td><td>884.553</td><td>884.542</td><td>-1</td><td>-11</td></tr>
<tr><td>23/8</td><td>K28 +713.0</td><td>23</td><td>884.553</td><td>884.541</td><td>-1</td><td>-12</td></tr>
<tr><td>24/8</td><td>K28 +716.5</td><td>26.5</td><td>884.553</td><td>884.54</td><td>-1</td><td>-13</td></tr>
<tr><td>25/8</td><td>K28 +719</td><td>29</td><td>884.553</td><td>884.539</td><td>-1</td><td>-14</td></tr>
<tr><td>26/8</td><td>K28 +721.5</td><td>31.5</td><td>884.553</td><td>884.539</td><td>0</td><td>-14</td></tr>
<tr><td>27/8</td><td>K28 +726.5</td><td>36.5</td><td>884.553</td><td>884.538</td><td>-1</td><td>-15</td></tr>
<tr><td>28/8</td><td>K28 +730</td><td>40</td><td>884.553</td><td>884.538</td><td>0</td><td>-15</td></tr>
<tr><td>29/8</td><td>K28 +735</td><td>45</td><td>884.553</td><td>884.537</td><td>-1</td><td>-16</td></tr>
<tr><td>30/8</td><td>K28 +740</td><td>50</td><td>884.553</td><td>884.537</td><td>0</td><td>-16</td></tr>
<tr><td>31/8</td><td>K28 +745</td><td>55</td><td>884.553</td><td>884.537</td><td>0</td><td>-16</td></tr>
<tr><td>2/9</td><td>K28 +755</td><td>65</td><td>884.553</td><td>884.536</td><td>-1</td><td>-17</td></tr>
<tr><td>4/9</td><td>K28 +763</td><td>73</td><td>884.553</td><td>884.536</td><td>0</td><td>-17</td></tr>
<tr><td>6/9</td><td>K28 +770</td><td>80</td><td>884.553</td><td>884.534</td><td>-2</td><td>-19</td></tr>
<tr><td>8/9</td><td>K28 +775</td><td>85</td><td>884.553</td><td>884.534</td><td>0</td><td>-19</td></tr>
<tr><td>10/9</td><td>K28 +785</td><td>95</td><td>884.553</td><td>884.533</td><td>-1</td><td>-20</td></tr>
<tr><td>12/9</td><td>K28 +793</td><td>103</td><td>884.553</td><td>884.533</td><td>0</td><td>-20</td></tr>
<tr><td>14/9</td><td>K28 +796</td><td>106</td><td>884.553</td><td>884.532</td><td>-1</td><td>-21</td></tr>
<tr><td>16/9</td><td>K28 +800</td><td>110</td><td>884.553</td><td>884.532</td><td>0</td><td>-21</td></tr>
<tr><td>21/9</td><td>K28 +815.5</td><td>125.5</td><td>884.553</td><td>884.532</td><td>0</td><td>-21</td></tr>
<tr><td>26/9</td><td>K28 +831.5</td><td>141.5</td><td>884.553</td><td>884.532</td><td>0</td><td>-21</td></tr>
<tr><td>30/9</td><td>K28 +843.0</td><td>153</td><td>884.553</td><td>884.531</td><td>-1</td><td>-22</td></tr>
<tr><td>7/10</td><td>K28 +862.8</td><td>172.8</td><td>884.553</td><td>884.531</td><td>0</td><td>-22</td></tr>
<tr><td>14/10</td><td>K28 +879</td><td>189</td><td>884.553</td><td>884.531</td><td>0</td><td>-22</td></tr>
<tr><td>21/10</td><td>K28 +888.5</td><td>198.5</td><td>884.553</td><td>884.53</td><td>-1</td><td>-23</td></tr>
<tr><td>31/10</td><td>K28 +898.7</td><td>208.7</td><td>884.553</td><td>884.53</td><td>0</td><td>-23</td><td></td></tr>
</table>

测量：　　　　计算：　　　　复核：　　　　监理工程师：

五指山隧道 H28 +690 断面围岩收敛量测记录表

表 7-6

五指山隧道收敛量测记录表												
施工单位：四川公路桥梁建设集团有限公司				监理单位：四川合石工程咨询有限公司				埋设里程：K28 +690		合同号：C		
观测日期	掌子面桩号	与掌子面距离(m)	温度修正	初始读数	钢尺孔位读数(mm)	螺旋测微器读数				修正后	差值(mm)	总收敛值(mm)
						1	2	3	平均			
16/8	K28 +691.5	1.5		18.48	9 560	18.48	18.54	18.46	18.49		0	0.00
17/8	K28 +694.2	4.5		18.48	9 560				15.23		-3.26	-3.25
18/8	K28 +697.0	7			9 560				13.45		-1.78	-5.03
19/8	K28 +701	11		18.48	9 560				12.57		-0.88	-5.91
20/8	K28 +702.5	12.5		18.48	9 560				11.35		-1.22	-7.13
21/8	K28 +707	17		18.48	9 560				10.47		-0.88	-8.01
22/8	K28 +710	20		18.48	9 560				9.58		-0.89	-8.90
23/8	K28 +713.0	23		18.48	9 560				8.71		-0.87	-9.77
24/8	K28 +716.5	26.5		18.48	9 560				7.64		-1.07	-10.84
25/8	K28 +719	29		18.48	9 560				6.54		-1.10	-11.94
26/8	K28 +721.5	31.5		18.48	9 560				5.84		-0.70	-12.64
27/8	K28 +726.5	36.5		18.48	9 560				5.11		-0.73	-13.37
28/8	K28 +730	40		18.48	9 560				4.47		-0.64	-14.01
29/8	K28 +735	45		18.48	9 560				3.64		-0.83	-14.84
30/8	K28 +740	50		18.48	9 560				2.58		-1.06	-15.90
31/8	K28 +745	55		18.48	9 560				2.21		-0.37	-16.27
2/9	K28 +755	65		18.48	9 560				1.85		-0.36	-16.63
4/9	K28 +763	73		18.48	9 560				1.14		-0.71	-17.34
6/9	K28 +770	80		18.48	9 560				0.64		-0.50	-17.84
8/9	K28 +775	85		18.48	9 560				0.27		-0.37	-18.21
10/9	K28 +785	95		18.48	9 560				0.04		-0.23	-18.44
12/9	K28 +793	103		18.48	9 540				19.87		-0.17	-18.61
14/9	K28 +796	106		18.48	9 540				19.65		-0.22	-18.83
16/9	K28 +800	110		18.48	9 540				19.46		-0.19	-19.02
21/9	K28 +815.5	125.5		18.48	9 540				19.21		-0.25	-19.27
26/9	K28 +831.5	141.5		18.48	9 540				18.67		-0.54	-19.81
30/9	K28 +843.0	153		18.48	9 540				18.38		-0.29	-20.10
7/10	K28 +862.8	172.8		18.48	9 540				17.85		-0.53	-20.63
14/10	K28 +879	189		18.48	9 540				17.49		-0.36	-20.99
21/10	K28 +888.5	198.5		18.48	9 540				17.11		-0.38	-21.37

测量：　　计算：　　复核：　　监理工程师：　　日期：

(2)隧道位移数据的拟合

从隧道围岩开挖后布置监控量测点到最后围岩稳定,围岩收敛时态曲线要经过4个阶段。第一个阶段是从开始进行监控量测至位移速率稳定发展的过程,第二阶段中位移速率增加,第三阶段中位移速率逐渐稳定,第四阶段位移速率基本不变,围岩达到稳定。对于某些监控数据可能由于监控断面布置滞后于掌子面,测试数据可能只表现为最后3个阶段,对于稳定性较好的Ⅳ类以上围岩,围岩收敛曲线中4个阶段不是那么明显,整条曲线接近直线变化,位移变化速率较小。

①收敛曲线拟合方法

现场量测所得的原始数据具有一定的离散性,有的数据还包含了偶然误差,不经过数学处理难以在工程实际中运用,数学处理的方法就是进行回归分析,即用曲线对时间—位移散点图进行拟合,然后计算时刻t的函数的一阶导数值即为该时刻的位移速率。

从理论上说,设计合理的、可靠的支护系统应使一切表征围岩与支护系统的力学形态特点的物理量随时间的变化而渐趋稳定。反之,如果能测到表征围岩或支护系统力学形态特点的某一种或几种物理量其变化随时间而渐趋稳定,则可断言支护系统是有效的、可靠的;否则,表示围岩不稳定,支护系统必须加强。在工程实际中,由于围岩位移测量方便,一般将围岩位移作为分析的对象。对位移时态曲线进行分析主要指将各种量测数据相互印证,以确保量测结果的可靠性,探求围岩变形或时空变化的规律,了解围岩稳定性特性,以求合理地设计支护系统或对原设计的支护系统采取加固措施;监视围岩变形随时间的变化情况,对最终位移或速率进行预报。

在五指山隧道监控量测分析中,主要采用对数函数、指数函数和双曲函数等方程模型进行拟合,在几种拟合方式中,选取拟合精度高的函数作为分析的手段。

②五指山隧道各类围岩监控量测数据的拟合

五指山隧道在施工的过程中,进行了大量的监控量测工作,收集了大量的数据,对这些数据进行拟合,目的在于找出各类围岩的稳定位移值、稳定时间、最终收敛值,为未开挖提供指导和借鉴。围岩的稳定位移值、稳定时间、最终收敛值是判断初期支护设计质量和施工质量的重要指标,稳定时间还是判断是否能够施作二次衬砌的时间。

用指数函数、对数函数、双曲函数对监控数据进行拟合,选取拟合精度高的函数作为该断面的拟合函数,然后计算在函数时刻t的一阶导数值即为该时刻的位移速率,得出位移速率函数。稳定时间和稳定位移的标准是水平收敛速率小于0.1mm/d且拱顶下沉速率小于0.07mm/d,此时拟合方程对应的时间和位移量为稳定时间和稳定位移量,计算出该监控断面的稳定位移、稳定时间、最终收敛位移,当每一类围岩的监控断面数量足够多时,就可统计分析该类围岩的稳定位移、稳定时间和最终收敛位移值,并计算这些值的方差、标准差、均值,将这些数据作为以后隧道施工的参考资料。

图7-23~图7-26是进口端断面K29+630断面拱顶下沉双曲线、指数函数、对数函数拟合结果。双曲线拟合结果中,标准差为0.99mm,相关系数为0.97,回归精度较高;对数函数拟合的标准差为0.56mm,相关系数为0.985;指数函数标准差为0.7mm,相关系数为0.98;多项指数函数拟合的精度达0.995,标准差为0.195mm,是几种拟合中回归精度最高的,但其求解导数方程比较麻烦,一般不用第四种拟合函数,其他几种拟合函数的回归精度均较高,能达到使用要求。不妨以双曲线函数作为该断面的回归方程,拱顶下沉回归方程为:

$$y = -27.98 + 354.7/(x + 13.26)$$

求出其位移速率方程为：

$$y_1 = -354.7 / (x + 13.26)^2$$

要其拱顶下沉速率小于0.07mm/d，得出 x 等于58d，即断面K29+690拱顶下沉稳定时间为58d，从而求出稳定位移为23mm，当时间趋于无穷大时，最终收敛位移为27.98mm，与实际情况符合程度较好。从K29+690断面拱顶下沉实测数据可以看出，刚开始布点测量时，每天下沉量达3mm，3d以后下沉速率开始变缓慢，至10d以后，每两天下沉1mm，至10月份围岩稳定，监控80d后实测位移为23mm，与位移方程预测位移24.1mm相差1.1mm，预测精度较好。

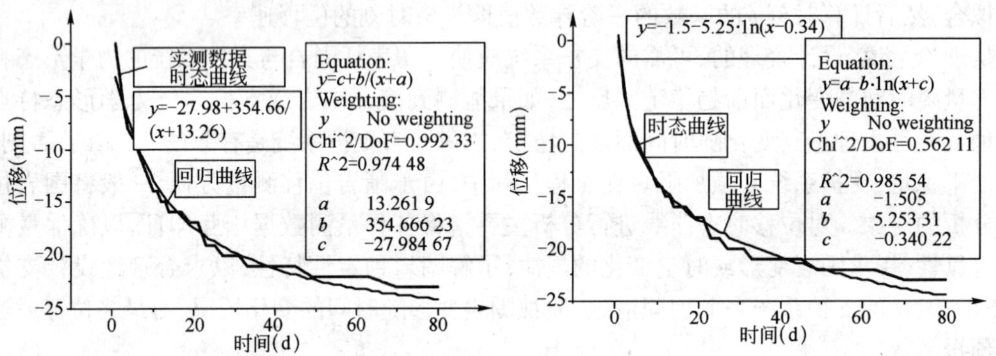

图7-23　K29+690拱顶下沉实测值双曲线回归函数　　图7-24　K29+690拱顶下沉实测值对数回归函数

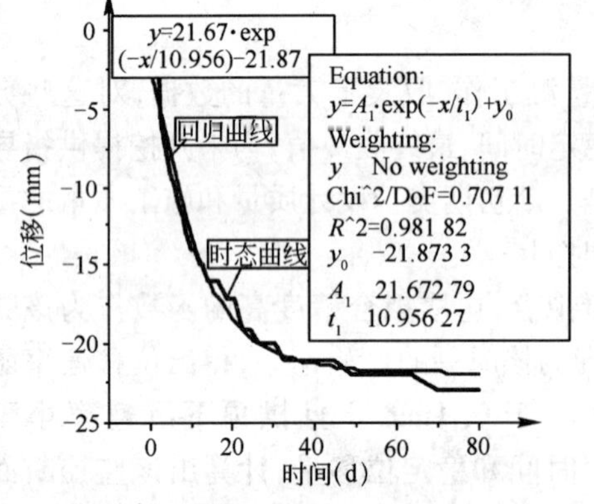

图7-25　K29+690拱顶下沉实测值指数回归函数

图7-26　K29+690拱顶下沉实测值多项指数回归函数

用以上方法，对每类围岩的监控数据进行拟合，目的是找出每一类围岩位移的变化规律，为未开挖的围岩和以后的工程提供参考。在同一类围岩中，每一个监控断面具有一定的特殊性，稳定位移、稳定时间及最终位移量会有一定的差别，但在同一类围岩中，均值±计算平均值的标准差 σ 接近真实值。为安全起见，将均值+计算平均值的标准差 σ 作为控制五指山隧道以后开挖的标准，如果在监控量测的过程中稳定位移、稳定时间、最终稳定位移量大于该类围岩相应的项目均值+计算均值的标准差，则应该对该监控断面注意，对监控数据进行分析，看是否要对围岩采取措施。

表7-7～表7-10是五指山隧道III类岩的水平收敛、拱顶下沉统计分析结果。

五指山隧道 III 类围岩典型断面水平收敛拟合结果 表 7-7

监控断面	稳定位移(mm)	稳定时间(d)	最终收敛位移(mm)	监控断面	稳定位移(mm)	稳定时间(d)	最终收敛位移(mm)
K29 +600	13.16	31	15.67	K29 +730	7.55	24	10.26
K29 +630	9.87	25	11.15	K29 +760	8.37	18	11.21
K29 +660	7.17	26	10.11	K29 +790	7.38	18	9.59
K29 +830	8.95	24	10.57	K29 +940	8.52	23	11.67
K29 +860	6.36	21	8.57	K29 +980	7.42	21	8.85
K29 +900	7.35	25	10.74	K29 +690	9.78	25	11.62

五指山隧道 III 类围岩水平收敛统计分析表 表 7-8

参　数	稳定位移(mm)	稳定时间(d)	最终收敛位移(mm)
均值 $E(X)$	9.26	23.4	10.8
方差 $V_{ar}(x)$	3.96	13	3.3
标准差 σ	2	3.6	1.8

五指山隧道 III 类围岩典型断面拱顶下沉收敛拟合结果 表 7-9

监控断面	稳定位移(mm)	稳定时间(d)	最终收敛位移(mm)	监控断面	稳定位移(mm)	稳定时间(d)	最终收敛位移(mm)
K29 +600	13	26	15	K29 +830	12	21	14
K29 +630	11	24	14	K29 +860	10	23	13
K29 +660	11	23	13	K29 +900	9	20	12
K29 +730	9	21	11	K29 +940	9	23	12
K29 +760	12	25	15	K29 +980	12	25	14
K29 +790	11	23	14	K29 +690	11	26	14

五指山隧道 III 类围岩拱顶下沉收敛统计分析表 表 7-10

参　数	稳定位移(mm)	稳定时间(d)	最终收敛位移(mm)
均值 $E(X)$	10.8	23.3	13.4
方差 $V_{ar}(x)$	1.79	3.88	1.54
标准差 σ	1.34	1.97	1.24

由 III 类围岩监控量测的统计分析表明，五指山隧道 III 类围岩水平稳定值 9.26mm ± 2.0mm，为了安全起见，将 9.26mm + 2.0mm 作为 III 类围岩水平收敛稳定值的控制标准，将 10.8mm + 1.34mm 作为五指山隧道 III 类围岩拱顶下沉的控制标准。

用同样的方法还可以统计出 II、IV 围岩的水平收敛、拱顶下沉的稳定位移、稳定时间及最终收敛位移。

用此种方法，可以将每一座隧道的监控量测值按围岩类别分别加以统计分析，作为隧道施工的资料，遗憾的是目前还未见到这方面的资料。如果有这方法的资料，可以将浅埋隧道与深埋隧道、涌水隧道与无水隧道、南方与北方隧道、3 车道隧道与 2 车道隧道同类围岩资料加以对比，这是一项有意义的工作。

四、监控量测在五指山隧道中的应用

将监控结果应用到施工中去指导施工是隧道监控量测的最终目的。五指山隧道围岩软弱,稳定性差,监控数据多次出现异常,实际施工中围岩多次出现坍方情况,施工单位根据监控量测的结果,及时采取措施,避免了险情发生,保证了隧道施工安全。

(一)仰坡加固

进口端洞口仰坡林木茂密,块石覆盖层巨厚,洞口在超前支护下无仰坡开挖进洞,原设计边仰坡作锚、喷网防护,防护参数为 ϕ27 自进式锚杆,长度 5m,间排距 1.2m,ϕ6.5 钢筋网,网格 20cm × 20cm,喷 C20 混凝土厚 10cm,但在开挖进洞 25d 左右发现地表下沉值较大,达 166mm,见图 7-27,地表及截水沟出现数道裂缝,仰坡上有一股状涌水泄出,冲刷仰坡。根据这些记录提出加固措施,一个是地表注浆,另一个是增打部分自进式锚杆,再一个措施是补喷 C20 混凝土 5cm。采取这些加固措施之后,地表沉降速率趋缓,地表裂缝不再发展,保证了仰坡的稳定。

(二)洞口段后期施工增加大管棚

进口端洞口浅埋段,地表覆盖层厚且为块石质土,稳定性差,设计上洞口段施工 110m 管棚,开挖完洞口段 110m 后,围岩仍较弱,开挖后地质状况描述为"开挖后围岩主要为泥质砂岩,围岩破碎,结构松散,裂隙发育,裂隙间有黄色土体充填,拱顶大面积淋水",初期支护的描述为"初支有开裂现象,钢格栅变形严重,初支表面有大面积渗水现象,有的地方呈股流状,拱顶和左侧初期支护各有一处较大集中涌水,喷混凝土困难",拱顶下沉量在开挖 5d 后迅速发展,见图 7-28,采取注浆加固后拱顶下沉量才被控制,最终拱顶下沉达 132mm,根据初期支护状况观察及拱顶下沉的监测结果,向指挥部提出再增加两个循环 30m 的大管棚,并将钢格栅改为 I18 钢拱架,成功通过了该段软弱地层。

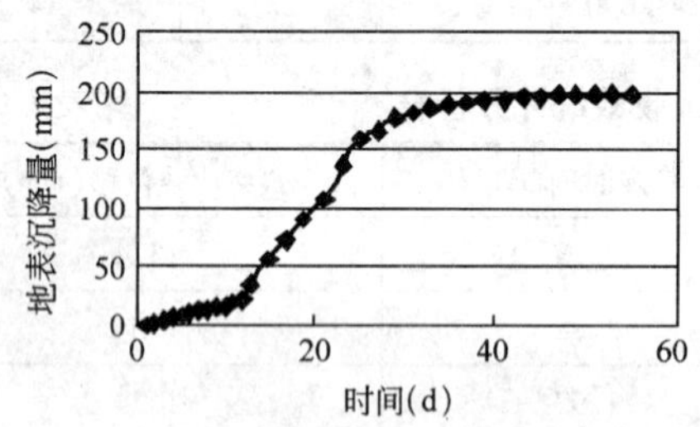

图 7-27 地表沉降随时间的关系曲线图

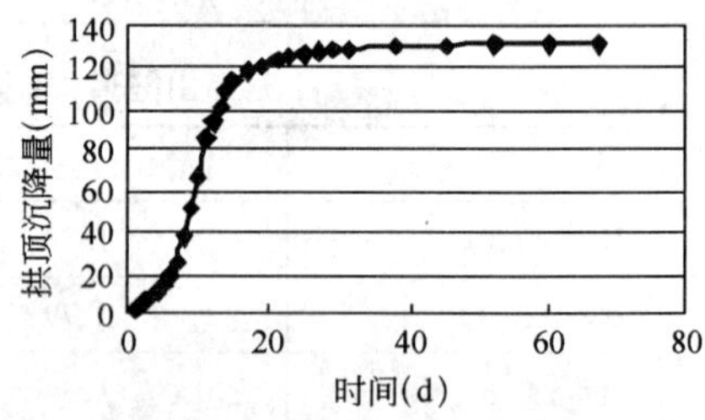

图 7-28 洞口段拱顶下沉与时间的关系曲线图

(三)初期支护严重变形段加固

2005 年 6 月 30 日进口端掌子面施工到 K29 + 503 时,K29 + 470 附近围岩主要以砂岩夹砂质泥岩为主,节理裂隙发育,围岩呈块状砌体结构,有涌水,围岩中有相当比例的土质成分,稳定性差,初支工字钢架严重变形、扭曲,喷混凝土剥离严重。开挖 5d 后拱顶下沉开始增大,15d 后拱顶下沉量已达 78mm,2005 年 6 月 12 日发出预警,必须加强支护维护围岩稳定。鉴于以上情况,2005 年 6 月 17 日及时增设临时工字钢架加固,并采取了小导管注浆加固围岩、加喷混凝土 6cm 等主要措施以后,拱顶下沉速率明显下降,并逐步趋于稳定,最终下沉量为

128mm。具体见图7-29监控量测拱顶下沉时间—位移曲线。

(四)坍方险情预报

2005年5月25日进口端施工至K29+460时,开挖断面内围岩破碎,结构松散,监控量测结果显示(图7-30),拱顶下沉发展较快,拱顶下沉在较长时间内无收敛迹象,并且初期支护变形严重,工字钢架扭曲、变形严重,混凝土开裂剥离,钢筋暴露,5月29日拱顶下沉加速,根据监测结果,于5月29日发出预警,在后期,下沉发展仍较快,超过最大容许位移量,有失稳的危险,于5月31日再次发出预警,于6月3日掌子面拱顶部位掉快严重,地质描述记录为“围岩以粉砂岩夹砂质泥岩为主,呈块状砌体结构,层间夹有大量黄泥,黄泥比较以前明显增多,此区域全部为潮湿的黄色土体,局部有大块状灰色软弱物质,呈片状结构,遇水泥化,拱顶部位有少量渗水,拱部及两侧掉块严重。”根据这些情况,6月3日停止施工,6月4日掌子面发生了坍方。由于监控量测及时作出了预警,人员及机械设备及时撤离,避免了人员伤亡和财产损失。

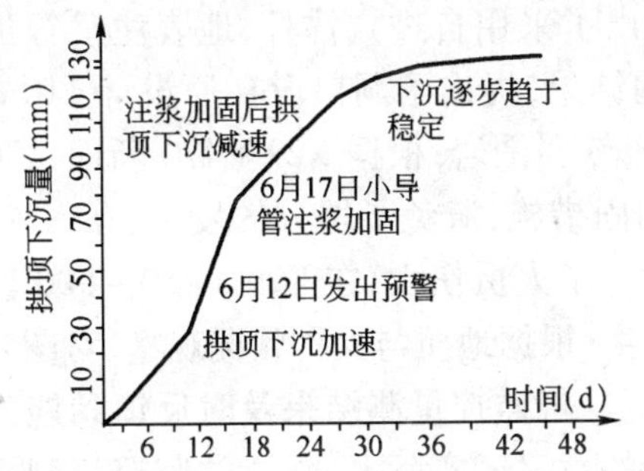

图7-29 严重变形段加固处拱顶下沉时间—位移曲线

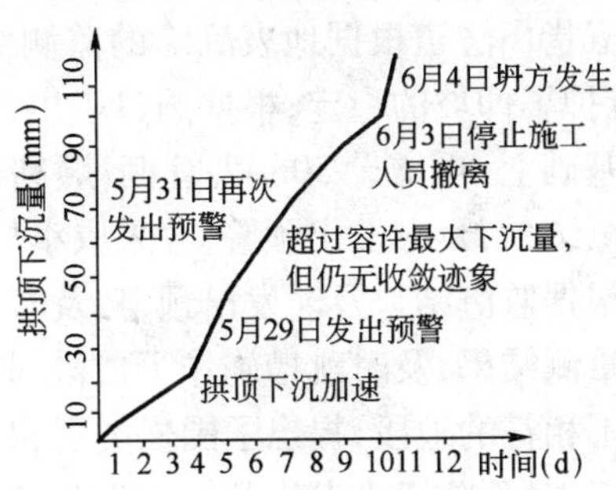

图7-30 K29+460险情发展与时间的关系曲线

(五)跳槽施作二次衬砌

2005年7月25日进口端掌子面施工到K29+528时,K29+460~K29+500段初期支护变形严重,工字钢架扭曲变形,喷混凝土严重剥离,拱顶下沉量较大,其中K29+470附近已经采用小导管注浆、临时工字钢及补喷混凝土加固,但仍有很大变形。监控量测表明,K29+460~K29+500段拱顶下沉达100~166mm,随时有失稳的危险。该地段围岩以砂岩夹砂质泥岩为主,含砂质泥岩的比例比以前明显加大,形成了以土夹石的状态,加上有渗水,造成围岩慢慢软化,稳定性差,拱顶下沉在较长的时间内不收敛。如果再补喷混凝土或工字钢加固,会造成侵界,以后处理困难。根据以上情况,决定采用跳槽施作二衬的办法(此时二衬施作到K29+300),将变形严重段先作二衬,并且二衬加钢筋(原设计此处二衬没有钢筋)。7月28日施作K29+470~K29+480段二衬后,又跳槽施作了附近地段的二衬,维护了变形严重地段的稳定。

(六)支护参数变更

施工至K29+870时,围岩开挖以块状砌体为主,但节理、裂隙发育,每平方米裂隙达7条,裂隙长度0.5~3m,拱顶易掉块,拱顶开挖后成型不好,掌子面开挖后涌水呈股状泄出,喷混凝土困难,边墙也有股状涌水,拱部呈股状涌水或淋雨状,股水多处呈拳头大小,导致拱部掉块严重,局部地方拱顶坍塌1~2m,炮孔打好后孔内涌水呈股状泄出,压力大,无法正常装药起爆，喷混凝土无法正常施工，且浪费严重，总涌水量约400m^3/h，超过设计涌水量数倍，由于是下坡施工，掌子面积水深度达50～120cm，施工困难；喷混凝土大面湿斑，做好的初支地段也有较大涌水，涌水冲刷喷混凝土，形成喷混凝土背后空洞。该段落与设计中的III类围岩描述有很大差异，设计表明此处为III类围岩，围岩以近水平粉砂岩夹砂质泥岩为主，中厚～厚层状，不同层状结合较差，开挖后以块状砌体结构为主，开挖后有裂隙水，呈滴水或淋雨状。施工单位根据地质与支护状况观察记录，要求变更围岩类别和支护参数，经四方会审后，决定将原定的III类围岩变更为II类围岩，增加I18工字钢架支护，工字钢架间距50cm。

五指山隧道施工中围岩类别变更较多，变更的主要依据是掌子面地质与支护状况观察记录，变更的主要原因是围岩未达设计的围岩类别，涌水比设计大。变更的主要方式是施工单位根据掌子面地质与支护状况观察提出申请，后指挥部、设计代表、监理到工地实际查看，并通过四方会审，形成书面变更意见，明确变更内容。变更内容包括本次变更原因、掌子面地质描述、变更段落、围岩类别变更或变更后支护参数等内容，经四方会审的代表签字后生效。

五指山隧道根据地表沉降的监测结果，及时提出了采用自进式锚杆、地表注浆等加固措施，维护了仰坡的稳定；根据洞口段拱顶下沉的监测结果，提出了洞口段在原设计110m大管棚的基础上，再增设30m大管棚，顺利通过了洞口段软弱围岩；根据K29+470断面拱顶下沉的监测结果，及时发出预警，并采取小导管注浆等加固措施，避免了坍方的发生；在K29+460断面根据监测结果及时发出预警，及时撤离人员，避免了人员伤亡；在K29+450～500段根据监控量测结果，及时跳槽施作了二衬，避免了坍方发生；根据地质与支护状况观察，对围岩与原设计不相符的地段，提出了围岩类别和支护参数变更。将监控量测结果及时反馈到施工中指导施工，对预防坍方发生及保护生命、财产具有重要的意义。实际上，隧道的监控量测不只是保证隧道安全施工的重要措施，它还是变更围岩类别和支护参数的依据，监控量测在隧道施工中具有重要的作用。

第八章　五指山隧道不良地质施工

在隧道施工中，常见的不良地质现象主要有：洞口段的塌方、洞身段的涌水、隧道内的软岩内鼓、片帮掉块、深埋隧道还可能发生岩爆；在煤系地层中，还可能有瓦斯涌出。五指山隧道在实际开挖中，出现的主要不良地质有破碎松散软弱围岩、大涌水、突水及坍方。设计中指出，五指山隧道要通过煤层（D合同段），埋深较大，最大埋深1 260m，可能出现瓦斯及岩爆现象，但实际施工未出现瓦斯及岩爆。对于不良地质地段，在施工中我们做好预报预测工作，坚持以预防为主的原则，在确保安全的前提下，制订切实可行的施工方案并作出专门设计，报请监理工程师批准。隧道通过破碎松散、大涌水等不良地质地段，施工前应对图纸所提供的工程地质和水文地质资料进行详细分析了解，制订相应的预防措施，备足有关应急的机具材料，对于不良地质地段的施工，在施工中采取先治水、短开挖、弱爆破、强支护、早衬砌的措施，稳步前进。在施工过程中，经常观察地质和地下水的变异情况、检查支护、衬砌的受力状态，注意地形、地貌的变化，防止突发事故的发生。如有险情，立即分析情况采取措施，迅速处理。

对于不良地质的施工，首先是作好超前地质预报，其次是根据超前地质预报的情况，采取必要的辅助措施。

第一节　不良地质施工辅助措施

一、施工辅助措施的意义

在破碎、松软、节理裂隙发育且富水的软弱围岩中开挖，由于围岩自稳能力较弱，加上涌水冲刷，开挖后易发生初期支护开裂、工字钢架扭曲等现象，并且初期支护早期变形大，易发生坍方。因此，在隧道开挖之前就应采取一定的辅助措施来加固围岩，提高围岩的自稳能力，保证隧道开挖后围岩和支护的稳定，使施工顺利进行，并且保证了施工安全，所以隧道施工辅助措施不是可有可无的，而是必需的。施工辅助措施有开挖之前施作的，也有开挖之后施作的，多数辅助措施在开挖之前施作，开挖之前施作的辅助措施又叫预支护，隧道预支护是指预先设于隧道开挖轮廓线以外一定范围内的支护，与开挖后的支架等共同组成隧道围岩支护体系，是一种有效的辅助措施。它可以在隧道开挖后至洞内支护结构产生支护作用前的时间内支承临空的岩体，从而维持开挖面的围岩稳定。有些预支护结构可作为永久支护结构的一部分。因此，在软弱围岩中施工，由于岩体松散破碎，加上地下水的作用，通常所采用的初期支护强度的增长速度不能满足要求，有必要采取一些辅助措施，对围岩进行加固，以确保工程安全和顺利施工。

二、常见的辅助施工措施

（一）大管棚

管棚支护是隧道开挖通过软弱破碎岩层、流塑状黏土、岩溶充填流泥、流沙地层等不良地段的一种有效方法，这种辅助措施的特点是管棚刚度较大，可以减小地表下沉和防止围岩坍塌，在大管棚支护下，可以采用大断面开挖，并且有利于改善衬砌受力状况，其施工机具简单，造价相对较低。开挖前沿隧道开挖轮廓线外缘，每隔一定距离，用管棚钻机钻孔，然后将加工成型的钢管打入已钻好的孔中，沿隧道开挖轮廓线外排列形成伞状，隧道开挖后将支架设于拱形钢架上，形成牢固的棚状支护结构。

（二）小导管超前支护

小导管超前支护是沿隧道纵向在拱部开挖轮廓线外一定范围内向前倾斜一定角度，借助注浆泵的压力，使浆液通过小导管上的小孔渗透、扩散到地层孔隙或裂隙中，以改善土体的物理力学性能，这样可以在工作面周围形成一个承载体，同时管体又可起到超前锚杆的作用，从而达到增加地层稳定性，提高开挖面地层的自稳能力，达到限制地层松弛变形的目的。注浆钢管的外端通常焊接在开挖面后方的钢架上，有些时候和大管棚一起使用，设置于大管棚的间隙，组成共同的预支护系统。小导管超前支护的固结机理主要可归纳为以下两点：

（1）渗入性注浆。对于具有一定孔隙或裂隙受扰动和破坏的围岩，在注浆压力作用下，浆液克服各种阻力，渗入围岩的孔隙或裂隙中，达到固结的目的。

（2）劈裂、压密注浆。对于致密的土体地层，在较高的注浆压力作用下，裂隙被挤压，使浆液得以渗入，达到压密岩体的作用。

小导管和大管棚一起使用，形成了管棚和固结联合的超前支护体系，提高了岩体自身的稳定性，有效地抑制了围岩的松弛变形，增强了施工的安全性，小导管的施工工艺简单，无需专用设备，一般工人即可操作，因加固效果好，注浆质量易于控制，因而在隧道施工中广泛采用。

（三）超前锚杆

超前锚杆是沿隧道纵向在拱上部开挖轮廓线以上一定范围内向前上方倾斜一定外插角，或者沿隧道横向在拱脚附近向下倾斜一定外插角的密排锚杆。前者称为拱部超前锚杆，后者称为边墙超前锚杆。拱部超前锚杆用以支托上部临空的围岩，边墙超前锚杆用在先拱墙法开挖边墙的施工中，将起拱线附近岩体所承受的较大拱部荷载传递至围岩深部，从而提高施工中的围岩稳定性。由于施工进展的要求，超前锚杆施作完成后，要在较短时间内进行下一循环的开挖工作，为了尽快发挥超前锚杆的作用，一般要求采用早强砂浆锚杆和药卷锚杆，这两种锚杆均满足施工需要。

（四）预注浆加固地层

预注浆加固地层按注浆目的的不同，可分为劈裂注浆和全封闭固结注浆，前者是以提高软弱围岩的自承能力为目的，后者是以提高堵水能力为主要目的。

1. 劈裂注浆固结

在流塑黏性土中钻孔并压注具有胶凝性质的浆液，只要注浆压力超过被注土体的最小剪切强度，浆液便能呈脉状快速渗入土体并不断劈开土体，将其中的空气、水分排出，使浆脉加密、加厚、加大，增密土体，随后，浆液发生胶凝反应，使流塑性黏土胶结、硬化，转变为硬塑，形成具有一定强度和抗渗阻水能力的以浆脉为骨架的固结体，从而提高围岩的强度和稳定性。根据实际注浆效果，采用相应的开挖方法，以改善衬砌受力状况，达到防止洞内突泥涌水、地表沉陷和保证施工安全的目的。

劈裂注浆固结适用于地层为岩溶流塑黏土、淤泥质土、粉砂细砂以及其他渗透性较强土壤的山岭隧道。其特点是工期短、效果好，其费用相对较低，对浆液材料性能要求不是很高，悬浊液型的水泥浆液或水泥—水玻璃浆液，就适用于流塑性黏土，具有凝结时间可控、固结后岩体强度高、稳定性好、容易操作，且一般对环境无害等特点。隧道软弱破碎围岩、流塑性土体、岩溶发育的地层等均依赖于注浆成功后才能开挖施工。

2. 全断面固结注浆

对于富水岩层，为了防止开挖面涌水，或隧道涌水大无法进行开挖施工，除了沿隧道开挖轮廓线按轴向辐射状布孔外，在开挖面中心也布孔注浆，注入按一定比例配制成的水泥—水玻璃双浆液，浆液渗透扩散至破碎带的孔隙中并快速凝固，与周围破碎岩块固结成具有一定强度的结石体，在隧道周边及开挖面形成一个堵水帷幕，切断地下水的通路，以达到固结止水、保持围岩稳定、增强施工安全的目的。全断面固结注浆适用于富水岩层、断层破碎带。除了全断面固结注浆外，还有周边固结注浆及开挖后周边固结注浆。除了以上介绍的辅助措施外，还有深井降水、正面锚杆及自进式锚杆等。

第二节　五指山隧道软弱围岩施工

一、五指山隧道软弱围岩的特征

（一）洞口段浅埋巨厚覆盖层

隧道进口段：该洞口块石土覆盖层巨厚，近30m，洞口浅埋段地形平缓，洞身穿越覆盖层100余米，暗挖较为困难。K28+418～K28+431段围岩（洞口里程K28+418）开挖后以黄色土体为主，土质松软，有少量孔隙潜水，拱顶以滴水为主，涌水量不大，岩层稳定性差，初期支护有少量滴水，初支未见开裂剥离现象，监控量测数据孔未见异常，整个初期支护稳定；K28+431～K28+436段围岩黄色松软土质，有块石出露（图8-1和图8-2），掌子面面侧裂隙水呈股状涌出，拱顶有土块剥离，围岩稳定性较差，初期支护有少量滴水，喷射混凝土左侧有裂缝出现，裂缝宽度1～2mm，长度5～25cm不等；K28+436～K28+446以褐色块石质土体为主，呈中密状态，有水平纹理，开挖后表面湿润，有大块孤石出露；K28+446～K28+518以泥质砂岩夹泥岩为主，局部段落仍以土体为主，夹有孤石，土体结构松散，层间所夹泥质砂岩较厚，局部层理较明显，结构破碎，层间结合力差，有少量裂隙水。

图8-1　洞口浅埋段围岩（拱顶）

图8-2　洞口浅埋段围岩（下台阶）

隧道出口段：通过地质钻探和现场调查，该洞口松散层厚8.0～15.0m，坡表多荒草，块石密布，3～5m厚的块石部分松动叠置，有架空现象，稳定性差，易发生崩、滑落破坏。开挖后K32+329～K32+314围岩以厚层状土体为主，松散～中密，结构不均，含有少量孔隙潜水，围岩稳定性差，下伏基岩为泥岩和细砂岩，受风化、裂隙、地下水影响大，层间结合力差，地下水以滴水为主；K32～K32+2993围岩以第四系块碎石土为主，结构杂乱，呈松散结构，稳定性差。

（二）洞身软弱围岩特征

K28+530～K28+570段围岩在原设计中属于$\text{II}_{超浅}$，开挖后围岩为粉砂岩夹砂质泥岩，局部以块石质土体为主，属软质岩，所夹砂质泥岩较厚，隧道拱顶为第四系地层，地块石、局部小块石、角砾材、粉砂黏土富集而成小块石质土，液限低，透水性好；岩层产状水平，节理裂隙发育，层间结合差，层状岩层被竖向节理切割，围岩呈小块状砌体结构，加上涌水较大，拱顶呈淋雨状，边墙有股状涌水，涌水将层间泥岩带走，掉块严重，围岩稳定性差，特别是隧道顶部从开挖后一直有掉块现象。经调查，该段围岩地表处于堆积体与细砂岩、粉砂岩及砂质泥岩过渡段，堆积体上有一冲沟，水沿堆积体与岩界下渗出，使该段围岩施工困难（图8-3和图8-4）。

K29+430～K29+542段围岩在设计上是III类，但开挖后围岩特别软弱，围岩呈粉状、角质状，夹有小块岩体，整个掌子面类似块石质土，层理紊乱，有涌水，主要以拱顶滴水为主。K29+430附近开挖后初支变形严重，工字钢架扭曲变形，喷混凝土剥离、开裂，不得不进行变更（图8-5和图8-6）。

图8-3　K28+530～K28+570段掌子面围岩

图8-4　K28+530～K28+570段围岩初支变形

图8-5　K29+430～K29+542段围岩（掌子面下部）

图8-6　K29+430～K29+542段围岩（掌子面拱顶）

二、五指山隧道软弱围岩的施工措施

对于软弱围岩的施工，主要是预先采取辅助措施加固围岩，后再按正常围岩施工，辅助措施的成功与否直接关系到开挖的难度，若辅助措施得当，则开挖就不存在困难，若辅助措施不当，则开挖就有可能十分费力，进度慢，还有可能造成不必要的损失。对于软弱围岩的施工，一般先采取施工辅助措施再按正常围岩开挖。软弱围岩采取的辅助施工措施有如下几种。

1. 大管棚

(1)大管棚参数

五指山大管棚一律采用 $\phi108$ 钢管，采用热轧无缝钢管制作，壁厚 6mm，每 3m 或 4m 制成一节，两端丝扣长度 15m。管身钻注浆孔，孔径 15mm，孔间距 20cm，呈梅花形布置，搭接长度不小于 3m。每根长 30m，环向间距 40cm，外插角 1°~2°，远端偏差不大于 45cm。注浆参数：压注纯水泥浆，水灰比 $W/C=0.8\sim1.0$，当止浆效果不好时，可采用水泥—水玻璃双液注浆，注浆压力为 1.0~2.0MPa，必要时在孔口设止浆塞。管棚支护从第二循环开始，掌子面拱部应在设计开挖线向外径扩挖 50cm 左右，以用作第二循环的管棚工作室，工作室纵向长 6m 左右，支护参数与正常段相同。在二次模筑混凝土时，管棚工作室用同级混凝土密实回填。

(2)大管棚施工

大管棚施工流程为：施工测量→钻机就位→钻孔→扫孔→插入钢管→孔口密封处理→管棚钢管注浆→检验→进入下道工序。

①钻孔。采用两台 GB2-160 型地质钻机钻孔，$\phi130$ 合金钻头，$\phi60$ 钻杆，从导向管钻进，开孔时低速低压。钻机主轴方向准确定位，保证孔的方向正确，每钻完一个孔即顶进一根钢管，或用钻机上的电机送管，安好一根钢管，以免孔多串浆。钻进中经常检查钢管钻机的偏斜度，发现偏差超过设计时，立即纠正。

②长管棚插入及孔口处理。钢管采用 $\phi108\times6.0$mm 无缝钢管，节长 4m 和 3m 两种，大管棚环向间距 40cm，倾角 1°(不含路线纵坡)，方向与隧道纵向平行，同一横断面内接头数量不超过 50%，相邻钢管的接头相错量不小于 1m，把孔分为奇数孔和偶数孔，奇数孔(或偶数孔)具有相同的第一节管长。钢管采用丝扣连接，丝扣长 15cm，浅孔段采用人工推进，孔深阻力大时，采用机械旋进。钢管就位后加以固定，钢管与导向管间隙用棉纱堵塞。钻孔完成后检查，并进行扫孔，之后安装钢管。当钻孔时出现坍孔，应进行跟管钻进。

③长管棚安装就位后，将加工成型的钢筋笼插入长管内(根据设计施作)，作为内衬筋。

④注浆。采用 HFV-50 注浆机灌注 M30 水泥砂浆。实际注浆时的参数需现场试验确定，注浆时钻一孔注一孔。注浆压力为 0.8~1.6MPa。开工前进行单液注浆试验，达到要求时报监理工程师。

⑤注浆完成后，检查注浆效果后即可正式进入开挖及支护循环作业。

(3)大管棚施工机械

大管棚施工机械见表 8-1。

大管棚施工主要机械设备 表 8-1

序号	机械名称	型号	规格	单位	数量	附注
1	地质钻机	GB2-160	深 200	台	2	钻孔
2	管螺纹车床	Φ1319	190mm	台	1	加工丝扣
3	注浆机	HFV-50	250L/min	台	1	注浆
4	搅拌机		4.5kW	台	1	

2. 超前小导管

(1)小导管参数

五指山隧道设计中超前小导管超前支护一律采用 $\phi42$ 小导管,采用热轧无缝钢管制作,壁厚3.5mm,管身钻注浆孔,孔径8mm,孔间距15cm,呈梅花形布置。管前端呈锥形,尾部长度100cm,作为不钻注浆孔的止浆段。小导管设计长度4m,环向间距40cm,某些时候可考虑间距30cm,搭接长度1.5m。注浆参数:压注水泥单浆液,水灰比 $W/C=0.5\sim1.0$,当围岩破碎,岩体单液注浆效果不好时,采用水泥—水玻璃双液注浆,将浆液凝结时间控制在数分钟以内;注浆压力为0.5~1.0MPa,在孔口设止浆塞。

浆液扩散半径 R 可根据导管排列密度确定,考虑注浆扩散范围相叠加的情况,可按下式计算:

$$R = (0.6 \sim 0.7)L_0$$

式中:L_0——导管中心间距,m。

单根导管注浆量 Q 按下式计算:

$$Q = \pi R^2 Ln$$

式中:R——浆液扩散半径,m;

L——导管长度,m;

n——围岩空隙率,%。

小导管注纯水泥浆液时,水泥浆水灰比分3个等级,分别为1:1、0.8:1、0.5:1,浆液由稀到浓逐级变换,即先注稀浆液后注浓浆液,拌浆时可掺入适量减水剂。

当采用水泥—水玻璃双液注浆时,分别将两种溶液放在两个容器中,使用两台注浆泵按照配合比分别吸入两种浆液,五指山隧道小导管超前双液注浆时,水泥浆水灰比为1:1,水玻璃模数2.8,水玻璃浓度为42波美度,水泥:水玻璃浆液体积比为1:0.4,初凝时间通过试验确定为2.5min。

采用水泥—水玻璃双液注浆,注浆材料的配合比参数及性能指标见表8-2。

水泥—水玻璃浆液配比表 表8-2

水泥浆液水灰比	水玻璃浓度	水泥浆、水玻璃体积比
1:1~0.8:1	42Be′	1:0.6~1.0

(2)超前小导管施工

超前小导管在五指山隧道施工中,工程量大,施工久,在施工中应注意施工质量。小导管的适应性强,各种不良地质均可使用,主要适用于风化严重、节理裂隙发育、断层破碎带、富水地段、砂泥等不良地质及坍方处治,在围岩特别破碎地区,坍方处治等,常和大管棚一起使用,施工步骤如下。

①利用全站仪对小导管进行放样,确定小导管外插角,并控制在5~10°。

②使用YT-28风动凿岩机进行钻孔,钻孔直径为 $\phi50$mm。

③小导管孔施作完毕后,应检查钻孔是否满足要求,孔位误差不大于±5cm,深度误差不大于±15cm,待检查合格后,对钻孔进行吹孔,同时安装导管入孔。

④导管安设好后,利用1:1水泥浆液进行注浆,注浆压力0.5~1MPa。浆液可根据实际情况掺配一定数量的速凝剂或早强剂,以便尽早起作用。

注浆施工工艺流程见图8-7。

五指山隧道小导管施工中,不同地段不同围岩,小导管的注浆量是不一样的,在裂隙少、含土量大的地层中,小导管注浆量一般在300~500L,在裂隙发育的地段,小导管的注浆量一般在1 000L以上。在水泥浆单液注浆施工中,达到规定压力值以后,将注浆泵停下来,等待几分钟,如压力值不下降,则结束本孔注浆,如压力值下降较大,再继续注浆,如此反复几次,直到压力不再下降为止。在注浆过程中应注意以下问题:

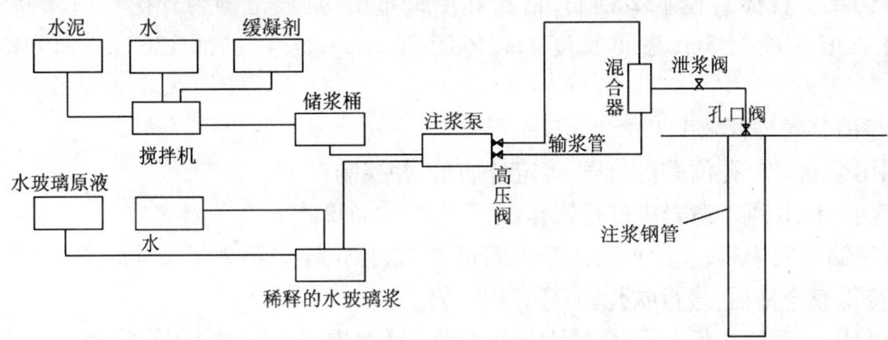

图8-7 双液注浆工艺流程图

①注浆孔一次钻完,孔深一般为5m,冲击速度及供水量应与岩性相适应,以减少坍孔事故,提高钻孔质量。注浆管安装时,要确保外露长度不小于5~10cm,以便连接孔口阀门和管路,并及时喷射15cm厚C20混凝土封闭岩面,作为止浆岩盘,防止注浆段地下水涌向作业面或防止注浆时跑浆。

②先注无水孔,后注有水孔,根据降水漏斗的原理,一般是从拱顶向边墙、由外向内顺序注浆,如遇串浆或跑浆,则间隔一孔或几孔注。在注浆过程中,如果发生串浆,此时应将串浆孔及时堵塞,轮到该管注浆时,再拔下堵塞物,用铁丝或细钢筋将管内杂物清除并用高压风冲净,然后再注浆。

③水泥—水玻璃双液注浆压力突然升高时,则可能发生堵管,应停机检查,当堵管时,要敲打滚动以疏通注浆管,无法疏通时要补管重注。

④注水泥浆单浆液或水泥—水玻璃双液浆时进浆量很大、压力长时间不升高,则应调整浆液浓度及配合比,缩短凝脐时间,进行小泵量低压力注浆或间歇式注浆,使浆液在裂隙中有相对停留时间,以便浆液胶凝,但停留时间不能超过混合浆的初凝时间。五指山小导管施工的主要设备见表8-3。

五指山隧道小导管施工的主要设备 表8-3

序 号	机具名称	规 格	数 量	备 注
1	风枪TY-28		根据需要	钻孔
2	吹风管	Φ20钢管	2根	吹孔
3	游锤		1把	打管
4	注浆泵	KBY-50/70	2台	注浆
5	拌和机		2台	拌和水泥
6	混合器		1个	双液时用,自制
7	注浆嘴		1个	注浆
8	浆液桶		2个	盛放浆液
9	波美度表		2个	测量浓度
10	量杯		2个	试验
11	胶管	高压管	根据需要	注浆

3. 超前药卷锚杆

(1)超前药卷锚杆参数

五指山隧道超前药卷锚杆一律采用$\phi22$的螺纹钢钢筋,长度4m,药卷在桶中进行浸泡,浸泡进间不超过1min,药卷浸泡后按照规范要求装进孔内,同时插入杆体,确保药卷破裂并与杆体充分黏结。杆体直径$\phi22$钢筋,钻孔直径32mm。加固范围为开挖轮廓线外2m,超前支护锚杆长度一般为5m,搭接长度1m,环距30cm,一般在拱部120°范围内施作,外插角5~10°。

(2)超前药卷锚杆施工

①利用全站仪对孔位进行放样,确定外插角,并控制在5°~10°。

②使用YT-28风动凿岩机进行钻孔,钻孔直径为$\phi32$。

③孔径钻设完毕后,应检查钻孔是否满足要求,孔位误差不大于±5cm,深度误差不大于±15cm,待检查合格后,进行吹孔,清理孔内渣物。

④药卷用小钢丝扎孔之后,在桶中进行浸泡,浸泡进间不超过1min,浸泡时间不能太长,也不能太短,药卷浸泡后按照规范要求装进孔内,药卷装满孔2/3后插入杆体,确保药卷破裂并与杆体充分黏结,在插入杆体的过程中,锚杆杆体只能前进不能后退,插入杆体有困难时可用大锤将杆体打入。

(3)施工注意事项

①药包在使用前应检查,要确保未结块,未受潮。药包的浸泡宜在清水中进行,随泡随用,药包必须泡透。

②药包要缓慢推入孔底,不得中途爆裂。应配备专用的装药包工具。

③药包直径宜较钻孔直径小20mm左右,药卷长度一般为20~30cm。锚杆杆体插入时应注意旋转,使药包充分搅拌均匀。药包浸泡的时间是关键,应该在隧道内试验后确定,浸泡时保持水面高丁药卷10cm左右,浸泡时间以不冒泡为准,但不得超过药的初凝时间。

④将浸好水的药卷用锚杆送到眼底,并轻轻捣实,若中途受阻,应及时处理,若处理时超过初凝时间,则应换装新药卷或钻孔作废。

第三节　五指山隧道涌水地段的施工

一、五指山隧道的涌水特征

隧址区出露地层包括二叠系、三叠系及侏罗系,隧道穿越的山体主要由三叠系组成。三叠统嘉陵江组及雷口坡组(T_{1j}、T_{1l}),为岩溶含水层,富水性强,地表有岩溶大泉出露,伏于嘉陵江组以下的铜街子组砂岩夹泥、泥灰岩及灰岩,属裂隙含水层,由于钙质砂岩、泥灰岩、灰岩夹层的溶蚀,局部有溶蚀裂隙及岩溶孔洞发育,因而该含水层以裂隙含水为主,兼具岩溶裂隙含水特点,为弱~中等富水性。地表有裂隙泉出露,飞仙关组砂页岩层含钙质泥岩及灰岩,通常为隔水岩体,但是断裂构造发育,钙质物溶蚀,也具有一定的含水体,总体上看应为隔水~弱含水层,地表很难见有泉水出露。覆盖于雷口坡组碳酸盐岩之上的须家河组砂页岩,属于隔水层,当断裂发育时含裂隙水而为隔水~弱含水体。五指山地区的岩溶出露区,还受大气降雨比较强的小泉水发育,大分水岭地带进行钻探压水试验,其结果表明T_{1j}为强透水层,T_{1t}为弱透水层，含水层具有强含水及弱含水的双层含水层结构。

由于隧道穿越的五指山，处于五指山背斜的南西翼半箱状构造，从地层产状近于水平的背斜顶部通过转折带向地层产状较陡的翼部过渡。夹持于隔水岩体中的二层结构的含水层呈"┓"形态产出。ZK4 钻孔探测表明，分水岭地带近地表部位的岩溶充水洞穴分布高程为1 225m，埋深225m，向深部岩溶发育逐渐减弱，分水岭地带揭露溶孔，溶隙发育深度为1 165m，埋深285m。在北东坡，其下部受近于水平产状的 T_{1f} 及 T_{1t} 的阻隔，岩溶向深部的发育受到限制。在南北西坡随碳酸盐岩层向深部延伸，加上顺向坡地表沟谷的强烈下切，岩溶随之向深部发育，估计可达900～1 000m 的高程。对于石膏层，由于差异溶蚀作用，岩溶发育可以达更大的深度，即远远低于900m 的高程。从断裂的发育特征看，在地层近于水平的背斜顶部，主要发育横向张裂断裂带，而在背斜翼部主要发育纵向挤压带。这些断裂带的存在，成为切割"┓"字形含水构造，并使之复杂化的重要含水结构面。复杂化的特点表现在促进与其他含水层的联系，加剧地下水的循环深度。五指山隧道涌水具有如下特征。

1. 进口端涌水追随开挖面

由于进口端是下坡施工，开挖后在涌水大的地段，掌子面附近拱顶呈淋雨状，初期支护施工困难，喷混凝土被涌水冲走，回弹量大，在涌水的冲刷下，部分围岩特别是土质成分被冲走，围岩掉块严重，并且初期支护刚刚施工好后，虽然初期支护有封堵涌水的作用，但初期支护表面还常有淋雨状涌水，边墙还常有股状涌水泄出。但随着掌子面继续向前推进，上一循环掌子面拱顶处的涌水又转移到下一循环掌子面拱顶，上一循环初期支护拱顶涌水基本上没有了，大多数时候只有少量滴水，拱顶淋雨状态得到很大的改变。随着掌子面的推进，如此循环。这是因为进口端是下坡开挖，下一循环拱顶比上一循环低，加上初期支护有很大封闭涌水的作用，所以拱顶涌水追随掌子面。边墙涌水一般无此现象，因边墙涌水来源于边墙外侧部位及外侧更远的部位，要是随开挖面的推进没有更低的出口，边墙涌水现象便不会追随掌子面，而在拱顶，随着开挖面向前推进，始终有比该拱顶更低的拱顶出现。

2. 不同地段涌水量差别较大

进口端以裂隙水为主，裂隙水是埋藏于基岩裂隙中的地下水。岩石裂隙发育的情况决定地下水的分布情况和能否富集。在裂隙发育的地方，含水丰富；裂隙不发育的地方，含水甚少。所以在同一构造单元中或同一地段内，含水性和富水性有很大的变化，形成裂隙水聚集的不均匀。裂隙特别是构造裂隙的发育具有方向性，在某些地方上裂隙的张开程度和连通性比较好，在这些方向上导水性强，水力联系好，常成为地下水径流的通道。在另一些方向上裂隙闭合，导水性差，水力联系也差，径流不畅通，所以裂隙岩石的导水性呈现出明显的各向异性。

形成裂隙水富集的3 个条件主要受岩性、构造、地貌等因素的影响。不同岩性的岩体，裂隙发育程度有很大的差异，因而富水性不同。不同构造部位，裂隙发育程度有差异，因而导水性和富水性也不同。褶曲轴部裂隙较其他部位发育，往往是富水地地方。断裂多次活动的部位，岩石破碎、裂隙发育，有利于地下水的富集。不同地貌部位，地下水的补给、汇聚条件不同，岩石裂隙发育程度不同，因而富水性不同。

五指山隧道通过 WF1、WF2 以及 WF3 和 WF4 断层影响带和上膏溶角砾岩、下膏溶角砾岩等，所揭露的地层不同，导致涌水量有很大的变化。表8-4 是五指山隧道不同位置、不同时间的涌水量。

五指山隧道不同地方涌水量的大小及持续时间统计表　　表 8-4

次序	时　　间	位　　置	最大涌水量（m^3/d）	一般地段延续时间	主要原因	备　　注
进口 1	2004 年 5 月	K28 +530 ~570	8 000	20d	堆积体与粉砂岩过渡段地表有冲沟	冲沟流水较大
进口 2	2004 年 10 月	进口段 K28 +830 ~950	11 000	50d	WF1 破碎带影响基岩裂隙水	K28 + 880 涌水最大
进口 3	2005 年 8 月 6 日	进口段 K29 +542	30 000 19 200	前 5d 衰减较快，持续 1 年以上	WF2 破碎带影响基岩裂隙水	突水时流量最大 91 200m^3/d
进口 4	2006 年 7 月	迂回导洞	8 000	20d	WF2 影响带基岩裂隙水	实施了全断面注浆堵水及周边深孔注浆堵水
出口 1	2005 年 2 月	出口段 K31 +300 ~ K31 +638	35 140	4 个月	WF3、WF4 断层影响带	
出口 2	2005 年 7 月	出口段 K30 +817 ~30 +912	66 518	4 个月	上膏溶角砾岩	水温达 25℃
出口 3	2006 年 5 月 6 日	出口段 K30 +686 ~ K30 +750	59 171		下膏溶角砾岩	K30 + 566 ~ 610 为正在溶蚀的石膏层
总出口	2007 年 8 月 10 日	总出口	90 000	4 个月	降雨和排水方式改变	C 段和 D 段涌水总和

注：将产于雷口坡组中部的膏溶角砾岩称为上膏溶角砾岩，产于嘉陵江组顶部及雷口坡组底部的称为下膏溶角砾岩。

3. 涌水量受大气降雨影响

当疏干体系获得的地下水补给水流与其向隧道排泄的水流大体相等时，可视为降位漏斗已经形成，在此条件下形成的降位漏斗的形态与均质含水岩体相比，是极不均匀的。其中若存穿插有互不通连的含水体系，虽处于降位漏斗发育范围之内，但不一定被疏干，体系内地下水位也几乎没有变化。也许隧道继续向前施工便揭露到这类互不通连的含水体系，便会再次发生涌突水，进而形成新的降位漏斗。最终，在隧址区形成一个由多个含水体系被疏干的复合型降位漏斗，降位漏斗形成后地下水进入隧道的流量称为基本流量，属动储量。施工引起突水，消耗的静储量称为施工突水量，在降雨过程中，降位漏斗范围吸收的下渗降水将形成洪流量涌入隧道，该流量被称为强降水瞬时增量。

在施工中从涌水量记录得知，当发生强降雨后，隧道涌水量将有较大增加，这是因为地面降雨通过地表泉、裂隙、地表渗漏，以及上述的降位漏斗等，导致隧道涌水增加。如“8.6”坍方涌水处，后期涌水量维持在 700m^3/d 左右，但在强降雨时，能达到 1 000m^3/d。其他涌水地段也有类似之处。

4. 涌水大但压力小

五指山隧道涌水主要来源于浅表地下水直接下渗和石膏层溶解。在五指山分水岭地带的 ZK4 孔口高程为 1 447.93m，钻孔深度 600.8m，终孔后测定水位埋深为 215.00m，高于隧道平面 400 余米，同年 12 月再次测定水位埋深为 220，其变化仅有 5m。隧道进口段地表泉水出露高程多在1 100m以上，而在隧道出口段左侧3.5km的冷水溪，T_{2l+3k}与$T_3 \sim J_{1x}$接触界面高程925m，按3%的地下水坡度计算，对应隧道上方的地下水位高程应为1 030m。隧道在碳酸盐岩埋藏段处的设计高程在850～860m之间，两者相差150m以上。由此看出，隧道外壁的外水力，理论上应为1.5～4MPa。

连通试验表明，虽然在隧道上形成了降位漏斗，但是并未影响到涝林沟的食盐水向冷水溪的径流、排泄。此时，隧道上方的岩溶水位高程应介于925～1 030m之间，从理论上讲，出口段碳酸盐地带的水压力应接近1MPa。

然而实际隧道涌水测值与理论上的涌水压力值相差较大。在施工过程中施工单位数次测量，钻孔或炮眼涌水压力值均较小，有的接近于0。在隧道K29+886处利用洞壁超前钻孔进行了地下水压力的测定，虽将超前钻孔四周密封，使地下水从堵头流出，但压力指针仍然为0。出口段施工至K30+900掌子面，8月3日在掌子面钻了3个直径100mm的泄水孔，其中一孔深21m，涌水满管但无水压。以上现象说明隧洞外水压力不一定与理论计算的作用于隧道洞壁的静水压力相等，而且可能实际的压力比理论计算会小得多。

这一现象的原因是岩溶—裂隙水含水介质的非均一性，在地下水流场内可能影响静水压力的传递造成的。沿岩体内裂隙追溯，必然会发现进水断面相对减小的地段出现“喉管”。继续上溯会发现第二个、第三个“喉管”，由于各个“喉管”的进水能力不同，导致两个“喉管”之间的裂隙空腔产生真空现象，使地下水不连续，这时就不可能传递静水压力。如果这些“喉管”相互连通，则会产生相当的静水压力，其压力大小视连通裂隙的高度而定。2006年5月19日，出口段上台阶掌子面K30+747处，涌水从上台阶底部的炮眼中涌出，喷出水的射程达7.6m，经水力学公式计算，其水头压力高度为17m左右。“8.6”坍方的发生，就是高压水头将隧道拱顶围岩压溃造成的。

5. 涌水来源不一样

为了研究隧道涌水的起源和地下水的循环特征，进行了水化学调查。水化学调查采集的样品包括隧道涌水、地表泉水、沟水。研究表明，地表泉水及溪沟水属于IA类水，进口端涌水属于IIB类，出口涌水为IIB类水，I类水和II类水的主要差异在于各种阴离子的差异，前者以HCO_3^-为主，后者以SO_4^{2-}为主；A类水与B类水的区别在于各种阳离子含量的差异。前者以含Ca^{2+}为主，后者以含Ca^{2+}、Na^+及K^+为主，对于I类水，阴离子主要由HCO_3^-组成，矿化度较低，HCO_3^-起源于大气降水或者对岩石的溶滤，岩溶水的阳离子主要是Ca^{2+}及Mg^{2+}，对于循环于砂页岩中的水，Na^+及K^+含量较高。大量组分研究表明，隧道涌水属于深层循环地下水，进口段隧道在突水坍方以前涌水主要来自砂岩含水层内的水，突水坍方后涌水与上层岩溶水越层补给有关，而出口段隧道涌水，含有大量石膏滤水；微量组分分析表明，进口段隧道涌水Fe、Mn含量比出口段涌水的含量高，进一步分析表明，进口段涌水与裂隙泉水有较大的联系，而出口段涌水与石膏溶解有较大联系。

(1)矿化度

矿化度分析表明，进口段涌水矿化度普遍较低，通常在250mg/L以下，与地水、岩溶水、砂页岩裂隙水和沟水相接近，与地下水直接下渗有关。而出口段矿化度普遍较高，是石膏层溶解所致，但是下部膏溶角砾岩涌水矿化度极低，大体与进口段涌水及地表沟水、泉水相当，SO_4、Sr离子也具有相同的特点，表明该含水带与地表连通性好，入渗通道佳，属于较强的下降水系水流特征。上部膏溶角砾岩带伴随上升水系，其水化学也存在类似的下降水系的特点。即出口端涌水不但与石膏层溶解有关，而且还与浅表地下水直接下渗有关，即出口段涌水有多种来源。进口端主要以裂隙水为主,突水坍方后的涌水与上部岩溶水有关。出口端上膏溶角砾岩 K30 + 800 ~ K30 + 958 段属高矿化热涌水带,矿化度 3 100 ~ 3 533mg/L,水温 19.5 ~ 25℃,而 K31 + 170 涌水带、K31 + 200 涌水带,水温仅 13℃,矿化度为 405mg/L,下部膏溶角砾岩涌水带 K30 + 566 ~ K30 + 740 涌水段温度 17 ~ 18℃,矿化度低,主要为下渗的岩溶水。

(2)二氧化硅(SiO_2)与 F 离子

进口端涌水 SiO_2 及 F 离子含量高,这与砂页岩的溶解有关,但在进口端迂回导洞涌水 SiO_2 及 F 离子含量偏低,表明其为表层地下水的下渗。出口段涌水 SiO_2 及 F 离子含量低,表明涌水来源与进口端不一样。

(3)Sr/F 离子比值

Sr 主要起源于石膏的溶解,F 主要起源于砂页岩地层的溶解,因此 Sr/F 离子比值越大,表明其化学组成主要起源于入渗的浅表地下水和砂页的溶滤作用。分析表明,进口段涌水主要为砂页岩溶滤水,出口端涌水主要为石膏的溶解,部分段落(主要指 K30 + 615 附近和 K30 + 670 附近)Sr/F 离子比值较低,表明这些段落涌水具有地表水及浅表地下水下渗的特征。

(4)$\delta^{34}S$

隧道涌水 $\delta^{34}S$ 普遍在 25‰以上,表明这段隧道涌水中 SO_4^{2-} 主要来自石膏溶解,进口段 $\delta^{34}S$ 也在 25‰以上,这是因为地史前时期有含石膏水进入砂页岩地层形成次生矿物,如石膏脉等。但是整个隧道中进口端迂回导洞及出口端 K30 + 670 附近部分段落涌水 $\delta^{34}S$ 低于 20‰,该同位素组成表明硫的来源是石膏起源硫与硫化物起源硫的混合,这也说明了进口端迂回导洞及出口端 K30 + 670 附近部分段落涌水是浅部地下水下渗的主要通道,与前面所得出的结论是一致的。

综合以上几点分析得出,以隧道进口端迂回导洞为代表的进口端涌水矿化度较低,微量元素较低,$\delta^{34}S$ 值低于石膏值,表明进口端涌水具有浅表地下水直接下渗的特点;而出口端下膏溶角砾岩涌水段 K30 + 566 ~ K30 + 740、K31 + 170 涌水带、K31 + 200 涌水带也具有矿化度低、水温低、微量元素较低、$\delta^{34}S$ 值低于石膏值的特点,表明其涌水来源为下渗的岩溶水、浅表地下水直接下渗,而出口端其他涌水段落矿化度较高,上膏溶角砾岩不但矿化度高、水温高,并且水中析出铁质沉淀,涌水来源于地下深部,是深部地下水通过膏溶角砾岩溶层上升排泄至隧道内的,表现出与进口端涌水地段不同的特点,因此出口端涌水在不同地段有不同的涌水来源。

6. 涌水持续时间差异大

由于涌水来源不一样,虽然均与浅表地下水直接下渗有关,但浅表地下水的高程有高有低,深层裂隙、岩溶相互之间联系也不同,有的无联系,有的有间接联系,有的有密切联系。如果涌水直接源于与外界联系不大的裂隙水、蓄水带,没有外界补给,则涌水会在较短的时间内衰减;如果裂隙之间联系较大,有外界补给,则涌水可能在较长的时间内不会衰减。涌水持续时间主要取决于水源的性系及相互之间和外界的联系。例如进口端 K28 + 530 ~ 570 段涌水,此段围岩涌水性质主要是裂隙水,与外界联系不大,蓄水带裂隙水排干之后涌水变小,其持续时间一般为 20d,20d 后只有少量滴水;"8.6 坍方涌水"地段,除前几天瞬时突水量衰减较快外,几天以后涌水衰减较慢,涌水持续 1 年以上,1 年以后涌水量仍达 $400m^3/h$。

二、地下水对五指山隧道工程的不良影响

地下水的存在会对隧道工程的各个方面产生不良影响。它可使围岩溶解、冲蚀、软化,从而降低围岩强度,对隧道结构构成威胁;它还给隧道工程带来巨大困难,不仅增加施工难度,还

可能带来安全隐患;另外,如果地下水穿透隧道防排水体系统,则会严重恶化隧道运营环境,降低隧道服务质量,增加隧道维护运营费用。

(一)地下水对隧道围岩的不良影响

地下水的存在可能引起隧道围岩发生溶解、溶蚀、冲刷、软化,或产生静水压力,或引起膨胀压力,改变围岩的物理、化学性质,降低围岩的强度和稳定性,进而引发一系列的问题。

地下水对软岩的影响,比对完整性较好的硬岩的影响更为严重。软岩在地下水的冲刷或进入细微裂隙时,使岩石呈生软化或泥化,从而降低岩体的强度,使岩石呈非常不稳定的状态,易产生塑性变形或崩塌,从而引起塌方。对破碎的围岩来说,由于围岩中饱含地下水而裂隙水压力增大,增加了围岩的自重荷载,更促进了破碎围岩发生塌方的可能性。在弱胶结的砂岩和断层带的糜棱岩中,由于地下水的活动,可能产生流沙和潜蚀,易形成泥石流状的坍方,对施工影响很大。

在大多数情况下,软弱结构面的强度决定着岩体的整体强度和稳定性。地下水活动能使软弱结构面发生多种不良作用,地下水活动将软弱结构面中的物质软化或泥化,使结构面的抗剪强度降低(c、ϕ 值减小),摩擦阻力和内聚力减小;存在裂隙水压力的围岩中,由于水压力抵消了部分法向力,导致内摩擦力减小,围岩抵抗滑动的阻力也随之减小,围岩产生滑动的可能性增大;裂隙中的地下水会将软弱结构面中的填充物带走或饱水,这就使结构面的黏聚力降低,减小软弱夹层两侧围岩的联系,促使有滑动趋势的块体发生沿软弱结构面滑塌坍方。

(二)地下水对隧道结构物的不良影响

地下水对隧道结构的影响除了包括地下水可能产生较大的静水压力、动水压力之外,侵蚀性地下水对隧道结构的影响也不可忽视。由于混凝土是多孔的、固液气三相共存的非均质性材料,其所处环境的某些侵蚀性物质很容易进入混凝土内部,与混凝土、钢筋发生各种物理、化学反应,从而引发混凝土的破坏,影响混凝土结构的耐久性。这些侵蚀性物质进入混凝土内部的主要途径就是地下水,溶入侵蚀性物质的地下水对隧道结构的强度和耐久性具有十分重要的影响。

在五指山隧道中,主要是硫酸盐型侵蚀性地下水对隧道造成危害,其次是碳酸型。硫酸盐型侵蚀性地下水是指地下工程围岩中存在的硫酸盐及其组合,与地下水作用,通过直接或间接侵蚀两种途径对地下隧道产生侵蚀作用。在 K30 + 280 ~ K30 + 832 段,SO_4^{2-} 含量为 1 536.0 ~ 1 744.0mg/L,属中等腐蚀。侵蚀性 CO_2 为 9.7 ~ 17.4mg/L,属弱碳酸型腐蚀。

按 JTJ 064—98 规范 D.0.8:“结晶类、分解类、结晶分解复合类腐蚀,仅有一类腐蚀时,则按该类腐蚀的腐蚀等级作为评价结论”的规定,C 合同段岩溶涌水属无腐蚀级,采用常规防护等级。D 合同段岩溶涌水属中等腐蚀等级,应定为二级防护等级,使用抗硫酸盐水泥,或普通硅酸盐水泥,矿渣硅酸盐水泥,水灰比 0.55,最少水泥用量 350 ~ 370kg/m^3,$5\% < C_3A < 8\%$,防护层厚度 30mm。

公路混凝土工程的腐蚀,常常是受几种物理条件综合作用而产生的。本区的物理性指标腐蚀有:常年在强透水层的受水段;混凝土部分侧面受水,另一部分侧面暴露于大气之中等。化学性腐蚀除岩溶涌水的影响外,本隧道还包括含有石膏、岩盐等含盐地层,易产生硫酸盐的地层或含硫温泉水渗入等因素，本隧道兼有两者腐蚀，混凝土被腐蚀的速度将急剧加快。

(三)地下水对隧道运营环境的影响

地下水除了影响隧道围岩的强度和稳定性，对隧道衬砌结构产生腐蚀作用之外，地下水通过混凝土损伤部位、施工缝、变形缝甚至是混凝土本身的孔隙渗入到隧道内，也会对隧道运营环境造成不良影响。

1. 造成隧道内潮湿

地下水的存在是造成隧道内潮湿的根本原因，地下水主要通过以下途径进入隧道内部，使隧道环境潮湿：

混凝土本身的吸湿作用；

隧道混凝土多孔结构所产生的毛细作用；

隧道衬砌结构不可避免的裂隙等；

隧道广泛存在的施工缝、变形缝引发的渗漏。

2. 恶化隧道行车环境

在公路隧道中，地下水可以造成路面湿滑，摩阻力降低；空气中的水雾降低了空气的能见度，给行车造成威胁。

3. 对隧道内电气设施造成不良影响

在隧道中安装有大量的电气设施，这些电气设施对水的存在都非常敏感，渗漏、潮湿的环境给电气设施带来多方面的影响：

降低电气设施的使用效率；

腐蚀、损坏电气设备，增加维护费用；

降低电气设备的使用寿命；

水的存在还可能造成火灾等其他灾害性事故。

三、五指山隧道典型涌水地段的施工

(一)K28+530~570 段施工

1. K28+530~570 段围岩基本情况

进口端原设计 K28+530~570 段属于 $II_{超浅}$，地表处于堆积体与细砂岩、粉砂岩及砂质泥岩过渡段，堆积体上有一冲沟，水沿堆积体与岩界面下渗出，围岩存在大量裂隙，开挖后涌水较大，2004 年 5 月 6 日开挖后超前钻孔涌水量达 $20m^3/h$，总涌水量达 6 000m^3/h，围岩基本以块石夹土、粉砂岩及砂质泥岩为主，稳定性差，隧道拱顶为第四系地层，以块石、局部小块石、角砾岩、粉砂黏土富集而成小块石质土，液限低，透水性好。围岩开挖后经涌水浸泡，掌子面自稳能力差，尽管采取了增加排水系统、缩短循环进尺等措施，但由于围岩软弱，原设计的初期支护参数还是难以维护围岩稳定。

该涌水段落是施工单位遇到的第一个涌水段落。在开挖该段落初期，并未预料到涌水量会如此之大。因设计中表述，此段围岩地下水以滴水为主，雨季可能有淋水，且该隧道最大涌水量 1 287m^3/d，出现在隧道中部，因此，在开挖此段落时并未采取其他措施，仍按照原方案施工。在开始出现较大涌水后，施工单位认为涌水量很快会减小，围岩很快会好转，所以仍未采取有效措施。对于开挖后围岩与设计不符、涌水量增大的情况，施工单位及时向有关单位反应了情况，并提出改变支护参数。5 月 7 日有关人员到现场查看了涌水情况，并向设计院、指挥部汇报了情况；5 月 10 日设计代表、指挥部到现场查看了围岩与涌水情况，发现已开挖段 K28 +534 ~542 段初期支护产生破坏，格栅钢架出现了扭曲、弯形现象，喷混凝土剥离、开裂、掉块严重，初期支护严重变形。监控量测显示此段围岩下沉严重，最大拱顶下沉达 120mm，情况比较严重，指挥部召集设计、监理及施工单位研究对策。

此段围岩在 20d 以后涌水量有所减少，但初期支护仍有淋水及股状涌水。

2. 采取的措施

对于该段涌水量大，喷混凝土掉块严重、拱架局部变形严重的情况，为保证施工安全，及时采取了加固措施，立即施作 I18 工字钢做临时支撑，由于工字钢架不能立即发挥作用，故用 C20 喷混凝土封闭充填了工字钢架与围岩之间的空隙，经加固后围岩很快稳定，临时加固后初期支护侵界严重，一般侵界 20cm。

经指挥部、设计代表、监理及施工单位研究决定，对此段采取以下措施处理。

(1)对 K28 +530 ~570 段初期支护空洞进行调查。开挖后围岩涌水较大，呈股状泄出，将围岩土质成分冲走，在初期支护后面形成空洞。施工单位于 2004 年 6 月进行了初期支护背后空洞探查工作，探查的方法是用风钻在初支表面钻孔，钻孔间距 1m ×1m，由钻孔时的感觉或涌水流出量判断空洞。较大范围的空洞有两处，一处是 K28 +532 ~534，另一处是 K28 +549 ~550。两处空洞具体描述如下。

空洞 1 里程：K28 +532 ~534。

开挖时的地质状况：裂隙水，呈股状涌出，岩体破碎且夹有大量泥岩，流水将泥土浸泡软化冲走，造成空洞不断增大。开挖时的涌水量 $10m^3/h$，涌水在开挖后 1 周内有所减小。

空洞描述：长 210cm，宽 220cm，深度 48cm、30cm、20cm。

空洞 2 里程：K28 +549 ~550。

开挖时的地质状况描述：线状裂隙水，岩体破碎且夹有软泥，流水将软泥冲走，造成空洞不断增大；开挖时的涌水量为 $20m^3/h$，半月后涌水有所减小，开孔检查时没涌水泄出。

空洞描述：长 120cm，宽 240cm，深度 33cm、18cm、27cm。

(2)对围岩 K28 +530 ~570 段钻孔注浆加固，特别是空洞部位要作为重点加固，分次注浆。注浆加固的目的是对一定范围内松弛的围岩进行注浆固结，增加围岩的自稳能力。钻孔布置参数为：钻孔直径 ϕ40mm，间距 2m，梅花形布置，孔深 4m，注浆压力 0.5 ~1MPa。注浆顺序从下往上，先注无水孔，后注有水孔。注液采用水泥—水玻璃双浆液，水灰比 1∶1 ~0.8∶1，水泥浆与水玻璃浓度比为 1∶0.8 ~1∶0.4，浆液浓度可根据岩体条件加以调整。

(3)对 K28 +530 ~570 段围岩拱顶 180°范围内环向增设 ϕ25 中空注浆锚杆加固，间距 1.2m，梅花形布置，锚杆长度 4m。

(4)对于侵界的地段，在注浆加固、增设锚杆加固后拆除临时增设的工字钢架。测量人员在侵界地段进行详细测量后，做好标记，拆除工字钢时，先人工敲掉包裹在加设工字钢架上的喷射混凝土，然后再拆除工字钢架。施工作业时要一榀一榀地拆除，拆除过程中，加强对初期支护的观察、观测，一旦发现初期支护有新的开裂等异常现象，立即停止作业。处理侵界段满 10m 后，及时施作二衬，等二衬具有一定强度后再拆除剩余侵界的工字钢架。加强 K28 +530 ~570 段的二次衬砌，横向钢筋由 ϕ18 改为 ϕ22，混凝土由 C25 提高至 C30，防渗等级不变。

（二）K28 + 830 ~ 950 段施工

1. 开挖基本情况

五指山隧道进口端施工至 K28 + 800 里程时，隧道开始出现大量渗水；施工至 K28 + 835 时，渗水加重，并逐渐形成大面积淋水及局部股水现象；施工 K28 + 830 ~ 950 段落时，围岩呈块状砌体结构，但结构破碎，地下水发育，开挖后呈大面积涌水，拱部呈股状涌水或淋雨状（图 8-8、图 8-9），股水多处呈拳头大小，工人在瀑布一般的环境中作业。由于是下坡施工，进口端调集了 4 台 13kW 污水泵，设置了 3 道 $\phi150$ 钢管昼夜不间断抽水。涌水较大，导致拱部掉块严重，局部地方拱顶坍塌 1 ~ 2m，炮孔打好后孔内涌水呈股状泄出，无法正常装药起爆，喷混凝土与岩面黏结不上造成浪费严重，无法正常施工，根据当时抽水能力计算，总涌水量最大时约 400m^3/h 左右，超过设计涌水量数倍，由于是下坡施工，掌子面积水深度达 50 ~ 120cm，施工困难。涌水持续 20 ~ 30d 以后有明显减小。

图 8-8　边墙股状涌水

图 8-9　拱顶淋雨状

2. 已开挖段采取的措施

（1）严重渗水段局部注浆止水

当时施工单位已施工至里程 K28 + 880 处，K28 + 800 ~ 880 段为已开挖段，初支有大量裂隙水渗出，局部形成股流现象，涌水冲走喷混凝土，可见涌水从围岩中涌出，涌水持续时间约 30d 左右，开挖后喷混凝土施工困难。此段采取局部注浆堵水，具体措施如下：在渗水部位采用 $\phi42$ 小导管局部径向固结注浆止水，导管长度 $L = 5$m，以渗水区域为中心，环形布设，孔距 100cm，环距 100cm（图 8-10），注浆材料采用水泥—水玻璃双液浆，导管加工制安、浆液配比、注浆压力、注浆顺序详见前面有关章节。

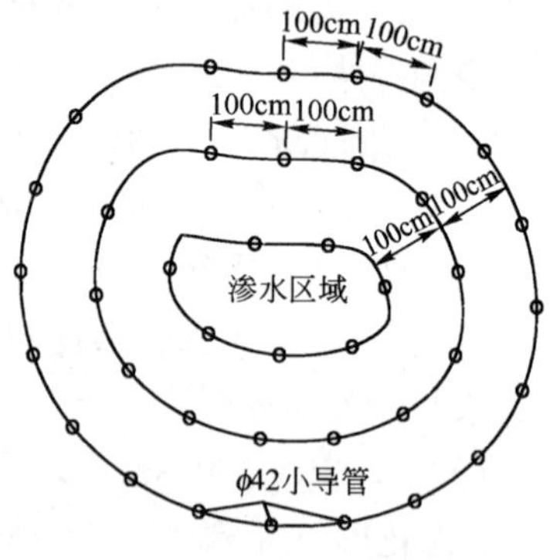

图 8-10　严重渗水段局部注浆止水

（2）大面积淋水处采用环向固结止水

K28 + 835 ~ 880 段已经开挖，拱、墙大面积淋水，仰拱大量渗水，采用 $\phi42$ 小导管全环固结注浆止水，导管长度 $L = 4$m，间、排距 1m × 1m 梅花形布置（图 8-11）。小导管施工工艺见前面有关章节。

（3）裂隙涌水反压浆止水

K28 + 800 ~ 880 段存在多处裂隙涌水，先将裂隙水由钢管引出，钢管周围加强喷护，将水全部集中到钢管中后进行反压浆止水。由于裂隙水较大,为施工方便,可在钢管出水口处设三通并安装闸阀,注浆管路连接好后,关闭闸阀压注双浆液堵水。

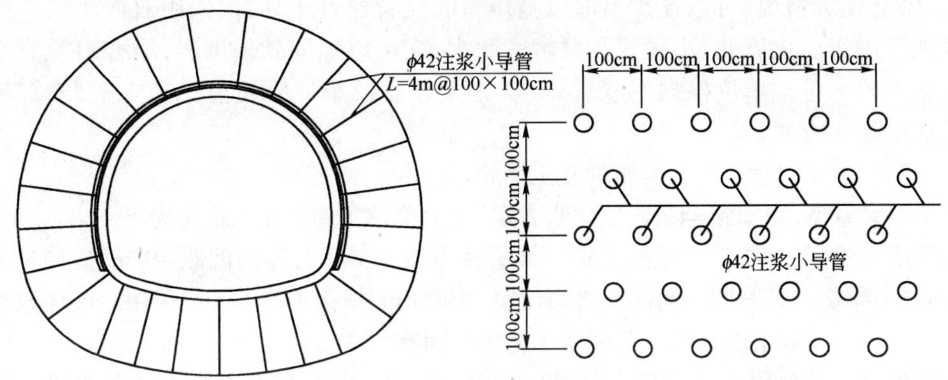

图 8-11　全环固结止水注浆管布置

3. K28 +880 以后开挖段采取的措施

(1)K28 +880 以后开挖段原定的施工措施

隧道施工至 K28 +880(当时掌子面里程),涌水量明显加大,施工单位在掌子面做了 3 个探水孔(拱部 1 个,边墙 2 个,孔径 43mm,深度 5m),经初步量测,3 个探水孔总出水量达 $20m^3/h$,出水量长时间持续且无明显减少,依据设计应采取全断面超前注浆堵水方案,全断面超前预注浆钻孔布置见图 8-12。注浆孔孔口间距 1.5m,孔底间距不大于 2m,外插角根据方位调整,注浆止水范围为衬砌以外 5 ~6m,注浆开始工作面距涌水大的位置 5 ~8m,即要有足够的止浆岩盘,注浆止水段终点应比涌水地段长 5m 以上。超前预注浆段落较长时采用多环注浆,环与环之间搭接长度不小于 5m。注浆完毕之后,钻 2 ~3 个孔注浆效果验证,并取芯观察浆液充填情况,同时检查孔内涌水量不应大于 0.2L/min · m,某一处的漏水量不大于10L/min,或者进行压水试验,在 1.0MPa 的压力下孔内进水量小于 2L/m · min,否则应加密注浆孔。注水泥-水玻璃双浆液止水,浆液根据围岩条件和涌水量加以调整,初步拟定水灰比为 1∶1 ~1∶0.8,水泥与水玻璃体积比为 1∶1 ~1∶0.3。

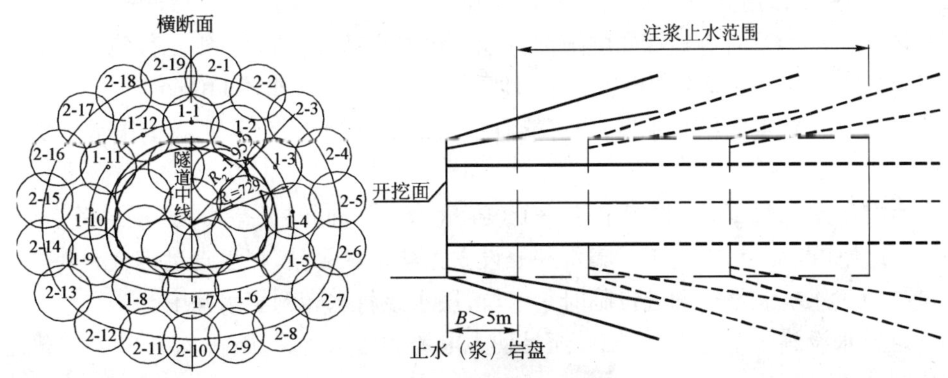

图 8-12　全断面超前预注浆堵水

由于全断面超前深孔注浆费用较高,施工时间较大,在采取此方案时必须持谨慎的态度。当时有些专家认为,前一个涌水地段 K28 +530 ~570 的涌水持续时间在 20d 左右,那么这段涌水的时间可能不会很长,并且涌水的性质也是深层裂隙水,可以不采取费用较大的全断面深孔预注浆方式,可以采用超前钻孔泄水,同时由于涌水地段的围岩为粉砂岩夹砂质泥岩,岩层产状近水平,层间结合差,裂隙较发育,在大量涌水的侵蚀下,围岩稳定性大大降低,结合围岩情况,可以在拱顶部位施作超前大管棚及小导管,采用双液注浆方式封堵涌水及加固围岩。大管棚、小导管既可封堵涌水,又可以加固软弱围岩,结合超前泄水可通过此涌水地段。施工单位根据专家意见,实施大管棚及小导管超前支护方案,未实施前全断面预注浆堵水方案。

(2)K28+880以后开挖段实施的施工措施

根据专家意见,未实施全断面预注浆方案,施工单位实施的施工措施为:

①采用大管棚、小导管作超前支护。大管棚参数为 $\phi108$,环向间距40cm,搭接长度3m;长度30m,小导管在大管棚环向间距之间设置,长度5m,搭接长度1.5m,采用双液注浆方式封堵水及加固围岩。双液注浆参数及施工工艺见前面有关章节。

②支护中增设全环格栅钢架,间距80cm,钢架拱腰、拱脚、墙角处增加 $\phi27$ 自进式锁脚锚杆,并通过扭力扳手对锁脚锚杆施加预应力,具体见锁脚锚杆布置示意图8-13。

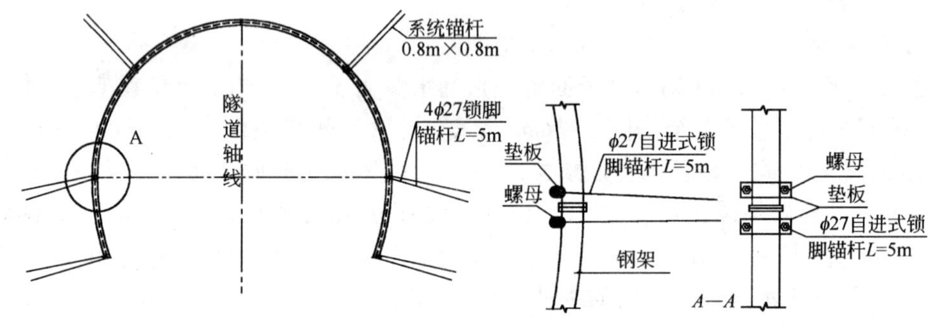

图8-13 锁脚锚杆布置图

③由于此裂隙水存在压力,为防止喷混凝土开裂变形,再加密系统锚杆,同时增大钢筋网直径:锚杆间距调整为0.8m×0.8m;钢筋网直径加大为 $\phi12$@15cm×15cm。

④防水层全环布设,二次衬砌采用带仰拱的钢筋混凝土结构。

(3)K28+880以后开挖段采取的辅助措施

①超前探水。为及时有效探知隧道前方地下水发育情况,指导后续工程施工,在掌子面设1~3个超前地质钻孔,拱部至少设置1个,地质钻孔深度20m,孔径110mm。

②施工排水。隧道固结止水后,仍可能有少量地下水渗出,为确保隧道正常施工,应采取有效、可靠的排水措施。

③集水井降水。每200m设集水井一个(容量 $18m^3$),同时设截水沟一道,将水截流到集水井中,防止流向断面,影响施工。集水井处设立大功率水泵站,将水直接排至洞外。

④设临时集水坑。掌子面处设临时集水坑,用水泵将水转到集水井中。

⑤备足排水设施。备足水泵,架设充足动力电缆和排水管路,配备200kW发电机组,防止停电干扰。

(三)出口段K31+300~K31+638施工

1. 水文地质与工程地质

2005年2月出口段开始施工K31+300~K31+638段,在原探察设计中,未充分认识到该段落的水文、地质，按Ⅲ类围岩设计支护参数。2005 年 8 月进口端发生突水坍方后，对五指山隧道的水文地质进行了补充勘察（此时该段落已施工完毕），提供了《工程地质补勘报告》、《专项水文地质报告》和《五指山隧道物探报告》。补充勘察表明，该段围岩受断层破碎带 FW3 和 FW4 影响，从而造成施工困难。FW3 在隧道洞身的中心位置为 K31 + 250 附近，受其影响，在隧道洞身 K31 + 200 ~ + 300 段形成宽约 100m 的低阻带，电阻率小于 200Ω · m。该构造破碎带倾向南西，走向约为 N35 ~ 45° W。构造破碎带位于砂泥岩地层，带内节理裂隙发育，连通性较好，为中等富水段，围岩完整性差；FW4 在隧道洞身的中心位置为 K31 + 490 附近，受其影响，在隧道洞身 K31 + 440 ~ + 530 段形成宽约 90m 的低阻带，带内电阻率小于 200Ω · m。其特征与 FW3 从相似，该构造破碎带倾向南西，走向约为 N40 ~ 50° W。构造破碎带位于砂泥岩地层，带内节理裂隙发育，连通性较好，为中等富水段，围岩完整性差。

此段开挖后，围岩组成复杂，以粉砂岩、细砂岩、炭质页岩、粉砂质泥岩互层为主，夹炭质页岩及薄煤层或煤线，薄 ~ 中层状构造为主，受地质构造影响严重，层间结合力差，节理、裂隙发育，泥岩、炭质页岩抗压强度较低为 5 ~ 15MPa，属软质岩，$J_V = 3.85 \sim 5.85$ 条/m^3，RQD 值为 0 ~ 51%，反映出围岩变化较大，不均匀。开挖后围岩以块碎状镶嵌结构为主，层间富含裂隙水，拱顶呈淋雨状、瀑布状涌水，边墙裂隙有股水涌出，施工困难。

开挖后实际涌水量比设计最大涌水量大得多，根据现场观测，涌水当时基本上无明显衰减，个别孔水量减小是由于其相邻段再次出现涌水，当时中心水管满管排水外，两侧水沟也大量排水。从设计提供的地形图及岩层实际的倾角推算，K31 + 638 的岩层与地面相交恰好位于龙唐沟与隧道轴线的相交处。施工单位一直从龙深唐沟中取水，施工至 K31 + 638 时，出口端隧道涌水增加，但该沟水量明显减少，在隧道钻孔时施工单位不得不停止生活区供水。

2. 施工中存在的困难

（1）开挖时间明显延长，由于地下水在打眼时以涌水的形式从炮孔中出现，有些炮眼满孔流水，装药困难，施工单位采取多种方法装药，如用直径 6.5mm 钢筋绑扎炸药，采用 PVC 管装药和竹片绑扎炸药，且拒爆现象严重，从而造成补炮，增加了作业时间。

（2）爆破效果不好

少数炮孔由于裂隙的影响较大，致使爆破效果不好，从而对整个断面的爆破效果造成了影响，需要补炮的地方比以前明显增多。

（3）初期支护施工困难

由于地下水以淋水状、股状涌水等形式出现，使喷射混凝土不能及时进行，尤其是淋水区，喷混凝土根本无法进行，造成初期支护的严重滞后，影响了施工安全。

（4）施工环境恶劣

由于拱顶有淋水及股水，整个掌子面就像瀑布一样，工人在掌子面施工，浑身湿透，经常感冒，影响正常施工，不得不增加开挖作业班组。

3. 施工措施

涌水来源主要是层间裂隙水，由于节理裂隙发育、围岩破碎，以及断层破碎带的影响，导致涌水下渗，最大涌水量 35 140m^3/d，无法进行施工。

（1）超前钻孔泄水

由于前方围岩蓄水体内含有较大涌水，有部分涌水裂隙与外界无联系，先超前钻孔泄水，将前方围岩体涌水泄掉一部分（要全部泄掉前方涌水可能非常困难），开挖时涌水就会变小，再采取其他措施，开挖就会容易得多。超前钻孔泄水是在同一断面三个不在同一直线上的超前钻孔，钻孔倾角斜向上5°，钻孔直径ϕ108mm，钢管上钻泄水孔，泄水孔直径ϕ10mm，间距20cm×20cm，梅花形布置，超前钻孔长度一般为30～50m。通过超前钻孔既可取岩芯观察岩芯状况、岩芯的采取率、岩芯的岩性，综合推断前方围岩情况，又可以通过钻孔泄水，预防突水的发生。掌子面超前钻孔布置图见图8-14，泄水效果不好时可再增加钻孔个数。

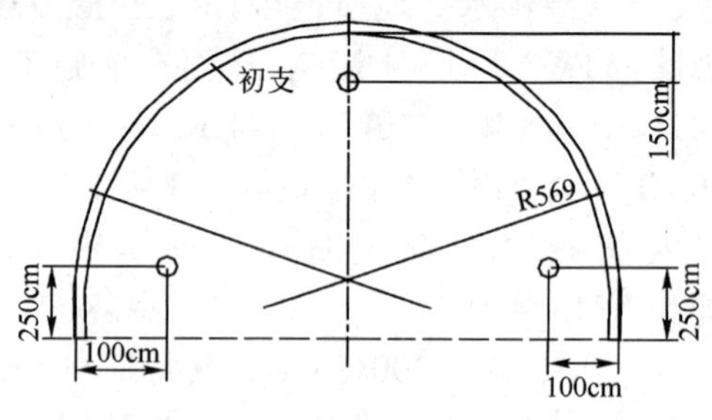

图8-14　超前泄水探孔布置图

（2）开挖后周边钻孔集中引排

开挖后在有股水或淋水集中的地方，钻泄水孔，钻孔长度视涌水情况、泄水效果而定，在孔口插入塑料胶管引排，将涌水排入排水沟，随下坡排出洞外，以便施工。具体布置见前面有关章节。

（3）采用大管棚、小导管作超前支护。大管棚参数为ϕ108，环向间距40cm，搭接长度3m，长度30m，小导管在大管棚环向间距之间设置，长度5m，搭接长度1.5m，采用双液注浆方式封堵水及加固围岩。双液注浆参数及施工工艺见前面有关章节。

（4）支护中增设全环格栅钢架，间距80cm，钢架拱腰、拱脚、墙角处增加ϕ27自进式锁脚锚杆，并通过扭力扳手对锁脚锚杆施加预应力。

（5）由于此裂隙水存在压力，为防止喷混凝土开裂变形，再加密系统锚杆，同时增大钢筋网直径，锚杆间距调整为0.8m×0.8m；钢筋网直径加大为ϕ12@15cm×15cm。

第四节　迂回导洞施工

一、开辟迂回导洞的原因

（一）进口端突水坍方的发生及造成的危害

2005年8月6日进口端施工至K29+542时发生特大突水涌及坍方，半小时后上升至K29+400，估算当时涌水量约为3 800m^3/h，原设计涌水量为1 287m^3/d，原抽水设备远远无法满足需要，直至8月9日，隧道被淹总长度920m，涌水淹过隧洞顶部达700余米，在水位上升的过程中，K29+480～29+510段坍塌。9月24日经铁二院TSP203超前地质预报显示，隧道左侧（沿掘进方向）K29+478～K29+510和隧道右侧K29+506～K29+508范围内有塌陷变形，最大高度（隧道高程以上）大约40m，隧道左侧K29+556至隧道右侧K29+560、隧道左侧K29+568至隧道右侧K29+574处推测有大量裂隙存在，即掌子面K29+542附近已经坍塌。

突水发生后，该段施作的三模二衬（K29+450～K29+480）出现大量可见裂缝，二衬台车末端K29+480附近二衬已破坏垮塌，该段其余的二衬大面积淋水，初支K29+430～K29+450段也大面积淋水，后经水泥—水玻璃注浆后淋水稍有减小，但无根本改变。在K29+467～K29+480处的二次衬砌台车被砸坏，台车的大梁、模板等扭曲变形，台车前端压塌约2m，二衬台车报废。模板台车前面的喷锚台车(由大量的 I18 工字钢和 ϕ108 钢管、钢筋自行加工而成)也被坍方渣体压坏,大量压坏的工字钢台架、钢管、钢筋网在模板台车最前端堵住坍渣和前方涌水所带出的泥土,难以判断前方初期支护的破损情况,只观察到涌水从坍渣中泄出。

(二)迂回导洞泄水方案的提出

特大突水坍方发生后,经专家会议确定了以泄水为前期处治工作的首要任务,即先钻孔泄水,成功之后再按一般坍方进行处治。施工单位按照专家方案先后施工了正前方台车下钻孔泄水、降低钻机高程钻孔泄水,但由于种种原因,未达到预想的泄水效果,坍体及后方拱顶仍有大量淋水,无法进行坍方处治。在这之后又进行了二衬及初支表面钻孔泄水、后方大管棚注双浆液堵水,但均未收到预想的泄水效果,坍方处治一度处于停工状态,后又经专家会议决定,实施迂回导洞泄水方案。

施工迂回导洞的目的是从坍方后面施作导洞绕过坍体,使坍体上方涌水进入迂回导洞,起到泄水的目的,在迂回导洞施工进程中,还可以向坍体打钻孔,探测坍体内涌水情况及坍体规模、坍渣的性质。迂回导洞入主洞后,开辟新的工作面,一方面,可以反向处治坍方,另一方面,可以继续向前开挖,缩短施工工期。

二、迂回导洞开挖后的围岩情况及采取的措施

从总体上讲,迂回导洞与主洞突水坍方段同属于 WF2 破碎带影响带,围岩情况与主洞相应里程围岩情况差不多,在设计迂回导洞时,充分估计了迂回导洞的围岩情况及涌水情况,设计人员预先采取必要的措施,针对不同的围岩涌水情况,设计了不同的堵水施工措施。

迂回导洞从主洞 K29 +422.5 开挖挂口进洞,开始 30m 围岩稳定性尚可,开挖后主要为粉砂岩夹砂质泥岩,涌水也较小,主要以拱顶范围的滴水为主。当迂回导洞施工到 CK0 +065 后,围岩含砂质泥岩成分较重,节理裂隙发育,涌水开始增大,涌水冲刷,拱顶掉块严重;施工至 CK0 +118 时,围岩进一步变差,涌水进一步增大,超前钻孔显示,超前钻孔单孔涌水量达 $11m^3/h$,大管棚单孔涌水量达 $6m^3/h$,超前钻孔岩芯采取率和 RQD 值低,迂回导洞前方围岩地质情况差,按照目前的施工方案迂回导洞的安全度较差。

从当时开挖围岩情况、正洞相应里程涌水情况、TSP 探测情况及迂回导洞超前钻孔探测情况判断,前方涌水将会更大,施工将更加困难,难以在规定的工期内完成导洞施工,进口端整个施工将受阻,不但不能开挖主洞未开挖段 K29 +600 ~ K30 +100,主洞坍方处治也不能施工,工期将大大延后,成为影响整个沐新路通车的瓶颈。迂回导洞为救灾抢险的唯一通道,同时也是 K29 +600 以后里程施工的运输通道,因此保证迂回导洞的绝对安全具有重要的意义。由于围岩软弱,掉块、超挖严重,更重要的是涌水较大,工人在瀑布一般的环境中作业,前一段时间施工较慢,每月仅施工 30m,以目前的施工进度,施工工期将大大延后。

鉴于目前(迂回导洞里程 CK0 +118)导洞的施工困难及导洞的重要性,于 2006 年 7 月 20 日,就迂回导洞的施工方案进行了讨论,参加与会的有指挥部、设计代表、监理、施工单位的主要人员,与会者认为,目前掌子面涌水冲刷拱顶,拱顶掉块严重,为避免类似主洞 K29 +542 处因涌水坍方堵塞救灾抢险的唯一通道,并考虑到目前涌水造成的施工困难,会议决定:

①对迂回导洞 CK0 +118 ~ CK0 +148 段 30m 进行全断面超前注浆堵水后再开挖。

②迂回导洞已开挖部分段落涌水也较大,初期支护施作后仍有较大涌水,特别是 CK0 +118 ~ CK0 +108 段 10m 初支,初支表面仍有股状涌水,拱顶仍有淋雨状涌水,迂回导洞尚未施

作二衬，全断面注浆压力大，为保证迂回导洞初支安全，实施全断面深孔预注浆前将 CK0 + 118 ~ CK0 + 108 段 10m 初支已开挖断面径向小导管周边注浆。

③全断面超前注浆完毕后，钻孔检查注浆效果，观察浆液扩散情况，如果未达设计注浆效果，则加密注浆孔重新注浆。

④施工单位应积极准备相应的机械设备的试运转，做好浆液材料、注浆半径、止浆盘厚度及注浆压力等试验，精心组织施工，保证隧道安全，必要时向有关科研单位寻求技术支持，保证施工质量。

三、迂回导洞已开挖段采取的措施

至 2006 年 7 月 20 日，已开挖段 CK0 + 118 ~ CK0 + 108 段落围岩开挖时涌水较大，地下水呈淋雨状，边墙有股状涌水，围岩稳定性差，初期支护施作后仍有较大涌大。迂回导洞尚未施作二衬，全断面注浆压力大，为保证迂回导洞初支安全，全断面预注浆前将已开挖段 CK0 + 118 ~ CK0 + 108 段 10m 初支采取径向小导管周边注浆加固。

（一）小导管周边注浆加固初支设计

初支周边注浆加固范围为隧道开挖轮廓线外 5m，注浆孔孔口环向间距 1.5m，纵向效果间距 1.5m，梅花形布置，注浆孔孔径 $\phi50$，孔口设 0.5m 长 $\phi54$ 热轧无缝钢管作为孔口管，根据该段岩层倾向，注浆孔与隧道轴线呈 60°角，注浆方式采用全孔一次注浆，当成孔性差时采用分段注浆。钻孔布置见图 8-15 和图 8-16。

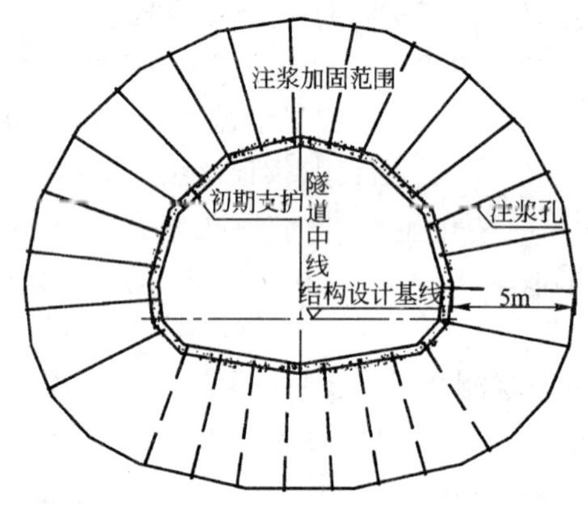

图 8-15　开挖后周边注浆孔横断面布置图

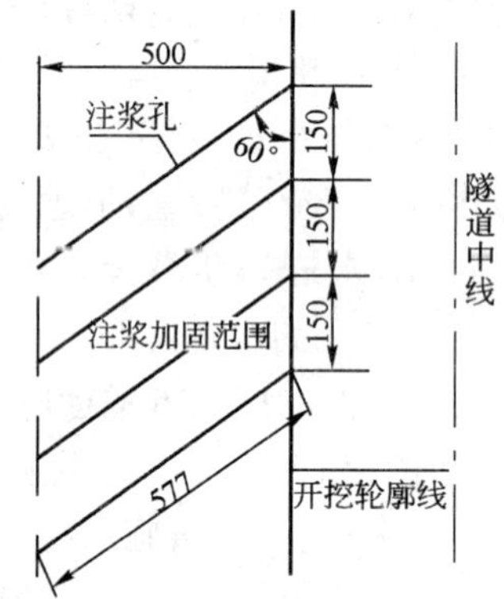

图 8-16　开挖后周边注浆孔平面布置图(尺寸单位：cm)

注浆材料采用水泥—水玻璃双浆液，C∶S = 1∶(0.6 ~ 1.0)(体积比)，水泥浆水灰比为 0.8∶1 ~ 1∶1，水玻璃模数为 2.6 ~ 2.8，水玻璃浓度 35 玻美度，注浆压力控制在 0.5 ~ 1.0MPa。

（二）小导管周边注浆加固初支施工

隧道开挖后，在条件容许的情况下及时进行初期支护锚杆与钢架的施作，按照设计对注浆孔进行放样，然后进行注浆孔的钻孔施工，利用麻丝包裹 $\phi54$ 无缝钢管长度 $L = 50$cm，同时浸泡在水泥—水玻璃浆液中，及时安装钢管，如果钢管的麻丝有滑移，则在钢管端头 30 ~ 40cm 处沿管壁焊接 $\phi6.5$ 钢筋，钢管外露 10cm。而后通过钢管利用 $\phi50$ 的风钻钻头对注浆孔继续钻设，直至设计深度。钻孔完毕后管口焊接闸阀，为注浆时用。小导管具体钻孔、注浆施工工艺见前面有关章节。

注浆结束标准：注浆终压控制在1.0MPa左右，单孔进浆量小于10L/min。

注浆效果检查：检查孔涌水量一般地段应小于0.4L/min·m。或者进行压水实验，在1.0MPa压力下检查孔进水量小于2L/min·m；否则，应加密钻孔注浆。

当隧底无初期支护时，注浆前应铺10cm厚C15混凝土作止浆使用，开挖后周边注浆根据隧底涌水量、裂隙发育程度以及施工等实际情况可取消隧底注浆。CK0+118～CK0+108段未进行隧底注浆。

四、全断面超前深孔预注浆准备工作

迂回施工至CK0+118断面处，超前钻孔单涌水量达$11m^3/h$，大管棚单孔涌水量$6m^3/h$，超前钻孔岩芯采取率和RQD值较低，迂回导洞前方围岩地质差，按照目前的施工方案迂回导洞的安全性较差。经指挥部、设计院、监理和施工单位研究一致决定对迂回导洞CK0+118～CK0+148段30m进行全断面超前深孔预注浆堵水。

由于全断面超前深孔预注浆是一项比较复杂的技术，它涉及到水文、地质、注浆设备、注浆材料及其性质、注浆施工工艺、注浆人员的培训等多项工作。施工单位首先根据设计，购买了注浆设备，后又派技术人员到明月山隧道，学习明月隧道全断面注浆堵水技术，并带回全套设计、施工技术资料，关键施工技术请教有关知名专家，所有的准备工作做好后再进行堵水施工。五指山隧道实施全断面超前深孔预注浆前的准备工作如下。

(一)探明CK0+118～148水文地质情况

从宏观上分析，FW2破碎带中心位置在K29+480附近，影响带纵向长度约400m，迂回导洞与主洞相距较近，导洞围岩与主洞相应里程同属于FW2破碎带，故迂回导洞围岩结构破碎、软弱。超前钻孔取芯表明，钻孔最大单孔涌水量达$8m^3/h$(钻孔长度30m)，且长时间无大的衰减，超前钻孔每孔均有水流出，进行的水压测试表明，涌水压力值较小，主要是裂隙水。钻孔岩芯RQD值较低，RQD值最大31%，最小为1.2%，RQD大多在6.4%左右，围岩以泥岩、页岩、破碎粉砂岩为主，构造发育，岩层破碎，断层泥夹有破碎的砂岩、砾岩颗粒，泥化严重，岩体十分破碎，泥岩成分较多，掌子面根本无层理、岩层显示，围岩呈粉状、片状，涌水冲刷后掌子面一片模糊。超前钻孔情况见图8-17。

(二)选择注浆材料

注浆材料是注浆堵水中一个重要内容，关系到注浆工艺、工期、成本及效果。水泥—水玻璃混合浆液具有以下特点：初凝时间(或滞流时间)可以用不同配合比和加入少量掺合剂(如磷酸氢二钠)来控制，变化范围从几十秒到几十分钟；浆液固结体的强度较高，结石率高，在潮湿或水浸状态下结石率可达100%；防渗性好，几乎不透水；水玻璃有润滑性，使浆液有较好的流动性和可灌性；但水泥具有颗粒，对于小于0.5mm以下的细小裂隙较难灌入。

根据五指山隧道的水文地质条件，选择硅酸盐水泥及42Be′、模度系数2.5、相对密度1.43的水玻璃作为主要注浆材料。注浆时水泥、水玻璃配成两种浆液，并按一定的比例用两台注浆泵同时注入。

(三)熟悉浆液的配比方法及浆液性质

(1)水泥浆。配制水泥浆液采用水灰比法。水泥浆的浓度应根据岩石裂隙发育程度、钻孔单位吸水量的大小确定,在注浆中水灰比一般取0.8~1.5。

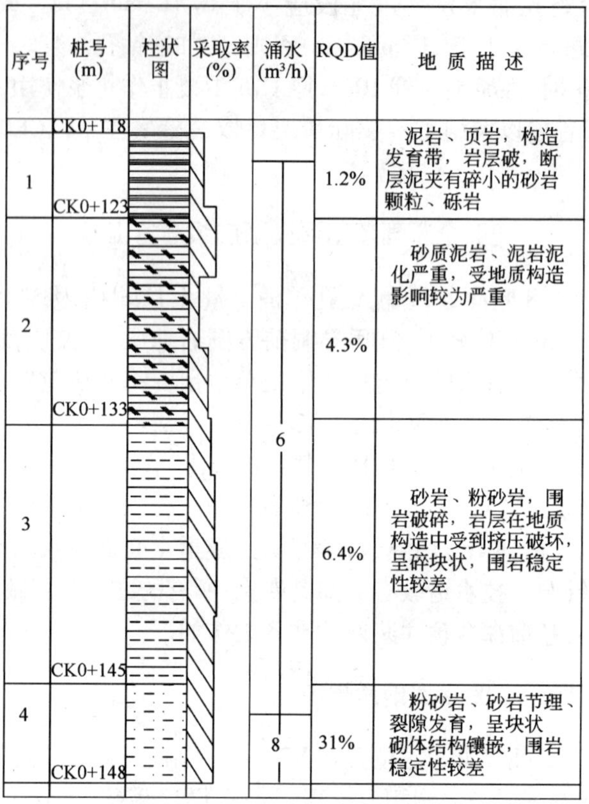

序号	桩号(m)	柱状图	采取率(%)	涌水(m^3/h)	RQD值	地质描述
1	CK0+118 CK0+123				1.2%	泥岩、页岩，构造发育带，岩层破，断层泥夹有碎小的砂岩颗粒、砾岩
2	CK0+133				4.3%	砂质泥岩、泥岩泥化严重，受地质构造影响较为严重
3	CK0+145			6	6.4%	砂岩、粉砂岩，围岩破碎，岩层在地质构造中受到挤压破坏，呈碎块状，围岩稳定性较差
4	CK0+148			8	31%	粉砂岩、砂岩节理、裂隙发育，呈块状砌体结构镶嵌，围岩稳定性较差

图8-17　迂回导洞CK0+118处超前钻孔地质柱状图

水泥浆的配比按下式计算:

$$G_{水}/d_{水}+G_{灰}/d_{灰}=V_{配}$$

$$W/C=G_{水}/G_{灰}$$

式中:$V_{配}$——需要配制水泥浆的体积;

W/C——水灰比;

$G_{灰}$——水泥重量;

$G_{水}$——水的重量;

$d_{灰}$——水泥比重;

$d_{水}$——水的比重。

(2)水玻璃浆。采用浓度为38~42Be′的液体玻璃,如浓度大时,可加水稀释,现场用波美计(比重计)测定水玻璃的浓度,水玻璃的波美度与密度的关系可用下式换算:

$$Be'=145-145/密度$$

(3)水玻璃浆液的混合。水泥浆与水玻璃浆可以是等比例的混合,也可以是不等比例混合,在实际使用中,多为不等比例混合。

准确掌握初凝时间,是注浆作业中的一个重要环节,影响*C-S*浆液初凝时间的因素有:

①水泥浆、水玻璃浆的浓度。当*C-S*比和波美度一定时,水泥浆与水灰比越大,初凝时间越长;当*C-S*比和水灰比一定时,水玻璃波美度越高,初凝时间越长。

②水泥浆和水玻璃体积比的变化。当水泥浆的水灰比与水玻璃的波美度一定时,*C-S*浆

液中水玻璃体积大，初凝时间长，水玻璃体积小，初凝时间短，但水玻璃的用量不得小于水泥浆的0.3倍，否则初期强度低，混合浆液有被水冲失的可能，且*C-S*浆液初凝时间太快易造成堵孔事故。所以，施工中须选择一个比较适合的*C-S*比例进行注浆，现场一般常用*C-S*＝1∶1～1∶0.3。

③温度。温度对初凝时间影响也很大。温度低，初凝时间长；温度高，初凝时间短。因此，冬季施工时可将水玻璃加热或用温水拌和水泥，以提高浆液的温度，缩短初凝时间。

④外加剂。在注浆中往往采用加入缓凝剂磷酸氢二钠的方法来延长初凝时间，但磷酸氢二钠用量不宜太多，否则浆液凝固后强度会急剧下降。当采用P. O42.5硅酸盐水泥、45Be′的水玻璃、水泥浆的水灰比为0.5∶1、C∶S比为1∶1时，加入磷酸氢二钠后对初凝时间的影响见表8-5。可根据试验时工人的操作能力选择磷酸氢二钠的百分比。

缓凝剂与初凝时间的关系 表8-5

磷酸氢二钠占水泥质量的百分比	初凝时间	磷酸氢二钠占水泥质量的百分比	初凝时间
0	1min54s	0.725%	9min22s
0.5%	5min	0.75%	17min

⑤地下水。在注浆时，浆液有被地下水冲稀而改变浓度的可能，从而影响初凝时间和强度，所以应根据地下水的大小和压力，选择适宜的浓度、初凝时间和注浆压力。

（四）浆液初凝时间试验

根据注浆堵水的施工方案，施工单位工地试验室组织了注浆水泥—水玻璃双浆液配合比试验。试验材料：注浆时水泥、水玻璃配成两种浆液，并按一定的比例用两台注浆泵同时注入。

缓凝剂为磷酸氢二钠，试验结果见试验数据表8-6。试验温度20℃，与洞内温度完全一样。本次试验的目的是找出恰当的双浆液胶凝时间，选定合适的水泥浆—水玻璃配比，该配比既要满足双液注浆使用的要求，如胶凝体强度、初凝时间，又要经济适用，在初凝时间内，施工操作人员要能够完成操作任务，浆液在管道中运行，在裂隙中运行、充填，浆液初凝时间不能太长，也不能太短，初凝时间太长，浆液易被涌水冲出裂隙，起不到堵水的作用，初凝时间太短，则易在管路中凝固，或者是浆液不能充分地在裂隙中流动，影响堵水效果。

五指山隧道双液注浆初凝时间试验数据表（常温20℃） 表8-6

序号	水灰比 *W*∶*C*	双浆液比 *C*∶*S*	缓凝剂（%）	凝结时间	备注
1	1∶0.6	1∶0.6		38s	
	1∶0.6	1∶0.8		49s	
	1∶0.6	1∶1		57s	
2	1∶0.8	1∶0.6		30s	
	1∶0.8	1∶0.8		39s	
	1∶0.8	1∶1		47s	
3	1∶1	1∶0.6		25s	
	1∶1	1∶1		40s	
4	1∶0.8	1∶0.6	1	47s	
	1∶0.8	1∶0.6	2	1min20s	
	1∶0.8	1∶0.6	3	5min15s	

续上表

序　号	水灰比 $W:C$	双浆液比 $C:S$	缓凝剂(%)	凝结时间	备　注
5	1:0.8	1:0.8	1	1min05s	
	1:0.8	1:0.8	2	1min43s	
	1:0.8	1:0.8	3	5min11s	
6	1:0.8	1:1	1	1min06s	
	1:0.8	1:1	2	2min05s	
	1:0.8	1:1	3	6min11s	
	1:0.8	1:1	4	18min30s	
7	1:1	1:0.4	1	27s	
	1:1	1:0.4	2	55s	
	1:1	1:0.4	3	2min30s	根据该段压水试验结果,选用该组数据
	1:1	1:0.4	4	12min00s	
8	1:1	1:0.6	1	33s	
	1:1	1:0.6	2	56s	
	1:1	1:0.6	3	2min52s	
	1:1	1:0.6	4	13min15s	
9	1:1	1:0.8	1	46s	
	1:1	1:0.8	2	1min35s	
	1:1	1:0.8	3	3min47s	
	1:1	1:0.8	4	17min50s	
10	1:1	1:1	1	58s	
	1:1	1:1	2	1min44s	
	1:1	1:1	3	4min27s	
	1:1	1:1	4	19min10s	

参考其他地方全断面超前注浆类似经验,结合五指山隧道注浆施工前压水试验的实际情况,决定双浆液胶凝时间取2min30s。该组数据水泥浆水灰比1:1,水泥浆与水玻璃体积比1:0.4,缓凝剂为磷酸氢二钠为水泥质量的3%,注浆材料相对来说比较经济,双浆液凝结时间不长不短,易于控制和操作。该组试验的试件结石体7d强度达20MPa以上,满足规范要求。

五、全断面超前深孔预注浆施工

(一)注浆设备和系统

1. 注浆主要设备

(1)钻机。隧道使用的钻机选用TUX-75型油压钻机。它的最大钻进深度为75m。

(2)注浆泵。一般都用地质钻机的泥浆泵代替,选用TBW-250/40型。

(3)搅拌机。配备两台容积为1.0m^3 的泥浆搅拌机,以确保连续供浆。

(4)管路。高压胶管数条,可承受5~8MPa的压力,输浆管路为直径50mm焊接钢管,注浆管用直径为42mm的钻杆代替。

(5)混合室。是双液注浆系统的重要组成部分,两种浆液在此混合注入岩层裂隙。

2. 注浆系统

采用双液注浆系统,其优点是操作方便,便于施工,水泥—水玻璃在此混合后注入岩层可随时调整;两种浆液在孔口混合后立即注入岩层裂隙,不易出现堵塞管路的现象。

注浆施工工艺见图8-18。

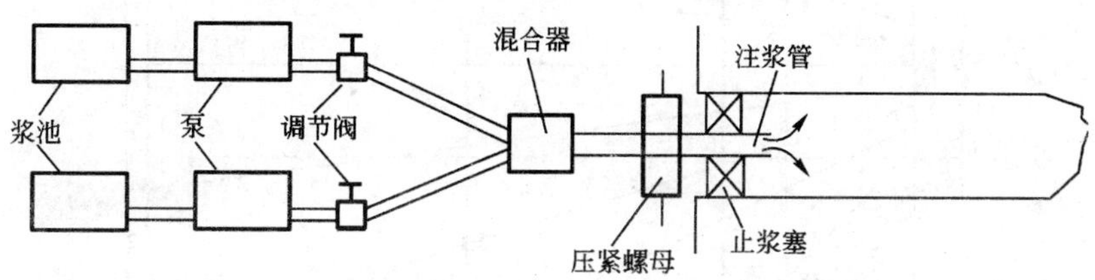

图8-18 注浆施工工艺流程图

(二)注浆段长度、注浆孔及止浆墙

1. 注浆段长度的确定

根据五指山隧道进口迂回导洞水文地质条件和钻机能力,为保证注浆质量,确定每一段注浆段的长度为30m,注浆后开挖的长度为22~25m,余下的5~8m不开挖,作为下次注浆的止水岩盘或止浆岩盘。

第一次注浆止水岩盘的设置采用现浇混凝土墙或喷射混凝土。止水岩盘的厚度确定应考虑岩石的抗剪强度和裂隙发育程度,以保证下一段注浆时有一定安全范围,便于下止浆塞,防止在钻进时孔口附近出现大水而无法注浆。

经验表明:注浆段长度与开挖段长度、止水岩盘之关系为:

$$L_1 = (0.7 \sim 0.8)L$$
$$L_2 = (0.2 \sim 0.3)L$$

式中:L——注浆段长度;

L_1——开挖段长度;

L_2——止水岩盘长度。

结合施工单位的实际情况及考虑止浆墙的施工工期,决定采用喷射混凝土的方式修筑止浆墙,喷C20混凝土30cm厚,加ϕ6.5钢筋,钢筋间距20cm×20cm,同时施作ϕ25中空锚杆,间距100cm×100cm,长度300cm,其中C20喷射混凝土根据现场调整(根据现场施工调整施工工序)。

注浆堵水前,为保证掌子面后方初期支护的安全,将CK0+118~CK0+108段开挖断面初支全部径向注浆堵水(具体见前面有关内容)。

2. 注浆孔的布置

合理布置注浆孔,是提高堵水效果与保证施工安全的主要因素。钻孔的布置,需根据探水注浆段的长度、岩层裂隙发育情况、含水层分布情况、隧道断面大小以及钻孔作业是否方便而定。由于岩层裂隙发育不均匀,钻孔布置应以含水层为主,同时要考虑开挖,断面均要布孔。为使钻孔穿越较多裂隙,钻孔宜长短结合并呈伞形辐射状布置,钻孔布置成5圈,内外圈按梅花形排列,并采用长短孔结合,以达到注浆充分、不留死角的目的,浆液扩散半径2m,开挖范围内孔底间距不大于 3m,注浆加固范围为开挖轮廓线外 5m。钻孔具体布置如图 8-19 和图 8-20 所示。

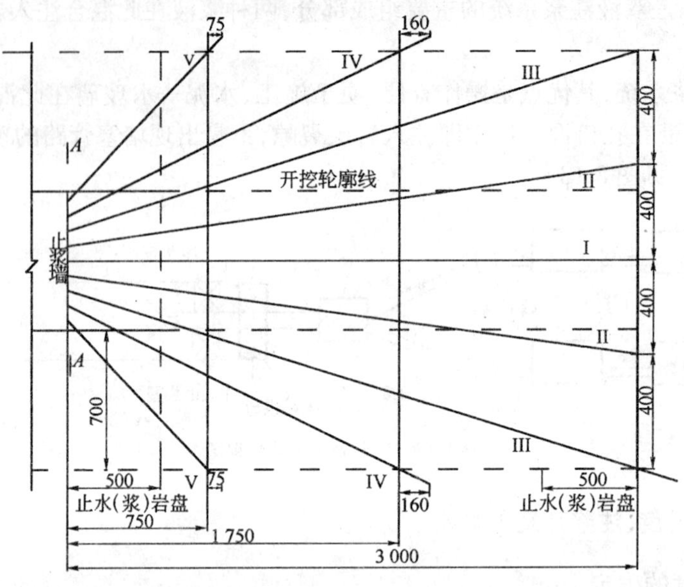

图 8-19 迂回导洞半断面深孔预注浆设计施工图(尺寸单位:cm)

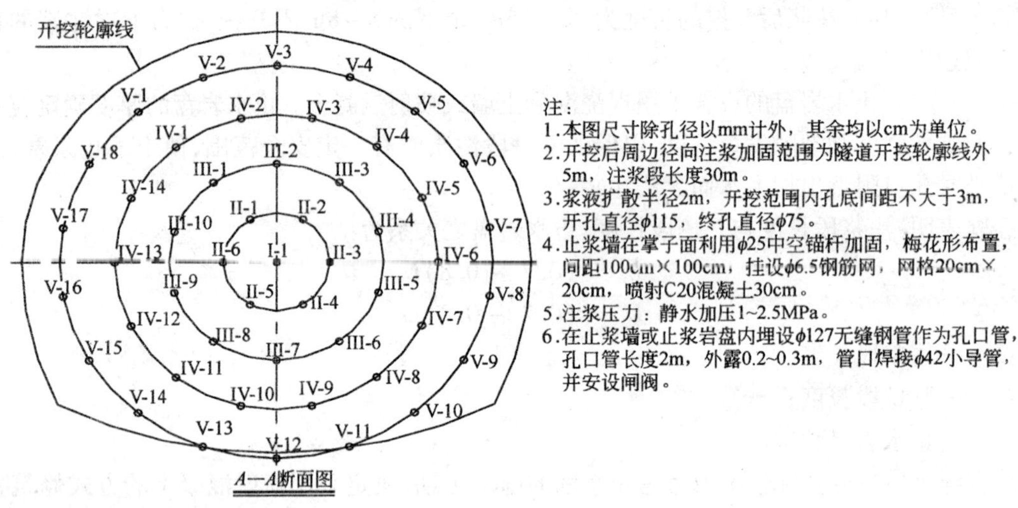

注:
1.本图尺寸除孔径以mm计外，其余均以cm为单位。
2.开挖后周边径向注浆加固范围为隧道开挖轮廓线外5m，注浆段长度30m。
3.浆液扩散半径2m，开挖范围内孔底间距不大于3m，开孔直径ϕ115，终孔直径ϕ75。
4.止浆墙在掌子面利用ϕ25中空锚杆加固，梅花形布置，间距100cm×100cm，挂设ϕ6.5钢筋网，网格20cm×20cm，喷射C20混凝土30cm。
5.注浆压力：静水加压1~2.5MPa。
6.在止浆墙或止浆岩盘内埋设ϕ127无缝钢管作为孔口管，孔口管长度2m，外露0.2~0.3m，管口焊接ϕ42小导管，并安设闸阀。

图 8-20 迂回导洞半断面深孔预注浆设计施工图

3. 注浆孔的钻进

钻孔除用于超前探水外,还用于注浆。为加快施工速度,采用 2 台钻机同时进行钻孔作业。钻进顺序按上部孔和下部孔、左边孔和右边孔以及长短孔相对应钻进,方能避免注浆时出现串浆现象。

(1)钻机定位。钻机定位是决定钻进速度的重要因素。可将钻机高度和到作业面的距离定为常数,钻机在机高的水平面上呈辐射状分布。将钻孔方位计算好,在支撑梁上相应定好位置,固定好钻机即可开钻。

(2)钻进。开孔用直径 127mm 的钻头,钻进 2.5 ~3m,下孔口管;后用直径 115mm 的钻头钻进 16m,开始第一段注浆(采用下行式注浆方式,两次注浆)。但在钻进发现钻孔涌水大于 $5m^3/h$ 时停止钻进,开始注浆,堵住涌水后再继续钻进至终孔。如果是俯角孔,为提高注浆效果，应很好地冲洗孔中的残留岩粉后方可注浆。

在钻进的同时要做好记录，记录内容为钻进进尺、起止深度、钻具尺寸、岩石名称、裂隙发育情况及分布位置、出水量以及终孔深度，并将取得的岩芯摆放整齐，登记编号。

（3）钻进时的注意事项。钻注浆孔时应注意以下几点：

①按设计要求准确定位开孔，开孔时要轻加压、慢速、大水量，防止把钻孔开斜，钻错方向。

②作业人员未离开作业面之前，不准开钻。

③钻机运转中不得换挡。

④孔深达25m后，不得用高压、快速钻进，防止造成塌孔或断杆事故。

（三）注浆工艺

（1）设置注浆泵站。在干燥及不影响交通之处备足水泥和水玻璃浆。

（2）注浆方式。根据钻孔涌水量和裂隙发育程度确定注浆方式，根据表8-7选择。

注浆方式和注浆分段长度 表8-7

岩石裂隙发育程度	钻孔出水量(m^3/h)	注浆分段长(m)	注 浆 方 式
发育	10以上	5~10	下行
较发育	5~10	10~15	下行
足够发育	2~5	15~20	上行
不发育	2以下	20~30	一次注完

结合五指山隧道的实际情况，选择下行式注浆方式，即钻进一段，注浆一段，由外向里依次推进，第一次注浆分段长度16m，第二次注浆长度14m，注浆段落分两次注完。

（四）注浆参数选择

1. 浆液扩散半径

由于地质构造的复杂性，很难用理论方法来确定浆液的渗透范围，多根据经验来确定其范围，一般浆液的扩散半径在2m左右。具体应根据开挖后围岩的裂隙发育的实际情况来确定需要加固的范围，在围岩注浆固结以后，加固范围要能承受最不利静水的压力，以此来确定注浆口的间距参数。

2. 凝胶时间

注浆参数一是浆液凝胶时间，根据压水试验，如进水量很大，泵的压力长时间不升高，浆液凝胶时间可选用1~2min；如进水量中等，泵的压力稳定上升，浆液凝胶时间可选用3~4min；如进水量很小，泵的压力升高较快，浆液凝胶时间可选用5~6min。迂回导洞CK0+118~148段围岩压水试验时，泵的压力较长时间不上升，进水量比较大，裂隙确定为中等，结合其他地方的经验以及本隧道的注浆设备等，五指山隧道确定采用试验数据浆液初凝时间2min30s的一组，2min30s充分考虑了浆液在注浆管内的充填以及在管道中的运行时间，满足施工要求。该组数据水泥浆水灰比1:1，水泥浆与水玻璃体积比1:0.4，缓凝剂为磷酸氢二钠，为水泥质量的3%，注浆材料相对来说比较经济。该组试验的试件结石体7d强度达20MPa以上，满足规范要求。

3. 进浆量

当双液进浆量大于300L/min，泵的压力长时间不升高，为大进浆量；当进浆量在100～300L/min时，泵的压力稳定上升，则为正常进浆量；当进浆量在100L/min时，泵的压力升高较快，则为小进浆量；一般以中等速度为宜。

4. 注浆压力

本隧道注浆以渗透注浆为主，目的是用浆液充填围岩空隙，阻止涌水向内渗透，以达到止水的目的，因此注浆压力不能太大，也不能太小，一般为地下静水压的2～6倍，但五指山隧道静水压力小，注浆压力只能根据裂隙发育情况及注浆要求来确定，本次注浆根据隧道涌水的实际情况，终压取2MPa。

凝胶时间的控制可通过配比调节两台注浆泵的流量控制系数，凝胶时间的变化由C:S来控制，它比用调节浆液浓度来控制凝胶时间的方法快速、简单、容易、有效，只需要操作泵上的两个按钮就可实现。为了确保凝胶时间的准确，在注浆过程中，需经常测试，一般每拌一筒浆或变换一级浓度或配比时，需要取样实配，测定凝胶时间，同时，在泄浆口接浆测定通过混合器混合后的浆液实注凝胶时间，通过对比，检查配浆是否准确，泵的操作是否正常，吸浆是否正常，混合器的混合是否均匀，从而有助于监控注浆情况，避免异常故障的发生。

(五)注浆操作

1. 注浆施工前的准备工作

注浆前的准备工作有三项。一是试泵。为保证注浆泵正常运转，必须进行试泵；试验方法是先将三通阀门调到回浆位置，开泵后，待泵吸水正常时将三通阀门回浆口慢慢调小，泵的压力徐徐上升；当泵的压力达到预定注浆压力并持续3min不出故障，即可认为泵的工作性能正常。二是下注浆器。试泵同时，根据选定的注浆方式，确定止浆塞位置，下注浆器。三是压水试验。其目的是检查注浆管路连接性能，冲洗钻孔，检查止浆塞止水效果，测定岩层裂隙吸水率，为配制浆液提供数据。试验方法是先开一台泵压水，然后再开另一台泵压水，测定混合室是否串水，如性能良好，即可双泵压水，加大泵量，增加压力，观察止浆塞止水效果，当泵的压力达到预定注浆压力并持续3min无串水、跑水现象时，即可停止压水，准备注浆。

2. 配浆

根据压力试验和选定的注浆参数配制浆液。在注浆中，一般由稀到浓使用浆液，按照大、中、小进浆量及时调整浆液凝胶时间、浓度和混合浆的体积比。

3. 注浆

双液注浆时应先开水泥浆泵，后开水玻璃浆泵。注浆中要严格控制进浆比例。随着注浆压力缓慢升高，进浆量应相应减小。注浆顺序应由外圈向内圈进行，同一圈钻孔应间隔施工。

4. 注浆量的确定

为获得良好的注浆效果，必须注入足够的浆量，确保一定的有效扩散范围。浆液压入量Q，可根据扩散半径、注浆段长度及岩层裂隙率进行粗略的估算，计算公式如下：

$$Q = \pi r^2 H n \alpha \beta$$

式中：Q——注浆量，m^3；

r——浆液扩散半径，m；

H——注浆段长度，m；

n——地层孔隙率；

α——有效注浆系数，取0.7～0.9；

β——注浆损耗系数，取1.1～1.4。

扩散半径2m，注浆量按地层孔隙率3%～5%计算，则注浆孔每孔(16m长注浆孔)最大的理论注浆量为12.7m³，但一般每孔注浆量按7.7m³考虑，即地层孔隙率按4%，α 和 β 分别按0.8和1.2考虑，得出本次注浆的理论注浆量。

5. 注浆结束标准

注浆结束标准有两个，一个是最终吸浆率；另一个是预定设计压力(即终压)的持续时间。从理论上说，最终吸浆率是越小越好，最好是压至完全不吸浆，但实际施工难以做到。一般注浆结束标准：一是注浆压力达到设计终压；二是双液注浆吸浆率为18～35L/min稳定约20min。随后压入一定量的清水，将浆液冲出管路，最后提拔、拆卸注浆器，冲洗保养注浆机具。本次注浆以注浆压力达设计值2MPa后，再保持20min后结束本孔注浆。

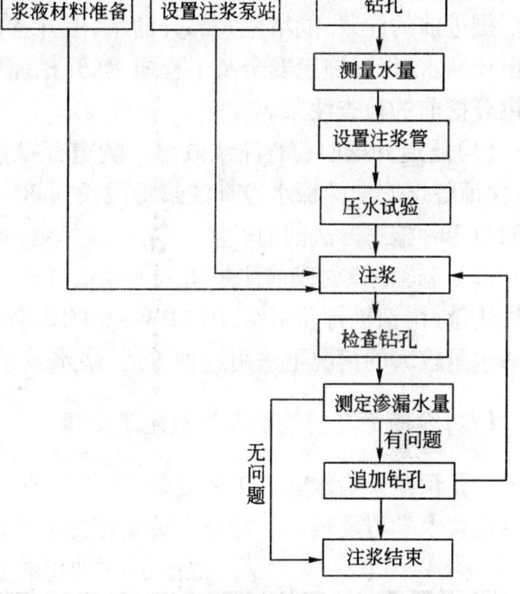

图8-21　注浆施工程序

注浆施工程序如图8-21所示。

6. 注浆中异常现象的处理

(1)注浆压力突然升高时，应停止水玻璃浆泵，进行单液注水泥浆或压注清水，待泵压正常时再进行双液注浆。

(2)由于压力调整不当产生崩管时，另一台泵进行间歇小泵量注浆，待管路修好再行双液注浆。

(3)进浆量很大、压力长时间不升高时，则应调整浆液浓度及配合比，缩短凝胶时间，进行小泵量、低压力注浆或间歇式注浆，使浆液在裂隙中有相对停留的时间，以便凝胶；但停留时间不能超过混合浆的凝胶时间。

(六)注浆效果评价

为检查注浆堵水效果，在断面内钻2～3个检查孔取岩芯观察浆液的充填情况，并测渗漏水量。当坚石中渗漏水量为0.4L/(min·m)、一处为10L/min以上，软岩中渗漏水量为0.2L/(min·m)、一处为10L/min以上时，则还应追加钻孔再进行注浆，或者进行压水试验。在1.0MPa压力下检查孔进水量应小于2L/min·m；否则，也应加密注浆孔。

本次全断面深孔预注浆完毕之后，掌子面未见有涌水出现。该段落是施工单位第一次实施全断面注浆堵水，从注浆完毕之后钻孔检查注浆效果的结果来看，基本上达到了预期的注浆效果。注浆完毕后钻4个检查孔，其中有两个有少量出水，水量在10L/min以下，其余两孔未见有涌水。在注浆施工期过程中，少数注浆孔发生了串浆现象，注浆量超过了设计的注浆量，最大达到16～18m³。虽然是以注浆压力作为注浆结束的标准，但多数注浆孔的实际注浆量均达设计注浆量7.7m³。由于经验不足，其中有的措施欠妥，如止浆墙设计，施工单位考虑到涌水压力较小，注浆压力不是很大，将止浆墙设计为30cm喷混凝土，尽管设计了锚杆和钢筋网，但有少数孔在注浆的过程中止浆墙开裂、冒浆，不得不停止该孔注浆，从而影响了注浆效果。在以后的全断面注浆施工中，加以改进，用浇筑混凝土作止浆墙。

(七)隧道开挖、衬砌前的注浆堵水

掘进前的注浆，能堵住大部分涌水，但开挖后，个别地段仍会有淋水、滴渗水，为防止开挖再出现涌水，保证施工安全及工程质量，开挖前应进行探水检查注浆、墙拱衬砌前的注浆堵水、底拱开挖前的检查注浆。

(1)隧道开挖前检查注浆效果。隧道开挖前要先进行检查注浆效果，以防止出现意外漏水，保证隧道安全。探水检查注浆每段长为30～35m，检查钻孔布置呈扇形辐射状，孔底超过毛洞边3m，施工方法同前。

(2)隧道墙拱衬砌前注浆堵水。隧道开挖后，毛洞局部有渗漏水，为确保隧道衬砌混凝土灌注质量，用钻机打孔引水，用TBW－50/15型泥浆泵注浆堵水。在渗水面积广、裂隙较发育和渗水量较大的情况下采用这种方法，堵水效果较好。

(八)全断面超前注浆人员及施工安排

深孔预注浆堵水施工工艺复杂，需要多种专业技术人员，因此在施工前要安排好人员，进行专业技术学习及培训。每班人员安排见表8-8，注浆施工安排见表8-9。

五指山迂回导洞超前预注浆人员安排表　　表8-8

人员种类	人数(个)	人员种类	人数(个)
组织指挥	2	电工	1
钻机手(2台钻机)	8	器材	1
司泵组	5	技术员	1
拌和组	7	修理组	2
试验	2	合计	33

五指山隧道注浆施工安排　　表8-9

名称	时间(d)	2006年											
		8月							9月				
		12	15	18	21	24	27	31	2	5	8	12	15
止浆墙	2												
钻孔	12												
设备安装	9												
压水试验	0.5												
注浆	8												
检查注浆效果及补孔	3												

(九)注浆设备

注浆设备见表8-10

五指山隧道注浆设备一览表 表 8-10

序 号	名 称	规格型号	单位	数 量
1	注浆泵	TUX-75	台	2
2	泥浆泵	TBW-250/40	台	1
3	搅拌机	有效容积 $1m^3$	套	2
4	止浆塞	双管型	套	12
5	混合器	T 型	个	2
6	高压球阀	D50 型、D100 型耐压 16MPa	个	16、12
7	抗震压力表	YK-(0.1～16)MPa	块	5
8	高压胶管	D25mm 耐压 16MPa	根	6
9	无缝钢管	D50mm×4mm	m	800
10	导向管	D127×6mm,无缝钢管	m	46
11	法兰盘		个	若干
12	快速接头		个	若干
13	导向管闷盖法兰	与导向管配套	个	15
14	钻机	TXU-200	台	3
15	钻杆	D42mm	m	150
16	钻杆接头	D42mm	个	75
17	芯心管	D127×1.5m/节 D115×1.5m/节	个	20 20
18	钻头	D127mm(筒状) D115mm(筒状)	个	20 20
19	螺丝头	D127mm D115mm	个	4 4
20	水葫芦	D42mm	个	4
21	输水胶管	D50 长 10m	根	3
22	供水管	D50	m	若干

(十)注浆施工安全

深孔超前预注浆施工技术复杂,人员设备众多,施工管理难度较大。特别是深孔超前注浆压力大,对掌子面后方初支的安全有一定影响,在施工过程中,要注意严格按照设计施工,保证隧道安全。

1. 在钻进过程中,密切关注钻孔出水量,如遇钻孔出水量突然猛增,则应停止钻孔,观察一段时间,等出水量减小后再钻孔,如涌水量未见减小并大于 $5m^3/h$,则应立即准备该孔注浆,封堵部分涌水再钻孔。

2. 在钻进过程中,如遇溶洞等产生特大涌突水,则应组织人员撤退,加强排水。

3. 注浆设备在安装、调试阶段,安排电工在洞内跟班作业。

4. 严格按照设计控制注浆压力,注浆加压要从小到大,在注浆过程中,注浆压力突然升高时,应停止水玻璃泵,进行单液注水泥浆或压注清水,待泵压正常时再双液注浆。

5. 由于压力过高产生崩管时,只用一台泵进行间歇小泵量注浆,待管路修好后再双液注浆。

6. 在注浆过程中,专人观察掌子面后方初支的安全情况,如发现有初支冒浆、初支开裂及其他异常变化时,停止注浆,及时进行初支开挖断面径向深孔注浆加固,加固初支后再进行注浆堵水。

7. 钻机等电气设备的传动轮、转轮、飞轮等外露部位必须安设防护罩。

8. 在钻进过程中应加强瓦斯等有毒有害气体的检测,如发现有瓦斯等有毒有害气体涌出,立即组织人员撤退,并报告相关部门。

9. 配备足够的抽水设备及泥浆泵,防止钻孔过程中出现突水突泥。

第五节　膏盐地层处治

一、概　　况

(一)膏盐地层特点

至 2006 年 12 月止,沐新路五指山隧道进口掘进总长 1 070m,出口掘进总长约 1 770m,中段还剩 1 070m 未开挖。

2006 年 11 月五指山隧道 D 合同段施工至 K30 + 600 附近,隧道围岩出现灰白色夹深灰色、松散夹杂石块,且遇水软化,经检验 $CaSO_4$ 含量达 73.3%,经分析其主要成分应为 $CaSO_4 \cdot 2H_2O$。2006 年 11 月 29 日由业主组织相关单位及咨询专家现场办公、查看隧道 D 段掌子面(桩号 K30 + 585),见白 ~ 灰白色石膏夹灰色泥灰岩薄层。掌子面潮湿、滴水,中部岩体较完整、岩体呈块状,周边局部岩体挤压破碎,呈角砾及碎屑状。

2007 年 2 月再次对膏盐段围岩采样进行了围岩成分、膨胀率、膨胀力等的检测试验,检测结果如下:采样为石膏,石膏含量大于 95%,采样天然含水率为 12.67%,吸水率为 13.75%,自由膨胀率为 0.4%,无膨胀压力,证明该段围岩主要为含水石膏,并具有微弱的膨胀性。

2007 年 4 ~ 5 月期间又对膏盐段围岩采样进行了围岩成分、膨胀率、膨胀力等的检测试验,检测结果如下:采样为纯石膏矿,石膏含量大于 95%,采样天然含水率为 0.65%,吸水率为 1.15%,自由膨胀率为 0%,无膨胀压力,证明该段围岩主要为含水石膏,基本无膨胀。

隧道从 K30 + 605 开始逐渐出现少许石膏层,开挖至 K30 + 566 时已度过膏盐段。设计根据现场已开挖膏盐地层的具体里程和膏盐地层向两侧延伸的原则,故将 K30 + 555 ~ K30 + 610 段(共计 55m)采用膏盐段结构进行特殊设计。

(二)石膏的性质

石膏即含水硫酸钙($CaSO_4 \cdot 2H_2O$),含水硫酸钙又称为生石膏,主要是由于沉积作用形成。纯的石膏含氧化钙 32.6%,硫酸根离子 46.5%,含水 20.9%,纯石膏是透明、无色或白色,但野外产的石膏大多含有砂、黏土、碳酸盐矿物及以其他矿物质而呈灰、褐、赤色等各种颜色。

石膏硬度较小,指甲可刻画,有脆性,重度 $2.32g/cm^3$,粉末有粗糙感,略溶于水,溶于酸但不起泡。石膏脱水可转化为硬石膏,硬石膏主要由地层中的石膏在地下深处压力和温度作用脱水而成,当暴露于地表时,吸水后再形成石膏。硬石膏硬度大于石膏,硬度为 3 ~ 3.5,重度 $2.96g/cm^3$,遇盐酸不起泡。石膏与硬石膏在一定的条件下可以互相转化:

$$\underset{74.2cm^3}{CaSO_4 \cdot 2H_2O} \rightleftharpoons \underset{46.0cm^3}{CaSO_4} + \underset{2\times 18cm^3}{2H_2O}$$

由上式可知，当工程施工揭露硬石膏后，硬石膏吸收水变成石膏，体积增大61.3%，使岩体膨胀。

（三）膏溶角砾岩的形成

实验表明，石膏的溶解度是方解石的20倍，石膏溶蚀速度远远大于碳酸盐岩，且动态条件下比静态条件下的溶蚀量大，在实际工程中易形成差异溶蚀。因此，在同一水文地质条件下，在地表以下沿碳酸盐岩层内石膏夹层的溶蚀深度较之碳酸盐岩层相对可以延续到相当深度，水交替作用强烈地带较之水交替迟缓地带岩溶强烈。

隧址区中下三叠统嘉陵江组及雷口坡组出露带，常可发现膏溶角砾岩夹层，膏溶角砾岩是石膏层在近地表地带溶滤遗留物形成的岩石，对应于地下深部往往埋藏有未遭溶蚀的膏盐层。将产于雷口坡组中部的膏溶角砾岩称为上膏溶角砾岩，产于嘉陵江组顶部及雷口坡组底部的称为下膏溶角砾岩。在地壳运动的影响下，沉积岩产生褶皱或断裂，地层中的硬石膏层由深埋藏环境变为浅埋藏环境，为硬石膏岩与地表水或浅部循环地下水创造了条件，硬石膏遇水，可吸水转化为石膏，然后再被地下水溶蚀，石膏岩溶蚀后留下与其伴生的水不溶残余物质，以及膏盐层体积变化及溶蚀过程中形成的角砾一起，或经进一步胶结，成为膏溶角砾岩。其过程为：石膏沉积→成岩脱水转变为硬石膏→构造作用下与围岩一起强烈运动→上升与水环境接触→退变质吸水转化为石膏→地下水溶蚀遗留下的水不溶物与破碎围岩一起形成膏溶角砾岩。

二、膏盐地层处治的专家意见及采取的措施

（一）膏盐地段处治的专家意见

依据现场情况和检验报告，设计院及时对膏盐地层段作出了相应的处治方案设计。并经2007年4月9日川高公司组织有关专家评审。专家认为D合同段K30+555~K30+610膏盐段处治方案设计文件考虑到膏盐段围岩遇水软化的特点，在支护结构上按Ⅱ类偏弱进行设计，并适当予以加强的设计是适宜的；考虑到膏盐段地下水对支护结构混凝土的硫酸根腐蚀性，建议支护结构混凝土应采用抗（硫酸根）腐蚀水泥，并将混凝土的抗渗等级提高到S8；检测取样表明，二水石膏无膨胀压力，支护结构荷载可不考虑其影响，缓冲层的设置可取消；考虑到膏盐段位于断层带地下工程荷载的复杂性，二次衬砌结构适当增加安全储备是适宜的；建议在膏盐（断层带）采取适当的注浆堵水措施，防止地下水进入隧道结构混凝土产生的侵蚀影响；同时采取工程措施保证膏盐段排水系统畅通，便于营运期间的维修养护；建议设计单位对K30+555~K30+610段石膏的性质存在的疑问进一步通过取样试验、予以澄清。

针对专家提出的意见和建议，设计单位和施工单位采取了相应的措施。设计采纳评审意见，对衬砌结构适当予以加强，初期支护喷混凝土和二次衬砌均采用防腐蚀性混凝土，同时要求二次衬砌混凝土抗渗等级不得低于原设计的S8级，对二次衬砌结构做了适当加强，考虑石膏盐溶水后可能堵塞防排水系统并在二次衬砌背后产生一定水压力，设计在初期支护与二次衬砌之间设置的变形缓冲层，起到保护二次衬砌的作用。同时从造价对比，设置缓冲层较用同体积混凝土回填价格更低，经济上更为合理；采取开挖后周边注浆的措施防止地下水的侵入，同时设计了可检修维护的检查井；探察单位分别于2007年2月、4月及5月期间分三次对膏盐段围岩采样进行了围岩成分、膨胀率、膨胀力等的检测试验，检测结果认为采样为纯石膏矿，石膏含量大于95%，自由膨胀率为0%~0.4%，几乎无膨胀压力。

（二）采取的措施

(1)针对膏盐地层段围岩稳定性较差，在本隧道按Ⅱ类偏弱考虑，故在结构支护上(初期支护、二次衬砌)应加强支护。

(2)针对膏盐地层段地下水对钢筋混凝土的腐蚀性，达到中等腐蚀等级，故结构支护混凝土(初期支护和二次衬砌混凝土)均考虑用抗腐蚀混凝土。

(3)针对膏盐段围岩遇水软化可能堵塞排水系统，故设计时考虑该段排水系统采用可检查、可维护结构。

(4)针对膏盐地层在地下水作用下围岩遇水软化、流失部分物质而使围岩产生空洞，本段采取了开挖后周边注浆固结围岩的措施，以减少地下水的渗透。

(5)针对膏盐段围岩遇水软化可能堵塞排水系统并在二次衬砌背后产生一定水压力，设计在初期支护与二次衬砌之间设置了变形缓冲层，起到保护二次衬砌的作用。

三、膏盐地段处治设计

针对石膏段围岩较差、且石膏对混凝土具有腐蚀作用和该段地层围岩存在丰富的地下水等特点，设计采用了适当增加结构支护，加大混凝土变形量，减少地下水渗漏，排水系统可维护等措施。

1. 仰拱曲率变化

设计加大了仰拱曲率，通过增大仰拱的曲率以改善仰拱的受力。仰拱深度比原设计增加了50cm，仰拱矢跨比由原设计1∶11.76增大至1∶8.24，更有利于隧道仰拱受力，仰拱曲率比较如图8 22所示。

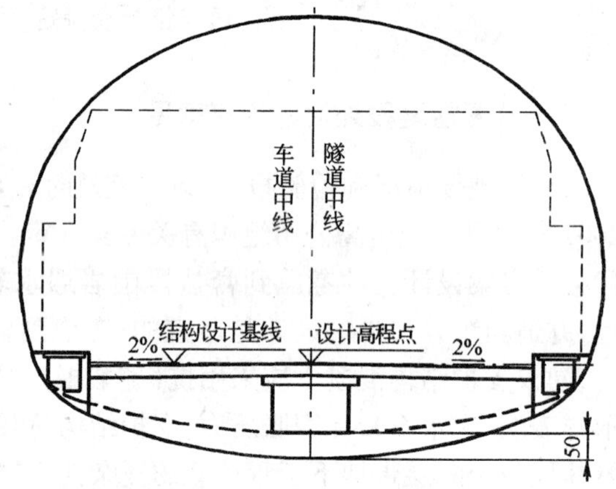

图8-22　膏盐段隧道内空与原设计内空仰拱曲率比较

2. 增设变形缓冲层

设计在二次衬砌和初期支护之间增设一层10cm厚变形缓冲层，变形缓冲层应采用质轻、耐水、耐压、尺寸稳定性好的材料，其抗压强度不小于0.4MPa。石膏盐溶水后可能堵塞防排水系统并在二次衬砌背后产生一定水压力，设计在初期支护与二次衬砌之间设置的变形缓冲层，起到了保护二次衬砌的作用，从而延长结构支护的使用寿命。变形缓冲层可采用泡沫混凝土或泡沫板，其性能指标如下。泡沫混凝土：孔隙率68%，堆密度800kg/m^3；泡沫板：吸水率≤1.0%，尺寸稳定≤1.0%，密度约38kg/m^3。施工时缓冲层采用泡沫板，泡沫板材质轻，造价低，施工方便。变形缓冲层设置见图8-24。

3. 注浆堵水措施

设计考虑在开挖后周边注浆，一方面对围岩进行加固，另一方面减少地下水与渗漏使围岩产生空洞。开挖后周边注浆施工见前面有关内容。

4. 排水系统方面

设计在膏盐地段增设边墙排水暗管检查井，在隧道纵向上每隔20m设置一处，有利于运营中排水系统检查与维护。边墙排水暗管检查井见隧道防排水一章内容。

5. 结构设计参数

设置小导管和锚杆作超前支护，小导管超前支护参数 ϕ42@40，环向间距40cm，长度5m，搭接长度1.5m；超前锚杆参数 ϕ25@40，环向间距40cm，长度5m，与小导管交错布置。初期支护喷混凝土24cm（含仰拱），钢架采用I18，间距40cm，仰拱设置工字钢架，二次衬砌采用防腐蚀钢筋混凝土，厚度60cm，具体参数见结构设计参数表8-11。

膏盐段处治方案衬砌支护参数表　　表8-11

超前支护		ϕ42@40（小导管）ϕ25@40（锚杆）
初期支护	C20喷混凝土	24（防腐蚀）（含仰拱）
	拱部锚杆	ϕ25L-350@120×100
	仰拱锚杆	ϕ25L-500@120×100
	钢筋网	ϕ8@20
	钢架	I18@40（含仰拱）
二次衬砌	拱墙	60钢筋混凝土（防腐蚀）ϕ22@25
	仰拱	60钢筋混凝土（防腐蚀）ϕ22@25
泡沫板		10
注浆方式		开挖后周边注浆
预留变形量		20
施工支护		锁脚、定位锚杆

设计采用多重防护体系作为膏盐段（K30+555～K30+610）处理方案，主要措施有：衬砌断面形式上为更有利于受力加大了仰拱曲率，超前支护、初期支护、二次衬砌均相应作了加强处理（图8-23），二次衬砌全环布置了钢筋，形成一个整体，更有利于受力（图8-24），防排水系

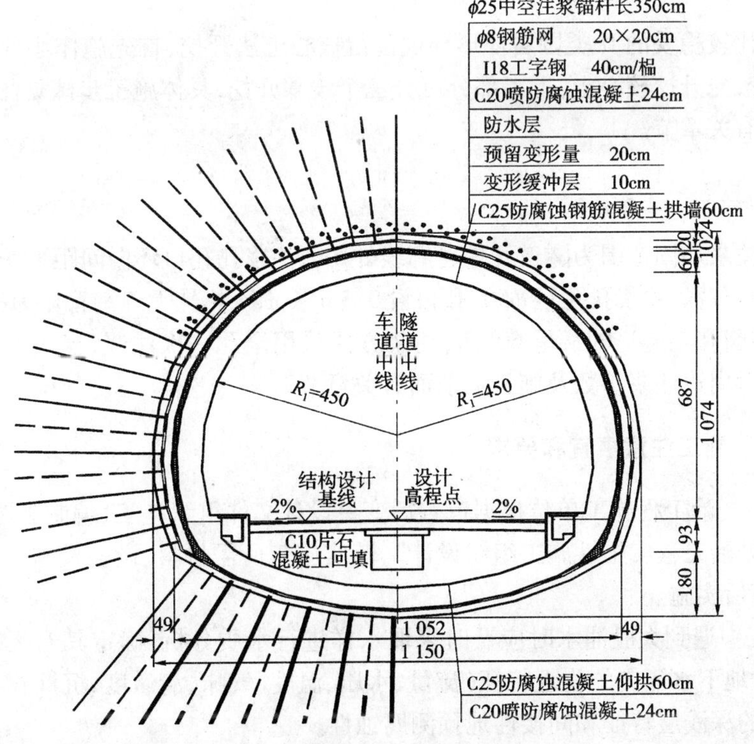

图8-23　膏盐段断面衬砌结构图

统上采取了可检查的结构形式可在营运期间进行检修维护，设计了边墙排水暗管检查井（排水暗管检查井见隧道防排水一章），石膏盐溶水后可能堵塞防排水系统并在二次衬砌背后产生一定水压力，结构上增加采用了变形缓冲层（图 8-25），并要求在周边围岩采取注浆堵水措施以减少地下水渗漏。

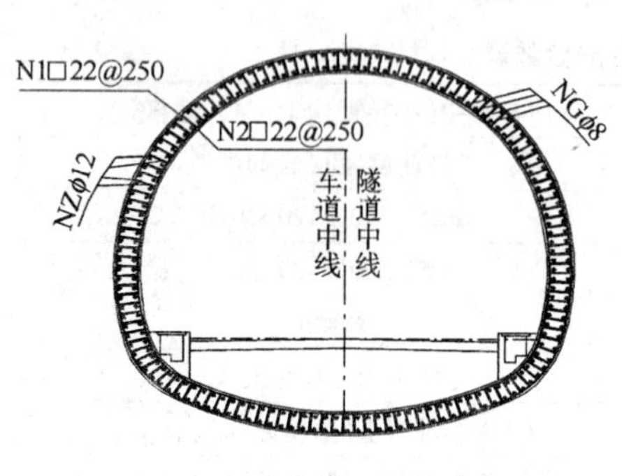

图 8-24　膏盐段全环钢筋布置图

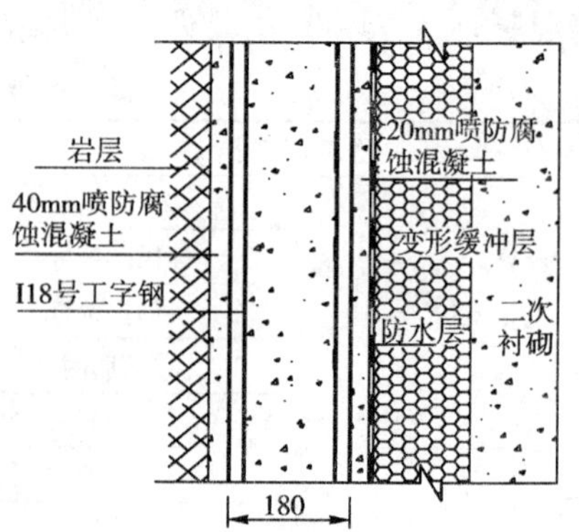

图 8-25　膏盐段变形缓冲层布置

四、膏盐地段施工

（一）开挖方法

从总体上讲，膏盐地段围岩软弱，膏盐地段开挖后围岩呈白～灰白色，夹灰色泥灰岩薄层，掌子面潮湿、滴水，岩体呈块状，周边局部岩体挤压破碎，呈角砾及碎屑状，施工时应采取谨慎的态度。

开挖采用比较稳妥的 II 类围岩环形导坑预留核心土法开挖，首先施作小导管和锚杆超前支护，后再开挖，先开挖核心土，下半部分可分三个步骤开挖，具体施工步骤见图 8-26。超前支护施工见前面有关章节。

（二）周边注浆

初支周边注浆加固范围为隧道开挖轮廓线外 5m，注浆孔孔口环向间距 1.5m，纵向效果间距 1.5m，梅花形布置，注浆孔孔径 $\phi50$，孔口设 0.5m 长 $\phi54$ 热轧无缝钢管作为孔口管，根据该段岩层倾向，注浆孔与隧道轴线呈 60°角，注浆方式采用全孔一次注浆，当成孔性差时采用分段注浆。开挖后周边注浆参数及施工见前面有关章节。

（三）膏盐段施工注意事宜和要求

（1）膏盐段处治工程施工单位根据审查后变更设计文件组织施工、编制了“五指山隧道 D 合同段膏盐段处治工程实施性施工组织设计”，落实施工所需材料、设备及施工方法等安全保障措施，经批复后实施。

（2）对施工中遇到大股涌水时应及时采取水样进行水质分析，确定其有无腐蚀性及腐蚀等级，并注意对地下水涌突的物理特征（流量、水压、温度、气味、清澈度、沉淀物）观测记录，以利揭示地下水的深浅层特征和间接性地预测腐蚀性。

（3）隧道未开挖段地下水丰富，岩石软硬相间，完整性变化大，地下水对围岩的稳定性影响严重，导致围岩类别变化较频繁，施工时可根据超前预报和开挖的实际情况调整围岩类别和支护形式。

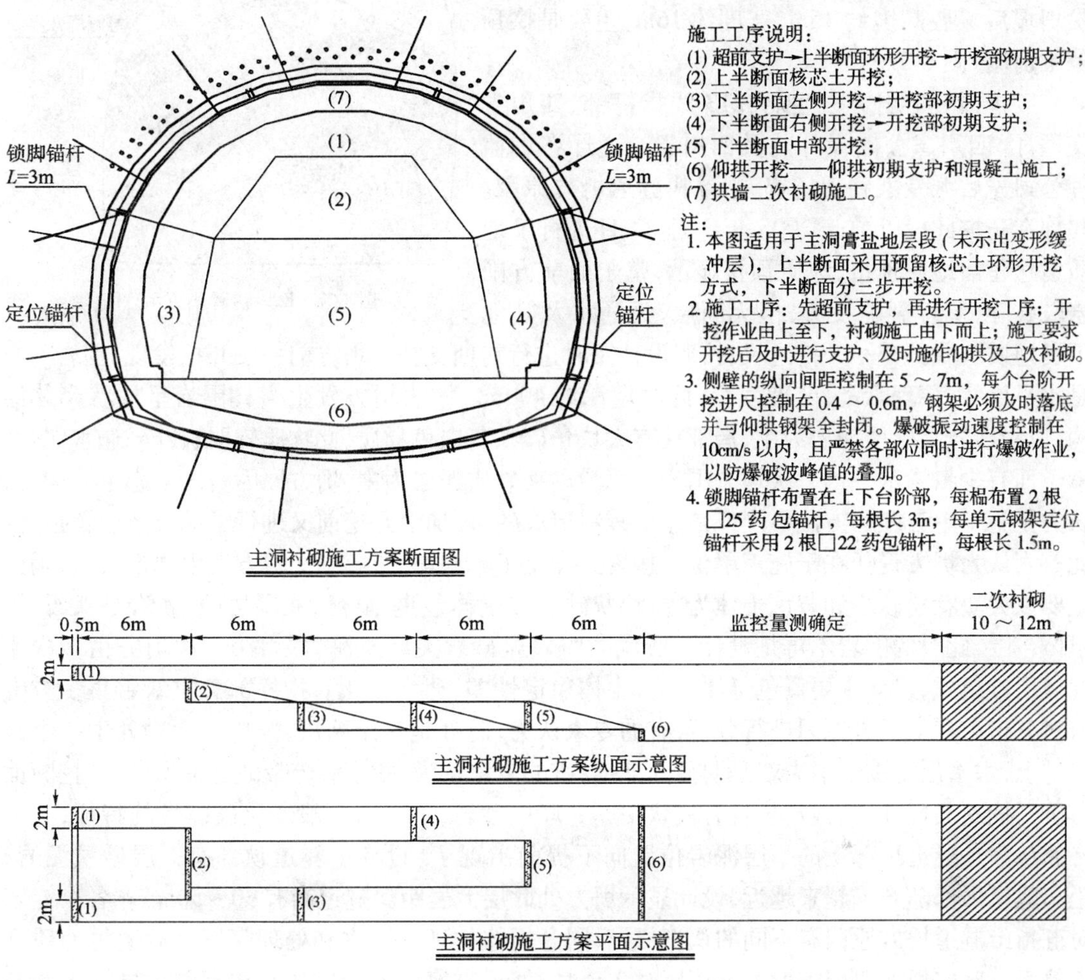

图 8-26　膏盐地段施工工序

（4）对洞内地下水进行归槽，修筑一个标准断面，以利随时对洞内地下水流量的观测。

（5）膏盐段处治段落总体地质条件差，施工时应加强监控量测工作并及时分析、反馈量测数据，以便及时根据量测结果验证或调整支护结构参数，以确保膏盐段工程结构安全和施工安全。

第六节　五指山隧道坍方处治

一、进口段坍方处治

（一）坍方概况

2005 年 4 月 2 日凌晨 1 点，施工至 K29 +460 时，掌子面出现坍方，为防止坍塌继续扩大，及时在 K29 +454 处增设两榀工字钢，下午 15:30 分对安设好的两榀工字钢进行喷锚作业时，K29 +454 ~ +460 段发生二次坍塌，坍塌高度约 6m，宽度约 13m，塌方延伸到 K29 +454 处，导致开挖台架与安设的两榀工字钢被毁。在 4 月 11 日进行坍腔内初期支护时，坍腔内再次发生坍塌,坍塌范围不断扩大,致使开挖台架再次被毁,直至坍腔口被全部封闭。坍方后经初步勘测,第三次坍塌后塌腔高度约 15m,宽度约 16m,主要是拱顶范围坍塌(图 8-27)。

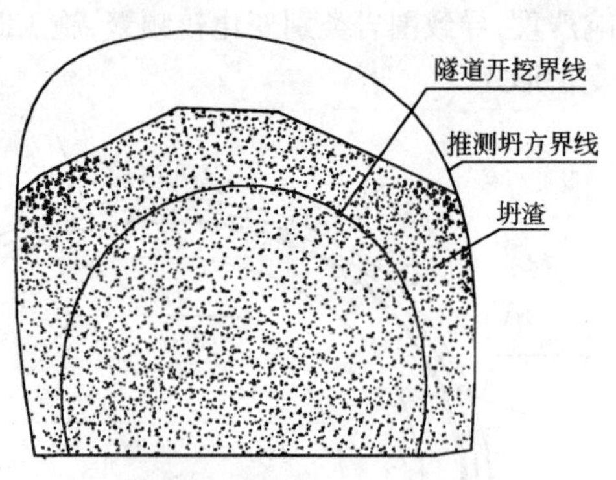

图 8-27　K29 +454 坍方示意图

五指山隧道坍方发生后,213 线指挥部、四川省交通厅、四川省公路设计院及四川省交通厅咨询监理公司先后派专家到现场查看,寻找隧道坍方原因。我部在开挖此段以前于 2005 年 3 月 22 日进行了地质雷达超前地质预报,地质预报显示,掌子面前方围岩较破碎,节理裂隙发育,但无断层,无涌水及其他不良地质。我部减小开挖进尺,按照设计及时进行初期支护。坍方前一段开挖发现,围岩不再是水平层状,层理紊乱,节理发育,此时埋深约 400m。围岩坍方发生当日围岩呈块状砌体结构,以粉砂岩夹砂质泥岩为主,局部夹有大块角碎状灰白色物质,此物质软弱、破碎,遇水泥化,掌子面有少量渗水。第一次坍方围岩仍以粉砂夹砂质泥岩为主,坍方原因一度引起争议,有人认为是施工单位施工方法不当或是偷工减料造成的,再加上开挖前又进行了地质超前预报,因此有人认为坍方责任在于施工单位。接着又发生了二次坍方,第二次坍方发生规模较大,坍体主要以大块状粉砂岩和黄色土体为主,块状砂岩被土体包裹,显然,在围岩中,砂岩是孤石,被土体包围,此时的围岩不再是设计上所说的"砂岩、砂岩夹砂质泥岩"。第三次坍方由多次小规模坍方组成,坍体主要黄色土体主为,土体稳定性差,遇水泥化。指挥部又重新召集多方专家对五指山隧道坍方原因进行分析,有的专家认为,此处是一个断层,开挖体围岩处于一个破碎带上,水平层状围岩消失就是明显的证据;有的专家认为,断层破碎带缺乏证据,因开挖断面甚至开挖断面以外均有岩层,且有块状中厚～厚层砂岩,不具有一般断层破碎带的特征;有的专家认为是隧道顶部上的一层泥岩位置向下提前出现了(设计上隧道顶部有一层砂质泥岩,距离隧道顶部随开挖越来越近,设计显示坍方处此层泥岩距离隧道尚有 30～50m)。各个专家对五指山隧道坍方原因有不同的认识,最后同意坍体处理过程中和处理完毕之后通过地质观察等手段确定坍方原因。坍方处理历时 2 个月,处理方案以大管棚注浆加超前小导管支护开挖坍塌体为主,短台阶开挖,初期支护采用 I18 工字钢,间距 30cm。

(二)坍方原因分析

结合坍方体开挖及恢复正常开挖后的地质观察,对坍方原因进行了分析,我们认为有以下几个原因:

(1)进口端围岩大多为近水平层状围岩,从 K29 +400 开始,随着开挖向前推进,围岩倾角不断加大,设计上显示,至 K30 +200 左右,达到 45°。最初认为此断坍方原因是背斜陡转过渡段提前出现,围岩软弱是由于背斜形成过程中的张拉与扭曲作用,在张拉裂隙形成过程中充填有软弱的夹层或夹块所致。但后来进口端突水坍方发生后所进行的补充地质勘察表明,此断围岩拱顶以上已进入破碎带 FW1,破碎带 FW1 是造成特大突水坍方的根本原因。破碎带 FW1 纵向长度 200m,中心位置在 K29 +480 附近,K29 +454 坍方围岩属于 FW1 破碎带,只是由于开挖轮廓内围岩未进入破碎带,当时开挖后未发现而已。坍方处治完毕后继续向前开挖,围岩变得软弱破碎,由于 K29 +460～480 开挖后工字钢架扭曲、围岩变形较大,提前将 K29 +450～480 段施作了三模二次衬砌,特大突水坍方边界未超过 K29 +480,很大程度上是由于施做了二衬的原因。但特大突水坍方后，K29 +460 ~480 二衬破损严重，有大量可见裂隙和涌水（突水坍方前没有涌水），K29 +460 ~480 以外围岩明显受到坍方的影响，K29 +460 ~480 二衬的存在，使特大突水坍方与 K29 +454 坍方未连通。因此，破碎带 FW1 的存在是此次坍方的根据原因，而破碎带围岩存在于开挖轮廓线以外，这是在开挖前未采取超前支护措施或加强支护的根本原因。

(2)开挖轮廓线以内的围岩以中厚层状粉砂岩夹砂质泥岩为主，且开挖后无涌水，但通过第一次塌方观察觉发现，隧道开挖轮廓线外约 2m 以内的围岩，以砂岩夹砂质泥岩为主，呈块状砌体结构，围岩节理裂隙发育，破碎，结构松散，稳定性差，第一次坍方主要发生在这一层围岩（图 8-28）；在开挖轮廓线 2m 以外，围岩以黄色土体为主（图 8-30），土体呈粉末状，松散，遇水泥化，稳定性差，在这种地质情况下，系统锚杆发挥的作用有限，加上开挖轮廓线外 2m 厚度的围岩自身稳定性较差，在掌子面放炮振动作用下，发生第一次塌方，其规模较小。

(3)第一次塌方后，围岩由块状砌体组成的咬合拱结构遭到破坏，此时围岩以土体和大块状孤石为主（通过第二次坍渣发现），结构松散，围岩进一步松弛，且由于地下水的影响，围岩稳定性降低，导致第二次坍方。第二次坍方规模较小，主要发生在开挖轮廓线外 2m 附近的围岩，第二次坍方是第一次坍方的延续。

(4)第二次坍塌后，塌腔围岩以土质为主（由第三次坍塌后塌渣观察，坍渣开挖运走大量土体），由于较长时间不能进行处理，发生多次小规模坍方，等待塌方稳定，进行锁口加固施工，塌腔围岩进一步松弛，稳定性进一步变差，导致第三次坍塌（图 8-29）。第三次坍方发生后，坍渣内有少量水流顺着坍渣表面流出。第三次坍方由多次小规模坍方组成，坍渣基本上是土体。

图 8-28　K29 +545 第一次坍方后的坍体

图 8-29　K29 +545 第三次坍方后的坍体

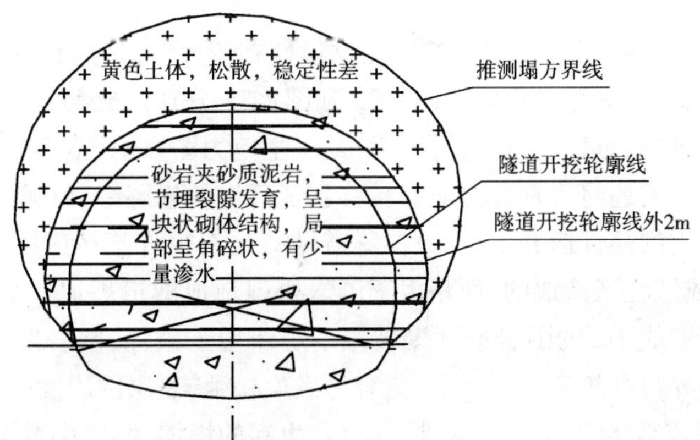

图 8-30　K29 +545 坍方掌子面围岩描述及坍方范围

(5)开挖爆破振动。要全面、系统地了解爆破冲击波对隧道围岩应力的影响,理论上是复杂的。但是可以通过目前有关爆破冲击波的理论和经验公式获得爆破冲击波作用在隧道围岩的冲击压力,从而了解爆破冲击力对隧道围岩的影响。根据经验公式,爆破后岩石内压缩冲击波压力峰值可按下式计算:

$$P = 248 \times (Q^{1/3}/R)^2$$

式中:Q——装药量,kg;

R——爆破中心至计算点的距离,m;

P——冲击波峰值,kg/cm²。

隧道一次开挖进尺取2m,单孔装药量 $Q = 0.15$kg,爆破点距离隧道壁取0.5m,计算得到爆破冲击波压力值 $P = 28$MPa。但考虑到其他因素,如炸药封腔体并非完全密闭等,根据经验作用在隧道洞壁岩石的表面压力可以按照经验,取计算值的10%。故爆破冲击波作用在隧道洞壁的冲击力取为 $P = 2.8$MPa。

可见,掌子面开挖爆破对附近围岩的冲击作用相当大,在隧道周边的某些部位,在冲击波的作用下产生拉应力,而岩石能承受拉应力很小,围岩必然被破坏。开挖轮廓线外2m厚由块状砌体结构组成的围岩不能承受如此大的冲击,根据上文分析,一旦这2m的围岩遭到破坏,隧道围岩结构就发生失稳。

(6)隧道坍方段围岩结构的有限元分析。ANSYS程序具有"生"与"死"的功能,可以利用这一功能模拟开挖,了解隧道开挖后围岩的应力状态。分析采用ANSYS二维平面应变弹塑性非线性方法,围岩采用Drucker-Prager屈服准则,用四边形八节点实体单元(solid84),初期支护厚度150mm,采用梁单元(beam23)。利用程序的"生"与"死"功能,模拟围岩的开挖及初期支护作用。程序的"生",指的是在程序需要的时候将单元激活,参与到程序的运算中去;所谓"死",指暂时不需要(在施工时还未设置)的单元,程序通过用一个很小的因子乘以它们的刚度,在荷载矢量中,和这些"死单元"相联系的单元载荷也被设置为0。计算模型取3倍隧道洞径。隧道开挖宽度10.52m,开挖高度7.35m(未开挖仰拱),整个模型及网格划分见图8-31,建模时对具体情况作了一些简化,由于锚杆在此时作用有限,未考虑锚杆的作用;土体的范围无法具体确定,只是根据坍方范围大致估计,将坍方范围作为土体范围。施工步骤分两步:①全断面开挖(不开挖仰拱);②初期支护喷射混凝土厚150mm。整个模型划分成2 228个单元,7 470个节点。

ANSYS程序分析表明,此处围岩开挖后在拱顶处有较大位移(图8-32),最大达250mm,发生位移大,围岩松弛,就有失稳的危险。图8-33和图8-34分别是最大主应力和最小主应力图。最大主应力图显示,开挖后最大主应力并不大;最小主应力图显示,顶部有拉应力,土体部分的围岩也承受拉应力,围岩还将大部分拉应力转移到了远处的岩层中,使坍塌体塌腔外部岩层受拉。分析还表明,围岩的塑性区并不大,只在隧道拱脚处有少许塑性区存在,表明围岩破坏不是由于应力集中形成塑性区造成的,而是由于围岩松弛造成隧道坍塌。结合开挖地质条件分析,隧道周边开挖轮廓线2m的围岩遭到爆破振动等作用下破坏,围岩发生松弛,此时围岩以土体为主,土体在外界没有约束的情况下,更容易发生松弛,表层围岩发生松弛遭到破坏,经过一定时间更深层的围岩又会发生应力松弛,又会发生新的坍塌,第三次坍塌发生数次小规模坍方就是很好的证明。

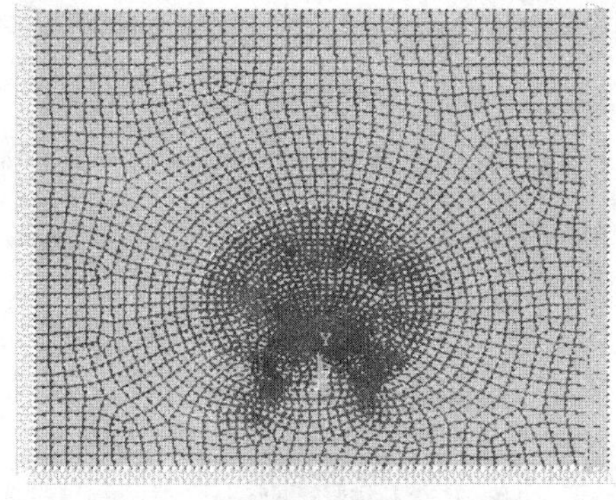

图 8-31　五指山隧道坍方计算网格模型

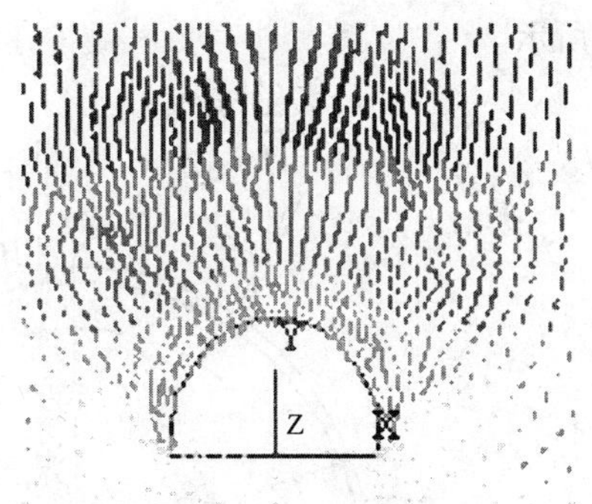

图 8-32　围岩竖向位移图失量图(局部)

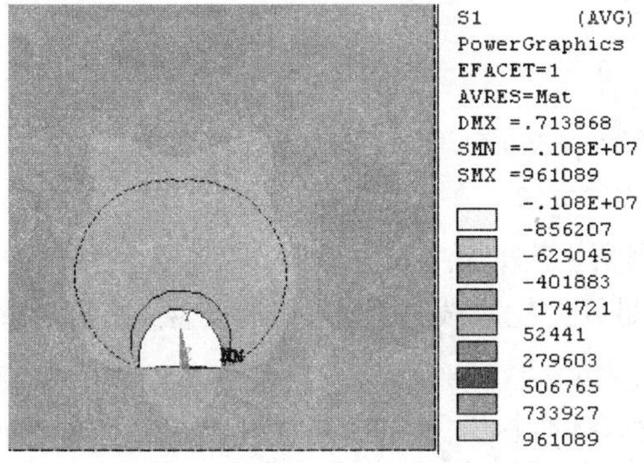

图 8-33　围岩最大主应力分布图(局部)

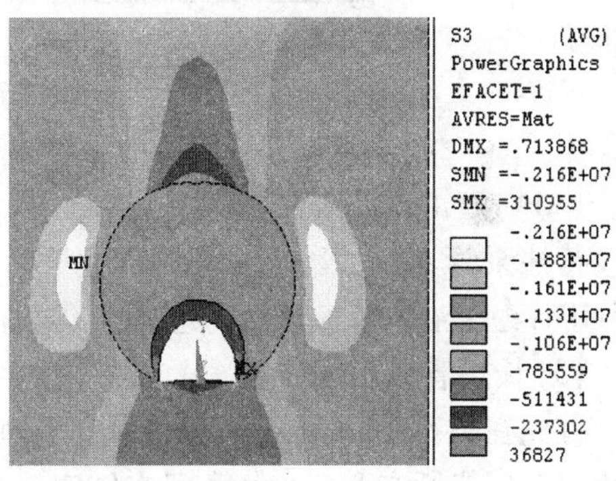

图 8-34　围岩最小主应力分布图(局部)

(三)坍方处治方案比较

1. 大管棚方案

(1)坍体后方加固

首先对塌腔后方进行加固,即对 K29 + 454 ~ + 448 段进行加固,防止坍方继续扩大,同时为施工作业人员提供一个安全的作业区。其中坍方边缘即 K29 + 454 ~ + 448 段以 I18 工字钢架进行加固,30cm 间距,ϕ27 自进式锚杆补强,锚杆长 5m,间距为 30cm × 80cm,通过锚杆孔注浆液加固围岩;K29 + 448 ~ + 443 段用 I18 工字钢间距 0.5m 进行加固,锚杆利用 ϕ25 中空注浆锚杆,长 5.0m,间距 50cm × 80cm,注双浆液加固围岩;K29 + 443 ~ + 430 进行锚喷加固,锚杆利用 ϕ25 中空注浆锚杆,长度为 5.0m,间距 50cm × 80cm,注浆液加固围岩。本段铺设 ϕ6.5 钢筋网,网格间距 20cm × 20cm,补喷 C20 混凝土,厚度 20cm。

(2)坍方端头小导管注浆加固

对 K29 + 454 ~ + 449 段拱顶 120°范围施作两个循环 ϕ42 小导管,长度为 6m,间距 40cm,外插角为 20° ~ 30°,搭接长度 1.5m,并进行注浆加固,保证锁口端围岩的紧密性。

(3)止浆环、注浆管及溢浆管布置

将 K29 + 454 处外延坍体稍加平整,在坍体上用 M7.5 浆砌片石设置止浆环,厚度 0.8m,宽度 0.8m,在砌筑止浆环的同时预埋在拱部预埋三根 ϕ108 的钢管,在坍体端头倾斜向上打入坍渣空腔中,准备注浆回填,以便满足开挖轮廓线外 4m 厚的保护层,同时预埋一根 ϕ80 的钢管作为溢浆管，溢浆管顶部距开挖轮廓线4m，以便比较准确地掌握充填的厚度，具体布置见图8-35所示。

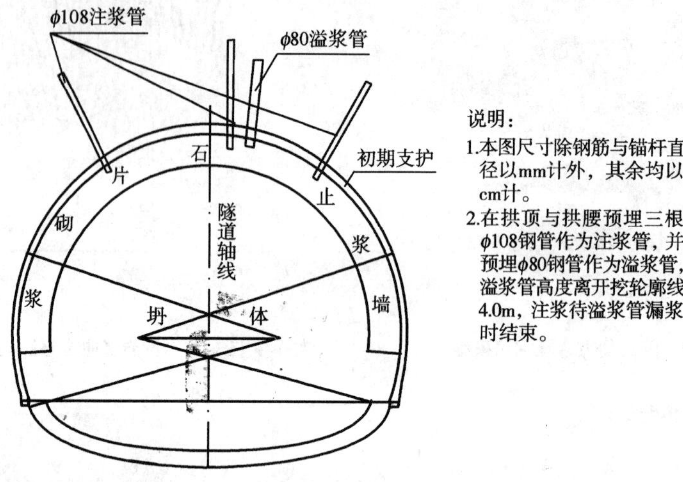

图8-35　止浆环注浆管及溢浆管布置

(4)坍渣拱顶注浆充填

待注浆管、溢浆管、止浆环施作完毕后，通过预埋注浆管压注水泥砂浆，注浆压力为0.3~0.5MPa；直至溢浆管漏浆时停止压注，这样就能满足开挖轮廓线外有4m的保护层，见图8-38。

(5)长短管棚相间布置

首先在拱部180°坍塌松散体范围施作φ108短管棚，长度8.2m，外插角为15°，中心环向间距80cm；待所有8.2m大管棚施作完毕后，再进行注浆固结，注浆采用纯水泥浆液，水灰比0.6~1，注浆压力2~3MPa，并根据现场注浆效果进行调节；待所有8.2mφ108大管棚注浆完毕后，进行φ108长管棚施作，长度15.1m，外插角为4°，长管棚间距80cm，长管棚与短管棚相间布置。待所有长管棚施作完毕后，进行注浆，注浆参数与短管棚相同，其中短管棚起注浆作用，加固开挖轮廓线外的坍体，使其在开挖时具备一定的自承能力，长管棚起注浆与超前支护的作用。具体布置见图8-36~图8-38。

(6)注浆管管壁钻注浆孔，孔径15mm，孔距为20cm，呈梅花形布置，但钢管尾部2m范围内不钻注浆孔，详见坍方段注浆大管棚布置图8-36。

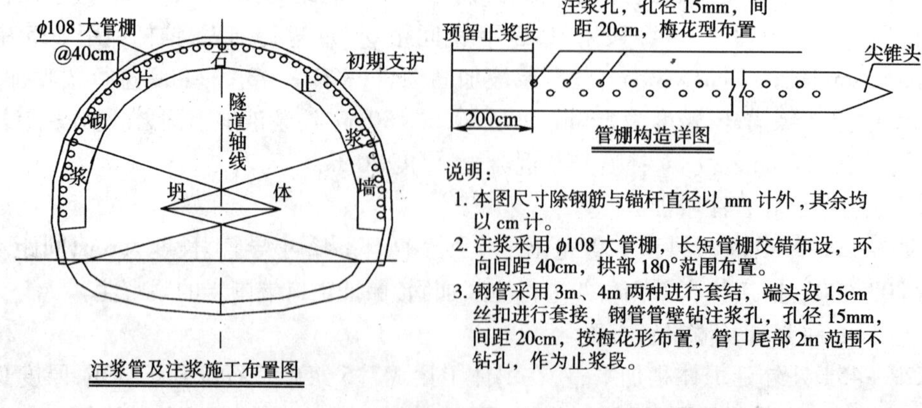

图8-36　大管棚布置图

(7)预计注浆量按照孔隙率为30%进行计算,实际计量以注浆记录为准。

(8)保证注浆固结区离开挖轮廓线2.0m,形成一个类似护拱形式的固结区;注浆固结区以上2m范围覆盖软弱的土层缓冲带,用于缓冲上部再次坍塌时对洞身衬砌的冲击作用,保证施工与工程使用过程中的安全。

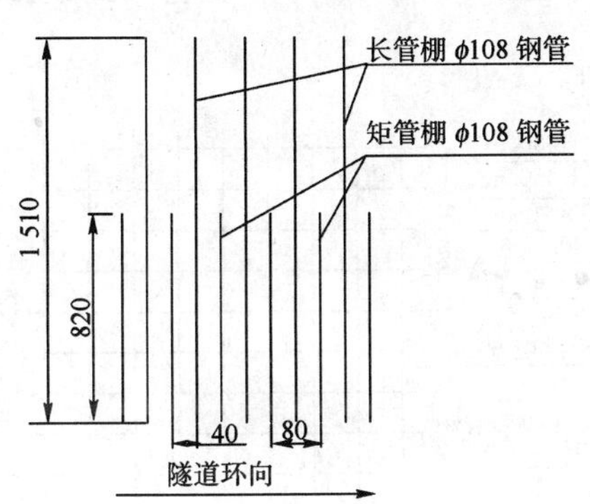

说明:

1. 本图尺寸除钢筋与锚杆直径以 mm 计外,其余均以 cm 计。
2. 本图适用于坍体外端口管棚布置。
3. 注浆采用 ϕ108 大钢管,分两种长度(L_1=8.2m、L_2=15.1m)进行交错布设,环向间距 40cm,拱部 180°范围布置。
4. 首先进行 8.2m 注浆管按照环向间距 80cm 布置,并注浆,然后与 8.2m 的管棚交错布置 15.1m 的钢管,并注浆。
5. ϕ108 大钢管采用 3m、4m 两种进行套结,端头设 15cm 丝扣。

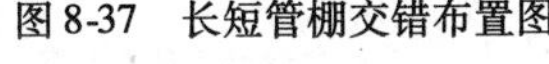

图 8-37　长短管棚交错布置图

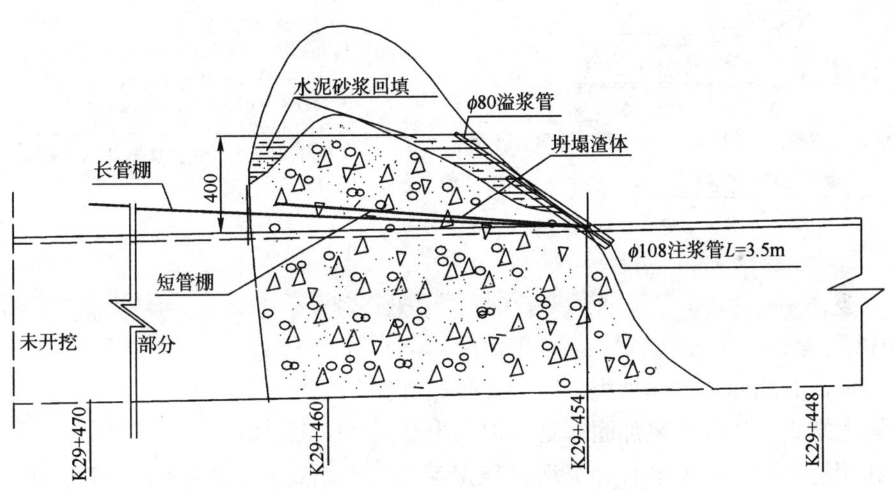

图 8-38　坍体处治立面图

(9)注浆完成后,采用上下微台阶预留核心土法开挖坍渣,开挖前在拱顶120°范围施作 ϕ42 小导管,长3.5m,搭接长度1m,间距40cm;小导管注浆完成后进行开挖,采用人工与机械开挖相结合,每开挖30cm安设一榀I18工字钢钢架,并打 ϕ27 自进式锚杆,长度4m,锚杆间距30cm×80cm,呈梅花形布置,挂设 ϕ6.5 钢筋网片,网格尺寸20cm×20cm,并喷射25cmC20混凝土。上台阶长度控制在2m以内,及时进行下台阶的开挖与落底工作,保证初期支护及时闭合。支护结构见图8-39。

(10)二次衬砌。本段所有支护完毕后及时进行二次衬砌施工,加固段(K29+430~+454)衬砌厚度为40cm,坍体范围(K29+454~+470)内二衬厚度60cm;加固段与塌方段全部采用钢筋混凝土,环向主筋为Ⅱ级钢筋 ϕ22@250,纵向钢筋为Ⅰ级钢筋 ϕ10@250,箍筋采用Ⅰ级钢筋 ϕ8@250,混凝土采用C25防水混凝土。

(11)通过坍方后前方开挖。通过坍方后，确定坍方纵向长度为10m，即原来掌子面K29+460已经坍塌。前方与坍方相邻的6m段落（K29+464~470）要预先采取加固措施，利用ϕ42注浆小导管超前支护，在坍腔边缘6m范围内采用I18工字钢间距为30cm，ϕ27自进式锚杆补强，锚杆长5m，间距为30cm×80cm，防止坍方继续向前扩展，前方其余地段工字钢间距0.5m，ϕ25中空注浆锚杆进行加固，锚杆长5.0m，间距50cm×80cm，本段统一铺设ϕ6.5间距为20cm×20cm的钢筋网。

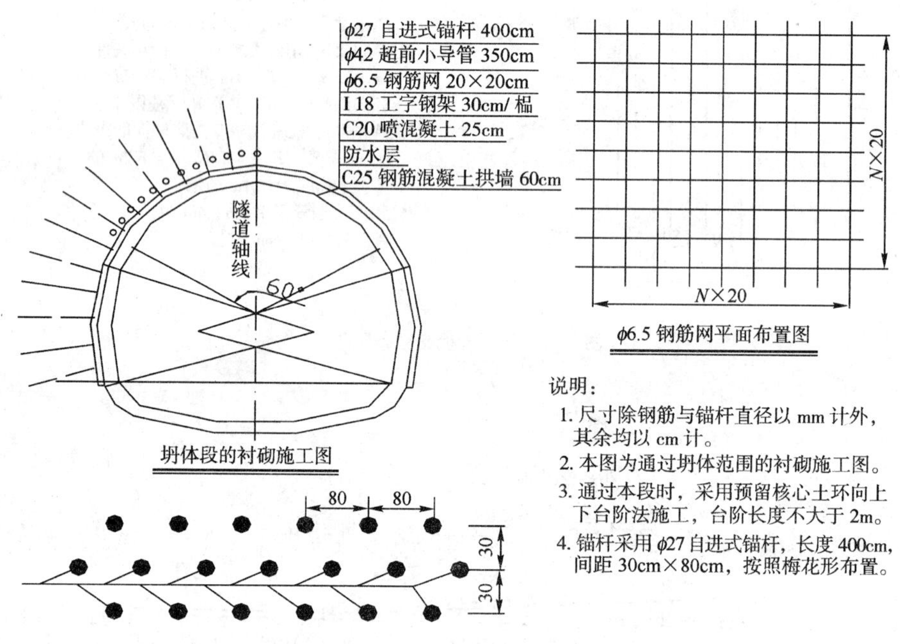

图8-39 K29+545坍方支护结构图

2. 护拱主案

(1)坍体后方加固。具体加固参数同大管棚方案。

(2)坍方端头小导管注浆加固。具体加固参数同大管棚方案。

(3)利用坍渣搭设施工平台。等坍体稳定后，清运一部分坍渣，利用剩余坍渣，搭设简易脚手架作为施工平台，施工前方延伸至坍腔内，人员操作部分要在加固区内。

(4)初喷。对有能力进行找顶的区域进行必要的找顶工作，然后对坍塌临空面初喷C20混凝土20cm，并对坍塌情况随时进行观察。

(5)锚杆支护临空面。待临空面被全部封闭并稳定后，对坍腔壁用自进式锚杆加固。锚杆采用ϕ27自进式锚杆，长5.0m，锚杆间距0.3m，梅花形布置，锚杆施作后，待锚杆注浆有一定强度后，上垫板、螺母，用力矩扳手对其施加预应力。

(6)挂网复喷。挂ϕ8钢筋网@15cm，并沿锚杆尾部焊接ϕ22钢筋，使其连成三角网，复喷25cm混凝土。

(7)施作托梁及支护。加固到拱顶部位时，设两道纵向托梁，托梁间架设横撑。纵向托梁采用ϕ22钢筋加工制作，宽40cm，高70cm，梁上下边用$L=5m\phi27$自进式锚杆@30cm锁定，喷C20混凝土成梁。横撑采用ϕ100厚壁钢管，间距50cm。纵向托梁形成后，在横撑上满铺10cm厚木板，起防护作用，然后进行ϕ27自进式锚杆施作，长5.0m，锚杆间距0.3m，梅花形布置。锚杆打好后，待锚杆注浆强度上来后，上垫板、螺母，用力矩扳手对其施加预应力。挂 $\phi8$ 钢筋网@15cm，并沿锚杆尾部焊接 $\phi22$ 钢筋，使其连成三角网，复喷 25cm 混凝土。然后架设钢格栅，格栅间距 30cm，格栅上部与纵向托梁连接，下方接到边墙底，用 $\phi27$ 自进式锚杆锁定，喷 25cm 混凝土。托梁与横撑及横撑支护见图 8-40，结构见图 8-41 所示。

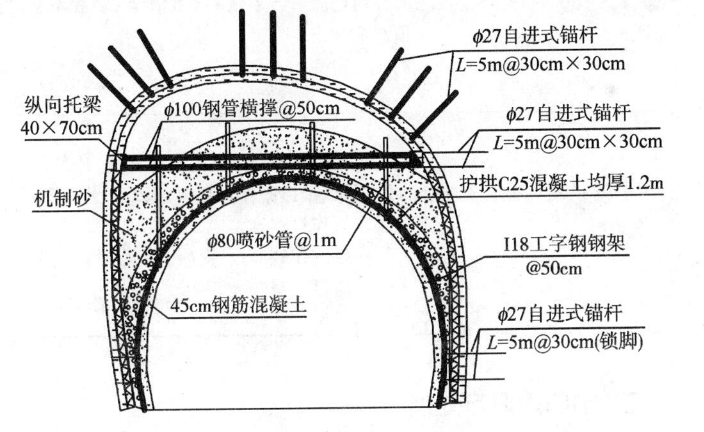

图 8-40　护拱方案处治坍方示意图

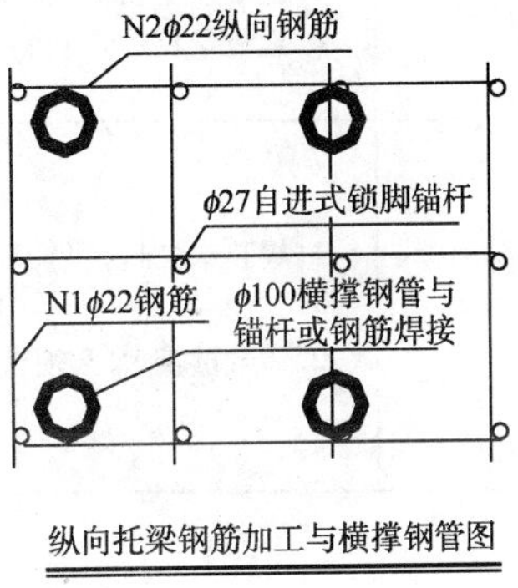

N2φ22纵向钢筋
φ27自进式锁脚锚杆
N1φ22钢筋
φ100横撑钢管与锚杆或钢筋焊接
纵向托梁钢筋加工与横撑钢管图

图 8-41　托梁与横撑加工图

(8)施作钢拱架及护拱。待塌腔处理稳定后，按照 II 超型安设 I18 工字钢，间距 50cm，并用 $\phi22$ 钢筋连接，间距 80cm，按梅花形布置，钢架下部用长 $L=5.0\text{m}$ 的 $\phi27$ 自进式锚杆@30cm锁定，连续安设 6～8 榀时，进行 C25 混凝土护拱的浇注，厚度 0.5m。浇注前埋设 $\phi80$ 钢管，间距 1.0m，长度视实际情况确定，浇注护拱时注意对称进行，并可以视实际情况，分层浇注（先墙后拱）保证浇注过程中的安全。

(9)吹砂回填。待所有护拱混凝土浇注完毕，且混凝土强度达到 70% 以上后，利用已埋设的钢管进行吹砂、固结灌浆的施作；砂采用机制砂，利用干喷机从预埋管中往空腔内吹，吹砂厚度为 2m，然后灌浆液采用 1:1水泥单浆液，压力为 0.2～0.4MPa，对吹入的机制砂和周边围岩进行固结。

(10)剩余坍渣开挖。吹砂完毕后，便可在护拱的保护下进行剩余坍渣开挖。

(11)二次衬砌。本段所有支护完毕后及时进行本段的二次衬砌。二衬参数同大管棚方案。

(12)通过坍方后开挖。通过坍方后开挖同大管棚方案。

3. 最后选定的坍方处理方案

坍方后经初步勘测，第三次坍塌后塌腔高度约 15m，宽度约 16m，主要是拱顶范围坍塌，且左侧拱顶要比右侧严重，左侧坍渣超进开挖轮廓线外 4m 以上，但右侧不能保证坍渣超过开挖轮廓外 4m。如果有大管棚处治坍方则开挖轮廓线外最好至少有 4m 以上的保护层，如果保护层不足或坍体未封顶，则采取清渣的方案，该坍方采用以上两种中的任何一种方案似乎都不满足条件。

通过方案比较，认为两种方案工期都差不多，造价也相当，但大管棚方案安全能得到保障，且我们对大管棚方案的施工工艺比较熟悉，原来的小坍方、软弱围岩地段实际施作了较多的大管棚，比较有经验，最后决定选用大管棚方案，只是在施作大管棚以前在拱顶注浆回填，使拱顶砑碴超进开挖轮廓线外 4m，达到大管棚处治坍方条件。表 8-12 为大管棚方案与护拱方案优缺点比较表。

大管棚方案与护拱方案优缺点比较表 表 8-12

项　目	大 管 棚 方 案	护 拱 方 案
优点	1. 不用在坍腔下方锚喷作业、施作托梁等危险作业； 2. 大管棚施工经验比较多，施工工艺、机械设备等比较熟悉； 3. 施工速度较快，且质量易保证； 4. 运渣量相对较小	1. 不用首先注浆充填，注浆量较小； 2. 对坍腔进行了锚喷支护作业，坍腔不会对拱顶造成冲击
缺点	1. 塌腔未处理，可能还会有坍塌，对拱顶可能会有冲击； 2. 注浆量较大，必须首先注浆充填	1. 对坍腔支护作业没有安全保障，危险性大； 2. 托梁、横撑施作较麻烦，施工工艺不熟悉，没有实际操作过； 3. 护拱施作较麻烦，混凝土工程量较大； 4. 运渣量相对较大

二、出口段坍方处治

（一）出口段坍方情况介绍

2005 年 9 月 20 日，K31 + 617 ~ K31 + 626 段发生坍方。K31 + 617 ~ K31 + 626 段于 2005 年 1 月完成开挖和初期支护，开挖后围岩为砂岩、炭质页岩、砂质泥岩互层，有地下水，设计为Ⅲ类围岩，采用格栅钢架、锚杆、钢筋网联合支护，由于种种原因，未及时施作二次衬砌。

2005 年 9 月，已开挖并初期支护地段 K31 + 628 ~ K31 + 638 发生严重变形，施工单位采用自进式锚杆在原格栅钢架基础上加固围岩变形，对线路右侧采用注浆加固，但变形钢架严重侵入二次衬砌界线，根据有关上级指示，要求施工单位先施作严重变形段 K31 + 628 ~ K31 + 638 两端衬砌，再进行变形段钢架托换的处理。2005 年 9 月 20 日，在准备 K31 + 614 ~ K31 + 621 段二次衬砌钢筋安装时，发现该段初期支护突然发生变形、开裂，由于围岩变形过快，来不及采取措施，安装的二衬钢筋很快挤压到二衬台车上，同时 K31 + 621 ~ K31 + 624 右侧钢架（即整个初支）被围岩挤断坍塌，坍方影响范围为 K31 + 617 ~ K31 + 626 共计 9m，二衬台车受损。坍方立面和平面见图 8-42 和图 8-43。

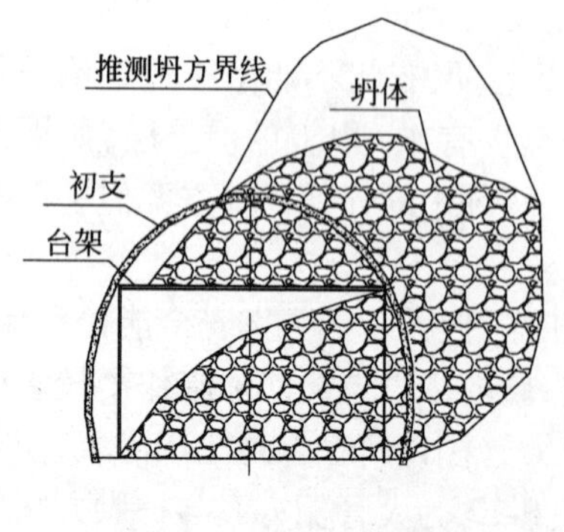

图 8-42　坍方立面图

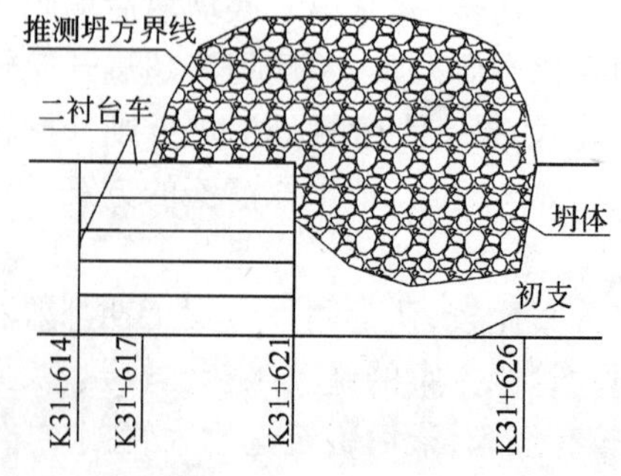

图 8-43　坍方平面图

（二）坍方原因分析

1. 严重变形段 K31 +628 ~ K31 +638 围岩注浆加固处理范围不够，仅对变形段右侧的围岩进行了加固处理，而坍方段 K31 +617 ~ K31 +626 离此处较近，实际上，在严重变形段开始变形时，坍方段可能已经开始变形了，由于坍方段初期支护未破坏，当时未发现坍方段已经变形了。

2. 对严重变形段 K31 +628 ~ K31 +638 注浆加固，封堵了此段涌水，但造成了坍方段的涌水增大。严重变形段加固后，坍方段涌水量明显增大。由于涌水的长时间冲刷，造成初期支护与围岩之间的间隙过大，围岩发生应力松弛，从而引发了坍方发生。

3. 仰拱开挖后未及时施作，使初期支护未能封闭成环，影响了初支的支护效果。

（三）坍方处治

1. 台车以外坍方的处治

（1）坍方发生后，施工单位立即组织人员对坍腔喷混凝土封闭，由于坍腔较高，又有涌水的作用，且坍塌时有发生，造成喷混凝土效果较差，难以完全封闭。

（2）对相邻的变形段进行加固，采用 ϕ159mm 钢管水平横撑，在不影响交通的情况下，增加竖向支撑，确保未坍方段的安全。

（3）对坍体进行双液注浆加固，后喷混凝土封闭，以增加塌体的稳定性。

（4）对 K31 +626 ~ K31 +630 段变形的钢架进行托换并加固，形成安全的坍腔处理工作平台。

（5）在坍体拱顶及右侧设置注浆管及溢浆管，溢浆管管口距拱顶高度至少 4m，即保证坍渣体厚度 2m 以上。注浆管及溢浆管施工工艺见前面有关内容。

（6）通过注浆管向坍腔回填水泥砂浆。

（7）对坍体右侧及拱部施作 ϕ108 大管棚，管棚长度 20m，间距 40cm，并对大管棚注水泥—水玻璃双浆液。大管棚安装及注浆施工工艺见前面有关内容。

（8）坍体开挖前施作小导管作超前支护，小导管长度 5m，间距 40cm，外插角 15°，并注水泥浆液，主要目的是加固拱顶及右侧渣体，保护开挖。小导管施工及注浆工艺见前面有关内容。

（9）采用机械配合人工开挖坍体，人工逐榀割除损坏的工字钢架，对于原初支的工字钢架，左侧可以利用的尽量利用，不能利用的全部清除，重新安装钢架，并施作初期支护，见图 8-44。

2. 台车段坍方处理

（1）前面坍体处理已施作了 20m 大管棚，因此只在二衬台车端头施作小导管作超前支护并注浆，小导管长度 5m，间距 30cm。

（2）台车向里边移动，每次移动距离 0.5m，移动台车后清除原侵界工字钢架，重新设置 I20 钢架，间距 0.5m，并施作新的初期支护。

（3）以此类推，移动台车，完成台车段坍方处治。

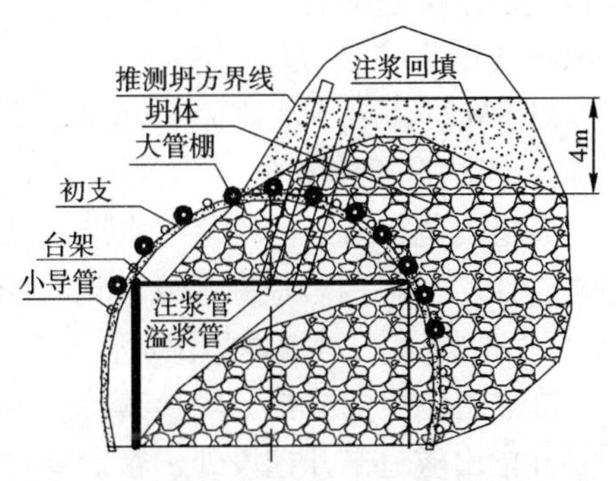

图 8-44　坍方处治示意图

第七节　未开挖段 K29 +600 ~ K30 +900 段施工

一、进口端突水坍方后对整个隧道水文地质的重新认识

原勘察设计认为，大部分围岩属于 III 类，III 类围岩长 2 423m，占总长的 62%，IV 类围岩长 711m，占总长 18.2%；进口端预测最大涌水量 1 287m^3/d，出口端隧道平水期最大涌水量按 5 486m^3/d，一般涌水量按 2 592m^3/d 考虑，整个隧道开挖后多数地段以滴水为主，局部拱顶有淋水。然而开挖后的实际情况与原勘察设计有较大差异，开挖后围岩遇 W_1、W_3 和 W_4 破碎带，多处发生大的涌水，2005 年 8 月进口端发生突水及坍方，为处理涌水及坍方，进口端停工达一年多，出口端也出现大涌水，施工速度极为缓慢。至进口端发生突水坍方时，隧道进口端掘进总长 1 024m，出口掘进总长 1 429m。

2006 年 2 月 7 日，四川省交通厅公路规划勘测设计研究院委托四川省地质工程勘察院开展"沐新路五指山隧道专项水文地质勘察（施工补勘）"工作，2006 年 5 月四川省通川岩土工程技术开发有限公司委托成都理工大学，应用可控源音频大地电磁测深（CSAMT）和高密度电阻率成像法等综合物探方法，对五指山隧道进行以深层物探为主的五指山隧道专项工程地质勘察工作，目的是为了配合其他勘探方法，进一步查明五指山隧道的工程水文地质条件、地质构造特征，探明地下水的发育、埋藏、分布和地下岩溶发育情况，确定隧道未开挖段的地质构造、岩体破碎情况及分布地段，预测隧道未开挖段可能产生涌、突水的地段和围岩类别变化地段。四川省交通厅公路规划勘察设计研究院 2006 年 6 月编制了五指山隧道 K29 + 600 ~ K30 +900 段《工程地质补勘报告》，四川省地质工程勘察院和成都理工大学分别于 2006 年 3 月和 2006 年 6 月递交了《五指山隧道专项水文地质报告》、《场地环境水对混凝土的腐蚀性评价报告》和《五指山隧道物探报告》，四份报告对五指山隧道包括已开挖断和未开挖段 K29 + 600 ~ K30 +900 的水文地质条件从不同角度进行了重新勘察，对已开挖段出现的涌水、坍方进行了原因分析，对未开挖段进行了涌水量预测，对未开挖段施工起到了指导作用。

（一）《工程地质补勘报告》主要内容和结论

1. 地下水对围岩稳定性的影响

对于完整性好的砌体状结构的硬质岩（原 V、VI 类围岩），地下水水压、流量小时，对其稳定性影响不大，可不考虑降低围岩类别，但水压 >0. 1MPa，或单位出水量 >10L/（min · m）时，围岩类别可考虑降低 0.5 类，对完整性较差的块碎状镶嵌结构的硬质岩（III、IV 类围岩）则可考虑降低 0.5 ~1.0 类。

对于软质岩，地下水对围岩的稳定性影响较大，当水压 >0.1MPa，或单位出水量 >10L/（min · m）时，均可考虑降低 1.0 类。

五指山隧道未开挖段地下水丰富，岩石软硬相间，完整性也变化大，往往软质岩（泥灰岩、泥岩、粉砂岩）段围岩呈滴水或淋雨状出水，硬质岩（灰岩、白云岩）段呈淋雨状或涌流状出水（水压一般较大），对围岩的稳定性影响严重，导致围岩类别变化较频繁，应予高度重视。

2. 隧道围岩的分类分段及其特点

五指山隧道未开挖段处于箱形背斜的转折段和过渡带上，岩石为薄 ~ 厚层状不等厚互层，岩石软硬相间，岩体受地质构造影响严重，岩石层间结合一般较差，多层间错动、挤压、揉皱、扭

曲，转折段可能还存在拉张、虚脱现象，在岩性、岩溶、地质构造、地下水等内外动力共同作用下，场地工程地质、水文地质条件复杂，并导致隧道围岩的工程地质特征、水文地质特征多变，同时，场地内地下水存在汇水面积大，水柱压力大的特点，对隧道围岩的稳定性造成极大的危害，特别是软质岩类岩体。

物探成果在 K29 + 870 ~ K30 + 330 段视电阻率极高，显示该段地下水贫乏，但该段处于背斜陡折部，碎屑岩与碳酸岩互层（地表碳酸岩也见有小型溶洞发育），岩石软硬相间，在地质构造运动的作用下，岩石层间多错动、挤压、揉皱、扭曲，纵张裂隙发育，转折段可能还存在拉张、虚脱现象，仍有可能出现大的涌突水。

3. 可能出现涌突水段的预测

对可能出现涌突水段的预测，除依据详勘报告、施工实况、水文地质专项报告、深层物探报告外，并重点从地层岩性、地质构造及地下水补给、赋存、流通、排泄条件进行分析、预测，因岩溶管道的发育具极不均匀性，充水情况也随季节变化，因此隧道的涌水量在时空亦具有不确定性和多变性，应加强施工期间的超前预报；另外，经综合推断，在五指山背斜的转折部仍可能出现大股水流（物探成果判识为贫水段）。

隧道各地层岩性段涌水不均，但对 K30 + 400 ~ 530 段极有可能产生强烈的突水、突泥，应高度重视和采取必要的封堵措施。涌突水段的预测详见剖面图。

（二）《五指山隧道专项水文地质报告》主要内容和结论

1. 五指山背斜位于四川盆地南西侧，属四川台拗川中台拱的马边斜坡 IV 级构造单元。马边—沐川弧形构造带内的五指山背斜，轴线由北北东，北东东突转向南东呈弧形展布，长 50km，宽约 10km，弧顶在沐川茶园坡生基坪一带，形成若干隆起高点，背斜在屏山龙桥金沙江逐渐倾伏。背斜轴部出露二叠系上统至三叠系下统等地层，岩层产状平缓，倾角多在 2° ~ 5° 之间。两翼为上三叠系至侏罗系地层，产状较陡，倾角在 40° ~ 70° 之间。局部倒转，轴部平缓，两翼较陡。横剖面呈局部倒转的不对称“箱状”背斜。在背斜轴部，尤其是岩层由缓变陡的转折带，岩石破碎，裂隙发育，变形破坏最为强烈。隧址位于五指山背斜南东段，处于背斜核部向南西翼急转带上。

2. 按照填图单元的地层组合，将各岩溶层归纳为两类含水层。T_{1f} + T_{1t} 为碎屑岩夹碳酸盐岩岩溶裂隙孔洞水，富水性级别为中等级。岩溶水单个出水点排泄量 5 ~ 50L/s；T_{1j} + T_{2L+3k} 为碳酸盐岩岩溶裂隙溶洞水，富水性级别为强、较强级，岩溶水单个出水点排泄量 > 100L/s，（在剖面图上，T_{1t} 能相对划分的情况下，亦归属此类）。

3. 五指山岩溶水动力垂直分带对隧道涌水的判定有直接关系，由上到下可划分为：

（1）表生岩溶带是与当地森林生态关系密切的表层岩溶带。

（2）饱气带是隧道岩溶涌水的补给空间。

（3）季节交替带，即地下水位升降的波动带。

（4）浅饱水带，岩溶发育强烈，对隧道涌、突水威胁极大。

（5）压力饱水带，位于地下水排泄口以下，当地主要河流侵蚀基准面影响带以上，对隧道涌水仍有威胁，本区该带有 SO_4-Ca 型微咸水显示。

（6）深部缓流带。

以上各个分带具体内容见第二章。

4. 岩溶水系统的水平分带对隧道涌水量大小有重要控制作用，主要指隧道所在的岩溶山体，含水层的纵向（垂直于隧线）分布，可划分为补给区、补给径流区和排泄区（图 8-45），并构成若干水文地质单元。隧道处于沐川建和和屏山龙华岩溶水文地质单元之间。五指山隧道影响带位于这两个岩溶水文地质单元之间的补给径流区，控制面积 55km²（图 8-46）。该区按天然水位 1 232.93m 换算，以海拔 827m 排水基面以上的岩溶水储存量为 1.72 亿 m³。通过上述两个水文地质单元的径流量实测值，经分割运算，本区碳酸盐岩岩溶水的年平均地下径流模数为 33.81 ~ 35.40L/s · km²；碎屑岩夹碳酸盐岩岩溶水为 12.36L/s · km²。

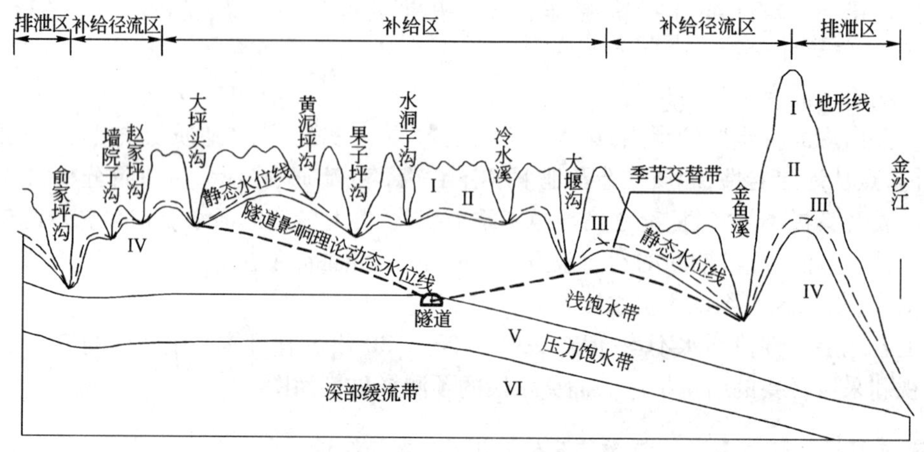

图 8-45 五指山隧道岩溶水系统的水平分带

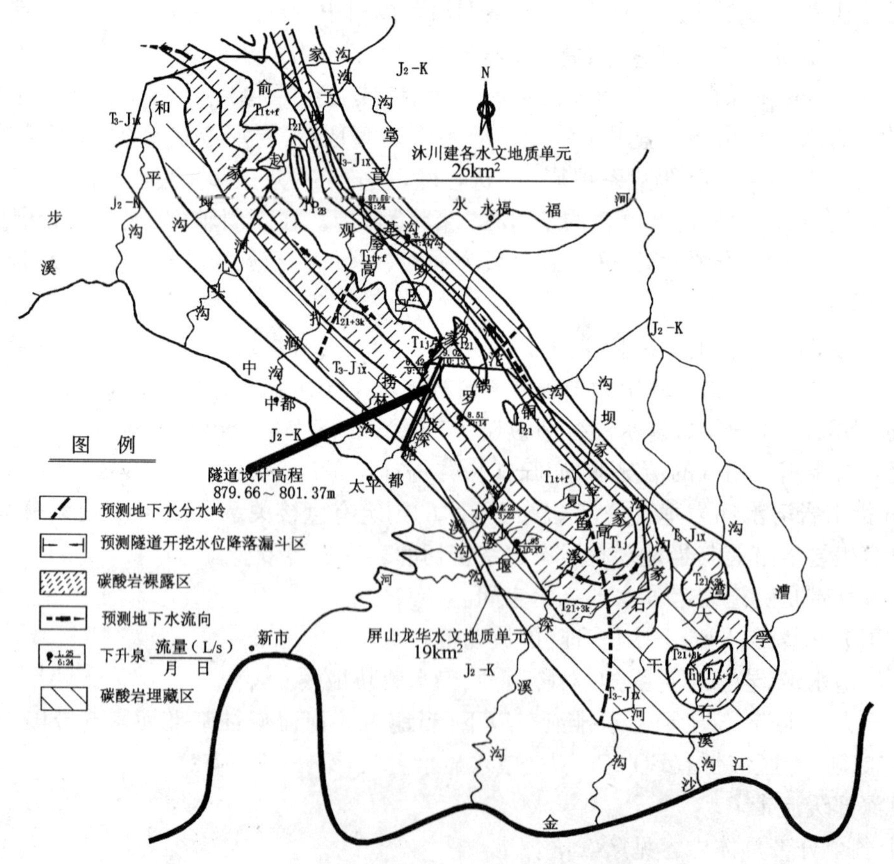

图 8-46 五指山隧道沐川建和屏山龙华水文地质单元

5. C 合同段(进口段)K29 + 542 与 D 合同段(出口段)K30 + 832 岩溶涌、动态变化、规模、水质等都有显著差别。C 合同段初始涌水量达 3 800m^3/h,延续 12h,其后水量锐减,动态曲线上出现明显拐点,说明在高梯度的渗流水流作用下,成为管涌—溃决突水,并使拱顶围岩变形失稳坍塌。涌水水源系上覆 T_{1j} + T_{2l+3k}岩溶浅饱气带地下水的越层补给及 T_{1f+1t}岩溶水疏干所引起。C 合同段目前涌水量为 11 793.6m^3/d,214d 共排泄岩溶水 337 万 m^3。D 合同段已进入 T_{2l+3k}岩溶含水层,处于浅饱水带与压力饱水带的过渡地带,隧道排水量由小到大并逐渐处于稳定过程,起始涌水量为 12 000m^3/d,经 15d 后增大到 35 000m^3/d,目前测流涌水量为 50 655.2m^3/d,217d 总计排泄量约 1 100 万 m^3,涌水的化学类型为 SO_4-Ca 型,矿化度 2 290.5mg/L,水温 25℃,说明 D 合同段已进入岩溶深部含水构造,可能使隧道正常地温发生畸变,对施工极为不利。应加强监测,采取防护措施。

6. 未开挖段岩溶水涌水量评价。隧道分段涌水量是计算隧道贯穿时总涌水量的基础,施工期间隧道的涌水量应根据标段设置、进度安排并结合隧址区的水文地质条件分析厘定。五指山隧道贯穿时的总水量应由涉及含水层有效补给范围内的补给径流量表达,并与其保持动态平衡。根据隧道分段涌水量计算结果,隧道未开挖段在施工期间及隧道贯穿时的总涌水量分析计算如下:

(1)C 合同段与 D 合同段相对掘进施工时,若同时到达标段界 K30 + 280,则 C 合同段全段涌水量由目前的 11 793.6m^3/d 增大至 102 636m^3/d;D 合同段全段涌水量由目前的 50 655.2m^3/d增大至 152 725m^3/d。若 D 合同段提前掘进至标段界 K30 + 280,则 C 合同段全段涌水量将有所减小,可定为 27 291m^3/d + 44 212m^3/d = 71 503m^3/d。

(2)C 合同段停止施工,由 D 合同段施工至 K29 + 542 时,则 D 合同段全段涌水量为 107 050m^3/d + 27 291m^3/d + 44 212m^3/d = 178 553m^3/d;C 合同段全段涌水量即目前隧道涌水量 11 793.6m^3/d。

(3)隧道贯通时的总涌水量为 107 050m^3/d + 58 424m^3/d = 165 474m^3/d。

(4)对一次强降雨的涌水量增量进行了计算,预计最大的瞬时增量为 43 708m^3/d,因隧道埋深大,增量值出现比降水应有所滞后。

7. 未开挖段岩溶强涌(突水)段预测。隧址区位于五指山背斜轴部偏南西冀三叠系可溶岩中,轴部地段为 T_{1f+t}碎屑岩夹碳酸盐岩分布,裂隙发育,上覆的 T_{1j}等碳酸盐岩岩溶水对其有越层补给,造成进口 C 合同段产生大量涌水。C 与 D 合同段均可视为非均质层状岩溶含水介质。岩溶含水介质的不均一性,导致地下水在局部地段相对富集,从而给隧道施工带来影响和危害。根据调查与分析,五指山地区岩溶发育程度和地下水集中排泄水量大小,均受背斜褶皱变形程度、可溶岩与非可溶岩接触带控制,根据勘探孔分段岩性资料,预测 C 合同段(进口段)K29 + 800 ~ 940 背斜轴部 T_{1f}埋藏地段、K30 + 125T_{1t}与 T_{1t}的过渡带,D 合同段(出口段)K29 + 800 ~ 940 背斜轴部 T_{1t}分布地段,K30 + 310 ~ 360、450 ~ 470、520 ~ 540、590 ~ 610、690 ~ 720 等岩性接触带发生大涌水可能性很大。其起始涌水量(初揭涌水量)一般都超过本段的推荐值。如 C 合同段经物探提供的数据,存在塌坍变形区,高度达 40m,该段应属突水造成的溃决带,起始突水量达 3 800m^3/h,约延续 12h,这个数据与数月后的流量 491.4m^3/d 比较,说明隧道揭露主要富水部位时,起始流量与相对稳定流量之比为 8:1。对隧道施工造成的危害极大。

(三)《五指山隧道物探报告》主要内容和结论

1. 主要物探内容

五指山隧道未开挖段埋深 600 ~ 800m,采用以可控源音频大地电磁测深(CSAMT)为主,结合高密度电阻率成像法探测的综合物探方法进行地面勘探。

CSAMT 主要探测深埋隧道(大于 400m)地段岩带分布、岩溶和断裂带等构造的发育和分布情况,高密度电阻率法能更精细地探明隧址区构造发育情况、岩体破碎程度及富水情况,两种物探方法可有效地结合。

(1)构造

物探在隧道 K29 + 180 ~ K32 + 015 段共发现了 4 条具有构造破碎特征的低阻异常带(编号为 FW1、FW2、FW3、FW4)和 1 个节理、岩溶裂隙密集发育带。

(2)地下水

根据隧道探测区地下水的赋存条件性质和各含水层的构成岩性、储水空间特征等,可以把隧道探测区的地下水划分为第四系松散层孔隙水、碎屑岩孔隙裂隙水、碎屑岩夹碳酸盐岩岩溶裂隙孔洞水和碳酸盐岩岩溶裂隙溶洞水 4 大类型。

(3)隧道围岩工程地质评价

五指山隧道穿越的地层比较复杂,由于受五指山背斜的影响,隧道区构造节理裂隙发育,碳酸盐岩地段岩溶裂隙发育,隧道围岩完整性差,地下水比较丰富,节理裂隙的连通性较好,整个隧道的工程地质条件较差。

2. 主要物探结论

(1)隧道进口端 K29 +480 ~ +542 段发生的塌方涌水,是由于受到了构造破碎带 FW1 的影响,K29 +550 左右以后,隧道围岩受 FW1 的影响减小,围岩完整性好转,地下水相对减少,K29 +710 ~ +750 段还有一段破碎、富水段。FW1 位置见第二章图 2-12。

(2)K29 +920 ~ K30 +330 段围岩相对比较完整,节理裂隙连通性差,地下水相对较不发育,围岩工程地质条件较好,是未开挖段隧道比较利于隧道工程开挖施工的地段。

(3)K30 +400 ~ +530 段由于受构造破碎带 FW2 的影响,岩溶发育,节理和岩溶裂隙连通性好,施工时易发生塌方涌水,是未开挖段隧道最不利于工程开挖施工的地段之一。构造破碎带 FW2 位置见第二章图 2-12。

(4)出口端 K30 +615 ~ +930 段为隧道通过的碳酸盐岩岩溶发育带,节理和岩溶裂隙发育,地下水丰富且连通性较好,施工时有发生小坍塌和涌水的可能,施工时 K30 +800 ~ +920 段大涌水就处于这一地段。

(5)出口端 K31 +200 ~ +300、K31 +450 ~ +530 段施工期间涌水,是由于这两段分别受到了构造破碎带 FW3、FW4 的影响,节理裂隙发育,地下水连通性较好,施工开挖切断了地下水的通道导致涌水。破碎带 FW3、FW4 位置见第二章图 2-12。

3. 物探成果的补充说明

(1)FW1 破碎带和 FW2 破碎带位于五指山背斜陡转翼部区的两侧,并紧邻陡转翼部,在陡转构造运动的过程中,在陡转核部区域,层积岩层上侧产生弯曲纵张裂隙,下侧产生挠曲和强烈的挤压破碎,从而形成相对垂直的构造破碎带,破碎带内富含大量的地下水,通过 K29 + 542 处已发生的特大“8.6 涌水坍方”就位于 FW1 破碎带的正下方的实际情况,进一步验证了物探成果和地质情况是基本一致的。

(2)物探成果中,在 FW1 和 FW2 破碎带之间的 K29 +920 ~ K30 +330 区段,其电阻率达到 2 500Ω · m,说明其为贫水段且地质条件较好。但是,从工程地质上分析,该区段正位于陡转背斜的核部区域,受构造运动的影响很大,围岩条件一般都异常破碎且富含地下水;另外,在该区域 K29 +980 处有 ZK4 深孔钻探,钻孔揭示岩溶发育、围岩破碎、地下水位高。因此,在该段落的围岩类别调整和涌水段落预测按工程地质资料和专项水文地质报告执行。

(四)《场地环境水对混凝土的腐蚀性评价报告》主要结论

根据五指山隧道《专项水文地质报告》和《场地环境水对混凝土的腐蚀性评价报告》,五指山隧道 C 合同段(进口段)K28 +418 ~ K29 +485 段地下水无腐蚀性,尚未开挖的 K29 +485 ~ K30 +280 段为 T_{1f}并进入 T_{1t}层段与 T_{1j}岩溶层有更多的水力联系,在施工中应加强分段水质检验,及时指导设计和施工。

D 合同段(出口段),在已开挖的段落中,K31 +170 ~ K32 +329 段为 T_{3l+3k}顶部岩性段及 T_{3xj}层,经检验,该段地下水无腐蚀性。但 K30 +832 ~ K31 +170 段为 T_{2l+3k}中上岩性段,经检测,该段地下水具有中等结晶类腐蚀。在尚未开挖的 K30 +280 ~ K30 +832 段为 T_{1j}与 T_{3l+3k}层段,经预测,该段地下水具有腐蚀性。

二、突水坍方后未开挖段 K29 +600 ~ K30 +900 设计变更

(一)未开挖段的设计变更背景及依据

1. 未开挖段设计变更背景

(1)五指山隧道原设计中 III 类围岩占 62%,IV 类围岩占 18.2%,以近水平层状砂岩、粉砂岩为主,无断层破碎带及不良地质出现,进口端隧道最大涌水量 1 287m³/h。然而,开挖某些段落的地质情况与原设计相差很大,且施工困难,在这些围岩地段施工出了大问题。K28 +530 ~570 段 2004 年 5 月 6 日开挖后超前钻孔涌水量达 20m³/h,总涌水量达 6 000m³/h,围岩基础差,以块石、局部小块石、角砾岩、粉砂黏土富集而成小块石质土,液限低,透水性好。进口端原设计最大涌水量 1 287m³/d,但在实际施工中,进口端未坍方地段最大涌水量 8 000 ~ 10 000m³/d,坍方地段最大涌水量 20 000m³/d(平均),瞬时最大涌水量 3 800m³/h。开挖后的实际情况表明,五指山隧道实际水文地质情况与原设计有较大差别。出口端在施工中也遇到较大涌水,开工前对这些没有准备,造成施工困难。至 2006 年 5 月底,隧道进口掘进1 012m,出口掘进 1 600m,中段还剩 1 300m 左右未开挖,由于中段工程地质和水文地质条件极为复杂,围岩地质条件变化十分频繁,丰富的地下水导致出口段施工环境极其恶劣,隧道掘进极为缓慢,月进尺一般都不足 30m。

(2)随着隧道的不断向中部掘进,开挖后的地下水涌水量也越来越大,大大高于原来的预测涌水量,至 2006 年 5 月底,隧道进口在坍方后的涌水量稳定在 11 793m³/d 左右,隧道出口的总涌水量已达 50 655m³/d,地下水对围岩的软化和稳定性影响也更加明显,根据《五指山隧道专项水文地质报告》的预测,隧道中段 1 300m 在开挖后的涌水量将达 17 ~25 万 m³/d,预计后续施工将更加困难。因此,根据补充地质勘察报告调整未开挖段的围岩类别和相应调整隧

道结构的支护参数是必要的，同时，对地下水丰富的段落进行注浆堵水，以减少地下水流失，保护生态环境。

(3)根据2006年6月16日交通厅召开的专题会议《议事纪要》(第十八期)的精神，在确保施工安全和技术可行的情况下，对隧道特大涌水段落采用注浆堵水措施进行处治是可行的，并对地下水丰富的段落作出相应的变更设计和单价调整也是必要的。

2. 变更设计依据

(1)根据四川省交通厅公路规划勘察设计研究院2006年6月编制的五指山隧道K29+600~K30+900段《工程地质补勘报告》。

(2)根据成都理工大学2006年6月完成的五指山隧道补充地质勘察《物探成果报告》。

(3)四川省地质工程勘察院于2006年2~4月对五指山隧道及其影响区作了专项水文地质调查，并提供了五指山隧道《专项水文地质报告》和《场地环境水对混凝土的腐蚀性评价报告》。

(4)原五指山隧道《工程地质详勘报告》和《五指山隧道施工图设计文件》。

(5)根据四川省交通厅2006年6月16日召开的专题会议《议事纪要》(第十八期)的指导意见，以及四川高速公路建设开发总公司2006年7月4日下发的《关于沐新路五指山隧道下阶段工作安排的回复》。

(二)未开挖段变更设计内容

由于水文地质条件发生变化，原有的施工图已不能满足施工需要，根据新奥法施工的精神，对未开挖段进行了变更。变更段落为K29+600~K30+900共1 300m(未开挖段)。变更的内容有：重新调整了该段落的围岩类别和结构支护参数，结合《专项水文地质报告》等补充资料，具体调整了注浆堵水的段落和相应的堵水措施，增加了抗腐蚀结构的段落，对隧道防排水系统进行了优化，同时还补充了超前地质预报措施和各类围岩富水段的施工方法等，最后统计了该段落变更后的总工程量。另外，根据调整后的围岩情况，适当调整了3号和4号紧急停车带的位置，使其位于较好的围岩段落中。隧道建筑限界和内轮廓、电缆沟、隧道内部装饰、隧道机电设施预留洞等内容均与施工图文件一致。

1. 围岩类别与设计参数调整

由于隧道水文地质条件发生变化，原围岩类别也将发生变化，在涌水存在的地段，一般处理方式是将围岩类别降低0.5~1个等级。根据《工程地质补勘报告》、《五指山隧道物探报告》、《五指山隧道专项水文地质报告》和《场地环境水对混凝土的腐蚀性评价报告》，将原设计围岩类别作了修改。变更后，隧道洞身结构仍按新奥法施工原理进行设计，即以系统锚杆、喷混凝土、钢筋网、钢架等组成的初期支护与二次模筑混凝土相结合的复合衬砌形式，并通过工程类比等方法拟定洞身结构支护参数，同时，充分考虑了极为发育的地下水对围岩的软化作用和降低围岩稳定性的影响等因素。在采用注浆堵水措施后，余水仍采用畅通有效的排水措施进行引排，以避免隧道衬砌结构承受过大的水压，隧道二次衬砌均按非抗水压结构设计。

在地下水发育的Ⅰ~Ⅱ类软质围岩段落，岩体遇水极易软化，围岩压力增大，在该段落二次衬砌采用钢筋混凝土结构。调整后的支护参数见表8-13。

K29 + 600 ~ K30 + 900 段衬砌结构支护参数表 表 8-13

衬砌类别	适用地质条件和辅助施工措施	喷混凝土(cm)	锚杆(cm)纵×横	钢筋网	钢架(cm)	预留量(cm)	混凝土拱墙(cm)	混凝土仰拱(cm)
I	断层、断层破碎带单层 ϕ42 小导管 40, L = 4m。单层 ϕ108 大管棚@40, L = 20m	24 含仰拱	350 @50×80	ϕ8 @20	I18 工字钢 @50	25	70 钢筋混凝土 ϕ25@20	70 钢筋混凝土 ϕ25@20
II^{水}(1)	洞身 II 类硬质围岩(即:T_{1j}、T_{2l+3k} 地层),地下水发育地段。单层 ϕ42 小导管@30, L = 4m	24	350 @120×100	ϕ8 @20	I18 工字钢 @60	12	50	50
II^{水}(2)	洞身 II 类软质围岩(即:T_{1f}、T_{1t}地层),地下水发育地段。单层 ϕ42 小导管@40, L = 4m。单层 ϕ25 药卷锚杆@40, L = 4m	22 含仰拱	350 @120×100	ϕ8 @20	HK160b 钢架@60	15	50 钢筋混凝土 ϕ22@25	50 钢筋混凝土 ϕ22@25
III^{水}	洞身一般 III 类围岩,地下水发育地段单层 ϕ42 小导管@40, L = 4m	24	300 @80×100	ϕ8 @20	I18 工字钢 @80	12	45	45
II$^{水}_{停}$	洞身 II 类围岩停车带、且地下水发育地段。单层 ϕ108 大管棚@40 + ϕ25 药卷锚杆@40	26 含仰拱	400 @100×80	ϕ8 @20	I20 钢架 @50	15	80 钢筋混凝土 ϕ25@20	80 钢筋混凝土 ϕ25@20
III$^{水}_{停}$	洞身 III 类围岩停车带、且地下水发育地段。单层 ϕ42 小导管@30	24	350 @120×100	ϕ8 @20	I18 工字钢 @60	12	60 钢筋混凝土	60 钢筋混凝土

注:1. 表中辅助施工措施(超前支护)均在拱部 120°布设。

2. 表中 I 型衬砌支护参数已经施工现场四方会议初步拟定,施工中应加强监控量测并及时修正参数。

2. 超前地质预报

根据《五指山隧道专项水文地质报告》和《五指山隧道物探报告》的预测,在隧道尚未开挖的中部段落,发生大涌水的可能性很大。施工中应高度重视超前地质预报的极端重要性,应切实贯彻没有超前预报就没有后续施工的思想,保证施工人员安全。主要应加强以下方面的措施,确保施工安全。

(1)切实加强超前地质预报,调配足够的仪器设备和经验丰富的地质预报人员对相关报告揭示的岩溶发育地段和背斜核部及其影响段落,在施工前及施工中加强地质预探、预报,进一步从微观上查明背斜核部及其影响段和 T_{1j}、T_{2l+3k} 等地层工程地质、水文地质、岩溶位置、形态及分布等,为顺利施工创造条件,坚决杜绝漏报、错报。

(2)目前超前地质预报的主要技术方法有:地质法(地质素描法和超前平行导洞法)、钻探水平钻孔法、地球物理探测法(声波测井法、声波透射法和波反射法)以及综合方法。

地质法是以地质资料为基础,加强施工地质编录和监控量测的成果分析,采用推测、对比等手段对隧道进行地质超前预报,该方法简单易行,成本低,不占用施工时间,是一种常用方法。超前钻孔法是根据在同一断面至少三个不在同一直线上的超前钻孔的钻速情况，运用实体比例法投影确定结构面的形状以及判断掌子面前方围岩的岩性、构造和岩石的破碎程度以及地下水的发育情况，是一种快速实用且效果较好的方法。波反射法主要是利用声波、超声波、地震波及电磁波在地层中的传播、反射，然后通过分析、解译确定隧道掌子面前方的地质情况，目前较先进和应用较广泛的仪器设备是地质雷达、瞬变电磁仪法和 TSP 系统。

(3)五指山隧道的工程地质、水文地质条件极为复杂多变，应采用地质法、超前钻孔法及声波反射法等多种方法相结合，对隧道进行超前地质预报。隧道在开挖掘进时，应对开挖面前方每隔 50～100m 距离开展一次 TSP 初查工作，初步查明隧道前方和周边的岩溶、裂隙、破碎带和地下水等情况，当开挖接近怀疑地点 20～50m 时，应及时采用瞬变电磁仪法或 GPR 等手段详查岩溶情况以及背斜核部裂隙发育和地下水情况(从目前有关工程的使用情况看，采用瞬变电磁仪法探测地下水和富水带效果较好)，开挖接近怀疑地点 10～20m 时，应采用超前钻孔精查，确定岩溶洞穴管道、破碎带及背斜核部规模较大的纵张裂隙和富水带位置，然后综合分析确定是否需进行超前预注浆堵水处理。只有确实有把握不出现突水突泥现象，并且确定开挖暴露后处理更有利时，方才允许继续掘进，在暴露后再行注浆堵水处治。

(三)注浆堵水措施

在隧道尚未开挖的中部段落，根据《五指山隧道专项水文地质报告》和《物探报告》等综合预测，K29 + 710～750、K29 + 850～900、K30 + 115～130、K30 + 310～360、K30 + 400～450、K30 + 500～530、K30 + 590～610、K30 + 690～730、K30 + 830～910 等段落发生大涌水的可能性很大。为了避免隧道开挖后地下水的过量流失和保护生态环境，同时为了减少过大的涌水对施工安全和施工质量等的影响，设计对可能发生涌突水的段落进行注浆堵水处治。注浆堵水实施前，必须通过准确的超前地质预报进行确认，然后根据超前地质预报的资料，在通过专家论证和评估后，选择合理的注浆堵水措施。

1. 全断面深孔预注浆堵水

当超前地质预报显示，隧道即将通过段落较长的软弱破碎围岩、且地下水特别发育，易形成涌突水以及因地下水而可能造成特大坍方的地段时，应采用全断面深孔预注浆堵水。未开挖段全断面注浆堵水的段落有 K29 + 700～K29 + 760、K30 + 105～K30 + 140、K30 + 300～K30 + 370。

在确定实施前，应加强超前地质预报和超前水平钻孔以探明地下水发育情况和溶洞、溶穴、破碎带的方位、规模等地质概况。超前钻孔起点应在预测突水处以前 5～10m，以便形成止水岩盘。

全断面注浆堵水加固范围为开挖轮廓线外 10m 以内，每一注浆段一般按 30m 长考虑，一个注浆段完成后留 5～8m 不开挖作为下一注浆段的止浆岩盘。注浆孔布置由工作面向开挖方向呈伞形辐射状，钻孔布置成数圈，内外圈按梅花形排列，并采用长短孔相结合，以达到注浆充分、不留死角为目的，浆液扩散半径 2m，孔底间距不大于 3m，开孔直径 $\phi115$，终孔直径 $\phi75$。

注浆材料为水泥—水玻璃双液浆，浆液浓度应根据岩体条件加以调整，初拟如下：C∶S = 1∶(0.6～1.0)(体积比)，水泥浆水灰比 0.8∶1～1∶1，水玻璃模数 2.6～2.8，水玻璃浓度 35Be′。

全断面超前预注浆具体内容见本章第三节涌水地段施工。

2. 周边深孔预注浆堵水

当超前地质预报显示，隧道即将通过厚度较小或岩质较好的断层破碎带，岩溶地层与非岩溶地层界面、地下水发育、易形成涌水以及因地下水可能造成坍方的地段时，可采用周边深孔预注浆堵水。未开挖段周边深孔预注浆堵水的段落有 K30 + 370 ~ K30 + 540。

注浆加固范围为开挖轮廓线外 10m 以内,轮廓线以内的岩体因其稳定性相对较好,且即将挖除,可不必注浆固结。其他注浆参数和全断面注浆一致。

3. 开挖后周边注浆堵水

当超前地质预报显示,隧道即将通过地层裂隙水较大,地下水呈大面积淋水状,但围岩尚能保持稳定,隧道掘进尚能保证施工安全的段落时,可采用开挖通过后再进行周边注浆堵水。未开挖段开挖后周边预注浆堵水的段落有 K29 + 840 ~ K29 + 910、K30 + 540 ~ K30 + 620、K30 + 690 ~ K30 + 900。

开挖后周边径向注浆加固范围为隧道开挖轮廓线外 5m,ϕ50 注浆孔间排距 1.5m × 1.5m,梅花形布置。各注浆参数应根据现场注浆试验加以调整。

开挖后周边注浆堵水具体内容见本章第三节涌水地段施工。

4. 注意事项

(1)未开挖段地质纵断面图中,注浆堵水段落和措施是根据补勘资料的预测情况作的预设计,实际施工中应根据超前地质预报的详实资料,通过综合的分析和评估对注浆段落进行调整,并选择合理可行的注浆堵水方案。决定实施后,施工单位应及时准备先进的机具、注浆材料,以及调配有经验的技术力量,同时编制现场实施性注浆堵水施工组织设计,并报请监理工程师批准后实施。

(2)注浆堵水的整个过程应加强现场监控和详细记录。

(3)本文件和图纸中的注浆堵水参数和材料配比等应根据现场注浆试验进行调整,以达到理想的注浆效果。

(4)注浆堵水实施后应加强效果检查和评定,一个注浆段的注浆孔全部注完后,钻 2 ~ 3 个孔对注浆效果进行检验,并取岩芯观察浆液充填情况,同时检查孔内涌水量不应大于 0.4L/(min · m),且某一处的漏水量不大于 10L/min;或者进行压水试验:在 1.0MPa 压力下检查孔进水量应小于 2L/(min · m);否则,应加密钻孔补注浆。

(四)地下水的腐蚀性及其对策

根据隧道《五指山隧道专项水文地质报告》和《场地环境水对混凝土的腐蚀性评价报告》,K30 + 832 ~ K31 + 170 段为 T_{2L+3k} 中上岩性段,经检测,该段地下水具有中等结晶类腐蚀。在尚未开挖的 K30 + 280 ~ K30 + 832 段为 T_{1j} 与 T_{3L+3k} 层段,经预测,该段地下水具有腐蚀性,施工中必须加强分段水质检测和隧道内温度的测定,以及时指导设计和施工。

对于 K30 + 280 ~ K31 + 170 段地下水具有中等结晶类腐蚀的情况,设计要求该段隧道和平导的初期支护(包括喷混凝土、锚杆砂浆等)、二次衬砌混凝土以及腐蚀性地下水流经的所有排水沟和水流可能侵蚀的结构混凝土均采用抗硫酸盐水泥,结构的防护等级为二级防护;另外,抗硫酸盐水泥的品质指标必须符合国家标准(GB 748—83)的要求。

在初期支护和二次衬砌采用抗硫酸盐水泥的段落,抗腐蚀结构应向非腐蚀段落两端各延伸 50m,以防止腐蚀性地下水纵向渗流,同时全段采用分区防水措施,防止腐蚀性地下水的纵向窜漏。

另外,在通过含腐蚀性地下水段落时,施工单位应加强掌子面地质描述和检测判定以及超前钻孔探测,若发现即将通过含石膏地层时,则应及时上报,同时,地下水应采取注浆封堵措施,少量余水应增设 ϕ100 大管径盲沟畅通排泄,同时二次衬砌采用钢筋混凝土结构。

(五)紧急停车带的调整

在K29 +600 ~ K30 +900段围岩类别调整后,3号和4号紧急停车带已位于II类围岩且地下水发育的段落,对于三车道大跨度的停车带施工将非常困难,因此设计在满足规范要求的情况下,适当调整了停车带的位置,使其处于较好的III类围岩中,调整前后的停车带桩号如表8-14所示(2号停车带因坍方影响也已调整),各停车带的横向位置保持不变,仍与原施工图设计文件一致。

隧道紧急停车带中心桩号调整一览表　　表8-14

<table>
<tr><th rowspan="2">编　号</th><th colspan="2">位置(中心桩号)</th><th colspan="2">停车带间距(m)</th><th rowspan="2">备　注</th></tr>
<tr><th>原桩号(m)</th><th>调整后桩号(m)</th><th>原间距(m)</th><th>调整后间距(m)</th></tr>
<tr><td>进口</td><td>K28 +418</td><td>—</td><td rowspan="2">582</td><td rowspan="2">不变</td><td rowspan="14">各停车带横向位置不变</td></tr>
<tr><td rowspan="2">1号紧急停车带</td><td rowspan="2">K29 +000</td><td rowspan="2">不变</td></tr>
<tr><td rowspan="2">550</td><td rowspan="2">380</td></tr>
<tr><td rowspan="2">2号紧急停车带</td><td rowspan="2">K29 +550</td><td rowspan="2">K29 +380</td></tr>
<tr><td rowspan="2">530</td><td rowspan="2">610</td></tr>
<tr><td rowspan="2">3号紧急停车带</td><td rowspan="2">K30 +080</td><td rowspan="2">K29 +990</td></tr>
<tr><td rowspan="2">570</td><td rowspan="2">620</td></tr>
<tr><td rowspan="2">4号紧急停车带</td><td rowspan="2">K30 +650</td><td rowspan="2">K30 +610</td></tr>
<tr><td rowspan="2">550</td><td rowspan="2">590</td></tr>
<tr><td rowspan="2">5号紧急停车带</td><td rowspan="2">K31 +200</td><td rowspan="2">不变</td></tr>
<tr><td rowspan="2">550</td><td rowspan="2">不变</td></tr>
<tr><td rowspan="2">6号紧急停车带</td><td rowspan="2">K31 +750</td><td rowspan="2">不变</td></tr>
<tr><td rowspan="2">579</td><td rowspan="2">不变</td></tr>
<tr><td>出口</td><td>K32 +329</td><td></td></tr>
</table>

施工中应根据超前地质预报的结果,及时掌握围岩的变化情况,使停车带尽量位于较好的且地下水相对贫乏的围岩段落,以降低施工风险。

(六)防排水设计的调整

1. 防水设计的调整

根据隧道中段地下水丰富的特点,防水措施调整如下。

(1)针对本次变更的K29 +600 ~ K30 +900区段,大部分段落地下水发育且地下水都具有腐蚀性的情况,设计取消了原LDPE防水层,采用隧道分区防水体系,以防止腐蚀性地下水的窜漏。同时,在各分区内预埋多个注浆管,为后期处治可能的渗漏水病害提供有利的条件。

(2)隧道洞身二次衬砌拱墙混凝土的所有结构缝、变形缝和环向施工缝均增设背贴式止水带止水,原有的膨胀橡胶止水条或中埋式止水带仍然保留。

2. 排水措施调整

(1)隧道中央的主排水沟应在隧道贯通后施作,仰拱浇筑时应在中央预留1.2m的沟槽,作为临时排水使用,以确保隧道后期的排水能力扩容。

(2)隧道衬砌背后环向设置$\phi50$打孔波纹管,排泄墙背周边渗水,每环间距按5m一道布设,局部地下水丰富处可多根并排布设。

(3)有股水流处必须直接用$\phi50 \sim \phi100$无孔波纹管引排至中央排水沟内。

(4)在隧道边墙底部,应每隔5m设$\phi100$HPDE横向泄水管一道(无孔),将墙背纵向排水管的水引入中央矩形水沟内,地下水特别丰富时应多根并排设置。

(5)在拱部有淋雨状地下水导致喷混凝土困难时,可设置塑料排水板盲沟遮挡,再进行喷混凝土施作。

(6)为了及时检查衬砌墙背排水系统是否堵塞,设计在衬砌边墙两侧下部每隔 30m 增设一个检查井,左右侧错开 15m 布置。营运中定期检查,必要时用高压水冲洗纵向排水管,确保其排水畅通。

(七)隧道施工工期的调整

根据隧道目前的实际施工进展情况,综合考虑进口"8.6 涌水坍方"处治、注浆堵水对工期的影响以及未开挖段极为复杂的水文和地质情况等因素,预计隧道施工工期从目前 2006 年 8 月起,还需 24 个月,即隧道竣工时间预计为 2008 年 8 月。

三、未开挖段围岩涌水特征

2005 年 8 月进口端发生突水坍方后, 此时出口端掌子面到达 K30 +900 附近,出口端涌水增大,成为五指山隧道施工以来涌水最大的地段,也是施工最难的时候。此段围岩开挖后掌子面有软弱和硬岩,软硬岩石相间,薄~中厚层状构造,受地质构造影响严重,薄层岩石多层间褶曲,岩石层间结合力差,节理裂隙发育,岩体以块碎状镶嵌结构为主,大流量、高水柱压力的地下水对围岩的稳定性影响大,软质岩石含泥质岩类,开挖在涌水的作用下易坍塌。据统计,7 月 26 日,K30 +911 掌子面出现股、散状水流,局部有大股状和瀑布状水流,仅掌子面流量 Q = 12 000m^3/d,不包括开挖后地段的涌水量;7 月 27 日,K30 +902 掌子面流量 Q = 20 000m^3/d;7 月 28 日,K30 +900 掌子面股、帘状水流增大,掌子面流量 Q = 32 000m^3/d;7 月 29 日 ~8 月 10 日,掌子面流量 Q = 34 500 ~35 000m^3/d,流量无明显增大或衰减趋势,对隧道涌水量进行了实测,洞口流量即整个隧道出口端涌水量为 50 655.2m^3/d。8 月 3 日在掌子面钻了 3 个直径为 100mm 的泄水孔,1 孔深 21m,涌水满管无水压,1 孔深 20m,涌水量小于满管,1 孔深 14m,地下水喷射状涌出,本段隧道属上坡施工,下坡自由排水,掌子面附近隧道底部呈漫流状,水温测定为 25℃,由于水温较高,隧道内水气、水雾弥漫,施工、运输非常困难。出口段 K30 +817 ~ K30 +912、出口段 K30 +686 ~ K30 +750 为涌水量较大的地段,涌水量分别达到了 66 518m^3/d 和 591 710m^3/d,在这些段落的施工非常困难。

进口端迂回导洞与主洞交叉段施工时,干燥无水,在很大程度上减轻了施工难度。在 K29 +559.5位置开始向出口端未开挖段施工时,掌子面开挖后围岩主要为小块石夹土,由于风带只能接至 CK0 +166 处,导致主洞内开挖通风效果差,尘土飞扬,但当主洞正常开挖掌子面至 K29 +570 以后,掌子面开始出现涌水,此时迂回导洞对应里程为 CK0 +158,随着主洞掌子面继续向前推进,迂回导洞坍方 CK0 +158 处涌水转入主洞开挖掌子面,导致主洞开挖掌子面发生较大涌水,施工困难,而导洞 CK0 +158 处涌水逐渐减小,随着主洞掌子面向前推进,此处涌水最终完全干涸。

主洞开挖 K29 +570 后,围岩发生变化,土体成分减少而岩石成分增多,但围岩结构破碎,裂隙发育,无明显层理。导洞 CK0 +158 处涌水在主洞 K29 +570 后逐渐转入主洞,主洞右侧涌水较大,拱顶呈淋雨状,右侧有股状涌水见图 8-47,涌水量约 500m^3/h。随着主洞向前开挖,拱顶涌水也随开挖面向前移动,即拱顶涌水有追随开挖面的特点。进口端涌水有一个不同于突水坍方前的特点,未开挖段在涌水段落涌水量在较长时间无明显衰减,说明未开挖段涌水有稳定的补给来源。

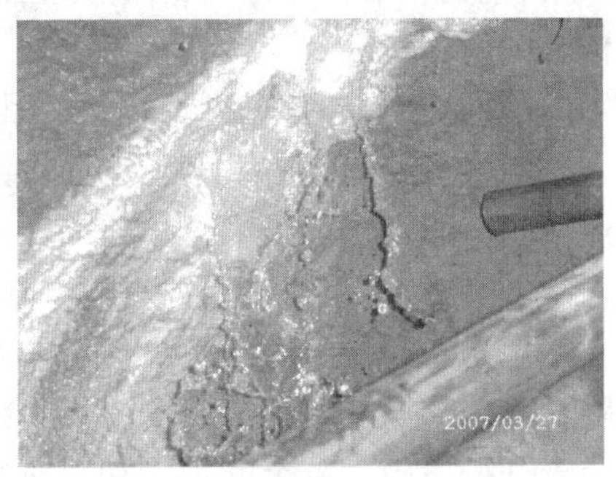

图 8-47　开挖后边墙股状涌水

四、未开挖段涌水化学特征

2005 年 8 月进口端发生突水坍方后，对五指山隧道的水文地质进行了补充勘察，提供了《工程地质补勘报告》、《五指山隧道专项水文地质报告》和《五指山隧道物探报告》。物探时对隧道涌水量进行了实测，洞口流量为 50 655.2m^3/d，水温 25 ℃，矿化度2 580.7mg/L，属 SO_4-Ca 型的微咸水。在现有洞深涌水量由小渐大、逐渐趋向平稳的疏干过程说明，T_{2L}岩溶水含水层揭露到岩溶孔洞、溶隙储水网络系统，属于本区岩溶水垂直分带的浅饱水带与压力饱水带的过渡带。本带由于岩溶水对可溶岩特别是盐溶角砾岩的溶滤作用，地下水中富集SO_4^{--}与 Ca^{++}。出口段出现大涌水至 2007 年 2 月底，在 217d 中总计排泄量约 1 100 万 m^3。

隧道洞身 K30 +615 ~ +925 段处于以碳酸盐岩为主的 T_{2l+3k}地层中，为岩溶孔洞和节理裂隙密集发育带，电阻率明显偏低，小于 250Ω · m，以小于 180Ω · m 为主。该段地下水发育，中等 ~ 强富水，K30 +640 ~ +770、K30 +810 ~ +925 段为强富水段。

D 合同段隧道施工至 K30 +910 后进入 T_{2l+3k}岩溶含水层，该含水层受背斜构造控制，南西—北东方向均有碎屑岩等非岩溶层作为边界，呈条状向北西和南东两端延伸，岩溶水具有侧向补给、纵向排泄的特点，处于浅饱水带，位于建和俞家坪沟与龙华金鱼溪两个水文地质单元之间。目前由于岩溶水的大量排放，含水层逐渐疏干，降落漏斗初具规模，仍在扩展进程。D 合同段涌水点高程为 840m，埋深 560m。在同一山体有限的开挖范围内，处于同一开采水平的 C 合同段与 D 合同段，地温场是恒温值。但 D 合同段 T_{1j}与 T_{2L}岩溶层陡倾，压力饱水带与深部缓流带呈高压状态的地下水会通过各种结构面上升。由于水的热导率比岩石低，因此从深部含水体经过渗透通道运移到开采水平的温水，能最大限度保持原来的水温，如果隧道进一步开挖，揭露深部含水构造时，正常温度场将会叠加上含水构造的背景场，使隧道正常地温发生畸变。另一方面，浅饱水带岩溶水对膏盐的溶滤，也会使矿化度SO_4^{--}、Ca^{++}增高，例如《五指山隧道工程地质详勘报告》中百丈岩泉水 HSO_4^-离子含量 146.2mg/L，Ca^{++}离子 72.14mg/L，矿化度 418.3mg/L，属 HSO_4^-. HCO_3^--Ca. Mg 型水也有所反映。突水坍方后取样化验，结果表明出口端洞口涌水 Ca^{++}离子浓度 591.2mg/L、矿化度 3 120.6mg/L 与进口端洞口涌水 Ca^{++}离子 11.09mg/L、矿化度 352mg/L 有明显区别（表 8-15），两合同段其他点水样也有明显的区别。所以进口端发生突水坍方后，D 合同段与 C 合同段岩溶涌水无论其流态、动态变化、还是规模、水质等都有显著差别。

五指山隧道分段样本水化学成分综合表 表 8-15

取样时间:2006 年 3 月 16 日

合同段		D 合同段(出口段)															C 合同段(进口段)		中都河水
样本号		1	2	3	4	5	6	7	8	9	10	11	12	13	14	15	16	17	18
桩号里程		K30 + 820	K30 + 830	K30 + 845	K30 + 860	K30 + 940	K30 + 958	K31 + 050	K31 + 170	K31 + 200	K31 + 300	K31 + 500	K31 + 650	K31 + 800	K32 + 200	K32 + 329 (洞口)	K29 + 485 (掌子面)	K28 + 418 (洞口)	
地层		T_{21+3k} K30 + 280 ~ K31 + 230							T_{3xj} K31 + 230 ~ K32 + 250								T_{1f}		
水流性状	水温(℃)	19.5	20.0	21.5	25.5	25.5	19.5	25.0	13.0	16.0	24.5	24.5	18.0	24.0	24.0	24.0	16.0	16.5	
	状态	掌子面涌水	左侧股状水流	左衬体股状水	右侧底涌水		隧道底涌水		隧右底涌水	隧左底涌水			左边墙股状水						
流量	L/s	30.00	1.154	0.43	15.00		0.33		0.68	21.00			0.254						
	m^3/h	108.00	4.15	1.55	54.00		1.19		2.43	75.60			0.915						
	m^3/d	2 592.00	99.70	37.24	1 296.00		28.48		58.38	1 814.40			21.97						
pH		7.30	7.40	7.30	7.30	7.40	7.40	7.40	7.70	7.70	7.50	7.60	8.20	7.60	7.60	7.60	8.20	8.20	8.20
阳离子(mg/L)	K + Na	251.60	318.50	258.50	256.00	247.40	205.80	204.40	41.60	16.60	219.20	258.30	31.00	150.90	202.40	225.40	24.80	25.50	48.10
	Ca	524.00	591.20	604.20	536.20	574.10	579.20	621.20	40.08	41.08	601.20	541.10	13.03	581.20	561.10	591.20	42.08	44.09	79.16
	Mg	107.00	104.60	97.89	90.59	81.47	111.30	85.12	18.24	20.06	85.12	85.12	2.43	91.20	85.12	79.04	17.63	20.06	12.77
	NH_4	<0.02	<0.02	<0.02	<0.02	<0.02	<0.02	<0.02	<0.02	<0.02	<0.02	<0.02	<0.02	<0.02	<0.02	<0.02	<0.02	<0.02	<0.02
	合计	882.60	1 014.30	960.60	932.80	903.00	896.30	910.70	99.90	77.70	905.50	884.50	46.50	823.30	848.60	895.60	84.50	89.60	140.00

续上表

合同段		D 合同段(出口段)															C 合同段(进口段)		中都河水
pH		7.30	7.40	7.30	7.30	7.40	7.40	7.40	7.70	7.70	7.50	7.60	8.20	7.60	7.60	7.60	8.20	8.20	8.20
阴离子(mg/L)	Cl	2.84	2.84	7.09	3.55	3.19	3.90	3.55	15.96	3.19	3.90	4.25	2.84	3.19	3.90	3.90	2.48	2.84	3.55
	SO_4	2 104.00	2 400.00	2 276.00	2 194.00	2 112.00	2 156.00	2 156.00	29.84	83.20	2 136.00	2 068.00	19.60	1 968.00	2 000.00	2 096.00	125.30	138.40	246.00
	HCO_3	122.00	115.90	112.90	125.10	125.10	128.10	115.90	244.10	158.60	119.00	125.10	103.70	122.00	125.10	125.10	119.00	122.00	106.80
	NO_3	<0.04	<0.04	<0.04	<0.04	<0.04	<0.04	<0.04	15.16	<0.04	<0.04	<0.04	0.66	<0.04	<0.04	<0.04	<0.04	<0.04	7.49
	合计	2 228.80	2 518.70	2 396.00	2 322.60	2 240.30	2 288.00	2 275.40	305.10	245.00	2 258.90	2 197.40	126.80	2 093.20	2 129.00	2 225.00	246.80	263.20	363.80
矿化度(mg/L)		3 111.40	3 533.00	3 356.60	3 255.40	3 143.30	3 184.30	3 186.10	405.00	322.70	3 164.40	3 081.90	173.30	2 916.50	2 977.60	3 120.60	331.30	352.80	503.80
硬度 p ($CaCO_3$)(mg/L)	总硬	1 749.10	1 906.70	1 911.70	1 836.70	1 769.10	1 904.20	1 901.70	175.20	185.20	1 851.70	1 701.50	42.50	1 826.60	1 751.60	1 801.60	177.70	192.70	250.20
	永硬	1 649.00	1 811.60	1 819.10	1 734.10	1 666.50	1 804.10	1 805.60	0.00	55.10	1 754.10	1 598.90	0.00	1 726.50	1 649.00	1 699.00	80.10	92.60	162.60
	暂硬	100.10	95.10	92.60	102.60	102.60	100.10	95.10	175.20	130.10	97.60	102.60	42.50	100.10	102.60	102.60	97.60	100.10	87.60
	负硬	0.00	0.00	0.00	0.00	0.00	0.00	0.00	25.00	0.00	0.00	0.00	42.60	0.00	0.00	0.00	0.00	0.00	0.00
总碱度(mg/L)		100.10	95.10	92.60	102.60	102.60	100.10	95.10	200.20	130.10	97.60	102.60	85.10	100.10	102.60	102.60	97.60	100.10	87.60
CO_2(mg/L)	游离	18.70	15.40	19.80	19.80	20.90	16.50	15.40	11.00	13.20	19.80	17.60	3.30	17.60	14.30	15.40	6.60	5.50	5.50
	侵蚀	0.00	0.00	0.00	0.00	0.00	0.00	1.10	0.00	0.00	0.00	0.00	0.00	0.00	0.00	0.00	1.10	1.10	0.00
水化学类型		SO_4-Ca	SO_4-Ca. K + Na	SO_4-Ca					HCO_3-Ca. K + Na. Mg	HCO_3. SO_4-Ca. Mg	SO_4-Ca		HCO_3-K + Na. Ca	SO_4-Ca			SO_4. HCO_3-Ca. Mg		SO_4-Ca. K + Na

注:空格表示流量为隧道内排水沟取样。

五、未开挖段工程特点及施工总体方案

（一）未开挖段工程特点

进口端由于后期主洞施工必须通过迂回导洞进入施工地段，通过导洞排水、通风、交通运输，且已探明前方未开挖段围岩差、涌水大，开挖与支护相当困难，为保证施工的安全，必须加强现场的抽排水、通风工作，施工中必须严格按照设计及实际情况精心组织施工；进口端前方开挖与迂回导洞的落底、二次衬砌以及"8.6 坍方"同时施工，施工中相互干扰较大，必须合理安排，确保安全；进口端隧道为下坡施工，且涌水量大，排水要通过迂回导洞，对隧道施工带来较大困难；迂回导洞施工断面较小，导洞内通风、排水、施工管线等布置较难。出口端隧道埋深较大，在局部可能发生岩爆，施工应注意安全措施；涌水采用自然下坡排水，沿隧道底部排出，影响交通运输；出口端涌水可能进一步增大，掌子面拱顶涌水大，施工环境可能更加恶劣，装药、喷混凝土作业会更加困难。

（二）总体施工方案

隧道中段围岩类别低，一般为 II ~ III 类，地下水丰富，隧道开挖易出现涌水和坍塌，选择合理的开挖和施工方法是十分重要的。其施工时应坚持"安全就是效益、不坍就是进度"的原则，加强超前地质预报，稳扎稳打，稳步推进。另外，还应加强监控量测，及时根据量测结果调整隧道的支护参数和施工方法，以确保隧道结构安全和后续正常掘进施工。爆破振动速度控制在 10cm/s 以内，钢架基础必须稳固，严禁置于虚渣上，下半断面钢架应及时落底并喷混凝土封闭，仰拱混凝土及时跟进。钢筋混凝土二次衬砌及时施作。

隧道未开挖段仍采用钻爆法施工，$III^{水}$ 和 $II^{水}$(1) 类采用上、下台阶法施工，一般 III 类采用全断面开挖，$II^{水}$(2) 采用环形导坑预留核心土开挖，加宽带宽度达 15m，采用侧壁导坑法开挖或先按正常段断面通过后再刷大断面的方式开挖，钢架及时落底封闭。迂回导洞进入主洞前 10m 地段加强支护，确保迂回导洞安全。对于从迂回导洞进入正洞的时间必须严格按照设计施工，大管棚超前，按"管超前、短进尺、弱爆破、早支护、勤量测"的原则进行施工。

主洞位于 III 类围岩的富水地段时，推荐采用上下台阶法开挖，上台阶的开挖循环进尺宜与钢架间距保持一致，上台阶的钢架基础应置于基岩上并用锁脚锚杆锁定稳固，下台阶及时跟进，侧壁钢架及时落底并喷混凝土封闭；当隧道穿越断层破碎带时，必须加强超前支护，建议采用环形开挖预留核心土法或微台阶法开挖，仰拱的钢架和仰拱混凝土应及时施作，同时加强监控量测，及时调整支护参数，钢筋混凝土二次衬砌必须及时跟进。钢架的接头按设计要求连接，钢架的弧度应与设计保持一致，以确保受力均匀。钢架接头处禁止外凸和内凹。钢架间按设计要求用纵向钢筋连接牢固，以增强钢架的整体稳定性。爆破作业进行专门设计，根据无水或有水，分别采用 2 号岩石铵锑炸药或乳化炸药，塑料导爆索（管）、非电毫秒雷管等进行光面爆破，减少超欠挖。

除原设置在洞口的两台大功率（2 × 75kW）轴流通风机外，主洞未开挖段施工至一定距离后再设置 2 台 75kW 风机，尽快贯通主洞坍方，坍方处治贯通后，全部通过主洞完成通风，避免风带转弯，减少风阻。

支护用钢筋、钢管、钢筋网、格栅钢架、型钢钢架等进行集中加工，现场安装。喷射混凝土采用潮喷工艺。采用两台 PK-5 混凝土喷射机进行喷射作业，使初期支护及时跟进掌子面。

隧道出渣采用隧道专用挖掘与装载机装渣，并配备足够数量的装载机和6辆15 t以上的汽车联合出渣。为了保证隧道安全，及时按照要求施作仰拱。为了尽量减少施工干扰，形成掘进、初期支护、二次衬砌等分段平行、交叉作业。

二次衬砌采用1台10m整体移动模筑台车，自动计量拌和站生产混凝土，混凝土输送车运送混凝土，混凝土输送泵送混凝土入模，附着式振动器振捣，在二次衬砌中应特别注意预埋件的埋设，以免造成返工等不良后果，如不能及时完成坍方，二衬台车则应根据现场情况，对台车进行拆卸后通过导洞运入安装，以便尽早施作二衬，保证反向处治坍方的安全。

未开挖段施工交通运输和向反向处治坍方交通运输均要通过导洞，导洞还要进行排水、通风工作。要合理安排导洞内的交通问题，避免拥挤阻塞。导洞1号支洞可作为错车洞和行人避车洞。施工中各种辅助设施和监控量测密切配合，合理组织，确保安全、优质、高效。施工中注意洞内空气质量的量测，配置专门人员检测瓦斯及有害气体浓度，保证洞内人员的安全。

六、未开挖段施工采取的工程措施

未开挖段围岩软弱，涌水较大，在施工中必须采取相应的工程措施如超前支护、注浆堵水等措施加固围岩后方能进行开挖。

1. 大管棚

对I类围岩，在施工中按设计要求设置了单层大管棚，大管棚采用ϕ108管棚，间距40cm，长度$L=20$m。大管棚施工工艺及注浆见前面有关章节。

2. 小导管超前支护

对I、II类围岩设置小导管作超前支护，小导管间距30cm，长度4m，搭接长度1m，双液注浆。小导管施工及双液注浆见前面有关章节。

3. 全断面超前注浆

在地下水丰富且围岩软弱的地段，实施全断面超前注浆，如预测涌水量较大的富水地段K30 +640 ~ +770、K30 +810 ~ +900段，施工开挖时按设计要求实施了全断面超前注浆，注浆之后封堵了大部分涌水，开挖工作变得容易。

在进行全断面超前注浆以前，施工单位根据钻孔取芯情况、开挖后掌子面的情况，将全断面超前注浆段落的涌水量、地质情况等全部搞清楚，并根据该段落水文地质情况，制订了本段落的注浆堵水方案，报有关部门审批后实施。具体注浆参数、注浆孔布置和注浆施工工艺见前面有关内容。

4. 开挖后周边注浆堵水

对洞身围岩条件相对较好，但地下水较丰富地段，采取先开挖通过，后注浆的办法，如K30 +700 ~810段，先开挖通过，后在涌水较大的地段实施了周边注浆。有关周边注浆孔布置、注浆施工工艺见前面有关内容。

5. 周边超前深孔预注浆

出口端施工至K30 +350附近，开挖后围岩为角砾岩、泥质白云岩，受地质构造影响严重，层间结合力差，节理裂隙发育，岩溶以溶隙、小型岩溶管道为主，岩溶水丰富，以细～大股岩溶水涌出，涌水增大，拱顶大面积淋水，超前钻孔单孔涌水量达20m^3/h，超前预报显示，前方段落还会有较大涌水。根据设计采用周边超前深孔预注浆堵水。施工工艺与全断面超前注浆相同。周边超前深孔预注浆堵水施工工艺、设备等与全断面超前深孔预注浆堵水相同，只是注浆孔数比全断面超前预注浆堵水少，中掌子面中间部位不钻孔注浆，只在掌子面周边钻孔注浆。

周边超前深孔预注浆孔布置见图 8-48 和图 8-49，施工工艺见前面相关内容。

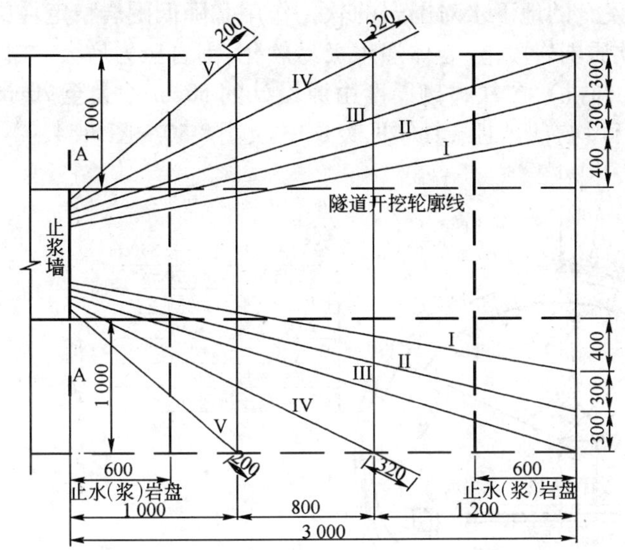

注：

1. 本图尺寸除注管径以 mm 计外，其他均以 cm 为单位。
2. 在确定实施前，应采取超前地质预报。
3. 内外圈按梅花形排列，并采用长短孔相结合，以注浆充分、不留死角为目的，浆液扩散半径 2m，孔底间距不大于 3m。
4. 注浆材料为水泥—水玻璃双液浆，浆液浓度应根据岩体条件加以调整，初拟如下：C:S=1:(0.6 ～ 1.0)(体积比)，水泥浆水灰比 0.8:1 ～ 1:1，水玻璃模数 2.6 ～ 2.8，水玻璃浓度 35B′。
5. 注浆压力：静水加压 1.5 ～ 2.5MPa。
6. 注浆结束标准：单孔注浆压力达到设计终压并继续注浆 10min 以上，可结束本孔注浆。

图 8-48　超前周边预注浆钻孔布置图

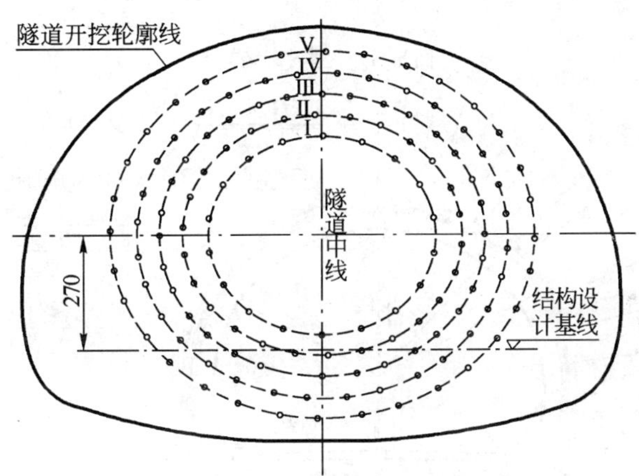

图 8-49　超前周边注浆钻孔布置 A—A 剖面图

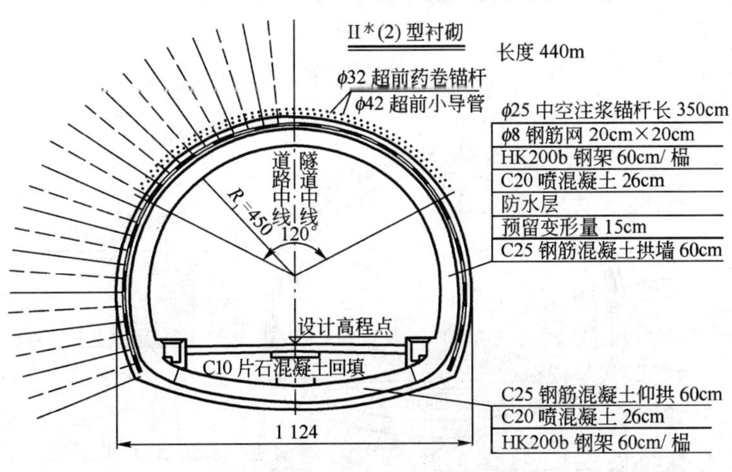

图 8-50　II水(2)型衬砌结构图

6. 加强支护参数

在变更设计中，充分考虑了极为发育的地下水对围岩的软化作用和降低围岩稳定性的影响等因素，在地下水发育的Ⅰ~Ⅱ类软质围岩段落，岩体遇水极易软化，围岩压力增大，在该段落二次衬砌采用钢筋混凝土结构（含仰拱），二次衬砌厚度由原设计的50cm增大至70cm和80cm，其他各类围岩支护参数较原设计均有所加强，具体见表8-13及图8-50~图8-54。

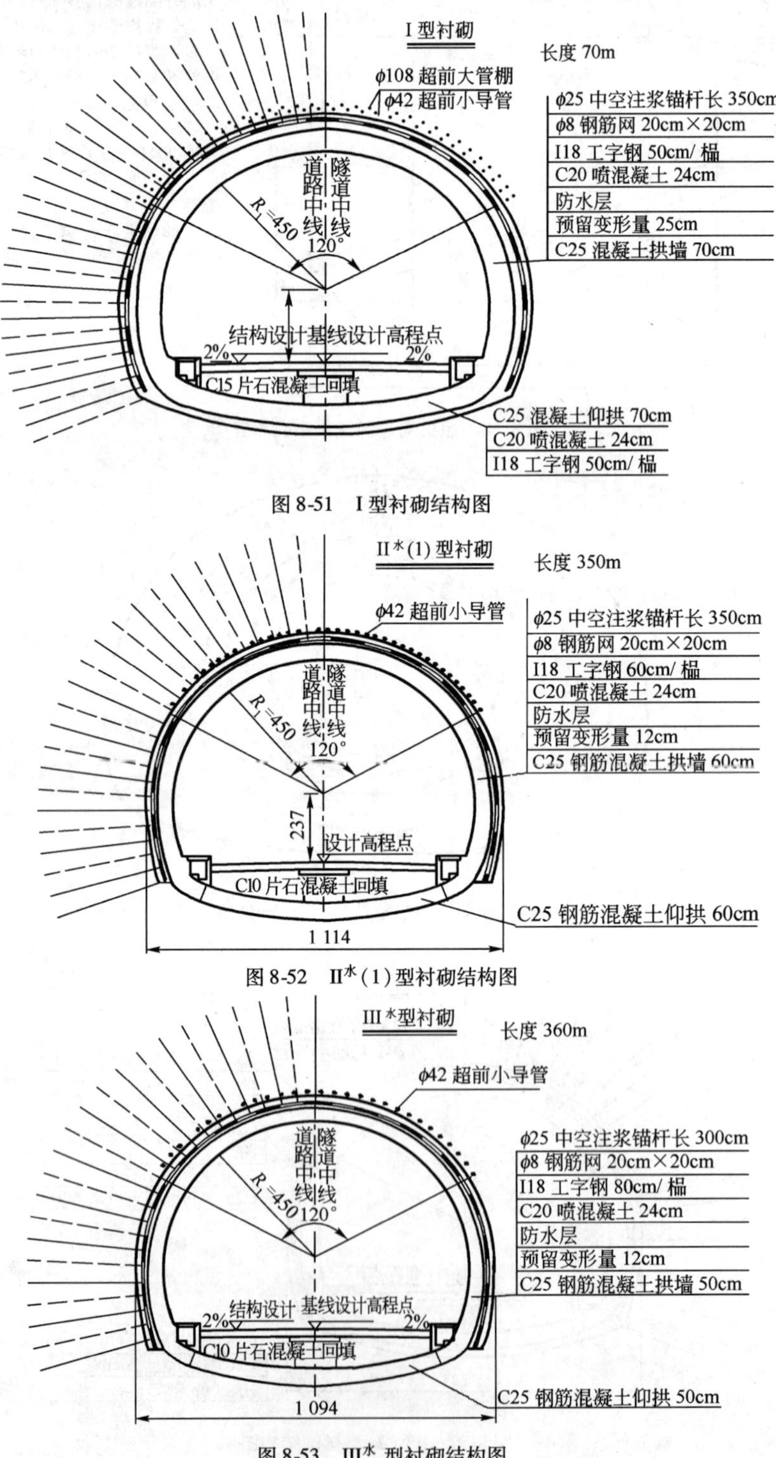

图 8-51 I型衬砌结构图

图 8-52 Ⅱ水(1)型衬砌结构图

图 8-53 Ⅲ水 型衬砌结构图

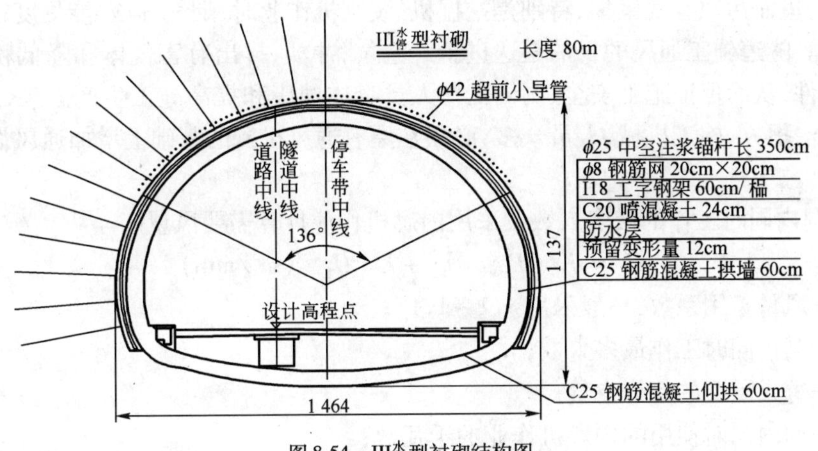

图 8-54　III水停型衬砌结构图

七、未开挖段施工排水与通风

(一)进口端未开挖段施工排水及通风

进口端施工未开挖时,坍方尚未贯通,通风、运输、排水等均只能通过迂回导洞进行,由于是下坡施工,排水只能通过机械抽排。

1. 排水

在施工中对于有涌水泄出之处,可打孔安软管引排,将涌水集中排出,掌子面上的涌水可打钻孔集中引排。

因进口端是下坡开挖,故进口端施工中的排水是施工的重要工作。进口端迂回导洞和主洞(坍方段以前)已建立了完备的排水系统,未开挖段的施工排水可通过已建立的排水系统进行排水,在 K29 + 577 处建立一个集水坑,集水坑深 1.5m,宽 3m,长 6m,掌子面开挖涌水通过潜水泵排入此处集水坑,再由集水坑排入迂回导洞水槽,水槽之水由自然坡度排入迂回导进口处主洞集水坑,K29 + 577 处集水坑配备 3 台 37kW 潜水泵(排水量 180m³/h)和一台 55kW 抽水机(排水量 790m³/h),理论上总排水量超过 1 300m³/h,预防掌子面突水发生。排水系统布置见图 8-55。

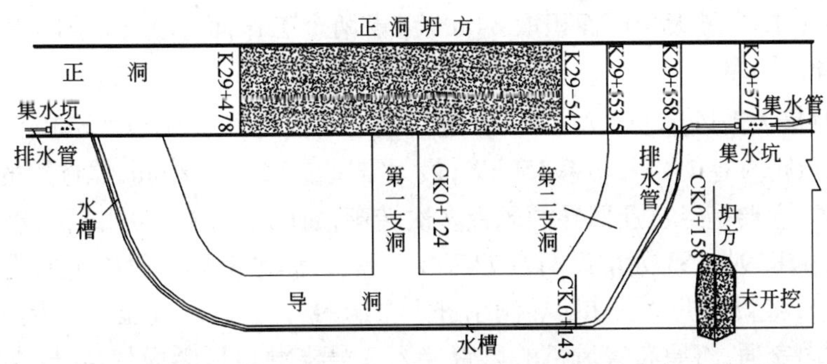

图 8-55　未开挖段施工排水系统布置图

2. 通风

由于坍方的阻隔,通风只能通过迂回导洞进行,迂回导洞两次转弯,风带也随之三次转弯(图 8-56),加上迂回导洞开挖宽度只有正洞的一半即 7.52m,使未开挖段通风效果不佳,未开挖段施工时，里面污浊空气聚集，特别是挖掘机、装载机作业时，烟气弥漫，能见度很低，影响工人身体健康。隧道施工通风的目的是送进新鲜空气，冲淡、排出有害气体和降低粉尘浓度，以改善劳动条件，从而保证施工安全、洞内工作人员身体健康和提高施工生产效率，未开挖段施工和反向处治坍方，施工机械、人员众多，必须在原有通风机械的基础上增加通风设施，风量计算如下。

（1）按洞内同时工作的最多人数及采用内燃机作业计算需要风量

$$Q_f = K_f \cdot P_{max} \cdot q_g + l_i \cdot Q_1 \quad (m^3/min)$$

式中：K_f——风量备用系数，一般采用1.1～1.15；

P_{max}——洞内同时工作最多人数；

q_g——每人需要的新鲜空气；

l_i——洞内同时使用的内燃机作业的千瓦数；

Q_1——洞内使用内燃机械，1kW需要新鲜空气量应不少于$3m^3/min$。

结合进口端隧道施工的实际情况，K_f 取1.1，P_{max}取90人（未开挖段施工和反向处治坍方），q_g 取$3m^3/min$，250kW，Q_i 取$3m^3/min$，得 Q_f =1 050m^3/min。

（2）按爆破后有害气体计算通风量

爆破后稀释有害气体到许可浓度以下所需的风量可按下式计算：

$$Q_H = (100 \cdot E \cdot b_e)/(e' \cdot t) \quad (m^3/min)$$

式中：E——同时爆破的炸药量，kg；

b_e——1kg炸药爆破后所产生的一氧化碳；

e'——允许有害气体的浓度，一般为0.02；

t——规定通风时间，min。

结合进口端隧道施工的实际情况，反向处治坍方不爆破，机械配合人工开挖，E 取120kg，b_e 取0.02m^3/kg，e'取0.02，t 取15min。得 Q_H =800m^3/min。

（3）按最小风速计算通风量

$$Q_u \geqslant V_f \cdot F \quad (m^3/s)$$

式中：V_f——最小风速，m/s；

F——坑道最大断面积，m^2。

风速取5m/s，隧道最大断面面积取84m^2，考虑两个工作面，及未开挖段施工和反向处治坍方，得 Q_u =840m^3/min。

隧道施工时最大需风量1 050m^3/min。进口端选用轴流风机ZL75×2能满足施工要求，采用压入式通风，风带直径1.0m，功率150kW，最大需风量1 500m^3/min，原选用的风机ZL75×2能满足施工要求，主要是经过迂回导洞风带多次转弯，通风效果大打折扣，因此，未开挖段施工至一定距离后，在K29+563处增设两台ZL75×2风机，满足未开挖段施工的需要。增设的风机布置见图8-56，将新风机设在迂回导洞刚进入主洞的右侧，风带直径1m，沿主洞右侧布置风带，不会干扰洞内交通，将原布置风机的风带接入2号支洞矩形断面处（2号支洞洞口的圆形断面太小，受高度限制，风带只能接在此处，否则通行困难），将主洞内的污浊空气排入迂回导洞后再排出洞外。

通风系统加强管理，专人负责，专门成立通风负责小组，负责通风及管路的维修，风带尽量挂设平顺，防止打折和挤压；通风带及时更换与修补，减小漏风率，确保工作面的用风量。

(二)出口端未开挖段施工排水及通风

出口端是上坡施工,靠自然坡度排水,但由于涌水较大,涌水沿整个隧道底部流出,给仰拱开挖、浇筑等工作造成很大困难,开挖仰拱必须用砂袋围栏,将涌水隧道底板水流隔开,同时隧道底板水流使交通运输困难,施工后期将后方涌水作了归槽处理。出口端在洞口左侧布置 2 台 75kW 轴流式风机,采用压入式通风,满足施工通风要求,出口端未开挖段仍采用原布置的通风及排水设施。出口段施工段落较长,原设计两合同段分界点 K30 + 280,出口端施工 2 049m,进口端突水坍方后长时间未处理,进口端施工未开挖段时间较晚,后对整个隧道未开挖段 K29 + 600 ~ K30 + 900 工程量进行了调整,分界点定为 K30 + 100,出口端施工 2 229m,造成出口端通风距离过长,在施工中要加强通风设施管理,将风带挂平顺,减小风阻及漏风。

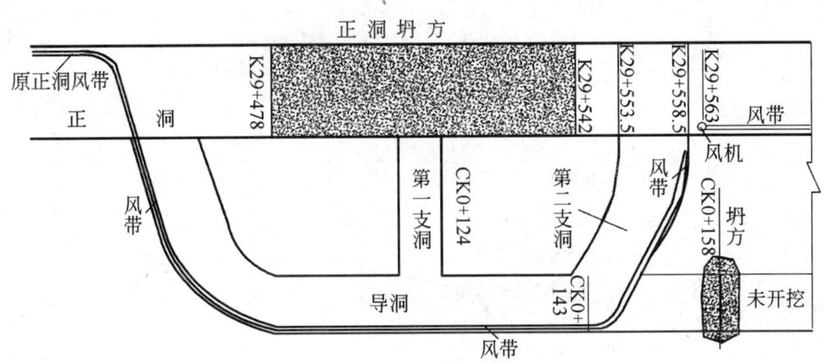

图 8-56 迂回导洞与主洞通风系统布置图

八、施 工 安 全

针对五指山隧道埋深大、工程地质和水文地质条件极为复杂、地下水十分丰富的实际情况,详细阅读设计文件和相关的隧道地质资料,领会设计意图,并应贯彻《中华人民共和国安全生产法》“安全第一,预防为主”的方针,严格按《公路隧道施工技术规范》(JTJ 042—94)、《公路工程施工安全技术规程》(JTJ 076—95)和《爆破安全规程》(GB 6722—1986)等规范规程的相关要求,详细编制实施性施工组织设计,包括隧道各项施工工序详细的施工安全措施和应急预案,并报监理工程师批准后实施。另外还应遵守以下规定:

(1)施工中应严格遵循“短进尺、弱爆破、快封闭、勤量测”的原则,严格控制循环进尺和爆破振动速度。

(2)应坚持“随挖随支护和先喷后锚”的原则,即喷锚或钢架支护必须紧跟开挖工作面,应在爆破、通风和找顶后及时对岩面进行初喷混凝土,尽快封闭围岩,控制围岩的初期变形,然后再及时施作锚杆、挂钢筋网或架立钢架,最后复喷混凝土达到设计厚度。在喷锚作业期间,应有专人随时观察围岩变化情况。

(3)在隧道施工作业中应采取各种有效的防护措施,做好通风、照明、防尘、防水、降温和防治有害气体等工作,保护环境卫生,保障施工人员的健康和生产安全。

(4)施工过程中,应对围岩进行监控量测,根据量测结果及时反馈信息,合理修正支护参数和开挖方法,指导施工和确保施工安全。

(5)施工前,应认真检查和处理喷射混凝土支护作业区的危石,施工机具应布置在安全地带。

(6)隧道施工中,配有经验的地质人员严密注意围岩开挖情况,通过各种超前探测手段(超前钻孔、声波探测法、电磁探测、地震波探测法(TSP)等),预测开挖工作面前方和周边几米至几十米的围岩工程地质和水文地质条件,结合掘进中地质条件的变化,及时提出预报,以便有准备地做好各种预防和施工工作,保证隧道施工的顺利进行。

(7)尽可能改善施工环境,避免涌水在隧道内的无序漫流,临时适当加高隧道两侧边沟,在隧道路面上斜向凿数道浅槽,以引排积水至边沟内。

第九章　特大突涌水及坍方处治

第一节　特大突涌水、坍方情况简介及原因分析

一、特大突涌水及坍方情况简介

(一)特大突水坍方发生经过

2005 年 8 月 5 日,五指山隧道进口端施工到 K29 + 542,掌子面为破碎的砂泥岩,拱顶出现小坍塌。8 月 6 日进行坍方处理,在处理的过程中,拱顶掉块严重,晚 11 时 30 分左右,掌子面突然发生涌突水,造成掌子面及拱顶崩坍,伴随着大量泥土涌出,人员及时撤离。半小时后上升至 K29 + 400(与掌子面 K29 + 542 的距离 152m),根据洞身计算,当时涌水量约为 3 800m^3/h,原设计涌水量为 1 287m^3/d,原抽水设备远远无法满足需要。到 8 月 9 日中 12 时,水已淹到 k28 + 630 附近,隧道被淹总长度约 920m,涌水淹过隧洞顶部达 700 余米,在水位上升的过程中,K29 + 480 ~ 29 + 510 段坍塌,随后涌水量下降至 850 m^3/h 左右并基本趋于稳定;经过近两个月的机械排水,到 9 月 11 日,水位回退至 K29 + 400 附近,洞内涌水量约 800m^3/h,直至 10 月底涌水仍无减小趋势,此涌水量一直维持至 2006 年 3 月初旱季到来时,水量有所减上,但仍有 500 ~ 650 m^3/h。出口端部分围岩为灰岩、白云岩、灰岩互层夹砂质泥岩和炭质泥岩,每日涌水量更大,达 40 000 ~ 50 000m^3/d,施工困难。

(二)突水塌方的破坏情况

从 K29 + 300 开始,大部分段落开挖时无渗水,但在 K29 + 530 附近出现渗水,最大涌水量为 10m^3/h,围岩破碎,自稳能力差,未爆破,用挖掘机配合人工开挖,每日进尺约 1m, K29 + 540 附近掌子面不能自稳,采用 $II^{超}$ 型支护(K29 + 475 ~ K29 + 542),K29 + 480 ~ K29 + 542 初期支护在突水以前喷混凝土开裂、剥离,工字钢变形、扭曲严重,经锚杆、补喷加固后稳定。由于初支变形严重,采用跳槽施作二衬的方法,先将 K29 + 450 ~ K29 + 480 段施作二衬,突水发生后,该段施作的三模二衬(K29 + 450 ~ K29 + 480)出现大量可见裂缝,并从裂缝中大量涌水(图 9-1),二衬台车末端 K29 + 480 附近二衬与二衬台车一起已破坏垮塌,二衬端头与坍渣交界处大面积淋水(图 9-2),初支 K29 + 430 ~ K29 + 450 段也大面积淋水(图中未示该段),后经水泥—水玻璃注浆后淋水稍有减小,但无根本改变。在 K29 + 470 ~ K29 + 480 处的二次衬砌台车被砸坏(图 9-3),台车的大梁、模板等扭曲变形,台车前端压塌约 2m,二衬台车报废。模板台车前面的喷锚台车(由大量的 I18 工字钢和 ϕ108 钢管、钢筋自行加工而成)也被坍方渣体压坏,大量压坏的工字钢台架、钢管、钢筋网在模板台车最前端堵住坍渣和前方涌水所带出的泥土,难以判断前方初期支护的破损情况,只观察到涌水从坍渣中大量泄出(图 9-4)。9 月 24 日经铁二院 TSP203 超前地质预报显示,隧道左侧(沿掘进方向)K29 + 478 ~ K29 + 510 和隧

道右侧 K29 + 506 ~ K29 + 508 范围内有塌陷变形，最大高度（隧道高程以上）大约 40m，隧道左侧 K29 + 556 至隧道右侧 K29 + 560、隧道左侧 K29 + 568 至隧道右侧 K29 + 574 处推测有大量裂隙存在，即掌子面 K29 + 542 附近已经坍塌，其余地段围岩较破碎。坍方详情见图 9-5 和图 9-6。

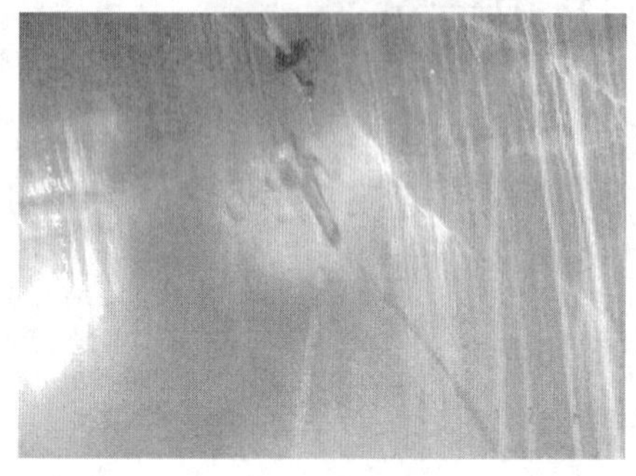

图 9-1　破损二衬裂缝大量涌水

图 9-2　二衬端头与坍渣交界处大面积淋水

图 9-3　二衬台车的损坏情况

图 9-4　涌水从坍渣中泄出

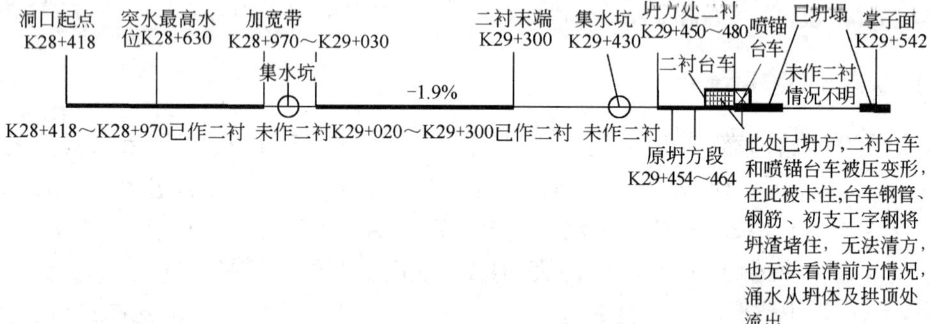

图 9-5　隧道坍方及涌水情况纵断面图

（三）突水造成的影响

进口端涌水属于裂隙，由浅表地下水直接下渗补给，对地面泉水、沟渠造成一定的影响。影响最强烈的是大坪桥沟上游段家湾泉水枯竭，沟内流水漏失，以致沟内水流基本断流，下雨后才有水流，而突水以前沟内常年保持一定的流量。段家湾沟产于 T_{lj} 底部，泉水被疏干，在该泉口以下高度 10m 的 T_{lt} 地层出露处成为新的泉口，但流量明显减少，在段家湾沟入口段，以往两崖壁潮湿，均有股状水流涌出，突水后，左侧崖壁不再涌水，崖壁变得干燥。水洞子泉水水量明显减少，流量只有突水前的2/3。冒水湾流量明显减少，隧道左侧的小坪桥沟水略有减小。观音涯沟口、段家湾沟口从T_{1t}上部涌出的泉水，几乎未受影响。

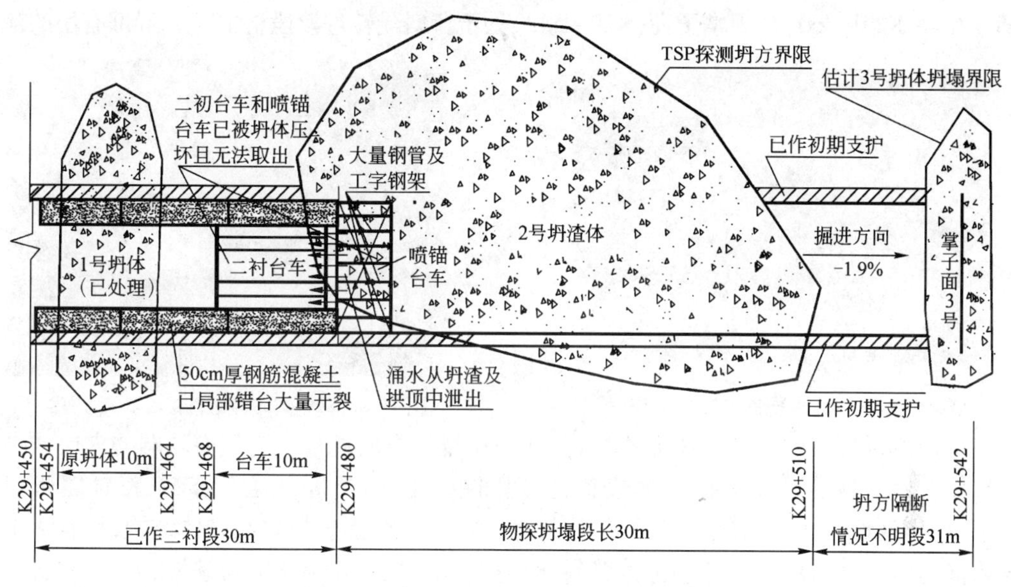

图9-6　坍方平面图

二、突涌水及坍方原因分析

（一）突水坍方前的围岩状况

五指山隧道位于四川省沐川县与屏山县交界处，地处四川盆地西南缘向青藏高原抬升带，相对高差大，为侵蚀、溶蚀构造中山地貌。虽然施工设计图表明，进口合同段以砂岩、粉砂岩夹泥岩为主，但局部仍具备储水条件，开挖后揭开封堵岩层后，便形成突水，又由于砂岩透水性强，隧址所经过的山体较大，加上围岩裂隙发育，且裂隙与山顶相通（涌水发生后，山顶泉眼消失，沟渠、水塘水量明显减小），有较多的水源补给，因此洞内涌水量在较长时间内衰减较小。进口端岩性以砂岩、粉砂岩、砂质泥岩为主，以Ⅲ、Ⅳ围岩为主。但开挖到K29+430后，围岩发生变化，围岩主要以块状砌体为主，层理紊乱，层间夹黄色土体比例比以前明显增大，岩层变软；施工至K29+500附近时，掌子面围岩以泥岩、泥岩夹黄色土体为主，无层理，开挖后无水（图9-7）；开挖到K29+530时，围岩呈片状、粉状、小颗粒状，并局部出现灰白色角碎状软弱物质（图9-8），该物质遇水泥化，围岩进一步变弱，继续向前施工，在拱顶部位出现三股股状渗水，涌水量较小，未引起施工单位注意，因前面已开挖段像这种围岩由无水变为有水，后又变为无水在五指山隧道已施工的地段中太多了。此时开挖主要以人工配合挖掘机开挖，根本不用放炮。由于拱顶有股水，故掌子面掉块严重，形成小坍方。在现场见坍塌体主要由碎块—碎石状的紫红色粉砂岩、粉质砂岩构成，K29+542涌水前弃渣为灰色粉砂岩、细砂岩和紫红色粉砂质泥岩，块径以5～20cm为主，部分具角砾结构（砾径0.5～2.0cm）含量约50%，砾间为同类岩质的岩屑充填，岩石表面密实，遇水易解体。

(二)地质原因

突水坍方后最初分析认为,五指山隧道进口端从上次坍方(发生在 2005 年 4 月 2 日)处(K29 +454 ~ K29 +460)到现掌子面(K29 +542)处于背斜陡转过渡段(图 9-9),局部有小的褶皱,由于背斜形成过程中的张拉与扭曲作用,且在张拉裂隙形成过程中充填有软弱的夹层或夹块,围岩以粉砂岩夹砂质泥岩为主,节理发育,节理间距一般小于 5cm,岩层破碎,溶蚀宽张,充填有黏土,局部区域有角碎状软弱物质,结构松散,遇水泥化,围岩呈块状砌体结构,且有渗水,围岩自稳能力差。当时认为隧道中部的背斜陡转提前出现了,互层状的粉砂岩、粉砂质泥岩岩体在构造运动中遭受到强烈挤压,裂隙、节理极为发育,岩体破碎,并有小型的断层发育,坍方段埋深 500 ~520m,处于石竹坪下,地表出露 T_{1j} 嘉陵江组碳酸岩地层,溶沟、石芽、漏斗、竖井、洼地等岩溶形态,岩溶水通过背斜转折端的纵张裂隙越流补给基岩裂隙水,形成混合地下水,并经过背斜陡转区域极为发育的纵张裂隙逐步越层补给至隧道洞身,原有初期支护难以承受经地下水浸泡后破碎围岩的巨大压力,最终发生大面积坍塌。

图 9-7　K29 +500 附近开挖后掌子面围岩

图 9-8　K29 +530 附近开挖后掌子面围岩

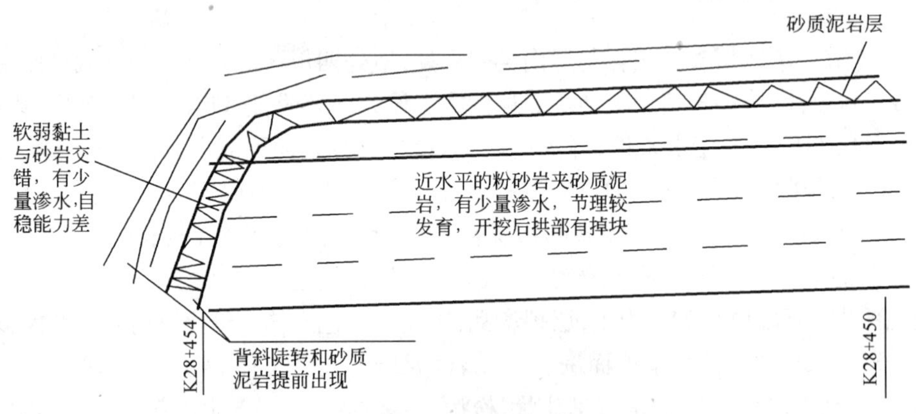

图 9-9　原认为的背斜陡转示意图

突水位置及地表与石竹坪—唐家湾—冒水湾 F_2 张性断裂相对应,施工正洞迂回导洞掌子面 CK0 +158 坍方也在 F_2 断层延伸线上,“8.6 坍方”岩体为张性角砾岩,与 F_2 断层的特点一致。其次是 F_2 断层发育于五指山北东坡,并大角度与地下水特别是 T_{ij} 岩溶地下水流向相交,该断层不仅含有丰富的裂隙水,而且其上层为大量的岩溶,可以获得大量的岩溶水补给,这是进口端突水后期长时间衰减较慢的原因。后来的开挖表明,原设计中背斜陡转并未提前出现,而是此处出现了一个大的破碎带 FW1,从开挖后的围岩 K29 +400 ~ K29 +542 也表明此处存在一个破碎带,只是原设计中没有,因此在开挖后未引起注意。后来进行了五指山隧道未开挖段补充地质勘察、五指山隧道物探工作及五指山隧道专项水文地质勘察，后来的勘察表明，FW1 在隧道洞身的中心位置为 K29 +480，破碎带纵向长度达 360m，构造带内岩体破碎，电阻率小于 200Ω·m，地貌为一宽缓的浅沟，因地表耕地和茂密的植被，无法观察到露头。从五指山隧道 K29 +180 ~ K32 +015 段电阻率分布断面图和进口段 K29 +200 ~ K30 +350 段左侧 70 ~200m纵剖面电阻率分布图看（第二章内容），该构造破碎带向北东陡倾，走向约 N25°W。受其影响，在隧道洞身 K29 +390 ~ +750 段形成宽达 360m 的低阻带。该构造破碎带内节理裂隙密集发育且连通性好，使上部的岩溶地下水具有了良好的排泄通道，该地段隧道为富水段，尤其是 K29 +415 ~ +540、K29 +710 ~ +750 段为强富水段，2005 年 8 月 6 日隧道进口端 K29 +480 ~ +542 段大量涌水并发生巨大坍塌主要就是由于受到了 FW1 的影响。

就突水坍方涌水量与时间历时曲线分析（见本章第三节内容），当隧道开挖到拱顶或前方主要含水带的起始阶段，在高梯度的渗透水流作用下，岩石裂缝与孔洞中的充填物被冲走，孔隙增大形成贯通岩体内部的管状渗流通道，大量水流涌向隧道，并向隧道顶部缓倾斜的结构面扩展，使拱顶围岩变形失稳坍塌，造成管涌—溃决突水型地质灾害。涌水段发生在 T_{1f}中的角砾岩孔洞含水网络带，涌水水源系上覆 $T_{1j}+T_{2l+3k}$岩溶浅饱气带地下水的越层补给及 T_{1f+1t}岩溶水疏干所引起。后来的连通试验也表明，F_2 断层裂隙带 FW1 获得了嘉陵江组岩溶水的越层补给，F_2 断层裂隙带 FW1 渗透性较佳，降雨期间泉流量剧增且变得浑浊，有典型的岩溶水特点，ZK4 钻孔施工时，孔内泥浆流失至冒水湾泉涌出，显示储存于石竹坪嘉陵江组的岩溶水与冒水湾泉水的岩溶裂隙通进 F_2 断层裂隙带 FW1 联成一体。

涌水段发生在 T_{1f}中的角砾岩孔洞含水网络带中，最初的突水属于裂隙水。裂隙水根据埋藏情况，可将裂隙水划分为面状裂隙水、层状裂隙水和脉状裂隙水。五指山隧道突水处属于脉状裂隙水，但不排除有层状裂隙水的可能性。脉状裂隙水埋藏于构造裂隙中，主要特征是：

①沿断裂带呈脉状分布，长度和深度远比宽度为大，具有一定的方向性。

②可切穿不同时代、不同岩性的地层，并可通过不同的构造部位，因而导致含水带内地下水分布的不均匀。

③地下水的补给源较远，循环深度较大，水量、水位较稳定，有些地段具有承压性。

④脉状裂隙水一般水量比较丰富，常常是良好的供水水源，但对隧道工程往往造成危害，如产生突水涌水事故。

某些部位地下水聚集，形成水量较丰富的富集区，而在另一些部位地下水相对分散，形成水量甚少的贫水区，地下水富集区的形成，必须具备 3 个条件：

①有较多的储水空间；

②有充足的补给水源；

③有良好的汇水条件。

形成裂隙水富集的 3 个条件主要受岩性、构造、地貌等因素的影响。不同岩性的岩体，裂隙发育程度有很大的差异，因而富水性不同。不同构造部位，裂隙发育程度有差异，因而导水性和富水性也不同。褶曲轴部裂隙较其他部位发育，往往是富水地方。断裂多次活动的部位，岩石破碎、裂隙发育，有利于地下水的富集。不同地貌部位，地下水的补给、汇聚条件不同，岩石裂隙发育程度不同，因而富水性不同。

处于 K29 +480 地区的 FW1 破碎带显然具备较多的储水空间，在隧道山体中，含有 $T_{1j}+T_{2l+3k}$岩溶浅饱气带，隧址区降雨丰富，沟渠、泉水众多，有较多的溶洞，具有充足的补给水源。隧道开挖揭穿拱顶上方储水空间，储水空间中的水在高梯度的渗流作用下，汇入隧道，形成突水；破碎带裂隙众多，裂隙切穿 T_{1t}、T_{1j} 和 T_{2l+3k} 岩层，岩溶水形成越层补给(图 9-10)，造成突水后(约 3d)很长一段时间涌水衰减较慢，一年以后涌水量仍达 400 ~ 600m^3/h 的现象。

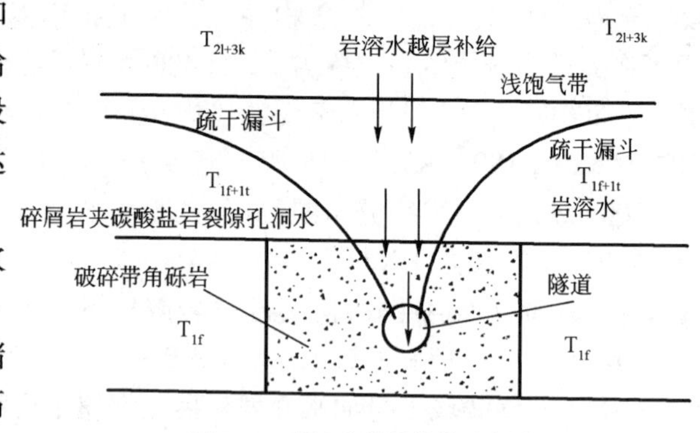

图 9-10　岩溶水越层补给示意图

综合以上分析，可以得出进口端本次突水的地质原因。当隧道开挖至 K29 + 542 时，揭露了含水断裂破碎带，使静态储水体的裂隙与隧道连通，破碎的岩体在高梯度的静水压力作用下劈裂、溃决、坍塌，拱顶大量静态储水瞬时涌入隧道，这是该次突水的根据原因。其次是 F_2 断层破碎带 FW1 大角度与地下水特别是 T_{ij} 岩溶地下水流向相交，该断层不仅含有丰富的裂隙水，而且裂隙切穿 T_{1t}、T_{1j} 和 T_{2l+3k} 岩层，上部岩溶水形成越层补给，这是进口端突水后期长时间衰减较慢的原因。

(三)施工意识原因

在施工中，由于进口合同段绝大多数围岩以砂岩、粉砂岩夹泥岩为主，并且施工设计图明确指出："五指山隧道洞身穿越区出现大型溶洞、暗河的可能性较小，在隧道中部碳酸盐岩区可能出现规模较小的溶洞、溶穴和涌突水"。掌子面 K29 + 542 地层中有一层厚 40m 的砂质泥岩，这层砂质泥岩产状 293°∠3°，设计图显示距离隧道拱顶尚有近 40m，另外，施工设计地质纵断面图表明，进口端岩层产状 293°∠3°，近似水平岩层一直延伸到 K29 + 800 附近后开始出现背斜和褶皱、岩层陡转，进口合同段在当时距隧道中部距离较远，尚有近 300m 的距离，因此，在施工中未引起重视，未进行超前钻探等防突水措施。设计图表明进口端最大涌水量为 1 278m^3/d，施工单位根据此涌水量配备了足够的抽水设备，但配备的排水设备远达不到突水时排水的要求，因此造成隧道被淹 900 余米的后果，涌水很快就要流出洞口了。另外，前期施工中一直频繁出现涌水地段，但涌水量除少数地段外其余涌水量均不大，以渗水、滴水、局部拱顶淋水为主，且涌水持续时间较短，时而有涌水，时而无涌水，因此在 K29 + 530 处出现 3 股股状涌水未引起施工单位注意，认为此时的情况与前期涌水情况一样，很快会消失，除采取排水措施外，未采取任何特别的措施。

围岩进入 K29 + 420 以后，围岩开始变差，开挖到 K29 + 530 时，围岩呈片状、粉状、小颗粒状，并局部出现灰白色角碎状软弱物质，该物质遇水泥化，围岩进一步变弱，但由于隧道开挖后围岩一直变化频繁，加上设计中表明此段围岩属达标 III 类围岩，施工单位认为围岩破碎可能是局部的，会像以前的围岩破碎段落一样，围岩会很快好转，对于此时 K29 + 420 开始的围岩变化，除了加强支护参数，二衬台车跳过部分初支，提前施作二次衬砌之外(在突水坍方发生前，由于围岩软弱，部分工字钢架有扭曲变形严重，喷混凝土有开裂剥离现象，因此，决定 K29 + 450 ~ K29 + 480 提前跳槽施作了二次衬砌)，未采取其他措施。从 K29 + 420 开始虽然围岩变差，但无涌水出现，直到 K29 + 530 后才开始出现少量涌水，涌水出现在掌子面开挖轮廓线附近，由于涌水较小，也未引起施工单位注意，以为会像以前一样，涌水会在较短的时间内消失，未采取探水等措施(进口端突水坍方以前涌水一般持续 20 ~ 30d 涌水减小并消失)，这些都是造成突水及坍方的原因。

第二节　突水及坍方发生后的抢险工作

一、抽　　水

(一)紧急购置排水设备

原设计进口端最大涌水量 1 287m^3/d,虽然有备用抽水设备,但突水时涌水量高达 1 380m^3/h,进口端原有的潜水泵、排水管路还是无法满足突水后抽水的需要。突水发生后,施工单位紧急行动起来,立即成立抢险队伍,上至集团公司,下至现场施工班组,立即投入到抢险工作中去,主要任务就是抽水,水位上升极快,突水每小时向洞口推进速度 20～30m。在水位上升的过程中,边墙电缆被淹没,由于害怕触电,将电缆剪断,原有的排水管及潜水泵等排水设备来不及撤离被淹没。除了将原有的备用抽水设备紧急安装外,施工单位立即派人到乐山、成都去采购大型潜水泵、抽水机、大口径排水管道、电缆等抢险设备及物资。第一批抢险物资于 8 月 7 日运至工地,后又根据需要购置了其他抢险物资,见表 9-1。

突水发生后第一批紧急购买的抢险物资　　表 9-1

名　称	规格型号	数　量	名　称	规格型号	数　量
发电机	200kW	1	橡胶软管	ϕ300	200m
抽水机	功率 55kW,流量 790m^3/h	3 台	橡胶软管	ϕ200	2 000m
抽水机	功率 55kW,流量 200m^3/h	1 台	钢管	ϕ150	1 000m
抽水机	功率 37kW,流量 150m^3/h	3 台	钢管	ϕ300	600m
潜水泵	功率 37～45kW 流量 180m^3/h	14 台	铜芯电缆	25mm^2	1 000m
闸阀	ϕ150～300	50 个	法兰弯头	150～300	相应配套

(二)抽水计划

(1)涌水流量。根据抽水设备能力及水位观测情况计算,8 月 11 日后涌水量约为 850m^3/h,每天突水量 20 400m^3,此后涌水量基本稳定。

(2)抽水能力。37～45kW 潜水泵(流量 150～180m^3/h)5 台 +55kW 抽水机(流量 790m^3/h),最大抽水能力为 1 690m^3/h,考虑到移泵和抽水折减系数,每小时抽水能力约为 1 200m^3/h,净抽水能力(减涌水量 850m^3/h)350m^3/h。

(3)抽水计划。在确保安全的情况下,力争在 10d 时间内将水抽到塌方处安全位置。

(4)安全措施。根据 2005 年 8 月 10 日会议精神,成立专门量测小组,对水位及围岩变形进行量测,并根据量测结果和现场实际情况及时调整抽水方案及加固措施,有关专家建议,抽水速度不能过快,否则,初支和二衬背后涌水来不及排出,增大初支和背后压力,增大不安全的因素,必要时放慢抽水速度,在水位下降过程中,为防止初支背后水压增大造成塌方,及时对未衬砌段初期支护进行监控量测和补强加固,以确保抽水人员及设备的安全。另一个措施就是涌水回退后在出露的初支中钻孔泄水,减小初支背后水压,实践证明此法简单有效,钻孔后从初支中排出大量涌水,一般 1～3d 钻孔涌水基本消失。

(5)人员组织。突发特大涌水后,及时成立了抢险领导小组,公司总工亲临现场任抢险领导小组组长，抢险指挥部驻在洞口，24h 昼夜值班，立即组织抢险队伍和后勤队伍，进行有效的指挥和强有力的后勤保障。所有施工人员编成 4 组，24h 轮流抢险。当时共安排了 4 支抢险队伍，2 支队伍安装排水管道，另 2 支队伍移动潜水泵及接长管道，每支队伍工作 4h 休息一次。除此之外还有机电、加工队伍，后勤保障队伍等，高峰时抢险队伍达 150 人。

（三）抽水工作进程

在抢险的过程中，水位不断上升，紧急安装的抽水设备由于水位不断上涨，电缆被淹，害怕触电不得不剪断电缆，工作的抽水设备时多时少，水位无法得到控制，一直上涨。到 8 月 9 日中午 12 时，抽水管线基本架设完毕，安装了 8 台抽水设备，此时水已淹到 K28 +630（洞口里程 K28 +418），隧道被淹总长度约 920m，涌水淹过隧洞顶部达 700 余米，涌水很快就要漫出洞口。一方面由于涌水减小，另一方面安装排水设备加快了抽水进度，8 月 9 日以后涌水未继续上涨，此时涌水量约 800 ~ 850 m^3/h，据当时统计发现，需 37kW 的潜水泵 5 台（每台额定抽水量 $180m^3/h$，实际抽水能力要打折）才能将涌水平衡。原有 3 条 $\phi150$ 抽水管道，突水后又布设了 3 条 $\phi150$ 和 2 条 $\phi300$ 抽水管道，总抽水管道达 8 条，占了半个隧道宽度。抽水压力大时，胶管易出现爆管现象，后将排水管全部改为铁管（与潜水泵相接处必须采用胶管），避免了爆管现象。前期排水抢险工作由于缺乏经验，排水进展较慢，只有 1 台发电机，在停电时涌水还有上涨现象发生，影响了排水进度，后购进 2 台 250kW 发电机备用，并且购置了大量电缆，改进了外电内电转换装置，将外电内电转换时间由原来的 11min 缩短为 3min，有效地减小了停电的影响。

施工单位虽然购置了 55kW/h 额定抽水量达 $790m^3/h$ 的大型抽水机，但抽水机只能集中抽水，因抽水机移动起来费力费时，故只能放置在一个地方抽水，不能移动，水位回退时不能使用抽水机，只能使用潜水泵。潜水泵使用方便，移动灵活，但抽水功率相对小，当时国内市场上最大功率的潜水泵只有 45kW，额定出水量 $180m^3/h$。随着水位回退，要不断地移动潜水泵，并接长抽水管道，接长管道工作费时较长，在此过程中，该台潜水泵不能工作，如果同时移动的潜水泵有多台时，影响抽水进度，还可能造成水位上升。

因潜水泵抽水最大高程有限，且抽水距离过长，造成抽水能力不足，因此只能采用分段抽水。当水位回退至 K29 +000 附近后，在此处设置大型集水坑，在集水坑处安置 55kW 抽水机，发挥抽水机排水量大但要固定地点抽水的特点，前面涌水首先用潜水泵排入此集水坑处，后用抽水机集中抽出洞外。

前期抽水由于没有经验，水位回退较慢，后期积累了一些经验，抽水进度加快了，经过施工单位全体人员的共同努力，排水抢险作业取得了初步成效，至 2005 年 8 月 24 日 18 时水位已回退至 K29 +040，累计水位回退 407m，抢险工作正稳步推进，加宽带处变压器及其线路已安设完毕，K29 +000 处 3m × 10m × 1.2m 集水坑已施工完毕，各种抢险材料已进场，每日安排 3 名安全员、2 名电工、2 名技术员 24h 轮流跟班作业，在确保安全的前提下进行抽水作业及管道安装。

8 月 29 日水位回退至 K29 +235，隧道拱顶全部出露，9 月 11 日，水位回退至 K29 +400 附近，洞内涌水量约 $750m^3/h$，直至 10 月底涌水仍无大量减小趋势，此涌水量一直维持至 2006 年 3 月初旱季到来时，水量有所减少，但仍有 500 ~ 650 m^3/h。

抢险抽水分两个阶段，第一阶段从 K28 +630 至第一集水坑 K29 +000 处，在此处设置了 55kW 大型抽水机，无论如何涌水不会超过此集水坑；第二阶段从 K29 +000 至第二集水坑

K29 +430 处,在第二集水坑处要作长期抽水的准备。后将第二集水坑设置在 K29 +440 处,将前面坍体涌水通过边沟汇集入第二集水坑,再由此处排至 K29 +000 处 1 号集水坑,由第一集水坑处再排出洞外。表 9-2 为水位上涨及回退记录表。

水位上涨及回退记录表 表 9-2

日期	水位桩号	本日水位上涨或回退（m）	累计（m）	洞内集水（m^3）	洞内抽水设备（台）	本日抽水量（m^3）	备注
8.6	K29 +400	上涨 142	上涨 142	2 000	3 ×15m^3/h	50	8 月 6 日晚 11 时 30 分发生突水,瞬时突水量约 3 800m^3/h
8.7	K29 +000	上涨 400	上涨 542	26 340	3 ×150m^3/h	1 500	原抽水设备无法满足突水的排水要求, 1d 后突水量约 1 500m^3/h
8.8	K28 +730	上涨 270	上涨 812	46 600	1 ×150m^3/h	800	2d 后突水量约 1 100m^3/h
8.9	K28 +635	上涨 105	上涨 917	54 500	6 ×180m^3/h	3 400	涌水量约 900m^3/h
8.10	K28 +665	回退 30	回退 30	52 500	8 ×180m^3/h	23 600	涌水量约 850m^3/h。总抢险人数约 150 人
8.11	K28 +690	回退 25	回退 55	50 800	8 ×180m^3/h	23 200	涌水量衰减较慢,以后较长时间涌水量维持 750m^3/h
8.12	K28 +710	回退 20	回退 75	49 440	8 ×180m^3/h	22 960	抢险人数约 150 人
8.13	K28 +735	回退 25	回退 100	47 740	8 ×180m^3/h	23 300	抢险工作稳步推进
8.14	K28 +762	回退 27	回退 127	45 790	8 ×180m^3/h	23 100	抢险工作稳步推进,抢险约 150 人
8.15	K28 +810	回退 48	回退 175	42 600	6 ×180m^3/h	24 000	抢险工作稳步推进,抢险约 150 人
8.16	K28 +750	上涨 60	回退 115	46 700	8 ×180m^3/h	16 200	停电影响,现有发电机不够用
8.17	K28 +800	回退 50	回退 165	43 400	8 ×180m^3/h	23 100	本日进场设备物资: 2 台 250kW 发电机运到工地
8.18	K28 +850	回退 50	回退 215	40 500	8 ×180m^3/h	22 450	发电机、线路、管道等已调试完毕,立即投入使用
8.19	K28 +895	回退 45	回退 260	36 800	8 ×180m^3/h	22 210	抽水机数量 8 台
8.20	K28 +930	回退 35	回退 295	34 800	8 ×180m^3/h	26 850	抽水工作稳步推进
8.21	K29 +960	回退 30	回退 325	32 400	8 ×180m^3/h	26 250	已渐近加宽带,已做好变压器进洞和临时加固的准备
8.22	K28 +983	回退 23	回退 348	31 125	8 ×180m^3/h	25 920	因做变压器安装和外线连接工作,导致外电停用 4h
8.23	K29 +020	回退 37	回退 385	28 650	8 ×180m^3/h	26 530	本日进场 ϕ150 钢管 1 380m。变压器进洞已安设完毕
8.24	K29 +040	回退 20	回退 405	27 350	8 ×180m^3/h	22 930	已过加宽带

续上表

日期	水位桩号	本日水位上涨或回退（m）	累计（m）	洞内集水（m^3）	洞内抽水设备（台）	本日抽水量（m^3）	备　注
8.25	K29 +060	回退 20	回退 425	25 350	6 ×180m^3/h、1 ×790 m^3/h	22 930	55kW 大功率抽水机已于本日调试完毕并投入使用
8.26	K29 +100	回退 40	回退 465	22 350	6 ×180m^3/h、1 ×790m^3/h	22 930	积水坑已有一大(55kW)一小(37kW)两台抽水机投入使用
8.27	K29 +145	回退 45	回退 510	18 975	6 ×180m^3/h、1 ×790m^3/h	22 935	排水工作稳步推进
8.28	K29 +205	回退 60	回退 570	14 320	6 ×180m^3/h、1 ×790 m^3/h	23 000	排水工作稳步推进
8.29	K29 +235	回退 30	回退 600	12 300	6 ×180m^3/h、1 ×790 m^3/h	23 040	今日隧道拱顶全部出露,无全淹段
8.30	K29 +285	回退 50	回退 650	9 100	6 ×180m^3/h、1 ×790 m^3/h	23 100	排水工作稳步推进,已退水位的二衬无异常
8.31	K29 +310	回退 25	回退 675	7 400	6 ×180m^3/h、1 ×790 m^3/h	22 950	初期支护即将出露
9.1	K29 +335	回退 25	回退 700	5 700	6 ×180m^3/h、1 ×790 m^3/h	24 850	排水工作稳步推进
9.2	K29 +345	回退 10	回退 710	3 220	6 ×180m^3/h	23 353	由于受泥浆的影响,导致水泵经常被堵
9.3	K29 +355	回退 10	回退 720	3 220	6 ×180m^3/h、1 ×790 m^3/h	23 353	泥浆影响严重,但抽水工作稳步推进
9.4	K29 +365	回退 10	回退 730	2 980	6 ×180m^3/h	20 160	泥浆影响严重,但抽水工作稳步推进
9.5	K29 +380	回退 15	回退 745	2 490	6 ×180m^3/h、1 ×790 m^3/h	22 090	连降暴雨,洞内涌水增大
9.6	K29 +395	回退 15	回退 760	2 160	6 ×180m^3/h、1 ×790m^3/h	21 930	连降暴雨,洞内涌水增大。带初支无异常
9.7	K29 +405	回退 10	回退 770	1 783	6 ×180m^3/h、1 ×790m^3/h	20 900	由于前几天连续降雨,洞内涌水增大
9.8	K29 +375	上涨 -30	回退 740	2 450	6 ×180m^3/h、1 ×790m^3/h	17 400	淤泥有 60 ~70cm 厚,水泵堵塞严重
9.9	K29 +395	回退 20	回退 760	1 853	6 ×180m^3/h、1 ×790m^3/h	20 760	水泵堵塞严重,近段时间水泵烧毁严重
9.10	K29 +408	回退 13	回退 773	1 400	6 ×180m^3/h、1 ×790 m^3/h	20 453	已退水位的二衬、初期支护无异常

续上表

日期	水位桩号	本日水位上涨或回退（m）	累计（m）	洞内集水（m^3）	洞内抽水设备（台）	本日抽水量（m^3）	备　注
9.11	K29 +412	回退 4	回退 777	1 220	$6 \times 180m^3/h$、$1 \times 790m^3/h$	19 480	大量清淤
9.12	K29 +420	回退 8	回退 785	800	$6 \times 180m^3/h$、$1 \times 790m^3/h$	19 760	水位较浅，前方已坍
9.13	K29 +420	回退 12	回退 797	400	$6 \times 180m^3/h$、$1 \times 790\ m^3/h$	19 580	涌水及抽水保持平衡，此时查看到 K29 +480 处已坍塌

注：水位上涨截止时间是前日晚 12 时至当日晚 12 时，排水统计时间是前日下午 5 时至当日下午 5 时。

二、清淤、监控量测及初支补强

（一）清淤

当水位回退至 K29 +350 附近时，隧道底板开始出现大量淤泥，最厚处达 1m，此时抽水变得困难，不得不将潜水泵改为污泥泵，人工搅动淤泥，使之和涌水一起抽出洞外，并组织清淤队伍，人工清除淤泥及其他杂物，同时不定期对集水坑的淤泥进行清理。

（二）监控量测

涌水回退后，发现有些未施作二衬的地段初支有开裂、剥离现象，当涌水回退时，组织原监控量测队伍对回退涌水后的二衬及初支进行监测，以确认涌水浸泡后二衬及初支的稳定状况。监控量测每 10m 一个监控断面，监控结果显示，二衬及初支是稳定的，无大的位移变化。由于初支具有一定的封闭作用，水位回退时，初支背后的涌水不能全部排出，初支要在原有的基础上，再承受一部分水压，因此，在水位回退的过程中，在初支边墙脚下打钻孔卸水，卸出初支背后未及时排出的涌水，确保初支安全。具统计，一般情况下，初支边墙钻孔涌水要 1 ~ 3d 才能全部消失，部分地段钻孔有较大涌水，说明钻孔卸水起到了一定的作用。

（三）初支补强加固

8 月 23 日 17 时，水位退至加宽带 K29 + 020，加宽带初期支护浸泡时间长达 10 余天，K29 +300 ~ K29 +450 和 K29 +480 ~ K29 +542 初期支护浸泡的时间估计会长达 20 余天。初期支护经过长期浸泡，钢拱架基础及围岩变软，涌水带走围岩软弱物质，初期支护背后产生围岩剥离或围岩与初期支护黏结力减弱，初期支护背后还有可能产生小范围坍塌，涌水回退后，发现部分地段初期支护喷混凝土剥离、开裂、变形严重等现象。经过长时间浸泡后，围岩、初期支护应力也可能发生意想不到的变化，开挖仰拱时，由于拱脚基础变软，也可能会有无法预料的情况发生，严重的还会产生钢拱架倒塌，进而发生大面积坍塌。以上影响显然是存在的，但涌水浸泡后初支和围岩的稳定性究竟会发生何种变化，涌水浸泡后的围岩、初支长期稳定性如何，围岩与初支之间是否产生剥离，这些问题目前国内尚无相关资料可查，也没有类似的工程可以借鉴。为确保永久工程质量，施工不留后患，虽然监控量测显示无大的位移变化，但有关上级部门还是决定对初期支护补强、加固。补强加固采取以下措施。

1. 初期支护出露之后,为保证施工排水安全,首先架设临时工字钢架,工字钢架采用 I18 工字钢,间距 1m,并用 ϕ22 钢筋连接,工字钢背后加垫块。

2. 加锁脚锚杆。对初期支护原有钢拱架的地段(K29 +970 ~ K29 +030 和 K29 +430 ~ K29 +450)加设锁脚锚杆:锚杆采用 ϕ25、长度 5m 的中空注浆锚杆,布设在拱脚处,左右各 2 根。

3. 对初期支护有开裂、剥离的,全断面注浆加固,并在上半断面采取描杆加固。排水工作是长期的,由于排水管道、排水设备等原因,在经后一段时间内,暂时还不能施工仰拱及二衬,因此有必要对开裂、剥离的初支进行注浆加固。采取裸孔注浆,注浆孔间距 1m×1m,梅花形布置,注浆孔径直径 42mm,孔深 5m,浆液采用 1:1 纯水泥浆,注浆压力 0.5 ~0.8MPa。锚杆采用 ϕ25 中空注浆锚杆,锚杆长度 5m,间距 1m×1m,梅花形布置。

4. 补喷混凝土。对初期支护有开裂、剥离的,为确保全体施工作业人员的安全、确保隧道永久性工程质量,在注浆、锚杆加固完成后,再补一定厚度喷混凝土。补喷混凝土厚度以不侵入二衬界线为宜,一般地段补喷 5cm。

5. K29 +454 ~ K29 +460 是原坍方段,且 K29 +450 附近初支拱顶大面积淋水,故 K29 +420 ~ K29 +450 段初支要作为重点加固,该断落实行全断面注浆加固,采用水泥—水玻璃浆液,不但起到加固地层的作用,还可以封闭部分涌水,改善施工环境,并保证抽水作业安全。对 K29 +450 ~ K29 +430 段全断面锚杆加固,锚杆参数与开裂剥离处加固相同。

6. 在初期支护加固措施施作完毕后才考虑仰拱开挖,并合理布置各种管线,以免影响排水。仰拱每次开挖长度不得超过 5m,开挖过程中注意监控,以免开挖仰拱时出现危险,现已施作初期支护段 K28 +970 ~ K29 +030、K29 +300 ~29 +450、K29 +480 ~ K29 +542,上述段落的二次衬砌全部采用钢筋混凝土衬砌,环向受力钢筋直径采用 ϕ22,纵向钢筋直径 ϕ14,箍筋 ϕ8,各钢筋的间距均为 20cm。

(四)临近坍方地段的二衬补强加固

水位回退至 K29 +450 后发现,施作的三模二衬(K29 +450 ~ K29 +480)出现大量可见裂缝,二衬台车末端 K29 +480 附近二衬已破坏垮塌,该段其余的二衬拱顶大面积淋水,且 K29 +454 ~ K29 +460 是原坍方段。抽水工作是长期的,计划在 K29 +440 附近设置大型集水坑(此处为 2 号集水坑,K29 +000 处设置 1 号集水坑),将前方坍体涌水集中汇入后集中由 55kW 抽水机排入 1 号集水坑,为保证安全,将原施作的二模二衬(指 K29 +450 ~ K29 +470 段,K29 +470 ~ K29 +480 处放置有二衬模板台车,无法加固)用 I18 临时工字钢架加固,间距 50cm,后再喷 C20 混凝土 20cm。

第三节　突水坍方前期处治

一、突涌水特征及长期抽水工作安排

(一)突水涌水特征

据施工单位统计,进口端突水短时涌水量达 3 800m^3/h,经 12h 水量已趋减至 1 500m^3/h(图 9-11),此时段涌水总量约 3.18 万 m^3/d,8 月 9 日中午,突水水位到达最高点,隧道被淹总

长度920余米，隧道完全淹过洞顶700余米，涌水量达到850m^3/h，8月12日，水量又趋减至800m^3/h，此时段涌水总量为8.28万m^3/72h。到9月11日，水位回退至K29+400附近，洞内涌水量约750m^3/h，直至10月底涌水仍无大量减小趋势，至2006年2月旱季时，涌水量仍达500~600m^3/h，此后涌水量基本趋于平稳。2005年8月10日到2006年2月底总计210d的时间段排泄量约325万m^3，雨季时，涌水量有所增大，至2006年11月底，迂回导洞成功进入主洞时，涌水量仍有400m^3/h。迂回导洞坍方后，主洞坍方处涌水消失，迂回导洞卸水成功，此时主洞机械排水共计约590万m^3。突水发生至迂回导洞成功泄水时止突(涌)水量变化见图9-12，从图中可以看出，前期衰减较快，特别是前5d突涌水衰减快，从涌水量达3 800m^3/h衰减至750m^3/h，此后涌水稳步衰减，但衰减速度较慢。

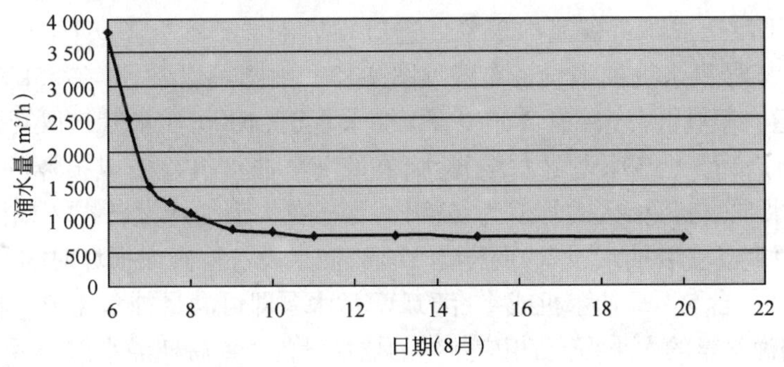

图9-11　进口端突水坍方发生后短时突水记录(横轴数值为8月的日期)

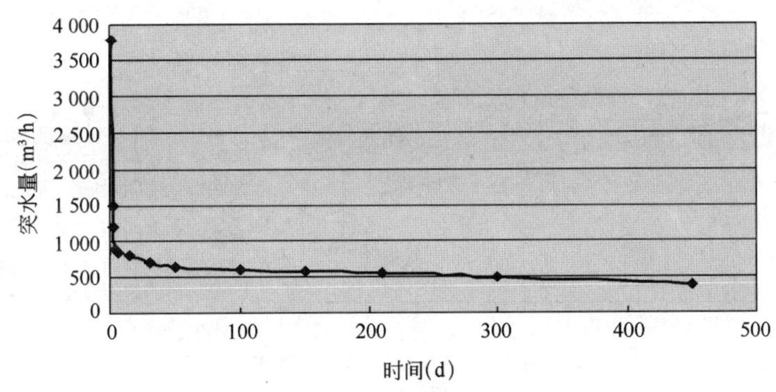

图9-12　突水发生至卸水成功时涌水量统计

突水基本上可分为3个阶段，第一阶段平均每小时涌水量3 000m^3/h，持续时间约4d，突水点上方静态储量约12 000m^3，相当于裂隙率5%，宽度为50m、高度为80m、纵向长度为60m的岩体的含水总量。隧道施工至K29+542处，当时隧道拱顶发生小坍塌，且有3股小的涌水，揭露了含水断裂破碎带，使静态储水体的裂隙与隧道贯通，破碎的岩体在高梯度的静水压力作用下劈裂、溃决、坍塌，拱顶大量静态储水瞬时涌入隧道，这是该次突水的根本原因。本次突水第二阶段为破碎带储水体周围涌水涌入隧道，涌水量约1 300m^3/h，持续时间约3d左右，此时基本上形成了降位漏斗，排出水量约100 000m^3。3d以后涌水量在以后相当长的一段时间内基本稳定，衰减较慢，涌水量约600~850m^3/h，涌水影响范围为隧道两侧沐川建和水文地质单元26km^2、屏山龙华水文地质单元19km^2。

(二)长期排水工作安排

1. 集水坑及集水坑处抽水设备布置

涌水回退至 K29 +430 以后相当长一段时间,涌水量维持在 500 ~ 600m^3/h,抽水在以后相当长的时间内是进口端的重要工作,也是一项长期的工作。现在抽水不用移动潜水泵或抽水机,抽水工作比以前简单。但前期抢险抽水时,布置了多条抽水管道,占用了半个隧道宽度,且小管道 ϕ150 布置了多道,使用起来不方便,需优化管道布置,多用大口管 ϕ300 管道,经计算 1 条 ϕ300 管道相当于 4 条 ϕ150 的出水量。在集水坑集中抽水初期,考虑到后面未开挖段施工,可能还会有较大涌水,甚至比现阶段涌水还要大,也可能在未开挖段施工中还会遇到突水,因此,当时在考虑抽水设备能力时加大了一些,主要是预防未开挖段再次突涌水,以避免像以前抽水设备能力不足造成隧道被淹的现象。进口端集水坑布置见图 9-13,1 号集水坑抽水设备布置见图 9-14,2 号集水坑抽水设备布置见图 9-15。由图可以看到,在 55kW 抽水机上布置有 ϕ300 抽水管道一根,同时还接有 3 道 ϕ150 抽水管道,ϕ300 抽水管道既可通过启动 55kW 抽水机排水,也可启动 3 台 37kW 潜水泵排水,在 55kW 抽水机检修或损坏的情况下,开动其他 3 台 37kW 污水泵(与其相接的管道为 ϕ150),这样在大型抽水设备损坏或检修时不至造成涌水上涨,也不用重新安装抽水设备;同样在 37kW 抽水设备检修或损坏时,开动 55kW 抽水设备。平时一般开动一台 55kW 抽水机或 4 台 37kW 污水泵即可满足抽水需要。在雨季涌水量变大时,可根据不同涌水量的大小,开动相应数量的抽水设备。到后期涌水减小后,经周密考虑后,决定撤掉一台 55kW 抽水机,抽水能力仍能达到 1 500m^3/h 以上。以上安排主要充分利用了抽水管道,同时不增加抽水设备,但仍能储备一定的抽水能力以预防前方未开挖段发生涌水。

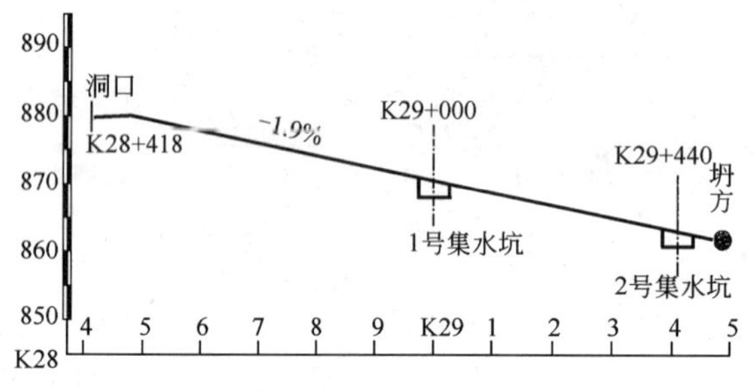

注:
1. 集水坑布置在K29+000、K29+440附近;
2. 为保证隧道的抽水工作，隧道沿洞身每15m安装一个200W的照明灯,在每一个集水坑附近另增加1个1 000W的照明灯，照明设施为24h工作;
3. 2台315kV·A的变压器全天工作，1台布置在洞口附近，另一台在洞内;
4. 另2台75kW的通风机对洞内定时送风，确保人员的健康安全。

图 9-13　进口端集水坑布置图

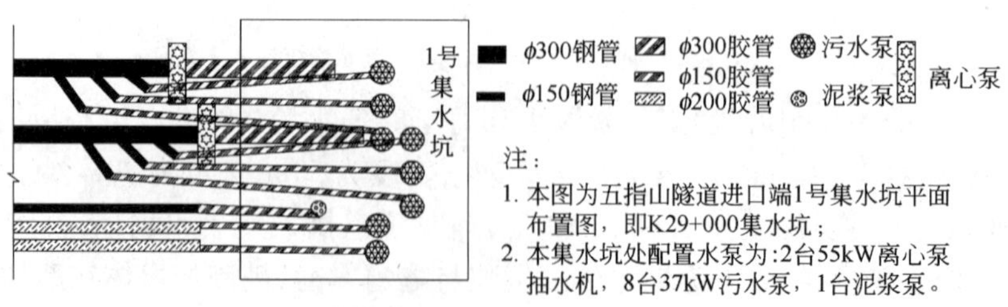

注:
1. 本图为五指山隧道进口端1号集水坑平面布置图，即K29+000集水坑;
2. 本集水坑处配置水泵为:2台55kW离心泵抽水机，8台37kW污水泵，1台泥浆泵。

图 9-14　1 号集水坑抽水设备布置图

集水坑底部易形成淤泥堆积,造成集水能力减小,集水坑尺寸 K29 +000 处 3m × 10m × 1.2m,集水能力本身有限,因此,要定期用高压水或人工搅动集水坑涌水,以便让淤泥随涌水一起排出,尽量减少淤泥堆积。

另外，还要给潜水泵配备冷却水，有时集水坑中水量不够深，不能将潜水泵淹没，长时间工作就有可能因温度太高而烧毁电机。冷却水配备方法是在前方抽水管道出口处设置一根小钢管，将管道出口涌水引至潜水泵即可，第二集水坑处从边沟用小钢管引水至潜水泵即可。

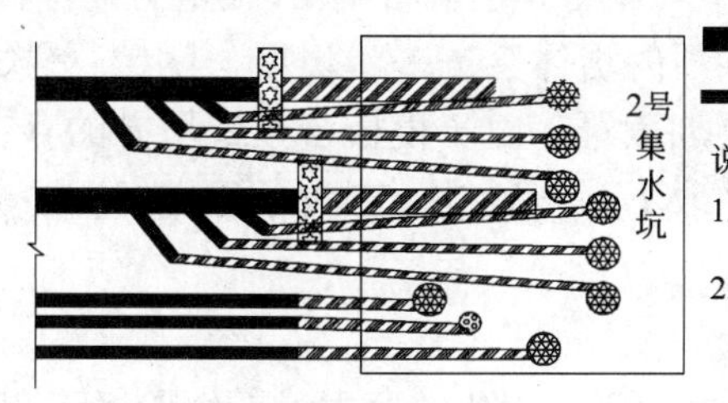

ϕ300钢管　ϕ300胶管　污水泵　离心泵

ϕ150钢管　ϕ150胶管　泥浆泵

说明：

1. 本图为五指山隧道进口端2号集水坑平面布置图，即K29+420集水坑
2. 本集水坑处配置水泵为：2台55kW离心泵抽水机，8台37kW污水泵，1台37kW泥浆泵。

图 9-15　2 号集水坑抽水设备布置图

迂回导洞施工前，为保证进洞安全，将主洞 K427 ~ 437、K29 + 412 ~ 402 段施作二次衬砌，这样在迂回导洞挂口进洞前，导洞洞口两侧均修筑了二次衬筑，洞口施工安全有保障，以利迂回导洞在 K29 + 422.5 处挂口进洞施工。施工导洞的过程中，将 2 号集水坑由 K29 + 440 处移至 K29 + 419 处（迂回导洞洞口中心线在主洞桩号 K29 + 422.5 处，迂回导洞宽度 7.52m），原 2 号集水坑仍保留，汇集前方坍体涌水，通过埋设 ϕ300 暗管，利用自然坡度将汇集在原 2 号集水坑中的涌水排入新 2 号集水坑，由此处再集中排水，K29 + 419 处集水坑一直保留至整条隧道中央排水沟贯通。

2. 专人值班抽水

在后期排水作业中，在两个集水坑处各设置一个工作岗位，此处用 1 000W 照明灯照明，安排 1 名工人值班，分 3 班，24h 不间断。隧道施工通行需半幅宽度，集水坑处均未施作二衬，不能加宽加大加深集水坑，集水坑集水能力非常有限，一旦有抽水设备损坏或需检修，随时都要有专人开或关抽水设备。另外，停电时需立即启动 315kV 发电机，不然涌水很快上涨，因此，还要安排电工 24h 值班。

3. 外电、内电转换

在突水抢险及长期抽水的过程中，经常遇到停电，此时需将外电转换成发电机组供电，在开始时未布置发电机专用电缆、转换开关、变电箱，电工要从其他工作地点赶至用电转换地点去，转换时间较长，在 11min 左右，在外电内电转换的进程中，涌水很快上涨，造成涌水频繁上涨淹没抽水设备。后来布置了发电机专用线路及配电箱、转换开关，只需转换开关，很短的时间内就能将外电内电转换，再未造成涌水上涨的现象。

二、涌水坍方处理面临的困难

涌水回退后，主要工作是处治坍方，五指山隧道进口端此处坍方不同于一般的坍方，除了坍方处，还有涌水。由于 K29 + 450 处和 K29 + 480 处拱顶大面积淋水，且有股水，施工人员无法靠近，更无法工作。因此要处治坍方，首先要减小涌水，坍方处的涌水不减小，很难顺利处治坍方，这是当时施工单位和一些隧道专家的共同认识。但在如何才能减小坍方处的涌水却遇到了困难，随后采取的一系列减小坍方处涌水的方法均未成功。此坍方纵向长度较大，中间还有一段是否坍塌当时情况不明，再则在 K29 + 480 处，二衬台车、喷锚台车均被压塌了，无法取出，同时由于涌水大，各种钢管杂乱堆积在坍渣处，不能对塌渣采取注浆、清渣等措施，综合起来存在以下困难。

(1)坍方处治矛盾众多

存在涌水、台车(模板台车和喷锚台车)被压塌卡住、坍方几大矛盾,前方坍渣内涌出大量流水,拱顶范围也大量淋水,施工在瀑布一样的环境中作业,施工条件恶劣,处理坍方操作极不方便,想把涌水汇集也非常困难;台车在坍方处,想取出台车但非常困难,大量的钢管和坍塌的初支工字钢,使清运坍渣发生困难,并且清渣后拱顶的坍体会进一步坍塌,有引发更大坍方的可能,也有可能将1号坍方与新坍方连通,处理更加困难。由于模板台车处坍方的存在,使前方纵向长度60多米段落的情况无法了解,无法采取下一步行动。三大矛盾交织在一起,要解决任何一个矛盾必然涉及到另外两个矛盾。

(2)坍方处治场地受限

坍方处有破损二衬台车及喷锚台车,无法取出,K29+480处存大量的钢管、工字钢、竹牙板,在此处无法采取措施降低涌水。K29+450~K29+480是破损二衬且已增设I18工字钢架及补喷C20混凝土,此处不能向坍体和涌水做任何工作(如注浆等),唯一能进行注浆工作的地方在K29+450以前(出口方向),此处离坍方边界K29+480处30m,离坍方中心就更远了。

(3)注浆效果差

对K29+450~K29+430采取了周边注浆堵水措施,由于涌水较大,注浆效果差。K29+480处有喷锚台车,初期支护未完全坍塌下来,坍渣空隙大,涌水使浆液流失,采用大管棚向K29+480以前的渣体双液注浆堵水,但注浆效果较差,坍渣涌水量变化不大,收效甚微,坍体处治无法采取进一步措施。

(4)新坍方与原1号坍方相距较近

K29+430~K29+450段未施作二衬,围岩软弱,且临近1号坍方,初期支护拱顶大面积淋水,有失稳的危险。1号坍方与新坍方相距较近,新旧坍方很可能已经连通,坍方规模大,处理困难。

(5)对涌水来源判断认识不清

K29+100~K29+430段为大块状、中厚~厚层状砂岩,围岩稳定性好,开挖较快,是五指山隧道围岩最好的段落,开挖速度达到155m/月。K29+430~K29+530段在开挖时围岩较差,但无渗水,突水坍方发生后,此段大面积淋水,因此有人认为是突水发生后掌子面集水通过坍体渗透,从而造成坍体和前方初支涌水(图9-16),即涌水从1→2→3→7→4(4为二衬末端处坍体涌水及拱顶大面积淋水)和5(5为二衬前端初支大面积淋水处),但也有人认为是坍方造成坍渣上方含水体与坍腔连通所致,即涌水从6→1→5和6→7→4。两种观点的涌水来源不同,第一种观点涌水来源于原掌子面K29+542,第二种观点涌水来源于坍渣体上方,是坍方形成之后才产生的。

后来经多方探查,表明前两种观点均不正确。施工迂回导洞时向集水处即原认为情况不明段钻孔,表明此处根本不是集水而是坍渣,且坍渣将此处全部堆满,坍方段倒塌初支背后也为坍渣,故2号和3号坍方已连通。倒塌初支背后不存在空腔(但倒塌初支背后坍体一定范围处是否存在空腔不得而知)。坍方处治时开挖发现,坍渣体根本没有空隙,砌渣体全部为黄色土体夹小块石,涌水不可能透过坍体。坍方造成坍渣上方含水体与坍腔连通,即涌水从6→1→5和6→7→4这种观点也不正确,假如坍渣上方含水体或裂隙与坍体连通,那迂回导洞经过主洞坍体对应里程时,主洞涌水应该减小或消失,实际上,迂回导洞施工至CK0+158处坍方后,主洞坍方处涌水才减小最后完全干涸,迂回导洞CK0+158位置对应主洞里程K29+564与主洞发生突水处K29+542很近,所以突涌水来源应该是在主洞K29+542拱顶附近,不过这一点无法用证据来证明，只能推断。

事实上，在突水发生后撤离时，施工人员看到大量涌水从 K29 + 542 处涌出，说明此处已与远处含水层或蓄水带连通，涌水应该来源于 K29 + 542 附近顶部。如图 9-17 所示，隧道进口端在 2 号和 3 号坍方连成一体后，远处高端水位 1 到达 K29 + 542 拱顶坍体处 2 后，沿着坍体表面 3（或空腔）运动至位置 4 和 5，再分别运动至 6 和 8，形成位置 7 坍渣涌水和 9 拱顶淋水。毫无疑问，涌水运动至位置 5 时，将有部分涌水通过坍体渗透（因坍体表层很松散）至位置 7，但要从 2 位置再向隧道渗透至位置 7 和 9 是不可能的，因后来坍体处治开挖后表明土体之间、土体与坍塌原初支之间无空隙，涌水只能翻过坍渣，在松散体或坍渣表面运动（坍体表面是否存在较大空腔不得而知），使二衬前端围岩初支拱顶大面积淋水和二衬末端坍渣处大量涌水、拱顶淋水。

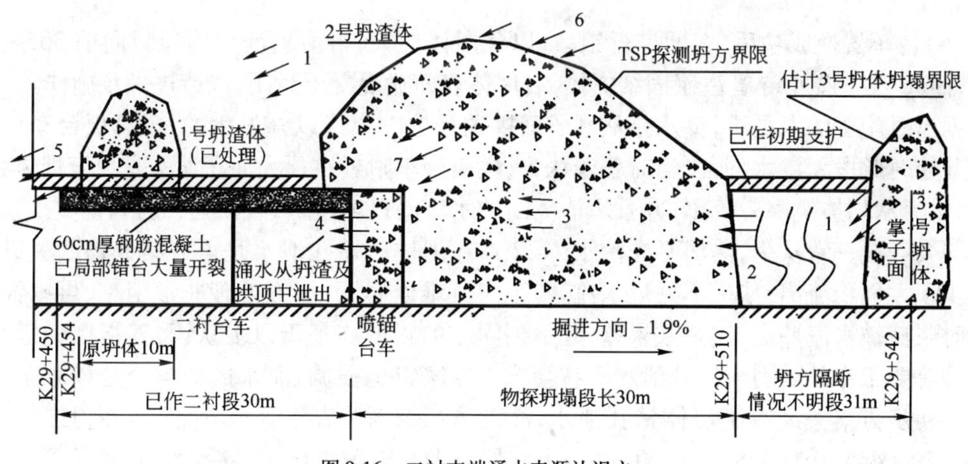

图 9-16　二衬末端涌水来源认识之一

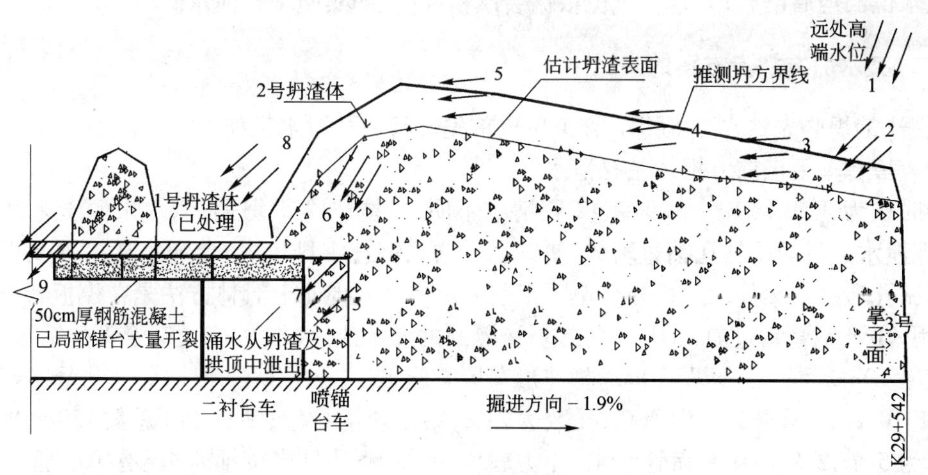

图 9-17　二衬末端涌水来源认识之二

三、突水坍方处治初步方案及实施效果

（一）涌水及坍方的初步方案

涌水回退之后，施工单位对如何处治突水及坍方进行了一些尝试性工作，如注浆加固，探

测坍体纵向长度及坍方高度，以便为处治坍方打下基础。2005 年 9 月 30 日在交通厅的主持下召开了五指山进口的突水坍方处治专家会议，聘请了 8 位隧道专家到会，对设计院提出的处理方案作了评述，但专家组有些意见未达成一致，会议决定先按设计院方案处理，在处理过程中遇到问题再进一步讨论。处理方案的主要内容有：

(1)对既有破损二衬 K29 +450 ~ K29 +465 及初支 K29 +420 ~450 淋水段施做临时护拱(I18 工字钢)和小导管注浆加固，工字钢架间距 50cm，并喷混凝土 20cm(在定该方案以前此工作已作)。

(2)在二衬台车下向坍渣体内钻孔泄水(施作 ϕ168 泄水管)，使水不再从拱顶泄出。钻孔泄水是此方案的关键所在，如果钻孔泄水失败，就无法继续采取下一步措施。

(3)分段割除二衬模板台车，并施作护拱，再进行拱部(180°范围)注浆固结二衬背后坍体。

(4)台车置换成功后，立即进行锁口，以免坍体扩大，再沿坍渣堆周边斜向前 30° ~60°施作两环 6m 长 ϕ42 小导管注浆固结坍体，后坍体表面喷混凝土封闭，以待进一步施作。

据当时施工的人员讲，突水是从掌子面拱顶开挖轮廓线以外发生的，现模板台车处坍塌，并且开挖时此段无渗水，所以当时普遍认为，模板台车附近拱顶大面积涌水是由于坍体将涌水隔断，水流从坍体空隙中流出，并且坍渣隔断的水流漫过坍渣，从破损处二衬和初支拱顶流出。因此与会人员一致认为，治坍必先治水，第 2 点在坍体内钻孔泄水是该方案处理的关键，因为水从拱顶大面积流出，如果不处理水流，施工人员难以靠近，坍方处理非常困难，再则涌水大，注浆时浆液被水流冲走，注浆效果差，起不到固结的目的。基于以上认识，五指山隧道突水坍方处理首要工作就是坍渣钻孔泄水。在会议上专家组也强调，泄水成功与否是该方案成功的关键。初步方案关键在于坍体钻孔泄水，故此方案又称“钻孔泄水方案”。破损二衬 K29 +450 ~ K29 +465 及初支 K29 +420 ~450 淋水段施做临时护拱(I18 工字钢)和小导管注浆加固工作在水位回退后已施作，施工单位根据会议精神，立即实施钻孔泄水。

(二)突水坍方初步方案的实施

根据“治坍必先治水”的原则，施工单位首先进行钻孔泄水工作。

1. 模板台车下正前方坍体钻孔泄水

当时认为，K29 +510 ~ K29 +542 段情况不明，可能未全部坍塌，涌水来源于未坍塌段集水，钻孔泄水的目的是钻孔钻过坍体，使集水从钻孔钢管中排出，避免涌水从拱顶及坍体中流出。故钻孔泄水方案偏向于模板台车下正前方坍体钻孔泄水。具体方法是在模板台车下布置钻机，用 ϕ168 钢管钻过前方坍体，将被坍渣隔断的涌水泄出(图 9-18)，钢管管身钻泄水孔，泄水孔直径 10mm，泄水孔间距 20cm，梅花形布置。施工单位于 10 月 17 日钻机进场，通过安装、调试，于 10 月 23 日开始钻泄水孔，孔数达 7 个，钻孔倾角约 5°，钻孔累计总数 150m，但出水孔个数仅为 5 个，2 个是基本满管泄水，压力较大，另 2 个是只半管泄水，还有 1 个管泄水量很小，即使如此，从坍体和拱顶泄出的水量仍未见减小。当时认为，泄水管长度未穿过坍体，只泄出坍体空隙中的积水，坍体外的涌水又对坍体空隙进行了涌水补给。后来证实，根本不存在集水，全部为坍体，注定了正前方钻孔泄水不能起到预期的效果。施工正前方钻孔泄水的困难在于：

(1)由于坍渣内存在大量倒塌初支工字钢、台车钢管(喷锚台车及二衬挂防水布台车是由工字钢和 ϕ108 钢管焊接而成)，从而对钻孔带来很大困难。

(2)由于常常会遇到钢材,很多时候是强行钻进,对钻孔机械、钻头等损坏较大,多次更换钻机配件,钻进速度慢。

(3)坍渣为小块状、颗粒状砂质泥岩或粉砂岩,易阻塞钢管上的泄水孔,造成部分泄水管水量较小。

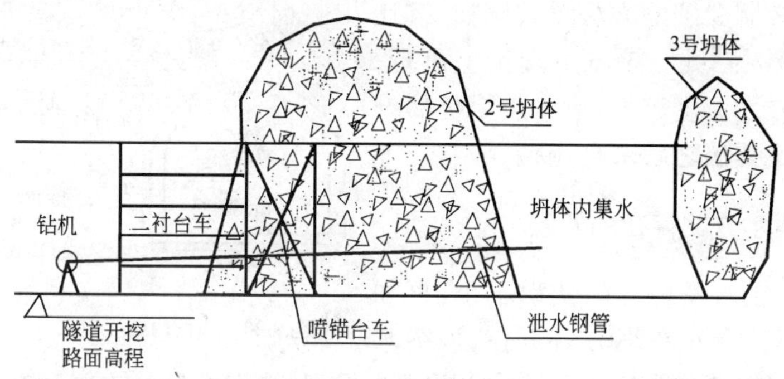

图 9-18　坍体正前方钻孔泄水

(4)通过现场记录发现,钻孔在正常情况下钻进速度最快可达 5cm/min,一般可达 2 000cm/h;但是在穿越钢材时,钻进速度不到 1cm/h,且钻头、钻机易损坏。即使有些时候能钻过钢管,但泄水管和钢管之间形成较大摩擦(泄水管随钻头跟进),难以继续钻进。

2. 挖基坑降低钻机高程钻孔泄水

当时认为是坍塌的工字钢等物件影响钻孔深度,起不到钻孔泄水的作用,故实施了挖基坑降低钻机高程的办法来钻孔泄水(图 9-19)。钻机基坑需宽 3m,纵向长度至少 6m,由于台车部位为原坍方和新坍方共同影响地段,基底开挖后围岩较差,遇水泥化,加上此段围岩未作仰拱,坍方后二衬出现大量裂隙,且离坍方很近(图 9-6),开挖基坑较隧道设计基线底低约1.6m,理想深度是低于隧道设计基线底 2.5m,继续开挖基坑降低钻机高度可能会有危险。降低钻机高程钻孔 7 个,钻孔倾角约 5°,由于基坑未开挖至理想深度,降低钻机高程仍遇工字钢或钢管,钻进工作仍较困难,泄水效果均不理想。在降低钻机高程泄水效果不理想之后,又积极寻找其他泄水方案。

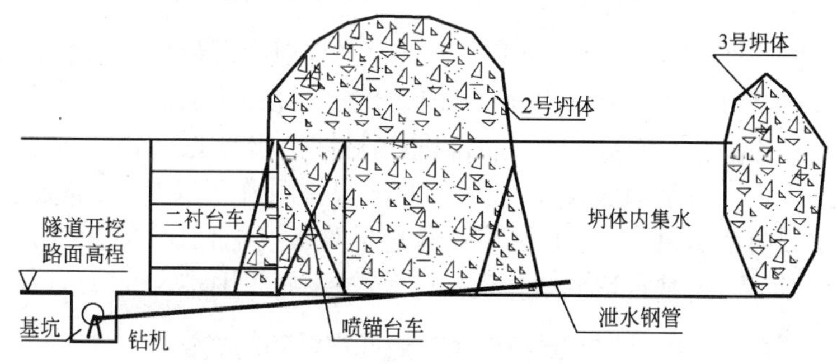

图 9-19　降低钻机高程钻孔泄水

3. 开横洞钻孔泄水

当时认为,坍体内工字钢架和各种钢管的存在是造成钻孔泄水施工困难的原因,降低钻机高程泄水效果不理想,于是有人提出了开横洞泄水的方案。横洞泄水方案是在原坍方末端 K29 +464 与二衬台车末端(洞口端)K29 +468 之间的相对安全地段右侧开横洞,在横洞内布置钻机斜着向前钻泄水孔，具体见图9-20所示。该方案的优点是在钻孔的过程中不会遇到台车的钢管和坍塌初支的工字钢架，钻进速度较快，只在K29+520附近可能会遇到未坍塌的工字钢，到时可采取控制爆破的方法爆破原初支，让里面封堵集水流入钻孔。该方案理论上可行，但要具体实施，技术难度较大，泄水效果仍然难以保证，故该方案提出之后未实施。

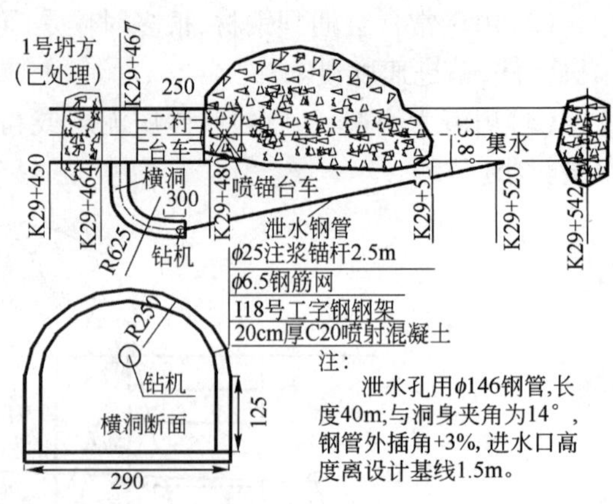

图9-20　横洞内钻孔泄水示意图（尺寸单位：cm）

（三）钻孔泄水方案存在的问题

由于当时对突水及坍方的认识不足，再加上二衬台车及喷锚台车在坍方处卡住，该突水及坍方有其特殊性，像这类突水及坍方以前很少见到，提出的处治方案存在很多不足，实际操作起来很困难，难以达到预期的目的。K29+450~+465段的二次衬砌的钢支撑与喷混凝土施工（从10月1日开始到10月9日结束）和小导管注浆加固工作（从10月9日开始到10月23日结束），钢支撑与喷混凝土能正常施工，但注浆加固及钻孔泄水阶段较困难，效果较差。钻孔泄水方案主要存在以下问题：

（1）钻孔泄水的施工非常困难，不能达到预期的目的，因喷锚台车的钢管（ϕ108）及钢筋和坍塌的初支工字钢的存在使钻孔施工非常困难，进行的台车下正前方钻孔泄水和降低钻机高程泄水工作证明了这一点。在原设计隧道高程和降低钻机位置一共钻了14个孔，大部分孔钻十多米或几米后就遇到工字钢，坍体太长，钻进困难，有3个钻孔是满管流水，此涌水估计是坍体空隙中的水流。钻孔泄水根本无法起到泄水降压的作用，最关键的一步无法实施，钻孔泄水处于停滞状态。

（2）破损二衬存在数十道裂隙，涌水从裂隙中泄出，后经工字钢架及喷混凝土加固。该二衬是否还能使用，如果不能使用，则需要爆破拆除，存在很大的困难，如果能使用则存在侵界的问题；原有的坍方与现在的坍方相隔十多米，有可能原有坍方与现有的坍方已经连通，造成处治难度加大。

（3）由于K29+480处大量钢管及工字钢架存在，施作小导管、大管棚注浆固结坍体围岩的操作非常困难，大管棚、小导管根本无法钻进，不能实施钻孔工作。

（4）在进行小导管钻孔施工时，经常遇到原二衬钢筋或初支工字钢，钻孔注浆存在很大困难，造成施工进度较慢；由于涌水较大，注入的浆液很快顺着水流泄出，部分浆液流失，不能完全有效地固结围岩与堵水；后施工单位及时调整了双浆液配合比，使初凝时间控制在50s以内，注浆效果有所提高，但常常造成堵管现象，造成注浆施工困难。

四、大管棚注浆处治涌水坍方的尝试

（一）大管棚注浆处治突水坍方

钻孔泄水是原突水坍方处理方案的基础和前提，钻孔泄水未达到预期的泄水效果，难以实施下一步处治方案，突水坍方处治一时陷入了停滞状态，在这种情况下，施工单位大胆探索，经有关上级同意，进行了后方大管棚注浆处治突水坍方的尝试，以期能减小拱顶淋水及坍体涌水，并提出了坍方处理方案。大管棚注浆处治突水坍方具体方案如下。

（1）二衬内表面打泄水孔。对 K29 +465 ~ K29 +468 二衬内表面打泄水孔，泄水孔出水较大处多打孔泄水，泄水孔深度 4 ~ 5m，泄水孔插入钢花管，孔外用胶管引出，以减小二衬水压。

（2）注浆加固。对 K29 +465 ~ K29 +468 重新补充注浆，保护未坍塌段，采用 6m 长 ϕ42 小导管注浆，间距 80cm，梅花形布置，注浆范围为上圆心 180°，注水泥—水玻璃双浆液。注浆顺序原则上由无水至有水孔，逐渐向前推进，系统注浆，系统加固围岩。

（3）割除部分模板台车。原坍方段为 K29 +454 ~ K29 +464，施工管棚工作室可能要爆破二衬开挖，因此尽量将管棚工作室向洞口端移动，但前面也有坍方，故不能前移太多，因此决定割除模板台车洞口端 2m（可视具体情况而定是否切割模板台车），割除 2m 模板台车后打泄水孔、注浆加固这 2m 段落，确保割除台车后不坍塌。

（4）注浆效果检查。注浆加固完毕后，钻孔检查注浆效果，如果注浆效果不好，围岩仍松散，则重新注浆加固，直到注浆效果明显。

（5）管棚工作室位置及开凿。原定管棚工作室拟设置于 K29 +466 ~ K29 +470，现场调查表明，由于钻杆及换管的需要，管棚工作室纵向长度需 4m 以上，大管棚工作室高度需 1 ~ 1.3m（高出现坍方段二衬内表面），但开凿二衬有困难，因此将管棚工作室移至 K29 +446 ~ K29 +450 未作二衬处，且避开 1 号坍方。管棚工作室的范围在上圆心 120°，开凿及支护见图 9-21、图 9-22 文字说明。

（6）施作管棚并注浆。加固及开凿管棚工作室完成之后，根据实际需求搭台架，安设管棚钻机钻孔，注浆采用 ϕ108 管棚，管棚长度暂定 30m，主要目的是加固模板台车及喷锚台车背后围岩，管棚加工成每节 1.5m，管口套接长度 15cm，外插角 1° ~ 2°，中心间距 30cm；管棚钻注浆孔，孔径 15mm，孔距为 20cm，呈梅花形布置，但钢管尾部 2m 范围内不钻注浆孔。注浆采用水泥—水玻璃双浆液，水灰比 0.6 ~ 1，水泥：水玻璃（体积比）= 2∶1，注浆参数根据注浆情况随时调整，进浆量很大时水灰比和 CS 比取小值，反之取大值；注浆顺序为从拱脚开始依次对称到拱顶，全孔采用一次注浆，将坍体固结，注浆压力控制在 0.5 ~ 0.8MPa，坍渣空隙可能很大，注浆压力和注浆量可根据现场实际调整。注浆完毕之后，检查注浆效果，达到注浆效果后封闭工作室。

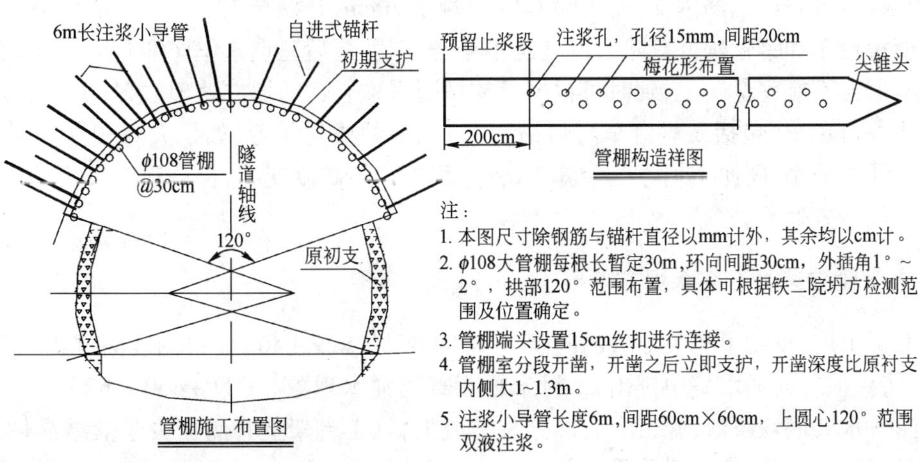

图 9-21　注浆管棚工作室的开凿及大管棚布置

（7）完全割除模板台车。先从洞口端开始分次割除模板台车，每次割除 1 ~ 1.5m，模板台车每割除 1 ~ 1.5m 之后立即设 I18 临时钢支撑，打锚杆，施作钢筋网，并喷 20cm 厚 C20 混凝土。分次割除并立即支护,步步向前,稳打稳扎。

(8)切割原喷锚台车钢管及其他构件。模板台车割除之后,处治坍方的空间豁然开朗,切割原喷锚台车的钢管及其他构件。模板台车末端原初期支护已坍塌,由于喷锚台车钢管和其他构件的存在,原初支已变形工字钢架搭在原喷锚台车上,割除喷锚台车后,虽然初支背后有大管棚注浆加固,但仍可能会引起原初支变形工字钢架倒塌,割除钢管时注意安全。

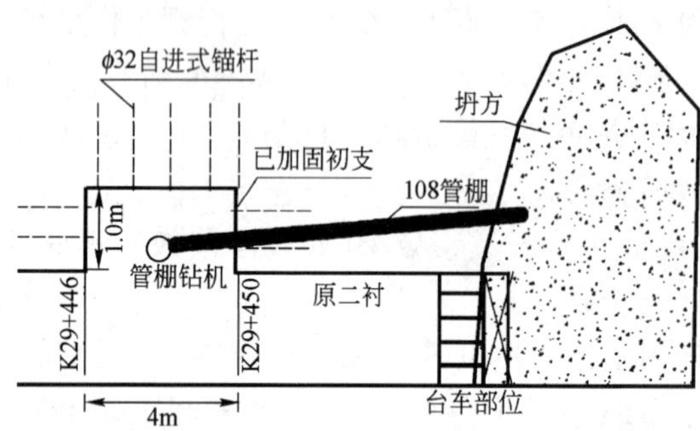

图 9-22 管棚工作室的设置

(9)右侧泄水。在坍体处观察到,左侧坍方较多而右侧坍方较少,大管棚注浆后,可能还会有一些涌水从拱顶及坍体中流出,喷锚台车割除之后,尽量将涌水从右侧集中泄出,为以后的坍方处治提供方便。

(10)二衬前方施作大管棚及小导管注浆。二衬台车及喷锚台车分段割除后,为处治坍方提供了空间,喷锚台车钢管及涌水集中之后,设法施作大管棚及小导管注浆加固围岩,为前方坍方处治做准备。

(11)坍方处治。大管棚和小导管注浆加固之后,可按一般坍方处治程序分上下台阶开挖或环形导坑开挖处治坍方。根据铁二院 TSP203 检测,最高坍方高度达 40m,故先施作超前大管棚及小导管并注浆,超前支护考虑在断面 180°范围内施作,后用人工配合机械开挖,考虑到二衬要加强加厚,断面较此处正常断面大 40cm,纵向清除长度满 30cm 之后架设一榀 I22 工字钢架,并用自进式锚杆、钢筋网支护,再喷 C20 混凝土 20cm,开挖与支护依次向前推进。

由于模板台车和钢管构件割除后的情况不十分清楚,最后三点未作详细介绍,具体采用哪种方案处治坍方不能完全确定,到时可根据具体情况采取合适的坍方处理方案,本方案关键在于大管棚注浆与台车(包括二衬台车与喷锚台车)割除的成功与否,如果大管棚注浆成功,拱顶及坍方处涌水减小,则便于坍方处治施工,并且坍方处治难度变小,台车割除成功,则本坍方处治变为一般坍方处治。

(二)大管棚注浆处治突水坍方效果

该方案提出后,得到了有关上级的同意。K29 +464 ~ K29 +468 二衬内表面打泄水孔泄水效果较好,将破损二衬涌水集中排出,二衬未再有普遍涌水现象。K29 +450 ~ K29 +468 重新补充注水泥—水玻璃双浆液,施工中大部分浆液流失,施工台架上布满流失浆液结晶体,效果较差,指挥部指示施工单位停止此段注浆施工。

在 K29 +450 ~ K29 +446 段 120°范围内人工用风镐凿开初支施作大管棚工作室的工作较顺利,未出现任何险情。管棚工作室高度 1m(初支内表面算起),纵向长度 4m,注双浆液,施工中浆液因随涌水流失而用量较大,大管棚注浆时,整个隧道涌水均变浑浊,洞口水沟的颜色与以前有较大变化，显然，有相当部分浆液随涌水流失，后来调整双浆液初凝时间，但易造成堵管现象。实施大管棚注浆后，据观察，拱顶和坍方处涌水有所减小，但仍未达到预期的注浆堵水效果，坍方处治难以进一步采取措施，处治工作又陷入停滞状态。

五、迂回导洞泄水方案

（一）施作迂回导洞的原因及目的

在2005年9月30日第一次专家会议上，设计院提出的泄水方案中就包括迂回导洞泄水方案，但当时由于对突水坍方的认识不足，从主洞相应里程推测，认为迂回导洞施工地质情况不好，围岩破碎软弱，仍存在较大涌水，施工难度相当大，并且造价较高，因此专家组未同意迂回导洞泄水方案，而选择了施工成本较低的钻孔泄水方案。钻孔泄水方案和开凿管棚工作室实施大管棚注浆堵水效果仍不理想后，突水坍方处治一直处于停工状态。

2005年12月31日，再次组织王梦恕院士等国内知名的隧道专家对五指山隧道及其涌水坍方进行了考察，评审同意施作迂回导洞泄水方案，并建议增设全隧平导，以利运营救灾及逃生。

施工迂回导洞的目的是从坍方后面施作导洞绕过坍体，使坍体上方涌水进入迂回导洞，起到泄水的目的，在迂回导洞施工进程中，还可以向坍体打钻孔，探测坍体内涌水情况及坍体规模、坍渣的性质。迂回导洞入主洞后，开避新的工作面，一方面，可以反向处治坍方，另一方面，可以继续向前开挖未开挖段K29+600以后段落，尽量缩短施工工期。

（二）迂回导洞设计

1. 迂回导洞线路及衬砌结构参数

迂回导坑泄水与横洞钻孔泄水方案的思路一致，只是在横洞内不钻孔，将横洞迂回一直挖到坍方集水处，用导坑排出洞内封堵集水。迂回导洞进口处高程低于主洞设计高程2m，迂回导洞施工期间采用0.3%的上坡，将涌水排入主洞，再由主洞机械抽排出洞外。仍采用钻爆法施工，开挖后支护参数主要为I18工字钢架，间距60cm，喷C20混凝土24cm，$\phi25$中空注浆锚杆长度3m，间距60cm×80cm，仰拱设置工字钢并浇筑混凝土，具体断面形式及衬砌结构见图9-23。开挖后围岩软弱，涌水较大，施作小导管或$\phi108$管棚作超前支护，并作超前地质预报，实施了全断面超前深孔预注浆和周边超前深孔预注浆措施，顺利通过涌水较大地段。迂回导坑原设计线路见图9-24，后由于害怕导洞进入主洞K29+535时发生突水突泥，决定修改导洞线路，不在K29+535处进入主洞，在导洞CK0+124处（对应主洞里程为K29+530）施工支洞进入主洞边缘探明突水坍方段情况。迂回导洞仍按新奥法进行设计，支护参数如表9-3所示。

迂回导洞衬砌支护参数表　　表9-3

衬砌类别	适用地质条件和辅助施工措施	喷混凝土（cm）	锚杆（cm）纵×横	钢筋网	钢架（cm）	预留量（cm）	混凝土拱墙（cm）	混凝土仰拱（cm）
$\text{II}^{加强}_{车}$	洞身II类围岩交叉口地段、地下水贫乏地段；$\phi42$小导管@40	24	300 @80×100	$\phi8$ @20	I18 @80	8	C40钢筋混凝土 $\phi18$@25	C40钢筋混凝土 $\phi18$@25
$\text{II}^{水}_{车}$	洞身II类围岩地段、地下水发育地段；$\phi108$大管棚@30，$L=15$m	24 含仰拱	300 @60×80	$\phi8$ @20	I18 @60	12	C40钢筋混凝土 $\phi18$@25	C40钢筋混凝土 $\phi18$@25

迂回导洞综合考虑了施工交通、施工通风、照明、施工排水、人行道以及结构的受力情况，采用单车道的三心圆曲边墙结构，迂回导洞开挖高度6.8m，宽度7.52m。

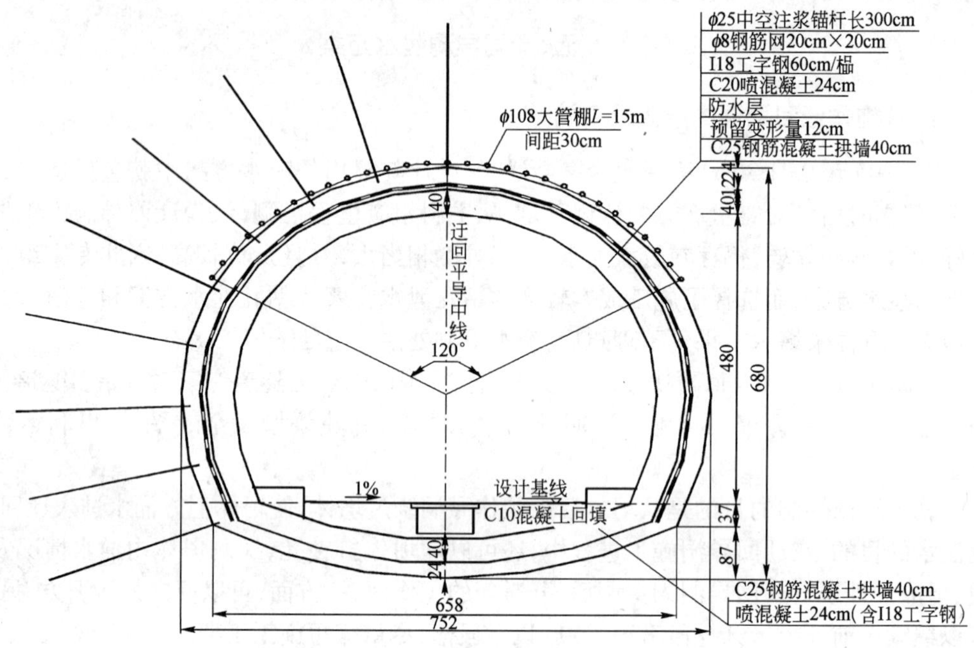

图9-23　迂回导洞断面及复合衬砌

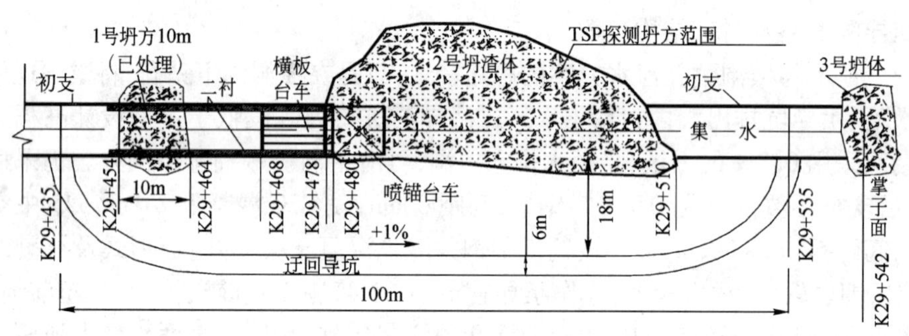

图9-24　迂回导洞原设计线路

迂回导洞的作用不仅是为了泄水降压，还为了绕过坍体进入前方未开挖段开辟新的工作面，继续开挖，为争取工期赢得时间，更重要的是可以前后夹击处理坍方，或视迂回进入主洞的具体情况，选择正面处理坍方或是反向处理坍方。在施工迂回导洞的过程中，决定向主洞施工支洞至主洞边缘，后向主洞打钻孔，探测主洞坍方、涌水情况。支洞断面及衬砌结构见图9-25。

2. 迂回导洞施工期间的排水

迂回导洞施工的目的是基于“8.6坍方”，主洞涌水较大，无法进行坍方处理，施工迂回导洞将主洞涌水引向迂回导洞，并探明前方坍方情况，故在施工期间迂回平导采用0.3%的上坡，以利自然排水，迂回导洞施工以前，将原K29+440处2号集水坑移至K29+419处，迂回平导内的涌水由自然坡度排至主洞K29+419处新2号集水坑，然后机械抽排出洞外。

3. 迂回导洞运营期的排水

针对"8.6 坍方"的迂回施工短平导,在施工期间采用0.3%的上坡,以利自然排水。为了减少施工平导与人行平导正常段过渡的困难(专家会议建议施作全隧人行平导,以利救灾),以及有利于迂回施工平导进入主洞施工等因素,施工平导进口处高程低于主洞设计高程2m。平导贯通前,迂回平导内的涌水先自然排至主洞,然后采用机械抽排出洞外;在迂回平导和出口端的人行平导尽快贯通后,迂回施工平导通过适当回填,使其纵坡改为-0.5%的下坡,使主洞和坍方等涌水通过迂回平导和人行平导直接自然排至隧道出口,不再机械抽排。

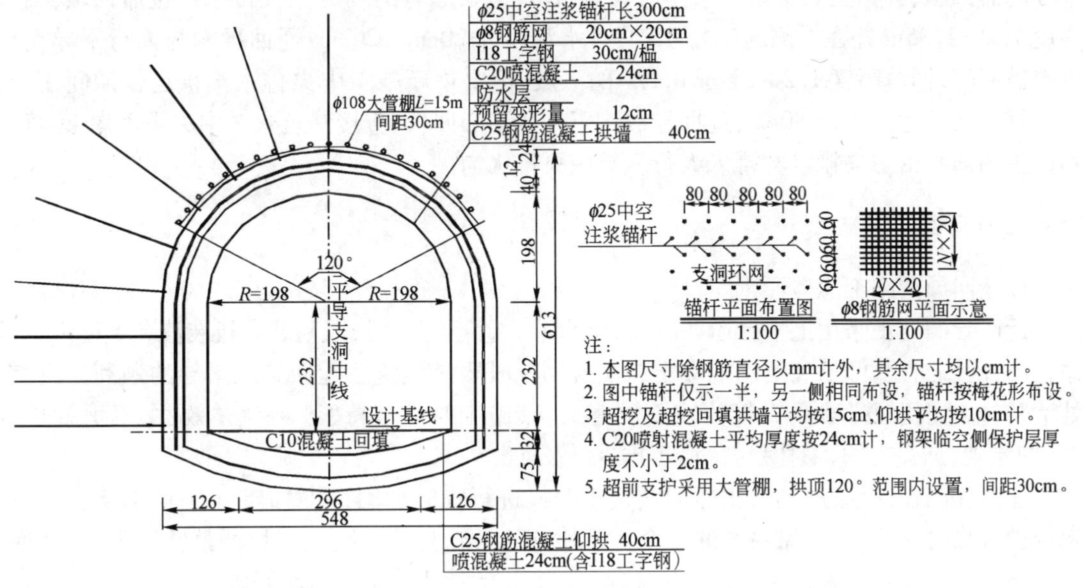

图9-25 迂回导洞支洞断面及复合衬砌

(1)迂回导洞墙背设φ50HDPE单壁打孔环向排水管盲沟,有股水处通过排水管直接引出,接入中央排水沟。

(2)迂回导洞左右边墙背后设置φ100HDPE单壁打孔波纹管各一道,使墙背积水由低端通过横向排水支管排出。

(3)人行平导横向每隔5m各设置一道φ100HDPE单壁波纹排水管(当水量较大时,应适当加密),使墙背水排入中央排水沟内。迂回导洞是人行平导的一部分,施工期间,迂回导洞内的涌水从出口端流向进口端,在运营期间,部分迂回洞要作回填处理,回填处理之后涌水从隧道进口端流向隧道出口端。

(4)迂回平导不需回填段设永久中央排水沟,需要回填段设临时中央排水沟,中央排水沟在施工期间应顺接入主洞积水坑集中抽排。

4. 人行横洞、泄水支洞施工及迂回导洞的后期回填

原设计的人行横洞设置主要是起联系主洞与人行平导的作用,以及救灾逃生时使用。人行横通道按与隧道主洞中线正交推测至人行平导确定其对应桩号,人行横通道坡度由主洞向人行平导行进,设置了6.2%的下坡;人行横通道中部设置矩形断面横通道门。人行横通道的排水应在主洞贯通后,根据主洞涌水量的大小,看是否需要分流,主洞与人行平导排水系统独立运作。横洞开挖至临近主洞时,应减小开挖进尺,采取弱爆破,并加强两洞之间的联系,放炮时通知主洞,以防危及主洞安全。后期因种种原因,人行平导施作了一小部分后按业主要求停

止施工，要求不再施工人行平导，人行横洞也就未施作。

泄水支洞原设置在 K29 +535 处，施工泄水支洞的目的是排出坍方段的涌水以及处理坍方，故前期施工纵坡设置成 0.3% 的下坡，以利于施工排水，但在后期改为救援通道，后由于修改了导洞线路，在 CK0 +124 处（对应主洞里程为 K29 +530）施作支洞至主洞边缘探明坍方情况，故泄水支洞未施作。

迂回导洞在施工期间采用 0.3% 的上坡，以利于自然排水，但在后期需回填，形成 -0.5% 的下坡，使迂回导洞的涌水排入人行平导中央水沟，从而自然排出隧道出口。但并非整个迂回平导均需回填，其中主洞至第一个拐弯处需回填，包括原有的临时中央排水沟也需回填，回填高度 1.2 ~1.35m 并在左侧施工排水沟，排水沟尺寸 20cm ×20cm；迂回导洞与人行平导重合段也需回填，回填高度 1.2m，形成 0.5% 的下坡，但要重新施工中央排水沟供运营期间使用，中央排水沟尺寸 50cm ×80cm；迂回导洞剩下一段不必回填，直接修筑永久中央排水沟，运营期间的主洞涌水由中央排水沟排入人行平导中央排水沟。

（三）迂回导洞施工

1. 迂回导洞施工总体原则

迂回导洞施工采用上下台阶法开挖，上台阶设置不宜太矮，以利装载机装渣和大型汽车运输，及时落底封闭，仰拱和钢筋混凝土二次衬砌及时跟进浇筑。迂回施工平导的顺利完成，对处治“8.6 涌水坍方”段具有极为重要的意义，其施工时应坚持“不坍就是效益、不坍就是进度”的原则，加强支护，稳扎稳打，稳步推进。

迂回导洞在开挖进洞前，相邻的隧道主洞应进行临时加固，采用 I18 工字钢钢架、格栅钢架等进行临时支撑，以确保主洞的安全。另外，迂回导洞在开挖进洞时，严禁钻深眼、放大炮，每循环开挖长度宜控制在 50cm 左右，以减少对临近主洞的扰动。迂回施工导洞在通过“8.6 涌水坍方”段时必须引起高度重视，开挖前应加强可靠的超前地质预报和超前钻深孔探测，同时，应加强超前支护和监控量测，二次衬砌必须及时跟进施作。

在隧道中段主洞尚未开挖的段落，地质条件更为复杂，迂回导洞施工断面小，各项综合技术保障措施受到限制，独头掘进时更加危险，因此，应高度重视超前地质预报的极端重要性，应坚持“安全第一，没有可靠的超前地质预报就没有后续施工”的原则，认真进行地质超前预报和超前钻孔，根据超前预报结论和钻孔资料，制订开挖方案，坚决反对盲目掘进，一味追求进度的思想。

2. 迂回导洞口开挖、洞口防护及辅助工作

（1）迂回导洞洞口开挖前加固

①迂回导洞施工前，为保证进洞安全，将主洞 K29 +427 ~437、K29 +412 ~402 段施作二次衬砌，这样在迂回导洞挂口进洞前，导洞洞口两侧均修筑了二次衬筑，洞口施工安全有保障。

②放出迂回平导的轮廓线，在迂回导洞洞口与主洞交叉处 120°范围，打一排 ϕ42 小导管并注浆加固交叉段围岩，小导管间距 40cm，小导管长度 4.5m，小导管外插角 5°左右。

③在迂回导洞开挖轮廓线外 25cm 左右之处的初期支护工字钢架施作 ϕ25 中空注浆锚杆，锁定工字钢架，然后沿开挖轮廓线外 20cm 左右之处截断主洞的初期支护工字钢架，并在导洞洞门处立 2 榀 I18 工字钢架，将超前小导管的末端全部焊接牢固，尽量将主洞截断的初期支护工字钢焊接在迂回导洞洞门处的 2 榀钢架上，然后喷射混凝土，形成一个假拟洞门，使钢拱架和小导管以及喷射混凝土联合对洞口围岩进行支撑，有效地防止洞口段松散围岩的坍塌

(图 9-26)。

(2)移动 2 号集水坑及施作排水暗管

在迂回导洞施工初期,在导洞左侧施作边沟,导洞涌水汇入原 2 号集水坑 K29 + 440 处,原 2 号集水坑的排水管道要从迂回导洞的洞口边经过,排水管铺设在主洞路面底部,阻碍导洞出渣,造成运输不方便,因此决定将原 2 号集水坑移到 K29 + 419。移动集水坑后,K29 + 419 处集水坑称为 2 号集水坑,原 K29 + 440 处集水坑仍保留,汇集前方坍体涌水,重新在 K29 + 440 集水坑和 K29 + 419 集水坑之间埋设 $\phi300$ 暗管,通过 $\phi300$ 暗管利用自然坡度将汇集的坍体涌水排入 2 号集水坑,由此处集中抽水,排入 1 号集水坑,K29 + 419 处集水坑一直保留至整条隧道中央排水沟贯通。所有集水坑周围用 $\phi40$ 钢管围栏,并设置警示标志,加强照明,避免施工车辆与人员掉入坑内,并派专人负责抽水。排水暗管设置及 2 号集水坑位置见图 9-27。

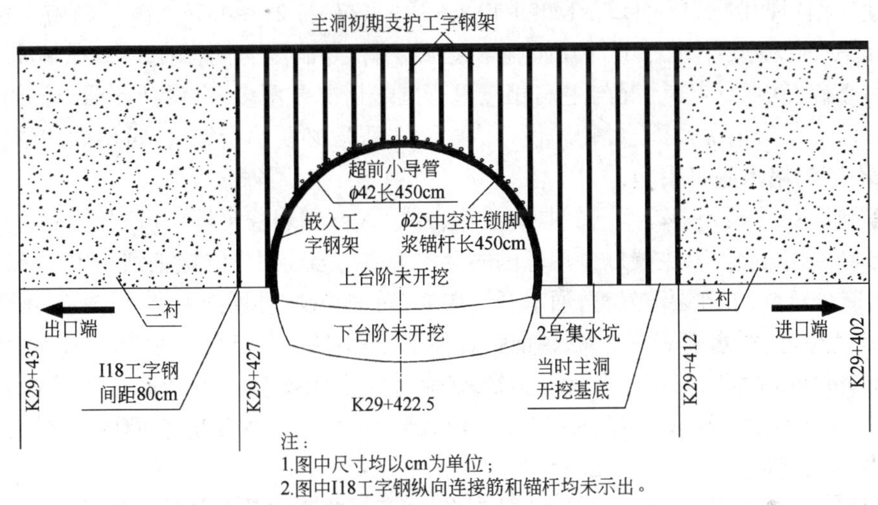

图 9-26 迂回导洞洞口开挖前的加固

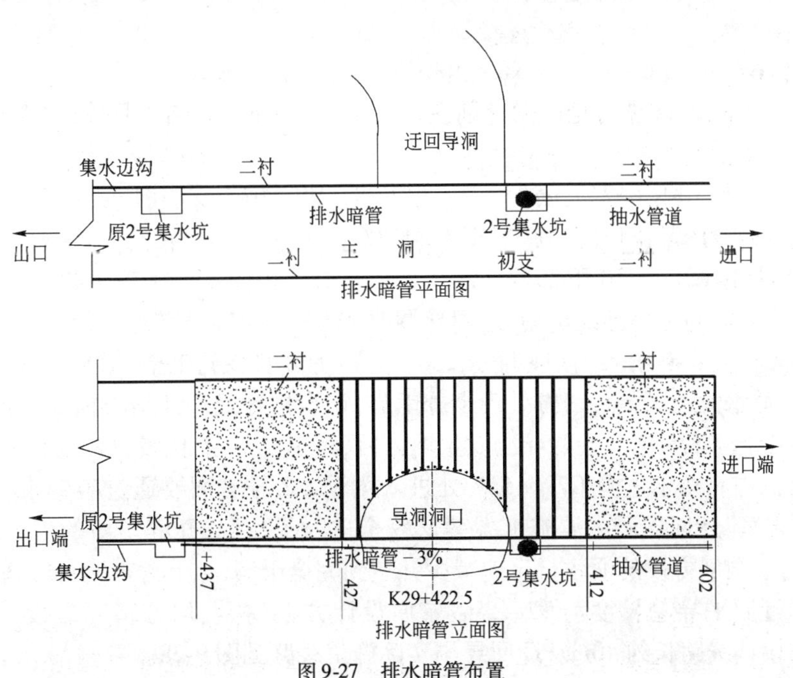

图 9-27 排水暗管布置

(3)导洞洞口段开挖坡度及水沟布置

因当时主洞尚未开挖至设计高程,导洞洞口段施工空间小,施工比较困难,在导洞进洞时,导洞上台阶开挖高度与主洞当时基底齐平,后逐渐下坡施工,要至少满足导洞高度5m,以便装载机等机械施工,并且坡度不能太大。经计算,坡度控制在11°左右能满足车辆行驶要求。

导洞开挖后要尽快施作导洞水沟,以便导洞涌水汇入主洞集水坑,在未移动K29+440处集水坑以前,迂回导洞水沟布置在左侧,移动集水坑以后,导洞水沟布置在右侧,原K29+440处集水坑仍保留,汇集前方坍方涌水,通过布置在原2号集水坑K29+440与K29+419集水坑之间的ϕ300排水暗管,将涌水排入2号集水坑K29+419处。

(四)迂回导洞实际施工情况

完成迂回洞口两侧K29+412~K29+402、K29+427~K29+437二次衬砌施工和导洞洞口加固工作后,于2006年5月1日开始施工迂回导洞,导洞围岩同样在FW1影响带内,导洞围岩开挖后破碎、软弱,围岩情况与主洞相应里程围岩情况差不多,在设计迂回导洞时,充分估计了迂回导洞的围岩情况及涌水情况,设计人员预先采取必要的措施,针对不同的围岩涌水情况,设计了不同的堵水施工措施。

迂回导洞从主洞K29+422.5开挖挂口进洞,开始30m围岩稳定性尚可,开挖后主要为粉砂岩夹砂质泥岩,涌水也较小,主要以拱顶范围的滴水为主。当迂回导洞施工到CK0+065后,围岩含砂质泥岩成分较重,节理裂隙发育,涌水开始增大,涌水冲刷,拱顶掉块严重;施工至CK0+118时,围岩进一步变差,涌水进一步增大,超前钻孔显示,超前钻孔单孔涌水量达11m^3/h,大管棚单孔涌水量达6m^3/h,超前钻孔岩芯采取率和RQD值低,迂回导洞前方围岩地质情况差,前一段时间施工较慢,每月仅施工30m,以当时的施工进度,施工工期将大大延后。2006年7月20日,指挥部、设计代表、监理、施工单位就迂回导洞的施工方案进行了讨论,会议决定:

(1)对迂回导洞CK0+118~CK0+148段30m进行全断面超前注浆堵水。

(2)全断面深孔预注浆前将CK0+118~CK0+108段10m初支已开挖断面径向小导管周边注浆回固。

随后,施工单位对CK0+118~CK0+108段10m初支实施开挖后周边注浆堵水,对CK0+118~CK0+148段30m进行全断面超前注浆堵水,全断面注浆堵水具体施工过程见第八章有关内容。

迂回导洞施工至CK0+124(主洞对应里程K29+530)施作支洞(1号支洞)进入主洞边缘探测坍方情况不明段的具体情况。施工至主洞边缘后向主洞施作钻孔取芯观察,发现与TSP的结论不相符,主洞K29+530下部堆满渣体,不是积水,由此推测K29+480~542段即原2号坍方与3号坍方之间全部已经坍塌,迂回导洞改在CK0+173处转弯,导洞中心线在K29+586处进入主洞。迂回导洞继续向前掘进,2006年10月8日在施工至CK0+158时,迂回导洞发生坍方,由于涌水大、围岩差,坍方处理十分困难,初步估计处理此坍方需1个月时间,迂回导洞施工一时处于停工状态。迂回导洞发生坍方后,经多方研究、比较,最后决定在CK0+143处转弯,2号支洞中心线于主洞K29+557处进入主洞。2号支洞要通过破碎带,施工单位制订了专项施工方案“迂回导洞主洞施工方案”,安全进入了主洞,开辟了新的工作面。迂回导洞发生坍方后,主洞坍方段的涌水量迅速减少并达到完全干涸,加上为查明坍方情况而施工的1号支洞,总体迂回平导总长度为174.3m,较原设计方案(探明坍方情况后设计方案)短约30m,比最初的设计线路长约40m。迂回导洞实际施工线路见图9-28。

在迂回导洞施工前期，靠导洞自然坡度排水，在迂回导洞接近主洞时，在导洞右侧修筑水沟，水沟将涌水排入 K29 +419 处 2 号集水坑，在迂回导洞 CK0 +158 处发生坍方涌水增大后，在迂回导洞右侧修筑水槽，汇集前方涌水，之后汇入迂回导洞进口段右侧水沟，以免整个隧道漫水，对交通不利。迂回导洞施工通风系统仍采用原通风系统，将原风带接入迂回导洞即可。排水通风具体布置见第八章有关内容。

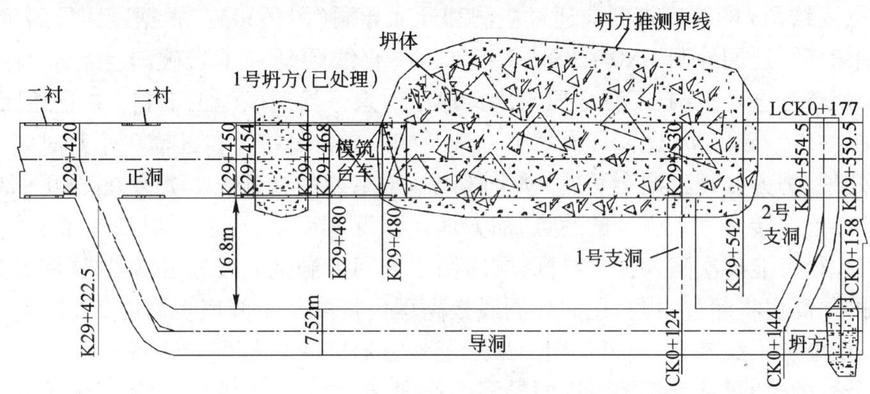

图 9-28　迂回导洞实际施工线路

六、迂回导洞进入主洞方案

（一）迂回导洞修改方案施作情况

迂回导洞最初设计从主洞 K29 +435 开口进洞，在主洞 K29 +535 处进入主洞，目的是将主洞涌水排出，使涌水不再从 K29 +478 坍渣及拱顶处泄出，给坍方处治创造条件。在施工过程中，考虑到迂回导洞进口 K29 +435 离已处理的 1 号坍方较近，只有 19m 的安全距离，挂口进洞可能有危险，迂回导洞原设计出口选在 2 号坍方与 3 号坍方之间，进入主洞时可能会发生突泥（K29 +468 ~ K29 +350 段抽水后发现有很多淤泥）、突水等危险，因此将迂回导洞的进口稍作调整，改在 K29 +422.5 处挂口施工迂回导洞，出口改在 K29 +176 处转弯，迂回导洞中心线在主洞 K29 +586 处进入主洞，在 CK0 +124 处施工支洞（1 号支洞）进一步探明 2 号坍方与 3 号坍方之间的情况。

在迂回导洞施工期间，在 CK0 +124 施作支洞进入主洞 K29 +530 边缘，且向主洞施作超前钻孔，通过取芯观察（图 9-29），发现主洞 K29 +530 下部堆满渣体，由此推测 K29 +480 ~ 542 段即原 2 号坍方与 3 号坍方之间全部已经坍塌，迂回导洞继续向前掘进，施工至 CK0 +158 时发生坍方，由于涌水大、围岩差，坍方处理十分困难，初步估计处理此坍方需 1 个月时间，迂回导洞施工一时处于停工状态。

图 9-29　1 号支洞向主洞方向所取岩芯

（二）迂回导洞提前转弯进入主洞

迂回导洞 CK0 +158 处发生坍方之后，发现主洞涌水减小很多,原主洞涌水转入迂回导洞坍方 CK0 +158 处,从导洞坍体中泄出。在迂回导洞施工的同时,主洞从正面处理坍方,但从正面处理主洞坍方较困难,处理坍方速度较慢,因此迂回导洞仍要进入主洞,正反两面夹击处理坍方,且进入主洞后可以在未开挖段开辟新的工作面,继续向前掘进未开挖段,争取早时贯通隧道。

在迂回导洞 CK0 +143 处,向主洞方向钻孔取岩芯探查地质情况及涌水情况,钻孔取芯发现有两个宽度约 5m 的破碎带斜向通过主洞和迂回导洞(图 9-30)。根据迂回导洞 TSP 超前预报资料结果表明,迂回导洞 CK0 +158 ~ +176 段(直线顺延),围岩破碎且富水,若按计划在 CK0 +176 处转弯进入正洞,工程地质与水文地质对余下导洞段施工不利,并且迂回导洞必须通过已探明的两个破碎带,迂回导洞坍方处理及剩余导洞开挖至少还需 2 个月时间,主洞坍方只能正面处理,坍方处理工期会延后,整个隧道施工工期也会延长。如果在 CK0 +200 以后继续向前掘进,寻找转弯进入主洞的地点,前方地质情况不明确,可能难以找到围岩好的地点转弯进入主洞,很可能再次陷入被动局面;同时由于迂回导洞是上坡施工,如果迂回导洞太长,进入主洞后拱顶高程将超过主洞,迂回导洞底板高程也将高于主洞底板高度 3m 以上,起不到排水的作用,且增加了成本,影响了工期。最后经多方研究决定提前转弯进入主洞,这样可以节约至少 2 个月的时间,并且缩短了迂回导洞的长度,节约了施工成本,缩短了整个隧道的工期。

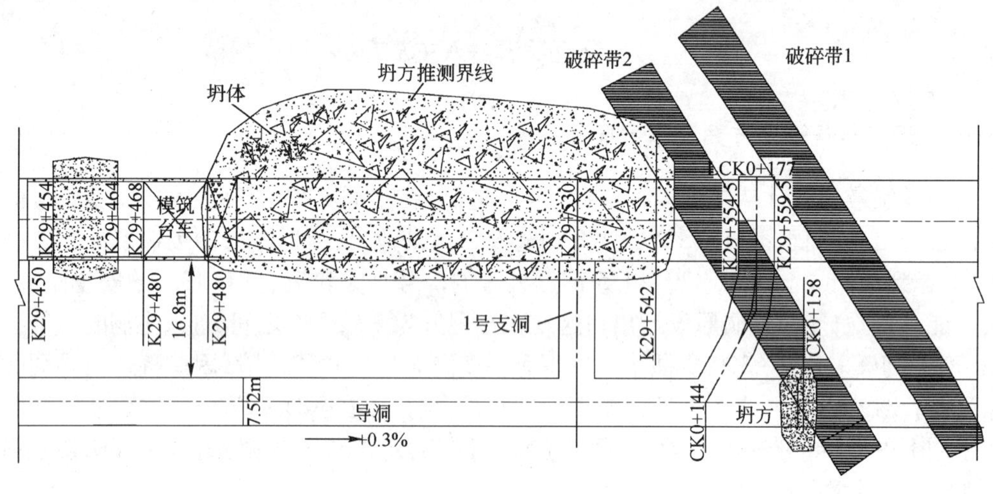

图 9-30　破碎带位置

(三)提前转弯地点的选择

迂回导洞必须绕过主洞坍体 K29 +542,但在转弯处起点必须在 CK0 +158 后方,即迂回导洞坍方不处理,且迂回导洞进入主洞位置与主洞坍方边界 K29 +542 必须有足够的安全距离。通过上述对工期、施工难度、施工成本、围岩地质超前钻孔情况等多方比较选择,决定在迂回导洞 CK0 +143 处开始转弯施工支洞(2 号支洞),迂回导洞中心线在主洞桩号 K29 +557 处进入主洞。在迂回导洞 CK0 +143 处开始转弯进入主洞的优点是:

(1)迂回导洞围岩在 CK0 +143 附近稳定性较好,利于支洞挂口进洞,同时有利于迂回导洞的安全。

(2)在 K29 +557 处进入主洞,与 K29 +542 相隔 12.5m,安全距离基本足够。

(3)在 CK0 +153 钻孔取岩芯观察(共钻孔 3 个,见图 9-31),发现迂回导洞 CK0 +143 附近与主洞之间的围岩有一部分较好,有利迂回导洞转弯进入主洞。

(4)迂回导洞与主洞重叠段围岩相对较好,刚好在两个破碎带之间,有利于打开工作面。

选择此处开口进洞的不利因素:

(1)破碎带2通过主洞与迂回导洞交界处附近(图9-28),2号支洞线路在接近主洞位置及主洞K29+554附近围岩较差,对主洞反向处理坍方打开施工场面不利。

(2)如果K29+542坍方向未开挖段延伸较多,则原主洞坍方边界与迂回导洞边界K29+554.5之间就没有12.5m的安全距离,对迂回导洞进入主洞相当不利。

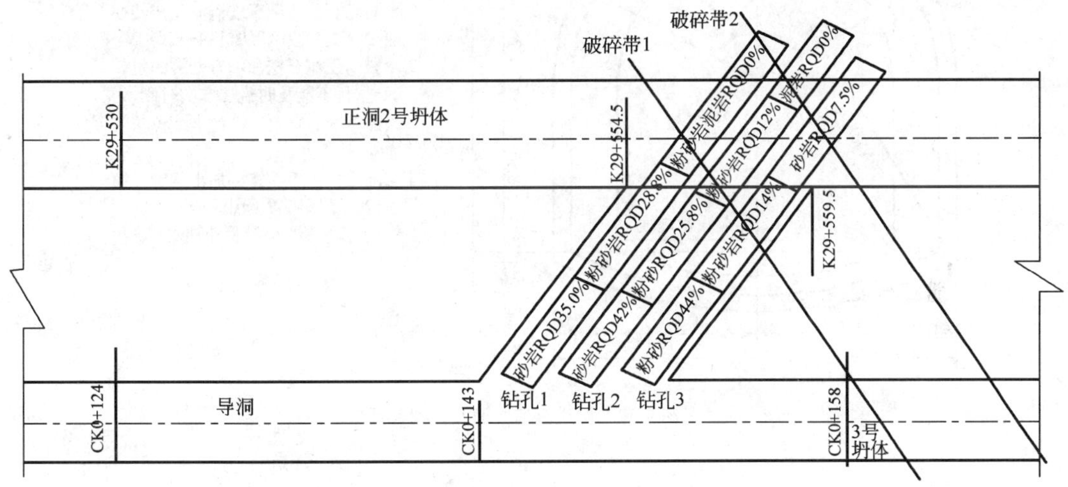

图9-31　钻孔地质描述

(四)2号支洞线路及断面形式

为了保证2号支洞进入主洞地点与主洞坍方有足够的安全距离,支洞部分线路采用曲线,圆弧半径20m,支洞圆弧段长度10.47m,然后又进入直线段,2号支洞线路见图9-28。支洞纵向坡度为+0.3%,以利排水。

由于2号围岩较差,断面不宜设计得太大,在满足交通运输需要的条件下,尽量减小2号开挖断面,2号采用直墙圆拱断面进洞(结构及支护参数见图9-32),2号支洞与迂回导洞直线段成60°角进洞,支洞全长17.05m。由于破碎带围岩软弱,在2号支洞接近主洞时要向主洞方向施作大管棚及小导管,如果支洞全部采用圆拱直墙形式的断面,则部分大管棚和小导管将暴露在主洞开挖范围以内(支洞洞顶高程低于主洞拱顶高程),因此支洞断面在接近主洞边缘5m时,将圆拱直墙形式改为矩形断面,经量测运输车辆高度及宽度后计算,圆拱直墙断面开挖宽度5.48m,高度6.13m,矩形断面开挖宽度5.48m,高度5.8m,结构及支护参数如图9-33所示。2号支洞要成为后面未开挖段的施工通道,也是反向处治坍方的通道,其二次衬砌在较长的时间内不能施作,初期支护加强了,其目的是保证2号支洞的稳定。在施工2号支洞的过程中,也要短进尺、弱爆破、勤测量,尽量维护支洞围岩的稳定,开挖前必须先施作大管棚、小导管超前支护。如果2号支洞坍塌,就无法找到合适的转弯地点进入主洞,坍方处理起来费时费力,增加工程造价,并且还可能将主洞坍方与支洞坍方连成一片,如果支洞坍方与主洞坍方连通,则处理起来就非常困难,所以2号支洞安全进入主洞十分重要,对于2号支洞的施工必须谨慎。

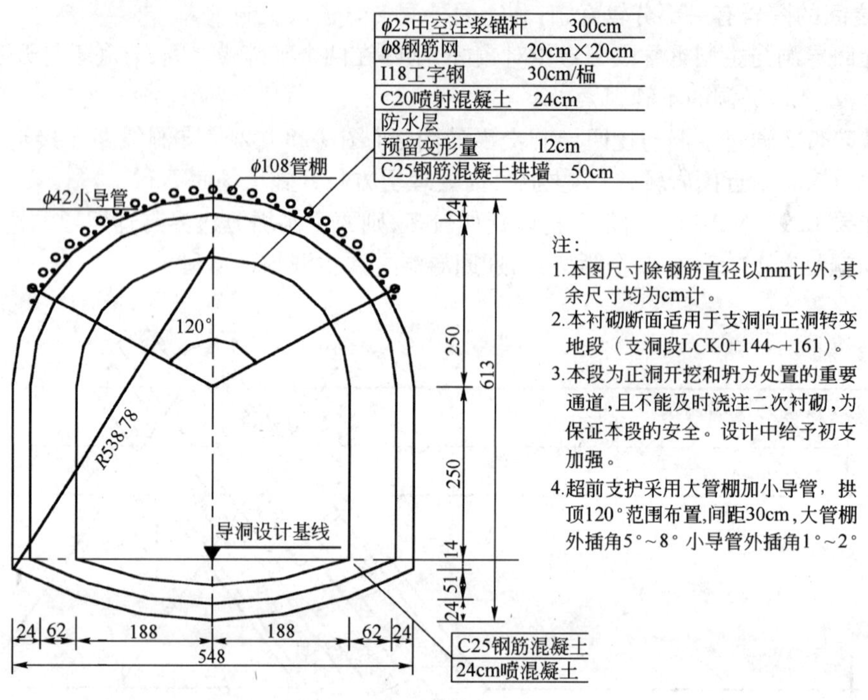

图 9-32 圆拱直墙断面及支护参数

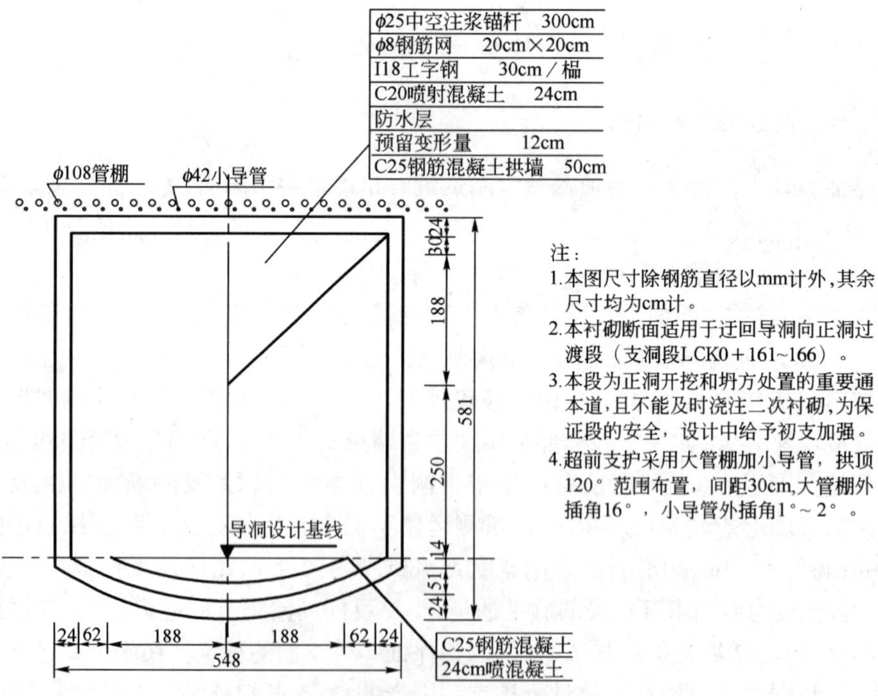

图 9-33 矩形断面结构形式及支护参数

(五)2 号支洞开挖及支护

2 号支洞开挖暂不考虑仰拱开挖,只开挖直墙及圆拱部分,如今后需要施作仰拱,再开挖仰拱及施作仰拱回填。由于2号支洞矩形断面(宽5.48m,高5.81m)和圆拱直墙断面均较小,故采用全断面开挖,围岩较差,用人工配合机械开挖,局部较硬处放小炮松动后人工开挖,施工过程中加强监控量测,保证施工安全。

1. 管棚及小导管施工

在迂回导洞施工至CK0+161以前,采用小导管及大管棚作超前支护,开挖后施作I18工字钢架,间距30cm,ϕ25注浆锚杆长度3.0m,间距0.8m×0.8m,ϕ8钢筋网,间距20cm×20cm。导洞施工至离主洞右侧边界5m即LCK0+161处,将直墙圆拱断面变为矩形断面,在此处向主洞方向施作ϕ108大管棚及小导管,大管棚长度20m,间距30cm,内置钢筋笼。必须保证大管棚经过主洞拱顶时,大管棚在边挖轮廓线以外,经计算,外插角取16°左右。小导管采用ϕ42,长度4m,间距30cm,搭接1m,大管棚和小导管在开挖前均注浆,其他初期支护参数与前一段相同。

2. 支洞进入主洞后开挖及支护

大管棚及小导管注浆完毕后,采取短进尺的方式开挖,在2号支洞边缘CK0+166后进入主洞开挖后,开挖断面为矩形,见图9-35,开挖断面随着主洞的断面高度不同要不断调整开挖高度,掌子面推进方向是由支洞向主洞左侧推进(图9-34)。开挖至主洞中心线时,再施作一个循环的大管棚,管棚长度10m。迂回导洞CK0+166~177段(主洞K29+554.5~K29+559.5段)要进行两次支护,加上二次衬砌比原设计加大20cm,因此在开挖时断面要比原设计断面扩大约50cm。第一次初期支护是在支洞进入主洞开挖后进行,从迂回导洞开挖方向上看,开挖断面为矩形,从主洞方向上看,仍为原设计的三心圆拱曲边墙。初期支护设置I18工字钢,间距30cm,喷混凝土厚度24cm,ϕ25中空注浆锚杆长4m,间距0.6m×0.8m,梅花形布置,ϕ8钢筋网,间距20cm×20cm,开挖CK0+166~177段时,I18工字钢架为矩形,开挖断面高度不断变化,在主洞隧道中心线处开挖断面高度达最高。施工至CK0+166时,施作矩形门架,门架由2根I18工字钢焊接成框架,矩形门架抬梁由4根工字钢焊接而成(图9-36)。第二次支护是在交叉段施工完毕后进行,第一次初期支护完毕后,架设主洞I18工字钢架,架设方向与主洞正常施工一致(第一次工字钢架设方向与正常施工工字钢架方向施工垂直,工字钢架为矩形),第二次支护I18工字钢左侧(主洞开挖方向)落在围岩基础上,右侧落在门形框架抬梁上,并与抬梁焊接牢固。矩形门架要架设牢固,与后方工字钢及喷混凝土形成整体,以利受力,第二次支护工字钢上右端压力由门形框架抬梁承担。这样,主洞就形成了纵向长度约5m的施工空间,为主洞继续向前开挖及反向处理坍方创造了条件。施作第二次初期支护的目的是为了能够拆除第一次初期支护的矩形工字钢架腿部,为前方未开挖段和反向处治坍方提供条件,不拆除第一次初期支护的矩形工字钢架腿部,无法施工,不进行第二次初期支护,就不能拆除第一次初期支护的腿部。

主洞高程与迂回导洞高程不一致,主洞设计高程比2号支洞低,在2号支洞进入主洞时,只开挖至高程860.93,与迂回导洞底板一样高,即交叉段分两次开挖。第二次开挖(开挖高度0.54m)在排水设施布置完毕后进行,以防涌水发生而无法排水,如果一次开挖,交叉段高程比迂回导洞低,当时开挖无法布置排水设施,不利于前方施工排水。

二次支护完成之后,沿主洞未开挖段纵向施作大管棚和小导管,大管棚和小导管打好后,再拆除主洞第一次支护工字钢架右侧腿部,围岩压力由第二次支护承担,第二次支护工字钢架右侧落在矩形门架上,压力由矩形门架承担(图9-34),左侧落在主洞开挖设计高程基岩上,在第二次支护的保护下,按照主洞设计断面进行开挖作业,通风、机械设备、人员及弃渣通过2号支洞及迂回导洞进出。

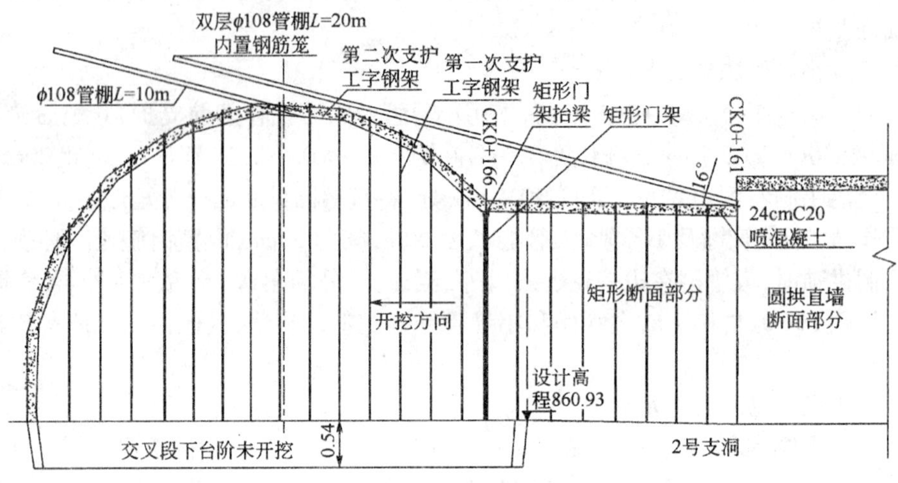

图 9-34 2号支洞进入主洞开挖及支护(尺寸单位:m)

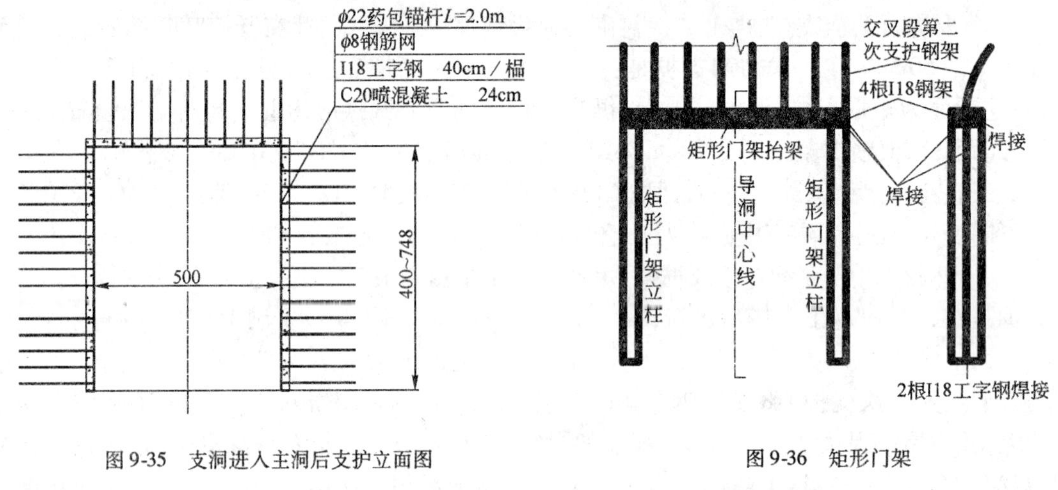

图 9-35 支洞进入主洞后支护立面图

图 9-36 矩形门架

第四节 突水坍方后期处治

突水坍方发生后前期工作主要是泄水,泄水方案包括台车下正前方钻孔泄水、降低钻机高程钻孔泄水、迂回导洞泄水。前两种方案泄水不成功,从2005年10月1日起至2005年12月31日止,耗时3个月。迂回导泄水的目的仍是为了处治坍方,迂回导洞从2006年5月1日开始施工,在2006年10月8日在施工至CK0+158时,迂回导洞发生坍方,同时主洞坍方段的涌水量迅速减少,大约一个星期之后完全干涸,经现场研究决定在CK0+144处提前转弯进入主洞,2006年11月底成功施工至CK0+177(迂回导洞CK0+166~CK0+177与主洞重叠),在主洞形成了纵向长度约5m的施工空间,迂回导洞施工耗时7个月,平均每月仅施工35m。泄水成功和迂回导洞成功进入主洞后,为坍体的后期处治割除台车和坍方开挖提供了可能和便利条件。

一、坍方后期处治方案

（一）坍方处治区域划分

K29+542~K29+600 围岩很差，因此将“8.6 坍方”处治范围划为 K29+450~600，共 150m，由于坍方“8.6 坍方”情况及其影响各不一样，为便于坍方处治工作的开展，将坍方段 150m 分为 5 个区（图 9-37），即主洞Ⅰ区 K29+450~K290+480 裂损二次衬砌重建区 30m，主洞Ⅱ区 K29+480~K29+554.5 坍塌处治段 74.5m，主洞Ⅲ区段 K29+554.5~K29+559.5 迂回导洞与主洞过渡段 5m，主洞Ⅳ区 K29+559.5~ K29+600 坍方延伸段 40.6m，以及迂回导洞段Ⅴ区。

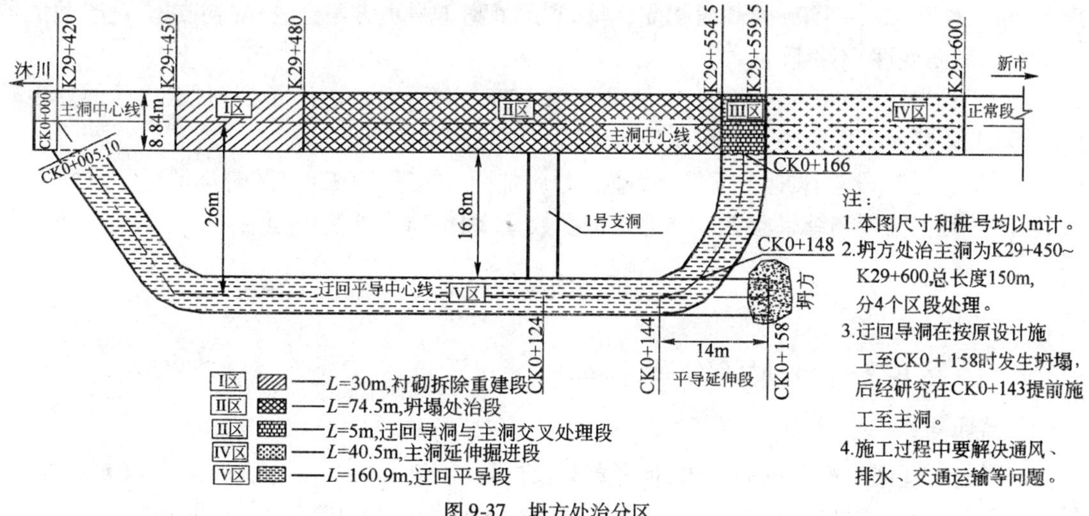

图 9-37　坍方处治分区

（二）后期坍方处治总体方案

突水坍方发生后，施工单位已对坍方处治进行了多方尝试，迂回导洞已成功实施，泄水成功，专家会议、指挥部、监理部及施工单位形成一致意见，坍方处治以 K29+546 反向回挖处治为主（当时反向已施工至 K29+546 处，目的是安装二衬台车，为反向处治坍体提供施工空间和安全保障），二衬台车坍塌处正向处治为辅。具体有以下几点：

（1）利用迂回导洞绕过坍方段后进入主洞，在主洞 K29+546 处开辟坍方处治工作面，开挖前施作 ϕ108 大管棚及 ϕ42 小导管超前支护及加固围岩，在大管棚及小导管的保护下开挖。开挖方法采用风镐开挖或挖机开挖，K29+546~542 段可在掌子面中间部位局部放炮松动，坍塌段渣体一律采用人工配合机械开挖，不得放炮震动。视具体情况和施工方便，采用环形导坑预留核心土或上下台阶开挖，每循环进尺 0.5m。

（2）二衬台车拆除段处治分段割除二衬台车及原破损二衬，每次割除台车 0.5m，并施作新支护。

（3）为安全起见，先将 K29+546~554 段仰拱、仰拱回填及二衬施作后，再开始 K29+546 处的反向处治工作。以反向处理为主，开挖满 10m 后施作一模二衬，步步为营，依次反向推进。

（4）由于二衬破损段 K29+450~470 段在原二衬的基础上增设了工字钢架和加喷 20cm 混凝土，二衬台车损毁段 K29+470~480 处治后的初支有些地方侵界，所以 K29+450~480 段一次处治到位相当困难，可先将此段渣体清除，形成坍方区即Ⅱ区处治工作面，等Ⅱ区处治完毕后再彻底处治Ⅰ区。

(5)Ⅱ区正向处治只开挖上台阶,尽快贯通坍方段,目的是为前方未开挖段K29+600~K30+150开挖运输、通风创造条件,改善未开挖段现有的施工条件,等Ⅱ区处治完毕后再彻底处治Ⅰ区。如果Ⅱ区处治一次到位,则坍方贯通时间将延后,对前方未开挖段不利。如果Ⅰ区处治一次到位,则要形成3个坍方处治工作面,即K29+450~480处治工作面,K29+480向前坍方处治工作面,K29+546反向处治工作面,安全隐患增大,条件允许时可按此种方法考虑。即总体处治方案是正向处理处只有上台阶开挖一个工作面,反向处理处有上下台阶开挖、二衬两个工作面。

(6)主洞Ⅰ区段二衬有部分开裂,要拆除后重新施作,为了不侵界,二衬仍采用原设计厚度50cm。对于K29+450~460段初支,考虑到此处离1号坍方不远,拆除初支不安全,故此段初支只作加固处理,不拆除。

(7)坍体K29+480~542段上部的堆积厚度较大时可对空腔不予处理,当堆积体厚度较薄时,可先注浆加固后再注入膨胀水泥等轻质材料充填塌腔。

(8)坍方处治段总体地质条件差,施工时应加强监控量测工作,及时反馈量测数据并分析,以便及时根据量测结果验证或调整支护参数,以确保坍方处治工程结构安全和施工安全。

二、坍方后期处治施工

(一)Ⅱ区K29+546处反向处治

1. 前期准备工作

支洞进入迂回导洞开挖后无水,但考虑到反向处治及前方未开挖段施工可能涌水,故在主洞安装两台37kW潜水泵备用,并铺设两道ϕ150排水管道,以防万一。然后开挖主洞下台阶0.54m(迂回导洞与主洞交叉段未一次开挖到底,见图9-31),开挖至设计高程后,为安全起见,先施作K29+548~+556段仰拱及二次衬砌,为坍方处治提供安全的作业空间。将风带接至迂回导洞2号支洞处,矩形断面较小,风带不能接入主洞内,否则在2号支洞处交通运输要受到影响,通风时,车辆不能通行。

2. 大管棚及小导管固结坍体

在K29+546处施作大管棚,大管棚每循环施作30m,搭接长度4m,外插角1°~2°,拱部180°范围布置。大管棚环向间距30cm。管棚必须注浆,初步固结坍渣,随后用小导管补注浆。小导管兼作系统锚杆,拱部180°范围施作,小导管注浆采用1:1的纯水泥浆,注浆压力0.5~1MPa,坍渣固结高度不小于3.5m(坍体不足3.5m高时,用预先布置的注浆管注浆充填至3.5m),小导管长度4.5m,斜向45°施作,按梅花形布置,环向间距30cm,与大管棚交锚布置,纵向间距80cm。大管棚及小导管钻孔、注浆施工工艺见前面有关章节。

3. 坍体反向开挖与支护

(1)坍体反向开挖情况。大管棚、小导管注浆完成后进行坍体开挖,围岩开挖后以粉末状、角质状黄色土体为主,极为软弱,稳定性差(图9-38)。可能是受导洞CK0+158处涌水的影响,开挖后左侧(迂回导洞侧)有少量滴水或渗水,开挖后掌子

图9-38 反向开挖后围岩情况

面潮湿。由于与前方坍体较近，坍体开挖采用人工与机械相结合预留核心土开挖，未放炮，施工速度 1m/d。具体开挖及支护步骤如图 9-39 所示。

(2)支护。开挖预留变形量 20cm；每开挖 30cm 安设一榀 I18 工字钢钢架，为保证工字钢的稳定性，拱脚加锁脚锚杆，左右各打 4 根 $\phi 25$ 药卷锚杆，锚杆 $L=4m$；挂设 $\phi 8$ 钢筋网片，网格尺寸 20cm×20cm，并分次喷射 C20 混凝土，厚度 24cm。环形导坑纵向长度控制在 5m 以内，及时进行左右边墙的开挖与落底工作，保证初期支护及时闭合。左右边墙开挖时(即图 9-39 的步骤 3 和 4)，左右两侧开挖应错开至少 3m 的距离，且不得同时开挖，下台阶每循环长度控制在 1m 以内，核心土视施工方便时开挖。坍塌区衬砌结构见图 9-40，仰拱设置 I18 工字钢架并施作二次衬砌。开挖时必须遵循短进尺的原则，每次开挖满 40cm 时就必须安设一榀工字钢架，锁脚锚杆左右两边各打 4 根药卷锚杆，以稳定工字钢架。

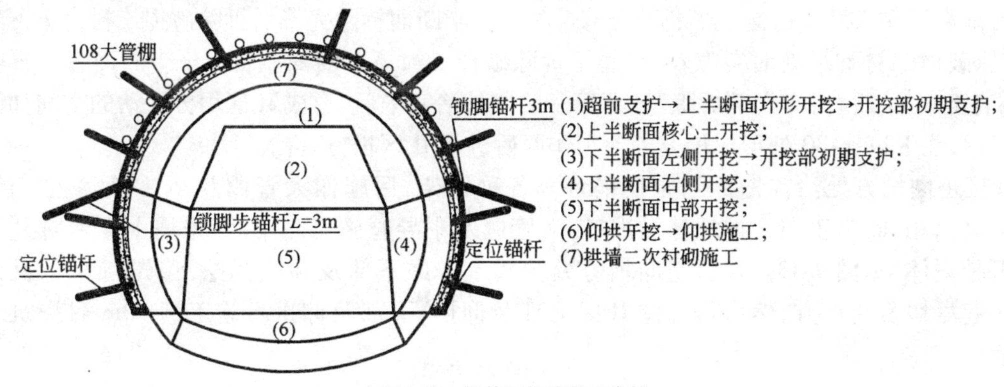

图 9-39　坍体开挖步骤及支护

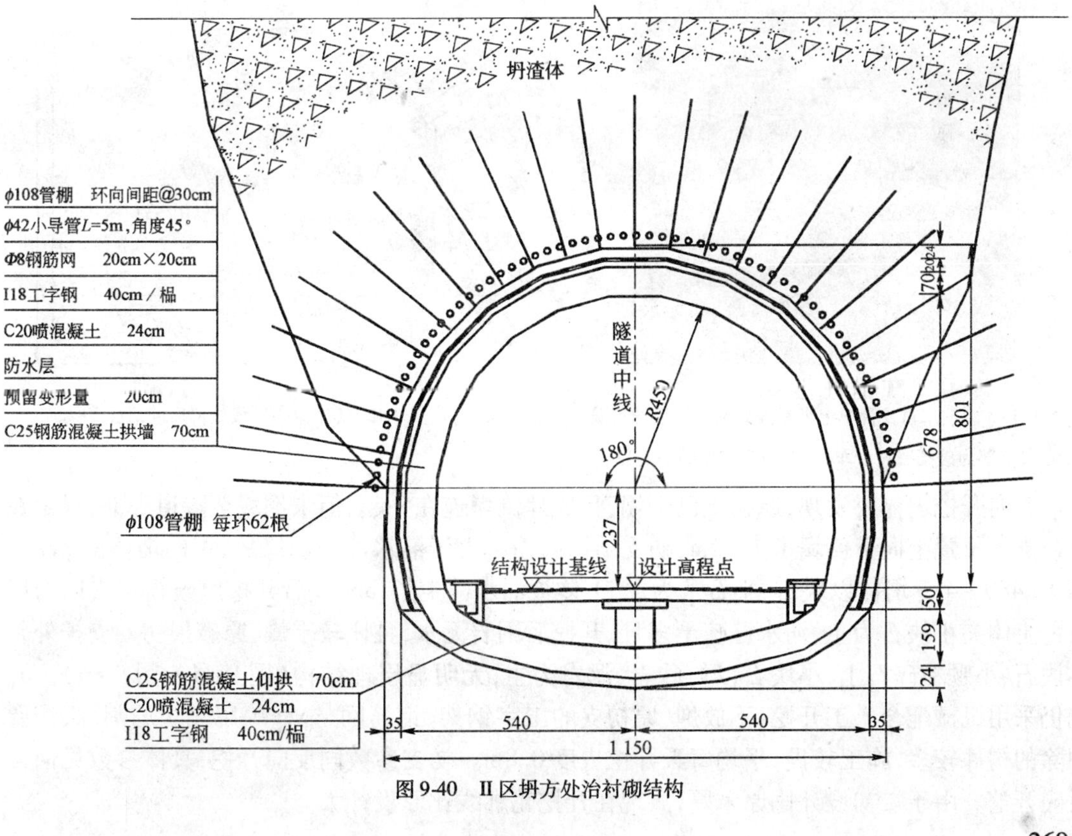

图 9-40　II 区坍方处治衬砌结构

(3)二次衬砌。坍方段二衬要及时施作,以保证前方坍体处治的安全,K29 + 480 ~ + 544.5段二次衬砌厚度70cm,采用钢筋混凝土,主筋采用II级钢筋,其余采用I钢筋。环向主筋为II级钢筋 $\phi22@200$,纵向钢筋为 $\phi12@200$ 钢筋,箍筋采用I级钢筋 $\phi8@200$,混凝土采用C25防水混凝土。

(二)II区正向处治

要正向处治II区坍方,首先要处治I区二衬台车(称I区第一阶段处治)。由于二衬台车段变形严重,二衬台车出口一端被坍塌围岩压低了约2m,故I区二衬台车段二衬和初支均要拆除。坍方处涌水完全干涸后,分段割除二衬台车,只割除上半断面,原破损二衬和原初支采用控制爆破技术拆除上半断面,拆除0.5m后立即施作上半断面新的初期支护(图9-41),直至二衬台车及破损二衬及初支上半断面全部拆除。上半断面拆除完毕后拆除破损二衬台车下半断面,原破损二衬下半断面裂隙较少,暂不拆除破损二衬下半断面。台车下半断面每次拆除0.5m,直至破损二衬台车全部拆除。I区第一阶段处治完毕后,形成II区坍方处治的空间如图9-42所示,在K29 + 480处形成坍方处治工作面后进行II区坍方处治。

II区正向坍方处治首先拆除原喷锚台车各种钢架,后施作大管棚及小导管,参数与II区反向处治相同,为正向开挖坍体做准备,大管棚及小导管施工完毕后,采用上下台阶开挖方式开挖坍体,见图9-43。II区正向坍方处治暂不考虑下部及仰拱开挖,首先与II区反向处治一起尽快贯通坍方,然后再开挖II区下部及仰拱,下部及仰拱每施工满10m后浇筑一模二次。

图9-41 破损二衬及台车上半断面处治完毕后的情况

(下部为破损二衬台车,上部为新施作的初支)

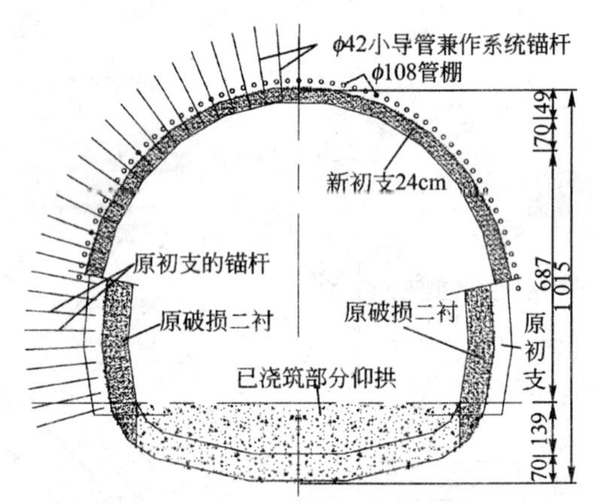

图9-42 I区第一阶段处治后的情况

正向开挖坍体时发现,原初支已倒塌,且成片倒塌连在一起,但未倒塌至隧道底部,只是在原初支的位置上向下倒塌了1 ~ 2m,初支结构破损。由于涌水冲刷的缘故,正向坍体前3m即K29 + 480 ~ 483坍体以块石、小石子为主,土体被涌水冲走了,3m以后开挖原破损初支以内以黄色土体夹小块石为主,涌水已疏干多日,开挖后围岩无水,且比较干燥,原破损初期支护外是小块石、小颗粒碎石土,小块石以粉砂岩、泥岩为主,无明显层理结构(图9-44 ~ 图9-46)。开挖仍采用机械配合人工开挖,不放炮,原初支的工字钢架、钢筋网、锚杆等用氧炔焰割除,需要割除的构件较多,施工较慢,平均每天开挖进度0.8m。初支参数同反向开挖,具体参数见前面反向开挖。由于二初设计比原来厚,故现在开挖轮廓线比原设计大。

(三)I区坍方处治

1. I区第一阶段处治

I区第一阶段处治在坍体开挖前完成,主洞K29+480坍体处涌水干涸后,K29+440处水坑回填处理,以利施工运输。由于二衬台车出口一端被坍塌围岩压低了约2m,故I区二衬台车段二衬和初支均要拆除。分段处治二衬台车及此段初期支护,处治原破损二衬和原初支,采用控制爆破技术每次拆除0.5m,先只拆除上半断面,放炮松动,后采用人工风镐凿除二衬和初支,拆除0.5m后立即施作新的初期支护,直至二衬台车及初支上半断面全部拆除,之后拆除破损二衬台车下半断面,在K29+480处形成坍方处治工作面,拆除原喷锚台车各种钢架,后施作大管棚及小导管,参数同反向处治相同,为正向开挖坍体做准备。二衬台车拆除段破损二衬下半断面暂不拆除,但要保持此处主洞运输道路通畅。原破损二衬加固段K29+450~470段临时工字钢及喷混凝土也暂不拆除,原支护结构一次性拆除太多对隧道稳定不利,可在II区处理完成之后再彻底处治I区。I区处治衬砌结构见图9-47。

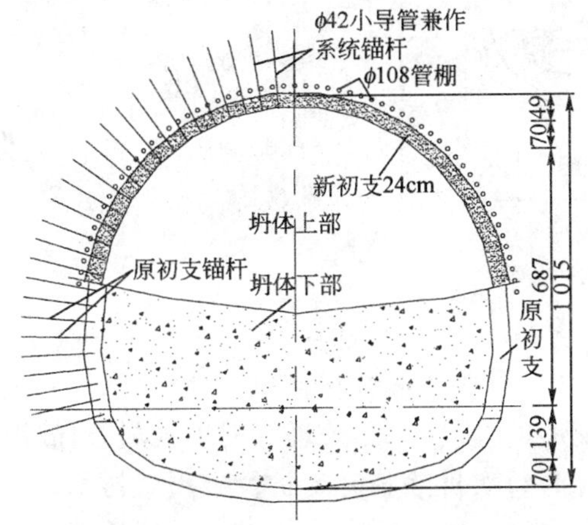

图9-43 坍体II区正向台阶法开挖及支护

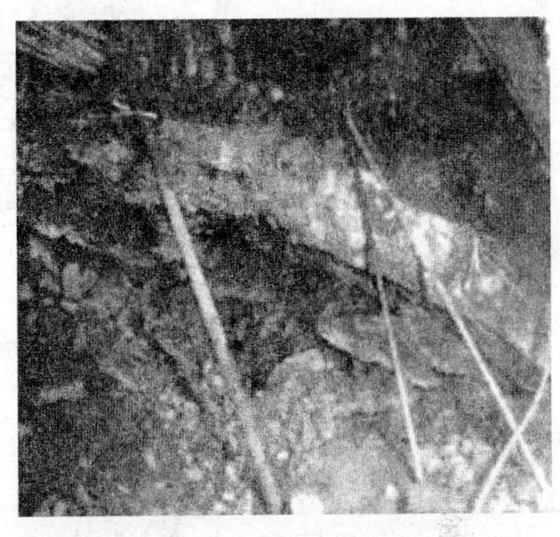

图9-44 K29+490正向开挖围岩(中间为原初支)

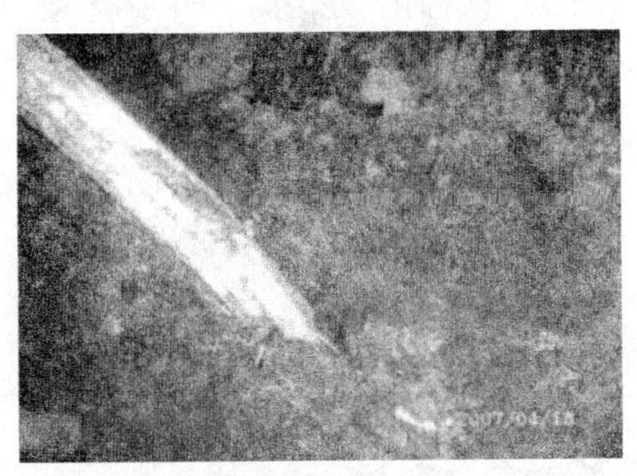

图9-45 K29+500正向开挖围岩(中间为原初支钢架)

图9-46 K29+500正向开挖围岩(上部为新初期支护钢架,下部为原初期支护钢架)

2. I区第二阶段处治

II区下台阶开挖完毕后,施作仰拱,再施作二衬,II区处治全部完成之后再进行I区第二阶段处治。分次拆除破损二衬及原初支下半断面,每次拆除0.5m,采用风镐拆除,不允许放炮。工字钢架要与上半断面初支及时顺接，并及时施作初期支护和二次衬砌。I 区第二阶段处治完毕后前方未开挖段开挖运输、通风均通过主洞，排水仍通过迂回导洞进行。

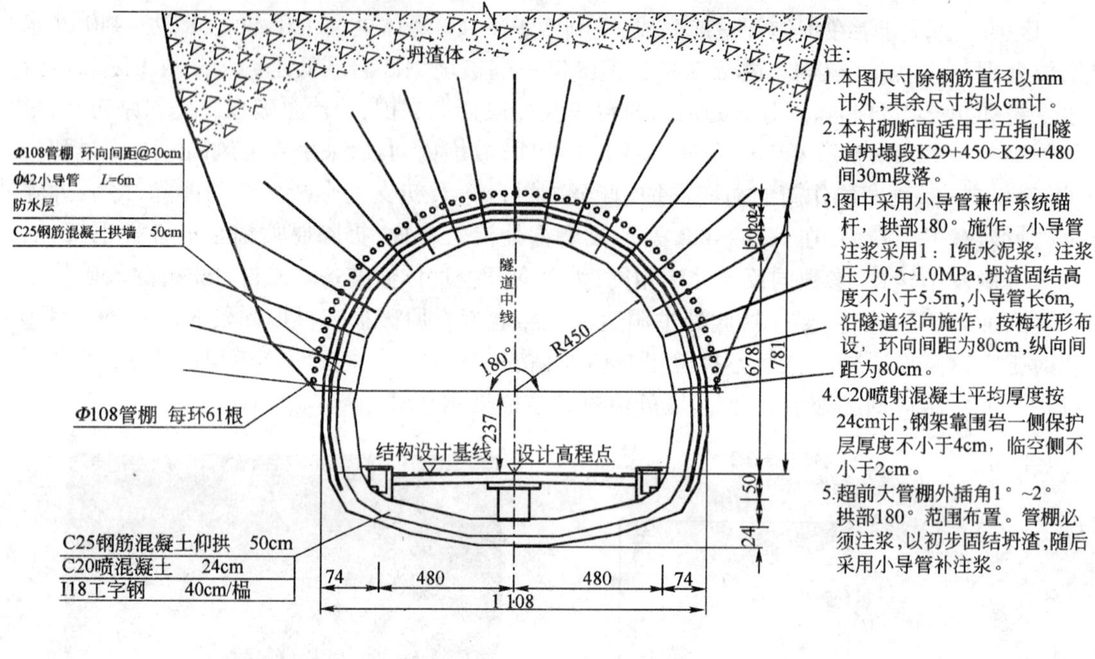

图 9-47 I 区处治衬砌结构

3. I 区第三阶段处治

突水坍方发生后，K29 + 450 ~ 470 段二衬是稳定的，没有变形位移，故将此断留到最后来处治。经验测，此段二衬有破损，但初支完好，没有变形，此段有原已处理好的 1 号坍方，故决定拆除 K29 + 450 ~ 470 段二衬，保留此段初支。拆除时每次拆除临时支护及破损二衬 0.5m，后用自进式锚杆加固原有的初支，锚杆参数为 ϕ27 自进式锚杆，间距 1m × 1m，锚杆长度 4m，拆除二衬满 5m 后施作一模二衬。本段所有的仰拱开挖均在拆除及加固工作完成之后进行，且每次开挖仰拱纵向长度不得超过 2.5m，满 2.5m 后浇筑一次仰拱，处治满 10m 后浇筑一模二衬。

（四）1 号支洞的处理

原设计1号支洞作为探测2号坍方和 3 号坍方之间是否坍塌，以及处理坍方的工作面，探明两坍方连成一片之后，1 号支洞不作为工作面，但 1 号支洞影响坍方处治工作，于是决定迂回导洞施工完成之后，在靠近主洞端用 3m 厚的浆砌片石回填，以此作为正洞开挖初期支护钢架的支点。在 1 号支洞处设置排水管，以防处治坍方的过程中发生涌水。排水管设置如图 9-48 所示。

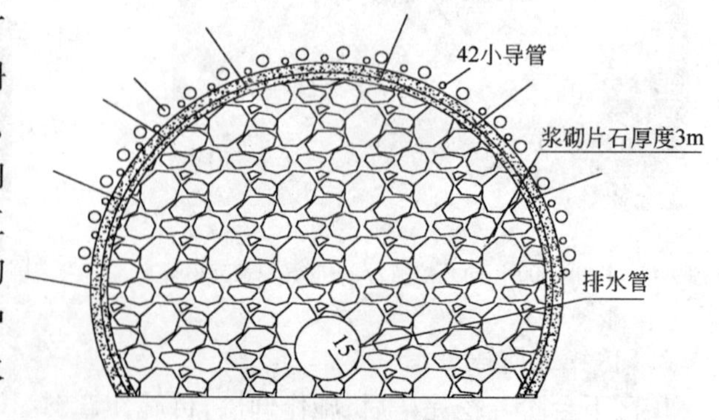

图 9-48 1 号支洞排水管设置

第五节　突水坍方处治过程回顾及感想

从2005年8月6日突水坍方发生至9月13日为排水抢险阶段，涌水回退至K29+420后，涌水抢险工作告一段落，涌水处治工作提上议程；9月14日至9月30日为初支注浆补强、长期抽水工布置阶段，在此段对初支有开裂剥离的地段注浆及锚杆加固，确保初支稳定，特别是对K29+400~K29+430段初期支护进行了加固处理；9月30日召开了第一次突水坍方处治专家会议，确定了突水坍方处治初步方案，即以钻孔泄水为前提的正向突水坍方处治方案，10月1日开始到10月9日为K29+450~+465段破损二次衬砌的钢支撑与喷混凝土加固阶段，并对K29+430~450段锚杆加固；从10月10日到10月23日为小导管注浆加固阶段，对K29+430~K29+450段初期支护进行了注浆加固处理，确保长期抽水和坍方处治工作的安全。

突水坍方处治分为两个阶段。第一阶段为泄水阶段，包括钻孔泄水及迂回导洞泄水，第一阶段是第二阶段的基础和前提，只有第一阶段成功之后才实施第二阶段处治；第二阶段为坍体开挖，包括原破损二衬台车、喷锚台车分段、分次割除，原破损二衬拆除，反向、正向开挖坍体。10月24日至12月30日为钻孔泄水及突水坍方尝试阶段，台车下正前方钻孔泄水和降低钻机高程钻孔泄水效果不佳，突水坍方处治工作一时陷入停滞状态，后在K29+450处开凿大管棚工作室注浆堵水，坍体处涌水较大、空隙大，注浆效果欠佳；2005年12月31日再次组织王梦恕院士等国内知名的隧道专家对五指山隧道及其涌水坍方进行了考察和评审，同意施作迂回导洞泄水方案，并建议增设全隧人行平导，以利运营救灾及逃生，后施作了部分人行平导，有关部门指示取消人行施工，施工单位又根据有关设计，对已施工的部分人行平导作了相应处理。

在作好迂回导洞洞口两侧二次衬砌、洞口加固以及将2号集水坑移至K29+419后，于2006年5月1日开始施工迂回导洞，施工迂回导洞的目的是从坍方后面施作导洞绕过坍体，使坍体上方涌水进入迂回导洞，起到泄水的目的。迂回导洞最初设计从主洞K29+435开口进洞，在主洞K29+535处进入主洞，目的是将主洞涌水排出，使涌水不再从K29+478坍渣及拱顶处泄出，给坍方处治创造条件，在施工过程中考虑到迂回导洞进口K29+535离已处理的1号坍方较近，只有9m的安全距离，进入主洞可能有危险，且迂回导洞原设计出口选在2号坍方与3号坍方之间，进入主洞时可能会发生突泥（K29+468~K29+350段抽水后发现有很多淤泥）、突水等危险，因此将迂回导洞的进口稍作调整，改在K29+422.5处挂口施工迂回导洞，出口改在K29+176处转弯，迂回导洞中心线在主洞K29+586处进入主洞，在CK0+124处施工支洞进一步探明2号坍方与3号坍方之间的情况。在迂回导洞CK0+118处遇较大涌水，围岩软弱，在此实施了全断面超前注浆堵水和开挖后周边注浆堵水，成功通过了涌水较大地段。

在迂回导洞施工期间，在CK0+124施作支洞进入主洞K29+530边缘，且向主洞施作超前钻孔，通过取芯观察，发现主洞K29+530下部堆满渣体，由此推测K29+480~542段即原2号坍方与3号坍方之间全部已经坍塌，迂回导洞继续向前掘进，施工至CK0+158时发生坍方，由于涌水大、围岩差，坍方处理十分困难，初步估计处理此坍方需1个月时间，迂回导洞施工一时处于停工状态。

迂回导洞CK0+158处发生坍方之后，发现主洞涌水减小很多，原主洞涌水转入迂回导洞坍方 CK0 +158 处,从导洞坍体中泄出。在迂回导洞施工的同时,主洞从正面处理坍方,但从正面处理主洞坍方较困难,处理坍方速度较慢,因此迂回导洞仍要进入主洞,正反两面夹击处理坍方,且进入主洞后可以在未开挖段开辟新的工作面,继续向前掘进未开挖段,争取早时贯通隧道。

对于进入主洞地点的选择,在探明附近地质情况的基础上进行了多方选择和比较。在迂回导洞 CK0 +143 处,向主洞方向钻孔取岩芯了解地质情况及涌水情况,钻孔取芯发现有两个宽度约 5m 的破碎带斜向通过主洞和迂回导洞。导洞 TSP 超前预报资料结果表明,迂回导洞 CK0 +158 ~ +176 段(直线顺延),围岩破碎且富水,若按计划在 CK0 +176 处转弯进入正洞,工程地质与水文地质对余下导洞段施工不利,并且迂回导洞必须通过已探明的两个破碎带,迂回导洞坍方处理及剩余导洞开挖还至少需要 2 个月时间,整个隧道施工工期也会延长。如果在 CK0 +200 以后继续向前掘进,寻找转弯进入主洞的地点,前方地质情况不明确。最后经多方研究决定在迂回导洞 CK0 +143 处提前转弯进入主洞,这样可以节约至少 2 个月时间,并且缩短了迂回导洞的长度,节约了施工成本,缩短了整个隧道的工期。迂回导洞进入主洞施工技术比较复杂,安全隐患较大,施工单位制订了“支洞进入主洞施工方案”,于 2006 年 11 月底成功进入主洞。“支洞进入主洞施工方案”中设计了矩形断面,成功解决了在 2 号支洞向主洞施工大管棚所遇到的问题,设计了 2 号支洞曲线线路,解决了支洞进入主洞地点与坍方 K29 +542 安全距离不足的问题,方案还设计了交叉地段二次初期支护和矩形门架,成功解决了交叉地段的开挖问题,迂回导洞成功进入主洞,为前方开挖和反向处治坍方创造了条件,突水坍方处治第一阶段完成任务,虽然涌水未从交叉地段涌出,而是从导洞坍体 CK0 +158 处直接涌出,但仍达到预期的泄水目的,坍体内涌水迅速减小并很快疏干。导洞坍方发生后 K29 +480 处涌水减小并很快疏干,这是原来未想到的,出乎意料,说明主洞突水与此处涌水属于同一含水带,同属于 FW1 破碎带。

突水坍方处治第一阶段达到目的后,对涌水及坍方有了更进一步的认识,设计院对“8.6 涌水坍方”的处治在原有基础上作进一步的优化设计,以便及时进行坍方的处治施工。2007 年 1 月 12 日,川高公司组织有关专家对处治施工图设计文件进行了评审,形成了最终的坍方处治方案。主洞坍方涌水完全疏干后,通过割除二衬台车和喷锚台车、拆除部分原破损二衬等艰苦工作,为正向处治坍方创造了条件,在主洞 K29 +480 处开辟了坍方 II 区正向处治工作面。坍方处治基本上采用人工配合机械开挖的方式,短开挖,快支护,勤测量,稳打稳扎,逐步推进,坍方处治施工时成立专门的监控量测队伍及专门的安全管理人员,精心组织、管理,通过艰苦努力,II 区坍方处理于 2007 年 5 月 11 日贯通上台阶,后施工坍方 II 区下台阶及二衬,最后彻底处治 I 区原破损二衬,主洞坍方于 2007 年 8 月完部处治完毕,未出现任何安全事故。

突水坍方从 2005 年 8 月 6 日发生,至 2007 年 8 月完全处治完毕,历时 24 个月,从 2005 年 9 月 30 日第一次专家会议开始研究突水坍方处治方案算起,处治突水坍方时间共历时 22 个月。2005 年 10 月 1 日开始至 2005 年 12 月 31 日再次组织专家会议期间,开展钻孔泄水及开凿大管棚工作室注浆工作,钻孔泄水和注浆不成功,耗时 3 个月。2006 年 1 月 1 日至 2006 年 4 月 30 日,开展迂回导洞进洞前的各项准备工作,如重新定购二衬台车、施作导洞洞口两侧仰拱及二衬、加固导洞洞口、移动 2 号集水坑等工作,耗时 4 个月。迂回导洞施工从 2006 年 5 月 1 日开始至 2006 年 11 月底结束,施工迂回导洞共耗时 12 个月。2006 年 12 月 1 日至 31 日以交叉段内反向施工开挖,为反向处治坍方提供空间,并在 K29 +546 ~554 施作一模二衬,为反向处治坍方提供安全的作业空间,同时在交叉段向出口开挖,为未开挖段施工提供施工空间,耗时1个月。第二阶段处治工作从2007年1月开始，至2008年8月初结束，共耗时7个多月。五指山隧道进口段突水坍方处治工作难度极大，在全国也是罕见的。在处治过程中，召开专题会议十余次，处治进程一波三折。由于水文地质条件与原设计有较大差别，突水坍方发生后重新组织力量对五指山隧道的水文地质进行了多次、多种手段勘查，提供的报告有2006年提交的《工程地质补勘报告》、成都理工大学2006年6月完成的五指山隧道补充地质勘察《物探成果报告》、四川省地质工程勘察院于2006年2月～4月对五指山隧道及其影响区作了专项水文地质调查并提供了五指山隧道《专项水文地质报告》和《场地环境水对混凝土的腐蚀性评价报告》、铁二院《TSP探测报告》等，对五指山隧道的水文地质进行了多方探讨，特别是对突涌水原因进行了深入细致的研究，解释了突水原因，对五指山隧道的水文地质比以前有了更深的认识，并对未开挖段涌水进行了预测，预测涌水量比实际开挖涌水量大，反映了五指山隧道水文地质的复杂性。提出的突水坍方处治方案多种多样，会议确定的处治方案多次修改，特别是迂回导洞施工方案在施工过程中数次修改，这些都体现了五指山隧道进口端突水坍方处治的复杂性。突水坍方发生后，邀请重庆科研设计研究院、长安大学等科研单位进行了“复杂水文地质条件下隧道修建关键技术”等科研项目。

本次坍方造成隧道停工达10多个月，处理难度极大，在全国也是罕见的。原定的泄水降压坍方处理方案关键的一步钻孔泄水难以达到预期的效果，因此难以继续实施。突涌水坍方发生后，对如何处理坍方犹豫不决，导致坍方发生后9个月还未正式开始处理。特长隧道的设计中，首先必须对隧道地质进行详细的勘察；再次是设计时不宜采用“一”字形隧道。如果本段隧道为人字坡隧道，涌水后水能自然流出，在洞内不会长期浸泡洞身围岩和初期支护，本次坍方是可以避免的，人字坡隧道对隧道排水有利，施工中也将大大降低施工成本。在隧道施工中，首先必须对隧道施工进行超前地质预报，为开挖与支护提供参考，把突发事故降低到最小程度；其次对于隧道施工中遇到有涌水突变的部位，及时进行超前注浆，一方面避免了大型的涌突水事故，另一方面也保护了生态环境。

迂回导洞方案处治五指山进口段突水坍方是成功的，从发生突水坍方至坍体全部处治完毕未发生任何安全事故，不能不说是一种成功。五指山特长隧道工程技术，可以为其他隧道工程提供借鉴。虽然五指山隧道全长只有3 900多米，但五指山特长隧道的成功修建，标志着四川省特长公路隧道建设又向前迈进了一个新的里程。

第十章　防排水设计与施工

第一节　隧道防排水设计

一、洞身防排水措施

隧道防排水设计按“以排为主,防、排、截、堵相结合”的综合治理原则,达到排水畅通、防水可靠、经济合理、不留后患的目的。

在地下水特别丰富或可能产生承压水的碳酸盐岩地段,采用“大堵小排”的原则,即首先采用超前深孔预注浆堵水,剩余少量渗水由隧底中央排水系统排泄。

(一)防水措施

(1)全隧道满铺1.2mm厚LDPE防水卷材和300g/m^2的无纺布,全隧形成封闭的整体。防水卷材施工采用“热风双焊缝无钉铺挂工艺”。为减少防水板焊缝,宜选用幅宽2.5m的防水卷材,两幅间搭接长度不小于10cm,且保证接缝质量。防水板的搭接质量采用气压测试进行检测,两条焊缝间生成2.5bar的气压,在15min内气压下降值小于0.25bar。

(2)全隧道二次衬砌(包括仰拱衬砌)采用防水混凝土浇筑,其抗渗等级不低于S8。在瓦斯设防段的混凝土中掺入高效混凝土膨胀剂以达到混凝土的气密性要求。

(3)隧道洞口变形缝等设置橡胶止水带,二次衬砌(包括仰拱)的纵横施工缝间均设置带加强网的膨胀橡胶止水条。

(二)排水措施

(1)当初期支护表面有渗水流时环向设置橡塑板盲沟引排,渗水面积较大时橡塑板盲沟可并排设置。

(2)当有集中股水流时环向设置ϕ50HDPE单壁打孔波纹管盲沟引排,管头应穿越初期支护,直接与股水对接,达到更好的排水效果。

(3)隧道两侧边墙外初期支护底部分别纵向设置一排ϕ100HPDE单壁打孔波纹管以引排墙背水,纵向波纹管与环向弹簧管用三通管连接。

(4)隧道中部路面以下1m处全隧纵向设置ϕ400(或ϕ500)的中央排水管(钢筋混凝土预制管),隧底每隔10m左右横向设置ϕ100无孔波纹管,并与墙背纵向排水管连接,将墙背渗水引入中央排水管内。中央排水管每隔50m左右设一检查暗井,每处检查井上部路面混凝土用圆形钢板隔离,以避免检修时破坏周围路面,也兼起检查井位置标记之用。

(5)隧道内路面积水通过检修道下的预留泄水孔排入两侧边沟(兼作电缆沟)。

全隧防排水系统布置见图10-1。

普通地段防排水横断面布置见图10-2。

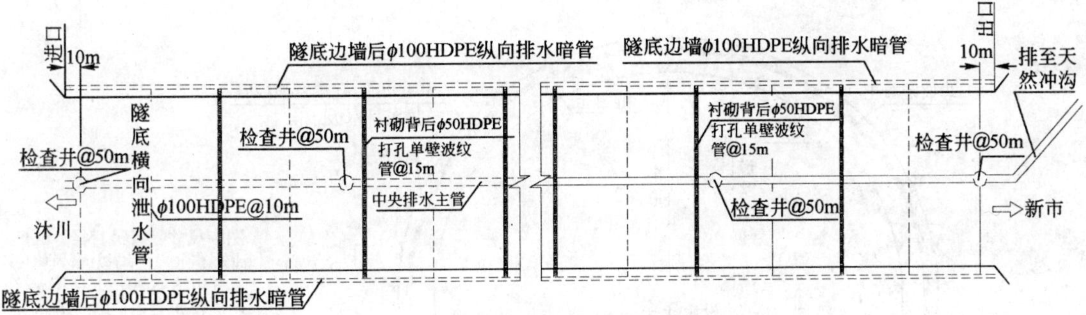

图 10-1　五指山隧道防排水系统平面布置图

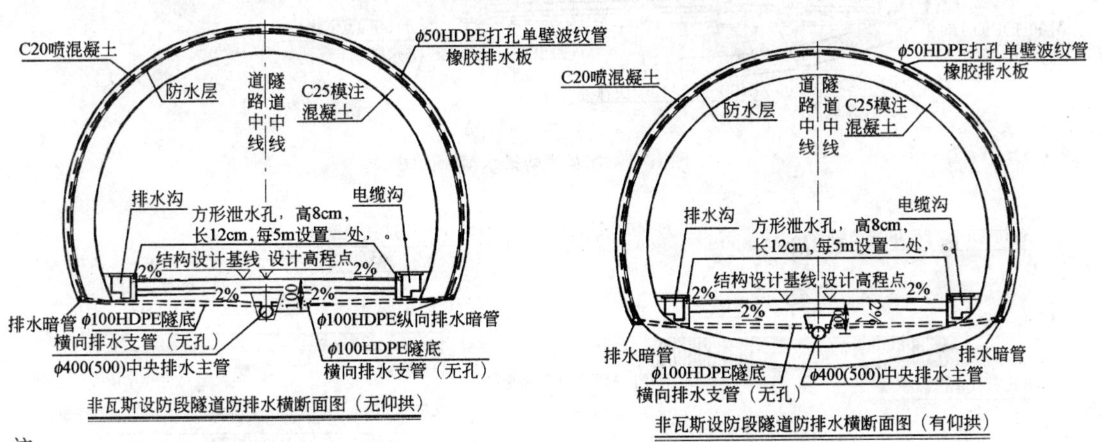

注：

1.图中尺寸除管径以mm计外，其余尺寸均以cm计。

2.防水系统组成：

(1)全洞满铺防水层，防水层采用1.2mm厚LDPE防水卷材和300g/m的无纺布（无纺布铺设于围岩一侧），防水层采用热风双焊缝无钉铺挂施工工艺。

(2)全隧二次衬砌（包括拱墙和仰拱）采用防水混凝土浇筑，其抗渗标号不得低于S8。

(3)隧道变形缝用橡胶止水带防水。

(4)纵、横向施工缝（包括仰拱）采用膨胀橡胶止水条止水。

3.排水系统组成：

(1)墙背渗水处设橡胶排水板一道，计量间距取为10m(为避免隧道运营期间地下水径流条件改变，在无渗漏水地段每隔15m必须设置一道)。墙背有集中股水流处设ϕ50HDPE单壁打孔波纹管，每隔1m左右用钢筋卡子将波纹管固定在喷混凝土上，计量间距取为15m。

(2)隧道左右边墙脚背后设置纵向ϕ100HDPE打孔单壁波纹排水暗管各一道，其纵坡与路面纵坡一致。

(3)隧道边墙底部横向每隔10m设置一道ϕ100HDPE单壁无孔波纺泄水支管，使墙背水排入中央排水主管内。地下水出露较多地段应缩小布设间距。

4.K28+418~K30+296使用ϕ400中央排水管，K30+296~K32+329使用ϕ500中央排水管。

5.所有打孔波纹管均应外裹透水无纺布。

图 10-2　普通地段防排水横断面图

加宽带防排水横断面布置见图 10-3。

橡胶排水板、ϕ50HDPE 单壁打孔波纹管、打孔波纹管与墙背纵向排水管连接见图 10-4。

中央排水管检查井断面结构见图 10-5。

隧道施工排水布置见 10-6

中央排水管结构见 10-7。

沉降缝、止水带施工见图 10-8。

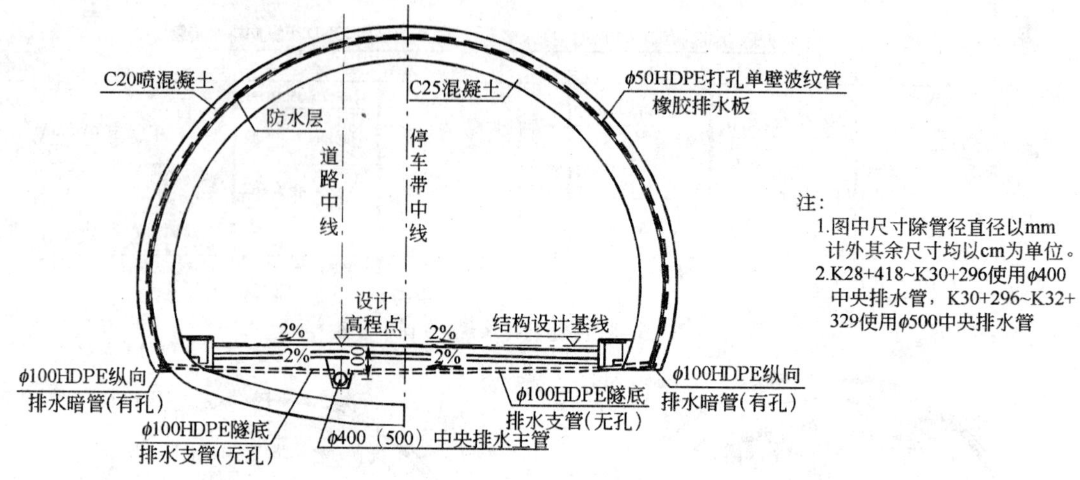

图 10-3　加宽带防排水横断面图

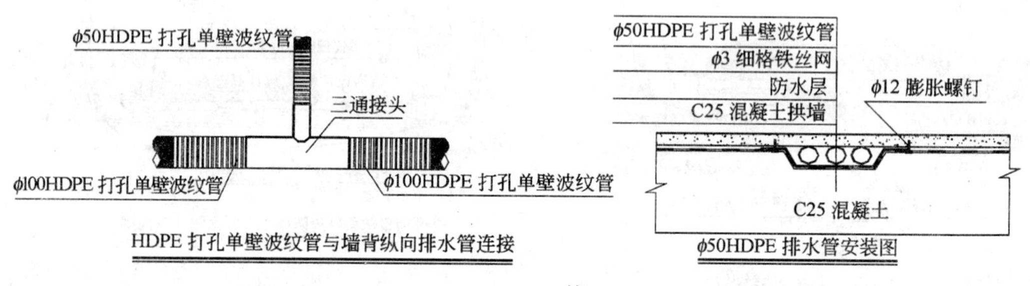

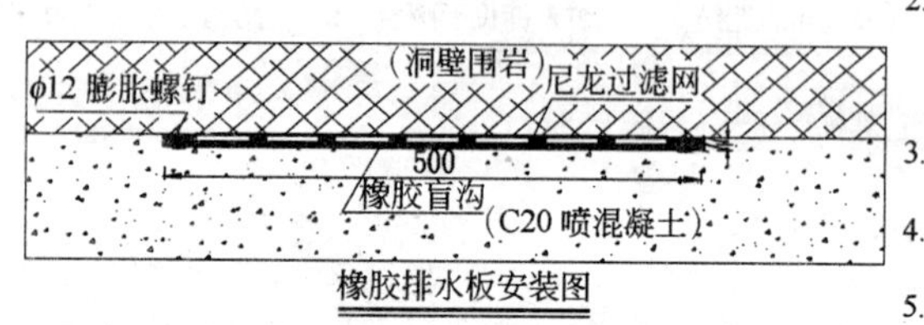

注：

1. 本图尺寸均以 mm 为单位。
2. 当洞壁渗水较大影响喷混凝土施工时，可在岩壁渗水部位铺设橡胶排水板遮挡，然后再进行喷混凝土施工。铺设排水板时，其纵向净距应不小于 2.0m，以免过多影响喷混凝土与围岩的黏着面积，减少其支护力。
3. 有股水流处设 HDPE 打孔单壁波纹管，管端宜直接与股水流处相接。
4. 透水管采用 ϕ50HDPE 打孔单壁波纹管，每处根据水流出露的多少及大小，可设置 1~3 根。
5. ϕ50 和 ϕ100HDPE 打孔单壁波纹管应外包透水无纺布。

图 10-4　橡胶排水板、ϕ50HDPE 单壁打孔波纹管、打孔波纹管与墙背纵向排水管连接图

二、隧道防排水主要材料性能要求

(1) LDPE 防水板及无纺布应满足表 10-1 内的技术指标。

LDPE 防水板及无纺布物理指标　　表 10-1

LDPE 防水板物理指标		无纺布物理指标	
厚度	1.2mm	厚度	≥3mm
断裂拉伸强度	≥16MPa	拉断力(50mm)	≮450N
扯断伸长率	≥550%	伸长率	≮80%
断直角撕裂强度	≥60N/mm	纵横强度比	<1.5
加热伸缩量	延伸≤2mm 收缩≤6mm	规格	每平方米质量应大于 300g
低温弯折	−35℃不裂	裂隙率	>90%
抗渗	0.3MPa,30min 无渗漏	渗透系数	$\nless 5\times10^{-2}$

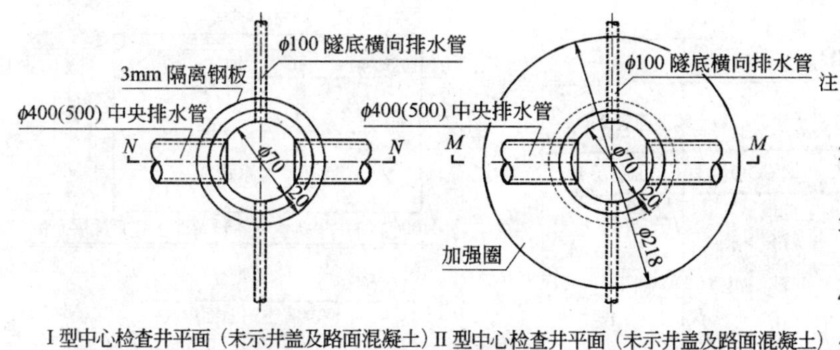

I 型中心检查井平面（未示井盖及路面混凝土）
（有仰拱）

II 型中心检查井平面（未示井盖及路面混凝土）
（无仰拱）

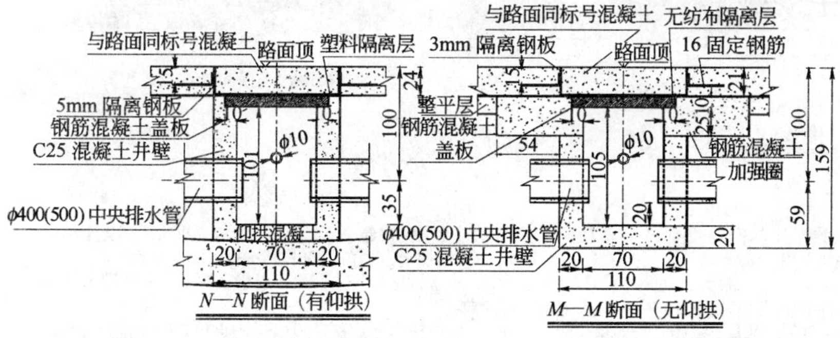

注：
1. 本图尺寸除管径以 mm 计外，其余均以 cm 计。
2. I 型中心检查井适用于有仰拱段，II 型中心检查井适用于无仰拱段。
3. 中心检查井沿隧道纵向 50m 间距设置一个，在 K30+296 处应布设检查井。
4. 井盖上方的路面混凝土应与其他部位同时浇筑、整平。
5. K28+418~K30+296 使用 φ400 中央排水管，K30+296~K32+329 使用 φ500 中央排水管。
6. 中央检查井实际位置应有明显的标记。
7. 隔离钢板采用普通热轧钢板，其外侧焊连接钢筋并与路面混凝土浇筑在一起。

图 10-5　中央排水管检查井断面结构图

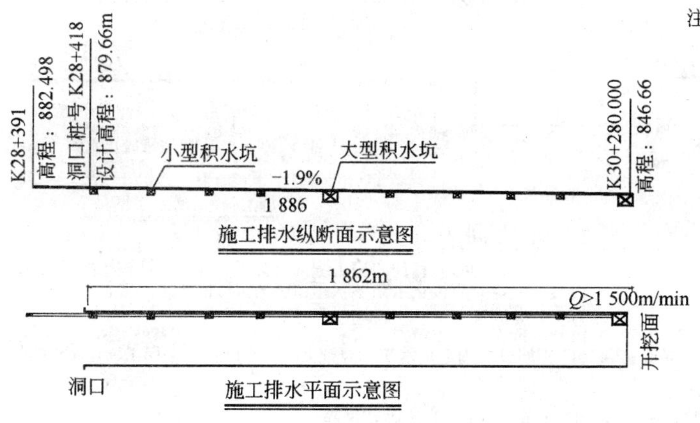

注：
1. 下坡隧道施工排水的要求，由于为下坡隧道，且隧道的涌水量较大，在隧道未贯通前，隧道内不能停电而且应有足够抽水设备保证施工排水。
2. 采用分级抽水泵分段排水，在施工时每隔 100m 左右设置小型积水坑一处，每隔 500m 左右设大型积水坑一处，隧道贯通后按设计回填。
3. 为防止坡面和隧道外的水返流入隧道，一方面要求抽出的水一定要排出至返坡地段，另一方面应作好洞口的堵水措施，以防止或尽量减少隧道坡面水和洞外路基排水流入隧道。
4. 本图为示意图，施工时可根据隧道内实际排水量，布置抽水机的间距，选择抽水设备和抽水管道的数量。
5. 施工单位应配备自发电设备和足够的备用水泵以防因停电或抽水设备发生故障时及时投入使用。

图 10-6　隧道施工排水布置图

（2）橡胶止水带（条）应满足表 10-2 内的技术指标。

橡胶止水带（条）物理指标　　表 10-2

橡胶止水带		膨胀橡胶止水条	
规格	651 型	强度	（邵氏）42 ±7
宽度	30cm	拉断力（50mm）	≮450N
组成材料	合成橡胶（三元乙丙或氯丁橡胶）	拉伸强度	≮3.5MPa
执行标准	HG 2288—92	拉断伸长率	≮450%
硬度（邵氏 A 度）	60 ±5	遇水膨胀率	≮300%
抗拉强度	≮16MPa	缓胀指标	浸水 7d 膨胀率 <150%
伸长率	400%		
热老化系数	0.85 ~0.95（70℃72h）		

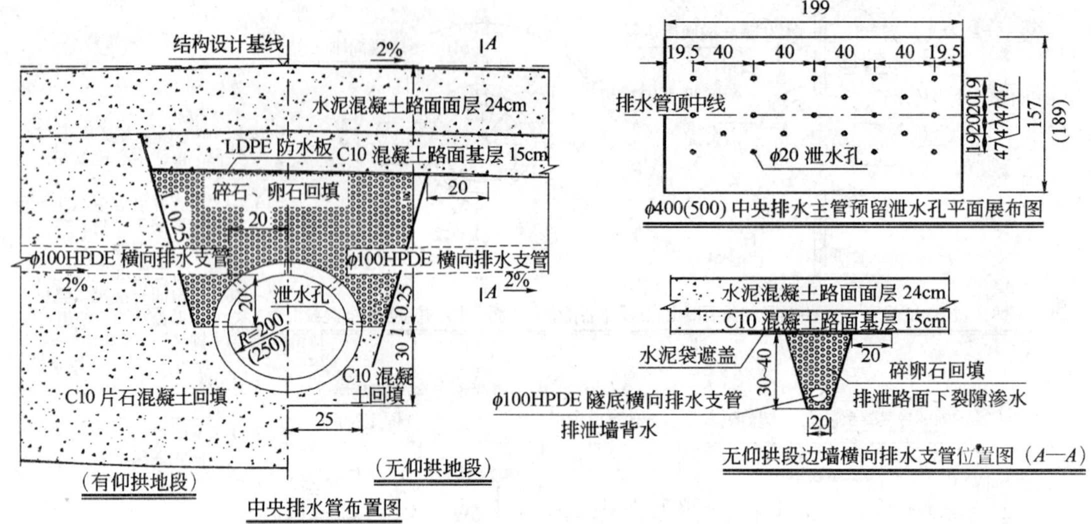

注：

1. 图中尺寸除管径以 mm 计外，其余尺寸均以 cm 为计。
2. 同填集料应选用坚硬而耐久的碎石或卵石，集料应洁净（必须冲洗）并过筛；粒径最小不得小于 20mm，最大不得大于 50mm。
3. 为避免碎（卵）石土上方浇筑 C10 混凝土时灰浆下渗，须在碎（卵）石回填层上方覆盖 LDPE 防水板（厚 1.2mm）。
4. 当施工中发现边墙泄水管水量较大时（泄水管流量大于 1L/s），可在中央排水管凿孔将边墙泄水管水直接引入中央排水管内。
5. 括号内的数值表示中央排水主管的直径为 ϕ500 时中央排水主管的各参数。
6. K28+418~K30+296 使用 ϕ400 中央排水管，K30+296~K32+329 使用 ϕ500 中央排水管。在 K30+296 附近设置中央检查井过渡。

图 10-7　中央排水管结构图

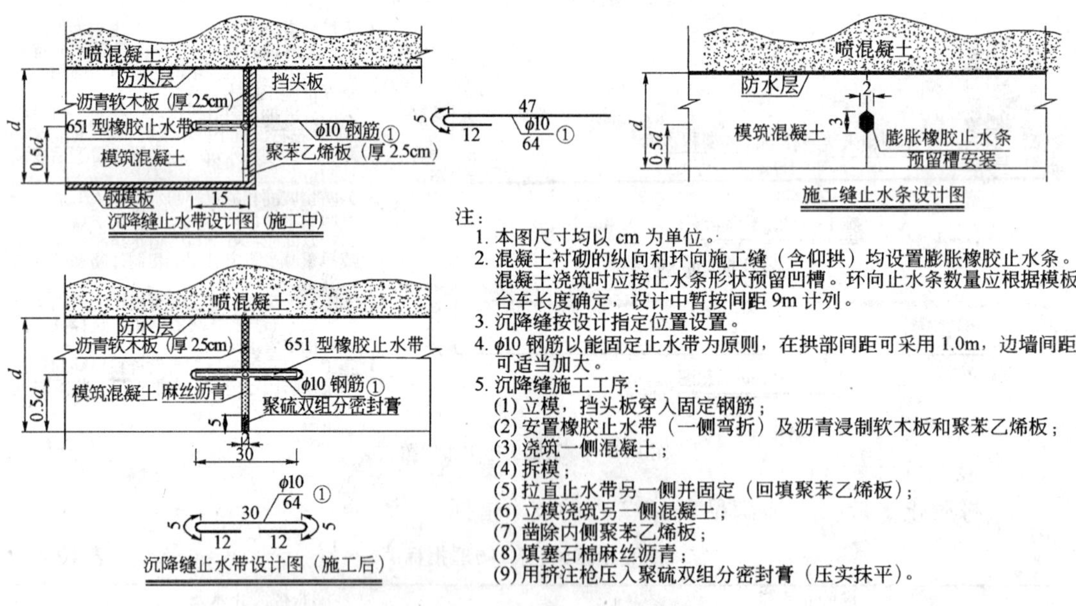

图 10-8　沉降缝、止水带施工图

第二节　隧道防排水设计变更

通常的防水措施是在二次衬砌背后整体包裹一层防水布，透过防水布的渗水可能在二衬背后沿隧道纵向窜流，并从衬砌防水的薄弱环节渗漏至隧道净空。为了防止此种现象，工程界开发了分区防水技术。分区防水的指导思想是，在隧道铺设了防水层后，在防水层上每隔一定的间距粘贴或焊接垂直于防水层的止水带，然后浇筑衬砌混凝土。由于止水带具有一定的高度和刚度，即便有的衬砌背后有渗水，这些渗水也只在一定的范围内纵向窜流，如果在一个防水分区内恰巧衬砌混凝土的防水性能很好，那么，即使在该分区内防水层有损伤，该分区也不会发生渗漏，从而大大地降低了隧道的渗漏机会。

五指山隧道涌水比设计的涌水要大得多，特别是突水坍方发生后，经过补充地质勘察前方未开挖段涌水比较丰富（具体内容见前面有关章节），原来设计的防水措施已不适应未开挖段防水的要求，且 K29 + 600 ~ K30 + 900 区段部分段落地下水都具有腐蚀性，为了腐蚀性涌水不影响其他区段，并且利于腐蚀性区段以后的渗漏处治，设计了分区防水体系。

一、防水设计的调整

突水坍方发生后，根据隧道中段地下水丰富的特点，防水措施调整如下：

1. 针对本次变更的 K29 + 600 ~ K30 + 900 区段，大部分段落地下水发育且地下水具有腐蚀性的情况，设计取消了原 LDPE 防水层，采用隧道分区防水体系，以防止腐蚀性地下水的窜漏。同时，在各分区内预埋多个注浆管，为后期处治可能的渗漏水病害提供有利的条件。

2. 隧道洞身二次衬砌拱墙混凝土的所有结构缝、变形缝和环向施工缝均增设背贴式止水带止水，原有的膨胀橡胶止水条或中埋式止水带仍然保留。

二、排水措施调整

1. 隧道中央的主排水沟在隧道贯通后施作，仰拱浇筑时在中央预留 1.2m 的沟槽，作为临时排水使用，以确保隧道后期的排水能力扩容。

2. 隧道衬砌背后环向设置 $\phi50$ 打孔波纹管，排泄墙背周边渗水，每环间距按 5m 一道布设，局部地下水丰富处可多根并排布设。

3. 有股水流处必须直接用 $\phi50$ ~ $\phi100$ 无孔波纹管引排至中央排水沟内。

4. 在隧道边墙底部，应每隔 5m 设 $\phi100$HPDE 横向泄水管一道（无孔），将墙背纵向排水管的水引入中央矩形水沟内，地下水特别丰富时应多根并排设置。

5. 在拱部有淋雨状地下水导致喷混凝土困难时，可设置塑料排水板盲沟遮挡，再进行喷混凝土施作。

6. 为了及时检查衬砌墙背排水系统是否堵塞，设计在衬砌边墙两侧下部每隔 30m 增设一个检查井，左右侧错开 15m 布置。营运中定期检查，必要时用高压水冲洗纵向排水管，确保其排水畅通。边墙排水暗管检查井结构如图 10-9 所示。背贴式止水带安装示意见图 10-10。

三、中央排水管变更

（一）原设计情况

沐新路五指山隧道为全长 3 926m 的特长隧道，隧道采用 -1.9% ~ -2.23% 的单向下坡，进口高程为 879.66m，出口高程为 801.37m，故隧道贯通后所有地下水全部经出口端排出。原

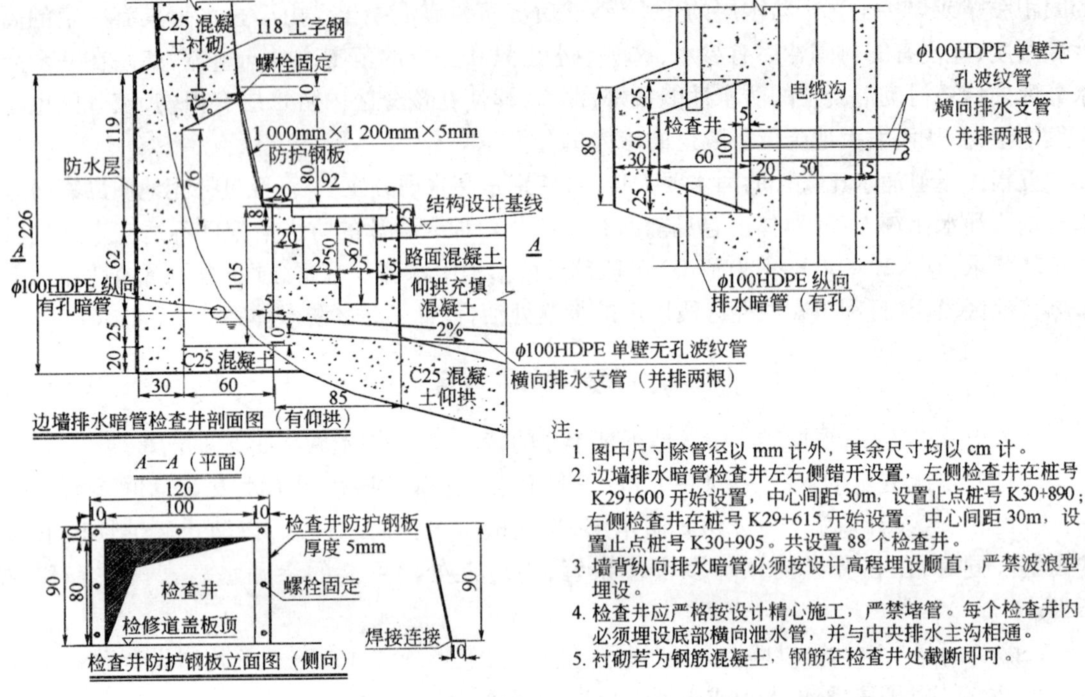

注：

1. 图中尺寸除管径以 mm 计外，其余尺寸均以 cm 计。
2. 边墙排水暗管检查井左右侧错开设置，左侧检查井在桩号 K29+600 开始设置，中心间距 30m，设置止点桩号 K30+890；右侧检查井在桩号 K29+615 开始设置，中心间距 30m，设置止点桩号 K30+905。共设置 88 个检查井。
3. 墙背纵向排水暗管必须按设计高程埋设顺直，严禁波浪型埋设。
4. 检查井应严格按设计精心施工，严禁堵管。每个检查井内必须埋设底部横向泄水管，并与中央排水主沟相通。
5. 衬砌若为钢筋混凝土，钢筋在检查井处截断即可。

图 10-9　边墙排水暗管检查井

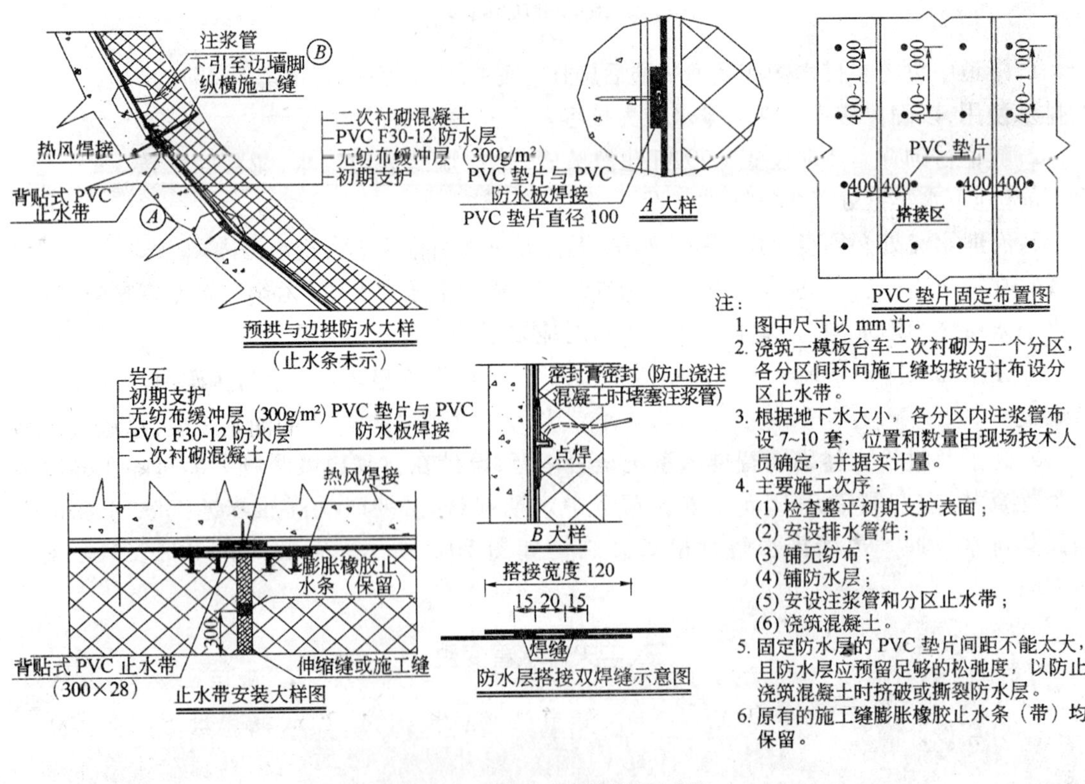

注：

1. 图中尺寸以 mm 计。
2. 浇筑一模板台车二次衬砌为一个分区，各分区间环向施工缝均按设计布设分区止水带。
3. 根据地下水大小，各分区内注浆管布设 7~10 套，位置和数量由现场技术人员确定，并据实计量。
4. 主要施工次序：
   (1) 检查整平初期支护表面；
   (2) 安设排水管件；
   (3) 铺无纺布；
   (4) 铺防水层；
   (5) 安设注浆管和分区止水带；
   (6) 浇筑混凝土。
5. 固定防水层的 PVC 垫片间距不能太大，且防水层应预留足够的松弛度，以防止浇筑混凝土时挤破或撕裂防水层。
6. 原有的施工缝膨胀橡胶止水条（带）均保留。

图 10-10　背帖式止水带安装示意图

地质详勘报告的预测涌水量为 46 100m^3/d，且进口端围岩主要为飞仙关组（T_{1f}）砂岩、粉砂岩、夹砂质泥岩。该地层不属于具有岩溶特征的围岩，故预测进口端无较大的岩溶涌突水。根据五指山隧道地质详勘资料，原设计采用中央排水管的排水系统，针对进口端地下水相对贫乏的特征，在 K28 + 418 ~ K30 + 296 段使用 ϕ400 中央排水管，K30 + 296 ~ K32 + 329 使用 ϕ500 中央排水管，并在 K30 + 296 设置中央检查井过渡。整个中央排水管系统的设计排水能力为 4.76 万 m^3/d，可以满足地勘报告中的预测涌水量。

（二）隧道施工过程的涌水实际情况

自开工以来，五指山隧道进口和出口在掘进过程中先后共发生了 4 次较大的涌（突）水。其中进口 2 次，出口 2 次，涌水情况如下。

（1）第一次涌水

2004 年 10 月底，开挖至 K28 + 880 ~ 900m 段时，隧道出现较大的涌水现象，总涌水量约 11 000m^3/d，主要表现为基岩裂隙水，暴雨状和多处股水泄出，经过约 20 ~ 50 余天的衰减，水量明显减少。

（2）第二次涌水

2005 年 2 月，当隧道开挖至 K31 + 638 ~ K31 + 390 段时（总掘进 700m 时），隧道出现较大的涌水现象，总涌水量约 29 300m^3/d，主要表现为基岩裂隙水，压力大，呈暴雨状和多处股水泄出，造成施工环境极差（图 10-11），经过约 4 个月的衰减，水量明显减少，设计对该段 300m 专门作了分区防水的变更处理，效果较好。

图 10-11　第二次涌水图片

（3）第三次涌水

2005 年 7 月底，当隧道开挖至 K30 + 900 时，隧道开始出现巨大的涌水现象，总涌水量约 43 000m^3/d，压力大，呈暴雨状和多处大股水射出（图 10-12），射程达 8 ~ 10m，造成施工环境极差，4 个多月后，随着含水地层的不断开挖揭露，总水量增大至 61 000m^3/d 左右，初步分析为岩溶水和裂隙水混合补给，水量无明显衰减。该段涌水也造成了出口端施工进展极为缓慢。

（4）第四次涌水

隧道进口于 2005 年 8 月 6 日，当掘进到 K29 + 542（总进尺 1 124m）时掌子面突然出现巨大的涌突水。短时间内，涌水量从每小时数十立方米增大到 3 800m^3/h。随后水量逐渐稳定在 800 ~ 1 000m^3/h。直至 2005 年 8 月 9 日，隧道被淹总长度约 920m，涌水量下降至 600 ~ 800m^3/h 并趋于稳定。到 2005 年 9 月 10 日左右，洞内积水基本抽干，但总涌水量仍维持在 700m^3/h 左右，该次“8.6 涌水坍方”导致了进口端停工 1 年多，涌水见图 10-13。

历次较大涌水的位置如图 10-14 所示。其中第三、四次涌水发生时间基本相同，当时隧道进口掘进 1 012m，洞口涌水总量 16 000m^3/d 左右；出口掘进 1 400m，洞口涌水总量 40 000m^3/d 左右，进出口水量叠加后总涌水量在 56 000m^3/d 左右，且衰减非常缓慢。这已大于了隧道地质详勘报告中预测的隧道最大涌水量（46 100m^3/d），此时中间段还剩 1 300m 左右未开挖，其中包括 600 余米岩溶发育的灰岩地段。针对五指山隧道极为复杂的工程地质和水文地质条件，省交通厅设计院又对五指山隧道中间未开挖段做了补勘工作，并委托四川省地质工程勘察院于 2006 年 2 月 ~4 月对五指山隧道及其影响区作了专项水文地质调查，并提供了五指山隧道《专项水文地质报告》和《场地环境水对混凝土的腐蚀性评价报告》。根据《五指山隧道专项水文地质报告》的预测，隧道中段 1 300m 在开挖后的涌水量将达 17 ~25 万 m^3/d，预计后续施工将更加困难，隧道贯通时的总涌水量将达 107 050m^3/d +58 424m^3/d =165 474m^3/d。

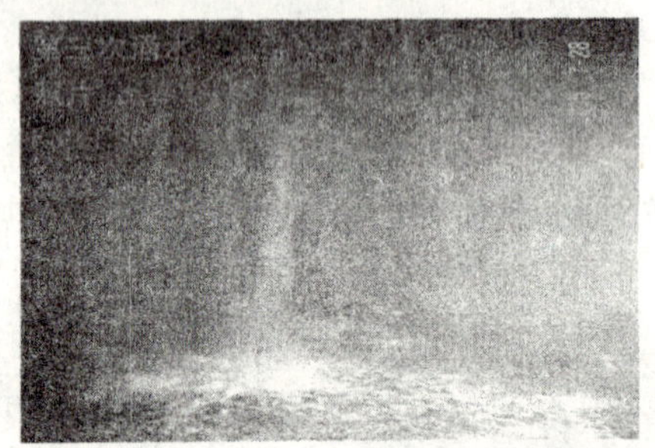

图 10-12　第三次涌水图片

图 10-13　第四次涌水图片（图片中钻孔泄水正在施工）

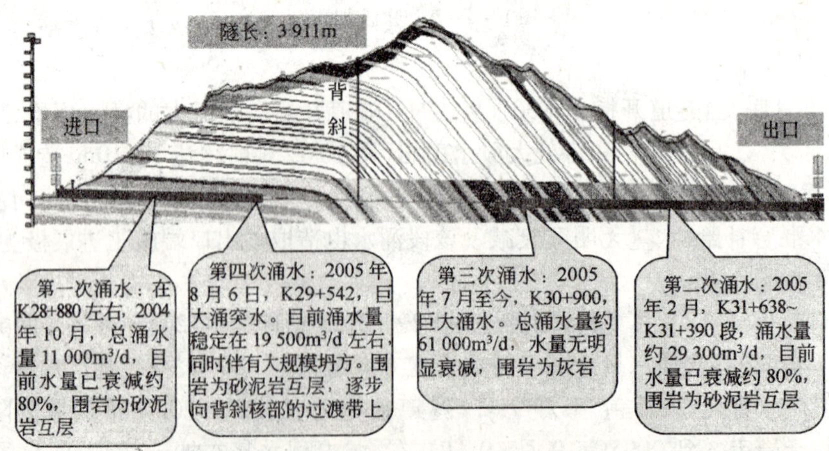

图 10-14　五指山隧道历次较大涌水位置示意图

在中间段实际施工过程中，工程地质和水文地质条件和隧道补勘报告及《专项水文地质报告》比较符合。其中局部段落的地下水极为丰富，也给施工带来了较大困难。施工中对于地下水丰富的段落主要采取注浆堵水的方式减小地下水对围岩造成的软化作用，同时也减少地下水的流失。

由于原来设计的中央排水管已经不能适应五指山隧道如此大的地下水量，故施工中大部分段落未按原设计施作中央排水管，而是预留了 1.2m 宽的中央沟，以期隧道贯通后，根据实测的隧道泄水量重新设计排水系统。

（三）隧道贯通后水量实测情况

施工单位于 2007 年 8 月 24 日上午对出口 K32 + 150 ~ K32 + 160 测定了水量，测定水量 77 829.12m^3/d。

五指山隧道上半断面贯通后，2007 年 8 月 18 ~ 19 日厅公路勘察设计院委托四川省地质工程勘察院对已贯通的五指山隧道进行地下水涌水量实地测定。测定结果："进洞洞内 1 700m（K30 + 118）处的实测流量为 2 587.85m^3/d，并排向出口端；出口外 100m 处可见的实时流量为 9.059 万 m^3/d，此数据系丰水期随机测定的流量，经访问和实地洪水位痕迹调查，对断面等数据进行了校正，该隧道贯通后出口端系全隧道可见的地下水排泄量，校正流量 11.7 万 m^3/d 为宜。"

（四）中央排水沟变更

2007 年 9 月 6 日国道 213 线沐川至新市镇段改造工程指挥部组织专家到五指山隧道针对排水及已开挖平导进行了调查，次日在成都召开了五指山隧道由于涌水增大有关中央排水沟（管）变更及平导处治方案设计（有关部门要求不再施作救灾用平行导洞，施作的部分平行导洞要作处理）审查会。会议认为：

（1）今年丰水期（指当时 2007 年 8 月中、下旬）施工现场进行了两次五指山隧道出口隧道涌水测量，结果分别是 7.8 万 m^3/d 和 9.1 万 m^3/d，按校正流量 11.7 万 m^3/d 作为设计流量进行中央排水管（沟）设计是充分的，考虑到测量隧道涌水量时尚有约 400m 隧道未进行二次衬砌，在该衬砌全部完成后，会对地下水涌出产生一定封堵作用，使隧道涌水量有所减小，因此，设计流量是偏保守的，为了可靠、安全，同意按 11.7 万 m^3/d 设计流量进行中央排水管（沟）设计。

（2）从 K30 + 500 起到隧道出口方案设计采用高 50cm 宽 90cm 中央排水沟设计，排水能力过 17 万 m^3/d，过于保守，如果改按 ϕ700 ~ ϕ800 中央排水管设计，能满足 11.7 万 m^3/d 流量要求，与设计中央排水沟比较，具有构造较简单，施工难度较小和工程进度较快等优点，建议研究考虑采用 ϕ700 ~ ϕ800 中央排水管方案。

（3）五指山隧道中央排水管（沟）采用 ϕ400、ϕ500、ϕ750 从小到大 3 种不同排水断面设计是合理的；从隧道进口 K28 + 418 起 2 082m 地段，依次按 ϕ400 和 ϕ500 中央排水管设计是合理的，其余地段采用采用 ϕ750 排水管，其分界点位置（里程）时可据复核后涌水量进行调整。

设计院根据会议精神，对原推荐方案进行调整，废除第一次变更设计的（90cm × 50cm）中央矩形排水沟方案，采用 ϕ400 + ϕ500 + ϕ750 三种不同排水断面的中央排水管系统，具体设计内容见下节。

(五)中央排水管设计

根据省地质工程勘察院对已贯通的五指山隧道的实测水量报告和有关专家会议精神,设计采用11.7万m^3/d的流量进行排水方案设计。参考实际施工过程中关于各段地下水情况的记录对中央排水系统进行分段。同时参考并采纳会议专家意见,采用$\phi750$的中央排水管作为出口段的排水管。

利用施工中预留的1.2m中央沟槽,采用$\phi750$中央排水管,其设计排水能力为11.7万m^3/d,此时的排水管排水高度为51.5cm。经排水管流量计算,当排水管排水高度为55cm时,排水管的排水能力为12.75万m^3/d,故设计采用$\phi750$排水管可以满足隧道排水要求。由于进口端的水量较小,故进口端一部分区域仍可以采用$\phi400$的中央排水管。K29+480附近曾经发生过"8.6涌水坍方",故该段的涌水量比较大,且该段的裂隙发育,在雨季有充足水量补给时,会使水量陡然增加。故考虑从K29+450处变原设计$\phi400$的中央排水管为$\phi500$中央排水管。另外,根据施工记载K30+500至隧道出口段的施工水量比较大,故考虑从K30+500至出口采用$\phi750$中央排水管。具体分段情况为:K28+406~K29+450长1 044m采用$\phi400$中央排水管(维持原设计);K29+450~K30+500长1 050m使用$\phi500$中央排水管(原设计K29+450~K30+296为$\phi400$中央排水管),K30+500~K32+332长1895m使用$\phi750$中央排水管(原设计K29+500~K32+332为$\phi500$中央排水管),并在K30+500处增设中央检查井过渡,具体变化如图10-15所示。五指山隧道中央排水管变更设计见图10-16。

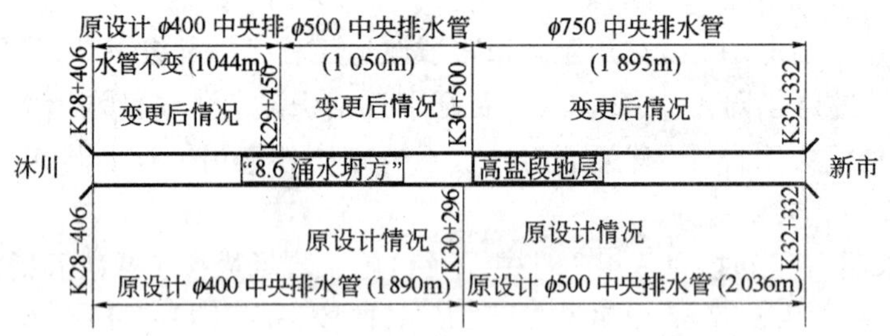

图10-15 五指山隧道中央排水管变更情况

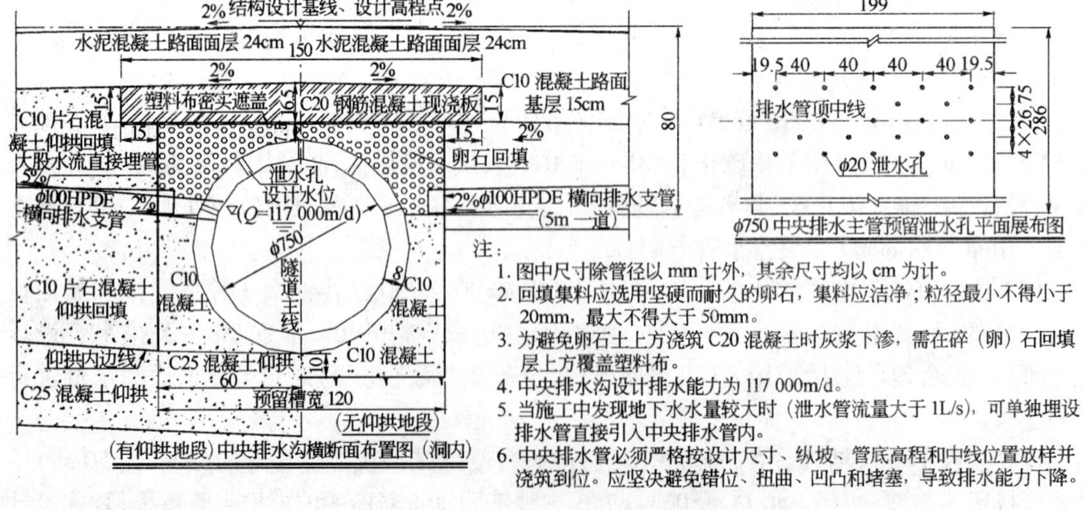

图10-16 五指山隧道中央排水管变更设计图

第三节 防排水施工

五指山隧道排水系统有：全隧铺设防水层，防水层包括一布一膜，无防布铺设于围岩一侧，防水层铺设采用热焊双缝无钉铺设工艺，全隧二次衬砌采用防水混凝土，防水等级不低于S8，隧道变形缝采用橡胶止水带防，纵横向施工缝（包括仰拱）采用膨胀橡胶止水条止水。

一、无纺布和防水卷材施工

为了保证隧道二次衬砌的防水效果和混凝土的整体质量，本隧道采用整体衬砌施工，边墙防水板和拱部防水板一次铺设完成，接头部位采用热风双焊缝无钉铺挂施工工艺。

其施工工序为：

（1）先切除钢筋网等突出部分，然后用锤铆平抹砂浆素灰。

（2）锚杆有突出部位时，切断、铆平后用砂浆素灰抹平。

（3）锚杆有突出部位时，螺头面预留5mm切断后，用塑料帽处理。

（4）补喷混凝土使其表面平整圆顺，喷射混凝土平整度 $D/L \leqslant 1/6$，拱顶 $D/L \leqslant 1/8$（D 和 L 分别代表凹面的深度和宽度）。

（5）洞外焊接大幅LDPE防水卷材，其长度比隧道边墙开挖轮廓线和拱部开挖轮廓线略长，每大幅度宽度6～8m。

（6）洞外抽样检查合格后，将其卷成筒状待用。

（7）拱部大幅LDPE防水卷材采用热风双焊缝无锚钉铺设。

LDPE防水卷材采用热风双焊缝无锚钉铺设其施工工艺如下：

（1）将防水板设台架移至作业地段。

（2）沿隧道拱顶中心线纵向铺设尚未充气的圆柱形气囊。

（3）在支撑架上纵向铺设悬承用 $\phi 6$ 圆钢拉丝和8号铁丝。

（4）将一个循环长度卷成筒状的防水板置于支架中央，放开防水板使之自由垂落在支撑架两则。

（5）旋转丝杆将支撑架升起，使防水板尽量紧贴喷混凝土面。

（6）给气囊充气。

（7）卸掉上一循环固定悬承拉丝的膨胀螺栓，将上循环的拉丝露头与本循环的悬承拉丝逐根相连，张拉铁丝将防水板与壁面贴紧，之后将悬承拉丝的另一端固定在临时膨胀螺栓上。

（8）悬承顺序为先拱后墙，由上而下进行，考虑到拱部受力较大及悬承拉丝有一定的弹性变性，拱顶及两侧拱脚各设置2道 $\phi 6$ 圆钢悬承。

（9）相邻循环防水板之间的搭接缝，采用15cm宽的三合板置于锚喷与前一组防水板端头作为粘（焊）接平面，边粘（焊）边沿移动三合板，粘（焊）接毕撤出三合板。

（10）旋转丝杠下降撑架，随衬砌随放掉气囊中空气，取出气囊。

防水板施工要点及注意事项：

（1）防水板铺设前，喷混凝土表面处的钢筋头和锚杆头先切除干净，再用手持式砂轮机磨平，对凹凸不平部位应修凿喷补，使混凝土表面平顺，有局部渗水处，应进行处理。

（2）防水板按环向铺设，焊接工序与固定工序应紧密配合，一般先焊接，后固定。

（3）防水板铺设的搭接宽度为10cm，焊接宽不小于2cm，漏焊、假焊处应补焊，若有烤焦、焊穿处,应用同样的防水板焊贴覆盖或按监理工程师指示办理。

(4)固定防水板采用胶热焊接,胶垫与胶垫之间防水层不得绷紧,要保证板面与喷射混凝土密贴。

(5)铺设防水板地段距开挖面不得小于爆破所需要的安全距离,整体衬砌灌注混凝土时,不得损坏防水层。

(6)在整体衬砌灌注混凝土前,检查板面和底层密贴情况,搭接焊缝质量,填写质量检查记录,经监理工程师批准后方可继续施工。

二、止水带施工

施工缝、沉降缝处均设置橡胶止水带,其施工程序如下:

(1)在邻近施工缝或沉降缝处的拱架外侧按一定间距安装止水带固定装置。

(2)由拱顶向两侧逐段将其放入固定装置的安装槽内,并固定。

(3)安装挡头板。

在安装过程中止水带的长度应逐段留有一定的余量,不能绷紧;灌注衬砌混凝土时,应随时注意止水带位置的变化,不能被混凝土横向压弯变形,止水带周围混凝土要振捣密实。

混凝土衬砌的纵向和环向施工缝(含仰拱)均设置膨胀橡胶止水条。混凝土浇筑时应按止水条形状预留凹槽,环向止水条数量应根据模板台车长度确定。沉降缝按设计指定位置设置,ϕ10 钢筋以能固定止水带为原则,在拱部间距可采用 1.0m,边墙间距可适当加大。沉降缝施工工序:

(1)立模,挡头板穿入固定钢筋。

(2)安置橡胶止水带(一侧弯折)及沥青浸制软木板和聚苯乙烯板。

(3)浇筑一侧混凝土。

(4)拆模。

(5)拉直止水带另一侧并固定(回填聚苯乙烯板)。

(6)立模浇筑另一侧混凝土。

(7)凿除内侧聚苯乙烯板。

(8)填塞石棉麻丝沥青。

(9)用挤注枪压入聚硫双组分密封膏(压实抹平)。

三、防排水系统施工

在进行防排水施工时,要认真查看图纸,预先计划,不能有遗漏,五指山隧道变更较多,施工时要特别注意。隧道排水系统的组成有(墙背有股水时设置)ϕ50HDPE 单壁打孔波纹管,管端直接与股水相接,可根据涌水量的大小设置 1 ~ 3 道,每隔 1m 用钢筋将波纹管固定,并使用透水无纺土工布包裹,墙背渗水处设橡塑排水板一道,隧道左右边墙背后设置纵向 100HDPE 单壁打孔波纹管各一道,其纵坡与路面纵坡一致,隧道边墙底部横向每隔 10m 设置纵向中央排水主管以排泄墙背地下水,水量大的地方加密至 5m 一道,隧道中部路面以下 1m 设置纵向中央排水主管以排泄墙背地下水,每隔 50m 设置中央排水管检查井,施工中排水系统中的各种管件特别是中央排水主管应保持畅通,决不能让石渣、淤泥、水泥浆等落入管道内,避免堵塞,所有波纹管均外裹透水无纺布。

当洞壁渗水较大影响喷混凝土施工时,可在岩壁渗水部位铺设橡胶排水板遮挡,然后再进行喷混凝土施工。铺设排水板时,其纵向净距应不小于 2.0m,以免过多影响喷砼与围岩的黏着面积，减少其支护力。

中央排水管要安装顺直，不能扭曲，特别是接头处要保证施工质量，接头要用沥青麻絮填塞，接头处外部要用热沥青油毛毡二次包裹，以防泥砂进入中央排水管影响进水断面，排水管接头安装如图10-17所示。中央排水管回填集料应选用坚硬而耐久的碎石或卵石，集料应洁净（必须冲洗）并过筛；粒径最小不得小于20mm，最大不得大于50mm；为避免碎（卵）石土上方浇筑C10混凝土时灰浆下渗，需在碎（卵）石回填层上方覆盖LDPE防水板（厚1.2mm）；当施工中发现边墙泄水管水量较大时（泄水管流量大于1L/s）可在中央排水管凿孔将边墙泄水管水直接引入中央排水管内；K28+418～K30+296使用ϕ400中央排水管，K30+296～K32+329使用ϕ500中央排水管，在K30+296附近设置中央检查井过渡。对于泥沙较多的段落，施工中央排水管时应用高压水反复冲洗，以保证该段落的排水顺畅。

由于出口D合同段已埋设了ϕ500的中央排水管约559m，该部分在新的中央排水系统中无法再进行利用，故均予拆除，并需要凿除部分仰拱混凝土或扩挖隧底围岩，最后重新浇铸中央排水系统。

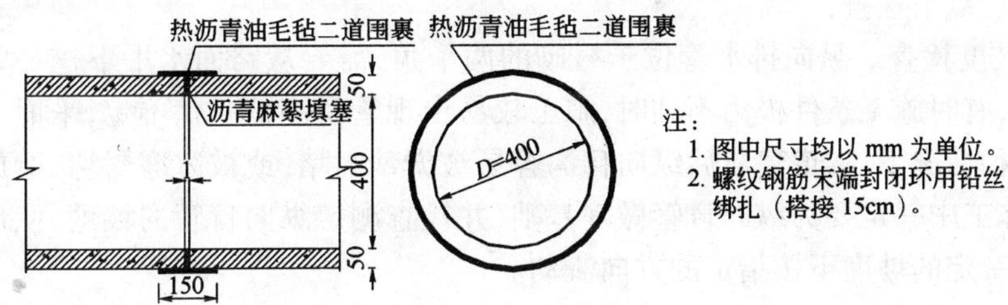

图10-17　排水管接头安装图

中心检查井每隔50m设置一个，井盖上方的路面混凝土应与其他地方的混凝土一起同时浇筑平整，中央检查井实际位置应有明显的标记，隔离钢板采用普通热轧钢板，其外侧焊连接钢筋并与路面混凝土浇筑在一起。

边墙排水暗管检查井左右侧错开设置，左侧检查井在桩号K29+600开始设置，中心间距30m，设置止点桩号K30+890；右侧检查井在桩号K29+615开始设置，中心间距30m，设置止点桩号K30+905，共设置88个检查井；墙背纵向排水暗管必须按设计高程埋设顺直，严禁波浪形埋设；检查井应严格按设计精心施工，严禁堵管。每个检查井内必须埋设底部横向泄水管，并与中央排水主沟相通；衬砌若为钢筋混凝土，钢筋在检查井处截断即可。

在分区防水施工中，浇筑一模板台车二次衬砌为一个分区，各分区间环向施工缝均按设计布设分区止水带；根据地下水大小，各分区内注浆管布设7～10套，位置和数量由现场技术人员确定，并据实计量。主要施工次序：

（1）检查整平初期支护表面。

（2）安设排水管件。

（3）铺无纺布。

（4）铺防水层。

（5）安设注浆管和分区止水带。

（6）浇筑混凝土。

固定防水层的PVC垫片间距不能太大，且防水层应预留足够的松弛度，以防止浇筑混凝土时挤破或撕裂防水层，原有的施工缝膨胀橡胶止水条（带）均保留。

（一）纵向排水管施工

纵向排水管是沿隧道纵向设置在衬砌底部外侧的透水管，其作用是将环向排水管的防水板垫层排出的水汇集并通过横向排水管排除。纵向排水管按一定的排水坡度安装，中间不得有凹陷、扭曲等，以防泥沙在这些位置淤积、堵塞排水管。在安装前，用素混凝土整平安装基面。

纵向排水管施工前应进行以下检查：

(1)排水管材质及规格检查。塑料制品若保存不当极易发生老化，可目测管材的色泽和管身的变形，轻轻敲击观察管体是否变脆，用卡尺或钢尺量管径与管壁，检查其是否与设计要求相符。

(2)管身透水孔检查。纵向排水管主要有两个作用，一是环向排水下流之水经其排至横向排水管，二是防水卷材阻挡之水经纵向盲管上部透水孔向管内疏导。在纵向盲管安装前，必须用直尺检查钻孔的孔径和孔间距。

施工中进行以下检查：

(1)安装坡度检查。纵向排水管位于衬砌的两个角，需要从路面水平下挖一定深度才能达到设计高程，有时施工条件极为不利时，施工较易出现管身高低起伏不定，平面上忽内忽外的现象。在这种情况下，隧道建成后纵向盲沟容易被淤沙封堵，或被冰冻封堵，造成纵向排水不畅。因此，施工中一定要为纵向盲管做好基础，并检查测定纵向盲管的坡度，使地下水进入纵向盲管后在一定的坡度下按指定的方向流动。

(2)包裹安装检查。纵向排水管在布设时必须注意其细部构造。首先应用土工布将纵向排水管包裹，使泥沙不得进入纵向排水盲管。其次是应用防水卷材半裹纵向盲管，使从上部下流之水在纵向盲管位置流入管内，而不让地下水在盲管位置漫流。因此，施工时要认真检查纵向盲管的包裹安装情况，杜绝粗放施工，为隧道后期排水创造条件。

(3)与上下排水管的连接检查。纵向排水盲管在整个隧道排水系统中是一个中间环节，起着承上启下的作用，施工中应注意检查上部环向弹簧排水管与纵向排水盲管的连接。三通管位置应准确，接头应牢靠，防止松动部落。

（二）环向排水管

施工前检查玻璃纤维布或塑料滤布是否套紧，其次检查弹簧涂塑层是否均匀，涂层有无老化，然后用直尺测弹簧管的直径，检查是否与设计尺寸一致，最后从轴向和横向用力压弹簧管，观察其是否有较大的塑性变形，孔径是否有异常变化。

安装时要注意地下水的大小，如果涌水较大，则要加大安设密度；弹簧排水管布置时沿环向应尽量圆顺，尤其在拱顶部位不得起伏不平，安装时先用钢卡等固定，再用喷射混凝土封闭，最后检查弹簧排水管与下部纵向排水管的连接，确保弹簧排水管下部畅通。

（三）横向排水管

横向排水管位于衬砌基础和路面的下部，布设方向与隧道轴线垂直，是连接纵向排水盲管与中央排水管的水力通道。施工中先在纵向盲管上预留接头，然后在路面施工前接长至中央排水管。对横向盲管的检查，主要是接头应牢固、密实、保证纵向盲管与中央水管间水路畅通，严防接头处断裂，致使纵向盲管排出之水在路面下漫流，造成路面翻浆冒水，影响行车安全；其次是在横向盲管上部应有一定的缓冲层，以免路面荷载直接对横向盲管施压，造成横向盲管破裂或变形，影响其正常的排水能力。

(四)中央排水管

中央排水管是隧道最后的排水设施，它将衬砌背后的渗水汇集排出隧道，进入路基排水边沟，中央排水管采用带孔预制混凝土管段拼接而成，纵向间隔一定距离设置沉砂井和检查孔，其作用主要有：一是集中排放由上游管路流来的地下水；二是通过其上部的众多小孔疏排路基中的各种积水。

中央排水管安装前的外观检查包括：

(1)预制管段的规整性。用钢尺测管段直径，观察管身是否变形或有严重裂缝，检查管身部透水孔是否畅通。

(2)管壁的强度。用石块轻敲管壁，检查混凝土强度是否满足设计与施工要求，对疏松掉块者，必须弃之不用。

施工中检查以下内容：

(1)排水管基础检查。施工时先挖基槽，整平基础，然后铺设管段，最后回填压实。其中最重要的一个环节是处理管段基础，在软岩或断层破碎带区段施工中，应将不良岩体用强度较高的碎石替换，并用素混凝土找平基面，使基础既平整又密实，为管段顺利铺设创造条件。施工中应特别注意检查基础的坡度，不仅总体坡度要符合要求，而且局部的几个管段间也应符合要求，尽量避免高低起伏。

(2)管段铺设检查。管段铺设时，首先要保证具有透水孔的一面朝上，管段逐个放稳后，再用水泥砂浆将段间接缝密封填实。待砂浆凝固后，应逐段进行通水试验，发现漏水，及时处理。之后用土工布覆盖管段透水孔，在横向盲管出口处注意与中央排水管的连接方式。回填时注意保护管段的稳定及其上部透水性。

第四节　隧道进口端洞内集水池设计

五指山隧道为国道213线沐新路控制性的关键工程。隧道全长3 926m(隧道桩号为：K28+406～K32+332)，为-1.9%～-2.23%的单向下坡隧道，进出口高差78.29m。由于其工程地质和水文地质条件极为复杂，围岩地质条件变化十分频繁，丰富的地下水给施工带来了极大的不便。由于五指山隧道为单向下坡隧道，且计划集水位置距洞口约为1 016m，故设计利用了“8.6 涌水坍方处治”工程中的施工迂回导洞进行集水池设计。集水池平面布置见图10-18。

集水池利用原迂回施工平导洞的CK0+006.20～CK0+122.87段，集水池蓄水的最大高程为主洞K29+422附近的中央排水管管底高程(约为861.75m)，集水池起点对应原施工平导CK0+006.20，池底高程为860.35m，该处为集水池最大蓄水高度，即140cm，集水池止点对应原施工平导CK0+122.87，池底高程为860.70m，该处为集水池最小蓄水高度，即105cm，蓄水池宽度为300cm，故最大蓄水量约为400m^3。集水池前3m范围内为沉砂区域即集砂池，在沉砂区和蓄水区之间设置120cm高，30cm厚的混凝土挡砂墙。集水池上盖板采用厚18cm的bWB4575-5预制板。集水池纵断面设计简图见图10-19，集砂池及抽水设备检查中布置如图10-20所示。

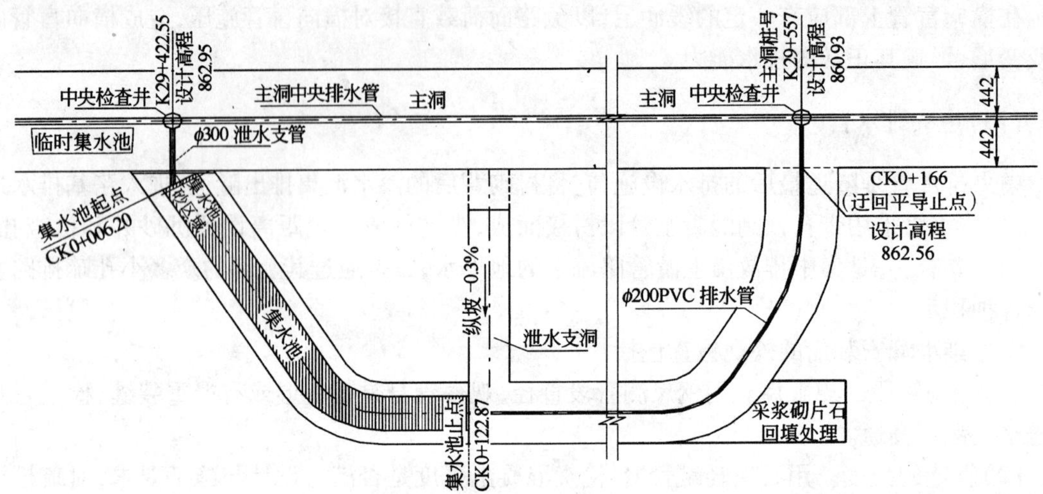

图 10-18　集水池平面布置图

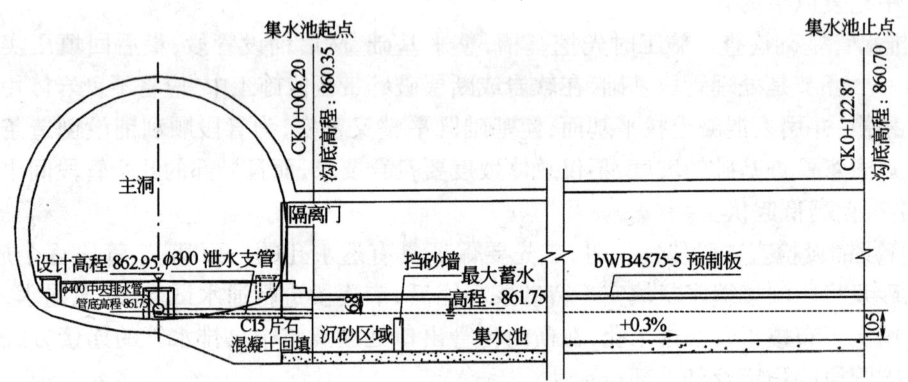

图 10-19　集水池纵断面布置图

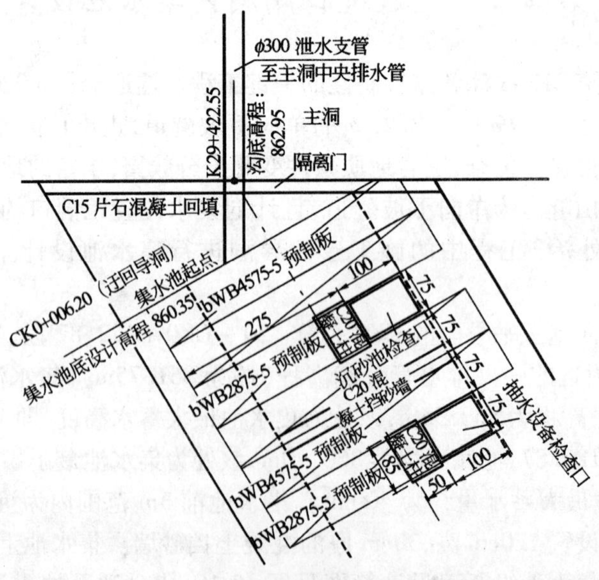

图 10-20　集砂池及抽水设备检查口布置图

集水池的蓄水来源于主洞中央排水管，故在迂回导洞和主洞相交处 K29 + 422.55 处设置中央检查井，并埋设 ϕ300 泄水支管，泄水支管管底高程应低于主洞排水管管底高程 10cm。

为了保证集水池内的蓄水可以更新，设计了 ϕ200PVC 排水管排放集水池内多余的废水，并在迂回导洞和主洞相交处 K29 + 557 处设置中央检查井，将 ϕ200PVC 排水管中的水引入检查井。

水泵控制箱设于隧道进口端 1 号变电所内，型号为 DV - 301E - 7.5kW，用于 1 台水泵的直接启动控制，本控制箱根据液位计测得的水源及水池水位的变化自动控制水泵工作，并具有以下功能：

(1)高可靠免探头水泵干转保护。

(2)电源短路、过流、过压、欠压、过热及缺相的自动保护功能。

(3)故障动态声光报警。

(4)水源/水池自动液位及压力控制。

低位水池浮球液位计应有 0.9m、1.6m、2.3m、3m 四个水位信号，其中 1.6m 为启泵信号，3.0m 为停泵信号。

从平导内集水池至洞口低位水池的输水管道采用 DN100 ×4.5 镀锌钢管，室外埋地敷设段采用焊接方式连接，洞内明敷段采用卡箍式管道接头连接。

为防止无关人员误入平导，同时利于视觉美观，对水泵安装位置处的主洞与平导间修建了一道隔离墙，隔离墙采用 37 墙，机砖、水泥砂浆砌筑，设 900mm ×2 100mm 钢质防火门一道。

原迂回导洞区域现为集水区域，两端设置隔离门，平时不允许非工作人员进入。沉砂池和抽水设备检查口设置铁栅栏防止人不慎跌入池中，为了检修方便，应在检查口对应的池壁上设置上下扶手。

参考文献

[1] 郭陕云.论我国隧道和地下工程技术的研究和发展[J].现代隧道技术,2004(增刊):1-6.

[2] 关宝树.隧道施工要点集[M].北京:人民交通出版社,2003.

[3] 吕康成,崔凌秋,解赴东.寒冷隧道春融期渗漏水原因分析及预防方法[J].铁道学报,1999,21(2).

[4] 潘昌实.隧道力学数值方法[M].北京:中国铁道出版社,1996.

[5] 王明年,关宝树,何川.三车道公路在不同构造应力作用下的力学行为研究[J].岩土工程学报,1998,20(1).

[6] 朱汉华,尚岳全.公路隧道设计与施工新法[M].北京:人民交通出版社,2002.

[7] 徐干成,白洪才,郑颖人,刘朝.地下工程支护结构[M].北京:中国水利水电出版社,2001.

[8] 美国 ANSYS 公司驻成都办事处.非线性分析指南[R].成都:美国 ANSYS 公司驻成都办事处,2002.

[9] 四川省交通厅公路规划勘察设计研究院.国道 213 线乐山沐川至宜宾新市镇段二级公路两阶段施工图设计——五指山隧道[R].2003.

[10] 中华人民共和国交通部.JTG D70—2004 公路隧道设计规范[M].北京:人民交通出版社,2004.

[11] 中华人民共和国交通部.JTJ 042—94 公路隧道施工规范[M].北京:人民交通出版社,1994.

[12] 中华人民共和国交通部.JTG H12—2003 公路隧道养护技术规范[M].北京:人民交通出版社,2003.

[13] 李世辉.隧道支护设计新论[M].北京:科学出版社,1999.

[14] 成都理工大学.国道 213 线乐山沐川至宜宾新市镇段二级公路五指山隧道物探报告[R].2006.6.

[15] 四川省地质工程勘察院.沐新路五指山隧道场地环境水对混凝土的腐蚀性评价报告[R].2006.4.

[16] 四川省地质工程勘察院.沐新路五指山隧道专项水文地质报告[R].2006.3.

[17] 罗琼.中国隧道修建法在米花岭隧道出口端的施工实践[J].铁道工程学报,1999(1):44-49.

[18] 吴焕通,等.大梅沙隧道洞口段施工[J].世界隧道,1999(6):36-39.

[19] 郭陕云.山岭隧道快速施工范例分析[J].铁道工程学报,1999(2):43-47.

[20] 陈先国,祁海军,等.五指山隧道坍方原因分析[J].2005 年全国公路隧道论文集,2005.10.

[21] 陈先国,高波.地铁近距离隧道有限元数值模拟[J].岩石力学与工程学报,2003,21(9):1330-1334.

[22] 陈先国,祁海军,罗春雨.五指山特长隧道涌突水坍方原因分析及对处理方案的思考[J].公路交通科技,2007(2).

[23] 陈先国,罗春雨,祁海军,刘德永.对五指山隧道特大突涌水及坍方处理方案的再思考[J].2006 年四川省隧道年会论文集,西南交通大学出版社,2006.

[24] 陈先国,等. 宜长高速公路女娘山隧道的修建[J]. 公路交通科技,2006(10).
[25] 陈育书,秦之富. 隧道群监控量测技术方案设计[J]. 公路交通技术,2005(2).
[26] 陶维民. 浅谈隧道围岩监控量测技术的应用[J]. 公路交通技术,2005(4).
[27] 关宝树. 隧道力学概论[M]. 成都:西南交通大学出版社,1993.
[28] 徐则民,黄润秋. 深埋特长隧道及其施工地质灾害[M]. 成都:西南交通大学出版社,2000.
[29] 刘波,韩彦辉. FLAC 原理、实例与应用指南[M]. 北京:人民交通出版社,2006.
[30] 邓江. 猫山公路隧道工程技术[M]. 北京:人民交通出版社,2003.
[31] 杨其新,王明年. 地下工程施工与管理[M]. 成都:西南交通大学出版社,2005.
[32] 吕康成,崔凌秋,等. 隧道防排水工程指南[M]. 北京:人民交通出版社,2005.
[33] 陈先国,罗春雨,祁海军. 五指山特长隧道特大突水坍方处理的泄水方案[J]. 公路,2008(4).
[34] 陈先国,高波. 近距离重叠隧道的二维和三维分析[J]. 西南交通大学学报,2003. VOL. 38(6).
[35] 陈先国,高波. 重叠隧道有限元数值模拟[J]. 岩石力学与工程学报,2002,21(9).
[36] 陈先国,高波. 岩体结构面对隧道围岩失稳的影响[J]. 西南交通大学研究生学术论文集,2003(1).
[37] 韩瑞庚. 地下工程新奥法[M]. 北京:北京科学出版社,1990.
[38] 铁道部基本建设局. 铁路隧道新奥法指南[M]. 北京:中国铁道出版社,1988.
[39] 关宝树. 隧道设计要点集[M]. 北京:人民交通出版社,2003.
[40] 钱东升. 公路隧道施工技术[M]. 北京:人民交通出版社,2003.
[41] 吴焕通,等. 隧道施工及组织管理指南[M]. 北京:人民交通出版社,2005.
[42] 黄成光. 公路隧道施工[M]. 北京:人民交通出版社,2001.
[43] 刘志刚,等. 隧道隧洞施工地质技术[M]. 北京:中国铁道出版社,2001.
[44] 张倬元,王士天,王兰生. 工程地质分析原理[M]. 北京:地质出版社,1980.
[45] 四川省交通厅公路规划勘察设计研究院. 国道 213 线乐山沐川至宜宾新市镇段二级公路五指山隧道工程地质详勘报告[R]. 2004. 3.
[46] 四川省交通厅公路规划勘察设计研究院. 五指山隧道 K29 + 600 ~ K30 + 900 施工图变更设计文件[R]. 2006. 8.
[47] 四川省交通厅公路规划勘察设计研究院. 五指山隧道 C 合同段 8. 6 涌水坍方处治施工图设计文件[R]（全一册). 2007. 1.
[48] 四川省交通厅公路规划勘察设计研究院. 五指山隧道人行平导处治方案设计[R]. 2007. 9.
[49] 四川省交通厅公路规划勘察设计研究院. 五指山隧道洞内集水池施工图设计文件[R]. 2007. 9.
[50] 四川省交通厅公路规划勘察设计研究院. 五指山隧道 C、D 合同段中央排水管变更方案设[R]. 2007. 9.
[51] 四川省交通厅公路规划勘察设计研究院. 五指山隧道 D 合同段 K30 + 555 ~ + 610 膏盐段处治方案设计文件[R]. 2007. 9.
[52] 王建宇. 隧道工程的技术进步[M]. 北京:中国铁道出版社,2004.

[53] 吴波,高波,等.城市地铁小间距隧道施工性态的力学模拟与分析[J].中国公路学报,2007(7).

[54] 靳晓光,刘伟,等.高速公路小净距隧道施工方法探讨[J].北京:铁道工程学报,2004(6).

[55] 张洋.铜锣山隧道软弱围岩段支护参数数值模拟与监控量测分析[J].2006年四川公路学会隧道学术交流会论文集,西南交通大学出版社,2006.

[56] 刘丹,等.铜锣山隧道建设的潜在生态环境问题及其影响[J].2006年四川公路学会隧道学术交流会论文集,西南交通大学出版社,2006.

[57] 谭兵.铜锣山隧道岩溶槽谷地表注浆施工方案[J].2006年四川公路学会隧道学术交流会论文集,西南交通大学出版社,2006.

[58] 周大川,兰富安.铜锣山隧道岩溶发育段洞内注浆堵水动态设计与质量管理思路[J].2006年四川公路学会隧道学术交流会论文集,西南交通大学出版社,2006.

[59] 李锦华,武明.铜锣山隧道综合超前地质预报方法[J].2006年四川流不息公路学会隧道学术交流会论文集,西南交通大学出版社,2006.

[60] 陈贵红,等.明月山隧道涌突水处理设计与施工[J].2006年四川公路学会隧道学术交流会论文集,西南交通大学出版社,2006.

[61] 李海清,黄绍槟.地质构造复杂的徐家梁子隧道建设启示[J].2006年四川公路学会隧道学术交流会论文集,西南交通大学出版社,2006.

[62] 马兴龙,胡晓.多种超前地质预报方法在隧道施工中的综合运用[J].2006年四川公路学会隧道学术交流会论文集,西南交通大学出版社,2006.

[63] 王芳其,孙建国.地下工程围岩稳定性的FLAC-3D应力分析[J].2007年全国公路隧道学术会议论文集,重庆大学出版社,2007.

[64] 李明,等.公路隧道仰拱力学行为的数值模拟研究[J].2007年全国公路隧道学术会议论文集,重庆大学出版社,2007.